我的奮鬥

戀愛中的男人

Writing is drawing the essence of what we know out of the shadows. That is what writing is about. Not what happens there, not what actions are played out there, but the there itself. There, that is writing's location and aim. But how to get there?

2

Min Kamp

Karl Ove Knausgård

挪威最重要的當代作家

卡爾・奧韋・克瑙斯高

康慨／譯

國內外好評讚譽

「這呈現出了一種令人痛苦的親密感，這種親密感超越了個人，使得克瑙斯高能夠追尋他更宏遠的藝術理想，他的日常喜悅以及疑慮，竟異常地熟悉。」

——《Time Out New York》

「這是無情的美麗。」

——挪威《Aftenposten》

「這史詩般的探索只是前一部分，疲憊不堪的讀者能夠在這裡找回生活。」

——《獨立報》

「有些書在美學上過於強勁，以至於具有革命性，克瑙斯高寫的書就是其中之一。」

——《巴黎評論》

「或許是我們這個時代最重要的文學事業。」

——《衛報》

「……形式自由，充滿恐懼，描述密集……自易卜生以來，挪威最偉大的文學巨星。」

——《新政治家》

「《我的奮鬥》已經是二十一世紀最重要的文學成就。」

——《每日快報》

「在普魯斯特和樹林之間。像花崗岩精確而有力。比真實更真實。」

——義大利《共和國報》

「就像脖上的繩子，刀子刺在心裡。這本書充滿了魔法。整個世界是敞開的……克瑙斯高的地位將來堪比亨里克．易卜生，以及克努特．漢森。」

——丹麥《Kristeligt 日報》

「值得注意的一點是，卡爾．奧韋能夠充分展現自己並意識到自己的存在，如今這一能力是很少見的。書寫每個細節的時候，他並不顯虛榮及華麗，彷彿寫作與生活是同時發生的。這裡不會有讓你太過震驚的事件，然而，你會完全沉浸於其中。你是和他一起生活。」

——查蒂・史密斯，《紐約時報》評論

「我很確信這部作品的成功不僅反應在銷售上——光是挪威就占了總人口的十分之一，而且還成為了老年人會在地鐵上讀的，每個新生們都必須預訂、擺在架子上的那種書，走到洗衣房裡，你甚至可以聽見還有房客在那裡討論。」

——《The New Inquiry》

「日常生活變得令人著迷……克瑙斯高和他的翻譯巴特利特（Bartlett）創造了一個完整的世界，從不迴避人類的細節。」

——《哈佛評論》

去到那（哪）裡

我讀到的卡爾・奧韋・克瑙斯高

吳明益 國立東華大學華文系教授

一個人自我形象的構成不僅包括你是什麼人，也包括你想成為什麼人，能成為什麼人，或曾經是什麼人。（Karl Ove Knausgård，《我的奮鬥2：戀愛中的男人》，p.102）

當出版社的編輯琬融將卡爾・奧韋・克瑙斯高（Karl Ove Knausgård）的書稿寄給我並且邀稿時，我立刻思考是否要推卻。原因是，我所收到的六十萬字書稿，不過是克瑙斯高《我的奮鬥》系列（我個人還是偏愛英譯為*My Struggle*的寓意）的三分之一而已。而這系列早已在歐洲文壇備受關注的作品，是以一種稱為「自傳性虛構小說」(autofiction）的文體所寫成。這個詞被用在諸如克里斯蒂娜・安戈（Christine Angot）、菲利普・羅斯（Philip Roth），以及柯慈（J. M. Coetzee）部分作品上，指的是作者將自己的成長記憶添加感想，透過戲劇性敘事，加上臆測、想像寫成。敘事時通常採用第一人稱，並且會直接使用本人的名字，而不會像某些私小說一樣刻意取另一個名字來指涉「我」。

這類作品與作者本人經歷往往非常接近，加上連名字都直接使用，難免會把與自己周遭的人都拉進這個「具某種程度虛構性」的敘事裡，而引來窺探。我一直以來都認為這樣的寫作模式帶有某種危險性，因為總有人不希望自己的人生任何一部分被陌生人閱讀並且品頭論足吧。更何況，這類作品凡是傑出的，往往都不避諱將生命陰暗面寫出，有可能會使得親密之人在網路時代受到極大的困擾。它的危險在於，寫作者認為**不得不寫**的藝術動力，極有可能**帶給他人痛苦**。

這真是寫作的意義，是寫作的本質嗎？

這問題與我的寫作歷程相伴相處，至今未有解方，這成了我沒有太大動力閱讀的最根本理由。但這寄來的書稿，卻又如此吸引我打開來。《我的奮鬥》出版於二〇〇九至二〇一一年共計六冊，在挪威已售出五十萬本。由於挪威人口不過五百萬上下，這意味著它絕對算是國民暢銷書，何況克瑙斯高正是憑藉著它而備受國際文壇稱譽。如果我「拒絕」讀它，是否也意味著我的怠惰？

於是在思考如何回絕之前，我開始了這六十萬字的閱讀，讀著讀著，我的另一個疑慮油然而生——我能讀一系列作品裡的其中「兩冊」，來「導讀」這系列作品嗎？這個問題若置換一下，便可以感受到在這個社群媒體強大時代的一個重要提問：我們能以一個人一生裡三分之一的時光，評價（或知曉）他的人生嗎？而在這個資訊龐大、倏忽即逝，又不可避免地每天朝死亡前進的線性人生裡，我們哪有時間去「完整地」讀另一些人的人生呢？

這些問題在我閱讀時縈繞不去，另方面，我又漸漸沉浸入克瑙斯高的敘事，有一個很重要的原因是我與他算是同時代的人，彼時人們的成長史，已經被納入名為「地球村」的洪流裡，因此跨域文化的強度似乎超過了地域文化的強度。在台灣成長的我，與遠在挪威成長的克瑙斯高一樣聽 Deep Purple、The Doors，一樣看《巴黎野玫瑰》，一樣覺得自己不被理解，與上一代漸行漸遠。透過這些元素，在《父親的葬禮》裡，我對克瑙斯高筆下與父親對抗又想親近的情緒產生了共鳴。特別是其中一段還是少年的他有段時間被送去與父親同住，他跟父親反映說房子冷，而父親給予他輕蔑的回應。當他賭氣離家時，卻在走到路口的回望裡，看到屋子升起了煙。一個少年徘徊躊躇的身影，牽引了我閱讀的感情。

做為一個北國的作家，克瑙斯高的筆觸將綠意藏於冰雪之下，在看似平凡的敘述裡總站著一個眼眶濕潤的男孩、多情少年、苦惱的年輕作家，讀者跟著他偷偷運酒避過父母去友人家跨年、擔憂陰莖是否太歪、所愛之人不理睬自己，以及平淡人生與寫作志業的拉扯……這些記憶對克瑙斯高的人生來說都「已成定局」，只是作家透過寫作「再一次」經歷，並在我們閱讀時和他一同經歷。我一直以為，這種對已成定局的過往感傷是很親暱私密的，唯有傑出的作家才能把陌生的讀者拉進其中。

克瑙斯高把平凡的人生成長，透過像是提煉過卻又毫不在意的句子寫出來，產生了非凡的即視感，讓我幾乎找不到停頓閱讀的地方，於是我漸漸領略了克瑙斯高的魅力。對我而言，他不多但總恰如其分的寫景真是高明極了：「丘陵在另一處隆起，往下能延綿至海，水一樣是黑的。光從河流和丘陵間的一棟房屋傾瀉而出，強烈且明亮。而天邊的群星，與大地灰濛濛的色調過於相近，僅在夜空的更深處，才得以依稀見到一點。」這是挪威人才有的視野吧，這是冰雪國度的美學。

而我也迷上了他那些「直觀勝過邏輯」，卻似乎準確明智的話語，比方說這段：

十九世紀虛無主義與我們的虛無主義的不同，正是空虛與平等的不同。一九四九年，德國作家恩斯特・榮格曾說，將來我們會建立起一個世界政府。現在，由於自由民主制已稱雄於現代社會，似乎他所言不虛。我們都是民主主義者，我們都是自由派，各個國家、文化和人民之間的差異正在普遍瓦解。而這場運動從本質上說，又何嘗不是虛無主義的？「虛無主義的世界本質上而言，就是一個日益縮減的世界，自然而必然地與趨向原點的運動相符。」榮格寫道。有個很好的例子可以說明這樣的縮減，那便是把上帝視為「善」，再比如那種要為世界上所有複雜趨勢找到一個共同特性的嗜好，又比如專門化的傾向，這是另一種形式的縮減，又比如要把一切轉化為數字的決心，美、森林、藝術、身體，概莫能外。因為如果金錢不是一種實體，將大部分不同的事物加以商品化，那它又是什麼呢？抑或如榮格所說：「漸漸地，所有領域都被歸到這個獨一的共性之下，即使與因果關係所處的距離像夢一般遙不可及的領域也不例外。」在這個世紀，就連我們的夢境都是相似的，就連夢境都是可以出售的東西。注重平等不過是冷漠的另一種說法。

這就是我們的黑夜所在。（《戀愛中的男人》，p.113-114）

漸漸地，我愛上了《我的奮鬥》的敘事（特別是第一本），我愛上他的毫無節制、囉唆、猶豫不決，以及冷靜的，屬於北歐色彩的感傷與銳利分明。也許是因為到了這個年紀，我已經明白了人生毫無停頓，也不能簡寫。當然，也明白了人不會同意（或不同意）另一個人的全部。

於是我回信說我會寫篇感想（而不是導讀），並且說明我會提到對這部作品的一些負面感受。在交稿前我讀了第二遍，漸漸明白了，我對這兩本作品的負面感受很有可能也是對同樣身為作家的我自己的負面感受。

在從事寫作的這段時間，我從未懷疑過記憶的意義以及回憶的意義，因為這是生而為人最迷人的核心。我們透過回憶的梳理咀嚼，並且在日常生活裡就像水獺築壩一樣在流水中建造自己的記憶建築。記憶當然不完全是美好的。

每個人都希望自己是完全善良、正直、誠實的人，但幾乎都不是，至少不永遠是。所有人都做過自己眼睛無法直視之事。寫作一本宣稱「非虛構的自傳」時，執筆者往往會迴避那些非正直、誠實、善良之事。因此，自傳反而常是「虛假的」，多數自傳都是寫「他人」時誠實，寫自己不然，有時提及自身之惡，也是某些自我形塑的形象。我一直覺得，自傳是很好的他者材料、時代材料，卻不一定是很好的檢視作者自身的材料。

相對之下，在自傳體的小說裡，作者可以寫出那些他無法直視他人眼光做過的事，因為「虛構小說」一詞保護了那些藏在陰影裡的記憶。在我看來，第二部的《戀愛中的男人》，克瑙斯高的朋友蓋爾提到他在北挪威與一位十三歲女孩發生關係的事，就屬於此類介於現實與非現實間迴盪的話題——沒有人可以掀開那層簾幕，那簾幕後的事，只活存在書寫裡。小說裡的克瑙斯高否定後又懷疑自己真的做過，這是很困難，需要勇氣的真實的一刻。

只是，作者的勇氣，或許只能限於作者的自身。「勇敢地」把他人私密之事也憑藉強烈的自我觀點寫出來（除開那些公眾之事），是極其自我的行為。偏偏強烈的自我中心，是許多藝術家的人格本質（包括我在內）。

當我看到作者在訪問時提及把親友、情人的私密故事為了寫作傾巢而出，如同一種「文學自殺」（literary suicide），而後被書評、媒體廣泛引用時，我不禁感覺到「作者」此一身分的自大以及一種自我指涉的恐懼。為了寫作將他人的人生傾巢寫出，如果角色交換，我會說這必將是周遭之人的噩夢。這並不是文學的自殺，而是為了追求文學的成就，忽略其他人感受（我不願用到「殺」這個字）的行為。這或許不只是對這本書的保留，也是我從事寫作多年之後，對**寫作者人格該是如何**的保留。

在網路時代以前，不管是八卦新聞或是自傳性小說，即便引起讀者深層，屬於黑暗部分的好奇心，但礙於資訊的困難取得，不至於會大規模、長久地造成被書寫者的困擾。但我們所處的這個時代要挖掘一個人的背景實在太容易了，即使是扭曲的話語，都會恆久存在，並被片面讀到，流傳下去。

在所有的傳統藝術中（我撇除了近代發展出的第八藝術），寫作是最容易把自己對他人、對價值觀、對自我生命評價暴露出來的形式。我們可以從音樂裡聽出作曲者的掙扎，但不會從作品的內容得到說明；同樣的，觀看一幅畫亦然。根據國外媒體的報導，從第一部作品的出版後，克瑙斯高父親那方的親友就提出了法律行動，而他的妻子也再次陷入嚴重的憂鬱症。據說克瑙斯高因此修改了一些人物的名字，刪除部分內容。這讓我相信，克瑙斯高絕對有過掙扎。雖然書裡確實提到希特勒，但我寧可相信克瑙斯高不是以中文的「奮鬥」來回顧自己的半生，而是掙扎、無止境的掙扎，當然，這也無法讓那些不願被寫的人釋懷一分。

那些不書寫，以自己的方式度過一生的人，在書寫的世界裡就是弱勢者，他們才是冰雪下的綠樹。他們沒機會為自己發聲，即便寫作者本身感情豐沛、並無惡意，但人誠實地以自身的識見、感情表達對他人的看法並成為公眾讀物，就可能對另一個人造成不可抹滅的傷害。讀者讀來或許「只是一件小事」，但對某些人來說，那可能是絕不想曝光給外人知道的刻骨銘心之事。

我認為許多寫作者，都真心厭惡那個不為他人所見的，心底的自我。這或許是*My Struggle*的真正核心吧？

另一方面，像克瑙斯高這類動輒以百萬字計，將自己的人生幾乎是鉅細靡遺紀錄下來的作品，本身就充滿了「虛構性」。怎麼可能？當我們回顧自己的人生，那麼多的對話（包括第一次摸到女孩乳房時和死黨的對話）、那麼多的「第二天」、那麼多的景色、跳躍的思維，寫作時怎麼可能如此井然有序、細緻地加以陳述？只是這樣的虛構性又透露著真實感——我們不得不相信這世界上有人的生命就只在於注視自己，以至於所有的記憶都圍繞著「我」維生，他們可能在很早的時候就寫作日記，隨著日子過去，在讀自己的日記時也會油然產生一種陌生感，於是，最終將新意識與舊紀錄遂編織成一部「小說」。

克瑙斯高在書中說：「文學的唯一法則是：一切必須隸屬於形式。要是文學其他的元素強過形式，諸如風格、情節、主題，其結果將甚微。這就是為什麼有著強烈風格的作家常常會寫出反響不大的書。這也是為什麼有鮮明主題的作家常常寫出沒有影響力的書。主題和風格上的強烈與鮮明必須打破才能讓文學有一席之地。這一破除我們稱為『寫作』。比起創造，關於寫的更多是破壞。再沒有比蘭波更清楚這一點的了。他的卓越不是因為他在騷動煩亂的年少時期就有此頓悟，而是他將此一原則也付諸於自己的生命。蘭波崇尚一切自由，他在寫作上是如此，生活中亦如是，這是因為自由被奉為至尊，他可以把寫作置於身後，甚至可能是必須把寫作置於身後，因為寫作也成為一種羈絆，需要被打破。自由就是破壞加上行動。」（《父親的葬禮》，p.222）或許他就是這麼沉迷於把寫作視為生命的核心，決心以這樣的形式去表現吧？

《我的奮鬥》並非以故事為主軸，它的形式在於滔滔不絕的陳述，以及無盡的細節。除了前兩冊《父親的葬禮》與《戀愛中的男人》以死亡與愛情為主題外，在未來即將出版的另外四冊裡，分別是：童年、工作、夢想與思考。此刻讓我們回到這篇文章一開始的自我提問：我們花這麼多時間讀另一個人的人生做什麼？

或許這也可以用克瑙斯高自己的語言來回應，他說：「知道的愈少，它就不存在。知道得太多，它也不會存在。寫作就是將陰影裡我們所知的一切精神給呈現出來。這就是寫作。不是那裡發生什麼事，不是那裡事件如何展開，而是單純的那裡。這就是寫作的目標與方向。但又要如何到達那裡？」（《父親的葬禮》，p.217-218）

要如何到達那裡？那裡是哪裡？這是肯定句也是疑問句，我們總是一邊總結一邊提問，因為，有時我們的總結在他人的提問裡，有時我們的提問在他人的總結裡。

二〇〇八年七月二十九日

已經夏天很久了，此時依然還沒有結束。六月二十六日，我完成了這部小說的第一部，那之後又過了一個多月，幼稚園放假了，我們將萬妮婭和海蒂接回家，日子變得更加忙碌。我從來不了解假日有什麼意義，從來感覺不到我需要假日，總是一心地想做更多的工作。可如果我非得放假，那就放假吧。我們本來計畫頭一個星期到木屋裡過，那是去年秋天琳達讓我們買下的，一方面是為了有個寫作的地方，另一方面用於週末隱居，但是三天過後我們就待不下去，回了城裡。把三個小孩和兩個大人放進一個很小的空間，前後左右都是人，除了收拾收拾花園，修剪一下草坪，也就沒什麼事情好做了，這未必是個好主意，尤其是出發之前氣氛就已經彆扭無比。我們在屋外狠狠吵過幾次架，想必讓鄰居們看了笑話，而置身於幾百個精心打理的花園和那麼多半裸的老人中間，更讓我感到幽閉恐懼和焦躁易怒。孩子們很快會察覺出這種情緒並加以利用，特別是萬妮婭，她對聲音在高度和力度上的變化幾乎馬上就能做出反應，而如果變化明顯，她就開始做她知道我們最不喜歡的事，沒完沒了，最後我們必定大發脾氣。我們本來就憋著一肚子火，此時簡直沒有防備的可能，只好任由大難臨頭：尖叫，咆哮，一塌糊塗。第二個星期我們租了輛車，向哥德堡外的雪恩島開去，琳達的朋友米凱拉，也是萬妮婭的教母，邀請我們去她伴侶的夏屋同住。我們問她知不知道和三個小孩住在一起的感覺如何，問她是不是真的想邀我們過去，但她說她確定，她都規劃好了，要跟孩子一起烘焙，帶他們去游泳，捉螃蟹，好讓我倆有時間獨處。我們接受了這番好意。我們驅車駛向雪恩島，夏屋位於一如南挪威曼妙的鄉間地帶，我們停車入內，用孩子和大包小包的東西把房子填滿。我們原本打算在那裡待上一整個星期，但三天後就把全部家當塞進車裡再度南下，米凱拉和艾瑞克明顯因此得到了解脫。

沒有孩子的人很難明白要應對什麼，不管他們在其他方面表現得多麼成熟與睿智，起碼我自己有小孩之前就是這樣。米凱拉和艾瑞克都是事業型的人：我認識米凱拉這麼多年，她所擁有的無一不是文化行業的優越職位，艾瑞克則是某家跨國基金的主管，總部位於瑞典。雪恩島之後他在巴拿馬有個會議，此前他倆還要去普羅旺斯度假，這就是他們的生活方式：那些我只是聽說過的地方卻是他們常來常往的居所。我們一家子就這樣殺進去了，帶著嬰兒的溼紙巾和尿布，約翰到處亂爬，海蒂和萬妮婭連打帶叫，又哭又笑，小孩從來不在桌上吃飯，從來不聽大人的話，至少我們到別人家作客時是這樣，真心想讓他們聽話時他們不聽，因為他們知道現在在別人家裡作客。我們的處境愈危險，他們就愈不守規矩，夏屋高大而寬敞，但也沒大到或寬到足以對他們視而不見。艾瑞克假裝不在意，他想表現出慷慨和喜歡小孩的樣子，可這和他的身體語言不斷產生抵觸：他兩條緊貼著肋骨的手臂，他走來走去把各種東西放回原位的動作，還有他眼睛裡那恍惚的神情。他對如數家珍的物事和場地感覺親近，卻與那些剛剛占據這裡的人相隔甚遠，對待他們時便或多或少地拿出了與對待鼴鼠或刺蝟同樣的方式。我知道他的感受，我也喜歡他。但這一切都是我帶來的，情意相投也就無從談起。他在牛津和劍橋讀過書，還在倫敦金融城做過幾年經紀人，但有一天到海邊散步的時候他和萬妮婭爬了山，竟讓她一個人在前面多走了好幾公尺遠，而他動也不動，只是站著看風景，完全沒考慮到她只有四歲而且沒有預估風險的能力，弄得我不得不抱著海蒂一路跑過去救援。半小時過後我們在一間餐廳入座，我的雙腿因突然運動的刺激而完全僵直，我把一盤小圓麵包遞到艾瑞克手邊，請他幫約翰拿一點，因為我在給他們找東西吃的時候還得照看海蒂和萬妮婭，他點了點頭，說好，可就是不放下手裡正在讀的報紙，甚至頭都沒抬，根本沒注意到離他只有半米遠的約翰正變得愈來愈煩躁，最後無望地漲紅了臉，終於放聲尖叫，因為他想要的麵包就在眼前，卻怎麼也搆不著。此情此景激怒了坐在桌子另一端的琳達，我能從她的眼裡看得出來，可她咬緊牙關，不做評論，一直等到大家離開，只有我們自己的時候才說應該回家了。如今我已經習慣了她的喜怒無常，於是當她說要回家時我要她住口，保持克制，別在一肚子氣的時候做那樣的決定。這當然讓她更加憤怒，就這麼耗到隔天早上，我們才爬進車裡，動身離去。

藍色無雲的天空，拼布般暴露在風中但仍美妙的鄉村風景，連同孩子的快樂，全家老小擠在一輛車裡，不是火車車廂，或者飛機的機艙，那一直是過去幾年的旅行常態，此時這一切舒緩了氣氛，但沒過多久便故態復萌，因為我們得吃飯，而我們找到一家餐廳，停車登門，卻發現是一家遊艇俱樂部的內部餐廳。服務員告訴我，我們只要過橋，步行到鎮裡，大約五百公尺，便還有另一家餐廳，於是二十分鐘之後，我們上了一座又高又窄、交通繁忙的橋，費勁地推著兩輛童車，餓腸轆轆，出現在眼前的卻只是一片工業區。琳達大發雷霆，兩眼凶惡，我們總是把事情搞成這個樣子，她咬牙切齒地說：別人都不會這樣，我們真沒用，現在早該吃飯了，全家人本來能好好吃頓飯的，卻要晾在這裡頂著大風。一輛輛車嗖嗖駛過，廢氣簡直要把人憋死在這破橋上。我從來有沒有看過別人帶三個小孩出門卻搞成這樣子的。我們沿路走到底，最後是一道鐵門，上面刻著某家警衛公司的標誌。鎮裡看上去破敗淒涼，要想到那裡，我們就得繞路，花至少十五分鐘穿過這片工業區。我應該把她丟下，因為她總是抱怨不停，總是想要好的結果，卻從來不做任何事得以轉變局勢，只是抱怨、抱怨、抱怨，從不正視困難的局面，如果現實無法與她的期望相符，不管事情大小，她通通會怪罪到我頭上。唉，正常情況下我們早已分道揚鑣，但是和往常一樣，出於實際的考慮又把我們拉回到同一條船上：我們有一輛汽車和兩輛童車，所以你只好假裝那些說過的話根本沒有說過，推起弄髒的要散架的童車過橋，回到光鮮亮麗的遊艇俱樂部，把它們塞進汽車，給孩子們繫好安全帶，開車駛向最近的麥當勞，結果它就位於哥德堡市中心外的一個加油站，我坐在店裡的長凳上吃香腸，萬妮婭和琳達則在車裡吃自己的那一份。約翰和海蒂睡著了。我們拋開原定的行程，駛向利瑟貝里遊樂園，考慮到目前我們之間的氣氛，這只會讓事情變得更糟，然而幾個小時過後，還心血來潮，止步於一個所謂假冒的「童話世界」。每樣東西的品質都差到了極點，我們先帶孩子到了一個小「馬戲團」，裡面有隻狗能跳過膝蓋那麼高的呼拉圈，一位長得像男人的壯碩女士，大概來自東歐的什麼地方，身穿比基尼，把狗剛剛跳的一模一樣的呼拉圈拋到空中，再繞到腰臀上大力搖擺，這招把戲我剛上學時隨便哪個女孩子都會。還有一位和我年齡差不多的金髮男子，穿平底鞋，戴著女式頭巾，腰上成圈的肥肉擠在燈籠褲外，他往嘴裡灌滿汽油，朝著低矮的頂棚噴火四次。約翰和海蒂看得目不轉睛，眼珠子都快掉出來了。萬妮婭的心思都在我們剛才經過的抽獎攤上，在那裡可以抽到玩具，她用力地捏我，不斷問說表演什麼時候結束。我偶爾看一下琳達，她抱著海蒂坐在那邊，眼裡含著淚。出來後，我們走路去小型遊樂場，一人推一輛童車，經過一個游泳池，那裡有很大的溜滑梯，在最上面的後方，還聳立著一個巨大的轉輪，也許有三十公尺高吧，這時我才問了她為什麼在哭。

「我不知道。」她說，「可是看馬戲團總是讓我覺得很感動。」

「怎麼說？」

「嗯，那麼悲傷，那麼微小，那麼便宜。可是又那麼美。」

「這一場也是？」

「是啊。你沒看到海蒂和約翰嗎？他們完全被迷住了。」

「萬妮婭可沒有。」我說著笑了笑。琳達回以微笑。

「什麼？」萬妮婭問，「你在說什麼，爸爸？」

「我說你看馬戲團時腦袋裡想的全是玩具。」

萬妮婭笑了，跟她和我們分享她做過什麼事時一樣，開心，但也很機警，想知道得更多。

「我怎麼了？」她問。

「你還偷偷捏我。」我說，「還說你想去抽獎的地方。」

「為什麼？」她問。

「我怎麼知道？」我說，「我猜你想要玩具。」

「那我們現在就去嗎？」她問。

「好，」我說，「我們走吧。」

我指了指通往遊樂場的柏油小道，我們可以從小樹林穿過去。

「海蒂也有嗎？」她問。

「她想要就有。」琳達說。

「她想要。」萬妮婭說著，朝童車裡的海蒂俯下身。「你想要嗎，海蒂？」

「想。」海蒂說。

我們不得不花了九十克朗買票，這才讓她們每人手裡拿上一個小布老鼠。毒太陽，樹下的空氣靜止不動，遊樂場傳來各種喧鬧不休的聲音，混合著貨攤上八〇年代的迪斯可音樂，一起包圍著我們。萬妮婭想吃棉花糖，於是十分鐘後，我們便坐到小賣部外的一張桌子旁，黃蜂憤怒且固執地圍著我們嗡嗡不停，陽光滾燙讓糖黏到了所有能碰到的東西上，桌面、童車背面、手臂和手，孩子們氣得大喊大叫，這跟他們剛看見小賣部大瓶子裡裝的螺旋形糖果時想的可不一樣。我的咖啡太苦，難以下嚥。一個髒兮兮的小男孩蹬著三輪車朝我們過來，一頭撞上海蒂的童車，然後滿臉期待地看了看我們。他一頭黑髮，黑眼睛，大概是羅馬尼亞人或阿爾巴尼亞人，要不就是希臘人。他又以腳踏車擠了幾下童車，橫過來擋住我們的去路，然後就站在那，眼睛看著地面。

「我們走嗎？」我問。

「海蒂想騎馬。」琳達說，「騎了再走不行嗎？」

一個長著招風耳，也是黑臉龐的壯漢走過來，提起男孩和他的腳踏車，把他帶到小賣部前的空地，朝他腦袋上拍了幾下，便往他負責操控的機器章魚那邊去了。章魚的腕足上裝有可以讓人坐進去的小筐子，慢慢轉起來便一起一落。男孩騎上腳踏車從入口前橫行而過，但見穿著夏裝的遊客絡繹而來，絡繹而去。

「當然可以。」我說，接著起身拿過萬妮婭和海蒂的棉花糖，丟進垃圾筒，再推起約翰，他腦袋左搖右甩，正在捕捉各種有趣的東西，我們穿過廣場，走向通往「牛仔鎮」的小路。可這牛仔鎮只是一堆沙子和三個新搭的棚子，掛著牌，分別寫著「礦山」、「警局」和「監獄」，後兩處還貼有「懸賞捉拿，不論死活」的告示。一邊圍有樺樹，還有條坡道，有些青少年在那裡玩滑板，另一邊便是「騎馬區」，已經關門了。正對著礦山的圍欄內，那東歐女人坐在一塊石頭上，正在抽菸。

「騎馬！」海蒂說，左顧右盼。

「我們要去入口那邊騎驢了。」琳達說。

約翰把自己的水瓶扔到地上。萬妮婭從圍欄底下爬過去，跑向礦山。海蒂看見，也爬出童車跟在後面。我發現警局後有個紅白相間的可樂自動販賣機，便摸出短褲口袋裡的東西，仔細一看：兩個髮夾，一個是瓢蟲的，一個打火機，三塊石頭，還有萬妮婭在雪恩島撿到的兩個白色貝殼，一張二十克朗紙幣，兩枚五克朗的和九枚一克朗的硬幣。

「我先在這裡抽支菸。」我說，「去那邊。」

我指了指這區最遠處的一棵樹。約翰舉起了雙臂。

「去吧。」琳達說著把他抱起來。「你餓嗎，約翰？」她問道，「天氣好熱，就沒個陰涼處讓我帶他坐下來嗎？」

「那邊。」我指著山頭的餐廳說。它形同火車，櫃檯在機車裡，車廂內擺著餐桌。那裡連個人影也看不見。椅子緊挨著餐桌。

「我這就過去。」琳達說，「然後餵餵他。你能看一下女兒嗎？」

我點點頭，走向販賣機，買了一瓶可樂，坐到樹幹上，點了支香菸，抬頭看著倉促搭建的棚屋，萬妮婭和海蒂正在門口跑進跑出。

「這裡面都黑漆漆的！」萬妮婭叫道，「快來看！」

我抬手搖了搖，似乎很僥倖地滿足了她。她還在用一隻手把老鼠捂在胸前。

對了，海蒂的老鼠哪裡去了？

我抬眼向山上瞭望。它在那裡，就在警局外面，頭朝下紮在沙子裡。琳達在餐廳拉過一把椅子，靠著牆坐下為約翰哺乳，他剛開始還在蹬腿，後來便安靜下來了。馬戲團的女士正在上山。一隻馬蠅在我腿肚子上螫了一下。我把它拍死了，力道之足，打了它一個稀巴爛。香菸在高溫下味道很差，但我毅然將其吸入肺中，抬眼盯住雲杉的樹冠，陽光捕捉到的綠色何其強烈。又一隻馬蠅在我腿上降落。我不耐煩地趕跑它，站起身，把香菸扔到地上，手裡拿著仍然冰涼的半瓶可樂，走向兩個女兒。

「爸爸，我們在裡面，你繞到後面去，看看能不能透過裂縫看見我們，好不好？」萬妮婭抬頭瞇著眼睛對我說。

「好吧。」我說，然後繞到棚子後面。只聽她們在裡面乒乓作響，咯咯亂笑。我低下頭，靠近一條裂縫，往裡瞧。但是外面的陽光與裡面的黑暗反差過於強烈，我什麼也沒看見。

「爸爸，你在外面嗎？」萬妮婭喊道。

「在。」我說。

「你看得見我們嗎？」

「看不見。你們隱形了嗎？」

「對！」

等她們出來，我假裝看不見她們。直愣愣地盯住萬妮婭的方向，叫她的名字。

「我在**這裡**。」她揮著手臂說。

「萬妮婭？」我喊道，「你在哪裡啊？快點出來！別再開玩笑了！」

「我在這裡！這裡！」

「萬妮婭？」

「你真的看不見我嗎？我隱形了？」

她聽上去帶著無窮的喜悅，可我也從她聲音裡聽出了一絲不安。就在這時約翰放聲尖叫。我抬頭看去，琳達在懷裡緊抱著他站起來了。約翰哭起來不應該是這樣的。

「咦，你在這裡啊！」我說，「你一直都在這裡？」

「是……是啊。」她說。

「你能聽到約翰哭嗎？」

她點點頭，往上看去。

「我們得走了。」我說，「走吧。」

我伸手去牽海蒂的手。

「不要。」她說，「不要牽手。」

「好吧。」我說，「那你進童車裡。」

「不要童車。」她說。

「那我抱你？」

「不要抱。」

我下去取童車。回來時她已經爬到圍欄上面去了。萬妮婭坐在地上。山頭上，琳達已經離開餐廳，正站在路上往下看，一隻手朝我們揮舞著。約翰還在尖叫。

「我不想走路。」萬妮婭說，「我腿痛。」

「你一整天也沒走一步路。」我說，「腿怎麼會痛？」

「我腿麻了，抱我。」

「不，萬妮婭，你說謊。我不能抱你。」

「你可以。」

「進童車，海蒂。」我說，「然後我們去騎馬。」

「不要童車。」她說。

「我腿麻——！」萬妮婭說。她最後一個字是尖聲叫出來的。

我感到憤怒，真想一把把她們抓走，一條手臂底下夾一個。那也不會是我第一次拉著又踢又叫的她們走開，無視行人的目光，其他人對於我們上演這小小的一幕總是很感興趣，好像我們戴著猴子面具。

但是這一次，我努力壓住了脾氣。

「你能進童車嗎，萬妮婭？」我問。

「除非你抱我起來。」她說。

「不，你得自己來。」

「不要，」她說，「我腿麻了。」

如果我不讓步的話，我們會在這裡站到第二天早上。別看萬妮婭似乎缺乏耐心，一遇抵抗就會放棄，但她真要對什麼事認真起來，就會變得極其固執。

「好吧，」我說完便抱起她放進童車。「你又贏了。」

「又贏了什麼？」她問。

「沒什麼。」我說，「來，海蒂，我們走吧。」

我把她抱下圍欄，幾聲不那麼堅決的「不，不要」之後，我們便邁步上山了，海蒂讓我抱著，萬妮婭在童車裡。我在半路上撿起海蒂的布老鼠，拍掉上面的土，把它塞進網兜。

「我不知道他怎麼了。」琳達在我們走到山上後說，「他突然就哭了。應該是被黃蜂什麼的螫了。看這裡……」

她拉起約翰的衣服，給我看一個小紅點。他在她懷裡扭動，不停地哭鬧，臉紅紅的，頭髮也溼了。

「可憐的小傢伙，」琳達說。

「我也被馬蠅咬了。」我說，「也許這就是原因。先把他放童車裡吧，這樣比較好走。反正我們現在什麼也做不了。」

我們幫他繫好安全帶，他左右扭動，厭倦地低下頭，還在叫喊。

「我們上車吧。」我說。

「好。」琳達說，「但是我得先幫他換尿布。那邊有個換尿布的兒童屋。」

我點點頭，之後我們開始下山。我們到這裡已經好幾個小時了，天上的斜陽，林間灑落的陽光，讓我想起家鄉的夏日午後，我們要嘛開車去島的另一邊，爸爸媽媽下海游泳，要嘛走上居民區下方海灣的山坡。這些記憶在幾秒鐘內便注滿我的腦海，沒有確切哪個事件的外形，而更多只是氣氛、味道、感覺。中午更清亮，陽光也更透徹，到了下午就深鬱起來了，一切都有如濃墨重彩。啊，七〇年代的一個夏日，在小路上奔跑，穿過濃蔭裡的森林！一頭紮進鹹鹹的海水，游向對岸的耶爾斯塔島！陽光照耀著海邊光滑的岩石，幾乎把它們變得通體金黃。岩石之間中空的地方，生出了挺直的枯草。感受到海面以下的深沉，一旦進入山影，竟是如此黑暗。魚兒一掠而過。而後是我們上方的樹冠，細長的枝條微微顫抖，迎著海面的輕風！薄薄的樹皮，下面是腿一樣光滑的樹，綠色的植物……

「就在那裡。」琳達說著，朝一幢八角形的木制建築噘了噘嘴。「你能等一下嗎？」

「我們慢慢走。」我說。

圍欄裡的雜樹叢中，有兩個木雕的地精，這就是此地可以名正言順地叫做「童話世界」的原因了。

「快看，通彭！」海蒂叫了起來。「通彭」（Tompen）正確的發音是「通滕」（Tomten），也就是地精。

她對地精念念不忘很久了。直到春天，她還在指著聖誕前夜地精出現的門廊說「通彭要來了」，玩地精給她的禮物時，她總要提前對禮物來自何處做一番說明。不過，通彭在她心目中的地位還很難講，因為聖誕節過了以後，她在我的衣櫥裡發現地精的裝扮時，並沒有表現出絲毫的驚訝或難過。當時我們什麼也沒說，她只是對著衣櫥喊「通彭」，好像那是他的更衣間似的，我們遇見白鬍子老流浪漢在屋外廣場上閒盪的時候，她也會從童車裡站起來，撕心裂肺地喊「通彭」。

我俯身向前，親了親她胖嘟嘟的小臉蛋。

「不親！」她說。

我大笑起來。

「那我親你行不行，萬妮婭？」

「不！」萬妮婭說。

一道稀疏但前後相連的人流經過我們身邊，大部分人身穿夏裝，短褲、汗衫和涼鞋，有些人穿著運動褲和運動鞋，胖子的數量驚人，衣著光鮮的幾乎一個也沒有。

「我爸進監獄了！」海蒂歡快地大叫。

萬妮婭在童車裡轉過頭。

「沒有，爸爸沒有進監獄！」她說。

我再次大笑，然後停住了腳步。

「我們得在這裡等等媽媽了。」我說。

你爸進監獄了，幼稚園的孩子相互之間經常這麼說。海蒂把它理解為巨大的恭維，於是想拿我吹牛的時候便常常這樣講。據琳達說，上一次我們從木屋回來時，海蒂就是這樣對公車上一位坐在她們身後的老太太說的。我爸進監獄了。因為我不在場，而是帶著約翰站在公車站等，所以這句評論便久久地迴盪在空中，無人加以爭辯。

我低下頭，用袖子擦去頭上的汗。

「我能再買張票嗎，爸爸？」萬妮婭問。

「不行。」我說，「你已經贏到玩具了。」

「好嘛，再一個嘛。」她說。

我轉過頭，看見琳達走過來，約翰端端正正地坐在童車裡，戴著遮陽帽，看上去滿開心的。

「沒事吧？」我問。

「嗯，我拿涼水洗了螫過的地方。不過他累了。」

「待會上車他就會睡覺的。」我說。

「幾點了？」

「三點半吧。」

「八點到家？」

「差不多。」

我們再次穿過小型遊樂場，經過海盜船，其外觀慘不忍睹，後面的梯子，有幾個獨腿或是獨臂漢子的擺設，裹著頭巾，揮舞刀劍的模樣；然後另一區設有美洲駝和鴕鳥的裝飾，一小塊鋪過的地面，有些孩子在上面開四輪車。終於到了入口區，這裡簡直像障礙訓練場，其實只是幾根木頭，三三兩兩的木擋板，中間掛了網，還有一個帶彈跳床的高空彈跳架和騎驢用的跑道。我們在跑道邊停下，琳達抱起海蒂，帶她去排隊，讓她戴上頭盔，而萬妮婭和我則帶著約翰站在圍欄邊觀看。

跑道上一次有四頭驢，分別由家長牽著。跑道不過三十公尺，但大部分動物卻走得很慢，因為它們是驢，不是小馬，驢子一想休息便停下不動。絕望的家長使盡全身力氣拉扯韁繩，這些動物就是不肯妥協。他們徒勞地拍弄驢子的側腹，這些蠢驢照舊紋絲不動。有個孩子在哭。收票的女人不停喊叫，向家長提供建議。使勁拉啊！使勁點！快拉，它們不怕痛！用力！就是這樣，對！

「看見了嗎，萬妮婭？」我說，「驢都不想動。」

她哈哈大笑。她高興，我就高興。與此同時，我也有點擔心琳達會怎麼樣面對這種僵局；她的耐心不比萬妮婭多多少。但輪到萬妮婭時，琳達卻沉著應對。只要驢子一停下，琳達就站過去，背對著驢肚子，嘴裡發出一連串歡快的聲音。她是騎馬長大的，馬在她的生活中曾經非常重要，肯定是這一點讓她知道該做什麼。

海蒂跨騎在驢背上，喜氣洋洋。當驢子對琳達的把戲不再買帳的時候，她就特別用力地拉著韁繩，彷彿絕不允許它有半點固執。

「你真是個好騎手！」我對海蒂大聲說道，又低頭看看萬妮婭，「你想試試嗎？」

萬妮婭堅定地搖搖頭，扶正眼鏡。一歲半的時候她騎過小馬，我們搬到馬爾默的那個秋天，她兩歲半就開始上騎術學校。地點在人民公園的中心地帶，一座淒慘而潦倒的訓練廳，地面鋪著木屑，這對她而言堪稱絕佳的經歷，她全神貫注，下課後還要繼續談論。她在掉隊的小馬身上坐得筆直，讓琳達牽著一圈又一圈地轉，有時我陪她上課，便由那些好像在馬校長大的十一、二歲的女孩子牽馬，一位指導老師在場中央來回走動，做著講解。老師講的萬妮婭不一定全能聽懂，不過這無關緊要，重要的是馬和馬所處的環境帶來的經驗。馬廄，在草垛上養育小貓的母貓，當天下午誰要騎哪匹馬的名單，她挑選的頭盔，馬被牽進訓練廳的那一刻，騎馬的行為本身，以及結束後她在咖啡廳裡要的肉桂小麵包和蘋果汁。那是一週當中最重要的事。但隔年秋天再上課時出現了變化。他們換了一位新老師，四歲的萬妮婭看上去比實際年齡要大，於是開始面對一些她完成不了的要求。雖然琳達跟老師談過，情況卻沒有好轉，得去上課了，萬妮婭卻表示抗議，她不想去，一點也不想，最後我們罷手了。這時看見海蒂在公園裡騎小驢子，就算沒有任何要求，她也不想騎。

我們還替她報名參加過一個遊戲小組，小孩在一起唱歌、畫畫，或隨意消磨時間。她第二次去的時候，他們要畫房子，萬妮婭把草地塗成了藍色。遊戲小組的負責人走到萬妮婭身邊說，草地不是藍色而是綠色，她能再畫一遍嗎？萬妮婭撕碎了自己的畫，還表現出生氣的樣子，讓家長們紛紛側目，並為自家孩子很有教養而大感慶幸。萬妮婭有很多特點，首先她很敏感，而這種態度正在形成並且固化的事實讓我擔心。看到她成長也改變了我自己對童年的看法，原因不在於質而在於量，在於你單獨和孩子在一起的時間，大量的時間。那麼多個小時，那麼多天，那麼多突然出現又安然度過的狀況。對我自己的童年，我只記得很少的一些事件，我認為它們都很重大，但現在我懂了，它們只是一小部分，還有大量的事情，它們的意義已被沖刷殆盡，我怎麼能知道哪些事情才是決定性的呢？是我記得的某些特殊事件，還是那些我什麼也記不起來的事情？

我和蓋爾每天通電話一小時，討論這些問題的時候，他常常引用斯文．斯托爾佩[1]，說他在某個地方寫過貝里曼[2]，意思是不管他在哪裡長大，都會成為貝里曼，也就是說，無論環境如何，你都能成為你自己。塑造你的是你面對家庭的方式，而不是家庭本身。在我成長的過程中，我受到的教育是，要去尋找身而為人所必備的素養及特質。生物或遺傳上的決定因素，或許是前提，但實際上只勉強作為一個選項存在，即使存在也不足為信。乍看上去，這種態度似乎是人本主義的，原因在於它和人人平等的概念有關，但進一步審視之下，它便恐怕與機械論無異了，認為人降生時一片空白，任由環境塑造人生。一直以來，我採用了一種純理論的立場，來看待這個其實非常根本、可以用做任何討論出發點的問題，也就是——環境是不是有效的因素，舉例來說，如果人一開始既是平等的又可塑的，而好人也可以通過改造其環境來加以塑造，那麼我父母這一代對國家、教育制度和政治才有信心，才有拒絕一切舊習的渴望，才有他們的新真理，不過就人的內在生命及個體的獨特性來看，它們無從可見，而是正相反，它們存在

1 斯文．斯托爾佩（Sven Stolpe, 1905—1996），瑞典作家、翻譯家和批評家，一九四七年皈依天主教。（本書皆為譯者註。）

2 或指終生在郵局工作的瑞典作家布．貝里曼（Bo Bergman, 1869—1967）。

於人內在以外的地方，存在於大千世界和人類集體，對此最清晰的表述也許來自達格．索爾斯塔[3]，他始終是他那個時代的記錄者，「我們不要給咖啡壺安上翅膀。」這句著名的論斷見於他一九六七年的一篇文章。也就是說，去掉崇高，去掉感覺，代之以一種新的唯物主義——但可能正是同樣的態度促成了老城區的拆遷，以騰出空間用於道路和停車場的建設，左派知識分子自然要加以反對，過去他們對此無動於衷，或許至今也意識不到這一點，現在，平等理念與資本主義、福利國家與自由主義、馬克思主義唯物論與消費社會之間的聯繫已顯而易見，因為人人平等的最大創造者是金錢，金錢拉平所有的差異，如果你的性格和命運是可塑的實體，那麼金錢便是最自然不過的塑造者，這還催生出一種迷人的現象，大眾以完全相同的方式購物，以此申張自己的個性與獨創，而那些曾經心懷平等理念，強調物質價值，信奉變革，並為此敞開大門的人，如今卻對自己造成的結果猛烈攻訐，他們相信那是敵人的創造——但是像所有簡單的推理一樣，它也並不完全真實：人生不是數理意義上的量，沒有理論，只有實踐，而儘管有一種引誘，是試圖根據一代人對環境與遺傳之間的關係對社會進行徹底的反思，這種卻是文學上的，更多的樂趣是來自於推測，也就是說，去思考人類不同領域的活動，而不是只是宣揚真理。索爾斯塔的書貼近大地，顯示出對諸多現代思潮難以置信的覺悟，從六〇年代對異化的感知，七〇年代初對政治主動性的弘揚，直到後來隨著變革之風開始吹拂而最終選擇了保持距離。對作家而言，這些風向標一樣的品質既不需要力量，也不需要軟弱，僅僅是他本性的一部分，他判斷力的一部分，以索爾斯塔觀之，他最重要的特色總是體現在別的地方，也就是他的語言，它閃耀著讓人耳目一新的老式的優雅，散發出一種獨特的光輝，不可仿效，又充滿銳氣。這種語言是學不來的，這種語言也無法用錢買到，這就是其價值所在。並不是說我們生來平等，也不是說生活的條件讓我們的人生變得不平等，恰好相反，我們是生來不平等的，而生活的條件讓我們的人生更加平等。

當我想到我的三個孩子，出現在眼前的不只是他們各具特色的面孔，還有他們流露出的迥然不同的感覺。這種感覺從未改變，讓他們在我眼中「如其所是」。而這些「如其所是」的東西，從我看到他們第一天起就在他們身上表現出來了。那個時候他們幾乎什麼也做不了，能做的一點，不外乎是吸吮乳房，出於本能反應而抬抬手臂，看看周圍環境，模仿一下，這些他們都能做，因此他們的「如其所是」無關才能，無關能做什麼或不能做什麼，而更多是一種發乎本性的光輝。

僅僅幾週之後，他們的性格特徵便開始慢慢顯現，並且從未改變，每個孩子的本性都是那麼不同，以至於很難想像我們的行為和處世方式對他們產生過任何具有決定性的意義。約翰性情溫和、友善，喜歡兩個姊姊，喜歡飛機、火車和公車。海蒂性格外向，遇見任何人都肯講話，她對鞋子和衣服著迷，只想穿禮服，對自己的小身體頗為自信，舉個例子，她曾在游泳池光著身子站在鏡前，對琳達說：媽媽，看我屁股長得多棒！她討厭挨罵，如果你凶巴巴地對她講話，她會扭過頭，開始哭。可萬妮婭是會跟你頂嘴的，她脾氣相當大，相當固執，很敏感，但對人也頗為隨和。她記性好，我們給她讀過的書，看過電影的臺詞，大部分她都記在腦子裡了。她有幽默感，在家裡總是把我們逗得大笑，但出門後，她很容易受周圍的影響，如果情況太新或太不熟悉，她便自我封閉。大概七個月大的時候，她已經顯出了羞怯的跡象，可資為證的是，只要有陌生人接近，她便閉上眼睛，只是閉上眼，好像睡著了一樣。她現在偶爾是還會這樣做，比如說，她坐在車裡，我們跟幼稚園某個孩子的家長不期而遇，她的眼睛就會突然閉上。在斯德哥爾摩我們家正對面的那間幼稚園，經過扭扭捏捏和手足無措的階段後，她和一個名叫亞歷山大的同齡男孩變得形影不離，兩人會一起在遊樂場上玩，但有時實在是玩得太起勁了，以至於老師說

3 達格・索爾斯塔（Dag Solstad, 1941—）挪威小說家和戲劇家，曾三獲挪威評論家獎。

他們不得不把兩人分開，好保護亞歷山大，因為萬妮婭強勢得讓他難以招架。但總的來說，萬妮婭一來，他就開心，她一走，他就難過，而從那以後，萬妮婭便更喜歡跟男孩子一起玩了，在他們粗野、無拘無束的舉止中，顯然有她需要的某種東西，大概是因為這並不複雜，同時也帶給了她一種支配的感覺吧。

我們搬到馬爾默後，她進了一家新幼稚園，靠近西港，位於大多數有錢人居住的新城區。由於海蒂太小，必須由我負責讓她安頓下來。每天一早，我們騎車經過老造船廠，朝著大海的方向穿城而出，萬妮婭戴著小頭盔，雙手擁住我，我騎在小台的淑女車上，膝蓋頂到肚子，輕鬆而快樂，因為城裡的每樣東西仍讓我感覺新鮮，早晨和下午的天空，陽光的變化還未因長久的注視而變得枯燥無趣。但萬妮婭每天早上告訴我的第一件事，就是她不想去幼稚園，偶爾還會為此哭起來。我以為這僅僅是個過渡期，過一陣子她就會喜歡上幼稚園，一定會喜歡的。可是等我們到了那裡，不管三位年輕的女老師如何百般引誘，她就是不肯從我腿上下來。我想，最好把她丟下，然後走掉，留她自己照顧自己，可是無論她們還是琳達，肯定誰也聽不下這樣殘忍的惡行，於是我在房間角落找一把椅子坐下，把萬妮婭放到我腿上，孩子們在周圍玩耍，屋外陽光炫目，可是隨著日子一天天過去，秋意已然漸濃。休息時間到了，老師們在院子裡擺好了點心，有切片的蘋果和梨子，要她參加也可以，但我們得坐在離別人十公尺外的地方，我照辦了，臉上擠出歉意的笑，對此我並不驚訝，因為這正是我跟別人打交道的方式，但她只有兩歲半，怎麼會去理解這一點呢？當然，老師最後還是成功地把她從我身邊哄開，讓我得以騎車回家寫點東西，留她撕心裂肺地哭。過了一個月，她便讓我正常接送了。不過有時到了早上，她還是會說不想去，偶爾還是會哭，因此當另一座離我們家很近的幼稚園打來電話，說他們有個空出來的名額時，我們沒半點猶豫。它名叫「山貓」，採用家長合作的形式，這意味著所有家長都必須在一年內空出兩個星期，像老師一樣的來工作，還要擔任許多行政崗位或雜務中的一項。我們不知道這座幼稚園會在多大程度上侵蝕我們的生活，我們只討論了它會帶來的好處：我們可以瞭解萬妮婭的小夥伴，透過互助服務和開會，也將瞭解他們的父母。我們聽人家說，之後孩子們一起回家很正常，那用不了多久，我們也應能有所解脫。此外，還有一個也許最好的理由，我們在馬爾默誰也不認識，連一個可以聯繫的人都沒有，這便是個培育人際關係的捷徑。此言不虛，才過兩個星期，我們就接到了參加小朋友生日派對的邀請。萬妮婭對此真心期待，尤其是她有一雙剛剛得到的金色晚會鞋要穿出去，但同時，她卻也不想參加，這完全可以理解，因為她跟別的孩子依然不是很熟。邀請函在一個星期五的下午放到了幼稚園的書架上，派對時間是下星期六。那週的每天早上，萬妮婭都要問史黛拉的派對是不是當天，我們說不是，她就問那是不是後天，這大概就是她心中最遙遠的未來了。到了那天早上，我們終於能點頭說：對，我們今天要去史黛拉家，她一下子就從床上蹦起來，直奔小櫃子去穿她的金鞋。每個小時她都要問兩三遍，是不是時間到了，該不該走了，眼看著這就是一個令人無法忍受的上午，絮絮叨叨，吵吵鬧鬧，幸虧還有可以填充時間的活動。琳達帶她去了書店，買了一份禮物，後來她們又坐到廚房的桌邊弄生日賀卡。我們幫兩個女兒洗澡、梳頭，穿上白色長襪和派對禮服。突然之間，萬妮婭的情緒一落千丈，她不想穿長襪了，也不想穿禮服，去什麼派對，問都不要問，她把兩隻金鞋往牆上一扔，但是我們耐心地坐著，熬過她大發脾氣的幾分鐘之後，還是努力把各種東西穿到了她身上，就連海蒂受洗時送給她的那條白色針織披肩也沒落下。最後，等兩個小女孩坐進我們身前的童車，她們又一次充滿了期待。萬妮婭一隻手拿著她的金鞋，另一隻手拿著禮物，嚴肅而安靜，但她回頭和我們講話的時候，嘴邊已泛出了笑意。海蒂坐在她旁邊，又激動又高興，或許她不明白我們要去哪裡，但這些打扮和先前的準備工作，一定讓她看出了某種不尋常之事即將發生。開派對的公寓只有幾百公尺遠，就在我們住的這條街上。市聲鼎沸，又是星期六的傍晚，最後一批購物者提著袋子，與來到市中心、在漢堡王和麥當勞外閒晃的小孩們交匯相雜，人流已不再懷有一個單純的目的，通往多層停車場的路上，一家又一家人來來往往。如今，車身鋥亮，貼近地面，聲音低沉，通體震顫，由二十來歲的男性移民駕駛的黑色轎車愈來愈多。超市外面的人如此之多，我們不得不暫且駐足，有個骨瘦如柴的老太太，這個時間經常坐著輪椅在此出沒，此時一眼看到萬妮婭和海蒂，便屈身向前，朝她倆搖響了掛在棍子上的鈴鐺，還露出微笑，滿心要以慈愛示人，卻嚇了兩個小女孩一跳。可她們什麼都沒說，只是看著她。大門口的另一側，坐著一個和我年齡相仿的吸毒者，向前伸出的手裡抓著一項帽子。他有隻貓，關在他身邊的籠子裡，萬妮婭一見，就朝我們轉過頭。

「等我們搬到鄉下，我想要隻貓。」她說。

「貓！」海蒂拿手指著說。

我拉好童車，翻過路緣，上了馬路，好超過三個慢得要死的行人，他們大概以為這人行道是自己家吧。我盡力加快腳步，走了好幾步，超過他們以後才折回人行道上。

「那可能還很久，你知道的，萬妮婭。」我說。

「你不能在公寓裡養貓。」她說。

「沒錯。」琳達說。

萬妮婭又一次想到了未來。她兩手緊緊抓著裝禮物的袋子。

我看了看琳達。

「他叫什麼來著，史黛拉的爸爸？」

「哦，大腦一片空白……」她說。「對了，艾瑞克是不是？」

「沒錯。」我說，「他做什麼的？」

「我不確定。」她說，「跟設計有關吧。」

我們經過戈特格魯萬[4]，萬妮婭和海蒂都伸長脖子盯住了櫥窗。下一個店面是當鋪。旁邊的商店賣各種各樣的小雕像和首飾，有天使和佛像，還有香、茶葉、肥皂，以及其他新世代的小擺設。海報掛在櫥窗內，宣告著瑜伽大師和著名靈媒即將到訪本城的消息。街道另一邊，有家賣便宜品牌的服裝店，力科牛仔服飾，「時尚為全家」。旁邊是TABOO，所謂的「情趣」小店，櫥窗裡擺著假陽具和穿著各式女裝與內衣的模特兒用來引誘行人，這樣的店面不會面臨大街，而是藏身巷內。在它旁邊的是貝里曼手袋帽飾店，想必從四〇年代創辦時起，這裡的裝潢和販賣的品項便不曾更改過。然後是無線電城，剛剛破產，但櫥窗裡仍擺滿了發光的電視螢幕，及各式電子產品，價格寫得大大的，在隱隱發光的橙色和綠色卡紙上。有個規律，你愈往街裡走，商品就愈便宜，愈可疑。這同樣適用於經常在這一地區出沒的人。在斯德哥爾摩的時候我也住市中心，但這裡不一樣，這裡的貧窮和悲慘明擺了在街上。我喜歡這樣。

「就是這裡。」琳達說著就在一道門前停下了。再往前一點，在一家賓果遊戲廳外，有三個五十來歲、面無血色的女人站在那裡抽菸。琳達掃視著對講機旁邊的名單，然後按了一個號碼。兩輛公車，一輛接著一輛，轟然而過，我們走進黑暗的門廳，靠牆停好童車，爬上兩段通往公寓的樓梯，我抱著海蒂，琳達牽著萬妮婭的手。我們上去的時候，公寓的門是開著的，裡面也很黑。這樣直接走進來，我覺得很彆扭，我想按一下門鈴，好讓我們的到來更加明顯，因為我們就站在走廊裡，沒有任何人注意到了我們，哪怕只是最輕微的。

我把海蒂放下，脫掉她的外套。琳達本來也要幫萬妮婭脫外套的，可她不要，得先把她的靴子脫下

4 戈特格魯萬（Gottgruvan），瑪律默的糖果店。

來，好讓她穿金鞋。

走廊兩邊各有一個房間。孩子們在其中一間興奮地玩鬧，另一間有些大人站著說話。在通往公寓更裡面的走廊上，我看到艾瑞克背對我站著，正和幼稚園的一對父母聊天。

「你好！」我說。

他沒回頭。我把海蒂的外套放到椅子上的另一件外衣上面，然後碰到了琳達的目光。她正在找地方掛萬妮婭的外套。

「我們進去？」她說。

海蒂雙臂環住我一條腿。我抱起她，往前走了幾步。艾瑞克轉過身來。

「嗨。」他說。

「嗨。」我說。

「嗨，萬妮婭！」他說。

萬妮婭把臉扭開了。

「你不是要把禮物給史黛拉嗎？」我問。

「史黛拉，萬妮婭來了！」艾瑞克說。

「你來給。」萬妮婭說。

史黛拉從地板上一堆小朋友中間站起來。她笑了。

「生日快樂，史黛拉！」我說，「萬妮婭有禮物給你。」

我低頭看著萬妮婭。「你想把禮物給她嗎？」

「你給。」她低聲說。

我接過禮物，遞給史黛拉。

「這是萬妮婭和海蒂送的。」我說。

「謝謝。」她說完扯掉包裝紙，一看是本書，就把它放到桌上的禮物旁邊，然後回到別的孩子們那裡去了。

「嗯，」艾瑞克說，「都還好吧？」

「還好，還好。」我說。我感到襯衫緊貼胸前。會有人注意嗎？我不知道。

「這房子真好。」琳達說，「三房的？」

「對。」艾瑞克說。

他一副精明相，跟人說話時總有一種已經從對方身上得到什麼東西的感覺，你搞不清他的深淺；他淺嘗輒止的微笑可以有三種解讀：諷刺挖苦、情投意合、猶豫不決，哪一種都完全說得過去。如果他個性鮮明或有棱有角，很可能會讓我感到焦慮，但他是那種猶豫不決的人，意志薄弱，優柔寡斷，所以不管他此時在想什麼，我都毫不擔心。我的注意力放在萬妮婭身上。她緊挨琳達站著，低頭看著地板。

「另一夥人在廚房。」艾瑞克說，「你們想喝的話，那裡有酒。」

海蒂已經進了房間，此時正站在一個架子前，手裡拿著一隻木頭蝸牛。它是帶輪子的，還有根繩子，可以拉著走。

我朝走廊裡兩位家長點點頭。

「嗨。」他們說。

他們叫什麼來著？約翰還是雅各？那她呢，米婭對不對？不，見鬼，他叫羅賓。

「嗨。」我說。

「最近怎麼樣？」他說。

「還不錯。」我說，「你們呢？」

「都很好，謝謝。」

我朝他們微笑。他們同樣也對我們笑著。萬妮婭鬆開琳達，猶豫地走進了小孩正在玩耍的房間。她站著看了他們一會兒，後來好像決定了，要突然採取行動。

「我有金鞋了！」她說。

她彎腰脫掉一隻鞋，舉到空中，好讓大家看個清楚。可誰也沒有看。等她意識到這一點後，便把鞋穿回了腳上。

「你不想跟那邊的小孩玩嗎？」我說，「你看到了嗎，他們有個大娃娃屋。」

她照我說的過去了，坐到他們旁邊，但什麼也沒做，只是坐著觀望。

琳達抱起海蒂，帶她去了廚房。我也跟過去了。每個人都說了你好，我們回以問候，坐到長桌邊上，我挨著窗。他們正在談廉價機票，一開始便宜得要命，但慢慢就貴起來了，因為你得一筆接一筆地掏附加費，最後到手的票價也就和那些收費更高的航空公司差不多了。然後話題轉向了購買二氧化碳排放配額，繼而是新設立的火車旅遊方案。我其實大可和他們談談我的想法，但我沒有，閒聊是我沒能掌握的無數技能之一，所以我就乾坐著，不管說什麼我都點頭，跟平常一樣，別人微笑我也微笑，同時全身心地希望自己飛到千里之外。在廚房的工作檯前，史黛拉的母親弗麗達正在做某種沙拉醬。她已經和艾瑞克分手，雖然遇到跟史黛拉有關的事，他們都還是能很好地一起工作，但是在幼稚園的委員會開會時，你還是能偶爾注意到他們之間的緊張和惱怒。她是金髮女郎，高顴骨，小眼睛，高個子，身材苗條，而且懂得如何裝扮，但她對自己太滿意，太自我中心了，所以我不覺得她有什麼魅力。我對無趣的人，對人云亦云的人都沒成見，他們也許有別的更重要的特質，比如熱情、體貼、友善、幽默感，或是具備某種才能，比如讓談話行雲流水，創造出一種人人輕鬆適意的氛圍，又或者能把家裡打點得極好，但是碰到無趣的又認為自己特別有趣，還要自吹自擂的人，我甚至會感到一種生理上的厭惡。

她把碗放進托盤，我以為那是調味汁，原來只是沾醬，旁邊有一盤子胡蘿蔔條和一盤子黃瓜條。此時萬妮婭進了房間。當她看見我們的時候，就走過來站到很近的地方。

「我想回家。」她溫和地說。

「我們才到啊！」我說。

「我們再待一會兒。」琳達說。「快看，現在你們有好吃的了！」她指的是托盤裡那些蔬菜嗎？肯定是。

這個國家的人都瘋了。

「我跟你去。」我對萬妮婭說，「走吧。」

「你能把海蒂也帶上嗎？」琳達問。

我點點頭，抱起她，走進孩子們待的房間，萬妮婭跟在我身後。隨後弗麗達端著托盤也進來了。她把托盤放到地板中央的一張小桌上。

「這裡有些吃的給你們。」她說，「蛋糕待會兒上。」

孩子們，三個女孩，一個男孩，繼續在玩娃娃屋。另一間屋裡，兩個男孩在到處亂跑。艾瑞克站在那裡，在音響旁邊，手裡拿著一張ＣＤ。

「我這裡有幾張挪威爵士。」他說，「你喜歡爵士嗎？」

「還……還行。」我說。

「挪威的爵士現在不錯。」他說。

「這張是誰？」我問。

他把封面給我看。是個我從未聽說過的樂團。

「挺棒的。」我說。

萬妮婭站在海蒂身後，想把她抱起來。海蒂不要。

「她不要，萬妮婭。」我說，「把她放下。」

她還是要抱，所以我朝她們走過去。

「你不想吃胡蘿蔔？」我問。

「不想。」萬妮婭說。

「可那裡還有沾醬呢。」說完，我走到桌邊，拿了一塊胡蘿蔔條，放進白色的、大概是奶油的沾醬裡浸了浸，然後放進了嘴裡。

「嗯。」我說，「真不錯。」

他們為什麼不能給小朋友準備香腸、冰淇淋和汽水？棒棒糖？果凍？巧克力布丁？見鬼，多麼愚昧、無知的國家！所有年輕的女人都在大量喝水，耳朵都快成噴泉了，她們認為這是「有益的」、「健康的」，但這樣做的唯一效果，不過是大大推高了失禁青年的統計數字。兒童吃的是全麥麵條，全麥麵包，加上各種稀奇古怪的糙米，他們的胃卻難以消化，但這無關緊要，因為這是「有益的」、「健康的」，是「衛生的」。唉，他們混淆了食物和思想，他們認為自己能藉由吃成為更好的人類，卻不理解食物是一回事，食物觀是另一回事。而如果你這樣講了，如果你露出了這樣的想法，那你不是反動分子就是挪威佬，也就是說，落後十年。

「我不想吃。」萬妮婭說，「我不餓。」

「好吧好吧。」我說，「但是看看這裡。你以前見過嗎？這是鐵路模型。要不要搭起來？」

她點點頭，於是我們在別的孩子身後坐下。我開始按照弧線擺鐵軌，同時幫萬妮婭找零件。海蒂已經到另一個房間去了，沿著書架，邊走邊研究裡面的每樣東西。每當那兩個男孩鬧得太嗨，她就整個轉過身來，瞪人家一眼。

艾瑞克終於放好CD並調高了音量。鋼琴、貝斯，加上無數的打擊樂器，某一類型的爵士鼓手就喜歡這樣──拿石頭敲石頭的那種，要不就逮著什麼敲什麼。有時我對此無動於衷，有時我感覺這很荒唐。我討厭觀眾在爵士音樂會上喝彩。

艾瑞克合著音樂點著頭，然後轉過身，朝我眨眨眼，便走進了廚房。此時門鈴響了。是利努斯和他兒子阿基里斯。利努斯上嘴唇的下面放著一撮口含菸，他穿黑褲子，黑外套，裡面一件白襯衫，金髮略顯蓬亂，往屋內看著，目光誠實而天真。

「嗨！」他說，「怎麼樣？」

「很好。」我說，「你呢？」

「還行，按部就班。」

阿基里斯個頭很小，有一雙大大的黑眼睛。他一邊脫外套和鞋，一邊注視著我身後的孩子。兒童像狗，總是湊在一起想看熱鬧。萬妮婭也在看他。她最喜歡的就是他了，她選出來接替亞歷山大角色的就是他。但是他一脫下外套，便直奔其他小孩而去，萬妮婭無計可施，根本攔不住他。利努斯溜進廚房，我想我在他目光中發現的光芒，可能只是他對聊天有所渴望。

我起身看看海蒂。她站在窗下的絲蘭植物旁邊，正從花盆裡往外抓土，已經有一小堆弄在地板上了。

我走過去把她抱開，盡可能用兩隻手捏起土把它們放回去，接著走進廚房找抹布。萬妮婭跟在我身後。一進廚房，她就爬上琳達的腿。客廳裡海蒂哭了起來。琳達對我投來質詢的目光。

「我會去看看。」我說，「只是要先找個能擦東西的。」

大家圍在工作檯周圍，好像要準備開飯了，我沒往餐桌擠，而是去了廁所，扯了一大條衛生紙，在水龍頭下打溼，再返回客廳擦地。我抱起還在哭的海蒂，進廁所給她洗手。她在我懷裡扭來扭去。

「好啦好啦，乖女孩。」我說，「這就好了。還剩一點。好，結束！」

我們出來的時候，她已經不哭了，但一點也不高興，她不願意下來，只想讓我抱著。羅賓雙臂交抱，站在客廳裡，注視著他女兒特雷莎的一舉一動，她只比海蒂大幾個月，但已經能說幾句長句。

「嗨，」他說，「現在還在寫東西？」

「對，一點點。」

「你在家寫？」

「對，我有自己的房間。」

「不難嗎？我是說，你就沒想過先別寫了，看看電視，或是洗點衣服什麼的？」

「這樣挺好的。有工作室的話，我的時間更少，但是……」

「是啊，那當然了。」他說。

他一頭金髮，相當長，捲捲地蓋住後頸，鮮亮的藍眼睛，鼻子扁平，下顎寬大。他不算壯，也說不上單薄。他打扮得好像二十五、六歲，不過他已經快四十了。他心裡琢磨什麼我不知道，一點也看不出他在想什麼，但他並不神祕。相反，他的長相和氣質都給人坦率的印象。但他還是有些什麼，我感覺到了，是別的什麼，是一道陰影。他的工作是讓難民融入社會，他以前告訴過我，然後我問過幾個問題，大概是一個國家能容許幾個難民進入之類，之後便不再談論，因為我覺得我的意見與同情心遲早會在他的標準下被顯露出來，然後我就會給人留下非蠢即壞的印象，我看不出有什麼自己得這樣做。

萬妮婭在朝我們這邊看。她坐在地板上，離別的孩子稍微隔了一點距離。我放下海蒂，萬妮婭好像一直在等我這樣做，她馬上起身走過來，拉住海蒂的手，跟她去了擺放玩具的架子，遞給她木頭蝸牛，如果你在地板上拉著它走，兩隻觸角就會嗡嗡轉動。

「看，海蒂！」她說著把從蝸牛從海蒂手裡拿過來，放到地板上，「你像這樣拉繩子。然後它就轉了。看見了嗎？」

海蒂抓住繩子就扯。蝸牛翻了。

「不，不是這樣。」萬妮婭說，「看我的。」

她把蝸牛扶正，慢慢拉著它走了幾米。

「我有個妹妹！」她大聲說道。羅賓已經走到窗邊，站在那裡望著後院。史黛拉精力充沛，想必還格外興奮，因為這是她的派對。她高興喊叫著一些我聽不懂的話，指著兩個比她小的女孩中的其中之一，要人家把手裡的娃娃遞給她，然後她拉過一輛小推車，把娃娃放進去，便推著車往走廊去了。阿基里斯發現了班傑明，他比萬妮婭大一歲半，通常都坐在某處，全神貫注於一幅畫，一堆樂高積木，或是一條有塑膠海盜的海盜船。他很有想像力，很獨立，行為也很得體，此時正和阿基里斯坐在一起，搭建我和萬妮婭丟下的鐵路。兩個小一些的女孩在追史黛拉。海蒂在哭。她大概餓了。我走進廚房，坐在琳達身邊。

「你過去看看她們好嗎？」我說，「我覺得海蒂餓了。」

她點點頭，拍拍我的肩膀，然後起身。我花了幾秒鐘才了解桌邊的人在談些什麼。一個是關於停車場，另一個是關於車子，我猜他們已經各談各的了。窗外暮色已深，廚房光照不足，桌邊這些瑞典人臉上的皺紋在黑暗中隱沒，眼睛卻在燭光中閃爍。艾瑞克和弗麗達，還有一個我不記得名字的女人站在工作檯邊，背對著我們，正在準備食物。我感到心裡充滿了對萬妮婭的柔情。但我什麼也不能做。我看著正在講話的人，聽到妙語便奉上淡然一笑，抿一口別人放在我面前的那杯紅酒。

坐在我正對面的是唯一一個給人突出印象的。他臉很大，兩頰疤痕累累，面容粗獷，目光如炬。放在桌上的兩隻手堪稱巨大。他穿一件五〇年代的襯衫，藍色牛仔褲捲到腿肚子上。他的髮型也是典型五〇年代的，還留著連鬢鬍子。但讓他與眾不同的並非這一切，而是他的氣場，你能感到此人昂然在座，哪怕他沒怎麼說話。

我曾在斯德哥爾摩去過一個派對，有位拳擊手也在。他坐在廚房，那種肉體的存在感觸手可及，雖然隔著一段距離，還是讓我充滿了討厭的自卑的感覺。一種我不如他的感覺。頗為奇怪的是，那天晚上證明我是對的。派對主人是琳達的朋友柯拉，她家很小，所以大家都四處站著聊天。客廳裡的音響傳出響亮的音樂。外面，雪讓街道披上了銀裝。琳達挺著大肚子，在孩子出生並改變一切之前，這大概是我們能參加的最後一個派對了，所以她儘管很累，還是要盡力多待一會兒。我端著一杯酒和湯瑪斯聊天，他是攝影師，也是蓋爾的朋友；柯拉通過湯瑪斯的伴侶瑪麗與他結識，瑪麗是詩人，在畢斯科普斯─阿恩[5]做過柯拉的老師。由於肚子的原因，琳達仰坐在從桌邊拉開的椅子上，笑了又笑，很開心的樣子，但在場大概只有我一個人知道，過去幾個月來她已很少這樣，散發出來的光芒總是微弱的，也比較內向。過了一會後她起身離開，我微笑著看了看她，便將注意力轉回到湯瑪斯身上，他正在談紅髮人的基因問題。當晚紅頭髮的占了多數。

有人敲門。

「柯拉！」我聽見有人在叫。「柯拉！」

難道是琳達？

我起身走進門廳。

敲門聲是從廁所裡面傳出來的。

「是你嗎，琳達？」我問。

「是我。」她說，「我想門鎖卡住了。你能把柯拉叫來嗎？應該有什麼技巧可以開門。」

我走進客廳，拍拍柯拉的肩膀。她一隻手端著一盤子吃的，另一隻手拿著杯紅酒。

「琳達被反鎖在廁所裡了。」我說。

「噢，不！」她說著放下杯子和盤子就往外衝。

她們隔著鎖住的門商量了一會兒。琳達努力按指示去做，但無濟於事，門還是打不開。公寓裡所有人都知道了是什麼狀況，氣氛變得既歡快又興奮，一大群人擠在走廊裡為琳達想辦法，柯拉手忙腳亂，焦躁不安，不停地說琳達挺著大肚子呢，我們得做點什麼啊。最後的決定是打電話找鎖匠。等人來的時候，我站在門邊和裡面的琳達說話，不自在地意識到人人都能聽到我在說什麼，人人都知道了我的無助。我就不能一腳踹開門救她出來嗎？豈不是既簡單又有效？

我以前從來沒踹過門。我不知道門有多結實。萬一踹不動，那又會顯得多愚蠢？

半小時後鎖匠到了。他在地板上打開一個工具帆布包，對著門鎖撥弄一通。他很瘦小，戴眼鏡，腦袋上有一塊已經開始謝頂。他對身邊圍觀的人什麼也沒說，只是一個工具接一個工具做著徒勞的嘗試，

---

5 指畢斯科普斯—阿恩北歐人民高等學校（Nordens Folkhögskola Biskops-Arnö）。

那該死的鎖紋絲不動。最後他放棄了，告訴柯拉這沒有用，門他是打不開了。

「那我們該怎麼辦？」柯拉問，「她這就要生了呀！」

他聳聳肩。

「你們得把門踹開。」他直勾勾地看著自己那一堆工具說。

由誰來踹門呢？

非我不可。我是琳達的丈夫。這是我的責任。

我的心在狂跳。

我該踹嗎？在所有人的注視下退後一步，用盡全力踹一腳？門若不動怎麼辦？飛出去打到琳達怎麼辦？

她必須在角落裡找到藏身之處。

我平靜地做了幾次呼氣吸氣的動作。可這不管用，我心裡仍然在顫抖。像這樣引起別人的注意，簡直是自尋死路。如果還有失敗的風險，那只會更糟。

柯拉環視左右。

「我們得把門踹開。」她說，「誰上？」

鎖匠已消失在門外。如果那個人註定是我，那麼挺身而出的時候到了。

我挺了，可是沒出。

「米克。」柯拉說，「他是拳擊手。」

她轉了一圈，準備去客廳把他拉過來。

「我可以去叫他。」我說。用這種方式我無論如何也掩蓋不了自己的恥辱，我要直截了當地告訴他：

本人，作為琳達的丈夫，是不敢踹門的，所以我要請您，作為一位拳擊手和巨人，為我把門踹開。

他站在窗邊，手拿啤酒，正在和兩個女孩聊天。

「你好，米克。」我說。

他看看我。

「她還鎖在廁所裡。鎖匠也弄不開。你能把門踹開嗎？你覺得行嗎？」

「當然。」他說完，虎視眈眈地看了我一會兒，才放下啤酒，走進門廳。我跟在後面。他走向廁所的過程中，大家紛紛讓出路線。

「你在裡面嗎？」他問。

「在。」琳達說。

「儘量離門遠點。我要踹了。」

「好的。」琳達說。

他稍等片刻，然後抬起一隻腳，跺到門上，力量之大，連門鎖都癟了。碎片飛濺。

琳達出來的時候，有些人鼓了掌。

「真可憐。」柯拉說，「我很抱歉。讓你經歷這些，而且還……」

米克已轉身離去。

「你還好吧？」我問。

「還好。」琳達說，「但我覺得我們該回家了。」

「當然。」我說。

客廳裡的音樂調低了音量，兩個三十歲出頭的女人即將朗誦自己奔放的詩作。我把琳達的外套遞給她，穿上自己的，跟柯拉和湯瑪斯道別，恥辱在我內心燒灼，但最後一份責任還未履行，我必須去感謝米克所做的一切。我擠過詩朗誦的觀眾，走到窗邊停下，站在他面前。

「非常感謝。」我說，「你救了她。」

「呃，」他聳了聳一對巨大的肩膀說，「這沒什麼。」

在搭計程車回家的路上，我幾乎不敢看琳達一眼。我沒有挺身去盡我的職責。我居然懦弱到要讓別人為我踹門。一切歷歷在目。我是個可憐蟲。

我們上床睡覺時，她問我怎麼了。我說我因為沒踹門而感到羞恥。她驚訝地看著我。她從未有過這種想法。為什麼該我踹？我不是那種人對不對？

坐在桌子對面的男人發散出與斯德哥爾摩那位拳擊手相同的氣場。這與他身材的高矮或肌肉的品質無關，因為雖然這裡有好幾個男人，都擁有經過良好訓練的強健軀幹，但他們對我的影響微不足道，他們在房間裡的存在感是稍縱即逝的和無關緊要的，就像一片不經意的思緒，不，是別的什麼，只要我碰到它，感覺就變得更糟，我看到自己還是那個脆弱的、受縛的男人，在語詞的世界裡過他的生活。我坐在那裡深思，也不時偷看他兩眼，還拿半隻耳朵聽著別人不間斷的交談。現在話題已經轉向了各種教學方式，以及正在為他們的孩子考慮哪家學校的事。在短暫的間歇中，利努斯談起了他參加過的一次學校運動會，而後話題便轉入房價。共識是近年來房屋價格飆升，但斯德哥爾摩比這裡漲得更多，也許跌價只是個時間問題，搞不好跌起來會像上漲時一樣劇烈。後來利努斯把臉轉向我。

「挪威房價怎麼樣？」

「跟這裡一樣吧，差不多。」我說，「奧斯陸和斯德哥爾摩一樣貴。其他地方會便宜些。」

他的目光在我臉上稍作停留，以備我接過他交給我的這個話頭，但是在發現不是那麼回事之後，他便轉過頭繼續聊起來了。我們第一次一起參加幼稚園的會議時他就做過一模一樣的事，不過當時隱含了一種批評的意味，因為正如他所說，會議快要結束，琳達和我卻都還沒有開口，而會議的重點是每個人都應該發言，這才是家長合作社的真諦所在。我對正在討論的事情不知道說什麼才好，所以由琳達代表全家來分析利弊，她臉上稍稍泛紅，全體與會者的目光都集中在她身上。第一個議題是幼稚園該不該遣散目前雇用的廚師，轉而向更便宜的餐飲公司。第二項，如果這麼做了，又該選擇哪類食物：素食還是標準餐？山貓其實是個素食幼稚園，當初就是以此為原則而建園的，儘管現在只有四位家長是素食者，但因為準備了品種豐富的素食，孩子們卻吃不了多少，很多家長便認為不妨摒棄這一原則。討論持續了幾個小時，猶如海床上的拖網一般拉扯著議題。例如各種香腸裡的肉類比例；從商場買來的香腸是一回事，它們的肉類比例就印在標籤上，而餐飲公司的香腸是怎麼做的，則又是另一回事，你怎麼能知道裡面放了多少肉？對我來說，香腸就是香腸。對那天晚上呈現在我眼前的世界，我沒有一丁點概念，尤其無法理解有人會鑽研得如此之深。孩子們有個廚師，在他們自己的廚房裡給他們做飯，不是挺好的嗎？我想歸想，但沒說出口。我開始希望整場討論不要讓我們發言就結束，但利努斯隨即便用他那敏銳又天真的目光盯上了我們。

客廳傳來海蒂的哭聲。我又一次想到了萬妮婭。通常她在這種情況下的解決之道是，與別人做一模一樣的事。如果人家拉出椅子，她也拉出椅子，如果人家坐下，她也坐下，如果人家笑，她也笑，哪怕不明白他們為什麼笑。如果人家高喊著什麼亂跑，她也高喊著什麼亂跑。這就是她的方法。但史黛拉看穿了它。有一次我剛好在那裡，只聽她說：你就知道學我們！你是鸚鵡！鸚鵡！這並未阻止她繼續如此，因為實踐證明，這種方法此前一直極為有效，但史黛拉當權後，對她可能的確有所抑制。我知道萬妮婭理解其中奧妙。有好幾次她對海蒂說了同樣的話，說她學她，說她是鸚鵡。

史黛拉比萬妮婭大一歲半，萬妮婭對她最為仰慕。她能當她的跟班，全仗著史黛拉的恩典，而史黛拉對幼稚園的所有孩子都有這樣的控制力。她是個漂亮的小孩，金色頭髮，大大的眼睛，穿著打扮總是既得體又引人注目，而她身上的那點殘忍，與同樣處在等級體系最上層的其他孩子們的作為相比，既不更壞，也不更好。這並非我看她不順眼的原因所在。對我而言，問題在於她太清楚自己對成年人的影響力了，還有她利用這種迷人的天真無邪時所採取的方式。在我出於義務到幼稚園工作的這段期間，我從不吃她這一套。無論她在提出要求時眼睛如何閃亮，我都不為所動，她感到不解，然後使出雙倍的力氣，對我發動魅力攻勢。有一次幼稚園放學後，她跟我們一起去了公園。她和萬妮婭並排坐進雙人童車，而我一隻手抱著海蒂，另一隻手推車。離公園還有一段距離，她居然就跳出去了，要跑完最後一段距離，我對此做出了激烈的反應。我把她叫回來，要她老老實實地坐進童車，直到我們抵達公園，這裡到處都是車，她沒發覺嗎？她驚訝地看著我，她不習慣這種語氣，儘管我對自己解決問題的方式並不滿意，我還是認為，一個「不」字真算不上這小傢伙可能會碰到的最糟糕的事。但她懷恨在心。半個小時過後，我抓住她們的腳，讓她們在空中轉圈，這讓她們很高興，然後我又跪下和她們戰鬥，萬妮婭喜歡這樣玩，尤其是助跑之後衝上來把我撞倒在草地上，輪到史黛拉時，她卻一腳踢在我小腿上，踢一次沒關係，兩次也沒事，但她第三次這麼做的時候，我告訴她：很痛，真的很痛，不要再踢了，史黛拉，當然她聽不進去，這事已經變得讓人興奮，於是她又一次踢了我，還伴隨著響亮的笑聲，一向模仿她的萬妮婭也笑起來，因此我站起身，抓住史黛拉的小腰，讓她立正。「聽著，你這小屁孩。」我很想那樣說，要不是再半個小時她媽媽就要來接她的話，我也就那麼說了。「聽著，史黛拉。」我實際上是這樣說的，語氣嚴厲，帶著不悅，盯住她的眼睛。「如果我說不要，那就是不要。你懂嗎？」她低著頭，拒絕回答。我托起她的下巴。「你懂嗎？」我再次問道。她點點頭，於是我放開她。「我要去那邊的長椅上坐著。你媽來之前你們自己玩吧。」萬妮婭朝我做了個不解的表情，但隨即又笑著跟在了史黛拉的身後。對她來說，這一幕每天都會上演。幸運的是，史黛拉馬上把此事拋到了腦後，而我實際上也是如履薄冰——萬一她哭起來，叫起來，那我到底該怎麼辦？但她和萬妮婭一起跑到一群小孩所組成的大「火車」那裡去了。她母親來的時候，手裡有兩杯拿鐵。平時她一看到我就走，但她遞給我一杯咖啡，我沒有選擇，只能坐下，一邊聽她嘮叨著工作，一邊瞇起眼睛，看著十一月的太陽，並不時朝孩子們的方向看上一眼。

我到幼稚園工作的那個星期，和一個正常的上班族差不多，基本上按部就班；我以前在公共機構有過不少工作經驗，所以很快摸清了路數，老師們還不習慣看到家長這個樣子，給小朋友穿衣服、脫衣服、換尿布，甚至在需要的時候帶遊戲，我都不是生手。很自然，孩子們以不同的方式對我的出現做出了反應。例如，其中一位到處瞎晃的小朋友一個朋友都沒有，這男孩又瘦又小，一頭白髮，隨時想爬到我腿上，要嘛讓我講故事，要嘛只是在我腿上乾坐著。還有一位，別人都走了以後，我陪他玩了半個小時，他母親遲到了，但我們玩海盜船的時候，他把母親沒來的事忘得一乾二淨，讓他喜出望外的是，我不斷加入了新的特色，比如鯊魚、搶劫艇和火。但第三個男孩就不一樣了，他年齡最大，馬上發現了我的弱點，我們在桌上吃飯的時候，他從我口袋裡搶走了一串鑰匙。其實我只是沒有制止他而已。雖然很生氣，但我還是允許他繼續鬧下去。首先，他問我裡面有沒有車鑰匙。我搖搖頭，他問我為沒什麼沒有。我說我沒買車。他問為什麼沒買。我說我沒有駕照。他說你不會開車？他說你不是大人嗎？所有大人都會開車對不對？然後他把這串鑰匙在我眼皮底下晃得叮噹亂響。我由他鬧，心想他很快就會感到厭倦的，可他沒有；相反，他驕傲了起來。他說我搶了你鑰匙，你就是拿不到。他不停地拿鑰匙在我面前晃得叮叮響。別的孩子看著我們，三位老師也在看。我去抓鑰匙，但失手了。他及時往回一縮，大笑，然後奚落我。哈哈哈，你拿不到！他尖笑著。我儘量不表現得氣急敗壞。他開始啪啪地往桌子上摔鑰匙。我說：

別這樣做。可他只是厚顏無恥地笑著，就是不肯停。一位幼稚園老師告訴他住手，他這才停下，但是繼續在手裡晃著鑰匙。他說你永遠也拿不到。這時萬妮婭突然插嘴了。

「把鑰匙還給爸爸！」她說。

這是什麼情況？

我假裝什麼都沒發生，再度埋頭吃飯。但小惡棍繼續嘲弄我。叮叮叮，叮叮叮。我決定鑰匙先給他拿著，吃完飯再說。喝了點水，感到臉上泛紅，奇怪，居然就為了這麼一件小事。是不是幼稚園的園長奧拉夫看見了？不管怎樣，他命令約克拿回鑰匙。約克立馬照辦，一點也不拖泥帶水。

縱觀我全部的成年生活，我始終與他人保持著距離，這一直是我應對的方式，因為我的想法與情緒往往顯露在外，容易與他人產生摩擦，一旦他們察覺我如一團風暴，他們只得淡淡地別過頭去，以躲避我隨時爆發的情感。這種顯露自然也說明了我與兒童之間的關係。我可以坐下來，和他們玩耍，但是由於他們不像成人一樣具備謙恭與禮貌，也就意味著他們能無拘束地刺穿我的個性，隨心所欲地大肆破壞。當這一切開始時，我僅有的防衛只會是純粹的身體力量——這我可不能用，或者假裝滿不在乎——這也許是最好的辦法，但我實在不擅此道，因為孩子們，至少他們之間最機靈的，立刻就會發現我在他們面前是多麼不安。

唉，真是毫無尊嚴可言！

突然一切都顛倒了。我，一個對萬妮婭上的幼稚園沒有好感的人，只想讓它為我照看萬妮婭的人，好讓我每天能有幾個小時安安靜靜地工作，而不必知道她在做什麼，她怎麼樣，我是一個在生活中不想要任何密切關係的人，一個得不到足夠距離也得不到足夠孤獨的人，現在卻得突然到那裡上一個星期的班，且什麼都要問。然而這事情不會到此為止，因為你接送小孩的時候，正常來說都會在遊戲室、餐廳，或者他們所在的其他地方坐上幾分鐘，你得跟別的家長聊聊天，或許還要和孩子們玩一會，一星期裡天天如此……我平時都是迅捷快速，不等任何人發現，就趕快接上萬妮婭，幫她穿好外套就走，可我仍然不時在玄關裡陷入困境，交談開始了，然後忽然之間，我便發現自己坐在那裡一張又矮又深的沙發上，不斷對某件事，對他人做出附和，而其他人對我的一切都毫無興趣，那些無禮的孩子則對我又拉又拽，想讓我扔，讓我抱，讓我甩，至於約克，順帶說一句，他爸爸是好心的、喜歡讀書的銀行家古斯塔夫，只是喜歡拿尖尖的東西戳我而已。

在桌邊擠在別人中間吃著蔬菜，臉上掛著勉強但謙恭的微笑，一起度過星期六的下午和晚間，這也同樣屬於義務。

艾瑞克從檯面上方的櫥櫃裡拿下一疊盤子，弗麗達數著刀叉。我喝了一小口酒，能感到自己有多餓。史黛拉在門廳止步，臉紅撲撲的，掛著細小的汗珠。

「現在可以吃蛋糕了嗎？」她叫道。

弗麗達朝她轉過身。

「快了，寶貝。我們得先吃點正經的食物。」

她將注意力從孩子們身上轉向坐在桌邊的人。

「食物好了。」她說，「大家隨意。那邊有盤子和餐具。也可以替孩子們拿點吃的。」

「啊，有吃的太好了。」利努斯說完站了起來，「都有什麼？」

我本來計畫多坐一會兒，等不用排隊再說。當我看到利努斯端著豆子、沙拉、總少不了的蒸粗麥粉和我猜是砂鍋鷹嘴豆的熱食回來時，便起身走進廚房。

「食物在那邊。」我告訴正站著和米婭聊天的琳達，她抱著海蒂，萬妮婭摟著她的兩條腿。

「我們換換？」我說。

「好，太好了。」琳達說，「我快餓死了。」

「現在能回家嗎，爸爸？」萬妮婭問。

「可是我們要吃飯了啊。」我說，「後面還有蛋糕呢。我幫你拿些食物好不好？」

「我什麼都不想吃。」她說。

「怎麼說我也都得幫你拿點吃的，」我說完接過海蒂，「跟我來。」

「對了，海蒂吃了根香蕉。」琳達說，「不過她可能也想再吃點。」

「過來，特雷莎，我們過去拿點吃的給你。」米婭說。

我跟上她們，抱起海蒂站進佇列。她頭靠在我肩膀上，只有累的時候她才會這樣做。襯衣貼在我胸前。我看到的每張臉，每道目光，聽到的每個聲音，都像鉛塊一樣對我形成重負。每當人家問我問題或我問人家問題的時候，字字句句都好像就要爆炸似的。海蒂讓事情變得容易了，有她在手，就像一種保護，既因為我有事情要忙，也因為她的在場分散了別人的注意。他們對她微笑，問她累不累，摸摸她的臉蛋。我與海蒂關係中的很大一部分是以我抱著她為基礎的。這是我們關係的依據。她總想讓我抱著，從來不願走路，只要一看見我就舉起雙臂，只要獲准離地，坐進我懷裡，就會露出開心的笑。我也喜歡讓她緊挨著我，這個長著大大的眼睛和貪婪的嘴巴、胖嘟嘟的小東西。

我往盤子裡舀了些豆子、兩勺砂鍋鷹嘴豆和一份蒸粗麥粉，端著它們進了客廳，孩子們圍坐在屋中央一張矮桌邊，身後是伺候他們的父母。

我剛把盤子放到萬妮婭面前，她說：「什麼都不想吃。」

「那好吧。」我說，「不想吃就不吃。海蒂想不想來一點？」

我用叉子舀了幾顆豆子，舉到海蒂嘴邊。她緊緊閉上嘴巴，把頭扭到一邊。

「吃點吧。」我說，「我知道你們餓了。」

「我們能玩火車嗎？」萬妮婭問。

我看看她。在正常情況下，她不是盯住鐵路模型，就是仰起臉看著我不停地哀求，這一次她卻直視著前方。

「當然可以。」我說。我把海蒂放下，走到房間角落，不得不膝蓋頂著身體，幾乎頂到胸口，才能在小小的兒童傢俱和一堆玩具盒子之間擠出一點空間。我拆開鐵路模型，一片一片遞給萬妮婭，她已經厭倦了重新組裝。零件不對時，她就用盡全力把它們按到一起。我等著，等她開始發怒，就要把零件扔出去的節骨眼上，才出手阻止。海蒂老想掀翻鐵軌，我四下打量，想找個東西來分散她的注意力。拼圖怎麼樣？來個毛絨玩具？一匹長著大睫毛和長長的粉紅人造鬃毛的塑膠小馬？通通讓她扔出去了。

「爸爸，幫幫我好嗎？」萬妮婭叫道。

「當然。」我說，「你看，我們在這裡搭一座橋，然後火車就能從橋上開過去，還能走橋下。肯定好玩，對不對？」

海蒂抓起一片橋。

「海蒂！」萬妮婭叫道。

我從海蒂手裡拿橋，她放聲尖叫。我抱過她，站起身。

「我拼不起來！」萬妮婭說。

「我馬上回來。把海蒂給媽媽就回來。」我說，然後像一個很有經驗的主婦那樣，背著海蒂去了廚房。

琳達在和古斯塔夫聊天，山貓所有的家長裡，唯一一個從事傳統職業的就是古斯塔夫，不知道為什麼，琳達跟他很談得來。他天性快活，容光煥發，矮小但總是衣著整潔的身體顯得結實而強壯，他脖子粗，下巴寬，臉雖然胖，但顯得爽朗，喜氣洋洋。他喜歡聊讀過的書，剛剛讀了理查．福特的作品。

「真是棒極了。」他想必在說，「你讀過嗎？寫的是一位房地產經紀人，很普通的男人，沒錯，還有他的生活，那麼平凡，那麼正常。福特抓住了美國的靈魂！美國的調子！美國的脈搏！」

我喜歡他，特別是他的正派，其原因無非是他有一份簡單而誠實的工作，而這樣的工作是我的朋友們無一具備的，尤其是我自己。我們年齡相同，但是我認為他在外表上要比我大十歲。他的那種老成，正是我小時候父母那一輩的樣子。

「我看海蒂可能很快就該睡覺了。」我說，「她好像累了。可能也餓了。你能帶她回家嗎？」

「好的，吃完就走，行嗎？」

「當然行。」

「現在我可是親手翻過你的書了！」大衛說，「我去書店，正好看見它。感覺很有趣的樣子。出版社是諾爾斯泰特吧？」

「是的，」我強作笑顏說道，「是他們出的。」

「這麼說你沒買囉？」琳達問，聲音裡不無笑謔的語氣。

「沒，暫時沒買。」他邊說邊用餐巾紙抹了抹嘴。「寫天使的對嗎？」

我點點頭。海蒂從我懷裡滑下去了，我再把她抱起來時，發現她的尿布沉甸甸的。

「我幫她換完尿布你們再走。」我說，「你帶了尿布吧？」

「帶了，放在門口那。」

「好。」我說完便去拿尿布了。萬妮婭和阿基里斯正在客廳裡瘋跑，從沙發跳到地板上，大聲笑著，爬起來再跳。我感到胸口湧起一股暖流。我俯身去拿尿布和溼巾的時候，海蒂就像考拉一樣緊抓住我。廁所裡沒有尿布台，所以我把她放到瓷磚地上，脫掉她的長襪，撕開尿布頂端的膠紙，把它丟進水槽下方的廢紙簍，而海蒂一直用一種嚴肅的表情看著我。

「只有噓噓！」她說。她把頭扭到一邊，盯著牆看，顯然對換上乾淨尿布一事無動於衷，從嬰兒時起她就是這樣的態度。

「好了，」我說，「大功告成。」

我抓住她的雙手，拉她起身，再疊起她稍微有點溼的緊身褲，放到嬰兒車上的袋子裡，再找到一條運動褲給她換上，然後是有泡泡襯裡的棕色燈心絨夾克，這是一週歲生日時英格威送給她的。我正在給海蒂穿鞋時，琳達進來了。

「我也很快就走。」我說。我們親了一下。琳達一手拿著袋子，另一隻手抱起海蒂，她們離開了。

萬妮婭高速跑過走道，身後拖著阿基里斯，兩人衝進一間房間，想必是臥室，沒過多久，便聽到裡面傳出她過度興奮的喊叫。既然走回去再坐到廚房桌邊的想法沒有什麼切實的吸引力，我便推開廁所的門，把自己鎖在裡面，一動不動地站了幾分鐘。我用冷水洗了臉，拿一塊白毛巾仔細擦乾，接下來便在鏡子裡看見了自己，目光如此陰鬱，臉上因為沮喪又是如此僵硬，此情此景讓我心生畏懼。

廚房裡沒人注意到我回來了，只有一個表情嚴峻的小個子女人戴著眼鏡盯住我看了看，她留著短髮，一副樸素、呆板的模樣。她想幹什麼？

古斯塔夫和利努斯正在討論退休後的安排，穿五〇年代襯衫、鬱鬱寡歡的男人讓兒子坐在他腿上，那是個頑皮的男孩，長著幾近白色的金髮，正和他討論馬爾默足球隊，弗麗達在跟米婭聊她和一些朋友打算發起的俱樂部性質的晚會。與此同時，艾瑞克和馬蒂亞斯比較著電視螢幕的優劣，利努斯也想加入這一討論，我能看到他對古斯塔夫長看短瞟，又不想顯得有失禮貌。那個留短髮的女人是唯一一個沒有加入聊天的人，就算我想方設法不往她那個方向看，她還是從桌對面探身向前，問我對幼稚園滿不滿意。我說滿意。又說，也許園裡要做的事情確實多了一點，不過多投入一些時間肯定是值得的，你可以瞭解孩子們的小夥伴，我認為這是好事。

她對我的話報以淡淡的一笑。肯定有什麼事情讓她傷心，讓她發愁。

「搞什麼？」利努斯突然說道，同時猛地推開他的椅子。「他們在那裡幹什麼？」

他起身走進廁所。片刻之後，他押著身前的萬妮婭和阿基里斯出來了。萬妮婭笑得臉上開了花，阿基里斯卻是一副有罪的模樣。他身上小西裝的兩隻袖子已經溼透，萬妮婭光著的雙手也泛著水光。

「我進去一看，他們的手都插在馬桶裡，要多深有多深。」利努斯說。我和萬妮婭對視了一下，實在憋不住笑了。

「我們得把這衣服脫掉，年輕人。」利努斯說著，便領阿基里斯往門廳的方向走。「你可得好好洗洗手。」

「你也一樣，萬妮婭。」我邊說邊站起來。「我跟你一起去廁所。」

她把兩條手臂伸到水槽上方，仰起臉看著我。

「我在跟阿基里斯開玩笑！」她說。

「看得出來。」我說，「但你也不用把手伸到馬桶裡啊，對不對？」

「是不用。」她說完便哈哈大笑。

我在水龍頭下打溼兩手，抹上肥皂，幫她洗雙手，從指尖一直洗到肩膀，然後擦乾，親親她的額頭，這才帶她出來。我坐下時歉疚地笑了，但其實毫無必要，誰也沒有興趣過問這小小的插曲，就連利努斯也是一樣，他一回來，就接著講起了他在泰國看見的猴子圍攻一個男人的故事。別人大笑的時候，他臉上一絲笑容也沒有，而他好像在吸收大家的笑聲，來讓這故事再度煥發活力，他做到了，大家又一次爆出大笑，這時他才露出笑容，笑得不厲害，也不是為他自己的機智而笑，我感覺那更像一種滿足的表情，對他所引發的歡笑聲感到愜意。「真棒，真棒，真棒。」他邊說邊拿一隻手在空中戳著。那位表情嚴峻的女人本來一直看著窗外，現在則往前拉了拉椅子，再度屈身於桌前。

「有兩個年齡這麼近的孩子不容易吧？」她問。

「一半一半吧。」我回答說，「有點累人。但兩個還是比一個好。一個小孩好像有點可憐，要我說的話……我一向覺得我想要三個孩子。這樣他們玩的時候就會有很多種組合。孩子們在和父母面對面時也能有人數上的優勢……」

我笑了。她什麼都沒說。我突然意識到她只有一個孩子。

「不過只有一個也挺好的。」我說。

她用一隻手撐住下巴。

「但是我希望古斯塔夫有個弟弟或妹妹。」她說，「只有我們，太不容易了。」

「不會的。」我說，「在幼稚園他會有很多朋友，那樣也不錯。」

「問題是我還沒有丈夫。」她說，「所以這是不可能的。」

這**他媽的**和我有什麼關係？

我對她投以同情的目光，並集中精力阻止自己的眼神四處飄移，那是這種情況下經常發生的事情。

「我也沒辦法想像去見那些要做我孩子父親的男人。」她接著說道。

「不要多想。」我說，「這些事情自然會有答案的。」

「我不相信他們做得來。」她說，「但不管怎麼樣，還是謝謝你。」

我眼角的餘光探知到有物體在移動。我扭頭朝門的方向看。是萬妮婭過來了。她在我身邊停下腳步。

「我想回家。」她說，「我們現在能走嗎？」

「得再多待一會兒。」我說，「很快就可以吃蛋糕了。你也想來一點對嗎？」

她沒有回答。

「你想坐我腿上嗎？」我問。

她點點頭，我移開酒杯，把她抱上來。

「你跟我坐一小會，然後我們再進去。我可以跟你待在一起。好嗎？」

「好。」

她坐在我腿上，看著桌邊的其他人。我想知道她在想什麼。她怎樣領會眼前這一切？

我觀察著她。她長長的金髮披垂，已經過了肩膀。小鼻子，小嘴吧，兩隻小小的耳朵，都有小妖精似的尖角。那雙總讓情緒暴露在外的藍眼睛，有點輕微的斜視，因此才戴上了眼鏡。一開始她為之驕傲，生氣的第一件事就是把眼鏡摘掉。也許這是因為她知道，她戴眼鏡對我們很重要，是這樣嗎？

和我們在一起，她的眼睛是活潑而喜悅的，除非她大發脾氣時眼睛上了鎖，變得不可接近。她有極為戲劇化的性格，能夠以自己的喜怒統治全家，她用玩具上演一齣出關係複雜的大戲，也喜歡聽故事，但看電影更讓她樂在其中，她尤其偏愛那些性格鮮明、情節曲折的影片，為之苦思冥想，並和我們反覆討論，動不動就提出問題，還帶著重述劇情的快樂。有一段時間她對林格倫筆下的瘋丫頭瑪迪琴特別著迷，這讓她常常跳下椅子，閉起眼睛躺到地板上，我們必須扶起她，首先還得假裝她死了，接著要發現她只是昏過去，得了腦震盪，我們把她抱起來，她眼睛閉著，雙手無力垂下，我們把她放到床上，她要連躺三天，更合她心意的是我們把電影裡這一幕悲傷的主題曲也哼出來。最後她一躍而起，衝向椅子，將一切從頭來過。在幼稚園的聖誕晚會上，她是唯一一個對掌聲鞠躬致謝、並且顯然為受人關注而感到開心的孩子。對她而言，事物的概念常常比事物本身更重要，就拿糖果來說吧，她能談一整天，懷著滿心的期待，但是等到糖果裝在碗裡，放到她面前的時候，她卻很少動嘴，就算吃一顆也會很快吐掉。不過她並不懂得吸取教訓，到下個星期六，她對神奇糖果的期待又會再度高漲。她非常想去滑冰，但我們一踏上溜冰場，她腳上穿著外婆買給她的溜冰鞋，頭上戴著小號的溜冰頭盔，竟然氣得直哆嗦，因為她意識到自己根本站不住，而保持平衡好像也不是很快就能學會的。因此，後來發現自己竟然會滑雪，實在讓她喜出望外，那一次是在她祖母家的花園裡，我們找了一小塊雪地，想試試她剛得到的滑雪裝備。然而還是老樣子，滑雪的概念和學會滑雪的喜悅大過了滑雪本身，不用滑她也能得到莫大的快樂。她喜歡和我們一起旅行，喜歡看到新的地方，也會在此後好幾個月裡談論所經歷的一切，但她最喜歡的無疑還是和小朋友們一起玩。對她來說，幼稚園的其他小孩能和她一起回家是最好的經歷。班傑明第一次要來之前，她整晚走來走去，檢查自己的玩具，固執地擔心它們不合他的心意。她那時才剛滿三歲。可是等他一來，他們馬上就玩開了，所有先前的擔心都在激動和興奮的騷亂中一掃而空。班傑明對父母說，萬妮婭是幼稚園裡最可愛的女孩，當我轉告她時，她正坐在床上玩芭比娃娃。她用一種我從未見過的表情對這句話做出了反應。

「你知道班傑明怎麼說的嗎？」我在玄關裡問道。

「不知道。」她邊說邊抬頭看著我，突然來了興致。

「她說你是幼稚園裡最可愛的女孩。」

我從來沒見過她臉上洋溢著這樣的光彩。她因為幸福而臉色發紅。我知道琳達和我誰也說不出能讓她這樣高興的話，我也馬上清楚地意識到她並不屬於我們。她完全掌握著自己的人生。

「他說什麼？」她問。她想要再聽一遍。

「她說你是幼稚園裡最可愛的。」

她的笑容帶著羞怯，但是快樂，我也為之高興，然而也有一片陰雲籠罩著我的幸福，她是不是太早過於看重別人的想法和意見了呢？難道不是一切來自於她自己、植根於她自己才好嗎？還有一次，她也像這樣讓我感到驚訝，那是在幼稚園，我去接她，她沿著走廊跑過來問我，史黛拉等一下能不能和她一起去騎術學校。我說事情沒有那麼簡單，這必須提前安排，必須先跟她父母打招呼，萬妮婭站在那裡看著我這樣說，明顯感到失望，但是當她走過去把這消息告訴史黛拉的時候，她並沒有把我的理由告訴她。我聽到了。當時我正在走廊到處找她的雨具。

「你去馬校肯定會感到有點無聊。」她說，「只在旁邊看著，一點也不酷。」

這樣的思維方式，即優先考慮別人的反應，我注意到了，當我們冒雨走向人民公園時，我很想知道她是怎樣學會的。它就在那裡嗎？圍繞著她，看不見，但是存在著，如同她呼吸的空氣？抑或得自遺傳？

我從未透露過關於孩子的這些想法，當然對琳達除外，因為這些複雜的問題只屬於它們所在的地方，在我心裡，在我和琳達之間。在現實中，在萬妮婭生活的那個世界，每件事都很簡單，都能找到簡單的表達方式，複雜性只在所有這些部分交匯時才會出現，她對此自然一無所知。我們縱然談了很多，也完全無助於日常的生活，仍舊是一團糟，常常瀕於混亂的邊緣。我們參加園方第一次舉辦所謂的「家長會」時，很多內容涉及到她不願與老師交流，不願坐到老師腿上，不願讓老師做出輕拍輕撫的動作，我們也談到了她的靦腆。他們說，我們應該努力讓她變得強硬，教她在遊戲中扮演更具支配性的角色，採取主動，多跟人講話。琳達說，萬妮婭在家裡足夠強硬，所有遊戲都要掌控，總是主動，講起話來源源不絕。

他們告訴我們，她在幼稚園說話極少，而且說不清楚、不正確，她的詞彙量還不夠多，他們很想知道我們有沒有考慮過語言障礙矯正。談話進行到這個當下，他們遞給我們一份城裡語言矯正師的宣傳冊。這個國家的人真是瘋了，我心想，語言矯正師？難道要把一切都制度化嗎？她才三歲啊！

「不，不考慮語言矯正。」我說。直到此時，還一直都是琳達在負責講話。「順其自然就好。我三歲才會說話。之前我什麼也說不出來，只能講一些單字，除了我哥哥誰都理解不了。」

他們笑了。

「我一開始說話，就說得很流暢，可以說長一點的句子了。每個人情況都不一樣。我們不會送她去看語言矯正師。」

「當然，這由你們決定。」幼稚園的園長奧拉夫說，「但這本小冊子你們可以拿著，不妨再考慮考慮。」

「好。」我說。

我把她的頭髮攏在手裡，用一根指頭撫摸她脖子和脖子下面一點的地方。平時她很喜歡我這樣做，尤其是入睡之前，直到她完全平靜，但這一次她扭動著躲開了。

在桌子對面，那位表情嚴峻的女人已經開始和米婭投入了交談，米婭對她給予了絕不分心的關注，而與此同時，弗麗達和艾瑞克正在收走盤子和餐具。白色的夾層蛋糕作為下一個環節，裝點著樹莓和五隻小蠟燭，驕傲地立於檯面，旁邊有一排方形的紙盒，裡面裝著布拉沃牌無糖蘋果飲料。

古斯塔夫到目前為止一直坐在我旁邊，但半個身子背對著我，此時他轉過身看著我們。

「嗨，萬妮婭。」他說，「玩得開心嗎？」

由於他既沒得到答覆，萬妮婭也沒看他，所以他看了看我。

「改天你一定要來我們家，跟約克一起玩。」他說著朝我眨了下眼。「你想來嗎？」

「想。」萬妮婭看著他說，她的眼睛突然睜大了。約克是幼稚園裡最大的孩子，去他家可是她想不都敢想的事。

「等我們安排好了就來。」古斯塔夫說。他舉起酒杯，喝了一大口紅酒，然後用手背擦了擦嘴巴。

「這麼說，你在寫新東西？」他問道。

我聳聳肩。

「對，正在忙這個。」我說。

「你在家工作？」

「對。」

「你是怎麼做的？坐下來等著靈感出現？」

「不，那樣沒用。我必須像你一樣每天工作。」

「有意思。有意思。在家裡分心的事不多吧？」

「我對付得了。」

「那當然。那當然……」

「大家都到客廳裡吧。」弗麗達說，「一起為史黛拉唱歌。」

她從口袋裡拿出打火機，點著了五根蠟燭。

「多漂亮的蛋糕啊。」米婭說。

「對啊。」弗麗達說，「而且這是健康的。奶油裡基本上一點糖都沒有。」

她端起蛋糕。

「艾瑞克，你能進去把燈關掉嗎？」她說。大家從座位上起身，離開房間。我跟在後面，牽著萬妮婭的手，剛在最遠處找到個靠牆的位置，弗麗達就端著點亮的蛋糕走進了黑暗的客廳。一走到能看見桌子的位置，她就唱起了生日快樂歌，其他大人立刻跟著合唱，生日歌響徹小小的房間，這時，弗麗達將蛋糕放到史黛拉面前的桌上，她睜著亮閃閃的眼睛看著它。

「現在就吹嗎？」她問。

弗麗達一邊唱歌一邊點頭。

大家接著拍手，我也是。之後燈光恢復，又有幾分鐘的時間切蛋糕給孩子們分發。萬妮婭不想上桌，而是靠牆坐到地板上，我們就在這裡休息坐著，蛋糕盤子放在她腿上。這時我才注意到，她腳上沒穿鞋。

「你的金鞋在哪裡？」我問。

「愚蠢的鞋。」她說。

「不，不愚蠢，很可愛。」我說，「那是一雙正經的公主鞋！」

「愚蠢的鞋。」她再次說道。

「它們在哪裡？」

她不答話。

「萬妮婭。」我說。

她抬頭看著我，滿嘴的白奶油。

「那邊。」她說，朝另一個房間點點頭。我起身走進去，看了一圈，鞋不在那裡。我走回來。

「你把鞋放哪了？我沒有看到。」

「花旁邊。」她說。

花？我走回去，把窗台上各個花盆之間看了一遍，不在那裡。

她說的會不會是絲蘭？

果然。它們就在花盆裡。我抓起鞋，把土撢落到盆裡，又拿到廁所擦掉剩下的土，再放到放她外套的椅子下。

吃蛋糕的時間有了片刻的休息，所有孩子都沉浸其中，也許這能給她一個全新的機會，我想，之後大概會容易一些吧。

「我也要吃蛋糕。」我對她說，「我就在廚房裡坐著。如果想要什麼就過來找我，好嗎？」

「好，爸爸。」她說。

根據掛在廚房門口的鐘，目前剛六點半，還沒有人告辭，所以我們也得等一會兒再走。我在檯面上給自己切了薄薄的一小片蛋糕，放進盤子裡，再坐到桌子另一邊，我的座位被別人坐了。

「還有咖啡，你想喝嗎？」艾瑞克問。他看著我，臉上帶著一種意味深長的微笑，好像在這句話和他的語氣裡，還意有所指。就我所知，這是他一種故弄玄虛的技巧，有點類似平庸作家要賦予其小說無比的深刻時所使用的伎倆。

或者他確實看出了什麼？

「好，謝謝。」我說，然後起身，拿了一個杯子，到附近灰色的斯泰爾通壺那裡加滿咖啡。等我回座位時，他正往門外走。弗麗達在談她剛買的咖啡機，很貴，她得狠下心買，但她不後悔，絕對值得，咖啡棒極了，為這樣的東西放縱一下自己還是很重要的，也許比正常的想法還重要。利努斯談起了他以前看過的喜劇小品《史密斯和鐘斯》當中的一集，兩個傢伙坐在桌邊，面前擺著一只按壓式咖啡壺，一個人往下按活塞，但每樣東西都給壓下去了，不只是底下的咖啡，最後壺裡什麼都沒了。沒人笑，於是利努斯縮起肩膀，揚起雙手。

「一則單純的咖啡軼事。」他說，「誰還有更好的？」

萬妮婭站在門廳。她的目光慢慢滑過餐桌，看到我以後，她便走了過來。

「你想回家？」我問。

她點點頭。

「好，你猜怎麼樣？」我說，「我也想。我先吃掉這塊蛋糕，再喝掉這杯咖啡。你現在想坐我腿上嗎？」

她又點點頭。我把她抱上來。

「很高興你能來，萬妮婭。」桌子對面的弗麗達微笑著對她說，「很快就到釣魚時間了。你也想參加，對嗎？」

萬妮婭點點頭，弗麗達轉回到利努斯的方向。有一部HBO的電視劇集，她看過，利努斯卻錯過了，她對它讚不絕口。

「你想參加嗎？」我問，「我們要等釣魚比賽開始再走嗎？」

萬妮婭搖了搖頭。

玩遊戲時，每位小朋友都能拿到小魚竿，把它甩過被單，後面有位大人等著往上掛禮包，裡頭裝著糖果或小玩具之類的東西。這家子大概會往裡面裝豌豆或菜薊吧，我一邊這樣想，一邊操控叉子，向下經過萬妮婭，抵達我的蛋糕盤，用叉子邊兒切下一塊——白色奶油下的褐色脆皮，黃色的內餡，帶著果醬的紅色條紋——再扭轉手腕，讓這塊蛋糕平躺在叉子上，上抬，經過萬妮婭，將它放進自己的嘴巴。底部太乾，奶油裡的糖又少得可憐，但配上一口咖啡，吃起來還不算太糟。

「想不想來一點？」我問。萬妮婭點點頭。我又起一塊，放入她的口中。她仰起臉笑了。

「我可以跟你一起去客廳，」我說，「那樣我們就能看看別人都在做什麼。說不定還要一起玩玩釣魚遊戲呢。」

「你說過我們要回家的。」她說。

「我是說過。我們走吧。」

我把叉子放到盤裡，喝光咖啡，放她落地，然後起身。看一看周圍。沒有遇到別人的目光。

「現在就撤。」我說。

正在這時，艾瑞克進來了，他一手握著小竹竿，另一隻手裡拿著一個亨雪普超市的塑膠袋。

「我們這就去玩釣魚。」他說。

有些人站起來加入了遊戲，剩下的坐著沒動。沒人注意到我說了再見。既然桌邊各位的注意力已經轉移去了不同的方向，我看也就沒必要再說一遍再見了。於是我一隻手扶著萬妮婭的肩膀，帶她往外走。艾瑞克在客廳裡大喊：「釣魚囉！」所有小朋友從我們身邊急急經過，跑向走廊盡頭，一條白色被單作為遮擋，掛在了兩堵牆的中間。艾瑞克像牧羊人一樣跟在他們身後，告訴大家坐下。我站在玄關裡給萬妮婭穿外套，我們正好能看到他們。

我替她拉上紅色泡泡外套的拉鍊——衣服有些小了，再拿過波朗皮雷牌的紅色羊毛帽子，戴到她頭上，扣好頦帶，靴子放到她身前，好讓她自己把腳伸進去，等她穿好，我再從後面給她拉上靴子的拉鍊。

「好了。」我說，「現在要做的就是說謝謝，我們就能走了。來吧。」

她朝我舉起雙臂。

「你能自己走嗎？」我問。

她搖搖頭，手臂繼續舉在空中。

「好吧。」我說，「但是我自己得先穿好。」

在走廊裡，班傑明是頭一個「釣魚」的。他甩出魚線，他旁邊有個人，我猜是艾瑞克，在另一邊抓住它。

「魚上鉤了！」班傑明大叫。

家長們臉上帶笑，靠牆站著，孩子則在地板上大叫大笑。緊接著，班傑明使勁一拉魚竿，一個紅白相間、用衣夾固定的亨雪普袋子便飛過了被單。他取下袋子，走開幾步再打開，既平和又安靜，下一位小朋友是特雷莎，她在媽媽的幫助下抓過了魚竿。我把圍巾繞在脖子上，扣好去年春天大特價時在斯德哥爾摩的保羅．史密斯商店買的雙排扣短外套，戴上在同一個地方買的帽子，彎腰從牆邊的鞋堆裡找出我的鞋，那是一雙黑色的威格，配黃鞋帶，是我去哥本哈根參加書展時買的，我從來沒喜歡過這雙鞋，買的時候就不喜歡，現在它更為失色，因為我想到了書展上的災難性遭遇，當時在臺上，主持人熱情而富於洞見，問了我一個問題，我卻不能聰明地作答。而我沒有早早就把這雙鞋扔出去的理由，不外乎我們手頭很緊。還有那麼黃的鞋帶！

我繫好鞋帶，站起來。

「我好了。」我說。萬妮婭再次伸出雙臂。我抱起她，穿過走廊，把頭探進廚房看看，四五個家長還在聊天。

「我們走了。」我說，「各位保重，今天晚上很開心，謝謝了。」

「謝謝，你才是。」利努斯說。古斯塔夫單手半抬，以示致意。

隨後我們進了走廊。我拍拍弗麗達的肩膀，以引起她的注意。她正靠牆站著，面帶笑容，全神貫注於地板上的遊戲。

「我們走了。」我說，「謝謝你邀請我們。真是可愛的派對，非常棒的聚會。」

「可是萬妮婭不釣魚了嗎？」她說。

我扮出一臉苦相，潛臺詞是「你知道小孩子做事有多莫名其妙」。

「也好也好。」她說，「好吧，感謝光臨。路上小心啊，萬妮婭！」

摟著特雷莎站在一旁的米婭說道：

「等一下。」

她彎腰鑽過被單，問蹲在地上的艾瑞克能不能給她一個禮包。他說當然可以，於是米婭把禮包給了萬妮婭。

「給你，萬妮婭。你可以把這個帶回家。如果願意的話，你可以分給海蒂一點。」

「我不想。」萬妮婭說著，把袋子抱在了胸前。

「非常感謝！」我說，「嗨多[6]，各位！」

史黛拉扭頭看見了我們。

「你要走了，萬妮婭？為什麼？」

「再見，史黛拉。」我說，「謝謝你邀請我們參加你的派對。」

我轉身離去。走下黑黑的樓梯，穿過門廳，走到街上。說話聲、喊叫聲、腳步聲和馬達的聲響在街道上此起彼落。萬妮婭雙手摟著我的脖子，腦袋靠著我肩膀。她平常不會這樣。海蒂才喜歡這樣。

一輛計程車亮著頂燈快速駛過。一男一女推著嬰兒車經過我們身邊，女的紮頭巾，很年輕，也許二十歲。他們走過去的時候，她的長相我只看了個大概，不過她臉上擦了很厚的粉。男的歲數要大一些，我這個年紀，一直心神不安地左顧右盼。嬰兒車很可笑，車輪部位伸出一根細細的、花莖般的桿子，上面就是孩子的座兜。一幫十五、六歲的小青年從馬路對面走過來，全是黑髮，梳油頭，黑色皮夾克，黑褲子，其中至少兩人穿彪馬運動鞋，商標印在腳趾的部位，我一向覺得這愚蠢至極。他們脖子上掛著金鏈子，輕輕搖晃，難看的擺臂動作。

鞋！

該死，那雙鞋還在別人家裡。我停下了。

留在那裡行嗎？

不行，那太說不過去了。我們就在門口。

「我們得回去。」我說，「忘了拿你的金鞋。」

她挺直了身體。

「我不想要了。」她說。

「我知道。」我說，「可是我們不能把鞋留在那裡。得拿回家，你不必非要不可。」

我再度衝上樓梯，放下萬妮婭，打開門，走進屋，抓起那雙鞋，不看屋子裡任何地方，但直起身時還是沒躲過班傑明的目光。他穿著白襯衫坐在地上，一隻手裡拿著輛小汽車。

「嗨多！」他說，然後擺了擺另一隻手。

我笑了一下。

「再見，班傑明。」我說完便出了屋子，關上門，抱起萬妮婭走下樓梯。戶外冷冽，但城中所有的光，無論街燈，櫥窗，還是車燈，都漸漸上行，如同一個微光閃爍的穹頂，鋪展在遠遠近近的樓頂之上，天

6 Hej då. 瑞典語：再見。

空全隱沒了，只有近乎圓滿的月亮，高懸在希爾頓酒店的上方[7]

萬妮婭緊緊摟著我，我沿街疾行，我們呼出的氣如同白色的煙霧，籠罩在腦袋周圍。

「也許海蒂想要我的鞋？」她說。

「等她像你一樣大就可以給她。」我說。

「海蒂喜歡鞋。」她說。

「沒錯，是喜歡。」我說。

我們繼續沉默了一會兒。在地鐵前面，超市旁邊一家很大的三明治餐吧，透過窗戶，我看見白髮瘋婆子站在那裡盯著我。她經常在我們的街區出沒，頗具侵略性，而且不可預測，通常自言自語，總是把白頭髮紮成一個緊緊的髻，無論寒暑，都穿同一件米黃色的外衣。

「爸爸，我生日時會有派對嗎？」萬妮婭問。

「你想要就有。」我說。

「我想要。」她說，「我想讓海蒂還有你還有媽媽來參加。」

「看樣子是個滿好的小派對。」我說著，把她從右手換到了左手。

「你知道我想要什麼嗎？」

「不知道。」

「一條金魚。」她說，「可以嗎？」

「嗯……」我說，「要想養金魚的話，你得能好好照顧它才行。餵魚飼料，還有換水什麼的。我覺得，你得比四歲再大一點才行。」

「可是我會餵！伊洛就有一條。他還比我小呢。」

「那倒是。」我說，「我們再看。生日禮物應該要保密，你知道的，這樣才有意義。」

「保密？意思是保守祕密？」

我點點頭。

「啊，該死！該死！」瘋婆子叫道，現在她就在前面不遠處。我們驚動了她，她轉過身來看著我。哎呀，她兩眼冒著凶光。

「你拿的是什麼鞋？」她在我們身後說，「嘿**爸爸**！你拿的是什麼鞋？我有話跟你說！」

接著她的嗓門更大了：

「該死！啊，該——死！」

「老祖母說什麼？」萬妮婭問。

「沒什麼。」我說著把她抱得更緊了。「你是我最好的寶貝。最最好的。」

「比海蒂還好？」她問。

我笑了。

「你們都是最好的，你跟海蒂。一模一樣。」

「海蒂比我好。」她說。她的語調完全是中性的，彷彿在宣佈一個沒有爭議的事實。

「別亂說，」我說道，「你這小傻瓜。」

她笑了。我的目光越過她，望向浩大的、幾乎空無一人的超市。在櫃架與貨架、櫃檯與櫃檯之間的

7 從第二十三頁「當我想到我的三個孩子……」起，到這裡結束，約兩萬五千字的節選，曾以〈生日派對〉為題，刊於二〇一三年四月二十九日的《紐約客》雜誌。詹姆斯．伍德為此寫了評語。

狹窄通道上，每一面都閃爍著商品的光。兩個女人坐在收銀台後直視前方，等待著顧客。我們對面的紅綠燈下，一輛轎車的引擎正在加速，可我扭過頭，才看見這聲音出自一輛巨大的、類似吉普的汽車，最近幾年，這樣的車充斥著我們的街道。我感覺對萬妮婭的柔情如此強烈，幾乎要把我撕成碎片。為了抵抗這一波情感，我開始小跑。經過安卡拉，這是一家土耳其餐廳，裡面既有肚皮舞，也提供卡拉OK，晚上經常有些衣著光鮮的東方男人站在門外，散發出鬍後水和雪茄菸的味道，但現在裡面空著。又經過漢堡王，這裡有個極胖的女孩，戴著帽子和無指手套，一個人坐在門外的長椅上吞食漢堡，又穿過十字路口，經過制度公司和商業銀行的店面[8]，在此遇到紅燈。儘管所有車道都沒有汽車經過，我仍然停下了腳步。從頭到尾，我始終把萬妮婭緊緊抱在胸前。

「你能看見月亮嗎？」我們停下來等待綠燈亮起的時候，我指著天空問她。

「嗯。」她說。接著，過了片刻，她又問道：「有人去過那上面嗎？」

她當然知道有人去過，但她也知道我喜歡講這些事。

「去過，他們去過。」我說，「就在我出生以後，有三個人飛上去了。路程很長，花了七天。然後他們就繞著它飛啊飛。」

「他們不飛，他們坐飛船。」她說。

「你說的對。」我說，「他們坐火箭去的。」

綠燈亮了，我們走到馬路對面，這裡下去有個廣場，我們家也在這裡。一個身材瘦長、穿皮夾克、長髮過肩的男人站在提款機前。他伸出一隻手來取卡，用另一隻手撥開臉上的頭髮。這動作是如此女性，真有意思，除此之外他身上的一切，他全套重金屬的裝扮，都是按照又黑又硬、充滿男性氣質的風格來設計的。

一陣狂風把一小堆銀行收據從他腳邊的地上吹起。

我把手擠進衣服口袋，拿出一串鑰匙。

「那是什麼？」萬妮婭指著兩台販賣機問，它們擺在我們公寓正門的旁邊，泰式外賣的門口。

「飲料。」我說，「你知道的。」

「我想要！」她說。

我看看她。

「不行，你不能要。但是你餓了嗎？」

「餓。」

「如果你想要的話，我們可以買一些雞肉串。你想要嗎？」

「想。」

「那好。」我說完便把她放到地上，打開餐廳的門，這裡的大小不過是牆上一洞，麵條和炸雞的氣味每天飄上七層樓，到在我們家的陽臺裡。他們賣的是一盒兩菜，四十五克朗，嚴格地說，這不是我第一次站在玻璃櫃檯前，向那位骨瘦如柴、面無表情、努力工作的年輕亞洲女孩訂餐。她的嘴總是張開著，牙齒上的口香糖清晰可見，她的目光總是中立的，彷彿對誰都一視同仁。廚房裡有兩個年齡差不多的小夥子，我跟他們只有過短暫的眼神交流，一個五十多歲的男人在他們中間跑來跑去，他同樣面無表情，不過略顯友善，最起碼我們在地下室長長的、迷宮般的走廊裡碰到對方時，他是友善的：他要去貯藏室放東西，拿東西，我要洗衣服，扔垃圾，或是把我的自行車推進推出。

---

8 制度公司（Systembolaget）是瑞典國營的酒類專賣店；商業銀行（Handelsbanken）為瑞典主要的銀行之一。

「你能拎一下嗎？」我問萬妮婭，把訂餐後二十秒就出現在櫃檯上的飯盒遞給她。萬妮婭點點頭，我付了錢，我們穿過下一道門走進門廳，萬妮婭把飯盒放到地板上，去按電梯的按鈕。

走路途中，她為每一層樓大聲報數。等我們站到家門口時，她把餐盒遞給我，打開門，還沒進屋就喊起了媽媽。

「先脫鞋。」我拉住她說。這時琳達從客廳出來了。我能聽到電視開著。

一股淡淡的腐敗的氣味，還有另一種更難聞的味道，出自大垃圾袋和角落裡的兩個小尿布包，緊鄰著折起的雙人童車，海蒂的鞋和外套就扔在童車旁邊的地上。

真見鬼，她為什麼不把東西放進衣櫥？

這裡到處都是衣服、玩具、舊宣傳單、風車、袋子、水瓶。她下午都去做什麼了？

但是她可以躺在沙發上看電視。

「我沒釣魚就得了個大禮包！」萬妮婭說。

這就是她心目中的大事了，我一邊想，一邊彎腰幫她脫鞋。她不耐煩地扭動著身體。

「我還和阿基里斯一起玩！」

「很好。」琳達說著蹲到她身前，「讓我看看禮物是什麼。」

萬妮婭打開給她看。

不出所料。有機的一些零食。肯定是從我們樓對面的商場裡買的，那裡頭新開了一家商店。各種顏色的巧克力堅果。冰糖。一些葡萄乾模樣的糖球。

「我現在能吃嗎？」

「先吃雞。」我說，「到廚房裡吃。」

我把她的外套掛到衣鉤上，鞋放進衣櫥，然後走進廚房，把雞肉擺好，春捲和麵條放進一個盤子，取出一副刀叉，倒一杯水，把這些東西通通放到她面前的桌子上，簽字筆、水彩顏料盒、裝水的杯子、畫筆和紙仍然在桌面上散落著。

「那裡還好吧？」琳達問，接著坐到她旁邊。

我點點頭，抱著手臂，倚靠到檯面上。

「海蒂睡得早嗎？」我問。

「不早，她發燒了。怪不得她提不起精神。」

「又發燒？」我說。

「嗯，不過燒得不厲害。」

我嘆了口氣，扭頭看了看旁邊和水槽裡成堆的髒盤子。

「真是一團糟。」我說。

「我要看電影。」萬妮婭說。

「現在不行。」我說，「早該睡覺了。」

「我要！」

「你在看什麼？」我問琳達。我們四目相對。

「什麼意思？」

「沒什麼。我們回來時你正在看電視。我很好奇你在看什麼。」

這回輪到她嘆氣了。

「我不要睡覺！」萬妮婭說著，舉起雞肉叉子，作勢要扔。我一把抓住她的手臂。

「放下。」我說。

「你可以看十分鐘，吃一小碗糖果。」琳達說。

「我說了她不能。」我說。

「就十分鐘。」她說完起身，「然後我帶她去睡覺。」

「好啊。」我說，「那我就要洗碗了對嗎？」

「在說什麼啊？隨便你了。我下午一直在陪海蒂，如果你要知道的話，她病了，不舒服，而且……」

「我出去抽根菸。」

「……怎麼都沒好。」

我穿上外套和鞋，走到朝東的陽臺上，我經常來這裡吸菸，因為它有頂棚，而且從這裡幾乎看不見任何人。另一邊的陽臺橫跨公寓，長度超過二十米，沒有頂棚，但可以看到下面的廣場，那裡總是有人，還能看到馬路對面的酒店和商場，以及由此直抵治安官公園沿線的房屋。不過我要的是平和與安靜，我不想看到人，所以我上了小陽臺，關好門，坐進角落裡一把椅子，點著香菸，兩隻腳擱到欄桿上，注視著後院與遠處的屋脊，粗糙的輪廓映襯在盛大的天幕之下。景觀不斷變化。前一刻還見浩瀚的雲團積聚，如群山，有懸崖和陡岸，峽谷和洞穴，神祕地在藍色天空的中央徘徊，下一刻便有溼冷空氣的鋒面從極遠處向前推進，在天際線上鋪展成一床巨大的、灰黑色的羽絨被，如果這發生在夏天，那麼幾個小時之後，最壯觀的閃電便可能每隔幾秒鐘將黑暗撕破，伴隨著驚雷，從屋頂滾滾而過。但我偏愛天空的樸素，即使平滑，即使灰暗，即使飄著雨，但有我腳下後院那深深的顏色襯托，也顯得明亮，亮得幾乎眩目。瞧那屋頂的鏽綠！瞧那牆磚的橙紅！還有起重機的銅黃，在一片灰白的映襯下又是多麼豔麗！或者一個平常的夏日，當天空晴朗、蔚藍，當太陽即將燃盡，只有幾朵浮雲輕薄而近於無形，然後星星點點，燈光閃爍，那是廣闊的屋宇鋪向遠方。夜幕落下的時候，天際線首先發散出紅光，一如大地燃起了火焰，此後是明亮而輕柔的黑暗，在它友善的手下，今夜的城市可以安眠，彷彿它已經疲憊不堪，結束了陽光下這愉快的一天。星光照亮夜空，人造衛星高懸，一架架飛機閃爍著燈光，在凱斯楚普和斯圖魯普兩座機場飛進飛出。

如果我想看的是人，就得探身向前，俯視對面的中庭，在屋與屋、門及閘之間，看不到臉的人形偶爾出現在別人的窗戶裡，出現在永遠沒有變化的旋轉樓梯上：一扇冰箱的門打開了，只穿短褲的男人從裡面取出某物，關上門，坐在廚房的桌邊，某戶人家的房門砰地一聲關上了，然後一個穿外套的女人肩上背著包，匆匆走下樓梯，一圈又一圈，那邊還有個男人在熨衣服，從側影和遲緩的動作判斷，他必定已經上了年紀，熨完以後，他就關了燈，房間沉於黑暗。這時你該往哪裡看呢？往上看，看那個男人嗎？他有時舞動雙臂，在地板上跳上跳下，身前有什麼東西，你看不見，但無疑是個嬰兒。或者看那個女人？她五十多歲，常常站到窗邊，向外眺望。

不，這些生命不會在我的視野裡停留。我讓目光向外，向上，無心於所見，也無心於美，只為休息。絕對的獨處。

我抓起兩公升裝的健怡可樂，它就立在椅子旁邊的地上，還剩半瓶，再從桌上的幾個杯子裡拿了一個倒滿。瓶蓋已經沒了，可樂猶如死水，一般來說，那種又苦又甜的味道會在碳酸的氣泡裡消失，現在則過於明顯了。但是沒關係，對味道我歷來是不太在乎的。

我把杯子放到桌上，取出香菸。過往幾個小時接觸過的那些人沒有給我留下任何感覺。他們就是全被燒死了，我也毫不在意。這是我生活中的一條法則。當我和他人共處的時候，我跟他們密不可分，我感到我們之間的接近是無限的，共鳴是強烈的。更甚者，這種感覺是如此強烈，竟至於他們的幸福總是比我的幸福更重要。我讓自己低人一等，幾乎瀕於自輕自賤的邊緣；某種無法控制的內在機制，使我把他們的看法和意見，置於我自己的看法和意見之上。但我獨處時，他人對我毫無意義。這並非我不喜歡他們，也不是對他們懷有惡感，恰恰相反，其中的多數人我都是喜歡的，而對於那些我確實談不上喜歡的人，我也總能看到他們的某種長處，某種我能夠認同的特質，最起碼也能發現能讓我一時心動的有趣之處。但是喜歡他們不等於關心他們。讓我囿於其中的是社交環境，而不是環境中的那些人。在這兩種觀念之間不存在折衷點，只有一個小而謙卑的和一個大而疏遠的，而我的日常生活就位於兩者之間。也許這就是我活得如此艱難的原因所在。日常生活，連同其義務與常規，是一件我必須忍受而不是享受的事，更不是一件有意義的或能使我感到快樂的事。這與不想擦地板或換尿布無關，而是涉及到某種更為本質的東西：我置身其中的生活是沒有意義的，我總渴望著離它而去。我的生活因此是不屬於我的。然而我努力讓它成為自己，這就是我的奮鬥，我為之嚮往，卻鎩羽而歸，對其他東西的渴望毀壞了我的一切努力。

癥結何在？

是那種刺耳的、乏味的、我到處都能聽到而又無法忍受的聲音嗎？它出自我們在生命中要經歷的一切虛偽的人和虛偽的地點，虛偽的事件和虛偽的衝突，是我們看到但並不參與的事物，以及現代生活以這種方式向我們呈現出的、和我們現今難以逃脫的自身生活的距離。如果是這樣，如果它有我所渴望的更多的真實，更多的介入，那麼我是否應該擁抱周圍的一切？如果是這樣，我是否不應該渴望逃離？或者，也許在這個我要做出反應的世界上，癥結就是那種預先設定的、天天如此的行為模式，是我們需要遵從的例行的軌道？它使一切都變得可以預知，以至於我們不得不在娛樂上花錢來感受帶有緊張感的暗示。每次出門，我都知道要發生什麼，要做什麼。這是微觀層面上的表現：我去超市購物，我拿著報紙到咖啡廳坐下，我到幼稚園接孩子；這是宏觀層面上的表現：從首次踏進社會的幼稚園，到最後退出時的養老院。或者，我所感知到的劇烈變化只是基於那種讓世界變平、讓萬物變小的同一性？如果現在你到挪威各地旅行，便會看見到處都是一樣的。一樣的道路，一樣的房屋，一樣的加油站，一樣的商店。至最早六〇年代，當你駕車經過古德布蘭斯達倫山谷，還能看到地方文化的變遷，例如那些奇異的黑色木屋，極為純粹而陰鬱，現在卻在一種與你已經離開或即將前往之地無異的文化中，被封裝成了小博物館。歐洲也正在日益融合為一個大的、同質化的國家。一樣的，一樣的，所有東西都是一樣的。或者，也許癥結是那照亮了世界、讓一切變得可以理解、卻也將意義抽離其中的光？也許癥結在於那些消失的森林，滅絕的物種，永遠不會復原的生活方式？

是的，我想到了這一切，我帶著悲哀和無助的感覺想到了這一切，如果我心裡有一個嚮往的世界，那就是十六和十七世紀的世界，連同它廣袤的森林，帆船和馬車，風車和城堡，修道院和小城鎮，畫家和思想家，探險家和發明家，祭司和雜貨店。生活在一個萬事萬物都憑著手工、風力或水力製造的世界上又當如何？生活在一個美洲印第安人仍然安居樂業的世界上又當如何？當人生擁有切實的可能性？當非洲未被征服？當日落則黑，日出則明？當人口少而工具差，尚不足以對動物造成影響，遑論把它們殺光？當你耗盡氣力才能完成從一地到另一地的旅行，當安逸的生活只有富人才能享受，當海洋遍佈鯨魚，森林還有熊與狼隨時出沒，當仍然存在著探險故事無一能夠正確描述的陌生國度，如中國，前往那裡的旅程不僅要花費數月，不僅只有極少數海員和商人才有這樣的特權，且路上也充滿了危險。誠然，那個世界是艱辛的，多難的，汙穢的，苦於疾病、酗酒與無知，充滿了痛苦，很低的預期壽命和猖獗的迷信，但它也產生出了最偉大的作家——莎士比亞，最偉大的畫家——林布蘭，最偉大的科學家——牛頓，他們在各自的領域內仍然未被後人超越，這一時期何以能夠取得如此豐厚的成就？是由於死亡更近，生命因此變得更為強健嗎？

誰知道呢。

即便如此，我們也不可能讓時間逆轉，我們所做的一切都不可挽回，如果回首，我們看見的並不是生命而是死亡。不管誰相信這個時代的環境和特性要為我們的不適應負責，那麼此人不是患上了誇大妄想，便是十足的愚蠢，從這兩個角度來說都是沒有自知之明。我對所處的這個時代甚為憎惡，但這不是意義缺失的原因，因為這種憎惡並不是一定不變的……例如，我搬到斯德哥爾摩並遇見琳達的那個春天，世界突然打開了，其充實感增強的速度堪稱驚心動魄。我深陷於愛情，一切皆有可能，我終日洋溢著幸福，願意擁抱一切。如果那時有人對我談起意義的缺失，我一定會嗤之以鼻，因為我是自由的，周圍世界是敞開的，充滿了意義，從在我公寓下方飛速穿過盧森區的閃亮的、未來主義的火車，到十九世紀風格的、罪一般美麗的日落，那幾個月裡我每天晚上都能看到，太陽就這樣染紅了里達爾島上座座教堂的尖塔；從剛剛採摘的羅勒的芳香、新熟的番茄的味道，到深夜時分希爾頓酒店前鵝卵石斜坡上清脆的腳步聲響，那時我們坐在長椅上，手牽著手，只知道在二人世界裡地久天長。這樣的狀態持續了半年，那半年我真切地感受到了幸福，真切地感受到了與世界、與自我的親近，然後它慢慢失去了光澤，世界也又一次與我拉開距離。半年後，那樣的狀態又回來了，不過是以一種頗為不同的方式。那是萬妮婭出生的時刻。那個開放的世界已然不再，我們把它關在了門外，而全神貫注於發生在我們中間的這個奇蹟，或者說是我發生了變化。相較於戀愛時的不切實際和狂放不羈，朝氣蓬勃和感情洋溢，這一次的表現卻是小心翼翼和悄無聲息，對眼前的一切都傾注了無盡的關心。它持續了四個星期，也許是五個星期。當有些東西我不得不到城裡採購時，我便**跑**過街道，抓起我們需要的隨便什麼東西，付錢時急得直哆嗦，然後雙手提著袋子往回**跑**。我連一分鐘都不願錯過！日與夜合為一體，一切都是溫暖的，一切都寄託著柔情，如果她睜開眼睛，我們便馬上撲到她身邊。啊，你醒來了！但是這一次也過去了，我們同樣習慣了這一切，我開始工作，每天前往達拉街的新工作室，坐下來寫作，留琳達與萬妮婭在家，午飯時來看我，她雖然時常有些焦慮，但還是快樂的，她跟孩子和當時的種種狀況比我親近，因為我在寫作，一開始是按照長篇隨筆來寫的，但慢慢就現出端倪，朝著小說一路前進，而且很快進入了狀態，它主宰了一切，寫作占據了我的全部身心，我搬進了工作室，沒日沒夜地寫，抽空兒睡上一個小時。我充滿了一種奇妙至極的感覺，火焰在內心燃燒，不灼人也不毀傷，而是冷靜，清晰，明亮。在夜裡，我拿著一杯咖啡，坐到醫院外面的長椅上吸菸，周圍的街道一片靜謐，我卻無法安坐，因為幸福是那樣的強烈。一切都是可能的，一切都有了意義。我在小說裡的兩個地方達到了超出預想的高度，僅就這兩處而言，我簡直不能相信這是我的手筆，無人注意或對此有所評論，但它們讓我此前五年徒勞而失敗的寫作努力終有所值。它們堪稱我人生中最好的兩個時刻。我指的是我全部的人生。它們給了我全身心的幸福和無需再往前的感覺，而這樣的幸福正是我一直在尋找的，只不過總是一無所獲。

小說寫完後，過了幾個星期，居家丈夫的生活就開始了，並計畫一直持續到第二年春天，琳達在此期間將修完戲劇學院的學業。小說寫作已經對我們的關係造成了損害，我在工作室睡了六個星期，極少見到琳達和我們五個月大的女兒，及至這段時間終於結束，她如釋重負，面露喜色，而我自覺得虧欠了她，我應該在場，不只我這個人應該待在同一間屋子裡，而且還要拿出我全部的關心，全力參與。我沒有做到。有幾個月我感到難過，因為我沒有待在老地方，那個寒冷、乾淨的環境，我想回那裡的渴望大過了我們共同生活的快樂。小說反響很好也無關緊要了。每次有好評出現，我便在書上畫個叉，然後等著下一篇，每次在出版社與代理人談完話，得知有外國公司表示了興趣，或提出了報價，我便在書上畫個叉，然後等著下一家，而當它終於得到北歐理事會文學獎的提名時，我已經不太關心了，如果說過去半年讓我明白了一件事，那就是寫作唯一的意義就在於寫作。全部的價值都在其中。然而我又想得到更多隨之而來的東西，因為公眾的關注猶如毒品，它給予滿足的那種需要固然不是天生，但一旦你嘗過它的味道，便會欲罷不能。就這樣，我推著嬰兒車，在斯德哥爾摩的動物園島上轉個不停，就等著電話鈴響，有某位記者向我提問，某位活動組織者邀我前往某地，某份雜誌向我約稿，某家出版社向我提出報價，直到最後，我承擔了這種令人不快的愛好在我身上留下的惡果，開始對一切人和一切事說不，同時，隨著這種興趣漸漸消退，我也重新開始了每日的苦差。可是無論我如何努力，也無法深入其中，總是有別的更重要的事情。我推著嬰兒車在城裡艱難行進，一會這裡，一會那裡，萬妮婭坐在裡面東張西望，不然就手拿鏟子，坐在胡姆勒公園兒童遊戲區的沙箱裡，我們身邊是斯德哥爾摩的那些母親，又高又瘦，總在不停地打著電話，看上去好像荒誕時裝秀上的一景，再不然，便是萬妮婭坐在家中廚房的高腳餐椅上，大吃著我餵給她的食物。所有這一切都讓我厭倦到發狂的地步。在屋裡走來走去跟她瞎聊時，我感覺自己很蠢，因為她什麼都不說，只有我的蠢話和她的沉默，快活的咿咿呀呀或不快的哭泣，然後給她穿好衣服，又一次跋涉進城，比方說去船島上的現代美術館，到了那裡，我最起碼可以一邊照看她，一邊欣賞優秀的畫作，或者去市中心的某家大書店，或者去動物園島或布倫斯維肯湖，那是城中離自然最近的地點，不然就走遠路去看蓋爾，當時他在大學有辦公室。漸漸地，我掌握了有關小孩子的一切，她沒有一件事情我處理不了，我們什麼地方都去，但是，不管我如何得心應手，也不管我對她的柔情如何強烈，我的厭倦和冷漠還是日甚一日。百般努力把她哄睡，我才能看看書，熬過這些日子，我才能把它們從日曆上劃掉。我知道了城裡最偏僻的咖啡廳，幾乎坐遍了公園裡的每一張長椅，有時一手拿書，另一隻手推著嬰兒車。我帶著杜斯妥也夫斯基，先是《白癡》，後來是《卡拉馬助夫兄弟們》。我又一次在書中找到了光。但這不是崇高、明靜和純潔的光，不是賀德林的光；在杜斯妥也夫斯基那裡沒有高地，沒有山脈，也沒有神聖的圖景，一切都在人的範疇之內，周圍環繞著典型的杜斯妥也夫斯基式的不幸、骯髒、病態的氣氛，幾乎無處不在，與歇斯底里也相距不遠。這就是光之所在。這就是激盪的神性之所在。然而這是要去的地方嗎？有必要俯身相就嗎？像平時一樣，我看書時不去胡思亂想，而務求全神貫注，花上幾天時間，讀過幾百頁後，便突然眼前一亮，煞費苦心而慢慢積聚的種種細節開始互相作用，其強度之大，竟讓我深深為之感動而完全沉醉其中，直到萬妮婭從嬰兒車的深處睜開雙眼，目光中簡直含著懷疑，這才讓我如夢初醒：你把我帶到了什麼地方？

沒有別的選擇，只能合上書，抱起她，如果我們在室內，便取出調羹、食品罐子和圍兜，如果在戶外，便趕快擇路前往最近的咖啡廳，拉過一隻高腳餐椅，把她放進去，然後走向櫃檯，請店員將食品加熱，這種事他們做起來並不情願，因為那個時候正值嬰兒潮，斯德哥爾摩滿街都是寶寶，由於大量三十來歲的女人做了母親，她們有工作，有自己的生活，所以辦給母親們看的時髦雜誌開始出現，孩子成了裝飾品，一個又一個女明星同意和家人一起在照片上亮相，在採訪中談及家庭。以前屬於私人領域的事情，此時紛紛湧進了公共競技場。到處都能讀到產前陣痛、剖腹產和母乳餵養，嬰兒裝，嬰兒車，供年幼子女的父母參考的度假指南，這些東西紛紛成書出版，其作者既有居家丈夫，也有苦大仇深的母親，她們被工作和生育弄得筋疲力竭，身心俱廢，感覺自己上了當，受了騙。一些過去還屬於正常的話題，現在你最好不要說三道四，這就是兒童，兒童問題如今被推到了人生大義的最前沿，充滿了人人應該為之側目的狂熱——這能有什麼意義？這種蠢行我也有份，我用小車把孩子推來推去時，與眾多把父道看得高於一切的父親並無二致。當我坐在咖啡廳餵萬妮婭的時候，每次至少還有另一個父親的也在店內，他們多半與我年紀相當，三十五、六歲的樣子，剃著光頭，以此掩飾脫髮。地中海和高額如今幾乎成了常態。看到這些父親，我總是感覺有點不自在，我發現我很難接受他們女性化的神態，可我自己的舉手投足也跟他們一樣女性化了。不誇張地說，我對推嬰兒車的男人所抱有的輕微蔑視，有如一把雙面刃，看到他們時往往也看到了自己。我不相信只有我才有這種感覺，在兒童遊戲區，我感到偶爾能從某些男人臉上看到一種不自在的神情，當孩子在周圍玩耍時，他們的身體顯出坐立不安的跡象，恨不得抓撓遊戲設施。每天跟你的孩子在兒童遊戲區花幾個小時也就罷了，可是還有更糟糕的事。琳達剛剛開始帶萬妮婭去斯德哥爾摩公共圖書館，那裡有一個為剛學走路的寶寶開辦的兒童舞蹈班，等我開始帶孩子時，她也想讓萬妮婭接著學下去。我隱隱感覺自己大難臨頭，便一口拒絕，這無需討論，萬妮婭現在由我帶，兒童舞蹈班就不上了。但琳達三不五時還是說個沒完，過了幾個月，我對軟男角色的抵抗已全盤瓦解，又考慮到萬妮婭喜歡與人接觸，每天的活動確實需要多些花樣，於是有一天我答應了，隔天我們便到公共圖書館繼續兒童舞蹈班的事情。記得早點到，琳達說，人很快就滿了。於是一天下午，我早早推著萬妮婭上了瑞典路，走到烏登廣場，過馬路，便進了國家圖書館的大門。不知道為什麼，我以前從沒來過這裡，雖然這是斯德哥爾摩最漂亮的建築之一，由阿斯普隆德在一九二〇年代設計完成，那一時期在我看來當屬上個世紀最好的一個階段。萬妮婭吃好了，睡好了，穿著為上課而精心挑選的乾淨衣服。我推著嬰兒車走進館內寬闊的圓形空間，向櫃檯後面的一個女人打聽兒童區怎麼走，隨即按照她的指示，走進側面一個排列著兒童書架的房間，屋子深處的一扇門上貼有海報，說本次兒童舞蹈班下午兩點在此開課。三輛嬰兒車已經到場。車主們坐在稍遠處的椅子上，那是三個穿厚外套、面帶倦容的女人，個個都在三十五歲上下，而小孩們流著鼻涕，正在她們之間的地上爬來爬去。

我把嬰兒車停到她們的車旁邊，抱出萬妮婭，坐到一個小架子上，把她擱在我腿上，脫掉她的外套和鞋，把她輕輕放到地上。本以為她也能爬一爬，可她不願意，她不記得以前來過這裡，只想和我黏在一起。她伸出雙臂。我把她抱回到腿上。她帶著好奇注視著別的小孩。

一個漂亮的年輕女人手裡拿著一把吉他，從房間另一頭走過來。她肯定只有二十五歲左右，一頭金色長髮，外套及膝，下穿黑色長靴，走到了我的面前。

「嗨！」她說，「以前沒見過你。你是來上兒童舞蹈課的嗎？」

「是的。」我抬起頭看著她說。她長得真漂亮。

「你報名了嗎？」

「沒有。」我說，「必須報名嗎？」

「對，必須報名。今天恐怕沒有空位了。」

好消息。

「太可惜了。」我說著站起身。

「因為你之前不知道，」她說，「我想我們可以為你破例一次，但下不為例。之後你要先報名才能上下一次的課。」

「謝謝你。」我說。

她笑起來實在漂亮。然後她打開門進去了。我伸長了脖子，看到她把琴盒放到地板上，脫去外套，摘下圍巾，搭到房間靠裡的一把椅子上。她有一種清新、輕盈、春天般的氣質。

我彎腰看著這一切。我應該起身走掉，可是我不是為了自己到這裡來的，我來這裡是為了萬妮婭和琳達。我只好坐下。萬妮婭已有八個月大，對任何類似演出的活動都萬分著迷。眼前這一個正合她的心意。

更多推嬰兒車的女人零零星星地到了，房間裡很快充滿了說話聲、咳嗽聲和笑聲，衣服窸窣作響，袋子開合有聲。大部分母親來的時候，似乎都是兩人結伴或三人同行。很長一段時間裡，我好像是唯一的男人，形單影隻。但就在兩點鐘之前，又來了兩個男人。根據他們的身體語言，我能看出他們彼此認識。其中一位大腦袋，小個子，戴眼鏡，朝我點了點頭。我差一點要踢他。他在想什麼？以為我們屬於同一家俱樂部嗎？這時大家紛紛脫掉外套和鞋帽，拿出奶瓶和撥浪鼓，跟孩子一起坐到地板上。

母親們早就開始進到兒童舞蹈班要上課的屋子裡去了。我一直等到最後，還剩一分鐘的時候才站起來，單手抱著萬妮婭走進去。地板上已經擺好了供我們坐的小墊子，那位年輕女人是指導老師，坐在我們前方的椅子上，腿上放著吉他，面帶微笑，掃視了一下觀眾。她穿一件米黃色的羊絨衫，胸部曲線優美，腰肢纖細，兩腿修長，上下交疊，上面那一條輕輕擺盪，腳上仍然穿著黑靴子。

我在小墊子上坐下，把萬妮婭放到腿上。拿吉他的女人說了幾句歡迎的話，萬妮婭的兩隻大眼睛緊盯著她。

「我們今天有幾位是新來的。」她說，「也許你們願意做個自我介紹。」

「莫妮卡。」一位說。

「克莉絲蒂娜。」另一位說。

「盧爾。」第三位說。

盧爾？這算什麼鬼名字？

屋裡安靜下來。這位漂亮的年輕女人看著我，投來鼓勵的微笑。

「卡爾．奧韋。」我陰沉地說道。

「那我們先來唱一首歡迎曲。」她說完便彈出了第一個和絃，琴聲迴盪。她繼續講解，當她朝某位家長點頭時，家長應該說出自己小孩的名字，然後大家一起把這個名字唱出來。

她輕輕彈出同一個和絃，大家開始合唱。這首歌的用意是每個人都對朋友招手說你好。孩子如果太小，還不能理解，就由父母抓住他們的手腕，幫他們招手，這個動作我也做了，但是第二段歌詞開始後，我就再也沒有理由坐著不出聲，而不得不唱起來了。在女人們的高音合唱中，我低沉的聲音彷彿受著病痛的折磨。我們先對朋友唱十二遍你好，再唱每個小孩的名字，然後才能繼續。下一首唱的是身體部位，讓孩子們唱到哪裡摸到哪裡。腦袋、眼睛、耳朵、鼻子、嘴、肚子、膝蓋、腳。腦袋、眼睛、耳朵、鼻子、嘴、肚子、膝蓋、腳。接下來我們拿到了有點像撥浪鼓一樣的樂器，看來唱新歌的時候要搖一搖。我不覺得難堪，坐在這裡不是難堪，而是受辱和失去人格。一切都是溫柔、友好與可愛的，所有動作都是細小的，我蜷縮著坐在小墊子上，跟媽媽們和寶寶們擠在一起，哼哼唧唧地唱歌，更甚者，發號施令的是一個我想跟她睡覺的女人。但是，坐在這裡讓我看起來完全失去了殺傷力，沒有尊嚴，陽萎不舉，我和她之間沒有了差別，只是她更漂亮而已，這種平等，甚至於我的塊頭，及我的自願性，都讓我充滿了憤怒。

「現在該讓寶寶們跳舞了！」她說著把吉他放到地板上，起身走向旁邊的一把椅子，上面放著一台CD播放機。

「大家站成一個圓圈，我們先朝一個方向走，邊走邊跺腳，就像這樣。」她說著跺了跺她漂亮的腳，「轉過身，然後反方向回來。」

我直起身，抱起萬妮婭，站到大家排成的圓圈裡。我看了看另外兩個男人，他們都在全神貫注地照料自己的小孩。

「對，對，萬妮婭。」我小聲說，「各走各的[9]，你曾爺爺過去老這麼說。」

她仰起臉看看我。到現在為止，她對孩子們要做的任何事情都毫無興趣。她連響葫蘆都不想搖。

9 Each to his own，也有每個人想法都不同的意思。

「那我們就開始了！」漂亮女人邊說邊按下了CD播放機的按鈕。

一支類似民歌的旋律飄盪在屋子裡，我開始跟隨別人，和著音樂的節奏邁著步子。我雙手托著萬妮婭的兩條手臂，讓她靠在我胸前搖來晃去。接著我得跺腳，讓她打轉，然後轉身返回。很多人樂在其中，笑聲不斷，甚至能聽見興奮的尖叫。這一輪結束之後，我們得單獨跟自己的孩子跳舞。我一邊摟著萬妮婭左搖右擺，一邊在想，這可真是活見鬼，裝溫柔，裝可愛，跟各種帶孩子的陌生母親在一起。這一段完了之後，還有一個活動，要用到一塊藍色的大帆篷，一開始先假裝那是大海，我們唱起了關於波浪的歌，大家一起上下擺動帆篷，弄出波浪的樣子，讓孩子們到下面亂爬，最後我們突然掀起帆篷，這一幕同樣有我們的伴唱。

等她終於向大家道謝並說了再見，我就趕緊往外衝，到外面給萬妮婭穿上衣服，誰也不看，只盯著地面，周圍歡聲笑語，比他們進去之前更為愉快。我把萬妮婭放進嬰兒車，繫好安全帶，推上她就出了門，動作之快，沒有引起任何人的注意。一到外面的街上，我就想撕心裂肺地狂喊一陣，把什麼東西砸得粉碎。但我必須儘快讓自己遠離這個恥辱之地。

「萬妮婭啊，萬妮婭，」我一邊說，一邊沿著瑞典路一溜小跑，「你覺得好玩嗎，嗯？我可真沒覺得好玩。」

「答，答，答。」萬妮婭說。

她沒笑，但她眼神相當高興。

她指了指。

「噢，摩托車。」我說，「你跟摩托車有什麼關係，嗯？」

走到滕納爾街拐角處的孔蘇姆商店，我進去買些晚餐要吃的東西。幽閉恐懼症的感覺揮之不去，但攻擊欲已經消失，當我推著嬰兒車，在貨架之間的走廊內穿行時，已經感覺不到憤怒了。商店喚起了回憶，三年前我剛搬到斯德哥爾摩時，便經常光顧此店，當時我在諾爾斯泰特出版社給我安排的公寓裡暫住了幾個星期，就在這條街上，只有幾步路。我那時體重有一百多公斤，就此進入了類似緊張型精神分裂症的黑暗狀態，一心逃離從前的生活。那段日子沒有多少樂趣可言。但我決心重新振作，於是每天晚上我都到小揚森林去跑步。我還跑不到一百公尺，心臟便狂跳起來，氣喘吁吁，幾欲痙攣，只好停步。再跑一百公尺，兩腿已哆嗦個不停。然後，我就只好以步行的速度回到旅館式的公寓，就著湯吃乾麵包。有一天我在這商店裡看見一個女人，電光一閃，她就站到了我的身邊，正好挨著肉食櫃檯，她身上有一種特別的東西，她外表上那種純粹的肉體性，一下子讓我充滿了急速膨脹的性欲。她用雙手把籃子提在身前，頭髮是赤褐色的，蒼白的臉上長著點點雀斑。我聞到了她的一點氣味，一種淡淡的汗味和肥皂的味道，立時目瞪口呆，心怦怦地直跳，嗓子一陣陣發緊，呆立了大概十五秒鐘，就在這一刻，她靠了過來，從櫃檯上拿了一袋莎樂美腸，然後揚長而去。結帳時我又看見了她，她站在另一個收銀台前，尚未盡退的欲望又一次在我體內迸發。她把東西裝進口袋，轉身走出門外。我再也沒有見過她。

萬妮婭從嬰兒車裡很低的位置往外看，發現了一條狗，她伸出一根手指指著它。我總是禁不住去想，她在觀察周圍世界時都看到了什麼？這無盡的人流，這面孔、汽車、商店和標誌的長河對她意味著什麼？她並沒有以一種不加鑑別的方式來看這個世界，最起碼這一點是可以肯定的，因為她不僅有規律地指向摩托、貓、狗和其他嬰兒，而且還就周圍的人構建出了一個非常清晰的等級體系：第一等級是琳達，然後是我，然後是奶奶，再然後是其他人，以此前幾天內他們在她身邊出現的時間長短為序。

「對，看啊，一條狗。」我說。我拿起一盒牛奶，放到嬰兒車上，又從旁邊的櫃檯上拿了一袋新鮮的義大利麵。接著我又拿了兩袋塞拉諾生火腿，一罐橄欖和莫札瑞拉乳酪，一盆羅勒，還有一些番茄。在以前的生活中，我做夢也不會想到去買這樣的食物，因為我壓根不知道它們的存在。但現在我還是到這裡來了，置身於斯德哥爾摩有文化的中產階級心臟地帶，不過像這種迎合義大利的、西班牙的和法國的各種產品，卻排斥瑞典的一切，在我看來很蠢，而且漸漸地，由於越看愈多，我也覺得這是令人厭惡的，不值得我浪費精力。當我想念豬排捲心菜、燉牛肉、蔬菜湯、馬鈴薯泥、肉丸子、肺糊糊[10]、魚糕、燉羊肉、煙燻香腸、鯨肉、西米露、粗麵粉、米布丁和挪威米粥的時候，我想念的七〇年代正是這樣的味道。但是吃什麼對我並不重要，所以我倒不如隨琳達喜好。

我在報攤前稍停片刻，想著要不要買兩份晚報，這是瑞典發行量最大的兩家報紙。讀它們就像一袋子垃圾整個倒在你頭上。感覺頭上再多一點垃圾也無妨的時候，我偶爾也買一次。但今天還是算了。

我付完錢，又上了街，溫暖的冬日天空之下，人行道上反射著曖昧的光，十字路口的每個方向都有汽車排隊，彷彿原木在河上重重堆疊。為了避開車流，我上了滕納爾街。這裡有一家我總是留意的二手書店，我在櫥窗裡看見一本馬拉帕爾泰的書[11]，蓋爾曾經帶著很大的熱情說起過，還有一本收入亞特蘭蒂斯叢書的伽利略作品。我掉轉嬰兒車，用腳後跟慢慢把門頂開，然後拉著車，倒退著進了屋。

「我想要買櫥窗裡的兩本書。」我說，「伽利略那本和馬拉帕爾泰那本。」

「對不起，請再說一遍。」掌櫃的說。他五十多歲，穿一件帶領扣的襯衣，鼻尖上架著一副方框眼鏡，從鏡片上方看著我。

「櫥窗裡。」我用瑞典話說，「兩本書。伽利略和馬拉帕爾泰。」

「那本天上的和那本打仗的吧？」他說，轉身替我拿書去了。

萬妮婭已經睡著了。

兒童舞蹈課這麼累？

我拉起頭枕下的小把手，朝我的方向輕輕放低，讓她躺到嬰兒車內。她的手在睡夢中擺了一下，又緊緊握住，和她剛出生時的動作一模一樣。這樣的動作得自天生，後來慢慢地被她自己的行為所取代，但是在她睡著以後還會再醒來一次。

我把嬰兒車推到靠邊的位置，好讓別人經過，而後轉向藝術圖書的架子，等著書店老闆在老式收銀機上輸入那兩本書的價錢。既然萬妮婭睡著了，我就有了幾分鐘自己的時間，我第一眼就看見了佩爾·曼寧[12]的攝影畫冊。真幸運！我一直喜歡他拍的照片，尤其是這些動物系列。牛啊，豬啊，狗啊，海豹啊。他總有辦法捕捉到它們的靈魂。要理解照片裡這些動物的表情，沒有比這更好的方式了。完全的呈現，有時苦惱，有時空虛，有時目光敏銳，直抵人心。但也令人迷惑，就像十七世紀畫家筆下的肖像那樣高深莫測。

我把書放在櫃檯上。

「這一本剛到。」老闆說，「好書。你是挪威人？」

「是的。」我說，「我再看看別的。」

有一本德拉克洛瓦的日記，我拿了，然後是一本關於透納的書，不過沒有誰的畫會像他的作品一樣在被拍成照片後失掉如此多的東西，我又拿了一本波爾·瓦德關於哈默舍伊的論著[13]，還有一本很大的著

---

10 肺糊糊（Lungemos），挪威食品，豬肉和牛肉泥，含肺和心。

11 庫爾齊奧·馬拉帕爾泰（Curzio Malaparte, 1898-1957），義大利記者、劇作家和小說家。

12 佩爾·曼寧（Per Maning, 1943—），挪威攝影家。

13 波爾·瓦德（Poul Vad, 1927-2003）是丹麥作家；哈默舍伊指以室內肖像聞名的丹麥畫家威廉·哈默舍伊（Vilhelm Hammershøi, 1864-1916）。

作，講的是東方的藝術風格。

剛把這幾本書放到櫃檯上，我的手機就響了。基本上沒人知道我的號碼，所以有點悶悶的電話鈴聲從我黑色風衣一側的口袋深處尋路而出時，並沒有讓我覺得心煩。自從琳達這天早晨騎車去了學校，除了跟兒童舞蹈班的那個女人有過幾句簡短的交流，我還沒跟任何人說過話。

「喂？」蓋爾說，「你在忙什麼？」

「忙著得意忘形。」我說著轉過臉，對著牆，「你呢？」

「我沒在忙什麼。在辦公室坐著，看著大家走來走去。有什麼值得一說的事嗎？」

「我剛碰見個很漂亮的女人。」

「噢？」

「喂？」

「噢？」

「跟她聊了聊。」

「噢？」

「她請我進屋。」

「你進了？」

「那當然。她還問我叫什麼。」

「可是？」

「她是兒童舞蹈班的老師。所以我得坐下來，拍手唱兒童歌曲，當著她的面。萬妮婭在我腿上。坐小墊子。跟一堆媽媽和小朋友在一起。」

蓋爾哈哈大笑。

「我還弄了個撥浪鼓來搖。」

「哈哈哈！」

「從那裡出來的時候我氣壞了，不知道怎麼辦才好。」我說，「我還有機會秀一下自己的新腰圍呢，可是沒人在乎我肚子上一圈圈的肥肉。」

「不，它們又軟又好，真的。」蓋爾說著又笑出了聲，「卡爾．奧韋，今天晚上我們聚一下吧。」

「別逗我了。」

「沒逗你，我是認真的。我打算在這裡工作到七點，大概吧。這以後我們可以隨時在城裡見個面。」

「不可能。」

「我們如果一直沒見面，內你住斯德哥爾摩還他媽的有什麼用？」

「**那**。」我指出他鄉音已改，「不是內。」

「你還記得你剛到斯德哥爾摩那時兒嗎？」蓋爾說，「你坐在計程車裡對我大談特談『懼內』，就因為我不想跟你去夜總會。」

「不是『那時兒』，是『那時』。」我說。

「得了吧朋友。我們談的是你那個說法。『懼內』[14]還記得嗎？」

「記得，恐怕記得。」

「怎麼？」他說，「你從中得出什麼結論了嗎？」

「那可不一樣。」我說，「我不是懼內。我就是內。你是內個。」

「哈哈哈。那就明天？」

14 怕老婆。

「我們要跟弗雷德里克和卡琳出去吃飯。」

「弗雷德里克？那個笨蛋電影製片人？」

「我不會那樣稱呼人家，不過是的，是他。」

「噢天啊。好吧好吧，星期天呢？不行，你那天要休息。星期一？」

「可以。」

「到時候城裡人也多了。」

「星期一在鵜鶘餐廳吧。」我說，「對了，我現在手裡正拿著一本馬拉帕爾泰的書。」

「是嗎？你在二手書店？他的書滿好的。」

「還有德拉克洛瓦的日記。」

「應該也不錯。湯瑪斯說起過，我知道。還有別的嗎？」

「《晚郵報》昨天打過電話。他們想做個特寫式的採訪。」

「你沒答應吧？」

「我答應了。」

「你這傻瓜。你說過你不再做這種事的。」

「我知道。可是出版社說這個記者特別好。所以我想就最後一次吧。完了就沒事了。」

「不，完不了。」蓋爾說。

「對，我知道。」我說，「但是不管了，反正我都答應了。你有什麼新消息？」

「什麼都沒有。跟一幫社會人類學家吃了些圓麵包。後來系裡的老主任晃過來了，要跟我談談，他鬍子上掛著麵包渣，褲子拉鍊也不拉。我是唯一一個肯搭理他的人，所以他就來了。」

「特別強硬的那位？」

「沒錯。不過他現在就怕失去自己的位子。當然他也只剩下這位子了。所以他現在學乖了。這是個能不能適應的問題。能強硬才強硬，該學乖就得學乖。」

「明天我也許順便過去看看。」我說，「你有時間嗎？」

「該死的，當然。別帶萬妮婭就行。」

「哈哈。好，我現在得結帳了。那明天見。」

「好的。給替我為琳達和萬妮婭問好。」

「也幫我為克莉絲蒂娜問好。」

「再見。」

「嗯，再見。」

我掛了電話，把它裝進口袋。萬妮婭還在睡覺。書店老闆在研究一本書目。我站到櫃檯前的時候，他抬起了頭。

「總共一千五百三十克朗。」他說。

我把信用卡遞給他，然後把收據放進了褲子後袋，這是我對自己購物行為的唯一證明，可以拿來抵稅。我把兩袋書放到嬰兒車的底層，隨著門鈴在耳邊叮噹一響，我推車出了書店。

已經三點四十了。我淩晨四點半就起了床，幫達姆出版社看一份有問題的譯稿，一直看到六點半，這是一件乏味的工作，我要做的只是比對原稿中的文字，但即便如此，比起忙活整整一上午的換尿布和哄孩子，這也要有趣和有益一百倍，因為這些家務事已經沒有任何意義，只是白白占去我的時間。我沒有被這種生活搞垮，它並不會耗盡人的心力，但是這些事擦不出一丁點靈感的火花，因此還是讓我感到沮喪，好像洩氣的皮球一樣。

走到德貝恩街的十字路口，我左轉到了聖約翰教堂下方的小山，教堂有紅色的磚牆和綠色的鐵皮屋頂，很像卑爾根的聖約翰教堂和阿倫達爾的三一教堂，在山脊街上走一段，拐進大衛．巴加雷斯街，然後就進了我們的後院。對面咖啡廳外的人行道上點了兩支火炬。牆邊的一排垃圾桶散發著臭味，還有一股尿臊味，因為總有人在夜裡從斯圖雷廣場回家途中在這裡停下，往欄桿撒尿。牆角有隻鴿子，兩年前我們搬過來的時候，牠便已在此安家。那時牠住在牆上的一個洞裡。後來洞被人拿磚堵住了，高處但凡平整些的地方，也都用水泥加裝了尖利的牆釘，所以牠只好搬到地面上。這裡也有老鼠。夜裡出來抽菸時，我偶爾見到牠們，黑色背脊在矮樹的縫隙中滑行，突然急速跑過燈光下沒有遮攔的空地，奔向對面花壇的安全地帶。有個髮廊裡的女人站在那裡，一邊抽菸，一邊拿著手機打電話。她肯定有四十歲了，我猜她年輕時是個小鎮美人，不管怎麼說，她都讓我想起夏天時在阿倫達爾的餐廳裡能見到的那類女人，四十幾歲，頭髮染得不是太黃，就是太黑，膚色也總是太深，媚眼拋得過多，笑聲也過於響亮。她嗓音沙啞，講一口斯科納方言，一聽就能聽出來，她今天穿了一身白，看見我的時候點了點頭，我也點頭回禮。雖然我沒怎麼跟她講過話，但我喜歡她，她和我在斯德哥爾摩見到的所有人都大不一樣，這些人要嘛在往上爬，要嘛爬上去了，要嘛便以為自己爬上去了。不誇張地說，她一點也沒有這些人身上那種千篇一律的格調，那種格調不僅會反映於服裝和外表，也會體現於他們的思想及態度。

我在門前停下，取出鑰匙。洗滌劑和乾淨衣服的味道從地下室窗戶上方的通風口裡湧出。我打開門鎖，儘量不出聲地走進門廳。萬妮婭非常熟悉這些聲音和它們發生的順序，只要我們一進門，她幾乎每次都會醒來。這一次她也醒了。還發出了一聲尖叫。叫就叫吧，我打開電梯門，按下按鈕，上了兩層，我在鏡子裡盯著自己。琳達肯定聽到了萬妮婭的叫聲，我們上樓時，她已經在門口等著我們了。

「嗨。」她說，「你們玩得好嗎？小寶貝，你剛醒是不是？快過來讓我……」

她解開安全帶，抱起了萬妮婭。

「我們挺好的。」我說著把空車推進屋裡，琳達解開了開襟羊毛衫的釦子，走進客廳，給萬妮婭餵奶。

「但是只要我還有一口氣，就絕不會再踏進兒童舞蹈班一步。」

「有那麼糟嗎？」她看了我一眼，眼裡閃著笑意，之後又趕緊低頭看著萬妮婭，把她抱穩，讓她貼住自己裸露的乳房。

「糟？那算是我這輩子最糟糕的經歷了。我走的時候肺都要氣炸了。」

「我懂了。」她說完便不再理會。

她對萬妮婭的照料是那麼不同。全身心地投入其中。透著百分之百的真誠。

我拿著買來的東西走進廚房，把容易壞的食物放進冰箱，羅勒連盆擱到窗台的盤子上，澆了點水，又從嬰兒車底下拿了書，放進書架，然後坐到電腦前打開郵箱。我從早晨起就沒檢查過電子郵件了。有一封卡爾-約翰．瓦爾葛蘭[15]的來信，恭喜我獲得了提名，說很可惜這本書他還沒讀，又說我哪天想喝啤酒，打個電話就成。我真心喜歡卡爾-約翰，我欣賞他的放浪不羈，有些人對此感覺不快，認為他有些勢利或愚蠢，我卻不以為然，而且不是在瑞典生活了兩年之後才這麼認為的。不過，我沒辦法跟他一起喝啤酒。我只會坐在那裡一言不語，我知道我會如此；我已經這樣幹過兩次了。還有瑪爾塔．諾爾海姆談及採訪的一封信，事關我得到的挪威廣播公司第二台的小說獎。以及我叔叔居納爾的來信，他感謝我寄書給他，說要鼓足勇氣來讀，並祝我好運，一舉拿下北歐文壇的錦標，結尾加了一句「備註」，說英格威

15　卡爾-約翰．瓦爾葛蘭（Carl-Johan Vallgren, 1964—），瑞典小說家和音樂人。

和卡麗・安妮離婚實在可惜。我沒回信就關了電腦。

「有什麼好消息？」琳達問。

「嗯，卡爾-約翰恭喜我。挪廣想在兩個星期後做個採訪。偏偏居納爾也來信了。他只是感謝我寄書給他。這倒也不算很糟，想想他以前對《出離世界》有多生氣。」

「那倒是。」琳達說，「你為什麼不打電話給卡爾-約翰，請他來坐坐？」

「你心情這麼好？」我說。

她朝我一撇嘴。

「我只想對你好點。」她說。

「我懂。」我說，「對不起。我不是故意的。好嗎？」

「沒關係。」

我從她身邊走過，拿起《卡拉馬助夫兄弟們》的第二冊，它就放在沙發上。

「那我撤了。」我說，「待會兒見。」

「開心點。」她說。

現在我有屬於自己的一個小時。這是我接手白天照顧萬妮婭的責任時提出的唯一條件，即，我必須在下午有屬於自己的一個小時，雖然琳達認為這不公平，她從來沒像這樣有過屬於自己的一小時，但她還是同意了。要我看，她從未有過一小時的原因，就在於她從沒想到過這一個小時。我進一步認為，她從沒想到過這一個小時的原因，是她寧願跟我們待在一起，而不是一人獨處。但我不願那樣。於是，每天下午都有一個小時，我可以坐在附近的咖啡廳裡抽抽菸。我從來不連續四、五次去同一家咖啡廳。如果那樣的話，他們就會把我當成瑞典話所說的「Stammis[16]」，也就是說，我一進門，他們就對我笑臉相迎，用他們對我偏好的瞭解來加深我的印象，經常就人人掛在嘴邊的某個主題發表幾句友善的評論。但是我在大城市生活的唯一意義，就在於我即使置身人海，也能保持完全的孤獨。那些人的面孔我以前通通沒見過！新臉孔源源不絕地彙聚成河，能沈浸其中才是一座大城市於我的魅力所在。地鐵裡擠滿了不同類型的人，各具特色。廣場如此。人行道如此。咖啡廳如此。大商場也是如此。距離，距離，我從未有過足夠的距離。因此，當某位「咖啡師」一看見我就開始說你好，面露微笑，不等我張嘴去要，就端出一杯咖啡，而且可能再給我來一份免費的羊角麵包時，也就是我要離去之日。找另一家店作為替代並不是很難的事，我們住在市中心，步行十分鐘的半徑之內，有好幾百家咖啡廳呢。

這一次我沿內閣街走向市中心。街上到處都是人。我一邊走，一邊想到了兒童舞蹈課上那位漂亮的女人。到底怎麼回事？我想跟她上床，但不相信能得到機會，而就算有機會我也不會那麼做。那麼，就算我在她面前表現得像個女人一樣，又有什麼大不了的呢？

關於一個人的自我形象，或許有很多解釋，但它絕對不是在理性的冷酷裡形成的。思想或許能理解它，卻沒有力量控制它。一個人自我形象的構成不僅包括你是什麼人，也包括你想成為什麼人，能成為什麼人，或曾經是什麼人。就個人形象而言，實際與假想並無區別。它包含了所有的年齡層，所有的情感，所有的驅動力。當我推著嬰兒車在城中遊走，花去大量時間照料我的小孩，我並沒有為自己的人生增添任何東西，人生沒有因此變得更加豐富，相反，某些東西失去了，那是一部分自我，一點與男性氣質有關的東西。看清這一點靠的並不是我的理智，而是情感，因為理智知道我這樣做是出於一個很好的理由，也就是說，在帶孩子的問題上，我必須和琳達處於平等的地位，而不管什麼時候，只要我把自己塞進一個模子，裡面又小又緊，讓我動彈不得，那麼情感便會使我充滿沮喪。問題在於哪個指標才是有效的。如果平等與公平可以作為指標，那麼對男人處處身陷溫柔與親密的束縛也就沒什麼可說的了，更不用提這麼做還能贏得一波又一波的掌聲，因為如果平等和公平是首要的指標，那麼所出現的變化就是一種不容置疑的提高與進步。但指標不只這些。幸福感是一個指標，生命的活力是另一個。也許女人可以一心在事業上發展，差不多過了四十歲，才抓住最後的機會要個孩子，由父親照看幾個月，等找到幼稚園，父母都可以繼續工作，也許她們比前幾代的女人更加幸福吧。男人在家待上半年，照看嬰兒，也許反倒能夠增加自己生命的活力。女人們大概也真心渴望，家裡那些長著細手臂和大屁股、腦袋剃得光光、戴名牌黑框眼鏡的男人們聚在一起，不僅能興高采烈地探討寶寶熊牌嬰兒背帶的優劣，還能同樣開心地討論自煮嬰兒食品和購買現成的生態果泥哪個更好的問題。他們也許就等著這些呢，懷著滿腔的熱忱，調動了全部的身心。但即便不是這樣，那也沒什麼關係，因為平等和公平才是指標，它們勝過生活和男女關係中的一切。這是一個選擇，而這個選擇已經做出。我同樣如此。如果想要不同的安排，我得在琳達懷孕之前就告訴她：聽著，我想要孩子，但不想待在家裡照顧他們，你覺得這樣行嗎？這當然意味著此事非你莫屬。然後她可能說：不，我覺得這樣不行，或者說行，沒問題，還要以此為基礎規劃我們的未來。可我沒有那樣做，我沒有足夠的先見之明，因此必須遵守既定的規則。在我們所屬的階級與文化中，這就意味著扮演相同的角色，以前稱之為女人的角色。我已經綁定在這個角色上了，就像奧德修斯綁在桅桿上一樣：如果我想得到解脫，我是可以做到的，但不可能在不失去一切的情況下做到。結果，我走遍斯德哥爾摩的街巷，看上去既摩登又女性化，內在的我卻是一個十九世紀的怒漢。從外表上看，我已經變了，彷彿被魔杖一點，我就馬上把兩隻手放到了嬰兒車上。我總是一邊走路，一邊像男人那樣到處看女人，這真是謎一般的行為，因為它什麼也引發不了，至多得到一個回看的眼神，如果我確實看見一個真正漂亮的女人，我興許還扭頭去看她，當然最好不要引起別人的注意，可這到底是為什麼啊？這些眼睛，這些嘴巴，這些胸和腰，腿和臀，究竟起著怎樣的功用？看這些東西為什麼如此重要？而只需幾秒，偶爾幾分鐘，我就會把她們忘得一乾二淨？有時我也有眼神的交流，而如果對方的目光多停留幾毫秒，我便會感到熱流湧動，因為那目光來自人群之一，而我對她一無所知，不知道她來自何地，怎樣生活，什麼都不知道，可我們還是看見了對方，就是這麼回事，然後就結束了，她成了過客，並從記憶中永遠抹去了這件事。當我推著嬰兒車走過，沒有一個女人看我，好像我不存在一樣。有人也許覺得，這是因為我發出了一個如此清晰的信號，表示我已有所屬，但是我和琳達手牽手走在一起時發出的信號同樣明顯，卻從來阻止不了任何人看我。天啊，我只是得了應得的報應，這只是為了讓我有幾分自知之明，當我走來走去，色瞇瞇地盯著女人們看的時候，卻把給我生小孩的那一位丟在家裡了，難道不是這樣嗎？

是的，這樣不好。

當然不好。

托妮耶有一次告訴我，她曾在餐廳遇見一個男人，那天已經很晚，此人走到她們桌邊，喝多了，但不想鬧事，或者她們認為這個人不想鬧事，他告訴他們，他是直接從產房來這裡的，他的女友當天生下了第一個孩子，現在他出來慶祝。但是接下來他就不老實了，變得愈來愈急切，最後竟然提議她們跟他回去……托妮耶的內心深處大受震動，充滿了厭惡，不過我懷疑她也會有點著迷，因為這怎麼可能呢？他到底在想什麼？

我不能想像還有比這種行為更大的背叛。但是當我搜尋這些女人的目光時，難道不是正在做同樣的事情嗎？

我的思緒不可避免地回到琳達身上，想到她待在家裡陪著萬妮婭打發時間，想到她們的眼睛，萬妮婭時而好奇、興奮、困倦的眼睛，琳達美麗的眼睛。那時除了她我誰都不想要，可現在我不僅得到了她，還得到了她的孩子。為什麼這還是不能讓我滿足？為什麼我不能停筆一年，專心做萬妮婭的父親，好讓琳達完成學業？我愛她們，她們愛我。那麼為什麼其餘的一切還要不停地困擾我，折磨我呢？

我必須更加專心。白天的時候，忘記周遭的所有事情，一心專注在萬妮婭身上。給予琳達所需的一切。做個好人。天啊，做好人對我就那麼難嗎？

我已經到了新開的索尼專賣店門口，正在思忖要不要去一趟街角的學院書店，買幾本書，然後在那裡的咖啡廳坐一會兒，就在這一刻，我看見了馬路對面的拉斯·努列[17]。他提著一個Nike購物袋，與我相向而行。我第一次看見他，是我們搬進這座公寓幾個星期之後，在胡姆勒公園，樹林上空漂浮著薄霧，一個男人朝我們迎面走來，酷似哈比人，從頭到腳一身黑色。我與他四目相交，他目光暗如黑夜，看得我脊背發涼，這是何方神聖？巫師嗎？

「你看見**他**了嗎？」我問琳達。

「那是拉斯·努列。」她說。

「**那**是拉斯·努列？」我說。

琳達的母親是演員，很久以前曾與他在皇家劇院合作過一齣戲，琳達最好的朋友海倫娜也是演員，同樣與他有過合作。琳達告訴我，他曾與海倫娜談話，態度和藹，指點她以後怎樣在這齣戲裡找準臺詞，由所飾演角色的嘴巴裡說出一切。琳達老纏著我，讓我讀《混亂與上帝為鄰》和《黑夜為白日之母》，她說這兩個劇本都非常好，但我沒讀，我要讀的書單長如荒年，目前我還得趕緊處理這次意外的收穫，況且像這樣在街上碰到他殊為不易，而我們去常去的薩圖努斯咖啡廳，儘管他不算那裡的稀客，但要嘛在接受採訪，要嘛就是在和別人談話。我碰見的作家不只他一人；有一次在我們家附近的麵包店，我看見了克里斯汀・佩催[18]，差一點張嘴跟人家打招呼，可我一遇見以前看過的臉就覺得彆扭，還有一次，我們在體育咖啡廳，正好彼得・英格倫[19]也在，不久拉爾斯・雅各松[20]也進來了，他寫過一部奇妙之作《在紅色女王的城堡》，還有斯蒂格・拉松[21]，我二十多歲時對他的作品愛不釋手，他那本《他們記憶中的夜晚》曾像一記重拳將我擊中，我是在斯圖雷霍夫餐廳的露臺上看見他的，他當時在讀書，我的心怦怦跳，好像看見了一具死屍。還有一次我在鵜鶘餐廳見到他，我們這一幫有人認識他們那邊的人，所以我握了他的手，乾得像一捆枯草，伴隨著他給予我的冷漠微笑。某天晚上，我在論壇[22]見到了艾里斯・菲奧雷托斯[23]，卡塔琳娜・弗羅斯滕松[24]也在那裡，我還在索德馬爾姆的一個派對上遇到過安・耶德隆德[25]。這些

17 拉斯・努列（Lars Norén, 1944—），瑞典劇作家、小說家和詩人。
18 克里斯汀・佩催（Kristian Petri, 1956—），瑞典導演和作家。
19 彼得・英格倫（Peter Englund, 1957—），瑞典作家和歷史學家，瑞典學院院士（十號席），二〇〇九年至二〇一五年任學院常務秘書。
20 拉爾斯・雅各松（Lars Jakobson, 1959—），瑞典作家，《在紅色女王的城堡》（*I den Röda Damens slott*）是他二〇〇〇年出版的小說。
21 斯蒂格・拉松（Stig Larsson, 1955—），瑞典作家、詩人、導演和演員，詩集《他們記憶中的夜晚》（*Natta de mina*）出版於一九九七年。
22 指斯德哥爾摩瓦薩斯坦的論壇當代文化中心（FORUM Nutidsplats för kultur），卡塔琳娜・弗羅斯滕松的法國丈夫讓・克洛德・阿爾諾（Jean Claude Arnault）為其藝術總監。
23 艾里斯・菲奧雷托斯（Aris Fioretos, 1960—），瑞典作家和翻譯家。
24 卡塔琳娜・弗羅斯滕松（Katarina Frostenson, 1953—），瑞典詩人和作家，瑞典學院院士（十八號席）。
25 安・耶德隆德（Ann Jäderlund, 1955—），瑞典詩人和劇作家。

作家我在卑爾根都讀過，那個時候他們只是一堆生活在異國他鄉的外國姓名，現在看到被時代光環所罩著的活生生的真人，卻讓我對當下產生了一種強烈的歷史感，他們在我們這個時代寫作，而未來的世代會通過他們筆下的色調來理解我們這一代。千禧年之初的斯德哥爾摩，這就是我看到他們時所產生的感覺，一種又好又讓人振奮的感覺。這些作家中，很多人已經過了八〇年代和九〇年代的全盛期，現在已有很長時間被邊緣化了，我不管這些，我想要的不是現實，而是魔力。在卑爾根讀過的年輕作家裡，我只喜歡耶爾克·維德堡[26]，他的小說《黑蟹》別具一格，超脫於道德和政治的迷霧之上，而別的作家往往深陷其中。原因不在於這是一本奇幻小說，而是由於他在尋覓一種不同的東西。這是文學特有的義務，從其他任何方面來說，文學都是自由的，唯獨這方面是個例外，如果作家對此無動於衷，那麼除了蔑視，他們不配得到任何關注。

我多麼討厭他們的報刊。他們的文章。加西列夫斯基、拉塔馬、哈爾貝里[27]。這些作家糟糕透頂。

不，我不進學院書店。

我停在人行道旁。另一邊，往傳統北方百貨公司的路上，有一家小咖啡廳，我決定去那裡。儘管我經常去，但是由於店裡客流量很大，環境特徵又不明顯，所以你大可以隱身其中。

通往地下室自助商店的樓梯扶手旁，有一張空桌，我把夾克搭在椅背上，書放到桌子上，封面朝下，書脊朝裡，這樣就沒人能看見我讀的東西了，然後我走過去排隊。櫃檯裡有三個人值班，兩女一男，看上去像是姊弟關係。年齡最大的一個站在嘶嘶作響的咖啡機旁，外貌和神態只能在雜誌上看到，當我看著她在櫃檯裡來回移動時，她那照片般的外貌幾乎抵消了我發起的所有情欲，彷彿我生活的這個世界完全無法連通她的世界，我感覺就是這樣。除了目光，我們再無一物相通。

該死，我又來了。

就不能適可而止嗎？

我從口袋裡掏出一張皺巴巴的一百克朗鈔票，在手上弄平，掃視一下店內的客人，差不多每人坐一把椅子，而亮閃閃的購物袋占著另一把。鋥亮的靴子或鞋子，講究的正裝和外套，奇特的毛領，奇特的金項鍊，蒼老的皮膚，蒼老的眼睛，鑲嵌在蒼老的、塗過睫毛膏的眼睛裡。喝著咖啡，吃著丹麥酥皮餅。我若有幸，真該看看這些人坐在那裡心裡想什麼，他們眼裡的世界又是什麼樣子。想像他們眼中的世界是否與我看到的截然不同。是否覺得沙發的黑皮、咖啡的黑色表面和苦澀味充滿了樂趣，更不用說在鬆餅盤繞而破裂的中心地帶，還有一座黃色的奶油島。說不定整個世界正在他們的內心歡唱。說不定這一天贈予他們的喜悅實在太多，多到鼓脹欲破。就拿他們的購物袋來說吧，其中一些配有精緻而奢華的提繩，而不是超市裡那種紙做的、黏在袋子上的提手。還有那些商標，不僅需要某些人窮盡自己的專業知識與技藝，花費少則幾天，多則幾個星期進行設計，還要反覆開會，聽取其他部門的回饋，進而投入更多的工作，對設計加以改進，也許他們會把樣品展示給親朋好友，也許他們夜不能寐，因為就算他們一絲不苟，精心打磨，還是會有人不喜歡他們的設計，但它總算面世了，繼而停在某人的腿上，比方說店內那位年過半百的女人，她僵硬的頭髮染成了金色。

也許她沒有那麼快樂。更像陷入了溫和的冥想。難道這是因為經歷了漫長而幸福的人生之後，此時充盈著巨大的、內在的平和？難道在咖啡杯又冷又硬的白色瓷體與咖啡熱乎乎的黑色液體之間形成的完

---

26 耶爾克・維德堡（Jerker Virdborg, 1971—），瑞典小說家，長篇處女作《黑蟹》（*Svart krabba*）出版於二〇〇二年。

27 約根・加西列夫斯基（Jörgen Gassilewski, 1961—），瑞典詩人和作家；拉爾斯・米卡艾爾・拉塔馬（Lars Mikael Raattamaa, 1964—），瑞典作家；安娜・哈爾貝里（Anna Hallberg, 1975—），瑞典詩人和文學評論家。

美對比，只是穿過世界本體與現象的旅程中短暫停靠的一站？難道她不曾見過毛地黃在碎石裡生長？難道她不曾見過狗在停車場的燈柱上撒尿，當著十一月的霧夜用如此的神祕和美填滿城區？哎，哎，難道空氣中不是充滿了細雨的微粒，不僅像一層薄膜包覆著皮膚和羊毛，金屬和木頭，而且全身反射著光芒，使得灰色天地中的一切都閃閃發亮？難道她不曾見過一個男人先把後院對面地下室的窗子搗碎，接著拉開鎖釦，爬到裡面逮著什麼偷什麼？人的想法真是奇特而怪異！她的鹽瓶子和胡椒瓶子沒有金屬的底座嗎——兩個瓶子都是槽紋玻璃的，但頂端是用與這種底座相同的金屬製成，穿有很多小孔，好讓鹽和胡椒能夠從各自的瓶子裡灑出來？她見過它們往哪裡灑嗎？叉燒肉、羊腿、帶有切碎的綠蔥的香噴噴的黃色煎蛋餅、豌豆湯，還有大塊的牛肉。這些印象裝得滿滿的，每一種都帶著自己的味道、氣息、顏色和形狀，它們本身就是一種人生的經驗，因此這一幕或許也就不足為奇了——她坐在那裡尋找平和，只求一靜，看上去再也不想接受這世界上的任何東西。

排在我前面的男人要的東西終於放到了櫃檯上，三份拿鐵咖啡，絕對夠他喝，女服務生留著齊肩的黑髮，兩片柔和的嘴唇，黑色的眼睛看到認識的人便會瞬間一亮，但現在它們是中性的，它們看著我。

「一杯黑咖啡？」她沒等我開口就問。

我點點頭，趁她轉身的時候嘆了口氣。看來她也注意到了這個又高又邋遢的男人，毛衣上沾著嬰兒食品的汙漬，頭髮從來不洗。

她拿過杯子，加滿咖啡，我用這幾秒鐘上下打量著她。她也穿著及膝的黑色長靴。這是今年冬天的時尚，我希望它永遠不要過時。

「好了。」她說。

我遞給她一張一百克朗的鈔票，她用修剪整齊的手指接過，我注意到她的指甲油是透明的，她到收銀台數好找錢，放到我手裡，給我的微笑也同時一變，轉為注目排在我後面的三位客人。

這本杜斯妥也夫斯基的書放在桌上，也不是特別有吸引力。閱讀的極限變得愈高，我讀的就愈少；這是典型的惡性循環。此外，我不喜歡置身於杜斯妥也夫斯基筆下的那個世界。無論我多麼入迷，也無論我對他的作為多麼欽敬，都不能使自己擺脫閱讀他作品時的厭惡。不，不是厭惡。是文字引起的不安。我在杜斯妥也夫斯基的世界裡感到不安。可我到底還是把書翻開了，靠到沙發上開始讀之前，還匆匆掃了一眼店裡，確保沒人看見我在做什麼。

在杜斯妥也夫斯基之前，理想，甚至是基督教的理想形象，總是單純而強大的，它是天堂的一部分，幾乎無人可以企及。肉體是虛弱的，心靈是脆弱的，但理想不可彎折。理想關乎抱負，堅忍，戰鬥。在杜斯妥也夫斯基的書裡，一切都是屬人的，更準確地說，人的世界就是一切，理想也包括在內，並已全然改觀：如果你放棄，鬆手，心懷非意志而不是意志，它們現在就能實現。在杜斯妥也夫斯基最重要的幾部小說裡，謙遜及不事張揚就是理想，在故事情節的框架內，它們從不引人注意，因此才顯出他的偉大，這正是他作為一個作家謙遜的結果。與大多數偉大的作家不同，杜斯妥也夫斯基自身在自己的小說裡是無法被辨識的。沒有什麼華麗的詞藻可以算到他頭上，也不存在可以宣讀的道德真諦，他使出渾身解數，賦予人物個性，而由於人內心積累過多，勢必不能讓自己卑微或埋沒，因此鬥爭與行動總是強過仁慈與寬恕，其結局亦然。由此出發，你可以更進一步，例如，檢視他作品中虛無主義的觀念，它似乎毫無真實感可言，總像一種成見，觀念史下的一個片斷，原因就在於人性湧流，無處不在，任何形式都有，從最怪異的和最野蠻的，到貴族般優雅的和遭人詆謗的，一貧如洗的和拒絕世俗榮華的耶穌的理想形象，無所不包，也有關於虛無主義的探討，意義頗為豐富。像托爾斯泰這樣的作家，也在十九世紀下半葉寫作與工作，那個時代動盪劇烈，苦於各種宗教與道德上的疑慮，一切面目全非。大段的文字用來描寫風景與場所，習俗與服飾，射擊後冒煙的槍管，微弱的回聲，受傷的動物激烈地跳動，然後倒伏死去，血流到地上，冒著熱氣。打獵是以冗長的分析加以探討的，沒有偽裝成其他事情，而是作為一份對客觀現象的詳盡紀錄，插入其他頭緒眾多的敘述之中。這種事無巨細、自成一體的描寫在杜斯妥也夫斯基的作品中並不存在，總有什麼東西藏在它們背後，一齣心靈的劇碼，這意味著總是有人性的一個方面是他沒有包括在內的，也就是讓我們與外在世界相連的東西。忽而東風，忽而西風，人都要迎受，而除了靈魂之深，他內心還有其他存在。《舊約》各卷的作者比任何人都瞭解這一點。各種可能的人性例證在這裡都可以找到豐富至極的表現，生活的所有形式在此都有體現。除了一種，對我們而言唯一具有重大意義的一種，也就是我們內在的生活。對人性加以意識和潛意識、理性和非理性的劃分，讓一個總是可以對另一個做出解釋或說明，把上帝視為可將靈魂沉浸其中的事物，以使鬥爭結束，安寧勝出，它們實為新觀念，與我們和我們的時代無法解脫地聯繫在一起，這並非無緣無故，也已讓事物脫離了我們的掌控，允許它們融入我們對它們的理解，抑或我們對它們的看法，與此同時讓人與世界的關係為之一變：以前人漫遊於世界，現在則是世界漫遊於人。當意義變了，無意義也隨之改變。拋棄上帝不再讓我們面對黑夜，像十九世紀那樣留下人接管一切，正如我們在杜斯妥也夫斯基、孟克和佛洛伊德的作品中可以看到的，那個時候的人，也許出於需要，也許出於欲望，變成了自己的天堂。然而只要從那天堂後退一步，一切意義便將失去。很明顯，本來有一個天堂高居於眾生之上，不僅空虛、黑暗、冰冷，而且無窮無盡。人在宇宙背景下有多大的價值？眾多昆蟲裡的一種昆蟲，眾多生命形態裡的一種生命形態，也許只是湖藻，或森林地表的真菌，魚腹中的卵，洞裡的老鼠，或暗礁上的一串淡菜，與它們相比，人活在地球上的不同之處又在哪裡？當人生既沒有目標，也沒有方向，無非擠在一起混吃等死的時候，我們為什麼還應該做這件事而不是那一件事？當生命一去不返，變成一捧潮溼的泥土，一小堆發黃鬆脆的骨頭，那時又有誰詢問這生命的價值？那死人的腦殼難道不是在墳墓裡帶著嘲弄的笑嗎？從這種觀點來看，再多幾具死屍又有什麼不同？是啊，確實還有別的觀點，論及這同一個世界：難道不能把它看作奇蹟嗎——它有冰冷的河流與廣袤的森林，有漩渦狀的蝸牛殼和深深的地洞，有血管和腦灰質，還有荒涼的行星和擴張的星系？能，當然能，因為意義並非我們獲得的東西，而是來自我們的給予。死亡使生命變得毫無意義，因為一旦生命停止，我們奮力追求的一切也就結束了，同時它也使生命有了意義，因為它的存在，讓我們擁有的短暫時間變得不可讓度，每一刻都非常寶貴。但是在我有生之年，死亡已經被移除了，它不再存在，而僅僅作為一個常項，在各種報紙、電視和電影裡出現，它在其中並不代表某一過程的終止和中斷，恰恰相反，由於日復一日的重複，它反而代表著那一過程的延伸和持續，因此頗為奇怪地變成了我們安全感和精神支柱的源泉。飛機墜毀堪比儀式，週期性地發生，一連串同樣的事件，而我們從未親身參與其中。一種安全的感覺，但也有興奮和緊張，想像那些乘客在最後時刻遇到了多麼可怕的事情……我們看到的和做過的一切都包含著我們內心激起的緊張感，卻與我們毫無關係。這算什麼？我們在過著別人的生活嗎？是的，雖然我們沒有也未曾經歷過一切，卻還是擁有了，經歷著，因為我們看到了，我們參與了，哪怕沒有親身前往。不僅是偶爾為之，而是天天如此……不僅是我和我認識的每個人，而是所有主要的文化，實際上幾乎是現有的每個人，人類的全體。它遍覽一切，化為己有，如海洋收納雨雪，已不再有任何事和任何地方我們不曾拿來變成自己的，並賦予它們人性：那裡有我們的思想。在一切神聖的事物面前，人總是渺小及無足輕重，一定是因為這種觀點意義重大——也許只有相信知識愈多愈墮落，其意義才能與之相提並論——當初催生了神，現在則已經走到了盡頭。誰還在苦苦思索生命的無意義？青少年。只有他們關心存在主義的命題，因此讓它們染上了某種幼稚的、不成熟的色彩，結果，那些老成持重的成年人就更不可能去碰這樣的問題了。不過這並不奇怪，因為我們絕不會像青少年時代那樣強烈而熱情地去感受生命，彷彿我們第一次邁入世界，一切感覺都是新的。就是他們，在小道上，帶著大概念，隨著壓力增強，左顧右盼，尋找著出擊的機會。可除了杜斯妥也夫斯基大叔，他們還能會遇見誰？杜斯妥也夫斯基已經成了青少年作家，虛無主義的主題也成了青少年的主題。很難說這是怎麼發生的，但無論如何，這個巨大的問題都受到了全然的忽視，與此同時，所有重要的力量都流向了左翼，任其鯨吞公平與正義的思想，當然，正是這些思想確立了我們社會進步的合法性，並確保我們過上脫離苦海的生活。十九世紀虛無主義與我們的虛無主義的不同，正是空虛與平等的不同。一九四九年，德國作家恩斯特・榮格[28]曾說，將來我們會建立起一個世界政府。現在，由於自由民主制已稱雄於現代社會，似乎他所言不虛。我們都是民主主義者，我們都是自由派，各個國家、文化和人民之間的差異正在普遍瓦解。而這場運動從本質上說，又何嘗不是虛無主義的？「虛無主義的世界本質上而言，就是一個日益縮減的世界，自然而必然地與趨向原點的運動相符。」榮格寫道。有個很好的例子可以說明這樣的縮減，那便是把上帝視為「善」，再比如那種要為世界上所有複雜趨勢找到一個共同特性的嗜好，又比如專門化的傾向，這是另一種形式的縮減，又比如要把一切轉化為數字的決心，美、森林、藝術、身體，概莫能外。如果金錢不是一種實體，將大部分不同的事物加以商品化，那它又是什麼呢？抑或如榮格所說：「漸漸地，所有領域都被歸到這個獨一的共性之下，即使與因果關係所處的距離像夢一般遙不可及的領域也不例外。」在這個世紀，就連我們的夢境都是相似的，就連夢境都是可以出售的東西。注重平等不過是冷漠的另一種說法。

這就是我們的黑夜所在。

我感覺周圍的人愈來愈少，外面的街道暗了，但直到我放下書，起身去給咖啡續杯的時候，才驚覺這是時間流逝的證據。

已經五點五十了。

我的天。

我五點鐘就該到家的。而且今天是星期五，我們總是會在晚餐時或者之後額外找些麻煩。起碼有找麻煩的念頭。

該死。真該死。

我穿上夾克，把書塞進袋裡，匆匆離去。

「再見！」女服務員在我身後說。

「再見了」。我頭也不回的說。到家之前我還得買些東西。首先，我進了對面的賣酒行，胡亂地從最貴的架子上抓起一瓶紅酒，只看見酒標上有個牛頭，然後沿著通道走進商場，裡面又大又奢華，總讓我感覺自己像流浪漢一樣寒酸。我接著走到樓梯口，下到地下超市，此處出售的貨品在斯德哥爾摩是最獨一無二的，我們的收入當中，有一大部分花在這裡了，這並不是說我們也能算得上什麼美食家，而是因為我們太懶，不願走路去比耶爾．亞爾街地下通道的平價超市[29]，也因為我對金錢的價值漠不關心，從這個意義上來說，我一有錢就毫不遲疑，像潑水一樣把它們花掉，沒錢的時候我也沒什麼花錢的念頭。這當然很蠢；生活因此變得難上加難。我們的進帳雖然有限，但原本就算穩定、健全而已，不足以讓我一

28　恩斯特．榮格（Ernst Jünger, 1895-1998），作家和哲學家。

29　比耶爾．亞爾街（Birger Jarlsgatan）以十三世紀的瑞典領袖比耶爾．亞爾命名。亞爾實際上是頭銜。

有錢就到處亂花，這導致接下來的三年我都得捉襟見肘地過日子。但誰會去琢磨這些事呢？說什麼也不會是我。所以錢就丟給了賣肉的櫃檯，那裡有上好的、成熟的、累累垂垂的，但以我們的標準卻又貴得嚇人的牛排骨肉，來自哥特蘭的一家牧場，就連我也吃得出來，這種肉的味道特別好，還有一些裝在塑膠罐裡的自製醬料，我趕緊也拿過來，再加上一袋馬鈴薯，一些番茄、青花菜和蘑菇。我看見他們有新鮮的樹莓，也盡快拿了一籃，又衝向冰櫃，挑了貼有剛開始上貨標籤的香草冰淇淋，最後到商場的另一頭，拿了些相當不錯的法式餅乾，幸運的是，這裡也有個收銀台。

哎呀，哎呀，哎呀，十五分鐘又過去了。

現在不只是因為我會晚一個半小時到家，也不只是她在等我，還因為我們睡得非常早，這樣一來，晚上的時間就會變得太短。對我來說這無所謂，我坐在電視機前吃幾塊三明治就滿好的，如果必要，七點半我就能上床睡覺。但我擔心的是她。

此外，我最近剛做過一次為期三天的小旅行，參加朗讀會，下星期還要去奧斯陸演講，我也感覺日子比以往還緊湊。

金屬盤緩緩地朝收銀員的方向接次前行，我把貨品放到上面，她一件件拿起，在空中旋轉，直到條碼面朝下都能被正確讀取，嗶的一聲，再把它們放回到小小的黑色傳送帶上，全程夢遊般的動作，彷彿她在睡夢裡活動。我們頭頂的燈光刺目，她皮膚上每一個細節都一覽無遺。她嘴角下垂，不是因為她上了年紀，而是由於她的臉如此之大，如此豐腴。她整顆頭因多肉而腫脹。她大概花了很多時間打理髮型，可這無助於改善整體形象；這就像裝扮成胡蘿蔔的綠色蒂頭一樣。

「五百二十克朗。」她邊說邊看著自己的指甲，把它們展開了一小會兒。我刷完卡，按了密碼。等待交易得到確認時，我凝視著陳列品，這才一下子想起我忘了買購物袋。每當發生這種事，我總是認真付錢，好讓他們不會覺得我故意忘事，希望他們說我可以拿個免費的，他們經常這樣做。但這一次我身上沒有零錢，為這麼小的數字再刷卡也太可笑了。可話說回來，她怎麼看我有關係嗎？她那麼胖。

「我忘了拿袋子。」我說。

「兩克朗。」她說。

我從收銀台下方的箱子裡拿出一個袋子，然後再次掏出信用卡。

「你沒有現金嗎？」她問。

「恐怕沒有。」我說。

她擺了擺手。

「但我想付錢。」我說，「不是那樣的。」

她不耐煩地笑了笑。

「拿走吧。」她說。

「謝謝你。」我說著把東西裝起來，朝樓梯走去，這邊的樓梯通往一條通道，兩邊的牆上有一些拍賣行的陳列櫃。我走出那裡的大門，街對面就是北方百貨公司，在地下商業街上燈光閃爍，左側和另一家商場相連，名叫加萊里安[30]，同一側再遠些便是文化宮[31]，直接走下去，就到了平板廣場[32]，然後是地鐵中央站，這裡有往火車站的地下通道。下雨天我總是走這條路，其他時候也這麼走，地下世界如此引人

30　加萊里安（Gallerian）一詞本身就是「商場」之意。
31　文化宮（Kulturhuset）是斯德哥爾摩一座綜合性的文化中心。
32　平板廣場（Plattan）為塞格爾廣場的西側部分，主要特徵是鋪有黑白相間的三角形地磚。

入勝，如同觀奇探險，我猜這必定源於我的童年，那時一個洞便足以成為我們最激動人心的發現。我記得有一年冬天，下了兩公尺厚的雪，肯定是一九七六年或一九七七年，有個週末，我們挖了好幾個雪洞，中間有坑道相連，從花園一直通到鄰居家的院子。我們就像著了魔，全然沉醉於這一天的成果，當夜幕降臨，我們就能坐在深深的雪層底下聊天。

我走過擁擠的美國酒吧，正值星期五，人們下班後來這裡喝杯啤酒，或者鄭重其事地開始一個不歸之夜，坐在那裡，厚厚的夾克搭在椅背上，微笑，喝酒，臉泛紅光，大部分人年過四十，而纖瘦的男女青年繫著黑色圍裙，走來走去，記下客人點的酒水，把啤酒托盤放到桌上，收起空杯。這些快活人的聲音，這種溫暖、友善、鬧哄哄的人聲，偶爾插入一陣轟鳴的大笑，在門打開的時候撲向我，還有停留在外面的五、六個人，他們都有事情可忙，不是在口袋裡翻找香菸或口紅，便是在手機上按下號碼，有所期待地把它舉到耳邊，一邊等待，一邊掃視著街道，抑或從路人當中挑一個出來，奉上微笑，僅此而已，只是一個友善的微笑。

「計程車，到內閣街……」我聽見身後有人說。路邊一溜兒小汽車滑行而過，緩慢而陰鬱，街燈的微光短暫照亮了車裡的面孔，給它們罩上一層神祕的輝光，司機呢，他們的臉映出儀錶盤上微藍的光。有些臉在貝斯和鼓聲裡顫動。街對面，人流湧出北方百貨大樓，過不了多久就會有大喇叭廣播，說商場將在十五分鐘之後關門。厚厚的皮衣，嗚咽的小狗，深色的羊毛外套，皮手套，成堆的購物袋。間或出現一件看起來樣式年輕的羽絨衣，一條垮褲，一頂羊毛小帽。接著有個女人跑過去，一隻手按住帽子，大衣的下擺在腿上拍打。她為什麼這樣匆忙？好像很緊急的樣子，我便扭頭去看。可是什麼都沒發生，她在通往國王花園的街角消失了。三個乞丐靠牆坐在格欄上。其中一位身前放著一張硬紙殼，上面用粗筆寫著他需要錢來找個地方過夜。他身邊放著一頂帽子，裡面裝了幾枚硬幣。另兩位在喝酒。我從他們身前經過時，眼睛看著別處，走到學院書店過馬路，快步經過它那刻板而面目模糊的門臉，腦子裡想著琳達，她大概在發脾氣吧，大概在想這個晚上又被毀了，在想我怎樣不願意見到她。過了另一個十字路口，經過昂貴的義大利餐廳，抬眼瞥一下葛蘭．米勒咖啡廳，那裡有兩個人正從計程車上下來。然後往納倫的方向走，一輛帶拖車的巨型樂隊大巴停在那裡，後面有一輛瑞典電臺的白色大巴，一捆粗重的線纜從車上一直拉到了人行道，我使勁地回想今晚到底是誰要在這裡演出，卻終歸徒勞，此後跨了三個臺階，便到了我們樓門口，按密碼，進門。就在爬樓梯的時候，我聽到樓上有扇門開了又關。聽那摔門的聲音，我就知道是那俄國女人。可這時候坐電梯已經太遲了，所以我還是爬樓梯，果不其然，片刻之後，真碰到她了，她正在下樓，假裝沒看見我。不管怎麼說，我還是打了招呼。

「嗨！」我說。

她嘟囔了一句什麼，不過是走過去以後才出聲。這俄國女人是來自地獄的鄰居。我們搬進這幢大樓的頭七個月，她的公寓還是空的。後來有天夜裡，都一點半了，我們被走廊乒乒乓乓的聲音給吵醒了，那是她家摔房門的聲音，後來開始不間斷地放音樂，聲音之大，我們都聽不見對方在說什麼。歐式迪斯可，貝斯和大鼓讓地板顫動，玻璃嘩嘩作響。這就像我們的音響在以最大功率播放。琳達懷孕八個月，期間會失眠，倒是還好，但就連我這個往常在任何噪音中都能一覺不醒的人也徹底睡不著了。在曲目之間，能聽她在我們下方喊叫、嘶吼。我們起了床，走進客廳。我們應該撥打為這種情況設立的值班電話嗎？我不想。對我來說，那樣做太瑞典了。下樓，按門鈴，抱怨幾句不就行了嗎？對啊，可是得我去。那我就去了，我按了門鈴，沒有用，敲門，門不應。又在客廳待了半個鐘頭。說不定它會自動停止？可到了最後，琳達氣急敗壞，自己下了樓，沒想到那女人突然開了門。而且她完全能體諒人！她上前一步，伸出一隻手，放到琳達肚子上，你要生寶寶了，她用帶俄國口音的瑞典話說，對不起啊，真抱歉，可是我丈夫離開我了，我不知道怎麼辦才好，你能理解嗎？音樂，加上一點酒，幫我忍受這冷酷的瑞典。但是你就要生寶寶了，你需要睡覺，對不對，親愛的？

看到事情有了進展，琳達很高興，回來跟我講了談話的內容，我們便走進臥室，上了床。十分鐘之後，我剛睡著，那該死的喧鬧又開始了。同樣的音樂，同樣瘋狂的音量，同樣的曲目之間的吼叫。

我們起了床，走進客廳。差不多三點半了。我們該怎麼辦？琳達想打值班電話，但我不想，因為雖然從原則上看這應該匿名，處理鄰里糾紛的巡視員也不一定會說出誰打過電話投訴，但很顯然她會知道的，而她明顯很不穩定，以後恐怕要找麻煩。因此琳達建議我們等到這一次停止後，隔天再寫一封友善的信，在信中表現我們的大度與寬厚，但是半夜三更弄出這麼大動靜，實際上是不可接受的。琳達躺到沙發上，高高地挺著大肚子，喘著氣，我上床去了，過了一個小時，差不多五點鐘時，音樂終於停了。第二天琳達寫了信，早上出門前塞進了她的郵箱，此後一切平靜，但晚上大約六點，有人狠狠捶擊我們家的門。我開門一看，是那俄國女人。她那張蠻橫的、被酒精毀壞的臉已經氣得發白。她手裡拿著琳達的信。

「這是什麼鬼東西！」她大聲質問，「你們**憑**什麼？我自己的家！我幹什麼不用你們來管！」

「這是封很友好的信……」我說。

「我不想跟你說話！」她說，「我要跟當家的說！」

「你什麼意思？」

「你不算家裡的男人。你想抽隻菸都被趕到外面。你站在院子裡，讓人把你當笑話看。你以為我看不見嗎？我要跟她談。」

她上前幾步，想從我身邊過去。她渾身酒氣。

我心裡翻江倒海。暴怒是我非常害怕的一種情緒。每逢這種情況，我永遠也避免不了全身全下都被軟弱的感覺所淹沒。我腿發軟，手臂也軟了，我的聲音在顫抖。可她不屑一顧。

「你得跟我談。」我說著向她迎上去。

「不！」她說，「信是她寫的。她才是我要找的人。」

「聽著，」我說，「你昨天深夜放音樂，聲音太大了。我們根本沒辦法睡覺。你不能那麼做。你必須講理。」

「我幹什麼不用**你**管！」

「是，是不用我管。」我說，「我們有個東西叫住戶守則，所有住在這裡的人都得遵守。」

「你知道我付了多少房租嗎？」她說，「一萬五千克朗！我已經在這裡住了八年了。以前從來沒人說過什麼。然後你們來了。假正經的小東西。『說實在的，我懷孕了。』」

說到後面這句模仿假正經的話時，她撅起嘴，揚起頭，鼻子朝天。她頭髮沒梳，皮膚灰白，臉很圓潤，雙眼直瞪著。

她用這燃燒的目光盯著我。我低下頭。她轉身下樓去了。

我關上門，扭頭看著倚在走廊牆上的琳達。

「好，做得好。」我說。

「你說那封信？」她問。

「對。」我說，「現在我們麻煩大了。」

「你還怪我？是她發神經了。跟我有什麼關係？」

「別急。」我說，「我們又不是敵人。」

樓下公寓裡，音樂轟然而響，和前一晚同樣吵鬧。琳達看看我。

「我們出去嗎？」她說。

「我不覺得我們出去是個好辦法。」我說。

「可這裡待不下去了。」

「那倒是。」

等我們穿好外套，音樂卻停了。也許她自己也嫌聲音太大了吧。但我們還是出了門，朝尼布魯廣場走去，那裡燈光璀璨，映著黑水，一層層碎冰，在慢慢靠近的動物園島渡船的船首前堆疊。皇家劇院就在馬路對面，好像一座城堡。那是我最喜歡的斯德哥爾摩建築之一。不是因為它漂亮，它不漂亮，而是它有一種特殊的氣質，周邊地區同樣如此。也許只是因為石材的顏色非常淡，幾近於白，表面寬闊，哪怕碰上最昏暗的雨天，也顯得整幢建築熠熠生輝。海風長年吹拂，門外旗幟獵獵，讓它所在的空間頗顯開闊，紀念碑式建築常有的壓迫感因此不復存在。它像不像海邊的一座小山？

我們手挽手走在濱湖路上。黑暗籠罩著船島外的水面。這裡的房舍只有零星的幾盞燈火，在城市裡有了陌生的節奏，彷彿到了盡處，慢慢融入鄉村和自然，一直要到對岸火光才重新回來，舊城、盧森和索德馬爾姆的陡岸在洶湧的風與海中閃閃發亮。

琳達為我講了一些皇家劇院的典故。她簡直就是在那裡長大的。她母親在皇家劇院當演員時，一個人拉拔琳達和她哥哥，所以他們經常和她一起排練演出。這些事對我就像神話，在琳達眼裡卻微不足道，她寧願不提，要是這一次我沒有直接問她，她很肯定是不會說的。她知道演員們的一切，瞭解他們的虛榮和煩躁，焦慮和詭計，她哈哈大笑，說最好的演員往往也是最愚蠢的、理解力最差的，聰明的演員實為自相矛盾的說法，不過，儘管她看不起演戲，看不起演員的作派與浮誇，看不起他們低級、虛偽和輕浮的生活與感情，但當他們處在最佳狀態時，她對他們的舞臺表演卻總是不吝溢美之辭。例如，她會充滿激情地談起柏格曼導演的易卜生作品《培爾．金特》[33]，這齣戲她在皇家劇院的衣帽間工作時看過無數遍，她會大談戲裡的魔幻與童話色彩，巴洛克風格與滑稽戲特色，再比如威爾遜在斯德哥爾摩城市劇院導演的史特林堡作品《一齣夢的戲劇》[34]，她在那裡做編劇，這齣戲當然更純粹，也更風格化，卻具有同等的魔幻色彩。她自己也曾經想當演員，連續兩年進入了戲劇學院的最後一輪面試，但他們仍然沒有錄取她，也好，他們永遠都不會要她了，所以她把精力轉到另一個方向，申請了畢斯科普斯-阿恩的寫作課，在那裡的第二年，她便用所寫的詩歌，拿出了自己的處女作。

此時，她說了以前的一次旅行。皇家劇院，柏格曼的巡迴劇團，他們不管到哪裡都是明星，這一次去的是東京。這些高個子、吵吵嚷嚷、醉醺醺的瑞典演員擠進了城裡一家高級餐廳，要他們脫掉鞋子或以其他任何方式來適應當前地環境簡直不可能，他們揮舞著手臂，在清酒杯裡捻熄香菸，大聲呼叫服務員。琳達穿著短裙，塗紅色口紅，黑髮齊肩，髮往內捲，一手拿著香菸，對彼得．史托馬略有迷戀[35]，而她只有十五歲，以她的話來說，在日本人眼裡必顯怪異。可他們當然是不動聲色的，他們只是安靜地在這些人周圍走來走去，哪怕有一位撞破紙牆，摔了個跤，他們連眼皮都沒抬一下。

說到這裡，她哈哈大笑。

33 此處指瑞典電影和戲劇導演英格瑪．柏格曼（Ingmar Bergman, 1918-2007）。他在皇家劇院導演《培爾．金特》是一九九一年的事情。

34 美國戲劇導演羅伯特．威爾遜（Robert Wilson, 1941—）一九九八年在城市劇院導演《一齣夢的戲劇》。

35 彼得．史托馬（Peter Stormare, 1941—），瑞典演員，一九九六年也曾在美國電影《法戈》（*Fargo*）中出演犯罪分子。

「我們要離開的時候，」她說著，看了看動物園泉那邊，「有個服務員提著一個袋子走到我面前。他說這是大廚送的禮物。我往裡一看，你知道是什麼嗎？」

「不知道。」我說。

「滿滿一袋小螃蟹，活的。」

「螃蟹？有什麼含義嗎？」

她聳聳肩。「我不知道。」

「你怎麼處理的？」

「我把牠們帶回酒店。媽媽醉得太厲害了，得別人送她回去。我自己攔了計程車，螃蟹袋子放在腳邊。回到房間以後，我往浴缸裡放了冷水，把螃蟹倒在裡面。牠們爬了一整夜，我就在一牆之隔的房間睡覺。在東京的中心。」

「後來怎麼樣了？你怎麼處理它們的？」

「故事到這裡就結束了。」她說著，抬眼看著我，面帶微笑，握緊了我的手。

她和日本有些淵源。特別是她的詩集得過一個日本的獎，還有一張日本人物圖片，直到最近都一直掛在她的書桌上方。她這小而美的五官，隱隱約約地，難道不是也有一種日本特色嗎？

我們走向卡拉廣場，那裡有個圓形水池，到了夏天，水池中央便會出現一個巨大的噴泉，但這時是乾的，池底鋪滿了周圍大樹落下的枯葉。

「你還記得我們去看《群鬼》那一次嗎？」我問。

「當然啦！」她說，「我永遠也忘不了。」

我知道，她已經把戲票插進了懷孕時開始弄的相冊。《群鬼》是柏格曼在皇家劇院導演的最後一齣戲，我們談戀愛之前一起看的，這是我們一起做過、共同擁有過的最早的幾件事之一。才一年半以前的事，卻感覺已經過了一生。

她看著我，眼裡的深情足以將我淹沒。天氣很冷，刮著冰涼、刺骨的寒風。這讓我想到斯德哥爾摩在東邊有多遠，少許異國他鄉的感覺，跟我老家完全不同，可我又沒法具體指出那到底是什麼。這是最富有的城區，卻一片死寂。誰也不到這裡來，街上總是沒多少人，但它們比市中心的其他部分都要寬闊。

一男一女帶著狗朝我們走過來，男的兩手背在身後，頭戴大皮帽子，女的身穿毛皮大衣，小梗犬在前面一路亂嗅。

「我們找個地方喝杯啤酒？」我問。

「好啊。」她說，「我也餓了。西塔[36]的酒吧怎麼樣？」

「好主意。」

我打了個寒顫，拉緊外套上的翻領。

「晚上這鬼天氣。」我說，「你冷嗎？」

她搖搖頭。她穿著一件巨大的羽絨衣，那是她好朋友海倫娜借給她的，去年冬天海倫娜和琳達現在一樣正在懷孕，琳達戴的皮帽是我們在巴黎時我替她買的，底下有兩根繩子，掛著兩顆小絨球。

「還踢嗎？」

琳達把兩隻手放到肚子上。

「不了，孩子在睡覺。」她說，「我散步的時候他總是這樣。」

36 比耶爾·亞爾街上的一家老電影院。

「孩子。」我說，「你說的時候我才想起來，好像被電到一下。我差點忘了你裡面還有一個人。」

「但的確有啊。」琳達說，「我已經很瞭解他了，至少我有這種感覺。你還記得他們做糖尿病檢測的時候他有多憤怒嗎？」

我點點頭。琳達有風險，因為她父親得過糖尿病，醫生們開給了她一種含糖的混合物，她說，在她吃過的藥裡，這一種最噁心，最難聞，結果孩子在她肚子裡像瘋了一樣亂踢，折騰了一個多小時。

「肯定嚇到他了。」我微笑著說，同時朝街對面看了一眼，遠處便是胡姆勒公園。燈光的穹頂之下，一塊塊被照亮的地方，有的地方長著樹，樹幹粗大，樹枝蔓生，另一些地方可以看見溼潤、發黃的草皮，中間則是完全的黑暗，有一種迷人的氣氛籠罩著這裡的夜色，但又不像森林裡那樣迷人，而更像身處於劇院的氣氛。我們沿著一條小徑前行。一些地方仍然有成堆的落葉，否則草坪和穿行其間的小路便顯得不著一物，就像客廳裡的木地板。有個跑步的人在林奈雕像周圍慢吞吞地活動，另一個人疾步跑下緩坡。我知道，我們腳下便是皇家圖書館巨大的書庫，而圖書館就佇立在我們的前方。一個街區之外是斯圖雷廣場，那裡聚集著這一帶最高檔的夜總會。我們住的地方離斯圖雷廣場只有一步之遙，卻好像生活在世界的另一個部分。有人在那一帶的街上讓攝影師到處拍，可我們一無所知，直到看見第二天的報紙，才知道世界明星造訪斯德哥爾摩，多半會到那裡轉轉，所有瑞典的商界菁英和各路名流都會在那一帶亮相，這些事情全國都能從晚報上讀到。人們不是排隊入內，他們站成一排，有警衛來回走動，指著那些獲准進門的人。這座城市苛刻、冷酷的一面，我以前沒有見過，我也從未經歷過這樣一種明確的文化分隔。在挪威，幾乎所有的距離都只是地理上的，由於人口稀少，每個地方通往高層或中心的路都很短。在學校的每個班級，至少是每所學校，總有某個人能在某個方面達到高層。每個人都認識某個認識誰誰的人。瑞典的社會距離可就大多了，農村人口一直在減少，幾乎所有人都在城市生活，任何想要有所成就的人都會到斯德哥爾摩來，因為凡重要的一**切**事情都會在這裡發生，這是一目了然的：如此之近，卻又如此之遠。

「你有沒有想過我是從哪來的？」我看著她問道。

她搖搖頭。

「沒有，好像沒有。你是卡爾．奧韋。我的漂亮丈夫。這就是我眼中的你。」

「特羅姆島上的一個住宅區。跟你的世界八竿子也打不著。我對這裡的生活一無所知。樣樣東西都極為陌生。你還記得我媽第一次到我們家來說了什麼嗎？不記得了？她說：『應該讓你外公也看看這裡的，卡爾．奧韋。』」

「這樣很好，不是嗎？」琳達說。

「可是你知道嗎？對你來說這公寓沒什麼特別的。對我媽來說這就像一座小舞廳，對不對？」

「那對你來說呢？」

「對我來說也是。但我要說的不是**這個**。不管它好還是不好。我要說的是我來自一個非常不同的環境。一個特別不世故的地方，對不對？我不在乎，這件事我同樣不在乎，問題就在於那不是我的，永遠也不可能是我的，不管我在這裡住多久。」

我們穿過馬路，走上住宅區裡的一條小街，不遠處就是琳達長大的地方，我們經過薩圖努斯咖啡廳，到比耶爾．亞爾街，西塔電影院就在這條街上。我的臉凍僵了，兩條大腿成了冰柱。

「你這樣很幸運了。」她說，「想想看，它給你帶來了多少好處？總有個地方可以去。往外是老家，往裡是新家。」

「我知道你要說什麼。」我說。

「我一切都在這裡了。我在這裡長大。我沒有辦法把自己跟它分開。期望也是有的。但沒人盼著你怎麼樣。最多盼你上個學，再有份工作罷了。對不對？」

我聳聳肩。

「我從沒那樣想過。」

「不。」她說。

沉默片刻，她又說道：

「我一直住在這裡。媽媽大概也不指望我什麼，只要我沒病沒災……」

她看了看我：「所以她喜歡你。」

「是嗎？」

「你沒注意到嗎？你一定注意到了。」

「好吧，就算我注意到了。」

我想起頭一次和她母親見面的情形。森林裡一座很老的小農場，一幢小房子。屋外是秋天。我們一到就坐下來吃飯了。熱乎乎的肉羹，新烤的麵包，桌上的蠟燭。我不時感到她的目光，好奇而溫暖。

「可是我長大的地方除了媽媽之外還有別人。」琳達繼續說，「約翰・努登法爾克第十二，你覺得他當過中學老師嗎？多有錢，多有教養。所有人都得出人頭地。我有三個朋友自殺了。多少人得了厭食症，我想都不敢想。」

「是啊，真是太糟了。」我說，「人就不能看開一些嗎？」

「我不想讓孩子在這裡長大。」琳達說。

「現在就談『孩子』了？」

她笑。

「怎麼樣？」

「那就只能去特羅姆島了。」我說，「我只知道一個人在那裡自殺過。」

「別開這種玩笑。」

「好吧。」

一個穿高跟鞋和紅色長裙的女人喀噠喀噠地走過去。她一隻手提著黑色手袋，另一隻手緊緊抓住胸前的黑色網眼披巾。她身後是兩個留鬍子的年輕男人，穿著風雪衣和登山靴，其中一個手拿香菸。他們後面是三個女人，看樣子是朋友關係，個個精心打扮，提著漂亮的小手袋，衣裙外面披了風衣。跟奧斯特馬爾姆的街道相比，這裡簡直與狂歡節無異。街道兩邊，餐廳燈火通明，家家座無虛席。西塔是本區的兩家非主流影院之一，此時門外已經聚集起了一小撮瑟瑟發抖的人群。

「可是說實在的，」琳達說，「不一定要特羅姆島。但挪威一定行。那裡的人更友好。」

「的確。」

我拉開厚重的大門，替她扶好。我脫下手套，摘掉帽子，解開大衣，鬆開圍巾。

「可我不想去挪威。」我說，「關鍵就在這裡。」

她什麼也沒說，她正要去看櫥窗裡的電影海報。她朝我轉過身。

「他們在放《摩登時代》！」她說。

「我們看嗎？」

「看吧，我們看！但是我得先弄一點吃的。幾點了？」

我到處找時間。在售票處後面的牆上，我找到了一個又小又厚的鐘。

「八點四十。」

「九點開始。我們趕得上。你去買票，我去看看酒吧裡有什麼吃的。」

「好的。」我說。我從口袋裡翻出一張皺巴巴的一百克朗鈔票，走向售票口。

「還有《摩登時代》的票嗎？」我問。

一個紮辮子、戴眼鏡，絕對不到二十歲的女孩俯視著我。

「Ursäkta[37]？」她說。

「您……有……那個《摩登時代》……票？」我用瑞典話說。

「有啊。」

「來兩張。後排，中間。二。」

為了保險起見，我把兩根手指舉到空中。

她一言不發，把票打好，放到我面前的櫃檯上，扯平那張一百克朗的鈔票，裝進收銀機。我走進酒吧，裡面滿滿都是人，我找到了琳達，擠到她身旁。

「我愛你。」我說。

這種話我幾乎從來不說的，她眼睛一亮，抬頭看著我。

「是嗎？」她說。

我們親了親。酒保把一小籃墨西哥玉米片放到我們面前，還有一種好像酪梨醬之類的東西。

「你想喝啤酒嗎？」她問。

我搖搖頭。

「看完再喝吧。不過到時候你可能就太累了。」

「有可能。你買到票了？」

「買到了。」

我第一次看《摩登時代》是二十歲那年，在卑爾根的電影俱樂部。有個地方我怎麼也憋不住笑。大多數人連上一次哈哈大笑是什麼時候都記不住，可我記得我二十年前的笑，這當然是因為我笑的時候不多。失控的羞恥和忘形的快樂，我通通記得。哪個場景引起的，仍然歷歷在目。卓別林必須要在一齣歌舞表演中登場。這是一次很重要的演出，利害攸關，他很緊張，為了幫助記憶，他便把歌詞抄到假袖口上。可他一上場袖口就沒了，因為他做了一個過於熱情的動作向觀眾致意，袖口飛出去了。他乾站著，沒有歌詞，而樂隊已經在他身後演奏了。怎麼辦？是的，他開始找袖口，同時跳著即興創作的舞蹈，好讓觀眾注意不到演出出了岔子，而樂隊把前奏演奏了一遍又一遍。我笑到哭。然而劇情進入了一個不同的階段，不管他怎樣轉圈跳舞，都找不到歌詞，到最後他非唱不可了。他站在那裡一聲不吭，一開口時卻是子虛烏有的句子，但又很像那麼回事，它們雖然意義盡失，但音樂和旋律還在，我記得自己欣喜若狂，不只為了我，也為了全人類，它是那樣溫暖，而創造它的人是我們其中之一。

這個晚上我在琳達身邊的觀眾席就座時，不確定我們正等待什麼。但到底，還是卓別林。大概是福斯內斯．漢森在一篇以幽默為主題的文章裡寫過吧[38]。二十年前可笑的東西此刻仍然會讓我發笑嗎？會的。而且就在完全相同的地方。他上場，向觀眾致意，作弊的假袖口飛了，他在地板上轉著圈跳舞，兩隻腳在身後一路拖行，他沒有一秒鐘不在與觀眾交流；他跳舞的時候，找東西的時候，始終都在

37 瑞典語：對不起。

38 艾瑞克．福斯內斯．漢森（Erik Fosnes Hansen, 1965—），挪威作家。

禮貌地對觀眾點頭。隨著默劇接踵而至，一滴淚從我臉上滾落。我感到那個晚上的一切都如此美妙。離開電影院的時候我們還在傻笑，我猜我這麼開心讓琳達也為之開心，不過她自己也樂在其中。我們手牽手，走上芬蘭文化學院旁邊的石階，分享著電影裡的場景，笑個不停。轉到內閣街，經過麵包店、傢俱店和美國錄影帶店，打開門鎖，上樓梯，回自己的家。十點半才過幾分鐘，琳達已經睜不開眼了，於是我們直接上床睡覺。

十分鐘後，樓下的音樂再次轟然而起。我已經完全忘記了俄國人那件事，一陣驚醒從床上坐了起來。

「天啊，」琳達說，「不會吧。」

我聽不清她在說什麼。

「都還不到十一點。」我說，「而且今天是星期五晚上。我們哪裡也去不了。」

「我不管了。」琳達說，「我要打電話。不能再該死的這樣下去了。」

但是她才剛下了床，剛走出房間，音樂就停了。我們回床上睡覺。但音樂之後又再次響起，當時我已經睡著了。音量同樣驚人。我看著鐘。十一點半。

「你可以打電話嗎？」琳達問，「我根本沒睡。」

然而同樣的事再次發生了。幾分鐘後，那女人關掉了音樂，樓下一片寂靜。

「我要睡客廳。」琳達說。

那天夜裡她又放了兩次音樂，每次都是最高音量。最後一次她放膽持續了整整半個小時，才把音樂關掉。這真是荒唐，也讓人不快。她瘋了，且顯然已對我們懷恨在心。什麼事都可能發生，我們有這種感覺。又過了一個星期，下一幕才又上演。在家門外朝向樓梯井的窗台上，我們放了些盆栽植物，這裡是公共空間，嚴格說來我們不用擔心，樓上的人家也做了同樣的事，再說了，誰會反對讓這冰冷的樓梯多一點顏色呢？但兩天之後，植物不見了。這原本沒什麼大不了的，但那幾個花盆是我祖母傳下來的，我祖母過世的時候，我從克里斯蒂安桑的房子裡總共也沒拿幾件家當，它們可是一百年前的東西，說沒就沒了，實在讓人生氣。難道被人偷了？可誰偷花盆啊？要不就是有人不喜歡我們的積極，所以把它們搬走了？我們決定在走廊的告示板上貼張紙條，問問有誰看見過那些花盆。當晚，這張紙條上就被寫上了詛咒與譴責，用的是藍墨水和糟糕的瑞典話。我們在指控廣大住戶偷東西嗎？如果是的話，那我們就應該盡快搬走。我們算老幾呀？幾天之後，我要把我們從宜家家居買的一張尿布台組裝起來，怎麼樣也得敲幾下錘子，才晚上七點，我覺得不會有什麼問題。可是麻煩來了；頭幾下錘子剛敲完，樓下便傳來一陣狂野的砸水管的聲響，這是我們的俄國鄰居表達抗議的方式，只要她認定有人違反了住戶守則，就會這麼做。但是我不可能因此讓組裝工作半途而廢，所以我沒有停手。一分鐘之後，樓下剛傳來摔門的聲音，她已到了我們的門外。我打開門。她說，我們自己整天乒乒乓乓，怎麼好意思對她抱怨？我試圖向她解釋半夜三更大放音樂和晚上七點組裝尿布台之間的區別，但這無異於對牛彈琴。她緊捉著我們的不是，伴以同樣狂野的目光和義憤的手勢。她已經睡著了，我們把她吵醒了。我們自以為比她優越，但根本不是這回事……

從此以後，她發現了新的戰術。只要聽到樓上傳來一點響動，即便我只是在地板上邁的步子重了一點，她就使勁地砸管子。聲聲入耳，在在錐心，又因為看不見聲音的發送者，更讓房間裡充滿了內疚。我恨這聲音，它讓我感覺我在任何地方都得不到安寧，哪怕就在自己的家裡。

後來，聖誕節前那幾天，樓下總算停了。我們從胡姆勒公園的攤位上買了棵聖誕樹；天已經黑了，雪花漫天，街上是典型的聖誕節前的紛亂，路人行色匆匆，對別人，對世界熟視無睹。我們挑了一位穿背帶褲的售貨員，往樹上包了一層網，便於運輸，我付了錢，搭到肩上就往回拖。這會兒我才意識到，它可能有點太大了。過了半個小時，路上歇了無數次，我終於把它拖進了家門。等我們把它立在客廳裡，不禁放聲大笑。好大一棵樹。我們買了一棵巨型聖誕樹。不過這也許不算太傻，畢竟這是我們倆單獨過的最後一個聖誕節了。平安夜，我們吃了琳達母親給我們帶來的瑞典聖誕大餐，拆了禮物，又看卓別林的《馬戲團》，因為我們買了他的全套電影。聖誕期間我們一部接一部地往下看，在節日空曠的街道上長時間地散步，等啊，等啊，等啊。我們忘掉了俄國女人，在聖誕節那個週末，外面的世界已不復存在。我們去看琳達的母親，在她家過了幾天，回來以後，便和蓋爾、克莉絲蒂娜、安德斯、海倫娜一起，著手準備除夕大餐。

當天上午我打掃全家，出門採購晚餐，熨平白色大桌布，拿出活動桌面，把餐桌加長，鋪平，拋光餐具，擦亮燭臺，疊好餐巾，再把裝水果的碗放到桌上，好讓客人們七點鐘登門的時候，這裡能閃閃發亮，洋溢著中層階級的體面的光。最先到的是安德斯和海倫娜，還有他們的女兒。海倫娜當初跟琳達的母親上課時就和琳達認識了，雖然她比琳達大七歲，她們還是成了好朋友。安德斯和她相好已有三年。她是個演員，而他……嗯，要算某種罪犯吧。

我打開門時，他們站在樓梯間裡，微笑著，臉凍得發紅。

「嗨，老兄！」安德斯說。他戴了一頂有護耳的棕色皮帽，穿一件很大的羽絨衣，一雙黑色的好鞋。優雅他談不上，但和海倫娜在一起，他還是能以某種古怪的方式跟她般配，海倫娜穿著白色外套和黑色靴子，頭戴白色裘皮帽，當然頗為優雅。

他們的女兒坐在他們身邊的嬰兒車裡，目光嚴肅地打量著我。

「嗨。」我看著她的眼睛說。

她臉上的皮肉毫無反應。

「快進來！」我說著後退了幾步。

「我們能把嬰兒車拿進來嗎？」海倫娜問。

「當然可以。」我說，「你進得來嗎？要不我把另一扇門打開？」

海倫娜往前推著童車，耐心地把它擠起門框之間的時候，安德斯已經在走廊裡脫下了外衣。

「Señorita[39]在哪？」他問。

「她在休息。」我說。

「都還好吧？」

「都還好。」

「太好了！」他邊說邊搓手，「外頭他媽的冷死了！」

海倫娜在我們面前進了門，雙手緊緊抓著童車的扶手。她按下煞車固定紐，抱出女兒，讓她一動不動地站在地板上，而後替她摘掉帽子，拉開紅色吊帶褲的拉鍊。她下面穿著一件深藍色裙子，白色褲襪和一雙白鞋。

琳達從臥室出來了。她喜形於色，先擁抱了海倫娜，她倆抱了很長的時間，盯著對方的眼睛看了又看。

「看你多漂亮！」海倫娜說，「你怎麼打扮的？我記得我九個月的時候……」

39 西班牙語：大小姊。

「只是一件舊的孕婦裝。」琳達說。

「是啊，可是你從頭到腳都這麼美！」

琳達歡喜地笑了，然後傾身向前，抱了抱安德斯。「好大的桌子！」海倫娜一進客廳就大叫起來，「哇！」

我不太清楚自己該做什麼，所以進了廚房，好像要查看什麼，或者說等她們停下來。很快我就聽到了另一聲門鈴。

「怎麼？」我一開門蓋爾就說，「你打掃完了嗎？」

「不知道**你們**要來。」我說，「我們不是說星期一嗎？我們這裡正要開新年派對，我擔心現在不是特別方便。可是我們應該能把你塞進……」

「嗨，卡爾．奧韋，」克莉絲蒂娜說著給了我一個擁抱，「你們一切都好嗎？」

「都好。」我邊說邊退後，為他們騰出地方，好讓琳達上前歡迎他們。又一輪擁抱，又一堆脫掉的鞋和外套，大家都進了客廳，安德斯和海倫娜的女兒到處亂爬，在最初的幾分鐘裡，她成了受人歡迎、惹人注目的焦點，此後的場面才漸漸安定。

「看樣子，你們保持了聖誕節的傳統。」安德斯說，他朝角落裡那棵巨大的聖誕樹點了點頭。

「它花了我們八百克朗。」我說，「只要還有一丁點綠，它就得在那裡立著。我們家可不亂花錢。」

安德斯哈哈大笑。

「老闆開始講笑話了！」

「我總是在講笑話。」我說，「只有你們瑞典人聽不懂我說什麼。」

「好吧，」他說，「至少剛開始的時候我聽不懂。」

「所以你們給自己買了一棵暴發戶的聖誕樹，對嗎？」蓋爾說，與此同時，安德斯以瑞典極為常見的方式講起了洋涇濱挪威話，包含一個音調拉高的 kjempe，一個偶爾出現、瑞典人聽起來十分滑稽的 gutt，發音上通通帶著一種熱情洋溢的腔調，每句話的結尾都要上揚。這跟我的口音沒有任何關係，可他們理所當然地認為那就是「新挪威語」。

「這是個意外。」我笑著說，「我承認，這麼大一棵聖誕樹確實有點讓人難堪。可我們買下它的時候，好像滿小的，等搬進來以後，才發現它有多巨大。不過我對比例的感覺一直都有問題。」

「你知道 kjempe 是什麼意思嗎，安德斯？」琳達問。

他搖搖頭。

「我知道 avis。還有 gutt。還有 vindu[40]。」

「它跟 jätte 一樣。Jättestor 就是 kjempestor[41]。」

琳達認為我受到冒犯了嗎還是？

「我花了半年才弄明白，」她接著說道，「它的用法一模一樣。肯定有很多詞，我以為自己懂，但我不懂。真不敢想像兩年前我還翻譯了塞特巴肯[42]的書。那個時候我一點挪威語都不懂。」

「伊爾達懂嗎？」海倫娜問。

「她？不。她知道的比我還少呢。但是我不久以前又看了看前面幾頁，好像還行。對了，有一個詞不

---

40 意思是「報紙」、「男孩」和「窗」。

41 瑞典語，jätte：巨人；jättestor（jätte + stor）：巨大（巨＋大），與挪語的 kjempestor 相當。

42 斯蒂格．塞特巴肯（Stig Sæterbakken, 1966-2012），挪威作家。

好。一想到這個我就臉紅。我把 stue，意思是客廳，譯成了 stuga……所以他去了 stuga，而這一段文字寫的是他坐在起居室裡。」

「那麼 stuga 在挪語裡怎麼說？」安德斯問。

「Hytte。」我說。

「噢，就是 hytt[43]呀！沒錯，一定是不一樣……」

「可是還沒有人說過什麼呢。」琳達說。她大笑起來。

「有人想來點香檳嗎？」我問。

「我去拿。」琳達說。

她回來的時候還一塊拿了五個酒杯，接著開始擰開固定瓶塞的鐵絲。她把臉微微扭開，瞇起雙眼，好像感覺到了劇烈的爆發。最後噗地一響，聲音裡帶著黏澀，瓶塞落入她的手中，香檳汩汩而出，她拿起酒瓶，對著一只酒杯。

「你真行。」安德斯說。

「很久以前我在餐廳工作過。」琳達說，「可是有一樣我老也做不來。我就是把握不好距離，給客人倒酒時，常常倒歪。」

她直起身，把冒著氣泡、嘶嘶作響的香檳一個個遞給我們。她給自己倒了一杯無酒精的。

「那就乾杯，幸會了各位！」

我們乾杯。喝完香檳，我就進了廚房，準備龍蝦。蓋爾跟在我身後，坐到桌子邊上。

「龍蝦。」他說，「真不敢相信你這麼快就適應了瑞典社會。我來你家過除夕，你搬到這裡才兩年，就弄起瑞典傳統的新年食物了。」

「我又不是一個人。」我說。

「對。我知道。」他笑著說，「有一次我們還在家裡過了個墨西哥聖誕節呢，克莉絲蒂娜和我。我跟你講過吧？」

「講過。」我說，隨即把第一隻龍蝦切成兩半，放進盤子，再弄下一隻。蓋爾談起他的書稿。我用半隻耳朵聽著。噢，是嗎？我偶爾答腔，表示在聽，可心思卻在別處。他沒法跟別人談自己的書稿，到了這裡才有這個可能，所以等我出去抽菸時，他便看到了機會。他寫了一份初稿，為此花了十八個月，我看過，也提了意見。我的評論既全面又詳細，寫了九十頁，但不幸的是，批評的調子常常帶著諷刺。我曾以為蓋爾什麼都能承受，可我早該知道，誰也不能承受一切，最難的莫過於應對別人對你自己作品的諷刺。可我控制不了自己，這跟我寫評論時一樣，諷刺總是揮之不去。蓋爾自己知道，而且也承認了，他手稿的問題在於敘事與事件的距離過大，許多東西往往沒有寫出來。只有旁觀者能對此給以糾正。這就是他的缺點。但我總是帶著諷刺，太多的諷刺……這大概出於我潛意識裡的一種欲望，非要贏他一次，教這個在別的方面一向出色的人低一次頭，是這樣嗎？

不是。

不是？

「我正在祈禱，求你原諒。」我說著把第三隻龍蝦仰面擺好，切開肚皮位置的殼。這比蟹殼要軟，而黏膩帶來的感覺，讓我想到這是人工製品，像塑膠一樣。那紅紅的顏色不也帶著某種非自然的性質嗎？還有這麼多微小、美麗的細節，如爪子上的凹槽和鎧甲般的尾殼：它們看上去難道不像是在文藝復興時

---

43 瑞典語：小木屋。

期某個匠人的作坊裡鍛造出來的嗎？

「你是該如此。」蓋爾說，「為你墮落的、罪孽深重的靈魂念十遍《聖母經》。天天守著你的評論，任由自己受到嘲笑，這種日子你能想像嗎？『你是個徹頭徹尾的白癡嗎？』沒錯啊，我看我是……」

「那只是個技術性的問題。」我一邊說，一邊用刀來回切著蝦殼，抽空看了他一眼。

「技術性的？技術性的？這話你說得倒簡單。你能花二十頁描寫一次前往廁所的旅程，還能讓讀者看得兩眼發光。可你認為有多少人能這麼做？如果他們有這個能力，那麼又有多少作家會不這樣做？你認為為什麼有人肯花時間修改自己的現代詩，哪怕每頁只有三個單詞？這是因為他們沒有別的選擇。看在老天份上，過了這麼多年你必須明白這一點。如果他們可以，那他們一定會做。你能，但你對它並不認可。你看不起它，你寧願耍聰明，用一種散文的風格來寫。可散文人人能寫！這是天底下最容易的事。」

我看著白色的蝦肉，紅色的纖維——蝦殼一破就會出現。隱隱聞到了海水的味道。

「你說你寫作時看不到字母，對不對？」他接著說，「我除了那些該死的字母什麼都看不到。它們糾纏在一起，像我眼前一張該死的蜘蛛網。什麼東西都通不過，也出不去，你知道的，所有東西都往裡頭鑽，就像腳趾甲長進了肉裡。」

「你寫了多久了？」我問，「一年？那不算什麼。我現在已經寫了六年了，可我能拿得出手的東西，只不過是一百三十頁關於天使的愚蠢的散文。回到二〇〇九年，我更有可能為那個時候的你感到難過。我讀過的那部分還是滿好的。不可思議的故事，很棒的採訪。細心核對一遍就行了。」

「哈！」蓋爾說。

我把切成兩半的龍蝦裝進盤子，蝦殼朝上。

「你知道，其實這是我唯一能比得過你的地方。」我說著抓起最後一隻龍蝦。

「不是吧？」他說，「我至少還有一兩樣短處是你也知道的，可千萬不能讓別人也知道。」

「噢，那個。」我說，「那完全是兩碼事。」

他大笑起來，聲音響亮，發自肺腑。

隨後的幾秒鐘，他一個字都沒說。

他在生悶氣嗎？

我拿刀切起了龍蝦。

那是不可能說出口的。如果我傷害了他的感情，我也永遠不會知道。他的驕傲形同自負，正如他的傲慢形同忠誠。他失去了一個又一個朋友，也許正因為他總是不肯讓步，而且從不畏懼說出自己的想法。沒有人，或者說幾乎沒有人喜歡他的想法。一年前的冬天，我們之間出現了一種非常惡劣的氣氛。只要我們上街，基本上都是坐在酒吧的高凳上沉默無語，但凡說了什麼，也大都是他對我或我家人所作的刻薄評論，而我呢，也在竭力回敬。後來他突然沒了消息。兩個星期後，克莉絲蒂娜打來電話，說他去土耳其做實地採訪了，要離開幾個月。我很吃驚，這感覺真是意料之外，還有種受到冒犯的感覺，他竟對我隻字未提。幾個星期後，我從一個住在挪威的朋友那裡聽說，《每日評論》[44]在巴格達採訪了蓋爾，他在那裡志願當人體盾牌[45]。我心裡一樂，這真是典型的蓋爾作風，但我還是不明白他為什麼對我保守祕密，後來才知道我不知何故得罪了他。什麼地方讓他感到受了冒犯？我永遠不會知道。過了四個月，經歷了好幾個星期的轟炸之後，他帶著一大堆錄滿採訪的記憶卡帶回到斯德哥爾摩，好像一下子恢復了活

44《每日評論》（Dagsrevyen）是挪威廣播公司電視一台一檔老牌的晚間新聞節目。

45 human shield，一種軍事策略，在戰爭中以人包圍某目標，好阻止敵人攻擊。

力。上一個秋天和冬天危機四伏的沮喪情緒一掃而空，我們也恢復了友誼，和好如初。

蓋爾和我同年出生，在相隔只有幾公里遠的地方長大，我們分別生活在阿倫達爾城外的兩座海島，一座是希斯島，另一座是特羅姆島，就在高中最有可能接觸時，我們卻未能結識對方，因為那時候我早就去克里斯蒂安桑了。我第一次遇見他，是在卑爾根的一個派對上，我們在同一座城市讀書。他處於阿倫達爾幫的週邊，而我通過英格威，跟這幫老鄉也有些斷斷續續聯繫，我跟他一說話，就感覺他可能正是我一直沒有找到的朋友。那個階段，在卑爾根的頭一年，我一個朋友都沒有，整天跟英格威廝混。我們一起出去玩了幾個晚上，他笑聲不斷，有一副我喜歡的滿不在乎的態度，對周圍的人懷有如假包換的興趣，說起他們也頭頭是道。他是那種直抵核心的人，因此也能夠帶來改變。我找到了一個新朋友：這就是一九八九年春天包圍著我的那種美好的感覺。不過後來我才知道，他還要繼續闖盪，卑爾根不是他紮根的地方，考試一結束，他便收拾行囊，去了瑞典的烏普薩拉。那年夏天我寫過一封信給他，可是從來沒有寄出，再後來，他就從我的生活和腦袋裡消失不見了。

十一年後，他寄給我了一本書，寫的是拳擊，名叫《斷鼻子美學》。只讀了幾頁，我便認識到，他那滿不在乎的態度和直抵核心的能力不僅完好如初，而且比以前學生時代還要厲害。他在斯德哥爾摩一家俱樂部打了三年拳擊，就是為了近距離體驗他要描寫的故事背景。一些已經毀於福利社會的價值觀，如男子氣概、榮譽感、暴力和疼痛，還在那些場所保持著，而對我來說，有趣之處在於，用他們存留的那一套價值觀，從那樣一個角度看到的社會是多麼不同。藝術就是要在你沒有從其他地方帶來任何東西的前提下去對抗這一個世界，努力並看清它本來的面貌，也就是說，以其自身的條件觀之，然後把它當做一個平臺，再次遠眺。於是一切看起來都不同了。蓋爾在書中借助偉大的古典反自由主義文化，把他看到的和描述的東西聯繫起來了，其脈絡從尼采和榮格一直延伸到三島和蕭沆[46]。裡面沒有可以買賣的東西，沒有可以用金錢價值衡量的東西，設身處地，或者從這種觀點出發，我發現範圍廣大的很多事物——過去我一直以為它們渾然天成，如同我自身的一部分——其實正好相反，它們的關係是相對或者偶然的。從這個意義上來說，蓋爾的書對我而言就變得重要起來了，一如米榭．賽荷的《雕像》[47]，讓我們此刻同樣而且一直沉浸其中的古老過去以一種令人惶恐的清晰浮現出來，米歇爾．傅柯的《詞與物》同樣曾對我非常重要，它把時間及當代的語言如今在現實生活中對我們產生多大的影響都呈現了出來，我們看到一個概念上的、我們完全沉浸其中的世界怎樣被另一個世界所取代。這些書的共同之處在於，它們建立了一個相較於當前世界或邊緣的參照點，就像那間拳擊俱樂部一樣，是一塊留存著近代文化，或者歷史價值的飛地，到了這種地方，或者想像我們到達了那裡，就完全被改變了。或許我已經朝著那裡慢慢前行，摸索著道路，動作幾乎難以察覺，甚至沒有意識到自己的想法，直到這些書進入了我的生活，幾乎是重重地放到我面前的桌子上，而某些想法也就變得清楚了。書總是能讓人恍然大悟，它們將我心裡任何曾經可疑的東西、感覺、預感都轉化為文字。一種模糊的不安，一種模糊的不快，一種模糊的、無以名狀的憤怒。沒有方向，不清晰、不準確。蓋爾的書對我如此重要的原因，也和我們的背景相似有關——我們年齡相同，認識同樣地方的人，我們都把成年以後的時間用於閱讀、寫作和鑽研——但他怎麼會最後到了一個完全不同的地方呢？從我剛上小學開始，我，還有身邊的所有人，就被呼籲。要批判且獨立的思考。三十歲之前我一直沒有做到，這種批判性的思考只有到了某一點才會發揮出益處，否則就會變成

46 艾米爾．蕭沆（Emil Cioran, 1911-1995），羅馬尼亞哲學家。

47 米榭．賽荷（Michel Serres, 1930—），法國哲學家和科學史學者。

相反的方向，成為一件惡事，甚至邪惡本身。或許有人會好奇，為什麼這麼晚？一部分原因在於我甘做追隨者的天真性格，那種鄉下朋友般的集結信任，儘管有可能對某些見解產生懷疑，卻從不質疑這些見解的前提，因此從來不問「批判的」是不是真是批判的，「激進的」是不是真是激進的，「好的」是不是真是好的，但那些有智慧的人一旦不再自我陶醉，擺脫了年輕時受制於情感的觀念，都會這樣問；另一部分原因在於，像許許多多的同輩人一樣，我是受過抽象思考訓練的，也就是說，可以從眾多領域的思想流派中獲取知識，以一種多少有些批判的方式加以複述，樂於和其他的思想流派進行對照，然後據此評判。但有時這麼做是為了自己的見識，自己對知識的好奇，這並不是說我放棄了抽象思考，而是這種行為到最後使得思考淪為次要，在哲學、文學、社會科學、政治學中的世界，和我在其中居住、睡眠、進食、講話、做愛和跑步的世界，那個有氣味，有味道，有聲音，下雨，颳風的世界，那個你能在自己皮膚上感覺到的世界，漸漸被認為不值得去思考了。其實，我還是會去想，只是以另一種不同的方式，一種更實際，更以現象為導向的方式，不過也是為了其他原因：當我在抽象現實中思考去試圖理解的時候，我也在具體的現實中思考加以應對。在抽象之中，我能創造一個自我，一個帶有選擇的自我；而在現實中，我就是我，一副身體，一道目光，一種聲音。這是一切獨立的根源。包括獨立的思想。蓋爾的書不僅是關於獨立的，也是展現獨立的。他只描寫親眼所見、所聞，因此當他書寫那些的時候，就設法成為其中一分子。這也是一種反思的形式，最貼近他要描寫的生活。評判一個拳擊手的永遠不是他說什麼或想什麼，而是他做什麼。

辯論嫌忌，對文字的不信任，一如皮浪[48]或猜忌狂一樣；這是通往作家的道路嗎？一切能用文字講述的事也都能與文字牴觸，那麼論文、小說、文學的意義何在？或者換一種說法：不管什麼東西，你說它是真的，但總有人說是假的。這是原點，價值從這裡開始傳播。無論如何這條路不是死的，對文學而言也不是，文學不只是文字，文學是文字在讀者身上喚醒的東西。正是這一種超越性讓文學獲得了存在的理由，而不是像許多人相信的那樣，是它自身形態的超越。保羅・策蘭神祕、密碼般的語言與難解與封閉性無關，正好相反，它是開放的，語言通常不會如此開放，但我們仍然在內心深處的某個地方知道它、認識它，就算不認識，也會去發現。保羅・策蘭的文字不可能與文字相牴觸。它們內含的東西是不可能轉換的，詞語只在那裡，在每一個理解它的人心裡存在著。

事實上，繪畫及某種程度上的攝影，之所以對我這麼重要也與此有關。它們不包含文字，沒有概念，然而在觀看它們的時候我的感受，讓它們如此重要的原因，卻也是非概念的。這裡面有個愚蠢之處，在一個個完全沒有情報的領域裡，對此我多少有認知或接受上的困難，但是對於我想做什麼，這卻可能是最重要的一個因素了。

讀過蓋爾的書六個月之後，我寫了一封電子郵件給他，問他是否有意為《流浪者》寫篇隨筆，我當時在那裡做編輯。他說好，我們郵件往來，總是正式而務實。一年後，當我離開托妮耶，離開我和她在卑爾根共同的生活，過一天算一天的時候，我寫了電子郵件，問他知不知道斯德哥爾摩有什麼可以落腳的地方，他不知道，但是我在找房子期間可以跟他住。我回信說好。那好，他寫道，你什麼時間過來？明天，我寫道。明天？他回道。

過了十多個小時，搭乘卑爾根到奧斯陸的夜行火車，以及奧斯陸到斯德哥爾摩的早班火車之後，我拖著行李，從月臺下到斯德哥爾摩火車站的地下道，尋找大到足以把兩件行李全裝下的置物櫃。我一路

48 古希臘懷疑論哲學家。

上都在看書，盡量不去想前幾天發生的事，每件事都是我離開的理由，可現在，置身於區間列車上下車的密集人流，我再也無法再控制自己的不安。走進地下道，寒意直入心底。我把兩件行李分別塞進兩個置物櫃，又將兩把鑰匙裝進我通常裝家門鑰匙的口袋，進了廁所，用冷水洗個臉，好讓自己感覺多幾分生氣。我看著鏡中的自己，端詳了一會兒。我臉色蒼白，略顯浮腫，頭髮蓬亂，眼睛……是的，我的眼睛……儘管它們凝神望著某處，似乎在尋找著什麼，卻也了無生氣，目光所及似乎都被吸進了眼底，彷彿正吞噬一切。

我什麼時候有了這樣的眼神？

我打開熱水閥，雙手放到下面待了一會兒，直到暖和的感覺沿著手掌蔓延，我從紙筒裡扯下一張紙，擦乾手，把紙扔進水槽旁邊的垃圾桶。我體重一百零一公斤，未來毫無希望。但我現在到了這裡，很了不起啊，我想，接著走出去，走上樓梯，走進廣場，站在中央，周圍各個方向都是人，而我還在想方設法做計畫。剛過兩點。我應該五點鐘在這裡和蓋爾碰面。還有三個小時來消磨。我得吃點東西。我需要一條圍巾。我還應該理個髮。

我走出車站，在計程車站附近停下腳步。天空灰而冷，空氣潮溼。往右，是一片雜亂的道路和水泥橋，它們後面有個湖，再往後，則是一排極具歷史感的建築。往左，一條空闊的大街，車水馬龍；在我的正前方，街道沿著一道汙穢的牆朝左彎下去了，遠處有一座教堂。

我該往哪邊走？

我一隻腳踏上長凳，捲了一根菸，點著，邁步往左走。走了一百公尺我就停住了。看來不對勁，這條路上的一切都是為了汽車高速行駛而建的，於是我掉頭，試一下對面那條路，它通往一條寬闊的街道，街對面有磚石結構的巨大的商場。再往下走，是一座廣場，簡直陷進了地面，右側佇立著一座很大的玻璃建築，上面用紅字寫著「文化館」。我進了門，搭自動手扶梯上到二樓，那裡剛好有家咖啡廳，我買了一份長棍麵包，配肉丸和紫甘藍沙拉，坐到窗邊，眺望商場前面的廣場和街道，

我要留在這裡嗎？這就是我要生活的地方嗎？

昨天早晨我還在卑爾根的家中。

昨天，那是昨天了。

托妮耶陪我到了車站。月臺上方的人造光，車廂外的旅客，他們已經為夜晚做好了準備，壓低嗓音交談，行李箱的輪子滾過路面。她哭了。我沒哭，只是抱了抱她，擦掉她臉上的淚水，她含淚微笑，我一邊登上火車，一邊想，我不要看她走開，不要看她的背影，可我還是無法自制地望向窗外，目送她走下月臺，穿過出站口消失了。

她會留在那裡嗎？

在我們的房子裡？

我咬了一口麵包，望向下方黑白地磚的廣場，以轉移思緒。對面那一間商店暗暗的，但是有人。他們在通往地鐵站的門裡進進出出，從通往畫廊的通道進進出出，乘自動扶梯上上下下。各種雨傘、外套、夾克、塑膠袋、背包、帽子、嬰兒車。在它們上方，是小型車與巴士。

商場外牆上的鐘顯示兩點五十。我想，或許最好現在就去理髮，免得到最後會很趕。我上了自動扶梯，下樓時取出手機，翻看通訊錄裡保存的人名，但我沒人可以聯絡，到最後要解釋的東西又會太多，要說的事情也太多，能得到的回饋又太少，所以當我再次走進這沉悶的三月的午後，而少量厚重的雪花正從空中落下的時候，我關掉了手機，把它放回口袋，走上女王街，一路留心尋找著理髮店。商場外面有個男人在吹奏口琴。更準確地說，他不是在演奏，他只是在吹，用盡了氣力，身體前後抽搐。他頭髮

很長，臉上飽受摧殘。我一下子就感受到了他身上散發出的強烈的侵略性。我走過他身邊時，恐懼在我血液裡竄升。在他身後，一家鞋店的大門口，有個年輕女人正俯身從嬰兒車裡抱起一個小孩。那小孩手插在刷毛口袋裡，頭上的帽子也是刷毛的，他直楞楞地盯著前方，好像對眼前的一切無動於衷。她單手把孩子緊抱在胸前，用另一隻手打開鞋店的門。飄落的雪一接觸地面就融化了。一個男人坐在折疊椅上，手拿大告示牌，上面寫著左轉五十公尺有家餐廳，可以讓你花一百零九克朗買一份鐵板牛排。鐵板牛排？我很好奇那是什麼。路上很多女人的樣子都差不多，她們五十多歲，戴眼鏡，體形飽滿，身穿大衣，手提標誌各異的袋子：奧倫斯、林德克斯、北方百貨、科普或亨雪普[49]。同樣年紀的男人要少一些，但很多人的模樣也差不多，只是表現不同罷了。眼鏡，淺黃色的頭髮，灰暗的眼睛，綠色或淺灰色的夾克，帶著幾分隨意，瘦的比胖的多。我渴望獨自一人，卻不可能，只好漫步街頭。我眼前的所有面孔都是陌生的，這種情況還要持續幾個星期、幾個月，因為我在這裡不認識半個人，但儘管如此我仍感覺自己被監視。就連我遠遠地住在海中小島，除了我，島上只有三位居民的時候，我一樣感覺到受人監視。我的外套有什麼地方不對嗎？領子不該翻成這個樣子嗎？鞋也沒個鞋樣？我走起路來怪怪的嗎？也許頭垂得太低了？噢，我是個白癡。愚蠢的火在我體內熊熊燃燒。噢，我多麼白癡啊。我他媽多愚蠢，是白癡中的白癡啊！我的鞋子，我的外套。愚蠢、愚蠢、愚蠢。我的嘴巴，不成樣子，我的思想，不成樣子，我的感情，不成樣子。一切都是軟塌塌的。任何地方都不穩固。沒一樣牢靠，沒一樣必不可少。軟弱，無能，蠢。該死。真是見鬼了。該死，我可真蠢啊。我在咖啡廳也是片刻不得安寧，只要一秒鐘，我就開始提防店裡的每一位客人，而且還會繼續這樣提防下去，朝我這個方面飄過來的每道目光都會紮進我心底，搞得我心裡翻江倒海，我做的每個動作，即便翻翻書，都是代表我愚蠢的信號，照例向外傳送給他們，我做的每個動作都在說：「這裡坐著個白癡。」所以最好還是走路，因為這樣一來那些面孔就會一個接一個地消失，儘管會有別的面孔代替，但它們沒有時間停頓，它們只是一掠而過，一個白癡來了，一個白癡來了，一個白癡來了。這就是我走路時所聽到的。我知道這不合理，這不過是我腦袋裡製造出來的聲音，但知道也沒用，他們照樣進到裡面，在我體內，他們在我的體內轟鳴，甚至這些人當中最格格不入的，甚至他們當中最醜的、最胖的和衣服最破舊的，甚至那個大張著嘴巴、目光漠然、面帶癡相的女人，甚至她也能看我一眼，並說我有什麼地方不對勁。甚至是她。就是這麼回事。我在這裡，走在人群中，在黑暗不斷加重的天空下，穿過墜落的雪花，經過燈火通明的一家又一家店鋪，一個人來到這座新的城市，全不想將來怎樣，因為沒有什麼不同，真的沒有什麼不同，我只想著必須熬過這一切。「這一切」就是生活。熬過去，這就是我要做的。

我發現了一家理髮店，第一次經過時我沒注意到，它位於一座大商場旁邊的走廊上。我只好坐下了。沒有洗手池，頭髮是用瓶子裡的水打溼的。理髮師是個移民，我猜是庫爾德人，問我怎麼剪，我說剪短，又拿拇指和食指比劃了一下應該多短，他問我做什麼的，我說我是學生，他問我從哪裡來，我說挪威，他問我是不是來度假，我說是，就再沒說別的了。我的頭髮掉在椅子周圍的地上。它們幾乎全黑的。這很奇怪，照鏡子的時候，我明明一頭金髮。過去一直是那個樣子。如今即使知道自己頭髮是黑的，我也看不見。我看見的還是金髮，就像我童年和青少年時代的樣子。即使在照片上，我看見的也還是金髮。只有當頭髮剪下來，能夠被單獨看待，有白色的地磚映襯，比如說在這裡，我才能意識到它們是黑的，

49 奧倫斯（Åhléns）、林德克斯（AB Lindex）、北方百貨（Nordiska Kompaniet, NK）、科普（Coop Norden）、亨雪普（Hemköpskedjan AB）均為百貨店、時尚連鎖店或超市。

近乎純黑。

當我半個小時後出門上街，冷空氣像鋼盔一樣包裹著我剪過的頭髮。快到四點了，天已近全黑。我走進一家先前看到的H&M店，想買條圍巾。男裝部位於地下。我找了一圈，沒發現有賣圍巾，我走到櫃檯，向站在那裡的一個年輕女孩打聽圍巾在哪裡？

「Vad säger du?[50]」她說。

「你們把圍巾放哪裡了？」我又問了一遍。

「Jag fattar tyvärr inte vad du säger.[51]」說完，她又用英語問，「對不起，你說什麼？」

「Skjerfen.[52]」我邊說邊把手放到脖子上。「哪裡有skjerfene？」

「我聽不懂。」她說，「你能說英語嗎？」

「Scarves。[53]」我說，「你們有scarves嗎？」

「噢，scarves。」她說，「我們叫halsduk。對不起，沒有。已經過季了。」

重新上了街，我稍稍猶豫了一下，不知道該不該進名叫奧倫斯的那家大商場，去找條圍巾，可我打消了這個念頭，這一天下來幹的蠢事已經夠多了，於是我又開始沿街而行，走向兩年前那個夏天待過的寄宿公寓，沒什麼別的理由，只是走起路來有個目標總比沒有的好。途中我進了一家二手書店。裡面書架很高，層架之間隔得非常近，簡直沒有轉身的餘地。我漫不經心地掃視了一下那些書背，就在要出門之前，卻一下子看到有本賀德林，放在櫃檯角落一堆書的最上面。

「這個賣嗎？」我問店員，一個和我年紀相當的男人，盯著我看已有了一陣子。

「當然。」他說，臉上毫無表情。

書名是《*Sånger*》。也許是《祖國讚歌》的譯本？

我翻到版權頁。出版年份是二〇〇二年。所以此書相當新。但是根本沒有關於書名的資訊，所以我翻閱起了後記，碰到斜體字的單詞就停一下。有了。找到了，*Die vaterländischen Gesänge*。《祖國讚歌》。可他們究竟為什麼把書名譯成了《*Sånger*》？

無所謂。

「我要了。」我說，「你想賣多少錢？」

「Förlåt？[54]」

「多少錢？」

「我看看，看一下……一百五十克朗，謝謝。」

我付了錢，他把書裝進一個小袋子，連收據一起遞給我，我把收據塞進褲子後面的口袋，然後打開門走出書店，袋子還掛在手上。外面下著雨，我停住腳步，摘下背包，把袋子塞到裡面，再揹上背包，繼續沿著燈光閃亮的商業街前行，那場下了幾個小時的雪已蹤跡全無，只剩下一層灰色的泥，遍佈在地面以上的一切表面：屋簷、窗台、雕像的頭、門廊的地面、下陷而更靠近門框的遮雨篷、牆頭、垃圾桶蓋、消防栓。而街道沒有。街上是黑色、溼潤的，在櫥窗和街燈的光芒下閃閃發亮。

雨水讓理髮師抹到我頭髮上的定型髮膠順著前額流下。我用手把它擦掉，再抹到牛仔褲上，發現街

---

50 瑞典語：你說什麼？
51 瑞典語：很遺憾我不懂你說什麼。
52 挪威語：圍巾。
53 英語：圍巾。
54 瑞典語，對不起／再說一遍好嗎？

道右側有個小玄關，便走過去點菸。裡面是一座長長的花園，坐落著至少兩家不同的餐廳。中間是口小池塘。門邊的牆上則是瑞典作家協會的名牌。好兆頭。我早有意打電話給這樣的機構，也許能夠打聽個住處。

我點著香菸，拿出剛買的那本書，靠到牆上，有一搭沒一搭地開始翻看。

我對賀德林的名字熟悉已久。這並不是說我系統地讀過他，完全沒有，讀過的，也不過就是奧拉夫·豪格的譯本裡那兩三首零散的詩而已[55]，此外，儘管是以最膚淺的方式，我也知道一些他遭逢的命運，比如在圖賓根時度過的瘋狂歲月，但他的名字伴隨我已有很長一段時間，大約在我十六歲時，比我母親小十歲的舅舅謝爾坦第一次談起他。兄弟姊妹當中，只有他還住在兒時的老屋，外松恩地區南伯沃格一座簡樸的小農場，守著父母，我外公當時年近八十，仍然很有活力，行動全無障礙，而外婆已處在帕金森症的晚期，幾乎事事要人幫忙，小農場雖然不過二十莫爾[56]，打理起來卻也需要相當多的時間和精力，而照顧母親常常是不分日夜的，此外，他還在二十多公里外的一個船廠裡做輪船上的水管工人。他是一個少見的敏感之人，像最纖弱的花草，對家事完全沒有興趣也沒有天分，所以面對日常生活中的每件雜事，他都得強迫自己去做。日復一日，月復一月，年復一年。不折不扣的、毫無鬆懈的毅力。為什麼這樣？你或會猜想，這要歸因於他從未成功告別自己的出身，只因為熟悉而待在熟悉的環境裡。不完全如此。這更像是他天性敏感的結果。七〇年代中期的時候，一個帶有理想和完美傾向的年輕人能反對什麼呢？假如他是個一九二〇年代的青年，像他父親一樣，那種曾經席捲我們文化，至少在新挪威語寫作中風行一時、充滿活力、熱愛自然的潮流，也許會讓他感到如沐春風，並從中求取答案，奧拉夫·尼加、奧拉夫·迪恩、克里斯多夫·烏普達爾和奧拉夫·奧科魯斯特都在這一潮流中寫作[57]，後來的奧拉夫·豪格將把它帶進我們的時代；如果他是五〇年代的青年，也許他會吸收文化激進主義的觀念和理論，除非正好相反，讓苟延殘喘的文化保守主義先入為主地占據他的頭腦。然而他的青年時代既不是在二〇年代也不是在五〇年代，而是在七〇年代初度過的，所以他加入了工人共產黨（馬列），而且像當年所說的，把自己也無產階級化了。他在船上當水管工人，因為他相信一個比這更好的世界。跟他的大多數同志不一樣，他不是只幹幾個月或幾年，而是幹了差不多二十年。在時代改變時，他這樣的人非常少有，不放棄理想，而是繼續堅信，儘管要為此付出社會性和個人方面的雙重代價，而隨著時間流逝，代價只會愈來愈大。在農村社會身為共產黨員和在城市環境下做共產黨員是兩回事。在城裡你並不孤單，還有其他同樣思想的人，一個集體，你的信仰在任何情況下都不會顯得突兀。在農村就是「那個共產黨」。這是他的身份，這是他的生活。在七〇年代初當共產黨員可謂應運而生，但到了八〇年代，所有老鼠在很早以前便棄船而逃的時候，仍然身為共產黨員便是迥然有別的另一回事了。一個孤獨的共產黨員聽上去有點矛盾，但謝爾坦正是這樣過來的。我記得那些年，我們在夏天去看外公外婆的時候，我父親跟他有過討論，他們聲音很大，我們要睡覺時從樓下的客廳傳上來，我雖然說不清楚，卻能感到他們之間的分歧，而這種分歧是根深蒂固的。對我父親來說，討論的目的很明確，就是要讓謝爾坦理解他不過是在欺騙自己，不過在謝爾坦眼裡，這是生與死的問題，不成功便成仁。因此才有我父親聲音裡的惱怒，謝爾坦聲音裡的激

---

55 奧拉夫・豪格（Olav H. Hauge, 1908-1994），或譯豪格，挪威詩人。

56 二十莫爾（mål）合兩公頃。

57 奧拉夫・尼加（Olav Nygard, 1884-1924）挪威詩人；奧拉夫・迪恩（Olav Duun, 1876-1939），挪威小說家；克里斯多夫・烏普達爾（Kristoffer Uppdal, 1878-1961），挪威詩人和小說家；奧拉夫・奧科魯斯特（Olav Aukrust, 1883-1929），挪威詩人。

情。同樣很明顯，至少對我而言很明顯的是，我父親的話是基於現實考量的，他說的，想的，都屬於這裡，和我們有關，和我們的學生歲月、足球比賽、連環漫畫、釣魚旅行、鏟雪，還有星期六的麥片有關，而謝爾坦說的是別的東西，與另一個地方有關的東西。他當然不能接受他傾其一生所信仰的東西與現實無關，而我父親和其他每一個人在每一個場合都是這樣聲稱的。現實不是謝爾坦描繪的樣子，永遠不會那樣。這表明他是個夢想家。但他並不是在做夢！他談論的正好都是具體、物質、身體、真切的現實！此種情境充滿了高度的反諷。他捍衛著凝聚與團結的理論，可他正是那個遭到排斥和孤立的人。他才是那個用理想化和抽象化的目光觀察世界的人，靈魂比其他所有人更高潔，他是那個負重與搬運的人，錘打與敲擊的人，焊接與旋緊螺絲的人，在一艘又一艘船上匍匐前行的人，是那個幫奶牛擠奶及餵食的人，是那個把牛糞鏟進糞窖又在春天把它們鏟回地裡的人，是那個收割牧草並貯備飼料的人，修繕房舍並照料母親的人，每過一年，她都需要更多的說明。這成了他的生活。共產主義在八〇年代初開始衰落，他就各個方面所展開的激烈討論也不知不覺地減少了，直到有一天完全消失，這些事實也許改變了生活的意義，卻沒有改變其內容。生活像從前那樣繼續，沿著同樣的航線：破曉時起床擠奶，餵牛，搭乘公車到船廠，幹一整天的活，回家照顧父母，如果母親能下床的話，便扶著她在客廳地板上走幾圈，不然就坐下，俯身為她按摩兩腿，協助她上廁所，也許還要給她準備第二天的衣服，幹戶外一切必須要幹的活，不管是牽牛，擠奶，還是別的什麼，然後回他自己的屋子，吃晚飯，睡到第二天早晨——除非外婆病得厲害，外公不得不在夜裡把他叫走。這就是謝爾坦的生活，從外面看它就是這個樣子。他的共產黨員時期開始的時候，我只有兩三歲大，而當它結束，至少是那種活躍的、華麗的部分結束時，我也才剛剛念完小學，所以等我到了十六歲，開始對人們「是」誰產生興趣時，他那段經歷只不過是我對他的印象中一片模糊的背景罷了。意義遠為重大的印象是他寫詩。不是因為我喜歡詩歌，而是詩裡面「說出」了更多關於他的事。若非必須，你是不會寫詩的，這也就是說，你是詩人才要寫詩。他不和我們談寫詩的事，但也沒有隱藏。反正我們知道。有一年，其中一些詩在《日與時》上發表了，還有一年，《階級鬥爭報》也發表了幾首，寫的是產業工人的現實生活，小而簡單的印象，別看所占版面很小，它們還是在喜歡讀書的哈特勒家贏得了聲望。當他有一首詩在文學雜誌《窗》的封底發表時，旁邊還印了他的一張照片，接著幾年之後，他的詩在同一家雜誌上占去了整整兩個版面，此時他在我們眼裡已是個正經的詩人了。正是在這個時候，他開始讀哲學。一個夜晚，他坐在高臨於峽灣之上的房子裡，翻開《存在與時間》，啃著海德格艱深至極的德語，也許是一個字一個字地往下讀，以我的瞭解，自從他離開學校以後，就再沒有讀過或講過德語了，還有海德格筆下的詩人們，特別是賀德林和他提到過的前蘇格拉底時代的人，以及尼采。他後來形容，讀海德格就像回家。毫不誇張地說，他從中得到了極大的充實。這是一種宗教式的體驗。一次覺醒，一次皈依，舊世界裡傾注了新的意義。那時我父親已經拋棄了家庭，所以英格威、母親和我便到外公外婆家過聖誕節，謝爾坦此時三十五、六，仍然以此為家，在這裡工作。我們在那裡過的四五個平安夜，毫無疑問是我聖誕節經歷中最難忘的幾次。外婆病著，癱坐在桌邊，直打哆嗦。她的手顫抖著，她的手臂、頭和腳都在顫抖。她時不時一陣抽搐，此時必須把她放到椅子上，用力將兩腿彎折，然後為她按摩。但她的意識是清晰的，她的眼睛是清晰的，她能看見我們，而且很高興看見我們。外公小個子，圓滾滾，活潑風趣，一有機會就為我們講故事，總是被自己的故事逗笑，他哈哈大笑時，便涕淚橫流。但這種情況出現得沒那麼多了，因為謝爾坦在。他已經讀了一整年的海德格，腦子裡全是海德格，身處無休無止、沒有意義的辛勞之中，沒有一個人可以和他分享，因為方圓幾公里之內都沒有一個人聽說過海德格，也沒人想聽，哪怕我感覺他做過這樣的嘗試，他肯定這樣做過，他是如此的著迷，但是毫無結果，沒有一個人理解，沒有一個人想要理解，他只能自得其樂，後來我們一家到了，他姊姊西塞爾，她是護理教師，對政治、文學和哲學都有興趣，還有她正在讀大學的兒子英格威，以及卡爾·奧韋，也就是我。謝爾坦一直夢想著能讀大學，那幾年想得愈發厲害。我那時才十七歲，讀高中，雖然他的詩我一個字也讀不懂，但他知道我讀書。對他來說這就足夠了。我們一進門，他就打開了話匣子。過去一年裡積聚的種種想法傾巢而出。我們不懂也沒關係，趕上聖誕夜也沒關係，鹹羊肋排、馬鈴薯、蕪菁甘藍泥、聖誕啤酒和阿夸維特酒通通上了桌也沒關係；他談起了海德格，自成一統，與外面的世界全無通聯，「此在」和「常人」云云，特拉克爾和賀德林，偉大的詩人賀德林云云，赫拉克利特和蘇格拉底，尼采和柏拉圖云云，樹上的鳥兒和峽灣裡的波浪云云，人的此在和存在的出現云云，天上的太陽和空中的雨，貓的眼睛和垂直下落的瀑布云云。他頭髮蓬亂，正裝歪斜，領帶上汙漬斑斑，坐在那裡口若懸河，兩眼發著光，還真在發光呢，我一直忘不了那一幕，屋外黑沉沉的，雨水敲打著玻璃窗，那是在挪威，一九八六年的平安夜，我們的平安夜，禮物堆在樹下，人人盛裝，唯一的談話主題是海德格。外婆哆嗦著，外公端坐，啃咬著一塊骨頭，媽媽聽得入神，英格威已經聽不動了。至於我，我對一切漠不關心，尤其是過聖誕節的快樂。但是，儘管謝爾坦說的和寫的我一個字也聽不懂，他滿懷激情讚揚的那些詩我也一竅不通，但我的確能憑直覺懂得他是對的，的確存在著這樣一種至高無上的哲學和至高無上的詩歌，就算你不懂，無法參與其中，也只能怪你自己。從此以後，只要一想到至高無上，我就會想起賀德林，當我想到賀德林，就會想到高山與峽灣，夜與雨，天空與大地，還有我舅舅閃閃發光的雙眼。

從那時起，儘管我的生活有了很大變化，但我對詩歌的態度基本上是相同的。我能讀，但詩歌從來不會對我打開自己，這是因為我無「權」要它們這樣做：它們無意於我。當我接近它們，我感覺自己像個騙子，我甚至總是不加遮掩，因為這些詩也總是在說：你以為你是誰，竟然跑到這裡來？奧西普·曼德爾施塔姆的詩這樣說，艾茲拉．龐德的詩這樣說，戈特弗里德．貝恩的詩這樣說，約翰內斯．博布羅夫斯基的詩這樣說[58]。你得證明自己有讀詩的資格。

怎麼證明？

很容易。你打開書，閱讀，如果詩對你打開自己，你就有了資格，如果它沒有打開，那你也沒資格。我二十歲出頭時，腦子裡仍然裝滿了我能做什麼的想法，使我頗受困擾的是，我是一個詩歌不肯為之打開的人。其結果很嚴重，遠不止被排除在一種文學體裁之外那麼簡單。這也等於對我下了判斷。詩歌探究另一種現實，或以一種不同的方式解讀現實，比我所知的方式更為真實，無法獲得這種解讀的能力，而這又是某種你要嘛擁有，要嘛沒有的東西，這一事實等於判給我一個低層次的人生，是的，這使我成為了低層次中的一分子。這種省悟帶來的痛苦十分強烈。而嚴格來說，只有三種應對方式。第一種是承認並接受現實。我是一個普通人，將要過普通的生活，也將找到我所處位置的意義而別無他想。實際上這也是一種看待問題的方式。我喜歡看足球，只要有機會也踢球，我喜歡流行音樂，每週一兩次在一支樂隊裡打鼓，我到大學聽課，晚上相當頻繁地跟當時交往的女人外出娛樂，或是和她躺在家裡的沙發上看電視。第二種方式是否認一切，告訴自己，它在你身上存在著，但尚未成熟，然後以文學為業，也許當個評論家，也許到大學教書，也許當作家，因為即使文學不朝你敞開，你還是完全有可能在文壇上混下去。比如說，你能寫整篇的賀德林論文，描述一下他的詩作，探討一下它們觸及的東西，主題用怎樣

58 奧西普．曼德爾施塔姆（Osip Mandelstam, 1891-1938），俄蘇詩人；艾茲拉．龐德（Ezra Pound, 1885-1972），美國詩人；戈特弗里德．貝恩（Gottfried Benn, 1886-1956），德國詩人；約翰內斯．博布羅夫斯基（Johannes Bobrowski, 1917-1965），德國詩人。

的方式得以表達，通過詩裡的遣詞造句和想像的運用，你可以寫希臘語和基督教之間的關係，可以寫他詩中鄉村作為背景的意義，天氣的意義，寫這些詩怎樣與它們賴以而生的現實、政治或歷史產生關聯，與是否把重點放在生平——例如他的德國新教徒背景——還是法國革命的巨大影響上無關。你可以寫他與其他德國理想主義者之間的關係，如歌德、席勒、黑格爾、諾瓦利斯，或是他與品達（Pindar）晚期作品的聯繫。你可以寫他對索福克勒斯的非正統翻譯，或根據他在書信中關於寫作的見解來讀他的詩作。你還可以參考海德格的理解來閱讀賀德林的詩，或再跨一步，寫一寫海德格和阿多諾圍繞賀德林展開的論戰。你還可以寫他作品早期到晚期的演變，或翻譯史。所有這一切很可能無需賀德林的詩歌向自己敞開便能完成。對所有詩人都可以同樣處置，當然了，歷來如此。如果你願意付出艱苦的工作，如果你是那些詩歌不肯為之打開的人其中之一，你還可以親自寫詩；畢竟只有詩人才能看出詩與貌似是詩之間的不同。在前兩種方法中，接受現實更好，但也是個更困難的選項。第二種方法，也就是否認，要更容易，但也更令人不快，因為你發現自己不斷處在頓悟的邊緣，明白你正在做的事情其實毫無價值。如果身處文壇，那麼你要尋找的恰恰就是價值。第三種方法的基礎是把整個議題拋開，因此也是最好的。再無能出其右者。不存在享有特權的理解。不存在比其他一切理解更好或更真實的理解。詩歌不對我敞開，但這並不意味著我必然低人一等，或是我作品的價值必然少於別人。不肯敞開自己的詩和我寫的東西本質上相同，兩者都是文本。若我的作品更差，當然，那也不是一個無法彌補的、我不具備的條件帶來的結果，而是因為某種通過艱苦的工作和日益增加的經驗而能夠得到改變的東西。當然到了一定限度，才華和品質等概念仍然不可或缺，並非每個人都能寫出佳作。關鍵在於，在具備它的和不具備它的人之間，在看見了的和沒有看見的人之間，鴻溝並不存在，沒有什麼是不可逾越的。相反，這是個同一範疇之內的問題，只是程度不同而已。這是個令人滿意的想法，不難給以證明，畢竟這種思考方式主宰了所有的藝術和批評領域，以及從一九六〇年代直到現在的大學。有些觀念在我心裡生根得如此自然，我甚至沒有認識到它們也是觀念，因為從來沒有表達出來，只是感覺，雖然如此，它們還是左右著我的思想，換句話說，這便是最純粹的浪漫主義。少數嚴肅地投身浪漫主義的人專注於那些與當代世界的觀念相契合的特徵，如殘缺與諷刺。但是對我來說，浪漫主義並非重點——如果我對任何時代感到有親和力的話，那便是巴洛克時期，它的空間感，它令人暈眩的高度和深度，它對生活和戲劇、鏡子和身體、光和暗、藝術和科學的信念吸引著我——重點是我站在本質之外，站在最重大的事物之外，在構成存在的事物之外的感覺。這種感覺是否屬於浪漫主義無關緊要。為了減輕它引起的痛苦，這些年來我一直使用上述的全部三種方法來保護自己，並且在很長的時期內對它們深信不疑，尤其是最後一種。我認為藝術是燃燒著真理與美的火焰的地方，是僅存的能讓生命展現其真實面貌的最後的地方。這種觀念很瘋狂，但會不時破繭而出，不是作為想法，它存在與否仍然有待商榷，而是一種感覺。我深知這種觀念純屬謊言，我在欺騙自己。這就是二〇〇二年三月的一個下午，我站在斯德哥爾摩瑞典作家協會的大門口，翻看菲奧雷托斯翻譯的賀德林最後的偉大頌歌時產生的想法。

啊，我真可悲。

連綿不絕的人流從門前經過。一盞盞燈掛在街道上方的電線上，鼓脹的夾克衫和購物袋，柏油碎石的路面和金屬反射著燈光。微弱的人聲和足音在兩側的房屋之間來回擺盪。兩隻鴿子一動不動地站在二樓的窗台上。一顆顆沉重的水珠在牆外的雨篷末端彙集，時而墜落到地面。我把書放回了帆布背包，從夾克口袋裡掏出手機，看看時間。螢幕是黑的，我一邊走路，一邊開機。有一條簡訊。是托妮耶發來的。

你到了嗎？在想你。

這兩句話讓她一下子浮現在我眼前。她的形象，那個我眼中的女人，片刻之間完全占據了我的腦袋。不是當你想到某個認識的人時那樣，只有她的面容和舉手投足，而是她的面容能夠成為的每一樣東西，一切難以描述的特徵，卻又無比清晰，那是一個人想像著愛人時的反應。但我是不會回的。此行的意義就是為了逃離她，儘管一波悲傷如潮水湧過全身，我刪掉這條簡訊，退回到了鎖屏畫面。

四點二十一分。

跟蓋爾見面之前我還有半個來小時。

還是我們是約四點半？

不會吧？

該死，就是！我們要四點半見面，不是五點。

我轉身就跑。一兩個路口之後，我停下來喘氣。有個男人雙手抱著一塊箭頭形狀的牌子，面無表情地看著我。我把它當成路標，於是拐進了箭頭所指的街道。等我到達街道另一頭的十字路口，火車站果然就在我正前方，有條很短的小巷，我在路邊牆上看到一個黃色的標牌，上面寫著「阿蘭達特快」。這趟火車開往機場。現在是四點二十六分。如果我要準時到達，就還得跑完最後一段。過馬路，進機場線候車室，出月臺，進大廳，經過一個報亭和咖啡廳，長椅和行李置物櫃，進入大廳，我停了下來，上氣不接下氣，不得不彎下腰，雙手扶膝。

我們約好在大廳中央的圓型欄桿處見面，從那裡能看見下面一層。等我直起身往上尋找欄桿，便看見牆上的鐘正好指著四點半。

就是那裡。

我選了條有點迂迴的路線，就在那一處報亭和咖啡廳旁邊，靠牆等著，隔了些距離，這樣就能在蓋爾看見我之前我先看見他。上一次見他已經是十二年以前了，即使那個時候，我們大概也只是兩個月見四、五次面而已，從他回覆我的電子郵件，並說我可以和他住在一起時，我就害怕到時候認不出他。「認出」也許是個不恰當的詞，因為我一張他的照片也沒有。想到蓋爾時，眼前出現的不是他的臉，而是他名字裡的字母，G-E-I-R，以及關於某個人笑聲的模糊記憶。我記得的唯一一個和他在一起的場景，是在卑爾根的費克特洛夫泰特。他邊笑邊說：你是個存在主義者！我搞不清為什麼偏偏記得這件事。也許因為我不知道「存在主義者」是什麼？或者我得意於自己的看法竟與一個廣為人知的哲學流派不謀而合？

我仍然不知道存在主義者是什麼。我知道概念，能說出幾個名字和大致的時間，卻想不起準確的定義。

一知半解大王，這就是我。

我摘下背包，放到兩腿之間的地上，活動一下肩膀，看著欄桿周圍的人。沒一個像是蓋爾。如果有人看上去符合我少得可憐的記憶，我就走上前，希望他認出我。再不濟也能問一句：「你是蓋爾嗎？」

我抬頭看了看大廳盡頭的鐘。三十五了。

難道我們說的是五點？

出於某種原因，我能確定他是個守時的人。既然如此，我們肯定約的是五點。我在大廳看見過有家網咖，於是再等了一會兒後，我便到那裡想去確認清楚。我覺得我應該需要再讀一遍他的電子郵件，揣摩一下語氣，也許能讓即將出現的場景少一些突兀。

此前遇到的語言問題導致我和櫃檯後面的女孩只說了三個字：「網路？」她點點頭，指了指其中一台電腦。我坐下，進入我的郵箱，看到有五封新郵件，便大致瀏覽了一下。都是《流浪者》的編輯們發來的。雖然不到一天之前，我還坐在卑爾根，但螢幕上普雷本、艾瑞克、芬恩和約爾根之間的討論已恍如隔世，而我不再屬於其中。彷彿我越過了一道界線，彷彿我說什麼也回不去了。

昨天我還在那裡啊，我對自己說。而我仍未決定在要在這裡待多久。如果我願意，過一個星期我就能回去。或者明天。

可這不是我感覺到的樣子。我感覺我好像永遠也回不去了。

我扭過頭，看著漢堡王的方向。離我最近的桌子上，一個裝可樂的紙杯打翻了。黑色的液體形成了一條長長的、橢圓形的水潭，還在順著桌子邊緣滴到地上。桌子後面坐著個男人，兩膝緊併，好像受罪似的吃著東西：有個片刻，他的手在裝炸薯條的紙盒、裝番茄醬的小盒子和咀嚼的嘴巴之間加快了速度，然後他完成吞嚥，雙手抓起漢堡，送到嘴邊，咬了一大口。他一邊用力咀嚼，一邊抓著漢堡，隨時準備著，離嘴邊只有幾公分，再咬了一口，用一隻手的手背抹抹嘴唇，另一隻手舉起可樂杯，瞟一眼鄰桌正在聊天的三個十幾歲的黑髮女孩。她們當中有一個朝我這邊看，而我趕緊看了一眼門口，兩個穿制服的空姊穿門而入，走進了大廳，各自拉著一隻行李箱，我重新注視著電腦螢幕，耳中是她們鞋跟清脆的足音，很快就聽不見了。

我要是再也不回去了，會怎麼樣呢？我一直盼著這一天。在這裡，一個人，在異國的城市。無親無故，誰也沒有，只有我，自由地做我想做的事。

那為什麼還有這種憂愁的感覺？

我點開蓋爾的郵件，開始閱讀。

親愛的卡爾・奧韋，

想法好極了。如你所說，烏普薩拉是座大學城，毫無疑問。此城可以和世紀之交的南挪威做一番比較，是個可以把孩子送去學習怎樣發出喉音r的地方。斯德哥爾摩是世界上最美麗的首都之一，可是一點都不悠閒。瑞典同樣是個絕妙的悖論，一方面以好客聞名，另一方面又是歐洲最隔絕的國家。如果你不喜歡烏普薩拉，我會建議你住在斯德哥爾摩。（不管你怎麼選擇，坐火車的話，兩地也只隔了四十到五十分鐘的車程，火車每隔半個小時一班。）

要找到出租的公寓、工作室和房間可絕不容易。烏普薩拉若有不同，也只會更糟，這是因為學生的緣故。難，儘管不是不可能。我一下子想不起來誰有房間出租，但我會打聽一下。如果我理解正確的話，你並不是搬來就不回去了，而只是先住到年底，那麼找到一間這裡的「二手公寓」應該是有可能的。有仲介行做這個。你有沒有聯繫一下瑞典作家協會？他們很可能有房子給外國作家住，最起碼也知道哪裡有房子。如果你願意，我可以打電話給仲介公司和作家協會問一問。

今天是三月十六日，星期六。你願意挑個週末過來嗎？也許週間更好，所有地方都開門，先看看你喜不喜歡這裡。或者你已經做出了決定？不管是哪種情況，下星期起我會打聽能住的房子。無論如何都歡迎你過來，不管是度假還是找住的地方。

我還沒有你的手機號碼，用手機計畫更簡單一些。如果你在挪威有收入，瑞典現在很歡迎你在這裡生活。你打算每月付多少錢？一房，一房一廳，還是別種房型？

期待見到你。

蓋爾

——

卡爾·奧韋，

如果你還沒上火車，請一到奧斯陸或斯德哥爾摩就打電話給我！不要浪費錢去住旅館，也不要不好意思。我這麼做有自私的動機：還記得你那流利的挪威語。我的詞彙量正在萎縮。順便說一句，烏普薩拉大學創辦於一四七七年。

我在斯德哥爾摩的電話是708 96 93。

蓋爾

——

這麼說你不喜歡用手機？那我們說好就在中央車站（你下車的地方）見，今天下午五點。大廳中央有一圈圓形欄桿（當地人叫「菊花圈」）。我在那裡見你。如果你晚了，請打電話給我！（你不能這麼仇視手機。）

信文如上。我不懷疑他邀我同住的誠意，但仍然感覺很難接受。找個地方見個面，喝杯咖啡。或許更合適這種情況。另一方面，我也不會有什麼損失。他是從希斯島來的嘛。

我關閉了信件，看了一眼那張桌子邊上的三個女孩，抓過背包，站起身。正在講話的那位帶著憤憤不平的腔調，強烈的自我肯定，並且受到同樣憤憤不平的附和。她們不開口，我會認為她們大概十九歲。這下我知道她們也就十五歲。

她們當中離我最近的一位扭過頭，和我四目相交，面無表情，連個和善的表情都沒有，只是為了證實我在看她。但它還是顯現出了某種東西，稍縱即逝的歡樂。當我走到收銀台結帳時，驚訝感才姍姍來遲。我三十三歲了。一個成年人。為什麼還像二十歲那樣思考問題？什麼時候這種年輕人的幻想才能離我而去？我父親三十三歲時已經有了兩個兒子，一個十三歲，一個九歲，他有房子，有汽車，有工作，他那個時候的照片看上去像個男人，我記憶當中他為人處事也像個男人，我邊想邊站到了櫃檯前。把一隻熱乎乎的手放到冰涼的大理石檯面上。收銀員從椅子上起身，過來收款。

「多少錢？」我問。

「Ursäkta？」

我嘆了口氣。

「買單。」

她看了一眼面前的螢幕。

「十塊。」她說。

我遞給她一張皺巴巴的二十克朗鈔票。

「不用找了。」我說完就走開了，免得她有機會再來一句「Ursäkta」，這個國家好像到處都是這句話。大廳牆上的鐘顯示還有六分鐘到五點。我站到自己的老位置上，看著鐵軌邊無所事事的人們。沒有一個人能讓我多看幾眼，我便讓目光遊走於站內那些來來往往的人身上。從另一邊的報攤處走過來一個男人，大腦袋、小身材，外貌實在不同尋常，看得我目不轉睛。他五十多歲，淡黃色的頭髮、寬臉、小眼睛、大鼻子，嘴巴略顯歪斜。他看上去就像個地精。但他穿了正裝和外套，一隻手拎著精緻的皮製公事包，腋下塞著一份報紙，也許在這副都市的外表下面，有另一個自我在奮力向前，這讓我的目光緊緊黏在他身上，直到他走下臺階，消失不見，那裡通往區間列車發車的月臺。突然，我再次看見了，這一切何其老舊。一個個後背、手、腳、頭、耳朵、頭髮、指甲；大廳內川流不息的那些身體，每一個部位都是老舊的，他們發出的嘈雜聲是老舊的，甚至他們的快樂也是老舊的，對未來的希望和期待也是老舊的。但同時又是新的，對我們來說未來是新的，對我們來說，它屬於我們的時代，屬於外面排隊候客的計程車，屬於咖啡廳檯面上的咖啡機，屬於報亭裡擺放雜誌的貨架，屬於手機和iPod、戈爾特斯防水外套和他們裝在包裡、穿過車站、帶上火車的筆記型電腦，屬於火車和自動門、售票機，以及被照亮的、不斷變換目的地的告示板。老年在這裡沒有容身之地。但它完完全全地主宰著一切。

這是個多麼糟糕的想法啊。

我手伸進口袋，看置物櫃的鑰匙在不在。還在。我又拍拍胸口，看信用卡在不在。在。

在我面前擁擠的人群中，出現了一張熟悉的臉。我心跳加速。但那不是蓋爾，那是別人。一個我認識但相隔遙遠的人。朋友的朋友？某個和我一起上過學的人？

想起來了，我咧嘴一笑。是漢堡王那個男人。他停下來看了看告示板上的發車時刻表。在他提著公事包的手上，拇指和食指之間，捏著一張車票。核對告示板和車票上的時間時，他連公事包也一併提起，湊到了離臉很近的地方。

我看了一眼大廳盡頭的鐘。還有兩分鐘。如果蓋爾像我認為的那樣守時，他此時應該就在車站裡的某個地方。我系統性地掃視著正在迫近的人流中所有的臉。先左邊，然後右邊。

有了。

那真是蓋爾嗎？

是的。是他。我一看見那張臉就想起來了。他不僅正在朝我走過來，而且目光緊盯著我不放。

我笑了，盡可能慎重地在大腿上蹭了蹭手心，等他在我面前停下，便伸出手。

「嗨，蓋爾。」我說，「好久不見。」

他也笑了。差點沒握到我的手。

「是啊。」他說，「你一點也沒變。」

「是嗎？」我說。

「對。就像在卑爾根見你時一樣。高個子，一臉嚴肅，穿著外套。」

他大笑起來。

「我們走吧。」他說，「對了，你的行李在哪裡？」

「在樓下的置物櫃那裡。」我說，「要不我們先喝杯咖啡？」

「好啊，」他說，「去哪？」

「哪裡都行。」我說，「大門口有間咖啡廳。」

「那好。就去那裡。」

他走在前頭，在一張桌子前停下，沒看我就問我要不要牛奶或糖，他去櫃檯的時候，我放下背包，坐下，從口袋掏出香菸，看著他和女服務生說了幾句什麼，又見他遞過去一張鈔票。雖然我認出了他，也把他和我潛意識裡的印象對上了，但他的狀態還是和我預想的不同。他遠遠稱不上熊腰虎背，不是我想像中的大塊頭。我之所以那麼想，大概是因為我知道他當過拳擊手吧。

我感到一陣強烈的睡意，想找間空屋躺下，關掉燈，從世界上消失。這就是我所渴望的，但眼前卻是好幾個小時的社交義務及閒聊，簡直難以忍受。

我嘆了口氣。電燈鋪滿了車站大廳的天花板，處處都有反射的痕跡：玻璃板、一片金屬、一塊大理石瓷磚，或一隻咖啡杯，這本該足以讓我感到快樂。我在這裡，能看到幾百個人在車站大廳的地面上以這樣一種幽暗的面貌來回漂流，我本該感到快樂的。我和托妮耶一起共度了八個年頭，和她分享我的生活，分享一樣的美好，這本該使我感到快樂。和我哥哥英格威還有他的孩子們見面本該使我快樂。包圍著我的音樂，包圍著我的文學，包圍著我的藝術，一切都本該讓我感到快樂，快樂，快樂。世界上所有的美，本該不忍直視的美，如今卻讓我無動於衷。朋友們讓我無動於衷。生活讓我無動於衷。就是這樣，它持續了這麼久，直到我再也無法忍受而決定做些什麼。我想要再一次快樂起來。這聽上去很愚蠢，沒有辦法告訴任何人，但就是這個樣子。

我把捲到一半的菸拿到嘴邊，舔了舔塗膠的部分，雙手拇指下壓，讓它與菸紙黏在一起，掐掉兩端鬆脫的菸絲，放進白色襯裡閃閃發亮的菸袋，拉直袋口，讓它們滑落到糾纏成團的淺褐色菸絲上，合上菸袋，塞進搭在椅子上的外套口袋，把捲菸放到嘴裡，用打火機高高顫抖著的黃色火苗點起。蓋爾取了兩個杯子，正站在那裡倒咖啡，女服務生把找零擱到櫃檯上，轉頭招呼下一位顧客，一個頭髮很長的男人，五十來歲，戴著帽子，穿著靴子，身著一件披肩似的、南美雨披樣式的外衣。

不，蓋爾一點熊腰虎背的樣子都沒有。自從他不再和我有眼神上的接觸，自從他沒主動握我的手，並且左顧右盼，他便一直處於坐立不安的狀態。他似乎想要不停歇地活動下去。

他一手拿著一杯咖啡走過來。我禁不住笑了。

「這麼說，」他說著把杯子放到桌上，拉出一把椅子，「你要搬到斯德哥爾摩來了？」

「看來是的。」我說。

「謝天謝地。」他說，眼睛都沒看我，死盯著桌面，手摸著杯子柄，「我不知道我跟克莉絲蒂娜說過多少次，希望有個對文學感興趣的挪威人搬到這裡來。然後你就出現了。」

他把杯子拿到嘴邊，吹了吹才開始喝。

「你去烏普薩拉的那個夏天，我寫過一封信給你。」我說，「一封長信。但我一直沒寄出去。它還放在我母親家，沒拆開過。我都不知道裡面寫的是什麼了。」

「你開玩笑吧！」他瞪著我說。

「你想要嗎？」

「當然想！千萬別拆開。就放在你母親那裡。那是一片凍結的時光！」

「也許是吧。」我說，「那個時候的事我一件也不記得了。我把那段時間寫的日記和手稿全都燒了。」

「燒了？」蓋爾問，「不是扔掉而是燒了？」

我點點頭。

「戲劇化。」他說，「但你後來到卑爾根的時候還是那個樣子。」

「是嗎？」

「是的。」

「可你不是那樣嗎？」

「我？不。不，我沒那樣。」

他哈哈大笑。扭過頭看來往的人流，扭回頭看咖啡廳裡別的顧客。我往菸缸裡彈了彈菸灰。門開開關關，香菸升起的煙霧在氣流中輕柔地翻滾。我看他的時候動作簡短，幾乎是難以察覺的一瞥。他給人的印象彷彿與他的面孔毫無關係。他目光灰暗，充滿悲傷，但他的樣子沒有一點灰暗或悲傷的感覺。他看上去開心而羞怯。

「你瞭解斯德哥爾摩嗎？」他問。

我搖搖頭。

「不是很瞭解。我到這裡才幾個小時。」

「這是座漂亮的城市。但是像冰一樣冷。你可能在這裡生活一輩子，都不會跟別人發生密切的關係。一切都是以人和人不應互相親近的方式建立起來的。看看那架電動手扶梯。」他說著朝大廳的方向比了比，我猜那就是電扶梯所在的位置吧。「要站的人在右邊，要走的人在走左邊。我在奧斯陸的時候很吃驚，因為動不動就碰到人。老是這裡頂你一下，那裡蹭你一下。在街上迎面遇到什麼人，總是你先往左，再往右，然後再往左，你看，這種事在這裡就不會發生。每個人都知道自己要往哪裡走，每個人都該怎麼做就怎麼做。在機場有條黃線，就在行李傳送帶旁邊，你不能過線。那就沒人過線。取行李是個既舒服又規矩的過程。在這個國家，談話也是用這種方式組織起來的。有一條誰也不准越過的黃線。每個人都講禮貌，每個人都舉止端正，每個人都該怎麼說就怎麼說。處處避免冒犯別人。如果你習慣了這些，再讀挪威報紙上的論戰就會嚇一大跳。受不了那股火藥味！他們竟然互相咆哮！在這裡簡直不可思議。

如果你在這裡的電視上看見一個挪威教授，這種事極少發生，這裡沒人關心挪威，挪威在瑞典是不存在的，但是在極少數情況下，他們露面的時候看上去也像野人一樣，亂七八糟的頭髮，一副邋遢，要不就穿著不正經的服裝，說著不該說的話。挪威學術傳統的一個組成部分，你知道的，就是教育沒有也不應該兼顧任何外在的表現……或者說，學者的外在表現應該反映出個人喜好和個人特徵。不像這裡是普遍和集體的。但是當然了，沒人理解這一點。在這裡他們只看得到野人。在瑞典他們都認為瑞典的方式是唯一的方式。他們把任何與瑞典方式不一致的都看作是不足與缺陷。這種東西光是想就能把你逼瘋。」是的，我此前見過的喬恩·賓[59]就是這個樣子。他看上去瘋癲癲的。長頭髮，小鬍子，我覺得他還穿著一件手織的羊毛衫。

「瑞典學術界的人外表整潔，做事也整潔，用大家都能預期的方式，說著大家預期他說的話，這裡**每個人**的舉止都是這樣。也就是說，每個人都活在公眾當中。街上的情況有點不同。幾年前他們把這個國家所有的精神病患者都放出來了。你到處都能看到他們走動、咕噥、喊叫著。他們做了安排，好讓窮人住在一些特殊的區域，富人住在特殊的區域，文化界的活躍分子住在特殊的區域，移民也住在特殊的區域。等你看到就明白了。」

他把咖啡杯端到嘴邊，喝了一小口。我不知道該說什麼。除了我剛從挪威到這裡之外，他這番話與當前的氛圍並不合適，卻又以這種方式說出來，組織得這麼清晰流暢，彷彿事先有過準備一樣。我猜，這就是他**說**的東西吧，這也是他喜歡的一個話題。以我跟這種喜歡此類話題的人打交道的經驗，重要的是保持耐心，直到最糟糕的、受壓抑的情緒恢復平靜，而最後等待你的多半會是一種不同的關切和表現。

59 喬恩·賓（Jon Bing, 1944-2014），挪威作家和奧斯陸大學教授。

他的意見對不對，我不知道，但直覺告訴我，這些話是出於沮喪，他所表達的正是引起這種沮喪的感覺。也許是瑞典。也許是他內心的某種東西。這對我來說無關緊要，他想說什麼就說什麼好了，我不是為了這個才坐在這裡的。

「體育和學術在挪威合流了，喝啤酒和搞學術也是如此。」他說，「我記得在卑爾根時就是這樣。體育是學生們的大事。但在這裡它們是勢不兩立的不同實體。我說的不是科學家，而是知識分子。在這裡的學術圈內，知識是最重要的，它無處不在，一切東西在智力面前都要俯首稱臣。例如，身體是完全沒有位置的。反之，知識在挪威受到了輕視。在挪威，學者平易近人不會有什麼問題。這種觀念大概是說背景應該允許知識像鑽石一樣閃光。在瑞典，知識的周圍也得閃光。對高雅文化來說都是一樣的。在挪威它受到了輕視。事實上甚至不允許它存在。不允許菁英文化存在，除非它同時也是屬於平民的。在瑞典卻很被看重。平民文化和菁英文化勢不兩立。你應該在**這裡**，別人應該在**那裡**，兩者之間不應該發生易位。有例外，總會有例外，但規則就是這樣。挪威和瑞典之間另一個重要的不同與角色有關。上一次回家，我搭公車從阿倫達爾到克里斯蒂安桑，司機嘮叨個不停，說他其實不是公車司機，他其實幹的是別的工作，他幹這個只是為了在聖誕節補貼家用。他說我們應該在過節期間互相照顧。他是用擴音器說的！在瑞典無法想像。在這裡你和你的工作是一體的。那是你怎麼也甩不開的角色。角色裡沒有餘裕，沒有地方讓你把腦袋探出來說：這才是真正的我。」

「那你為什麼住在這裡？」我問。

他飛快地看了我一眼。

「如果你想不受干擾的話，那麼這是個完美的國家。」他說，目光再次飄忽不定。「我不反對冷淡。我不想讓它進入我的生活，但生活在其中我也能過得挺好，如果你理解不同之處的話。看起來很不錯，而且也可行。我蔑視它，但我也從中受益。如何，我們該走了嗎？」

「好啊，走吧。」我說著捻滅了菸，喝掉最後一口咖啡，從椅子上拿起外套，穿上它，把背包甩過肩膀，跟著他走進大廳。等我走到他旁邊的時候，他扭過頭對我說：

「你能走那邊嗎？我這隻耳朵聽不清楚。」

我照他說的做了。注意到他的腳有點外八，像鴨掌。這種事我總是馬上就能注意到。芭蕾舞演員走起路來就是這個樣子。我曾經有個女朋友是跳芭蕾的。她幾乎沒有我不喜歡的地方，但這就是其中一項，走起路來腳往兩邊伸。

「你的行李在哪？」他問。

「往下走。」我說，「然後右轉。」

「那我們下去。」他說著就往車站一頭的樓梯走。

就我所見，這裡的人在舉止上與奧斯陸中央車站的人並無不同。至少沒有明顯的不同。他一直在說的不同似乎微乎其微，大概是流浪國外多年之後才察覺的吧。

「我覺得跟挪威滿像的，」我說，「就跟在挪威碰面差不多。」

「走著瞧。」他看了我一眼，笑著說。那是一種不懷好意的笑，一種我比你懂的笑。要說有什麼東西我受不了，那就是我比你懂的那種態度，不管它以什麼形式表現出來。它的意思也是指，我知道得太少。

「看那裡。」我說著停下腳步，指著我們上方的電子告示牌。

「怎麼了？」蓋爾問。

「到站時刻表。」我說，「這就是為什麼我到這裡來。就是因為這個。」

「什麼意思？」蓋爾問。

「看。南泰利耶。尼奈斯港。耶夫勒。阿爾博加。韋斯特羅斯。厄勒布魯。哈爾姆斯塔德。烏普薩拉。穆拉。哥德堡。馬爾默。有某種極具異國情調的東西在裡頭。瑞典的東西。語言差不多一樣，城鎮差不多一樣。你能看到，瑞典的農村和挪威的農村都是差不多的模樣，只有細節上的不同。正是這些小的變異，這些小的不同，**幾乎**是熟悉的，**幾乎**是相同的，卻不熟悉也不相同，讓我發現有種難以置信的魅力。」

他用不相信的眼神盯著我。

「你瘋了。」他說。

接著他哈哈大笑。

我們繼續前行。這種話一點也不像我會說的，完全出乎意料，但我感覺我應該為自己找到理由，而不能由著他說什麼就是什麼。

「我一直都能感到那種魅力。」我接著說，「印度、緬甸、非洲都不行，太不一樣了，從來提不起我的興趣。但日本行，舉個例子，不是東京，也不是那些城市，而是日本的農村地區，臨海的小城鎮。你見過那種景色和我們挪威有多麼像嗎？但是文化，他們的房屋和風俗，卻完全不同，完全不可理解。還有美國的緬因州？你見過那裡的海岸嗎？地貌和南挪威像極了，可一切人造的東西都是美國式的。你懂我的意思嗎？」

「不懂，但我在聽。」

「那我就不說了。」我說。

我們走進同樣人潮湧動的地下廣場，前往行李置物櫃。我領出兩個背包，蓋爾提了一個，隨後我們穿過廣場，走向幾百公尺外的地鐵月臺。

半小時之後，我們步行穿過一座五〇年代遠郊小城的中心，街燈照亮了三月的黑暗，小城看來完好地保持著原貌。這裡叫韋斯特托普，所有建築都是四方形的，都是用磚建造的，相互之間只有尺寸上的不同——四面八方皆為高樓環繞，市中心卻是低層建築，一樓開有各種各樣的商店。松樹靜靜佇立於樓群之間。許多門窗透出燈光，好像從地面向上照射，借著它們，偶爾能看到一抹山色，瞥見一線湖光。蓋爾滔滔不絕，他的話匣子在來這裡的地鐵上就一直沒關。大部分是我們看見什麼他就講解什麼。報站名的聲音穿插其間，何其美妙又何其陌生。盧森，馬利亞托格特，津肯斯達姆，胡恩斯圖爾，利耶霍爾門，米索馬克蘭森，德律風普蘭[60]……

「到了。」他說著指了指路邊的一幢房子。

我們走進一道大門，上樓梯，進屋。靠牆的架子上放著書，書架後面，一排掛在衣架上的外套，別人在這裡生活的味道。

「嗨，克莉絲蒂娜，你不跟我們的挪威朋友打聲招呼嗎？」他看著左邊的房間裡說。我走上前，一個坐在桌子後面的女人抬起頭，她手裡拿著鉛筆，紙擺在面前。

「你好，卡爾．奧韋，」她說，「見到你很高興。我聽說你很多事！」

「很遺憾，關於你我可什麼都沒聽說過。」我說，「對了，蓋爾的書裡倒是有一點點。」

她笑了，我們握手，她清理桌面，端來咖啡。蓋爾帶我看了公寓，沒花多少時間。有兩個房間，每間都有從地到頂的書架。其中一間用為客廳，有個角落讓克莉絲蒂娜工作；蓋爾在第二間房間裡工作，那是臥室。他打開幾個玻璃櫃，給我看他的書。它們如此整齊，你簡直會以為他用尺量過，書是按照系

---

60 依序地名為：Slussen, Mariatorget, Zinkerdamm, Hornstull, Liljeholmen, Midsommarkransen, Telefonplan。

列和作者，而不是按字母順序排列的。

「你很有條理，我看出來了。」我說。

「我每件事都有條理。」他說。「絕對是每件事。我生活中沒有一件事不是計畫過或斟酌過的。」

「聽起來好嚇人。」我說完看了看他。

他笑了。

「對我來說，嚇人的是看到某一天才開口，第二天就說搬到斯德哥爾摩的人。」

「我必須這樣。」我說。

「希望也就是必須希望。」他說，「就像《皇帝與加利利人》裡的馬克西莫斯說的。或者準確地說：『活著有何價值？盡是遊戲和愚弄——**希望**也就是**必須**希望[61]。』這就是易卜生試圖以智者形象示人的劇。至少是博學之士。他想用這個整他媽的一個大合題。『我不再承認必然性！我絕不再為他服務！我自由了，自由了，完全自由了！[62]』有意思。『糟糕透頂的好戲。』正如貝克特在談到《等待果陀》時所說。我讀它的時候著實被它吸引住了。它打通了一個過去的時代。所有作為前提的學識都消失了。非常有意思。你讀過它嗎？」

我搖搖頭。

「他的歷史劇我一本也沒讀過。」

「它寫於一個一切都要重新評估的時代。這就是他做的。你知道的，喀提林是變節的象徵，但易卜生為他翻了案。這簡直就像我們替吉斯林翻案一樣。他寫這個劇時很有膽量。但他修正的價值觀全都出自古典時期，這就讓它幾乎不可能被我們所理解。我們不讀西塞羅了對不對……嗯，寫一齣要把皇帝和加利利人團結起來的戲劇！他失敗了，當然失敗了，但最起碼他失敗得很風光。他這劇太符號化了。但也很大膽。你能看見他多麼想風光一回。易卜生說他唯讀《聖經》，我才不信呢。這裡也有席勒的影子。《Die Räuber》，也就是《強盜》。劇中也有一個反叛者的角色。就像克萊斯特的《米迦勒・寇哈斯》一樣。對了，比昂松寫過同樣的東西。是《西古德・斯倫貝》[63]吧，你記得嗎？」

「我對比昂松一無所知。」

「我認為就是《西古德・斯倫貝》。那個行動的時代。行動還是不行動。典型的哈姆雷特。做自己人生中的行動者或者旁觀者。」

「那你呢？」

「問得好。」

一陣沉默。然後他說：「我大概算旁觀者吧，帶著精心設計的行動的元素。但我也不是特別清楚。我感覺內心有很多我看不到的東西。因此它們就不存在。你呢？」

「旁觀者。」

「可是你到了這裡啊。昨天你還在卑爾根呢。」

「是的。但這不是任何行動的結果。這是被迫的。」

「也許這是另一種做決定的方式，對嗎？任其發生，替你作主。」

61 見《皇帝與加利利人》二部五幕四場，此處引高榮生譯文。

62 見《皇帝與加利利人》一部三幕，此處引黃雨石譯文。

63 比約恩斯徹納・比昂松（Bjørnstjerne Bjørnson, 1832-1910），挪威戲劇家和小說家，一九〇三年諾貝爾文學獎得主。劇本《西居爾惡王》（*Sigurd Slembe*）發表於一八六二年。

「也許吧。」

「這就怪了。」他說，「你愈不加思考，就愈容易付諸行動。你知道，我寫過的拳擊手有著驚人的存在感。但這意味著他們不是自己的旁觀者，所以他們什麼都不記得。一件事都不記得！他們與我在此時此刻享受當下，那是他們的條件。當然這對他們而言是有效的，且他們總得再次鑽進繩圈。如果你在之前的比賽裡挨過重拳，那最好還是不要記得太清楚，否則那也許真會出事。不過他們的存在感絕對令人稱奇。它充滿了一切。深思的生活或者行動的生活，我看它們是兩種形式對不對？當然，這是個老問題了。所有的旁觀者都深受其擾。但行動者不會。這是個典型的旁觀者的問題……」

在我們身後，克莉絲蒂娜把頭探進了房間。

「你們要不要來點咖啡？」

「好。」我說。

我們走進廚房，坐到桌邊。透過窗子可以看到街燈下空寂的道路。我問克莉絲蒂娜，我們進門時她在畫什麼，她說她在幫瑞典北邊的一家小鞋廠畫鞋子的圖樣。跟兩個我不熟悉的人一起坐在瑞典一座遠郊小城中心的廚房，這種荒誕的感覺一下子擊中了我。我在做什麼呀？我在這裡幹什麼呀？克莉絲蒂娜開始做晚飯，我和蓋爾坐在客廳，告訴他托妮耶的事，我們之間的關係，發生了什麼，我在卑爾根的生活。他以同樣的方式總結了十三年前離開卑爾根以後他的生活。我最愛聽的，是他在《瑞典日報》與人打的筆仗，有位瑞典教授讓他著實動了肝火，於是某天早晨，宛如路德再世，他把最新的毀謗性言論釘到了烏普薩拉城堡的大門上。他原本還想往門上撒尿，好在克莉絲蒂娜把他給拉開了。

我們吃了碎羊肉漢堡、煎馬鈴薯和希臘沙拉。我像一頭餓狼，盤子瞬間空空如也，克莉絲蒂娜一臉愧疚。我用反道歉迎接她的道歉。她明顯和我是同一類人。我們喝了些酒，聊了瑞典與挪威的種種不同，我心裡暗想，不，瑞典不是那個樣子，挪威也不是那個樣子，但我點著頭，一股勁地附和。十一點左右，我已經快睜不開眼了，蓋爾拿來床單被罩，好讓我睡在客廳的沙發上，當我們拉平床單時，他的臉突然變了。**他的臉完全不一樣了**。隨即它又恢復了原貌，而我必須努力讓它固定住，這才是他的模樣，這才是他。

它又變了。

我把床單最後一條邊折到被子底下，坐到沙發上。我兩手直哆嗦。怎麼回事？

他朝我轉過頭。他的臉又一次變成了我在中央車站看到的樣子。

「關於你的小說我還什麼都沒說呢。」他說著坐到桌子另一邊。「它給我留下了難忘的印象。看完之後我深受震撼。」

「為什麼這麼說？」我問。

「因為你走得太遠了。遠得難以置信。我很高興你這麼寫，我坐在這裡，笑笑的，是因為你寫成了。我們初見面那時，你說想當作家。別人都沒有這種想法，只有你有。然後你做到了。但這不是我感到震撼的原因。原因是你走得太遠了。你真有必要走得這麼遠嗎？我那個時候想。真讓人害怕。說到我自己，我可走不了那麼遠。」

「你什麼意思？你說我走得太遠了是什麼意思？那只是一部普通的小說。」

「你講自己的事情是前所未見的。尤其是那個十三歲小孩的故事。還真沒想過你這麼敢。」

我心裡一涼。

「我不太明白你在說什麼。」我說，「那是我虛構的。大概跟你想的不一樣，其實沒花那麼大力氣。」

他笑了，直視著我的眼睛。

「我們在卑爾根的時候，你告訴過我那段戀情。你是前一年夏天從北挪威回來的，但仍然滿腦子想著北方發生的事。你說的也是那些事。你父親，然後是你十六歲那年的戀愛經歷，你把自己比喻作漢森筆下的格拉恩中尉[64]，你還說你在北挪威當老師的時候跟一個十三歲的女孩交往過。」

「哈哈。」我說，「那並不怎麼好笑，如果你是這麼想的話。」

他收起了笑容。

「你是說你不記得了嗎？她上你的課，你全身心愛上了她，我是這樣理解的，所有事都弄得一團糟，你說的，別的不論，你在一個派對上和她母親講過話——你跟我描繪過的那個場面和你小說裡寫的一模一樣。但也不一定所有事都是錯的，說真的，如果你們彼此是相互渴望的話。至於怎麼知道的又是另外一回事了。這才是問題所在。我有個老同學把一個十三歲的小孩弄懷孕了，對了，他當時十七歲，你當時十八，但是去他媽的，這都不重要。重要的是你把它寫出來了。」

他看著我。

「怎麼了？你像見了鬼一樣。」

「你沒當真吧？」我說，「拿我說的當真？」

「是的，我當真了。你就是那樣說的。都烙在我記憶裡了。」

「可那不是真的。」

「你說過那是真的，絕對說過。」

我感覺萬箭穿心。他怎麼能這麼說呢？這麼重要的事情，我潛意識裡能壓得住嗎？隨便把它丟到一邊，忘得一乾二淨，然後再把它寫出來，也不去想想看它到底是不是真的？

不。

不，不，不。

無法想像。

絕對、徹底地無法想像。

他怎麼能這麼說？

他站起身。

「對不起，卡爾．奧韋。」他說，「但你確實說過。」

「我不明白。」我說，「但你又不像在說謊。」

他搖搖頭，笑了笑。

「那就睡個好覺吧！」

「你也是。」

我睜眼躺著，凝視著房間深處，聽見他們兩人在臥室門後寬衣上床的窸窣聲。屋裡瀰漫著窗外街燈暗弱如月的光。我苦思冥想，希望依蓋爾所說的找到一些線索，但情感已經在討伐我了：萬箭穿心的感覺如此強烈，以至於全身上下都隱隱作痛。偶爾傳來一聲類於低沉的嘆息，我猜那來自幾百公尺外的地鐵，那讓我從中尋得幾分安慰。還有更低的，像是遠方的怒吼，如果我所知不多，會以為那是海洋的聲響。而我在斯德哥爾摩，想必那只是附近一條很大的公路罷了。

我拒絕相信，這麼重要的事我絕不可能藏得住。但我的記憶裡確實有個相當大的黑洞，我住北方時

64 格拉恩中尉是克努特．漢森（Knut Hamsun, 1859-1952）小說《畜牧神》（*Pan*, 1894）的主人公。

常常喝得爛醉，像那些年輕的漁民一樣，週末出門閒盪，一瓶烈酒一晚就喝個精光，最少一瓶。整夜整夜的記憶消失了，好像在我心裡留下一條條坑道，滿是黑暗、陰風和情感漩渦。我做了什麼？我都做了些什麼？我在卑爾根讀書時狀態依舊，整夜整夜的記憶消失不見，我在城裡放浪形骸，就是那種感覺，我回家時夾克的胸前可能沾滿了血。出什麼事了？我回家時穿的衣服可能不是我的。睡醒時可能在某個屋頂上，也可能在公園的矮樹下，有一次我是在某個收容所的走廊上醒過來的。後來警察來了，帶走了我。接著開始盤問：附近有人破門而入，偷了錢，是不是我？我不知道，但我說不是，不是，不是。這所有的黑洞，所有無意識的黑暗，多年來籠罩著，神祕的，近乎幽靈般的，事件可能慢慢浮現，在我記憶的邊緣，讓我充滿罪疚，過度的罪疚，而當蓋爾說我曾經說過我在北挪威和一個十三歲的小孩發生過關係的時候，我不能問心無愧地說我沒有，因為有疑問存在，那麼多的事情都發生過了，為什麼就沒有這件事呢？

這種重負也有一部分是我和托妮耶之間發生的事，而且還包括即將要發生的事。

我已經離開她了嗎？我們共同的生活已經結束了嗎？或者這只是一次短暫的停頓，分開幾個月，好讓我們倆都能從自己的角度出發，把一切想個明白？

我們在一起已有八年，期間做了六年的夫妻。她仍然是我最親近的人，不到一天之前，我們還在同眠共枕，如果我現在別過臉，不看另一個方向，生活便能保持原樣，我感覺得到，這取決於我。

我想要什麼？

我不知道。

我躺在沙發上，置身於斯德哥爾摩的郊區，一個人也不認識，我裡外都處於混亂及不安。不踏實感滲進了我最要命的地方，直抵那定義著我是誰的東西。

一張臉出現在通往小陽臺的玻璃門後。我定睛一看，它又消失不見。我心跳加速。我閉上雙眼，那張臉又出現在同樣的地方。我從側面看見它，它轉過來直視著我。它變了。它又變了。它又一次變了。這些臉我以前從來沒見過，但每一張都極其真實，無比緊要。這是怎樣的一種展示？然後那鼻子變成了喙，眼睛變成了猛禽的眼睛，突然，一隻鷹盤踞在我心裡，怒目而視。

我翻了個身，側躺過來。

我只想做個正直的人。一個善良、誠實且正直的人，能直視別人的眼睛，也能得到每個人的信任。但情況並非如此。我曾經是個逃兵，我做過可怕的事。現在我又一次的逃掉了。

第二天一早，我被蓋爾的叫聲吵醒了。他坐在沙發另一頭，端著一杯滾燙的咖啡朝我湊過來。

「早安！」他說，「已經七點了！不要跟我說你是個夜貓子。」

我坐起來，怒視著他。

「我一般下午一點才起床。」我說，「而且起床後沒有一個小時我不跟任何人說話。」

「真倒楣！」蓋爾說，「不管怎麼說，我都不是自己生活的旁觀者，那樣完全不對。我觀察別人，我擅於此道，但我不看自己。不可能。再說了，旁觀者在這種語境下也許是個錯誤的字眼。這是一種委婉的說法。真正的問題在於你有沒有行動的能力。要不要咖啡？」

「我早上都是喝茶。」我說，「但看在你的份上，我就喝這個吧。」

我接過咖啡，喝了一小口。

「接著把話說完，」他說，「《皇帝與伽利略如是說》基本上是失敗的，和《查拉圖斯特拉》失敗的原因一樣。但重點是，昨天我沒時間說，重點是它們表達的東西只能作為失敗的結果才能表達出來。這一點很重要。」

他看看我，好像在期待回應。我點了兩下頭，又喝了一口咖啡。

「說到你的小說，讓我感到震驚的首先不是那個十三歲小孩的故事，而是你走得這麼遠，觸及自己又這麼多。這是需要勇氣的。」

「和我無關。」我說，「我不在乎自己。」

「當然了！但有多少人像你一樣，你覺得呢？」

我聳了聳肩。我想縮回沙發上，接著睡下去，但蓋爾在另一頭手舞足蹈。

「進城去晃晃怎麼樣？我帶你到處看看。斯德哥爾摩沒有靈魂，但是漂亮極了，不可能不去看看。」

「好吧。」我說，「不過用不著馬上就去吧？現在到底幾點？」

「八點十分。」他說著站起身，「把你那身破爛穿上，我們吃點早餐。克莉絲蒂娜在做培根蛋呢。」

不，我不想起床。就算逼我起了床，我也不想出門。我只想在今天剩下的時間裡待在沙發上。吃完早餐我試圖拖延出門的時間，但蓋爾的活力和毅力簡直就是鐵面無私的代名詞。

「走幾步路對你有好處。」他說，「你狀態這麼消沉，老待在屋裡會死的，你自己也知道。好了，起來！快點！我們走！」

往地鐵站的路上，他大步向前，我跟在後面，他回頭看著我，嘴一咧，應該是個微笑。

「現在你從潛意識裡把北挪威那些事找出來了吧？還是沒有反應？」他問。

「我睡之前把那段感情想清楚了。」我說，「我不想瞞你，但我得到了解脫。有個片刻我還以為你是對的，但我的確把整件事封存起來了。這沒什麼特別的。」

「那你怎樣解釋？」

「你把三個不同的故事弄混了，混成了一個，不管是當時還是你看那本書的時候。我在那邊有過一個女友，但那時她十六，我十八。哦，等一下，她十五。也許十六。我不記得了。反正不是十三歲。」

「你說過你跟你的一個學生談戀愛了。」

「我不可能那麼說。」

「該死，你說過的，卡爾．奧韋。我記憶力很好。」

我們在檢票口前停下，我買了一張車票，接著我們沿著長長的水泥地下道走向月臺。

「是有個女孩愛上我了，我記得。你記得的肯定也是這個。所以你把她跟確實和我談過戀愛的那個女朋友搞混了。」

「也許如此。」他說，「但你當時可不是這麼說的。」

「好吧好吧，別再說了，我來斯德哥爾摩可不是為了找罪受。我只想遠離那些問題。」

「那你找對人了。」他說，「我不會再多說一個字。」

我們搭地鐵進城，一整天在車站進進出出，每次都有新的城市景觀展現在眼前，每一個畫面都非常美麗。但我無法把它們合成一體，在四到五天的時間裡，從清晨到臨近傍晚，我們各處漫步，但對我來說，斯德哥爾摩只是一些互不相干的碎片。我們並肩而行，他指一指左邊，我們就往左邊走，指一指右邊，我們就右轉，一路上用響亮而熱情的聲音說著話，津津樂道於我們看到的和一切跟他有關的東西。有時我厭倦了這種失衡的、由他決定一切的權力關係，便張嘴說不，我們不走左邊，我們走右邊，於是他微笑著說，好啊，如果你高興的話，或者說，好的，如果這樣能讓你好過一些。我們每天換一個不同的地方吃午飯。在挪威我習慣了吃麵包，我大概一年在外面吃兩頓飯，但蓋爾和克莉絲蒂娜天天去餐廳，經常午餐和晚餐都在外面吃，跟挪威相比這裡簡直花不上什麼錢，而且有著大量的選擇。我出於本能都會建議到學生咖啡廳吃飯，這與我在卑爾根時吃的東西最為相似，但蓋爾拒絕了，他已經不再是個二十幾歲的人了，如他所言，不想和青年文化發生什麼關係。到了下午和晚上，他便逼我聯繫我所有認識的瑞典人，我在《流浪者》期間打過交道的所有瑞典人，我們主編認識的所有瑞典人，因為他說，想在城裡找到一個住的地方幾乎是不可能的，事事都要靠關係來解決。我倒不想去聯繫別人，我想睡覺、閒逛，他卻嘮叨個沒完，這事非辦不可，沒別的選擇。我們去了一個很大的詩歌朗誦會，丹麥、挪威、瑞典和俄國的作家朗讀自己的作品，斯特芬·瑟呂姆也在其中[65]，他的開場白是：「斯德哥爾摩，你好！」好像他是某個該死的搖滾明星，我真替自己的國家感到羞愧。英厄·克里斯滕森[66]朗讀了。一個俄國人醉醺醺地在臺上蹣跚而行，高呼沒人喜歡詩──**你們通通討厭詩！**他這樣嚎叫著──他的瑞典翻譯，一個靦腆的、身後背著小背包的男人盡力讓他平靜下來，並且終於趁他在臺上沉默地來回踱步時，努力地讀了些詩。這一幕最後以熱烈的和解而告終，俄國人首先點了一下翻譯的背，接著擁抱了他。英瑪爾·萊姆哈根[67]坐在觀眾中間，他認得所有人，於是透過他，我設法溜進了後臺，向在場的瑞典作家打聽有誰知道可以落腳的地方。拉塔馬[68]說他有間公寓，其實我下星期就能搬進去，沒問題。我們和大家一起出了門，先去瑪律門[69]，在那裡，瑞典詩人瑪麗·西爾克貝里[70]來到我面前問，為什麼她偏偏應該讀我的小說，我想不出更好的回答，就說，也許這是那種你一下子就能看進去的書，聽了這話，她報以一個短促的微笑，隨後便打量著周圍，準備找別人說話了，這動作既不是太快，不至於無禮，也不是太慢，以至於失去了意義。她是個詩人，我是個寫消遣性小說的。後來大家都去她家喝酒。蓋爾和我不一樣，他對詩人和詩歌充滿了蔑視，看著他們時，他目光裡帶著憎惡，最後與西爾克貝里鬧得不歡而散，只是因為他暗示，在這樣一個中心的位置，住這麼大的一間公寓，肯定很有錢。淩晨我們步行前往盧森時，他談起了文化中產階級，他們享受著種種特權，而文學只不過是一張邁入社會的門票，他還講了他們各種各樣的意識形態。他談到他們與弱勢群體所謂的團結，他們與工人階級的調情，以及他們對這些概念造成的品質上的損害，而從屬於政治和意識形態的品質無異於災難，不只文學如此，大學亦然，最終腐蝕整個社會。我無力把其中任何一點和我所知道的現實聯繫在一起，我偶爾反駁他幾句，說他是妄想狂，吹毛求疵，人人都脫不開某種意識形態，但有時我只是聽任他一路說下去。「不管怎樣，」當我們就要通過車站的檢票口踏上自動扶梯的時候，他說，「英厄・克里斯滕森是獨一無二的。在她那一行裡，她是極為出色的一個。雖然大家都這麼說，你也知道我對主流意見的態度，但她確實出色。」

「是的。」我說。

在我們下方，火車駛近時的氣流從月臺上吹起了一只塑膠袋。火車就像一頭野獸，前照燈如同眼睛，出現在黑暗的盡頭。

「她是完全不同的階級，」他說，「世界級。」

她朗讀時我沒有任何特殊的感覺。但在朗讀開始前，我對她頗感好奇：一個矮小、豐滿的老太太，手臂上挎著提包，在吧台前喝酒。

65 斯特芬・瑟呂姆（Steffen Sørum, 1976—），挪威作家。
66 英厄・克里斯滕森（Inger Christensen, 1935-2009），丹麥詩人和小說家。
67 英瑪爾・萊姆哈根（Ingmar Lemhagen, 1942—），畢斯科普斯-阿恩北歐人民高等學校校長。
68 拉塔馬，大概是拉爾斯・米卡艾爾・拉塔馬（Lars Mikael Raattamaa, 1964—），瑞典作家。
69 指斯德哥爾摩南瑪律姆的瑪律門旅館。
70 瑪麗・西爾克貝里（Marie Silkeberg, 1961—），瑞典詩人、作家和翻譯家。

「〈蝴蝶谷〉是十四行詩組詩。」我一邊說著，一邊在火車即將停穩的片刻踏上月臺，「這是最嚴格的形式。所有十四行詩的第一行都必須構成最後的收尾。」

「對，哈德勒有幾次想解釋給我聽，」蓋爾說，「但我死都沒記住。」

「卡爾維諾在《如果在冬夜，一個旅人》裡做過同樣的事情。」我說，「但當然又不完全一樣。每個故事的標題到最後便自行構成了另一個小故事。你看過嗎？」

車門開了，我們走進車廂，面對面坐下。

「卡爾維諾呀，波赫士呀，科塔薩爾呀，這些東西還是你自己留著吧。」他說，「我不喜歡魔幻或意象。我只在乎人的事情。」

「那克里斯滕森又算什麼呢？」我說，「碰上更懂意象的作家，你得把眼光放遠些。她的做法有時更像是數學。」

「那我可沒聽出來。」蓋爾說。我看了看窗外，火車開動了。

「你聽到的是聲音。」我說，「它蓋住了所有的數理和規則。波赫士同樣如此，至少在他最好的時候。」

「沒什麼區別。」蓋爾說。

「你不想讀一讀嗎？」

「不想。」

「那好吧。」

我們坐了一會兒，什麼都沒說，所有乘客深陷於同樣的沉默。一道道空虛的目光，一具具靜止的身體，火車的內壁和地板輕輕震顫。

「參加詩歌朗誦會就像去醫院。」我們駛離下一座車站時，他說，「一屋子神經病。」

「克里斯滕森不是吧？」

「明確來說不是，這正我要講的。她做的不一樣。」

「或許是你不接受的緊湊意象抵消了那種感覺？讓它變得客觀化了？」

「或許吧。」他說，「但是對她來講，這個晚上完全是浪費時間。」

「還有一個有間公寓的傢伙，」我說，「拉什麼馬的，他真叫這個名字嗎？」

這一天上午，我打了拉塔馬給我的電話號碼。沒人接聽。當天和隔天，我接連地撥打那個電話。沒人接。他始終不接電話，所以第三天，我們去了他應該出席的另一個活動，坐在馬路對面的一間酒吧裡，等著活動結束。他一出來我就迎上去了，他認出我之後低下了頭，真遺憾，太遲了，公寓沒了。透過蓋爾·古利克森[71]，我約到了諾爾斯泰特出版社的兩個編輯。我跟他們吃了午餐，他們給了我一份可供聯絡的作家名單——「他們不一定是最好的，但一定是最好打交道的」——並且說我可以在出版社的客房住兩個星期。我接受了，暫住期間，我收到了約爾·蒂貝[72]鼓舞人心的回覆，《流浪者》發表過他的一首詩，很長的一首，他在《文字戰線》雜誌有個認識的女孩要出門一個月，我可以住在那裡。

我每隔幾天就打一次電話給托妮耶，講講我的近況和我在幹些什麼，她也告訴我她那邊發生的事。至於我們之間到底該如何，誰也沒有問過。

我開始跑步。我也又一次開始寫作了。自從第一本小說問世，已經過去了四年，我一無所成。待在

---

71 蓋爾·古利克森（Geir Gulliksen, 1963—），挪威詩人、作家和十月出版社的主編。

72 約爾·蒂貝（Joar Tiberg, 1967—），瑞典作家。

我租來的女性氣息濃烈的房間裡，躺在水床上，我要在兩個選項之間確立一個。其一，開始寫自己的生活，就按照現在的樣子來寫，像日記，對未來開放，記錄近年來像黑流一樣發生過的一切——我暗自把它稱做《斯德哥爾摩日記》；其二，繼續寫來這裡前三天動筆的小說，講述我十二歲那年前往島礁的夏夜旅行，爸爸捉螃蟹，我發現了一隻死海鷗。那種氛圍，炎熱和黑暗，螃蟹和篝火，英格威、爸爸與我穿過小島，海鷗尖叫，保衛著它們的巢，有東西可寫，但恐怕不夠，不足以撐起一部長篇。

白天我在床上讀書，蓋爾不時來訪，然後我們出門吃午餐，晚上我寫東西，跑步，不然就搭火車去蓋爾和克莉絲蒂娜家，在這兩個星期裡，我和他們變得親近了。除了談文學之外，我們也談那些總是由蓋爾開頭的各種政治及意識形態等問題，當然，也持續地談論我們自己。拿我來說吧，話題總是無窮無盡，往事歷歷在目，從童年到我父親的死，從南伯沃格的夏日到遇見托妮耶的冬天。蓋爾很精明，可謂旁觀者清，一切都被他看得透徹，而且往往如此。他的故事一直要到後來才慢慢成型，好像他一開始得先確認我是可以信任的，這些故事與我的截然不同。他出身於工人階級家庭，父母沒有任何野心，家裡也沒有一本書能擺到書架上，而我生於中產階級家庭，父母為了出人頭地，都在接受成年教育，各種世界文學應有盡有，就放在我們的手邊。他在學校打架，受過處分，還被送去看學校的心理醫生，而我總是討老師喜歡，盡可能表現優秀。他跟當兵的打成一片，夢想有一天能擁有自己的槍，而我踢足球，夢想有一天成為職業球員。我在高中模擬選舉的辯論會上為社會主義左翼黨出馬拉票，還寫了一篇關於尼加拉瓜革命的論文，而他加入了青年國民衛隊和進步黨青年團。我看過《現代啟示錄》之後為斷臂的兒童和野蠻的人性寫詩，而他在考察有沒有可能成為美國公民，好去那裡加入軍隊。

撇開這些不論，我們能談得來。我理解他，他理解我，這是成年以後的第一次，我可以把心裡所想的毫無保留地告訴某個人。

我決定投入螃蟹和海鷗的故事，寫了二十頁，寫了三十頁，我的短跑路線變得愈來愈久，很快就跑遍了索德馬爾姆上下，與此同時，我的體重正一公斤一公斤地流失，和托妮耶的談話也愈來愈少了。

然後我遇到了琳達，太陽升起。

我找不到更好的表達方式了。太陽在我的生命之中升起。起初只是天際線上濛濛發光，好像在說，這就是你要看的地方。接著，第一道曙光出現了，每樣東西都更清晰、明亮、生動，我也愈來愈快樂。接著，這顆太陽就高掛在我人生的天空，照耀著，照耀著，照耀著。

我第一次留意到琳達，是一九九九年夏天在斯德哥爾摩城外，畢斯科普斯-阿恩為北歐作家新人舉辦的一個研討會上。她站在屋外，陽光灑在臉上。她戴太陽鏡，穿白色圓領衫，前胸印有紅色條紋，軍綠色的工裝褲。她又瘦又美。她的氣質是黑暗的，狂野的，色情的和破壞性的。我徹底迷失其中。

第二次見到她時，已經過了半年。她坐在奧斯陸一家咖啡廳的桌邊，穿皮夾克，藍牛仔褲，黑靴子，那麼脆弱、疲倦和不知所措，讓我只想把她摟進懷裡。但我沒摟。

我來斯德哥爾摩時，除了蓋爾，她是唯一一個我認識的人。我有她的號碼，所以到那裡的第二天，我就從蓋爾和克莉絲蒂娜的公寓打了電話給她。在畢斯科普斯-阿恩發生的往事已經死透了，埋葬了，我心裡對她已毫無感覺，但我需要城裡的關係，她是作家，肯定認識不少人，也許某個可以提供住處的人就在其中。

無人接聽。我放下電話，轉向蓋爾，他假裝自己剛才什麼都沒聽見。

「家裡沒人。」我說。

「那晚點再打。」他說。

我是這麼做的。但一直無人接聽。

在克莉絲蒂娜的幫助下，我在斯德哥爾摩的幾份報紙上登了廣告。挪威作家求租寫作之地或公寓，廣告上就是這麼寫的，我們反覆磋商才決定如此行文，他們認為文化饕餮數目眾多，「作家」一詞想必會很吸引人，而「挪威」則代表隨和與無害。果真讓他們說中了，電話讓我應接不暇。大部分提供出租的公寓位於城郊，我都回絕掉了，困在森林某處的一幢塔樓裡似乎沒有什麼意義，於是，在等待更好的房子時，我先搬進了諾爾斯泰特的公寓，隨後去了那非常有女性氣質的公寓。一個星期之後，房子出現了：有人想出租一套索德馬爾姆的公寓，我去了那裡，等在門外，兩個女人下了車，她們五十歲上下，長相一樣，一定是雙胞姊妹，我跟她們問好，她們說自己來自波蘭，想外租這套公寓至少一年，我說這滿好的，她們說那就上來吧，如果你願意我們馬上簽約。

這套公寓絕對很好，一個半房間，大約三十平方公尺，有廚房及廁所，標準配備，地段完美。我簽了。但是有什麼東西困擾著我，有什麼地方總覺得不對勁，但又說不上來，我慢慢走到樓下，止步於樓內住戶名單的告示牌前。我首先看了看地址，布蘭許爾卡街九十二號，一種似曾相識的感覺，好像在哪裡見過這個地址，但是在哪裡呢？在哪裡呢？我一邊想，一邊往下看著住戶名單。

見鬼了。

琳達．博斯特倫。上面寫著。

我脊背一陣發涼。

那是她的地址！就是我寫信給她過的地址，為《流浪者》約稿，信就是寄到了這該死的布蘭許爾卡街九十二號。

這種事發生的機率有多大呢？

這座城市生活著一百五十萬人。我只認識其中一位。我在報上登了廣告，得到一個讓我很感興趣的回應，來自一對素昧平生的波蘭雙胞胎，結果房子就在**同一幢樓**！

我緩步走到地鐵站，一路不安地在座位上蠕動，回我那間女孩子氣的公寓。如果我搬到琳達樓上，她會怎麼想？會以為我在跟蹤她嗎？

這可不行。我不能。尤其是在畢斯科普斯-阿恩發生那樣恐怖的事情之後。

我一進家門做的頭一件事，便是打電話給波蘭姊妹，說我改了主意，那房子我不想要了，有人開出了更好的條件，實在抱歉，實在抱歉。

「沒關係。」她們說。

一切重新開始。

「你瘋了嗎？」蓋爾聽我講完之後說，「你拒絕了索德馬爾姆中央的一套公寓，更別提你到手的價錢還很便宜，就因為你根本算不上認識的某個人**可能**感覺自己被跟蹤了？你知道我花了多少年一直想在那個地段找到房子嗎？你知道那有多困難嗎？困難到**不可能**。好了，你現在他媽的幸運的找到了一間，現在又說不要！」

「反正也就這樣了。」我說，「我過個幾天再來一趟行嗎？我感覺我們已經像家人了。我們星期天一起吃午餐行嗎？」

「今天才星期一，先不說這個，我也有同樣的感覺。但這不大像是什麼父子關係。所以應該是類似於凱撒和布魯圖斯。」

「我們誰是凱撒？」

「別問這麼愚蠢的問題。早晚你會在我背後捅一刀。不過儘管來吧。過來我們接著聊。」

我們吃過飯，我到小陽臺抽菸，喝咖啡，不久蓋爾也出來了，我們討論了面對世界時共有的相對主義態度，當文化發生變化時，世界也在變化，然而一切總是這樣的，你看不到外面有什麼，因此它們並不存在，還討論了這種觀念的確立是否在於我們上大學時正值後結構主義和後現代主義如日中天的時期，人人都在讀傅柯和德希達，但它就**是**如此嗎？如果就是那樣，那麼它是否就是我們要否認的那種固定不變的和非相對主義式的論點？蓋爾告訴我，他有個熟人在他們討論完真實與絕對之後便再也不肯和他講話了。我心裡暗想，在這樣一個奇怪的題目上投入的也太多了吧，但我什麼也沒說。蓋爾說，對我而言，社會就是一切。人。我對超出這一範疇的任何東西都不感興趣。但我有興趣，我說。蓋爾說，哦，是嗎？說來聽聽。樹，我說。他哈哈大笑。植物裡的圖案。水晶裡的圖案。石頭裡的圖案。在岩層裡。在星系中。你在說碎形嗎？是的，很好的例子。所有東西都關乎生與死，所有現存的優勢形態。雲！沙丘！這讓我很感興趣。蓋爾說，噢，天啊，多麼無趣。我說，不，不無趣。他說，無趣，就是無趣。我說，我們進屋裡嗎？

我又替自己倒了一杯咖啡，並問蓋爾我可不可以用一下電話。

「當然可以。」他說，「你打給誰？」

「琳達。你知道，那個……」

「知道，知道，知道。那個讓你放棄公寓的女人。」

我撥了號碼，這也許是第十五次了。沒想到她接了。

「琳達。」她說。

「噢，嗨，我是卡爾．奧韋．克瑙斯高。」我說。

「嗨！」她說，「你打電話找我？」

「對。我在斯德哥爾摩。」

「是嗎？度假？」

「嗯……還不一定。我在考慮要不要在這裡住一段時間。」

「是嗎？太好了！」

「是的，我來這裡有幾個星期了。我打給你過幾次，但沒人接。」

「對，我去維斯堡待了一段時間。」

「噢？」

「對，我在那裡寫東西。」

「聽起來滿好的。」

「對，是挺好。沒寫多少，但……」

「也是。」

片刻的沉默。

「琳達，我在想……你想哪天喝杯咖啡嗎？」

「好啊。我近期都在。」

「明天呢？你有空嗎？」

「我覺得可以。但必須在白天。」

「太好了。」

「你住哪裡？」

「尼托格特旁邊。」

「噢，太好了！那我們就在那裡見？你知道街角那家披薩店吧？馬路對面就有一家咖啡廳。就在那裡？」

「好。你什麼時候方便？十一點？十二點？」

「十二點吧。」

「太好了。到時候見！」

「好的。再見。」

「再見。」

我掛了電話，去見蓋爾，他坐在沙發上，手拿杯子看著我。

「怎麼樣？」他說，「終於上鉤了？」

「是。我明天見她。」

「好啊！那我晚上過去，你再好好跟我說說。」

我比預定的時間提早了一小時到那裡，帶著一部答應要寫評論的稿子，克莉絲汀．納斯的小說新作[73]，坐下來工作。只要想到她，便會有細微的、因為期待而產生的顫抖滑過心頭。這不是說我對她還懷有什麼企圖，我已經一勞永逸地抹除了那些想法，這關乎的更多是不可預知，不知道即將發生什麼及如何發生。

她在外面下了自行車時我就看見她了。她把前輪推進鐵架，鎖好車，看一眼窗子，也許是看自己，打開門進來。店內幾乎滿座，但她馬上就看到了我，並走過來。

「嗨。」她說。

「嗨。」我說。

「我要去點些東西，」她說，「你要什麼嗎？」

「不了，謝謝。」我說。

她比以前豐滿了，這是我注意到的第一件事。那種男孩子似的精瘦模樣消失了。

她把一隻手放到櫃檯上，朝服務生的方向查看，此人站在嘶嘶作響的咖啡機後。我心裡忽然有些失落。

我點了支菸。

她回來了，把一杯茶放到桌上，坐了下來。

「嗨。」她又一次說道。

「嗨。」我說。

她的眼睛是灰綠色的，我記得它們能無來由地突然放大。

她取出濾茶器，把茶杯端到嘴邊，吹了吹。

「好久不見。」我說，「都還好嗎？」

她喝了一小口茶，把杯子放到桌上。

「對。」她說，「都還好。我剛去過巴西，和一個朋友。然後就去維斯堡了。我還不算真的住在這裡。」

「但你在寫作？」

她做了個鬼臉，低下頭。

---

73 克莉絲汀·納斯（Kristine Næss, 1964—），挪威小說家。

「就是寫寫看。你呢？」

「一樣。寫寫看。」

她笑了。

「你說你要在斯德哥爾摩住下來。真的嗎？」

我聳聳肩。

「起碼先住一段時間吧。」

「太好了。」她說，「那我們能再碰面。或者說一起再做些什麼。」

「當然。」

「你在這裡還認識別人嗎？」

「就一個。他叫蓋爾。挪威人。之後就沒有了。」

「米麗婭你多少認識一點吧？我說的是畢斯科普斯-阿恩的那個。」

「噢，非常不熟。對了，她怎麼樣？」

「挺好的吧，我想。」

我們坐了一會兒，什麼都沒說。

有太多事我們談不了。有太多的話題我們無法觸及。但此刻我們坐在這裡了，好歹也得談些什麼。

「你在《流浪者》發的那個短篇非常棒。」我說，「非常棒，真的。」

她笑了笑，低下了頭。

「謝謝。」她說。

「你語言的爆發力簡直不可思議。嗯，就是非常漂亮。就像……怎麼說呢，很難講，但是……就像催眠術一樣，我總覺得我說得不太清楚。」

她仍然低著頭。

「你現在還在寫短篇嗎？」

「對，正打算寫呢。不過現在還是些散文。」

「嗯，挺好的。」

「你呢？」

「沒，什麼也沒寫。已經四年了，我一直在嘗試寫個長篇，但就在動手之際，我又把它全刪了。」

又一陣沉默。我點燃了另一支菸。

「再見到你真好。」我說。

「我也是。」她說。

「你來之前我正在看稿子。」我說，朝沙發上的那疊稿子點了點頭。「克莉絲汀．納斯。你知道她嗎？」

「知道，其實我認識她。我沒看過她寫的東西，但我去畢斯科普斯-阿恩的時候她正好去那裡訪問，跟兩個年輕的男作家一起。」

「真的嗎？」我說，「奇怪。她寫了畢斯科普斯-阿恩。一個挪威女孩去了那裡。」

我到底在幹什麼？我在胡說些什麼？

琳達笑了。

「我書讀得不多，」她說，「我都不知道自己算不算得上真正的作家。」

「當然算！」

「但我記得那幾個挪威來的作家。我發覺他們身上的那種雄心壯志簡直讓人難以置信，尤其是那兩個男孩。他們對文學真的是非常瞭解。」

「他們叫什麼？」

她深吸了一口氣。

「一個叫托爾，我敢肯定。他們是《流浪者》的。」

「噢，就是了。」我說，「托爾．倫貝格和艾斯彭．斯蒂蘭[74]。我記得他們去過那裡。」

「對，就是他們。」

「他們算得上是我的摯友。」

「是嗎？」

「對，但他們現在像貓和狗一樣打起來沒完。你再別想把他們關進同一個房了。」

「所以你分別與他們當朋友？」

「對，可以這麼說。」

「我對你也滿有印象的。」她說。

「對我？」

「是啊。在你來之前有一段時間，英瑪爾．萊姆哈根都在談你的書。我們在那裡的時候他也只想談這個。」

又一陣沉默。

她站起身，去了一趟洗手間。

我心裡想，這真是沒救了。我坐在這裡都說了些什麼蠢話啊？但又還能說些什麼？

說實在的，人到底都談些什麼？

咖啡機嘶嘶作響，一陣劈啪。排著長長隊伍的人帶著焦躁的身體語言站在吧台前。外面是灰色的。下面公園裡的草既枯黃又溼潤。

她走回來坐下。

「你白天都做些什麼？你開始熟悉這座城市了嗎？」

我搖搖頭。

「一點點。還沒有，但我寫東西。每天去梅德博亞廣場的游泳池游泳。」

「是嗎？我也在那裡游。不是每天，但也差不多。」

我們相視而笑。

我拿出手機，看了看時間。

「恐怕我得走了。」

她點點頭。

「但我們還能再見面吧？」

「當然。什麼時候？」

她聳聳肩。

「打給我就行，好嗎？」

「好的。」

我把書稿和手機放進背包，起身了。

---

74 托雷・倫貝格（Tore Renberg, 1972—），挪威小說家；艾斯彭・斯蒂蘭（Espen Stueland, 1970—），挪威詩人和小說家。

「我再打給你。見到你真好！」

「再見。」她說。

我手拿背包，大步走到街上，從公園旁邊經過，進入公寓所在的寬闊街道。什麼都沒變，我們沒有改變任何東西；我們離開時，一切都和我們見面之前一樣。

可我又曾期待什麼？

我們終究無緣。

我沒問公寓的事，也沒讓她介紹熟人。什麼都沒提。

而且我是個胖子。

我把自己反鎖在屋裡，躺到水床上，端詳起天花板來。她已經完全不一樣了。她幾乎換了個人。在畢斯科普斯-阿恩，她氣質上最突出的一點，就是她不達目的絕不罷休的決心，這一點我馬上就察覺到了，且深深為之吸引。它已經消失了。那股冷酷，近乎無情，又像玻璃般脆弱的東西，也已經消失了。她仍給人某種脆弱的感覺，卻是以一種不同的方式，這一次我不覺得她會突然垮掉或碎裂，但我以前有這種感覺。她現在的脆弱更為柔和，而她的漠然，意思則是你永遠無法接近我，也與以往不同。她是靦腆的，但不如何故也是外向的。她有顯露出外向那一面的時候嗎？

我們在畢斯科普斯-阿恩結束之後的那個秋天，她就和阿爾韋[75]在一起了，正是透過他，我聽說了琳達在那年冬天和隔年春天發生的事。她經歷了一段躁鬱症的時期，最後進了精神病院，但更多的情形我就不清楚了。在幾次躁期當中，她打給我過兩次，問我能不能聯繫一下阿爾韋，兩次我都照辦了，請他的朋友們轉告，讓他打電話給我，他打來的時候，我能聽出他的失望，因為要找他的其實是琳達。還有一次，她打過來只是為了和我說話，當時是早上六點，她說她要開始上創意寫作課了，再過一小時就出門去哥德堡。托妮耶當時醒著，人在廁所裡，很好奇到底是誰會在這麼早的時候打電話給別人，我說，琳達，你知道的，我碰見的那個瑞典人，她跟阿爾韋在一起。托妮耶問，那她為什麼打電話給你？我說，不清楚，我想她正在躁期當中吧。

這件事我們根本不能談。

但如果這件事我們不能談，我們就別想談任何事。

坐在那裡說嗨、嗨，對、對，你好嗎，有什麼用？

我閉上眼睛，想著她的模樣。

我對她有感覺嗎？

沒有。

噢，是的。我喜歡她，也許在那些事發生之後，對她產生了某種情感，但也僅止於此。別的東西我都已置於腦後，一點也不含糊。

這樣最好。

我下床，把游泳褲、毛巾和洗髮精塞進包內，穿上夾克，走到梅德博亞廣場，進游泳館，白天這個時間幾乎空無一人，我換衣服，走到池邊，上跳板，一個猛地跳下去。我游了一千公尺，三月蒼白的陽光透過盡頭的高窗灑落著，我游過去，游回來，游過去，再游回來，忽而水下，忽而水上，什麼都沒想，只在心裡默念著距離和時間，一心做出完美的拍水動作。

75 阿爾韋・克萊瓦（Arve Kleiva, 1960—），挪威作家。

後來我去了桑拿房，想到有段時間我很想寫短篇小說，有了些小點子，比如一個裝假肢的男人進了游泳池的更衣室，卻不知道實際上要寫什麼，為什麼寫，或是怎麼寫。

大方向又是什麼呢？

一個男人被捆在卑爾根某處公寓裡椅子上，最後頭部中槍，死了，但在文本裡還活著，自我意識一直持續著直到葬禮結束與被下葬。

裝腔作勢，這就是我一直在做的。

而且做了這麼久。

我拿毛巾擦掉頭上的汗，低頭看著肚子上一圈鬆垂的肥肉。白而肥且蠢。

我可是在斯德哥爾摩！

我起身，走到淋浴的地方，站到一隻噴頭下。

在這裡我誰都不認識。我是完全自由的。

如果我離開托妮耶，如果我選擇如此，那我可以在這裡待上一兩個月，甚至整個夏天，然後去……嗯，隨便什麼地方都可以。布宜諾賽勒斯。東京。紐約。直到南非，再搭火車到維多利亞湖。為什麼不去莫斯科呢。一定很棒。

我閉上眼，用洗髮精洗頭，沖洗乾淨，走到儲物櫃前，開門，穿衣。

我是自由的，只要我想要自由。

我不**需要**再寫作了。

我把毛巾和溼泳褲放進包裡，走出門，走進灰色而清冷的日光，走到市場，靠在櫃檯上，站著吃了個巧巴達麵包。回家，提筆，想寫點什麼，又盼著蓋爾能比說好的時間早點到。上床，看電視，一部美國肥皂劇，睡著了。

我醒來時天已經黑了。有人在敲門。

我開了門，是蓋爾，我們握了握手。

「嗯，」他說，「怎麼樣？」

「挺好。」我說，「我們去哪裡？」

蓋爾聳聳肩，轉了一圈，查看屋裡的各種裝飾品，止步於書架，然後轉過身。

「不管去哪你都能發現一樣的書，難道這不奇怪嗎？我是說，她大概二十五歲對吧？在《文字戰線》上班，住在索德馬爾姆對吧？但這裡就有她的書，沒其他的。」

「是，是很奇怪。」我說，「我們要去哪裡？金猴？磨坊？鵜鶘？」

「不去磨坊，說什麼也不去。要不金猴？你餓了？」

我點點頭。

「我們去那裡吧。那裡的菜還行。雞不錯。」

外面感覺隨時都會下雪。陰冷且潮溼。

「說來聽聽。」我們快步前行時，蓋爾問，「有什麼好事嗎？」

「我們見了面，聊了聊，就這樣。大致上就這些。」

「她還是老樣子？」

「嗯，有點不一樣了，也許吧。」

「哪方面？」

「這你要問幾遍？」

「我是認真的。你看見她時有什麼感覺？」

「沒我以為的那麼有感覺。」

「那是為什麼？」

「為什麼？這算是什麼鬼問題？我怎麼知道？我只感覺我感覺到的，不可能去分辨每一次細微的情感起伏，那種事只有你才相信。」

「可你不就是靠這個吃飯嗎？」

「不。我靠的是我一次又一次的出盡洋相。兩碼子事。」

「這麼說有過心理起伏嘍？」

「到了。」我說，「我們要吃飯，你說過吧？」

我開門入內。前廳是酒吧，後面才是飯廳。

「為何不呢？」蓋爾說完，便穿過咖啡廳，我跟在後面。我們坐下，看菜單，待者一來我們便點了雞肉和啤酒。

「我跟你說過我曾跟阿爾韋來這裡嗎？」我說。

「沒有。」

「我們來斯德哥爾摩那次，最後就跑到這裡來了。嗯，一開始我們到了一個地方，現在回想起來肯定是斯圖雷廣場。阿爾韋進去問人家知不知道斯德哥爾摩的作家都在哪裡喝酒。他們笑他，還用英語回話。我們瞎轉了一會兒，很糟糕，真的，因為我非常敬重阿爾韋，他是知識分子，從一開始就在《流浪者》了，當時我們在機場見面，我一個字都說不出來。就像個啞巴。在阿蘭達降落時，我說不出話。進斯德哥爾摩，找住處，也什麼都沒說。上街吃飯，無言。一個字都沒有。我知道我唯一的機會，就是靠酒來突破屏障。在女王街喝完一瓶啤酒，就跟人家打聽哪個地方好玩，他們說去南馬，找金猴，我們就打車到這裡來了。我喝了烈酒，話匣子有點打開了，偶爾能迸出一句。阿爾韋湊到我耳邊說，那個女孩在看你，你想讓我離開，好讓你們單獨待一會嗎？我問，哪個女孩？阿爾韋說，那個。我看了看她，該死，她真漂亮！但是這種反應大部分是因為阿爾韋要我看她才發生的。是不是有點奇怪？」

「沒錯。」

「我們喝醉了。用不著再說話。我們在這裡的街上閒盪，天快亮了，我腦袋裡幾乎一片空白，後來我們看見一家啤酒屋，就進去了，氣氛熱烈，我腦袋裡一團漿糊，邊喝啤酒，邊聽阿爾韋談他的孩子。他突然哭起來了。我聽著，又沒在聽。後來他用雙手捂住了臉，肩膀抖個不停。他哭得發自臟腑，我想著自己的心事。後來店家打烊了，我們搭計程車去更遠的地方，他們不讓我們進門，我們發現一塊很大的空地，那裡有個亭子，可能是國王花園，我覺得差不多就是。那裡有些帶有鐵鍊的椅子，我們把椅子舉過頭頂，扔到牆上，狂奔，整個瘋了。很奇怪沒把警察招來，但他們確實沒來。所以我們打車回了客房。上午醒來時，火車開車的時間已經過了兩個小時。但我們不在乎，晚了就晚了。我們去了車站，搭下一班火車，一路上我都在說話。沒完沒了。好像憋了一年的話這時候通通倒出來了。阿爾韋有什麼東西打開了我的話匣子。我不太清楚當時那是什麼，或此時是什麼。他有一顆巨大的包容心。但不管怎麼說，整個故事他都聽了。爸爸怎麼死的，地獄般的經歷，第一本小說以及隨之而來的一切，跟他講完這些之後，我還在往下說。我記得我們在車站等計程車，周圍一個人也沒有，只有我和阿爾韋，他看著我，我說著說著。童年，青春期，沒有一件事不說的。全是我，沒別的。我，我，我。一肚子的話都倒出來給他了。他有什麼東西打開了我的話匣子，他理解我說的和我想的一切，我以前從未碰到過這樣的人。總是有各種限制，各種態度，各種需要，使得話到嘴邊，在某個節骨眼上又吞了回去，或者，被引到了某個特定的方向，藉此把你說的話改造成別的東西，而無法以本來的面目示人。但是那一天，我感覺阿爾韋是個真正開放的人，有好奇心，而且始終在盡力理解自己看到的東西。但他的這種開放是沒有功利性的，不是那種像該死的心理學家的開放，他的好奇也毫無功利性。他處世精明，至少感覺如此，而且像任何一個富含經驗的人一樣，他保持著笑容。在面對人的行為和觀念時，最合適的方式的確只有哈哈一笑。

我理解這一點，同時也利用了這一點，因為我不夠強大，不足以抗拒他給我的所有開放，這也讓我感到害怕。

他知道某些我不知道的東西，他理解某些我不理解的東西，他能看到某些我看不到的東西。

我把這話跟他說了。

他笑了。

「我四十歲了，卡爾．奧韋。你才三十。這區別就很明顯，你大概也注意到了。」

「我不這麼認為。」我說，「還有些別的東西。你擁有一種看透本質的洞察力，而我不具備。」

「接著說！接著說！」

他哈哈大笑。

一雙黑色的、真摯的眼睛是體現他氣質的中心地帶，但他本人並不黑色。他常常大笑，微笑也難得離開他微微歪斜的嘴唇。他的氣場很強，他是那種你不會視而不見的人，這與體格無關，你不會特別留意他單薄、瘦削的身體。反正我沒有。阿爾韋，他剃著光頭，一雙黑眼睛，常在的笑容和發自內心的大笑。對我而言，他說起理來總會得出喜出望外的結論。他對我的開放完全超出了我的期望。突然之間，我能說出迄今為止憋在心裡的一切了，更甚者，我好像受了感染，一下子變得喜出望外了，這還給了我一種感覺，一種希望的感覺。也許我終究也算是個作家了？阿爾韋是。可我憑什麼？憑我那麼多的平凡之處？憑我耽於足球和電影的生活？

就像我聊起來沒完一樣。

計程車到了，我打開後車箱，仍在喋喋不休，酒勁還沒全退，我們把兩件行李放到裡面，上了車，我繼續喋喋不休，汽車載著我們，穿過瑞典鄉間，前往畢斯科普斯-阿恩，研討會很早就已經開始了。我們離開計程車時，他們剛吃午餐。

「就是這樣繼續的？」蓋爾問。

「就是這樣繼續的。」我說。

一個男人迎上前，自我介紹說他叫英瑪律·萊姆哈根。他是導師。他說他很喜歡我的書，這讓他想到了另一位挪威作家。「誰？」我問。他苦笑了一下，說這得等到我們在大會上討論我的作品時再說。

我想，會不會是芬恩·阿恩斯或昂納爾·米克勒[76]？

我把行李放在外面，走進大廳，往盤子裡盛了些吃的，便大吃特吃起來。一切都在搖晃，我依然醉著，但沒那麼厲害了，我能感覺到胸口裡因為抵達這裡而產生的興奮和快樂。

他們帶我看了房間，我放下行李，直奔研討會上課的那幢樓。就是在那個時候我看見了她。她靠牆站著，我什麼都沒跟她說，周圍有很多人，但我看了她，她身上有某種我想要的東西，我看見她的那一刻，它就出現了。

76 芬恩·阿恩斯（Finn Alnæs, 1932-1991）；昂納爾·米克勒（Agnar Mykle, 1915-1994）。

一種爆發。

我們被分到了同組。組長是名芬蘭女人，我們就座的時候她什麼也沒說。她在使用某種教學時用的把戲，但沒人買單，最初的五分鐘裡，所有人都保持沉默，直到氣氛變得實在不舒服，才有人主動答腔。

我留心她的一舉一動。

她說了什麼，她怎麼講話，但最要緊的還是儀態，這屋子裡的那個身體。

我不知道為什麼。也許是我當時所處的狀態，讓我更容易接受她的外表或她這個人。

她做了自我介紹。琳達·博斯特倫。她的處女作是一部詩集，名叫《為那傷口給我安慰》。她住在斯德哥爾摩，時年二十五歲。

課程持續了五天。我一直圍著她轉。到了晚上我就喝醉，能喝多醉就喝多醉，幾乎不睡覺。有天夜裡我跟著阿爾韋進了一間教堂的地窖，一下去他就跳起舞來了，一圈又一圈，根本沒法和他交流，我們離開的時候，我意識到了他的不可企及。我哭了。他看到了。他說，你哭了。我說，是的，但是到明天你一定會忘記的。一天夜裡，我說什麼也睡不著。當早晨五點最後一批人回去睡覺時，我出門到森林裡走了很久，太陽出來了，我看到鹿在年邁闊葉林之間跳躍，以一種我無法辨識的神祕感受到了幸福。上課期間我寫的東西異常地出色，彷彿接觸到了一池泉水，某種既屬於我又全然陌生的東西噴湧而出，清澈又新鮮。或者，只是這種愉悅感讓我產生了誤判。我們在一起上課，我坐在琳達旁邊，她問我記不記得《銀翼殺手》裡有一個透過窗子的光暗落下去的場景。我說我記得，而貓頭鷹轉頭是整部電影裡最美的時刻。她看了看我。一種帶著疑問的表情，不是讚賞。導師審讀我們寫的東西。他們審到了我的作品。萊姆哈根開始點評，好像他說的話越拔愈高，我從沒聽過有人用這樣的方式談論一部作品，只把最本質的東西提出來，他不管人物，主題，或是表面上的東西，他只管隱喻和它們所起的看不見的作用，他把所有東西放到一起，讓它們組合成一個近乎有機的整體。我從來不知道這就是我寫出來的，被他一說，我知道了，對我來說它就是樹和葉子，草和雲彩，是熾熱的太陽，僅此而已，我據此理解一切，萊姆哈根的解讀也是如此。

他看了看我。

「這尤其讓我想到托爾．烏爾文[77]的散文。你熟悉他的作品嗎，卡爾．奧韋？」

我點點頭，然後垂下了腦袋。

誰也無法看見我血管裡奔湧的血流，聽我心裡號角的響起，以及騎士往回疾馳。托爾．烏爾文，那可是巔峰啊。

噢，但我知道他誤會了，他過譽了，他是瑞典人，也許不能很好地理解挪威語言種種的微妙之處。可只要他一提烏爾文的名字……我竟然**不是**一個低俗小說作家？我的作品竟然還**有**可以讓人**聯想**到托爾．烏爾文的東西？

血在咆哮，喜悅沿著一條條神經發出得意的尖叫。

我低著頭，強烈地希望他趕快打住，繼續點評下一個人，當他說完時，我帶著解脫的感覺褪回了原形。

當晚大家到我房間繼續飲酒。琳達說我們關掉煙霧報警器就可以抽菸，我關了，我們喝酒，我播放了威爾可合唱團的《夏日牙》，她看起來不感興趣，我給她看了一本古羅馬烹飪書，這是我在前一天去烏

---

77 托爾．烏爾文（Tor Ulven, 1953-1995），挪威詩人。

普薩拉遠足時買的，我認為用羅馬人的方式燒菜是一件很棒的事情，但她不這麼認為，反而突然掉了頭，開始尋找別的東西。眾人漸漸離去，各回各屋，我希望琳達留下，但她也走了，於是我再次走進森林，散步到七點，回來時一個怒氣衝衝的男人衝過來抓我。他吼叫著：「克瑙斯高，你就是克瑙斯高？」我說：「對呀。」他在我面前停下，開始辱罵我。他喊叫著，火警，危險，不負責任。我說，是的，對不起，沒想到，抱歉。他站在那裡瞪著我，眼睛裡噴射著怒火，我進也不是，退也不是，管他呢，於是回屋上床，睡了兩個小時。我去吃早餐的時候，萊姆哈根走過來，為此前發生的事百般道歉，看門人太過分了，這種事絕不會再次發生。

我實在摸不著頭腦。怎麼應該是**他**道歉？

在我看來，這種事頗為吻合我在這段時間裡變成的那個人：一個十六歲的少年。我的感情變成了十六歲少年的感情，我的行動變成了十六歲少年的行動。忽然之間，我捉摸不透原來的我了。大家集中到一個房間，我們要朗讀自己的作品，一個接一個，用意是形成全體合唱，讓每個人的聲音融入其中。萊姆哈根指向某人；此人開始朗讀。接著他指了指我。我看看他，茫然無措。

「我現在就讀嗎？他還沒讀完呢。」我問。

哄堂大笑。我紅了臉。但我們開始以後，我能聽出來我寫的東西有多麼好，遠遠好過別人的作品，基於某種完全不同也更具活力的東西。

我們到外頭站在礫石上談話時，我把這種感覺告訴了阿爾韋。

他只是笑了笑，什麼也沒說。

每天晚上都有兩到三人給大家朗讀。我盼望著輪到我。到時候琳達肯定在場，我要讓她看看我是誰。

我朗讀很好，我通常能得到掌聲。可這次沒有。從第一個句子我就對文本產生了懷疑，它很荒謬，而且我感覺周圍的空間愈來愈小，直到我因羞恥而滿面通紅，我坐下了。接下來輪到阿爾韋。

他的朗讀出現了效果。他讓我們大家為之神魂顛倒。他是個魔術師。

「太好了，真是不可思議。」他讀完後琳達對我說。

我點點頭，報以微笑。

「對，他確實很棒。」

我懷著滿腔的怒火和極度的失望離開了，拿了瓶啤酒，坐到房間外面的臺階上。我想，琳達啊，現在就離開房間到這裡來。如果你來了，如果你現在來了，我們就在一起。就這樣。

我盯著大門。

門開了。

是琳達！

我的心在狂跳。

是琳達！是琳達！

她走過廣場，我因為幸福而顫抖起來。

她隨後轉了個彎，朝另一幢樓走去，還揮了揮手，和我打了個招呼。

第二天，大家去森林裡散步，我走在琳達身邊，剛開始還是一列，後來我們身後那些人掉了隊，於是我便和琳達單獨走在森林裡了。她捏弄著一片草葉，偶爾微笑著瞟我一眼。我什麼也說不出來。一個字都沒有。我看地面，我看林間，我看她。

她雙眼閃閃發亮。現在已經不是那雙黑色的、深陷的、迷人的眼睛，她全身洋溢著輕盈與風韻，捏弄著、轉動著小草，一邊微笑，看看我，又看看地面。

這是怎麼回事？

這意味著什麼？

我問可不可以和她交換書，她說，可以，當然可以。她走過來時我躺到草地上，端詳著天上的雲朵，她把她的書遞給我。書名頁上是這樣寫的：「畢斯科普斯-阿恩，99.07.01，贈卡爾．奧韋。琳達。」我跑進屋，拿了一本我的書，贈言已經寫好了，遞給她。她走以後，我回到自己的房間，開始閱讀。我讀書時滿懷著對她的欲望，每個字都來自她，每個字都是她。

在這一切中間，在我對她懷著強烈欲望並退化為少年的期間，我看一切的方式都不同了。那些生長著的綠色植物，它們是如此野蠻與狂亂，但外形卻又是樸素和純潔，這在我心裡激起了一種狂喜，那些老橡樹，吹拂枝葉的風，太陽，無垠的藍天。

我不睡覺，幾乎不吃東西，天天晚上喝酒，但我不覺得累，不覺得餓，上課也全無妨礙。與阿爾韋的談話在繼續，而且力度不減，這就是說，我繼續和他談我自己，而且隨著時間的推移，也愈來愈多地談到了琳達。他見我，他也見班裡的其他人，然後我們便談論文學。我談話的方式變了，我和他在一起的時間愈久，我的想法就變得愈自由，我認為這是一份禮物。課間休息時，我們躺在樓外的草坪上聊天，然後其他人也來了，我不由得對他生出幾分忌妒，我能看到他的話在別人身上產生的效果，我渴望著自己的話也能有同樣的效果。

有天晚上，大家坐在草地上喝酒、聊天時，他告訴我們，他曾為《流浪者》採訪過斯韋恩．亞沃爾[78]，那個晚上他們無話不談，所說的一切如何透徹，又是如何為某種非凡的東西開闢了空間。

我說，我為《流浪者》採訪魯內．克利斯蒂安森[79]時也是如此，見到他之前我很緊張，我對詩一竅不通，但他非常坦率，原本不可能談的東西，我們一下子都談到了。那是個非常棒的採訪，我說。

阿爾韋哈哈大笑。

他只用一陣大笑，便能將我說的一切消解於無形。在場的每個人都知道阿爾韋有權這樣做，一切權力歸於阿爾韋，那天晚上他的臉就代表著催眠般的視覺焦點。琳達和我們在一起，她也在看著。

阿爾韋談起拳擊。邁克．泰森，他咬下霍利菲爾德耳朵的最後一戰。

我說這不難理解，泰森急需擺脫困境，他知道自己要輸了，所以才咬人家的耳朵，這樣就會讓比賽結束，而他也不至於以輸家示人。阿爾韋又一次大笑，然後說未必如此。那樣做就成了一個基於理性的行為。但泰森這個人沒有一點理性可言。隨後他談論此事時所用的方式，讓我想起了《現代啟示錄》裡砍掉牛頭的場景。黑暗，鮮血，恍惚。也許我的思緒之所以拐到這個方向，是因為當天早些時候，阿爾韋曾談到越南人砍掉接種過疫苗的兒童手臂時所展示的決心，而對抗或被迫對抗同樣寧願玉碎的決心又是如何的不可能。

第二天，我召集幾個人踢球，萊姆哈根給我們找來一個足球，我們踢了一小時，然後我拿了一瓶可樂，坐到琳達身邊的草地上，她說我的步態很像踢球的。她有個哥哥踢足球，也打冰球，我站立和走路的姿勢都和他滿像的。但是阿爾韋，她說，你看到他是怎麼走路的嗎？我說沒有。她說，他走起路來像芭蕾舞演員。輕盈而飄逸。你沒有注意到嗎？我說沒有，朝她笑了笑。她也報以一個倏忽即逝的微笑，而後站起身。我躺到草地上，盯著慢慢飄過的白雲，再深處便是那寬廣的藍天。

78 斯韋恩．亞沃爾（Svein Jarvoll, 1946—），挪威詩人和作家。
79 魯內．克利斯蒂安森（Rune Christiansen, 1963—），挪威詩人和小說家。

晚飯後，我又一次去森林裡走了長長的一圈。停在一顆老橡樹前，盯住樹葉看了很久。揪下一顆橡子，繼續散步的同時，一遍遍在手中轉動它，從各個角度研究它。細小、多節、籃筐狀的部分是果實的棲身之處，遍佈著微小而規則的圖案。沿著光滑的暗綠色表面，可見淺綠的條紋。完美的形狀。可以是飛艇，可以是蛋。它是橢圓體。我這樣想著，不由得笑了。所有的樹葉都是相同的，每年春天發芽，數量多到荒謬的程度，樹就是工廠，用陽光和水製造出美麗的、有複雜圖案的葉子。想法已經存在，再去想，便是難以忍受的千篇一律。所有這些都來自我在初夏讀過的法蘭西斯・蓬熱[80]的某些作品，那是魯內・克利斯蒂安森向我推薦的，對我來說，蓬熱的見解永遠改變了樹和樹葉。它們從一口井，一口生命的井裡奔湧而出，無窮無盡。

噢，本能。

走到那裡很駭人，周圍是滋生萬物的巨大而盲目的能量，頭上是燃燒的太陽，灑落的陽光，同樣盲目。一個尖銳的聲音在我內心激盪。同時還有一個不同的聲音，那是一種渴望，而這種渴望已不再像過去幾年那樣只針對一個抽象的目標，不，那是明確的，具體的，此時時刻，她就在那邊走動，不過幾公里遠的地方。

這是怎樣的瘋狂？我邊走邊想。我是已婚的，我們過得很好，很快我們就要一起買下一套公寓。然後我到這裡來了，難道我想毀掉一切？

正是如此。

我在陽光斑駁的樹蔭下遊盪，周圍環繞著森林溫暖的芳香，想到我已處在人生的中途，不是作為年紀的人生，不是生命的中途，而是**我存在的中途**。

我的心臟一陣顫慄。

最後一個夜晚到來了。我們聚集在最大的房間，葡萄酒和啤酒已經備齊，誠如告別晚會。我突然發現自己出現在琳達身邊，她正在開一瓶葡萄酒，還把一隻手放到我的手上，盯著我的眼睛，溫柔地摩挲片刻。這是明顯的，清清楚楚，她想要我。我整晚上都在思考這件事，慢慢喝得愈來愈醉。我要和琳達在一起。不需要再回卑爾根了，可以把那邊的一切都丟開，就在這裡和她在一起。

凌晨三點，我已經醉到此前少有的程度。我帶她出來。我說有些事情必須和她說。然後我和她說了。把我的感受和計畫完完全全地告訴了她。

她說：「我很喜歡你。你是個好男人。但我對你沒興趣。對不起。但你朋友，他非常棒。我對他比較感興趣。你懂嗎？」

「懂了。」我說。

我轉身走過廣場，知道在我身後，她正走向相反的方向，回到派對上去。一群人聚集在大門旁邊的樹下。阿爾韋不在那裡，所以我又回來，找到他，告訴他琳達對我說過的話，琳達對他有興趣，現在他們可以在一起了。他說，可我對她沒興趣，你知道的。我**已經**有一個很棒的女友了。他說不管怎樣，為我感到遺憾。我說我沒什麼可遺憾的，說完便再次走過廣場，彷彿獨自穿過空無一物的隧道，行經站在樓外的人群，穿過走廊，走進我的房間。電腦的螢幕亮著。我拔掉插頭，關上電腦，走進廁所，抓起立在水槽上的鏡子，使出全身氣力，把它摔到牆上。我等了等，聽聽是否有人做出反應，然後拾起我能找到的最大的一片，開始割自己的臉。我割得有條不紊，盡己所能地深割，把整張臉割遍。下巴，兩頰，

80 法蘭西斯・蓬熱（Francis Ponge, 1899-1988），法國詩人和隨筆作家。

額頭，鼻子，下巴底下。每隔一會兒，我拿毛巾把血擦掉。繼續割臉。擦血。終於，我滿意了，已經沒有一塊多餘的地方可以再割，於是我上床睡覺。

我醒來之前很久，便知道有什麼可怕的事情發生了。我臉上火辣辣地疼。等我醒過來的時候，才想起發生了什麼。

我想，這一關我恐怕撐不過去。

我得回家，到四世音樂節上見托妮耶[81]，六個月前我們就定好了房間，英格威和卡麗·安妮也會去。這是我們的假期。她愛我。但現在我竟然做了這種事。

我揮拳捶著床墊。

而且大家都在。

他們會看到我的恥辱。

我沒有把它藏起來。每個人都會看到。我烙上了標記，我給自己烙上了標記。

我看了看枕頭。上面全是血。我摸摸自己的臉。上頭滿是傷痕。

我仍醉著，但勉強站了起來。

我拉開厚重的窗簾。陽光傾瀉而入。一群人坐在外面，周圍放著背包和行李箱，很快就要告別。

我一拳打在床頭板上。

我必須面對。我無路可走。我必須面對。

我把東西塞進箱子，臉上陣陣刺痛，心裡同樣刺痛，我以前從未體會過這麼大的羞恥。

我烙上了標記。

我提起箱子出了門。一開始沒人看我。後來有個人發出一聲驚呼。我停下腳步。

「我很抱歉。」我說，「對不起。」

琳達坐在那裡。她瞪大眼睛看著我。她哭了。別人也哭了。有人走過來，把一隻手放到我肩上。

「沒事。」我說，「只是昨天喝得太多了。對不起。」

氣氛一片死寂。我就這樣出來了，而迎接我的也是沉默。

我該怎樣撐過這一關？

我坐下，點了一支菸。

阿爾韋看著我。我想擠出一點笑容。

他走過來。

「你到底幹了什麼？」他問我。

「只是喝太多了。之後再跟你說。現在不談。」

巴士到了，把我們送往車站，我們上了火車。飛機第二天才起飛，之前的這段時間我不知道該怎麼辦。在斯德哥爾摩的大街上，每個人都盯著我，他們和我保持安全距離。羞恥燒灼著我的內心，燒啊，燒啊，就是無路可逃，我必須忍受著這一切，挺住，挺住，挺住，總有一天它會熄滅。

我們步行前往索德馬爾姆。其他人約好了和琳達見面，我們以為地點就在那個廣場，現在我知道了，那裡叫梅德博亞廣場，當時還只是一個廣場，我們在那裡站著，琳達騎著車出現了，看見我們她很驚訝，因為大家約定的見面地點是尼托格特，她說在那邊呀，她不看我，她不看我，這樣也好，她若真看我，

81　四世音樂節（Quartfestivalen）自一九九一年起，每年七月在挪威的克里斯蒂安桑舉辦，以創建此城的丹麥和挪威國王克利斯蒂安四世（Christian IV，或拼 Qvart）命名。

我恐怕還無法忍受。我們吃了披薩，氣氛怪怪的，後來我們坐到草地上，很多鳥在我們身邊跳來跳去，阿爾韋說他不相信演化論，怎麼可能是適者生存呢，瞧瞧這些鳥，它們並沒有做它們必須做的，它們做的是它們想做的，這給它們帶來了快樂。快樂被低估了，阿爾韋說，我知道他在說給琳達聽，我告訴過他琳達是怎麼說的，我做了她要我做的事，他們會在一起的，我知道。

大家留下來喝酒，我先回了房間。我看電視，電視難以忍受，但我撐過了整晚，最後睡著了，旁邊的床是空的，那天夜裡阿爾韋沒回來，早晨我發現他睡在樓梯間。我問他是不是和琳達在一起，他說沒有，她很早就回家了。

「她哭啊哭啊，只想談你的事。」他說，「我跟特格喝酒去了。就這樣。」

「我不相信。」我說，「你可以告訴我，沒關係。你們在一起了。」

「沒有。」他說，「你錯了。」

第二天上午我們在奧斯陸落地時，別人繼續盯著我看，我戴了墨鏡，盡可能低著頭，但也無濟於事。很久以前我就答應挪廣，接受阿爾夫．范德哈根的採訪，我要去他家，那會是一個很長的採訪，做起來得花些時間。我必須去那裡。但路上我打定主意，什麼都不管了，對他的問題，我心裡怎麼想，嘴上就怎麼說。

「我的天。」他開門時說，「這是怎麼搞的？」

「其實沒那麼嚴重。」我說，「喝多了而已。這種事難免。」

「你還可以採訪嗎？」他問。

「可以。我沒事的。只是看上去很慘。」

「是，你是很慘。」

托妮耶一看見我就哭了。我只是說我喝得太多了，別的什麼都沒有發生。這是實話。在音樂節上，人們也扭頭盯著我看，托妮耶哭了又哭，但情況開始好轉，那一直緊緊抓著我不放的東西開始鬆手了。我們看了垃圾樂隊的音樂會，演出很棒，托妮耶說她愛我，我說我也愛她，並且決定把發生過的一切都拋在身後，讓它們爛掉好了。不回頭，不想它，絕不讓它在我的生活中有容身之地。

那一年的初秋，阿爾韋打來電話，說他已經和琳達在一起了。我說，我告訴過他，你們肯定能在一起。

「但不是在那裡發生的。是更後來。她寫了封信給我，然後她就來這邊了。我希望我們仍然是朋友。我知道這很難，但我希望能這樣。」

「我們當然還能當朋友。」我說。

這是真的，我對他沒有嫉恨，為什麼要嫉恨他呢？

一個月後我在奧斯陸和他見了面，我又回到了起點，對他一個字也說不出來。一個音也不行，就連喝酒後也一樣。他說琳達沒少談起我，還經常說我好看。關於這一點，我認為「好看」可算不上貼切的參數，它更像一個古怪的事實，幾乎等同於她說我是個跛子或駝子。再說，這話是阿爾韋轉述的，他為什麼要告訴我這個呢？有一次我在藝術家之家[82]遇見他，他喝得爛醉，幾乎沒辦法跟他說話，他扯過我的手，把我帶到一張桌子邊，說：大家瞧瞧，這小子好不好看？我跑開了，一個小時後又撞見他，我們坐下，我說我和他講過太多我自己的事了，但他從沒跟我說過他的事，我指的是那些個人的細節，他說：現在你讓我很失望，你聽上去就像《日報》星期六副刊上的那些心理學家，我說好吧。他當然是對的，他

82　藝術家之家（Kunstnernes Hus）是奧斯陸一處重要的美術館。

總是對的，或者說，他總是把自己架在一個很高的地方，遠離涉及對錯的爭論。他對我幫助很多，但我得把這些東西也一併拋開，我不能心裡想著這些，同時還繼續在卑爾根生活。這樣於事無補。

那年冬天我又一次遇見他，琳達也在場，她想見見我，阿爾韋就把她帶到我坐的地方，留我們倆單獨待了半個小時，之後過來把她叫走了。

她縮在一件大皮夾克裡，看起來虛弱，不停地發抖，過去的那個她幾乎盪然無存，我想，都過去了，再也不存在了。

我把這個故事告訴蓋爾的時候，他低頭看著面前的桌子。等我講完，他才和我四目相交。

「有意思！」他說，「你**什麼**都往肚子裡吞。所有的痛苦，所有的侵略，所有的感情，所有的羞恥，一切。全吞進去。你傷害的是你自己，不是別人。」

「任何一個十幾歲的少女都會這麼做。」我說。

「不，她們不會！」他說，「你把自己的臉割成一條一條的。才沒有哪個少女會割自己的臉。說實在的，我從沒聽說過有**任何人**這麼做。」

「割得又不深。」我說，「看上去嚇人。其實沒那麼慘。」

「誰會對自己做這樣的事？」

我聳了聳肩。

「那現在各種事情都湊在一起了。爸爸的死，媒體對那本書的關注，與托妮耶在一起的生活。當然還有琳達。」

「你現在對她一點感覺都沒有了嗎？」

「起碼沒什麼太強烈的感覺。」

「你還要去見她？」

「也許吧。說不準。就算去見，也只是為了在這裡有個朋友。」

「有另一個朋友。」

「對對對。」我說，舉起手揮了揮，向服務生示意。

第二天，一個要租給我公寓的女人打來電話。她說她有個朋友需要分租來降低租金。

「分租是什麼意思？」我問。

「給你一個房間，剩下的跟她合用。」

「好像不太合適吧。」我說。

「但那套房子非常棒，你明白嗎？」她說，「就在巴斯圖街上。這是整個斯德哥爾摩最好的位址之一。」

「那好。」我說，「我過去跟她談談再說。」

「她非常喜歡挪威文學。」她說。

我記下她的名字和號碼，打了電話，她馬上接了，那就過來看看吧，她說。

房子確實很棒。她很年輕，比我年輕，牆上貼著一個男人的照片。她說那是她丈夫，已經死了。

「真遺憾。」我說。

她轉過身，走到房間另一頭去了。

「這是你的房間。」她說，「如果你願意的話，就是這一間。你有自己的廁所，自己的廚房，房間裡有一張床，你都看見了。」

「感覺不錯。」我說。

「你還有一道單獨的門。如果你想寫東西，那就把這道門關上就行了。」

「我租了。」我說，「什麼時候能搬進來。」

「現在就行，如果你願意的話。」

「這麼快？那好。我下午就把東西搬過來。」

蓋爾聽我說完，只是哈哈一笑。

「來這裡誰也不認識，就想弄一套巴斯圖街的房子，不可能。」他說，「那不可能！你明白嗎？諸神喜歡你，卡爾．奧韋，只能這麼講。」

「可凱撒不喜歡我。」我說。

「那可不對，凱撒也喜歡你。他只是有點小小的嫉妒，僅此而已。」

三天後，我打電話給琳達，告訴她我搬家了，她想不想喝杯咖啡？她說好，於是不到一小時，我們便坐在俯瞰胡恩街的拱坡上的一間咖啡廳裡。她好像比以前開心一些，這是她坐下時我的第一個想法。她問我今天有沒有去游泳，我笑了一下說沒有，但她游過了，黎明時去的，那個時間特別好。

於是我們坐在那裡，攪著自己的卡布奇諾。我點了一支菸，想不出任何可以說的話，心想這肯定是最後一次了。

「你喜歡戲劇嗎？」她問。

我搖搖頭，說我看過的戲劇都是卑爾根國立劇院的傳統演出，就像看水族箱的魚一樣難以入戲，我還在卑爾根國際戲劇節上看過兩三場，有一場是《浮士德》，演員在臺上徘徊，嘴裡嘟嘟噥噥，臉上戴著黑色的大鼻子。聽我這樣講，她就說我們一定得去看柏格曼導演的《群鬼》，我說好，我可以試一試。

「那我們約好了？」她問。

「當然。」我說，「聽起來很有意思。」

「把你那個挪威朋友也帶上，」她說，「讓我也見見他。」

「好，他一定願意來。」我說。

我們又待了一刻鐘，但沉默了許久，她大概也像我一樣希望能早點離開。最後，我把菸揣進口袋，站起身。

「我們一起去買票怎麼樣？」她問。

「好。」我說。

「明天？」

「當然。」

「十一點半在這裡？」

「好的，沒問題。」

從拱坡到皇家劇院走了二十分鐘，但我們在路上幾乎沒說過話。感覺好像我要嘛與她無話不談，要嘛就什麼也不能說。此刻就是後者的情形，且大概會一直這樣保持下去。

她訂好票之後，我們便往回走。陽光沐浴全城，樹已發芽，到處都是人，大多數喜滋滋的，正是美好的春日。

我們穿過國王花園，迎著明亮而平斜的陽光，她眯起眼睛看著我。

「幾個星期之前，我在電視上看見了一樁怪事。」她說，「他們放了一段監控的影像，是從一個便利店拍下來的。有個貨架突然冒起了煙。一開始火不大。店員從站著的地方看不見。但是櫃檯前那個顧客能看見。他一定感覺出事了，因為等他拿著自己買的東西轉過頭看向那個貨架時，他馬上就看見失火了。他轉回頭，拿了找給他的零錢就往外走。但他背後正在失火啊！」

她又看看我，然後笑了。

「另一個顧客進來，站到櫃檯前。火呼呼地燒起來了。他轉身直視著火焰。接著他又轉回來，付完錢，拿上東西就出了門。可他直看著火焰！你知道嗎？」

「嗯。」我說，「你覺得他不想多管閒事？」

「不，不是。問題不在這裡。問題是他看見了火，卻不相信自己看到的東西，商店裡的火，所以他寧願相信自己的腦子而不是親眼所見。」

「後來怎麼了？」

「他才剛走，第三個人就進來了，一看見火就大叫起來：『火！』，但那個時候整間店都燒起來了，不可能看不見了。奇怪吧，嗯？」

「是滿奇怪的。」我說。

我們走到了橋頭，橋的另一端是王宮所在的島，我們在摩肩接踵的遊客中間穿行，還有或站立、或正在釣魚的移民。接下來的幾天裡，我不時想到她和我講的那個故事，它漸漸脫離了琳達，變成了一個獨立的現象。我不瞭解她，對她幾乎一無所知，而且她是瑞典人，我沒辦法從她講話的方式，或是她穿的衣服上獲取任何意義。她的詩集，自畢斯科普斯-阿恩那一次後我就沒再讀過，也只是在給英格威看她的照片時才拿出來過一次，但書裡有一幅圖像仍然印在腦袋裡，畫面中，第一人稱敘事者像個小黑猩猩似的纏在一個男人身上，並且從鏡子裡看著這一切。為什麼是這一幅畫對我留下了印象呢，我不知道。

到家以後，我又拿出了這本詩集。鯨魚、陸地和龐大的動物們在一個敏銳而又脆弱的敘事者周圍發出雷鳴般的巨響。

那是她嗎？

幾天後我們去了劇院。琳達、蓋爾和我。第一幕很糟糕，實在讓人難受，幕間休息時，我們上了俯瞰港口的陽臺，坐到桌邊，蓋爾和琳達聊起了演出有多糟糕和為什麼如此糟糕。我的看法倒更積極一些，儘管這一幕小而侷促，使劇本和它所要描述的東西，但也造就了一種期待感，彷彿有別的什麼東西就要呼之欲出。也許不是在戲裡，也許更多是存在於柏格曼和易卜生的結合，讓人感覺到最後一定會創造出什麼。要不然就是劇院富麗堂皇的觀眾席愚弄了我，讓我相信必有別的東西。確實有。一切都得到了提升，不斷高漲，緊張感增強了，在緊密設置的框架內，最後只有母子兩人，一種廣闊感，一種近似野蠻和不計後果的感覺油然而生，情節和空間因此都消失不見，留下的只有感情，赤裸的感情，讓你直視人的存在本質，生命的核心，最後你會身處一個地方，那裡不再需要在意現實中發生了什麼事情。一切冠以美學和品味的東西都被清除了。那不是一輪巨大的紅日映照在舞臺後方嗎？那不是歐士華赤裸著身體滾過舞臺嗎？我不再確信我看到的，細節在喚醒它們的舞臺上消失了，那是一種絕對的存在，火一般的熱和冰一般的冷同時出現。不過，如果你執意讓自己無動於衷，那麼所發生的一切便不免有誇大之嫌，甚至可能是平庸或媚俗的。第一幕堪稱絕妙，一切都在這裡埋下了伏筆，只有畢生用於創造、作品數目巨大、累積五十年以上功力的人，才能有如此的技巧、沉著、勇氣、直覺，以及對這種風格的深入理解。僅有靈感無法創做出這樣的作品，不可能。我看過或讀過的東西當中，幾乎沒有一個是以這種方式觸及，甚至接近本質的。我們跟隨人流往外走到休息廳時，出門上街時，誰都沒有講話，但是透過他們茫然的表情，我能看出他們也沉醉其中，流連於那個糟糕卻真實，因而也是美麗的地方，這是柏格曼在易卜生那裡見到的，然後又將它成功再現。我們決定去藝吧[83]喝杯啤酒，去那裡的路上，傻乎乎的狀態漸漸消退了，一種熱烈、歡快的情緒取而代之。本來，有如此迷人的女人在身邊，我通常都會感到窘迫，三年前的那些事讓情況更為複雜，但此時窘迫感一下子消失了。她談起有一回參加柏格曼的彩排時，不小心碰到了燈架，惹得他發了脾氣。我們討論了《群鬼》和《培爾．金特》的不同，兩劇大相徑庭，一部只重表面，另一部只重內裡，但同樣真切。她模仿了一番馬克斯．馮．敘多和死神的對話，還和蓋爾談起了柏格曼的影片，蓋爾自己去電影館看過全部展映，每次都去，因此看過那些值得看的經典老片，而我坐在那裡聽著，為一切而開心。開心於看了這個劇，開心於搬到了斯德哥爾摩，開心於有琳達和蓋爾做伴。

等我們分別，我步行上坡，回我在馬利亞山上租來的房間時，我認識到了兩件事。

一是我希望盡可能快地再和她見面。

二是，那就是我必須抵達的地方，當晚劇裡所透露出的一切本質。別的都不夠好，別的地方我都不去。那就是我非抵達不可之處，直抵本質，直抵人類存在的核心。如果這要花四十年，那好，就花四十年好了。但我千萬不能忽略，不能夠忘記，那才是我要去的地方。

在那裡，在那裡，在那裡。

兩天後，琳達打來電話，邀請我參加她和兩個朋友準備舉辦的沃普爾吉斯之夜。我可以帶上我的好友蓋爾。我也這麼做了，二〇〇二年五月的一個星期五，我們步行穿過索德馬爾姆，前往舉行派對的公寓，沒過多久，我們就坐進了一張沙發，每人手裡端著一杯零食，周圍是一幫年輕的斯德哥爾摩人，個個都跟文化生活有某種聯繫：爵士樂手，戲劇人，文學批評家，作家，演員。琳達、米凱拉和厄勒高是派對的主辦人，在斯德哥爾摩城市劇院工作期間結識。此時正值皇家劇院和西克馬戲團連袂演出《羅密歐與茱麗葉》，因而除了演員，還有滿屋子的雜耍藝人、吞火師傅和空中飛人。要一言不發地混過整晚是不可能的，就算我想這樣也不行，所以我拖著自己，從一群人走向另一群人，交換幾句客套話，在幾杯琴酒和汽水下肚之後，還能在必要的話之外再添上一兩個句子。我特別想跟搞戲劇的人說話。觀戲所得到的從來沒有過的感覺，讓我在這個夜晚對戲劇的熱情空前高漲。我跟兩個演員站在一塊，說柏格曼多麼精采絕倫。他們卻嗤之以鼻：「那傻老頭！太他媽傳統了，看了就想吐[84]。」

我怎麼能做這樣的蠢事？他們肯定恨死了柏格曼。首先，他們從生下來到現在，甚至他們父母從生下來到現在，他一直都是大師。其次，他們想要那個又新又大、馬戲團一樣的莎士比亞，那人人都該一睹為快的大戲，有火把和高高的吊架，有高蹺和小丑，多麼賞心悅目。他們已經盡已所能地遠離了柏格曼，如今卻有一個胖胖的、明顯沮喪的挪威人站在那裡，把柏格曼當成新鮮事物一番誇獎。

與此同時，我注意到琳達和蓋爾**仍然**坐在沙發上聊天，兩人臉上都掛著興奮的笑容，此情此景就像一把小刀紮在我心口，難不成她又要愛上我的朋友？我走開了，碰到幾個爵士樂迷，問我對挪威爵士樂有沒有瞭解，我模棱兩可地點點頭，他們的意思想必是要幾個名字。挪威爵士樂手？除了揚．加巴萊克還有別人嗎？幸虧我明白過來，他們並不完全是這個意思，於是我想起了托爾．倫伯格，艾斯彭曾經談到過他，《流浪者》有一次辦了聚會，我朗讀，也請了他來演奏。他們點頭稱是，他不錯，我如釋重負，走到一邊，找了把椅子坐下。後來有個黑髮女人，長著闊臉、大嘴和一雙咄咄逼人的褐色眼睛，穿一條花裙子，走過來問我是不是那個挪威來的作家。我說是。我怎麼看揚．謝爾斯塔、約翰．艾瑞克．賴利

83 藝吧（KB）是藝術家酒吧（Konstnärsbaren）的簡稱，位於斯德哥爾摩的藝術家之家。

84 原文是瑞典語。

和奧勒・羅伯特・松德[85]？

我談了自己的看法。

「你真那樣認為嗎？」她問。

「是的。」我說。

「待在這裡先別動。」她說，「我這就去叫我丈夫。他也做文學，對賴利非常感興趣。在這裡等等。我這就回來。」

我看著她擠過人堆，走向廚房。她說她叫什麼來著？希爾達？不對。維爾達？真該死，不對。伊爾達。真不該記不住。

很快她穿過人堆回來了，這次拽著個男人。噢，我只消一眼就明白他屬於哪種類型。隔著老遠就能看到他臉上寫滿了大學二字。

「現在你可以把說過的再說一遍！」伊爾達說。

我照辦了。可她用在她丈夫和我身上的這番熱情等於白忙活一場，沒過多久談話便冷場了，於是我起身告退，到廚房去找些吃的，那裡排隊的人已經少下來了。蓋爾站在窗邊，在和什麼人談話，琳達則加入了書架前的另一小群人。我在沙發上坐下，咬起雞腿，恰好和一個黑髮女人四目相交，她想必把這當成了一個邀請，因為一眨眼的工夫，她便站到了我的面前。

「你是誰？」她問。

我抬頭看著她，吞下雞肉，把雞腿放到紙盤子上，試圖在又軟又低的沙發上坐直，沒有成功，我感覺自己就要歪一邊去了。還有我的腮幫子，上面一定閃著雞肉的油光。

「卡爾・奧韋。」我說，「我是挪威人。我剛過來。幾個星期之前。你呢？」

「梅琳達。」
「你做什麼的？」
「我是演員。」
「噢，當然！」我說，聲音裡還帶著殘留的柏格曼的歡欣。「這麼說《羅密歐與茱麗葉》裡也有你？」
她點點頭。
「你演誰？」
「茱麗葉。」
「噢！」
「那就是羅密歐。」她說。
一個漂亮、健壯的男人走到她身邊。他吻她的兩頰，然後看著我。
該死的破沙發。這麼坐著感覺活像個侏儒。
我點點頭，又笑了笑。他也點頭回禮。
「你吃過東西了嗎？」他問。
「沒有。」她說，他們便走開了。我重新把雞腿舉到嘴邊。除了喝酒已無事可做。
那天晚上我離開之前做的最後一件事，就是翻了一本醫馬的書籍。與往常不同，酒精沒能讓我情緒高漲，進入那種一切美好、什麼都阻止不了我的狀態，反而使我精神跌入谷底，又沒有任何東西能幫我

85 揚・謝爾斯塔（Jan Kjærstad, 1953—），挪威作家；約翰・艾瑞克・賴利（John Erik Riley, 1970—），美國出生的挪威作家；奧勒・羅伯特・松德（Ole Robert Sunde, 1952—），挪威詩人和小說家。

擺脫困境。所有東西都變得更模糊，更不清晰了。至少我還帶著一點意識回家，沒有一直坐到大家都離去，乾等著某些特殊的事情自動發生，對此我真要謝天謝地。我覺得我跟琳達肯定沒戲了，整個晚上我們幾乎一句話都沒說，大部分時間我都窩在那把椅子上，我不禁要把它當成「我的」椅子了，我只說過寥寥數語，一張明信片就能寫下，也不會讓世上任何女人覺得有趣。但第二天晚上，我還是打了電話給她，出於禮貌也得向她道謝。當我站著，把手機貼在耳邊，看著斯德哥爾摩在我下方向外鋪展，沐浴著落日寬廣的紅色餘暉，此時，一個意義重大的時刻即將到來。我說了嗨，道了謝，又說那是個很好的派對，她也謝了我，說她也認為派對不錯，又說她希望我玩得開心。我說是滿開心的。接著是一陣沉默。她什麼都沒說，我什麼都沒說。我該不該結束交談？這是我自然的衝動，我已經學會了在這種場合下多說不如少說，這樣才不至於說出蠢話。或者我應該繼續下去？幾秒鐘過去了。如果我說，嗯，嗯，我只想謝謝你，然後掛掉電話，那也許就這樣了。前一天晚上我搞得一團糟。可是管他呢，再糟又能怎樣？

「你在做什麼？」經過這一陣以任何標準來說都堪稱漫長的沉默之後，我問道。

「看電視，冰上曲棍球。」她說。

「曲棍球？」我說。我們又聊了一會。我們決定再次見面。

我們見了面，但什麼都沒發生，並不激動，或者更準確地說，我們太激動了，以至於動彈不得，我們卡在某處，我們想和對方說千言萬語，卻又無法開口。

只是些禮貌的話。剛一開頭，便拐到別的地方去了，她平日的生活，她母親在斯德哥爾摩，還有個哥哥，各種朋友。除了在佛羅倫斯住過半年之外，她長這麼大一直待在斯德哥爾摩。我在哪待過？

阿倫達爾，克里斯蒂安桑，卑爾根，冰島半年，諾里奇四個月。

我有兄弟姊妹嗎？

一個哥哥，一個同父異母的妹妹。

你結婚了對嗎？

對，從某種意義上來說，我仍然是已婚的。

噢。

四月中旬，有一天剛到晚上，她打來電話。我想不想見她？當然，我跟蓋爾和克莉絲蒂娜在外頭，我說，我們在金猴，你能過來找我們嗎？

半個小時後她到了。

她喜氣洋洋。

「今天戲劇學院錄取我了。」她說，「我好高興，真是太棒了。後來我突然想見見你。」她看著我說。

我看著她笑了。

我們整晚在外面玩，喝醉了，一起走回我住的地方，我在大門外抱了她一下，便進了公寓。

第二天蓋爾打來電話。

「她愛上你了，夥計。」他說，「誰都能看出來。我們走的時候克莉絲蒂娜說的頭一句話就是這個。她簡直把這寫在臉上了。真不可思議，愛上卡爾．奧韋了。」

「我可不這麼覺得。」我說，「她高興是因為她進了戲劇學院。」

「如果只是為了這件事，那她為什麼打電話給你？」

「我怎麼知道？你幹嘛不打電話問她？」

「好啊。」

琳達和我去看了電影。不知道哪根筋不對，我們看了新拍的《星際大戰》，這是給小孩看的，理解這點之後，我們就去了歌劇院，沒怎麼說話便坐下了。

我離家時是沮喪的，我煩得要死，所有一切都憋在心裡，跟誰也說不了最簡單的事。

都結束了。我自己過得很好。斯德哥爾摩對於我仍然新鮮，而春天已經來到，每隔一天，十二點的時候，我就換上慢跑鞋，繞索德馬爾姆一圈，十公里，或是每隔一天，我去游泳，游個一公里。我已經減掉了十公斤，而且又開始寫作了。我五點起床，到屋頂平臺上抽根菸，喝兩杯咖啡，從這裡可以看到整個斯德哥爾摩，之後我一直工作到十二點，跑步或游泳，之後進城，不跟蓋爾見面的話，便找個咖啡廳坐下讀書，或者只是信步街頭。八點半的光景，當太陽正在下山，將床對面的牆染得一片血紅時，我便躺下讀書了。我開始看卡爾-亨寧．維克馬克的《卡琳莊園的獵人》[86]，蓋爾推薦的，我在落日的輝光中讀書，突然，毫無來由地，一種狂野的、眩暈的幸福感一下子湧過我全身上下。我是自由的，完全自由的，生命何其精采。我偶爾會有這種感覺，大概半年一次，它是強烈的，能持續幾分鐘，隨後便消退了。奇怪的是，這一次它沒有消退。我醒來時也是快樂的。從我小時候起這種事就再也沒發生過。我坐在屋頂平臺上，在蒼白的日光裡喜不自勝，我寫作時也不管寫得好還是不好了，世界上還有別的事，比寫小說更美好的事，跑步的時候，我的身體輕如羽毛，通常專注於呼吸節奏的大腦，如今竟然也左顧右盼，欣賞起周圍這濃豔、繁茂的綠意，一條條運河裡的綠水，各處的人流，漂亮的和不太漂亮的建築。回到家，我沖了個澡，喝些湯，吃點酥皮麵包，便到公園裡去，接著讀維克馬克的處女作。小說寫的是一位挪威馬拉松運動員在一九三六年柏林奧運會期間潛入了戈林的狩獵莊園。之後我一個個打給艾斯彭、托爾、艾瑞克、媽媽、英格威或托妮耶，那時我還沒跟托妮耶分手，但也沒什麼好說的，我早早上床，午夜起來吃李子或蘋果，這我自己都不知道，醒來後才發現床邊地上有吃剩的水果。五月初，我去了畢斯科普斯－阿恩，半年前我答應去那裡講一次課。我到斯德哥爾摩時打給萊姆哈根，說我去不成了，我沒什麼可說的，他說我隨時都可以過去，聽聽別人怎麼談，或許可以參加討論，如果我寫了新作，晚上也可以辦一兩次朗讀會。

他在主樓外和我見了面，毫不遲疑地告訴我，他從未經歷過我在新秀研討會上發生的那種事，甚至跟那一次稍微有點接近的都沒有。我理解他的意思，當時的氣氛太特殊了，不只對我來說。

課講得很無聊，討論也很沉悶，不然便只是因為我太高興，心思不在上面。只有兩個上年紀的冰島男作家說的話有些獨到的見解，因此他們也必須面對最強烈的爭論。到了晚上我們喝酒，亨里克．霍夫蘭[87]也在，用野外生活的小故事博大家一笑，其中一個說的是，你拉的屎經過多少天之後，氣味會變得非常強烈而獨特，人可以在黑暗中嗅出彼此的蹤跡，就像動物一樣，這話沒人相信，但大家都樂不可支，我複述了一個從阿里爾．賴因[88]的書裡看來的精采場景，主人公拉了好大的一坨屎，沖不掉，所以他只好把屎裝進上衣口袋，就那樣穿著它到了外面。

隔天，兩個丹麥人到了，耶珀和拉爾斯；耶珀的課講得不錯，兩人都是非常好的酒友。他們跟我一

86 卡爾－亨寧．維克馬克（Carl-Henning Wijkmark, 1934），瑞典小說家，《卡琳莊園的獵人》（*Jägarna på Karinhall*）是他一九七二年出版的處女作。

87 亨里克．霍夫蘭（Henrik Hovland, 1965—），挪威作家。

88 阿里爾．賴因（Arild Rein, 1960—），挪威作家。

起回到斯德哥爾摩，我們去喝酒，我發了簡訊給琳達，她和我們在磨坊見面，到的時候擁抱了我，我們有說有笑，但我的情緒突然一落千丈，因為耶珀魅力超凡，不僅聰明過人，而且體格強健，散發出雄性的氣息，琳達對此並非無動於衷，我感覺到了。也許正是因為這一點，我和她展開了討論。話題成千上萬，可我偏偏挑了墮胎。她好像沒把這事放在心上，但後來就回家了，我們繼續喝酒，最後去了夜總會，但對方卻不准耶珀入場，想必跟他手裡提的塑膠袋、他滿面的倦容和他醉醺醺的樣子有關。於是我們回了我的住處，拉爾斯睡著了，耶珀和我坐著，太陽出來了，他跟我講起了他的父親，一個全方位的好人，說到父親死了的時候，淚水滑下他的臉頰。這一幕必將在我記憶裡長存，大概因為這份信任來得毫無徵兆。只記得他腦袋靠在牆上，為早晨第一縷柔和的光照亮，淚水滑下他的臉頰。

接下來的一天，我們在一家咖啡廳吃了早餐，他們動身去阿蘭達機場，我回家睡覺，窗子沒關，下了雨，電腦沒做任何備份，浸了水。

次日我再開機，它運行良好。問題通通不見了。蓋爾打來電話，這一天是五月十七日[89]，他問要不要出去吃一頓？他、克莉絲蒂娜、琳達和我？我跟他講了我們的討論，他說，你永遠不該和女人討論的話題少之又少，流產就是其中之一。真是的，卡爾．奧韋，她們差不多全在某個時候流過產的。你怎麼能這麼沒有分寸呢？但是打個電話給她吧，也許沒什麼太大的關係。也許她根本沒往心裡去。

「我沒辦法打電話給她。」

「最壞又能怎麼樣？如果她生你的氣，她會只說個不。如果她沒有，她會說好她願意來。到時候你就明白了。你不能只因為你**懷疑**她不想理你就不見她。」

我打了電話。

可以，她願意來。

我們去了克勒珀里，話題主要是挪威和瑞典的關係，這是蓋爾的強項。琳達不停地看我，她好像沒有受到冒犯，但我沒法確定，直到只有我們兩個人，我能向她道歉的時候。好了，用不著道歉，她說，你有你自己的看法。沒什麼大不了的。那耶珀呢？我這樣想，但自然什麼都沒說。

我們去了歌劇院。這是琳達喜歡的地方。每天晚上打烊前他們都要放俄國國歌，她喜歡俄國的一切，尤其是契訶夫。

「你讀過契訶夫嗎？」她問。

「沒有。」我說。

「沒有？你**必須**讀。」

熱情勁一上來，她的嘴唇會先分開，撅起來，然後話才出口，我坐著看她說話。她嘴唇好美。還有她的眼睛，灰綠色的，閃閃發亮，它們是那樣漂亮，多看一眼都會受傷。

「我最喜歡的電影也是俄國片，《毒太陽》。你看過嗎？」

「恐怕沒有，沒有。」

「那明天我們一定得看。裡面有個很棒的小女孩。她是青少隊的，青少隊為小孩舉辦很棒的政治運動。」

她哈哈大笑。

「好像我要給你看的東西還滿多的。」她說，「對了，磨坊有一場讀書會，再過……再過五天。我要去朗讀。你想去嗎？」

89 五月十七日（17. mai）是挪威的憲法日，即國慶日。

「當然。你要讀什麼？」

「斯蒂格．塞特巴肯。」

「為什麼？」

「我把他譯成了瑞典語。」

「真的？你怎麼沒告訴我？」

「你又沒問。」她微笑著說道，「他也要來。我有點緊張。我的挪威語沒我以為的那麼好。但不管怎麼說他已經看過書了，對語言沒評論。你喜歡他嗎？」

「非常喜歡《暹羅人》。」

「我譯的就是這一本。跟伊爾達一起。你還記得她嗎？」

我點點頭。

「但在之前我們也可以見面。你明天忙不忙？」

「不忙。明天可以。」

音響裡傳出了俄國國歌的第一段旋律。琳達起身，穿上外套，看著我。

「那就在這裡？八點？」

「好。」我說。

我們在外面站住。去她家最短的路線是走胡恩街，而回我家方向正好相反。

「我送你回家，」她說，「可以嗎？」

「當然。」我說。

我們在沉默中走了一會兒。

「很奇怪，」走到通往馬利亞山的一個交叉路口時，我說，「和你在一起我很快樂，但我什麼也說不出來。就像你把我變成了啞巴。」

「我注意到了。」她說著飛快地看了我一眼，「這沒關係。至少我覺得沒關係。」

那倒是。我想。碰到一個啞巴似的男人，你還能怎麼辦？

再次出現了沉默。兩邊的磚房放大了我們踏在人行道上的腳步聲。

「一個美好的夜晚。」她說。

「有點奇怪。」我說，「今天是國慶日，一個顯然刻在我骨子裡的日子，我老覺得缺了什麼東西。怎麼沒人慶祝呢？」

她輕輕撫摩著我的上臂。

是在告訴我，就算我說蠢話也不要緊嗎？

我們走到公寓樓下，停在街邊。我們看著對方。我上前一步，抱了抱她。

「明天見。」我說。

「好，」她說，「晚安。」

我走進大門，但很快又退出來。我想多看她一眼。

她正在一個人往山下走。

我愛上她了。

但我為何如此心痛？

第二天我照常寫作，照常跑步，照常坐在戶外看書，這一次我去了園中拉塞咖啡廳，對面就是朗霍爾曼島。但我無法專注，無法停止去想琳達。我盼著見她，此外再無他念，但這些思緒之上籠罩著一片陰雲，與我那天種種別的想法相去甚遠。

為什麼？

因為那一次發生的事情？

當然。但我不知道是什麼，它只是我的一種感覺，我抓不準，沒法把它變成一種清晰的想法。

當天傍晚的交談和以前一樣難以進展，而這一次也把她拖下水了，前一天的熱情和快樂幾乎消失不見。

過了一個小時，我們起身離去。在街上她問我，想不想陪她回家，一起喝杯茶。

「當然好。」我說。

我們上樓梯時，我突然想起了波蘭雙胞胎姊妹的插曲。這是個好故事，但我不能講。會因此而暴露我對她有太多複雜的感覺。

「這就是我住的地方。」她說，「找椅子坐吧，我來泡茶。」

這是個只有一間房的公寓，一頭是床，另一頭是餐桌。我脫了鞋子，但仍然穿著外套，直接坐到椅子上。

她在廚房裡忙。

接著，她把一杯茶放到我面前，然後說道：

「我想我有點喜歡上了你了，卡爾．奧韋。」

喜歡？只是喜歡？她是在跟我說話嗎？

「我也很喜歡你。」我說。

「是嗎？」她問。

短暫的沉默。

「你覺得我們能不僅僅是朋友嗎？」過了一會兒，她又問道。

「我想繼續當朋友。」我說。

她看看我。然後她低下頭，好像剛發現自己的杯子一樣，端起它，放到唇邊。

我站起身。

「你有認識哪個女生跟你只是朋友的嗎？」她問，「真的只當朋友的？」

我搖搖頭。

「硬要說也是有。上高中時有過。但那是很久以前了。」

她再次看著我。

「我想我該走了。」我說，「謝謝你的茶。」

她站起身，陪我走到門口。我進了走廊才轉身，這樣她就抱不到我了。

「再見了。」我說。

「再見。」她說。

隔天上午我去了園中拉塞。我把一個筆記本放到桌上，便開始寫信給她。我寫了她對我意味著什麼。我寫了第一次見到她時她對我意味著什麼，現在又意味著什麼。我寫了她興奮時雙唇滑過牙齦的模樣，我寫了她的眼睛，寫眸子裡閃爍的光芒，那深邃的黑一經打開，彷彿就要吸盡陽光。我寫她走路的樣子，寫她屁股小幅的、時裝模特般的擺盪。我寫她小小的、日本人一樣的相貌。我寫她的笑聲，有時可以洗滌一切，我那時多麼愛她。我寫她最常用的字眼，我多麼愛她說的「星星」，還有她清脆地說出「真棒」的樣子。我寫了所有這一切都是我看見的，又寫我對她一無所知，對她心裡在想什麼一無所知，對她怎麼看待這個世界和世界上的人也所知甚少，但我能看見的已經足夠了，我知道我愛她，也將永遠愛她。

「卡爾．奧韋？」有人叫我。我抬起頭。

她站在面前。

我把筆記本倒扣過來。

這怎麼可能？

「嗨，琳達。」我說，「昨天謝謝了！」

「不用謝。我跟一個女伴來的。你還是想一個人坐？」

「是的，希望你不要介意。你知道，我正在工作。」

「當然，我理解。」

我們看看對方。我點了點頭。

一個和她年紀相當的女人端著兩個杯子走出來。琳達轉向她，她們走到另一頭坐下。

我寫道，她剛剛在那邊坐下。

只要我能克服這個距離，我寫道，我願意為此放棄世間的一切。但我不能。我愛你，也許你認為你愛我，但你不愛。我相信你喜歡我，我可以肯定，但我對你並不足夠，你心底知道這一點。也許你現在需要某個人，正好我來了，所以你覺得，可能就是這一位吧。但我不想做某個可能的人，我覺得這還不夠，要嘛得到全部，要嘛一無所有，必須如此，你必須燃燒起來，就像我燃燒一樣。你必須想要，就像我想要一樣。你理解嗎？啊，我知道你理解。我已經看到你可以變得多麼堅強，我已經看到你可以變得多麼脆弱，我也看到你對世界敞開了心扉。我愛你，但這不夠。做朋友毫無意義。我甚至無法與你交談！那還算哪門子朋友？希望你別見怪。我只想實話實說。我愛你，這就是實話。我也將一直愛你，無論我們結果怎樣。

我簽好了名，站起身，看了她們一眼，只有她朋友坐在一個能看見我的位置，而她不知道我是誰，於是我悄無聲息地逃走了，匆匆回家，把信裝進信封，換上運動服，沿著平時的路線，繞著索德馬爾姆跑步。

此後幾天，我就像開足了馬力。我跑步，我游泳，我什麼都做，想讓心裡苦樂參半的煩亂恢復正常，但我失敗了，我的心還在顫抖，這一次的意亂情迷絕無平復的跡象，我在城裡四處遊走不停，跑步，游泳，吃不下飯，睡不著覺，我已經說了不，都結束了，但它不肯了斷。

讀書會在一個星期六舉行，到這天我決定不去了。我打電話給蓋爾，看他想不想在城裡見我，他說好，四點鐘在藝吧，我們同意了，我跑到艾瑞克斯達爾游泳池，游了一個多小時，在露天的池子裡來來回回，感覺很棒，空氣冷冽，池水溫暖，灰色的天空下著細雨，周圍一個人影也沒有。我來來回回，游啊游啊。等我出來時，已經筋疲力盡，全身發熱。我換好衣服，站在外面抽了會兒菸，才背上背包，到市中心去。

我到的時候，蓋爾還沒來。我找了一張靠窗的桌子坐下，點了啤酒。又過了幾分鐘，他才出現在我面前，伸出了手。

「有什麼新鮮事嗎？」他一邊坐下，一邊問道。

「也有，也沒有。」說完，我把最近幾天發生的事告訴了他。

「你總要這麼戲劇化。」他說，「你就不能克制一點嗎？不必要嘛得到全部，要嘛一無所有吧。」

「是不必。」我說，「但這件事非這樣不可。」

「那封信你寄了嗎？」

「沒。還沒。」

就在這個時候我收到了一條簡訊。是琳達發來的。

讀書會上沒見你。你來了嗎？

我馬上回覆。

「你待會再處理行不行？」蓋爾說。

「不行。」我說。

去不了。順利嗎？

我發完簡訊，便朝蓋爾舉起酒杯。

「乾杯。」我說。

「乾杯。」他說。

又來了一條簡訊。

想你。你現在在哪裡？

想我？

我的心在胸腔裡怦怦亂跳。我輸入另一則回覆。

「給我放下。」蓋爾說，「不放下我就走。」

「快好了。」我說，「等等。」

我也想你。我在藝吧。

「是琳達，對不對？」蓋爾問。

「對。」

「你已經沒救了。」他說，「你知道嗎？我在門口看見你的時候差點轉身就走。」

新簡訊。

你來我這吧，卡爾．奧韋。歌劇院。等你。

我站起身。

「對不起，蓋爾，但我得走了。」

「現在？」

「是的。」

「得了吧，兄弟。她能等半個小時吧？我坐上地鐵大老遠地跑過來，不是為了坐在這裡一個人喝悶酒的。要喝我可以回家喝。」

「對不起。」我說，「我再打給你。」

我跑到街上，攔下一輛計程車，恨不得對著紅綠燈尖叫，不過車很快就到歌劇院門前了，我付完錢就進了門。

她在一樓坐著。我一看見她就知道沒什麼要緊的事。

她笑了。

「你來得真快！」她說。

「我感覺你有急事。」

「沒有沒有，一點也不急。」

我抱了抱她，坐下了。

「你想喝點什麼嗎？」我問。

「我不知道。紅酒？」

「沒問題。」

我們要了一瓶紅酒，東拉西扯，沒有實質上的意義，只是我們兩人在交談，每當我們目光相遇，我全身都像被電流通過，然後便是重重的一下，那是我的心在遭受電擊。

「眩暈那間酒吧現在有個派對。」她說，「你想去嗎？」

「好啊，挺好的。」

「斯蒂格．塞特巴肯在那裡。」

「那大概就沒那麼好了。我狠狠批過他一次。後來我看到他一篇採訪，他說他把所有罵他的評論都留著呢。我寫的那篇一定是最不中聽的。《晨報》一個整版。後來他在和人打筆仗時跟我和托爾對上了，把我們叫作法爾巴肯和法爾巴肯[90]。但我猜你可能不清楚其中的典故。」

她搖搖頭。

「要不去別的地方？」

「不，不，天啊。我們就去那個派對吧。」

我們離開歌劇院時，天色已經漸黑。盤踞了一整天的雲層愈來愈厚了。

我們搭計程車前往。眩暈酒吧位於一處地下室，裡面擁擠不堪，空氣燥熱，煙霧濃稠，我轉向琳達說，也許我們不需要待得太久。

「那不是克瑙斯高嗎？」一個聲音問道。我轉過身。原來是塞特巴肯。他面帶微笑，扭頭對別人說：「克瑙斯高跟我是死對頭。」他說，接著抬頭看著我，問道，「對不對？」

「我可不是。」我說。

「別這麼膽小。」他說，「但你說得不錯，我們的事已經過去了。我正在寫一個新長篇，我在試著步上你的後塵。照你的路子寫寫看。」

哇！我心裡想。真讓我受寵若驚。

「真的嗎？」我說，「聽起來滿有意思。」

「是，是很有意思。等著瞧吧！」

「我們再聊。」我說。

「當然。」

我們去了吧台，要了琴酒和汽水，找到兩把空椅子坐下。琳達在這裡認識很多人，不停地起身，過去跟他們交談，再回到我身邊。我愈來愈醉，可是在歌劇院看見琳達時那種輕鬆愜意的心情還在。我們看著對方。我們是一對。她手搭在我肩上。我們是一對。她在和人交談的中途迎接我橫貫廳堂的目光，再莞爾一笑。我們是一對。

我們在那裡待了幾個鐘頭，然後進到大廳裡頭的一個小房間，在兩把扶手椅上坐下，塞特巴肯進來，

90 參見塞特巴肯一九九九年八月十六日在挪威《日報》（*Dagbladet*）所刊評論《與法爾巴肯同床》（*Til sengs med Faldbakken*）。文中將克瑙斯高和托雷．倫貝格稱為自感地位受到威脅的「九〇年代的法爾巴肯和法爾巴肯」，指涉作品暢銷一時的前輩小說家克努特．法爾巴肯（Knut Faldbakken, 1941-）。在塞特巴肯眼裡，他們都是極為平庸的作家。

問他能不能幫我們做個腳底按摩。他聲稱自己擅於此道。我說不，我就算了。琳達脫了鞋，把兩隻腳放到他腿上。他開始又按又摸，同時盯著她的眼睛。

「我很在行，對不對？」他問。

「對，好棒。」琳達說。

「現在該你了，克瑙斯高。」

「我就算了。」

「別當膽小鬼。快點，把鞋脫掉。」

我還是照他說的做了，脫掉鞋，兩隻腳丫子擱到他腿上。腳底的感覺確實挺好，可這是斯蒂格‧塞特巴肯坐在這裡按壓著我的腳啊，他臉上還掛著恒久不去的微笑，除了邪惡兩字，很難再找到合適的解釋，說好聽的，這場面因而添加了一種讓人又愛又恨的矛盾感覺。

他結束以後，我問起他最近以邪惡為主題的一本隨筆集，又到周圍晃晃，一杯接一杯地喝酒，又瞅一眼琳達，她正靠著牆，和我在沃普爾吉斯之夜見過的那個女孩在一起。她叫希爾達還是維爾達來著？該死。不。是伊爾達。

琳達真美。

而且活力四射。

她真有可能是我的嗎？

我剛產生這種念頭，她的目光便迎來。

她朝我微笑，招手。

我走過去。

時機已經成熟。

要嘛現在，要嘛永遠也不。

我吞了口口水，一隻手放到她肩頭。

「這是伊爾達。」她說。

「我們以前見過。」伊爾達帶著微笑說。

「過來一下。」我說。

她狐疑地看了我一眼。

她黑色的眼珠。

「現在？」琳達問。

我沒有回答，只是抓過她的手。

我們一言不發地穿過房間，打開門，站到臺階上。

大雨滂沱。

「我以前也曾拉你出來說話，」我說，「那次結果不怎麼好。這一次大概也會很糟。如果是這樣，那就順其自然好了。但是我有話要說。關於你。」

「關於我？」她問。她站在我面前，仰起臉看著我，她的頭髮溼了，她的臉落上了雨滴，閃閃發亮。

「是的。」我說。

我開始告訴她，她對我意味著什麼。我把寫在那封信裡的話通通說給她聽了。我描述了她的雙唇，她的眼睛，她走路的樣子，她用的字眼，我說我愛她，哪怕我還不瞭解她。我說我想和她在一起。我只想和她在一起。

她踮起腳尖，伸長脖子，把臉湊近我，我低下頭吻她。

然後一切歸於黑暗。

我醒過來時，兩個男人正抓著我的腳在柏油路面上拖行，一直拖進一道大門。其中一個拿著手機在講話，他說，可能是吸毒的，還不知道。他們停下了，俯身看著我。

「你醒了？」

「對。」我說，「我在哪裡？」

「酒吧外面。你吸毒了嗎？」

「沒。」

「你叫什麼？」

「卡爾・奧韋・克瑙斯高。我想我只是暈過去了。沒事了。我完全沒事了。」

我看見琳達朝我走過來。

「他醒了？」她問。

「嗨，琳達，」我說，「出什麼事了。」

「你們不用來了。」男人對電話裡說，「這裡沒事了。他剛醒，看來不會有什麼問題。」

「我想你是暈過去了。」琳達說，「你突然暈倒。」

「噢，見鬼。」我說，「真抱歉。」

「這沒什麼好抱歉的。」她說，「你那番話。從沒有人對我說過那麼好的話。」

「你沒事了吧？」其中一個男人問我。

我點點頭，他們走了。

「就是你親我的時候，」我說，「我感覺好像有什麼黑色的東西從內部一鼓湧上。然後我醒過來就在這裡了。」

我站起身，踉蹌走了幾步。

「最好還是回家吧。」我說，「你若想留下就留下。」

她大笑起來。

「回我家吧。我來照顧你。」

「你照顧我，聽起來真不錯。」我說。

她笑了笑，從口袋裡掏出手機。她的頭髮黏在前額上。我看了看自己的衣服。雨水弄溼了我的褲子。我往後收攏頭髮。

「滿奇怪的，我酒勁過去了。」我說，「可我餓得發慌。」

「你上一頓飯什麼時候？」

「我想是昨天吧。昨天早上。」

剛好此時她打通了電話給計程車，她難以置信地瞪了我一眼，報了地址，十分鐘之後，我們已經坐在一輛計程車裡，一路穿過夜幕和雨。

我剛醒來時，不知道自己身在何處。接著我看見了琳達，才想起一切。我貼緊她，她睜開眼，我們又一次做愛，那感覺真實在，真好，我全身心地感覺到這是她與我，於是我告訴了她。

「我們得一起生些孩子。」我說，「不然就算是違反自然的罪。」

她哈哈大笑。

「這是命中註定的。」我說，「我絕對可以保證。我從沒有過這種感覺。」

她不笑了，她看著我。

「你當真嗎？」她問我。

「是的，我當真。」我答道，「如果你沒有同樣的感覺，那就另當別論。但你有，對不對？這一點我也能感覺出來。」

「這是真的嗎？」她說，「你躺在我床上？還說你想跟我生孩子？」

「是的，你有同樣的感覺，對不對？」

她點點頭。

「但我永遠不會這樣說。」

人生中頭一次，我感到了完全的快樂。人生中頭一次，沒有任何東西能遮蔽我感受到的快樂。我們時時刻刻在一起，隨時隨地突然把手伸向對方，在紅綠燈下，在餐廳飯桌的兩端，在公車上，在公園裡，除了彼此，我們再無別的需求或欲望。我感到了徹底的自由，只有和她一起時才會如此，一旦我們分開，我就開始充滿渴望。很奇怪，這種力量如此奇怪，但也挺好。蓋爾和克莉絲蒂娜說我們變得無法相處，我們眼裡只有對方，這倒是真的，在我們建起的兩人世界之外，世界已不復存在。仲夏時分，我們去了倫瑪律島，米凱拉在島上租了一幢木屋，我發現自己在瑞典的夜晚又笑又唱，像個十足的瘋子，因為每樣東西都有了意義，每樣東西都滿載著意義，就像世界淋浴著新的光。在斯德哥爾摩，我們去游泳，我們躺在公園裡看書，我們去餐廳吃飯，這與我們做什麼無關，而是我們在做的，才是意義所在。我讀賀德林，他的詩像水一起流進我心裡，沒有什麼我理解不了的，他詩中的狂喜與我心裡的狂喜是一樣的，最重要的是，六月、七月和八月的每一天都豔陽高照。我們把自己的一切告訴對方，就像戀人所做的那樣，雖然我們知道這不可能持續下去，這一切的幸福，也想到它其實有可能令人恐懼，因為它帶有某種讓人難以忍受的東西，可我們樂在其中，就像不知道一樣。秋天就要來了，但我們毫不在意，我們何必在意，一切都如此美妙。

有天早晨我正在淋浴，她叫我，我走進臥室，她光著身子躺在床上，床已經挪到窗邊，好讓我們能看見天空。

「看，」她說，「你能看見那朵雲嗎？」

我挨著她躺下。天空一碧如洗，萬里無雲，除了這一朵，它慢慢飄近。它的形狀像一顆心臟。

「看見了。」我說著，抓緊了她的手。

她大笑起來。

「一切都很完美。」她說，「我從來也沒這樣過。和你在一起真幸福。我真幸福！」

「我也是。」我說。

我們搭乘小艇，前往近海小島，在一家青年旅館外的樹林裡租了一幢木屋。我們花幾個小時在島上漫步，深入林中，到處都是松樹和石南的味道，突然之間我們置身於一處陡崖：下方就是大海。我們繼續走，走到一處牧場，停下來看奶牛，奶牛也看我們，我們大笑，為對方拍照，爬到樹上，坐下聊天，像兩個孩子。

「有一次，」我說，「我得到加油站替我父親買菸。在離家兩三公里的地方。我大概有七八歲了。小路穿過森林。那條路我閉著眼睛都會走。我跟你說，現在我閉著眼睛也行。忽然我聽到樹叢裡一陣窸窣。我停下來查看。就在那裡，我看見了一隻非常漂亮的鳥，我跟你說，很大一隻，五彩斑斕。我以前從來沒看過這樣的鳥，牠更像來自某個遙遠而奇異的大陸。非洲或是亞洲。牠騰空而起，飛走了，不見了。以後我再也沒見過那種鳥，我也從來沒搞清楚那是什麼鳥。」

「真的嗎？」琳達問，「我也有過一模一樣的經歷。在一個朋友的夏屋。我坐在樹上，對，就像現在，等著朋友回家，等得不耐煩，我就跳下來了，漫無目的地到處閒盪，忽然就看見一隻五彩斑斕、漂亮極了的鳥。後來我再也沒見過它。」

「真的嗎？」

「真的。」

就是這麼回事，每樣東西都有了意義，我們的人生交織在了一起。從小島回家的路上，我們討論了我們第一個小孩的名字。

「如果是男孩，」我說，「我想取個簡單的名字。奧拉。我一直很喜歡這名字。你覺得呢？」

「滿好的。」她說，「非常挪威。我喜歡。」

「是啊。」我邊說邊望向窗外。

一艘小艇在波浪中起伏前行。一側的登記牌上寫著兩個大字：奧拉。

「看那裡。」我說。

琳達探過身。

「就這麼決定了。」她說，「就叫奧拉。」

有天晚上很晚的時候，我們走路上山，回我的公寓。我們的戀愛關係仍處於狂熱的第一階段。沉默了好一會之後，她說：

「卡爾．奧韋，有件事我得告訴你。」

「什麼事？」

「我曾經試圖自殺。」

「你說什麼？」我問。

她沒有回答，只是低下頭，看著腳下的路。

「很久以前嗎？」我問。

「大概兩年前。就是我住院的時候。」

我看著她，她不想接觸我的眼神，我上前把她摟進懷裡，就這樣站了很久。後來我們走上臺階，邁進電梯。我拿鑰匙開了門，她坐到床上，我打開窗子，夏末夜晚的聲浪撲面而來。

「你想喝點茶嗎？」我問。

「好。」她說。

我走進小廚房，拿壺燒水，又取出兩個杯子，在裡面放入茶包。我遞給她一杯茶，自己靠在敞開的窗前，喝另一杯，此時，她把那件事講給我聽。她母親到醫院接她，一起去她公寓拿東西。眼看就要到家了，琳達拔腿就跑，她母親在後面追她。琳達拼命地跑，跑進大門，跑上樓梯，跑進家，衝到窗邊。幾秒鐘之後，她母親趕到的時候，琳達已經打開了窗戶，爬上了窗台。就在她要往下跳的時刻，她母親撲到窗邊，一把抓住她，把她拉進了屋裡。

「我發狂了。」她說，「現在我認為，我當時想殺死她。我一拳又一拳地揍她。我們扭打了大概十分鐘。我翻倒了冰箱，想把她砸死。可她力氣比我大。她肯定力氣比我大嘛。最後她壓到我胸口上，我才認輸。她報了警，他們過來，把我送回了醫院。」

短暫的沉默。我看著她，她回看了我一眼，只是匆匆一瞥。

「我為此感到羞恥。」她說，「但我想過，到了某個時候你應該知道。」

我不知道說什麼才好。有一道深淵，橫亙在她的過去和我們現在所處的地方之間。至少感覺如此。但也許不是因為她？

「你為什麼要那樣做？」我問她。

「我不知道。我認為我當時腦袋也不清醒。但我記得過程。那一年夏末，我的躁鬱症發作了好幾個星期。有天晚上米凱拉來我家，我正蹲在廚房的地板上數數。她和厄勒高把我送到精神病院的急診室。他們給了我一些安眠藥，問米凱拉能不能把我接到她家住幾天。此後那個秋天，我時好時壞。後來我跌進了憂鬱的深淵，深不可測的地方，我都不知道能不能爬出來。認識的人我一個都不見，因為我不想讓他們任何一個成為最後看見我活著的人。負責我的心理醫師問我有沒有自殺的想法。我只是流淚，她說她不能對我在療程和療程之間的行為負責，所以我住進了醫院。我見過住院診斷。上面寫著，問完我一個問題之後，要過好幾分鐘我才回答，我還記得那種情形。對我來說，講話簡直不可能，什麼都說不出來，詞語遙不可及。一切都遙不可及。我的臉是一張僵硬的面具。沒有表情。」

她抬頭看著我。我坐到床邊。她把杯子放到桌上，重新躺下。我躺到她身旁。屋外夜色深重，一種與仲夏夜大異其趣的濃稠。火車呼呼地駛過里達爾灣旁邊的大橋。

「我那時已經死了。」她說，「不是我想告別生命。我已經告別了生命。心理醫師說要收我住院時，我因為有人想照顧我而感到安慰。但我一旦到了那裡，才發現一切可能都不存在了。我不能待在那裡。也就是那個時候，我開始制定計劃。我唯一能出去的機會，就是獲准到我的公寓拿衣服雜物的那一天。得有人陪我去，我能想到的唯一一個人就是我媽。」

她沉默片刻。

「但要是我真想那樣做，就一定能成功。我現在就是這樣想的。我不用打開窗子，可以撞碎玻璃就往下跳。其實沒有多大的不同。只需要留神……是的，如果我真想，打從心底這樣想，一定就能成功。」

「是的。」

「我很高興你失敗了。」我說著伸出手，撫過她的頭髮。「可是你怕它會再次發生？」

一陣沉默。

租給我房間的女人在門裡面收拾著什麼東西。上方的屋頂平臺，有人在咳嗽。

「我不怕。」我說。

她扭頭看著我。

「真的嗎？」

「真的。我瞭解你。」

「你只瞭解了我的一部分。」

「我也這麼想。」說完，我吻了她一下，「但它再也不會發生了。我相信。」

「那我也相信。」她笑著說，伸出雙手摟住了我。

無盡的夏夜，如此明亮，如此開放，我們坐進黑色的計程車，在城中不同地區的各種酒吧和咖啡廳之間飄盪，有時就只有我們，有時和別人一起，喝醉酒既不構成威脅，也沒有破壞性，而是讓我們的興致一浪高過一浪。夜慢慢展開，悄然暗落，彷彿天地連成了一體，輕浮之物的空間愈來愈少，裝填了別的東西，直到飽和，夜色終於凝固。一道黑暗之牆，夜晚落下，早晨升起。夏夜裡四處遊走的光突然變得無法想像，彷彿一個你醒來以後想要複述的夢境，雖百般努力，卻終歸於徒勞。

琳達開始到戲劇學院上課，基礎課很難，他們被丟進各種可能出現或不可能出現的情境，其用意是，最好透過在壓力下所得的進步經驗來學習。她早晨騎車去學校的時候，我就到公寓裡寫作。故事講的是一九四四年產科病房裡的一個女人，剛生完小孩，意識仍然遊走不定，我把天使引入其中，可這不管用，文本太遠了，距離太大了，但我接著往下寫，一頁又一頁奮力前行，沒關係，我生命中最重要的東西，不，獨一無二的東西，就是琳達。

一個星期天，我們到了奧斯特馬爾姆，在卡拉廣場旁邊一家名叫奧斯卡的咖啡廳吃午餐，我們坐在外面，琳達拿毯子蓋著腿，我在吃總匯三明治，琳達吃的是雞肉沙拉，街道上一片禮拜天的寂靜，我們下方的教堂剛剛敲過禮拜的鐘聲。三個女孩坐在我們身後的桌旁，兩個男人在她們身後不遠的地方。離馬路最近的幾張桌子上，有幾隻麻雀在蹦蹦跳跳。它們好像頗為膽怯，輕跳著靠近還沒收拾的盤子，啄食食物的時候，整個腦袋都在上下晃動。

突然，一道陰影從空中劃過，我抬頭一看，是一隻巨鳥，它尖叫著撲向我們，掠過小鳥居停的餐桌，張開爪子抓住其中一隻，迅速高飛而走。

我回頭看看琳達。她嘴巴半張，死盯著空中。

「是有一隻大鳥剛剛抓走了一隻小麻雀嗎？還是我在做夢？」我問。

「我以前從沒見過這種事。真可怕。」琳達說，「在市中心？那是什麼？雕？鷹？可憐的小鳥！」

「肯定是鷹。」我說著大笑起來。這一幕讓我興奮。琳達看著我，眼含笑意。

「我外公禿頭，」我說，「只剩下半圈白頭髮。我小時候，他經常說是那是讓老鷹叼走的。然後他就示範老鷹怎麼用爪子抓住他的頭髮，扯掉了飛走，證據就是剩下的半圈頭髮。有段時間我相信了他的話。我往天上看，尋找老鷹，可是從來沒看見過。」

「現在看見了！」琳達說。

「不知道是不是同一隻。」我說。

「不。」她帶著微笑說道，「我五歲時，拿籠子養了一隻小倉鼠。到了夏天，我們去夏屋，在那裡我經常給它放風。我把籠子放到草地上，讓倉鼠在草叢裡活動。有天早晨我正在陽臺上看著牠，一隻大鳥猛撲下來，嗖的一聲，我的倉鼠就到天上去了。」

「真的嗎？」

「真的。」

「好可怕！」

我大笑起來，推開我的盤子，點了一支菸，往後面一靠。

「我記得外公有長槍。有時他拿槍打烏鴉。他打傷過一隻，嗯，打飛了一條腿。牠活下來了，現在還在農場。至少謝爾坦是這麼說的。怒目而視的獨腿烏鴉。」

「真棒。」琳達說。

「有點像長翅膀的亞哈船長[91]。」我說，「外公巡視起院子來活像大白鯨。」

我看著她。

「唉，可惜你從來沒見過他。你一定會喜歡他的。」

91 赫爾曼·梅爾維爾小說《白鯨記》裡的獨腿船長，莫比·迪克咬掉了他的右腿。

「你也會喜歡我外公。」

「他死的時候你在場吧，不是嗎？」

她點點頭。

「他中風了，我趕去了諾爾蘭，但沒等我到那裡他就過世了。」

她抓起我的菸盒，看著我，我點點頭，她抽出一支香菸。

「可是外婆才和我親近。」她說，「她常常南下斯德哥爾摩看我們，替我們打理一切。她做的頭一件事，就是把房子裡裡外外打掃一遍。她又烤又煮，和我們在一起。她真能幹。」

「你媽也挺能幹的。」

「是啊。其實她愈來愈像我外婆了。我是說，從她離開皇家劇院，搬到鄉下，就好像那段日子讓她重新開始了人生。她自己種菜，一切食物都自己弄，有**四**台冰櫃，裝滿了食物和她在大特賣時買的各種食材。現在她已經不大在乎自己的外貌了，至少不和她以前的樣子做比較。」

她看看我。

「我告訴過你我外婆看見過紅色的極光嗎？」

我搖搖頭。

「她出門散步時看見的。整個天空都變紅了，極光前後湧動，一定特別美，但也有點世界末日的感覺。她回來跟我們一說，沒人相信。後來她自己也是勉強才信，紅色的極光，誰聽說過呢？你聽說過嗎？」

「沒有。」

「可是後來，很多很多年以後，有天晚上我和我媽出門，在胡姆勒公園，我們看見了一模一樣的東西。我們有時也能看到極光，不多，但確實能看見。那天晚上的極光是紅色的！媽媽一到家就給外婆打電話。外婆哭了！後來我看到有人寫過這種極光，發現它是一種罕見的氣候現象。」

我把頭伸到桌子對面，吻了她一下。

「喝咖啡嗎？」

她點點頭，於是我進店裡要了兩杯咖啡。我出來把杯子放到她面前時，她正抬頭看著我。

「我記得另一個奇怪的故事。」她說，「也許現在看沒那麼奇怪了。但當時好像滿怪的。我在斯德哥爾摩群島，在其中一個島上，我一個人走進森林。在我上方，也不是特別高，離樹冠不遠的地方，我看見一艘飛艇從天上滑過。感覺非常魔幻。不知道從哪裡來的，在森林上空飄浮，然後就消失了。一艘飛艇！」

「我一直對飛艇很感興趣。」我說，「從小就是。那是我想得到的最奇妙的東西。飛艇的世界！唉，我記得它曾經對我來說很重要，但願我記得為什麼。你覺得呢？」

「如果我理解正確，你小時候特別迷戀潛水員、帆船、飛機，還有飛艇對不對？你之前說你畫過潛水員、太空人跟帆船對吧？就這些嗎？」

「嗯，差不多吧。」

「那你覺得要怎麼解釋呢？一種狂野的想要遠行的渴望？潛水，這代表你能到的最深的地方。太空人，代表著你能到的最高處。帆船則象徵著歷史的長河。那飛艇呢，它代表永遠不可能實現的世界。」

「很有道理。總之不是很常見的交通工具。它們更屬於邊緣的，你理解吧。小時候，滿腦子都是世界，那就是人生的意義所在。不可能去抵抗。也不必去抵抗。起碼還不用沒完沒了地去抵抗。」

「然後呢？」她說。

「然後什麼？」

「你現在還渴望離開嗎？」

「你瘋了嗎？！這個夏天肯定是我從十六歲起第一個沒有那種想法的夏天。」

我們站起來，走向通往動物園島的大橋。

「你知道嗎？第一艘飛艇是沒有舵的，無法操控，為了解決這個問題，他們還嘗試過訓練猛禽，我猜是隼，但也可能是鷹，讓它們銜著長長的繩索飛行。」

「不知道。」我說，「我只知道我愛你。」

即使這些新的日子以一種完全不同以往的方式充滿了常規瑣事，我還是有一種強烈的自由的感覺。我們早早起床，琳達騎車上學，我坐下來寫一整天，間或到電影大樓和她一起吃個午飯，一到晚上，我們就能再次見面，待在一起，直到睡覺時間。週末我們出去吃飯，入夜買醉，要不是去歌劇院的酒吧，這是我們的據點，要不就去金猴，另一個我們經常出沒的地方，不然就去人民之家或烏登廣場上的大酒吧。

一切照舊，但也不盡然，這得從細微之處來看，細微到好像不曾出現，我們的生活裡有些東西失去了光澤，驅動我們迎向對方、擁抱世界的火焰已經不再熊熊燃燒。小小的壞情緒說來就來，一個星期六，我醒來時想著，如果有些自己的時間該多好啊，逛逛二手書店，泡泡咖啡廳，讀讀報紙……我們起了床，到最近的咖啡廳要了早餐，無非是粥、優酪乳、吐司、雞蛋、果汁和咖啡，我看報紙，琳達低頭盯著桌面或屋子裡，到底還是開了口，你非得看報紙嗎？我們不能說說話嗎？我說好，當然好。我合上報紙，我們聊天，挺好，我心裡的小黑點幾乎無從察覺，我只想單獨一人，安安靜靜地讀點東西，那種希望不會有人向我索討任何東西的小小的渴望轉瞬即逝。可是到了後來的某個時候，它不再轉瞬即逝，相反地還引起了一系列接踵而至的狀況及行為。如果你真的愛我，那和我在一起就不要有任何要求，我這樣想，但沒有說出口，我想讓她自己有所察覺。

一天晚上，英格威打來電話，他問我想不想跟他和阿斯比約恩一起去倫敦，我說想，當然想，太好了。我掛掉電話時，琳達正從房間另一頭注視著我。

「誰打來的？」她問。

「英格威。他想讓我和他一起去倫敦。」

「你沒答應吧？」

「我答應了。我不該答應嗎？」

「可我們就要一起出去玩了。你不能在跟我出去玩之前和他去玩！」

「說什麼呢？這與你無關。」

她低下頭，盯著正在讀的書。她目光陰鬱。我不想惹她生氣。可我又無法任由這種狀況繼續下去，必須得說清楚。

「我有很長一段時間沒陪英格威了。你要知道，我在這裡誰也不認識，除了你那些朋友。我的朋友都在挪威。」

「英格威就在這裡，不是嗎？」

「噢，得了吧。」

「那就去吧。」她說。

「好。」我說。

後來，我們上床準備睡覺時，她為自己不夠大度向我道歉。沒關係，我說，只是小事。

「我們開始交往以後就沒分開過。」她說。

「沒錯。」我說，「也許現在是時候了。」

「你什麼意思？」她問。

「我們不能一輩子黏在一起。」我說。

「我覺得我們這樣很好。」她說。

「是，是很好。」我說，「你懂我的意思。」

「當然懂。」她說，「但我不一定同意。」

我在倫敦每天打兩次電話給她，幾乎花光我所有的錢幫她買了一件禮物，再過幾個星期就是她的三十歲生日了，同時，也許這是第一次從遠處回看我們在斯德哥爾摩的生活，我因此認識到，回家後一定要埋頭工作，得加倍努力才是，因為整個漫長的夏季已經消逝在幸福之中，還有從精神到金錢的種種揮霍，九月份也過去了，我還一事無成。我的處女做出版已有四年，第二本書仍然遙遙無期，只有這段時間積攢下來的八百頁稿子，五花八門的小說開頭。第一本小說是我熬夜寫出來的，晚上八點開始工作，一直寫到第二天早上，自由就在其中，在夜晚打開的空間，要想找到一條通往新天地的路，這樣的自由也許是必需的。在卑爾根的最後一段時間和到斯德哥爾摩的頭幾個星期，我一直糾結於一個讓我心動不已的故事，講的是一個父親帶著兩個兒子，其中一個顯然是我，在夏夜出門捕蟹，我發現了一隻死海鷗，指給爸爸看，他告訴我海鷗本來是天使，我們坐小船離開，水桶放在甲板上，活螃蟹在裡面亂爬。蓋爾．古利克森說過：「你的機會來了。」他一向是對的，但我不知道它會導向何處，過去幾個月我一直在與它糾纏。我寫了一九四〇年代婦產科病房裡的一個女人，她生的孩子正是亨里克．萬克爾[92]的父親，而等待她帶著嬰兒返回的房子原本是個舊窩棚，酒瓶滿地，他們把它拆掉，建了新屋。但這故事並不可信，處處顯得虛假，我走錯了路。所以我試著另闢蹊徑。在兩兄弟夜裡睡覺的同一幢房子中，他們的父親死了，其中一個躺著，看著正在睡覺的另一個。這讀起來同樣虛假，我愈發失望，我還有能力寫出另一本小說嗎？

從倫敦回來後的第一個星期一，我告訴琳達，晚上我們不能見面了，我要熬夜工作。好，好的，沒問題。九點鐘的時候她發簡訊給我，我回了，她又發了一條，她和柯拉在外面，她們在附近一處喝啤酒，我回覆說，好好玩，又說我愛她，來回幾條簡訊之後，安靜下來了，我覺得她已經回她住的地方去了。但她沒有，大約十二點，她敲響了我的房門。

「你來了？」我說，「我告訴過你我要寫東西。」

「沒錯，可是你的簡訊太熱烈也太可愛了。我覺得你一定想讓我過來。」

「我得工作。」我說，「我是認真的。」

「我懂。」她這樣說的時候，已經脫掉了外套和鞋，「可是你工作的時候，我就不能睡在這裡嗎？」

「你知道我不能。屋裡哪怕有隻貓我都寫不下去。」

「我在你這裡可從來沒試過。說不定我能起個好作用！」

儘管很生氣，但我不能說不。我無權說不，這樣說就等於在暗示，我正在寫的倒楣稿子比她更重要。此時確實如此，可我不能這樣說。

「好吧。」我說。

92 克瑙斯高小說處女作《出離世界》（*Ute av verden*）的主角。

我們喝了茶，在敞開的窗戶前吸菸，然後她脫掉衣服，上床去了。房間很小，書桌隔了不到一公尺，有她在屋裡是不可能集中精力的，而她明知道我不想讓她來，卻還是來了，這讓我產生了一種窒息的感覺。可是我不想睡覺，不想讓她得逞，於是半個小時之後我站起來，告訴她我要出去走走。這是一種示威，這是我用來表達自己無法忍受當前狀況的手段，於是我走進了索德馬爾姆多霧的街道，在加油站買了根烤香腸，坐在公寓樓下的公園裡，一根接一根地抽了五支菸，打量著下方熠熠生輝的城市，感覺前路迷茫。我到底該怎樣結束這種局面呢？

第二天夜裡，我一直工作到天明，睡了一整天，在她家待了幾個小時，回來又寫了一整夜，睡覺，下午琳達把我叫醒，她有話要說。我們出門散步。

「你不想跟我繼續交往嗎？」她問。

「想，當然想。」我說。

「可是我們不在一起了。我們都見不到彼此了。」

「是沒錯，但是我得工作，你能理解的。」

「我知道，但我不懂你為什麼要熬夜工作。我愛你，我想和你在一起。」

「我必須工作。」我又一次說道。

「那好吧。」她說，「如果你要繼續這樣，那我們就結束了。」

「你不是認真的吧？」

她看了我一眼。

「見鬼，我當然是認真的。不信你試試。」

「你不能這樣控制我。」我說。

「我沒有想要控制你。這是個合理的要求。我們在戀愛，我不想老是一個人。」

「老是？」

「對。如果你不改，我就離開你。」

我嘆了口氣。

「這事其實沒那麼重要。」我說，「我改。」

「好。」她說。

第二天我在電話裡和蓋爾提及此事，他說，該死，老兄，你瘋了嗎？你是個作家呀，真該死！你不能讓別人對你指指點點的！沒錯，我說，可是其實不全然是這麼回事，而是它的代價。他問，什麼代價？我說，戀愛。我不明白，他說，這種事你必須強硬起來。別的都可以妥協，這種事不行。我說，我心軟，你知道的。高大卻心軟，他大笑著說，這可是你的人生。

九月過去了，樹上的葉子黃了又紅，然後掉落。天空的藍色加深，太陽低懸，空氣清洌。十月中旬，琳達在索德馬爾姆的一家義大利餐廳邀請了她所有的朋友。她三十歲了，靈光飽滿，顧盼生輝，讓我為之驕傲：跟她談戀愛的人是我啊。驕傲與感激，這就是我當時的感覺。我們步行回家，城市在我們周圍光芒四射，她穿著我當天早晨作為禮物送給她的白色夾克，走著，和她手牽著手，在這美麗的、對我尚屬異鄉的城市中央，讓我全身湧過一波又一波的快樂。我們仍然充滿了熱情和欲望，因為我們的人生已經變了，不是輕風過後的微痕，而是根本上的轉變。我們計畫要生孩子。等待我們的只有幸福，除此之外我們不做他想。至少我沒有。我只思考生活和如何去生活，內心與周圍不再有哲學、文學、藝術或政治。我憑感覺，我的感覺決定了我的行為。這種情況也發生於琳達身上，也許更甚於此。

就在這個時候，我接到了去伯城作家學校任教的邀請，這種事通常輪不到我，但是圖勒·艾瑞克·

隆[93]要去主持一個為期兩週的課程，人家要他挑選一個他願意與之合作的作家。琳達覺得兩個星期很長，她不願意我離開她這麼久，我想，是的，的確很久，如果我人在挪威，她**不可能**這樣待在斯德哥爾摩。但我又想接受邀請。我的寫作沒有進展，我需要做點不一樣的事情，圖勒・艾瑞克是我最敬重的作家之一。有天晚上我在電話裡和我母親提及此事，她說你們又沒孩子，琳達為什麼不能一個人過一兩個星期呢？這是你的工作，她說。她說得對。往旁邊邁一小步，一切就能走上正軌。但這一步我怎麼也邁不出，在不止一個方面，琳達和我生活得如此之近：她位於津肯斯達姆的公寓又黑又擠，我們總共只有一個半房間，好像生活在慢慢把我們吞沒。從前的開放已經開始閉合，我們的生活合而為一已太久，之間開始有了摩擦和抵觸。小插曲接連出現，其本身無足輕重，但連綴成片，就現出端倪，一種新的體系逐步建立。

有天晚上很晚了，她要去排練，我陪她走到盧森旁邊的一個加油站，她突然轉過身，為一點微不足道的小事罵我，要讓我去死，我問她怎麼回事，她不回答，而是逕自走出十公尺之外。我跟在後面。

一天下午，我們到草市廣場的大菜市場去採購，準備和她的兩個朋友伊爾達、謝蒂爾一起吃飯，我建議做薄烤餅，她看著我，目光裡滿是嘲弄。薄烤餅是給小孩吃的，她說，我們又不是辦兒童派對。好吧，我說，那就把它們叫做可麗餅吧，這下你滿意了嗎？她背對著我。

我們常在週末造訪美麗的城市，一切都很精采，可是突然之間，精采不再，黑暗籠罩了她的心，我不知道怎麼辦才好。自從我到了斯德哥爾摩，那種孤身一人的感覺第一次重現。

這一年的秋天，她跌入了深淵。她向我伸手求援。我不明白發生了什麼。出於內心的恐懼，我躲開了，試圖和她保持距離，而她在拼命貼近。

我去了威尼斯，在出版社給我安排的公寓裡寫作，琳達也要來，計畫停留不到一個禮拜，我則多寫幾天再回去。她非常陰沉，非常苛刻，不停地說我不愛她，我不是真愛她，我不想要她，我不是真想要她，我們沒戲了，永遠不會再有，我不想讓我們有結果，我不想要她。

「我想要！」當我們走在穆拉諾島凜冽的秋風中，當我的眼睛藏在墨鏡背後，我這樣說道。與此同時，每當她說我不是真愛她，我不是真想和她在一起，我總想一個人待著，想自己過的時候，這些話都平添了一分真實。

她的絕望來自何處？

是我帶來的嗎？

我確實冷漠嗎？

我確實只想著自己嗎？

當我結束一天的工作，到她那裡去的時候，我再也不知道會有什麼事情發生。她會不會開心？會不會有一個美好的夜晚？她會不會為了什麼事動怒，比如說，如果我們不再每晚做愛，我就會被認為不再像以前那樣愛她？我們會坐在床上看電視嗎？出門步行去朗霍爾曼？到了那裡，她又要拿擁有我全副身心的要求來吞噬我，使我和她保持距離，腦子裡飛快地來回合計，必須做個了斷，這樣不行，因此，所有談話或更加接近的嘗試都將歸於無效，而她自然會把這一切看在眼裡，並拿來證明她的主要論點：我不想要她。到了朗霍爾曼，會這樣嗎？

或者，我們會好好的度過一晚？

我變得愈來愈封閉，而我愈封閉，她對我的攻擊就愈厲害。她對我的攻擊愈厲害，我就愈瞭解她的

---

93 圖勒・艾里克・隆（Thure Erik Lund, 1959-），挪威作家，後文提到的小說《紮勒普》（*Zalep*）出版於一九九五年。

情緒波動。我像個研究心理的氣象學家一樣追逐她，甚至無意識地、幾近神祕地調整我的情緒，來追蹤她多變的心情。如果她動怒，她的怒容便會深入我的內心。這就像房間裡有一條巨犬在咆哮，我不得不加以照料。有時，我們坐著聊天的時候，我能感到她的力量，她深厚的閱歷，於是我感到低人一等。有時她挨近我，我抱住她，或是我躺著，把她摟在懷裡，或是我們聊天，她變得緊張不安，每到這些時候，我就感到自己強壯得多，以至於其他一切都變得無關緊要了。這些情緒上的波動，任何東西都無法加以控制，變幻莫測的感情爆發，帶著時時存在的威脅，隨後是無窮無盡的補償和哄勸，所有這一切長演不衰，沒有減弱的跡象，而我孤單一人的感覺——和她在一起的時候也是如此，變得愈來愈強烈了。

在這段短短的時間內，我們已彼此有所瞭解，我們從來沒有做過什麼不是全心全意的事，這一次也不例外。

有天晚上，我們吵過一架，又和好了，並且談起孩子。我們已經決定，琳達在戲劇學院就讀時就要小孩，她可以休學半年，然後我來接手，讓她完成學業，因此她得著手準備，醫生認為有些不情願，但心理醫師支持她，等到萬事俱備，就要由她來做最後的決定了。

那陣子我們每天都在討論這件事。

現在我說，也許我們應該晚一點。

電視機放在角落，關掉了聲音，除了螢幕發出的光，屋裡幾乎完全是黑的。秋天的黑暗彷彿窗外的海洋。

「也許我們應該晚一點。」我說。

「你說什麼？」琳達盯著我問。

「我們可以再等等，看看情況再說。你可以先把學業完成……」

她站起身，使出全身的力氣，賞了我一個巴掌。

「絕不！」她吼道。

「你在幹什麼？」我說，「你瘋了嗎？**像這樣打我！**」

我臉上火辣辣的。她打我打得真狠。

「我要走了。」我說，「而且再也不回來了。所以你儘管忘記這件事。」

我轉身進了門廳，從掛衣鉤上取下外套。

她在我身後悲傷地哭著。

「別走，卡爾．奧韋。」她說，「不要現在離開我。」

我轉過身。

「你以為你可以為所欲為？你就是這樣覺得的嗎？」

「原諒我，」她說，「請留下來。就今晚。」

我一動不動地站在門邊的黑暗裡，猶豫不決地看著她。

「好吧。」我說，「我今晚待在這裡。但還是要走。」

「謝謝你。」她說。

第二天早晨七點，我起了床，沒吃早飯就離開了公寓，回我自己的舊屋去了，這套房子我還沒退。我拿了一杯咖啡，上到屋頂平臺，一邊坐在那裡抽菸，眺望城市，一邊想著下一步該怎麼辦。

我不能跟她在一起。我們不會有結果的。

我拿手機打了電話給蓋爾，他能到動物園島來一趟嗎，這很重要，我得找個人談談。好的，他說，他能來，但是得先把手頭的事情忙完，我們可以在北歐博物館外的橋上見面，一起走到頭，那裡有一家餐廳，我們可以吃個午餐。於是我們見了面，在磚灰色的天空下，在掉光了樹葉的樹與樹之間，在一條華麗地撒滿黃色、紅色與褐色落葉的小路上走著。我對發生的事情隻字未提，太丟人了，我不能告訴任何人她打了我，那會讓我變成什麼？我只說我們吵架了，我再也不知道該怎麼做了。他說我應該聽從我的內心。我說我不知道自己的感受。他說我肯定知道。

但是我不知道。我對她有兩種不同的感情。一個說，你得離開了，她想從你身上得到的太多，你將失去自由，在她身上虛擲所有的光陰，你珍視的一切，你的獨立和你的寫作事業，又會怎樣？另一個說，你愛她，她給了你別人給不了的東西，她知道你是誰。這兩種感情都對，只是互不相容，一個排斥另一個，反之亦然。

這一天，離開的念頭在我心裡占據了最重要的位置。

蓋爾和我站在地鐵車廂裡，一出韋斯特托普，她就打了電話過來，問我想不想晚上跟她吃飯，她買了我最愛吃的螃蟹。我說好，反正我們也得談一談。

雖然有鑰匙，我還是按了門鈴，她開了門，打量著我，臉上掛著小心翼翼的微笑。

「嗨。」她說。

「嗨。」我說。

她穿著我特別喜歡的那件白襯衫。

她的一隻手向前移動，好像有意擁抱，卻止於中途，她往後退了一步。

「進來吧。」她說。

「謝謝你。」我說。我把夾克掛到掛鉤上，身體傾斜，和她隔開一點距離。等我轉過身，她伸出手，我們抱了抱對方。

「你餓嗎？」她問。

「餓，餓死了。」我說。

「那我們趕快來吃吧。」

我跟著她走到桌邊。餐桌在房間另一頭的窗戶下，對著床，她已經鋪好了白色的桌布。在兩副盤子和兩個酒杯之間，還有兩瓶啤酒，一個燭臺，上面插了三根蠟燭，三朵小小的火焰迎著穿堂風搖曳。一盤螃蟹，一籃子白麵包，還有奶油、檸檬和美乃滋。

「我不是很會處理螃蟹，都蒸漏了。」她說，「我不知道怎麼把它們打開。也許你知道？」

「一點點。」我說。

我扯掉蟹腿，掰開蟹殼，取出蟹膏的同時，她打開了啤酒。

「你今天做了什麼？」我邊問邊遞給她一片蟹殼，裡面有滿滿的蟹肉。

「上課的事我怎麼想都想不清楚，所以我打電話給米凱拉，跟她一起吃了午餐。」

「你把發生的事告訴她了？」

她點點頭。

「告訴她你打我了？」

「是的。」

「她怎麼說？」

「沒說什麼。她就只是聽著。」

她看著我。

「你能原諒我嗎？」

「當然能。我只是不理解你為什麼打我。你怎麼能這樣失控？我能假設你不是有意的嗎？我是說，如果好好想一想。」

「卡爾・奧韋。」她說。

「嗯？」

「非常對不起。非常非常對不起。可是你的話對我打擊太大了。遇見你之前，我從來不敢想，有天我也能有孩子。我不敢想。就算我愛上你以後也不敢想。後來你說了那番話。是你先提出這個話題的，你記得嗎？第一個早晨。我想和你生孩子。我是那麼開心。我是那麼無保留地開心，瘋狂地開心。僅僅是有這樣的可能。是你給了我這種可能。可是後來……昨天……嗯，就好像你要收回這種可能了。你說我們應該把要生孩子的事情往後延。這對我打擊太大了，太洩氣了，然後……嗯……我完全失去了控制。」

她的眼睛溼潤了，她把螃蟹殼按在了麵包上，想用刀沿著邊撬出蟹殼裡的肉。

「你懂嗎？」她問。

我點頭。

「當然懂。但你不能想做什麼就做什麼，不管你情緒多麼強烈。這樣不行。真是的，見鬼了。就是不行。我受不了這個。你一來情緒就針對著我，甚至還打我。這樣不行，我無法忍受。我們應該在一起好好過的，對不對？我們不能是敵人，我受不了這個，我沒那份精力。這樣不行，琳達。」

「是不行。」她說，「我一定會好好控制自己。我向你保證。」

我們默默地坐了一會，吃著東西。每到這種時候，我們當中的一個都會開口，把談話轉移到更尋常、更乏味的話題上去，於是雲收雨散，雲淡風輕。

我想開口又不想開口。

麵包上的蟹肉既光潔又不平整，紅褐色一如田野上的落葉，海水近乎苦澀的鹹味軟化於美乃滋的甘甜，卻又因檸檬汁而變得濃烈，有幾秒鐘的時間壓過了我的一切感覺。

「好吃嗎？」她含笑問道。

「好吃，真好吃。」我說。

我在我們一起醒來的第一個早晨對她說的話並不只是我說了什麼，而是我用全部身心感受到的東西。我想跟她生小孩。我以前從來沒有過這種感覺。而這種感覺讓我確信它是對的，這是正確的。

但，要不惜任何代價嗎？

我母親到了斯德哥爾摩，我把她介紹給琳達，在一家餐廳見面，看來很順利，我注視著母親和她交流，琳達光彩奪目，差怯與開朗兼具。母親住我的公寓，我在樓門口對她道了晚安，她進去了，我趕緊跑回琳達的公寓，也就十分鐘的路。第二天，我接上她，在咖啡廳吃早飯時，她告訴我，她沒辦法把走廊裡的燈弄亮，所以花了差不多一個小時才進家門。

「我上樓上到一半時，燈自己就滅了。」她說，「自動的。我前面一公尺遠的地方都看不見。」

「這是瑞典人弄的節能措施。」我說，「他們從來不讓一個房間沒人了還不關燈。公共區域也有自動定時開關。可是你為什麼不再按一下呢？」

「太黑了，看不見開關。」

「開關是亮著的呀。」

「原來就是那些亮東西！」她說，「我還以為那是火災警報器什麼的呢。」

「你的打火機呢？」我問。

「是啊，最後我才想起來。我都絕望了，所以摸下樓梯，想抽根菸，這個時候才發現了打火機。於是我回身上樓，開燈，進了家門。」

「你老是這樣。」我說。

「也許吧。」她說，「但這是一個不同的國家，所以才會這樣。小細節都不一樣。」

「你覺得琳達怎麼樣？」

「她很可愛。」她說。

「是啊，當然了。」我說。

她其實不用這麼說。是的，我並不懷疑她會喜歡琳達，尤其是我剛剛結束了這樣一段漫長而穩定的戀愛關係，甚至還結了婚。托妮耶一直是我們家的當然一員，這沒什麼好說的。雖然我們的關係已經結束，但他們對她的感情並沒有終止。英格威對她不再出現感到遺憾，媽媽大概也是如此。那年夏末，托妮耶和我分完了全部家當，我們友好相待，沒留下任何創傷，只有一次，我經歷了一種類似悲傷的感覺，當時我到地下室裡取什麼東西，突然就哭了——我們共有過一段人生，到底都結束了。在那裡過了幾天，沒有發生任何衝突，然後我帶著我們的貓，去了我母親在約爾斯特的家，交給她來收養。當時我跟她說了琳達的事。很顯然她不高興，可她什麼都沒說，半個小時之後才從嘴裡迸出一句話，讓我對她刮目相看。這種話太不像媽媽說的了。她說我不能跟別人約會，說我是個如假包換的瞎子，眼裡從來只有自己。你父親，她說，他能看穿別人。他一眼就能看出他們是怎樣的人。這你從來都做不到。是的，我說，也許我是做不到。

我相信她是對的，但這並沒有那麼重要，重要的是她將爸爸，那個可憎的人，排在我之上，而另一個重要的原因在於她這樣做是因為生我的氣。這倒是第一次，媽媽從來沒有生過我的氣。

那個時候琳達和我仍處在熱戀之中，媽媽一定看到我滿面春光，全身洋溢著生活的快樂。在斯德哥爾摩，僅僅過了半年多一點，一切都不同了。我心裡充滿了怨恨，戀愛引起的恐懼如此強烈，讓我想要離開，卻又做不到，我太軟弱了，我想著她，我可憐她，沒有了我，她將不知所措，我太軟弱了，我愛她。

然後是電影大樓的午餐，我們坐在陽光裡談天說地，手舞足蹈，或在家，在公寓裡，或去咖啡廳，有好多話要說，好多題目要涉及，不僅像過去那樣談她的生活和我的生活，還像現在這樣談我們的生活，談我們生活裡的各色人物。以前我總是深藏在自我的世界，暗中觀察世人，就像躲在花園深處。琳達把我拉了出來，幾乎破壁而出，一切都變得更近了，好像一切都更加強烈。後來是在電影館看的電影，再接著是城裡的夜遊，去格內斯塔和她母親過的週末，寂靜的森林，她在裡面有時就像一個小女孩，盡顯脆弱。還有威尼斯的旅行，她**吼叫**著我不愛她，她不停地這樣叫嚷，一遍又一遍。到了晚上我們常常喝醉，然後野蠻地做愛，那是新奇的，異樣的，也令人驚駭，不是當時，而是隔天，當我回憶的時候，那就像我們要彼此傷害。她走了以後，我簡直無法出門，整天坐在公寓的閣樓上奮力寫作，就連去一趟雜貨店，來回幾百公尺的距離，也要努力打起精神。牆是冷的，巷子是空的，運河裡漂滿了棺材般的小船。我所見的都是死物，我所寫的，價值全無。

有一天，就像這樣，一個人坐在寒冷的義大利公寓，我突然想起了和琳達在一起的那個晚上斯蒂格．塞特巴肯對我說過的話。他說他下一部小說要照我的路數寫寫看。

我一下子羞紅了臉。

他一直在挖苦我，我卻沒有自知之明。

我還以為他就是那個意思。

哎，你要有多自負才會相信這樣的話？你到底有多愚蠢？蠢到沒上限？

我趕緊起身，急忙下樓，穿好衣服，在運河邊的巷子裡亂走了一個鐘頭，想要在這骯髒的、暗綠色的海水和古老的石牆上找出美，在這整個歪斜而殘破的世界裡發現壯麗，以此阻遏由於明白了塞特巴肯的諷刺而引起的巨大的自我厭恨，免得它一次又一次將我淹沒。

一個大廣場突然出現在眼前，我坐下，要了咖啡，點燃一支香菸，並終於想到，也許這件事並沒有什麼特別重大的意義。

我以食指和中指把小小的杯子端到嘴邊，相形之下，我的手指大得驚人。我靠到椅背上，仰望天空。陷在街巷和運河組成的迷宮裡，彷彿漫遊地下，那時我從未注意過天空。隨著狹窄的街巷匯入廣場，天空也在屋頂和教堂的尖塔之上鋪開，帶來一陣驚喜，彷彿在說，是的，天空畢竟存在！太陽畢竟存在！就好像我也變得豁然開朗，明亮了，輕鬆了。

要我說，也許塞特巴肯**也**把我熱情的回應當成了諷刺呢。

那年晚秋，氣溫急降，凍住了斯德哥爾摩所有的水體和運河，一個星期天，我們踏著冰面，從索德馬爾姆走向舊城，我像鐘樓怪人一樣踉蹌前行，她歡聲不斷，給我拍著照片，我也拍她，一切都是銳利而清晰的，包括我對她的感情。我們在咖啡廳裡翻看照片，飛奔回家，一心做愛，租兩部電影，買一個披薩，在床上躺一個整晚。那一天我將永誌不忘，也許恰恰是因為它是普通的，瑣碎的，卻鍍著金。

冬天來了，雪花在城市上空翻捲。白色的街道，白色的屋頂，一切聲響都變得悶悶的。有天晚上我們出門，無目的的漫步於白茫茫的雪地，也許是出於習慣，沿著巴斯圖街走到山腳時，她問我打算在哪裡過聖誕節。我說回家，和我母親在約爾斯特。她想和我一起去。我說那不合適，太早了。為什麼太早？

你當然知道。不，我不知道。好吧。

終於演變成了吵架。我們一肚子氣，坐在主教徽酒吧，面前放著啤酒，一言不發。為了賠罪，我給她的聖誕禮物是一次驚喜旅行；節後第三天我一回來，我們就去了阿蘭達機場，直到我把飛往巴黎的機票給她，她才知道此行的目的地。我們要去巴黎待一個星期。可是琳達的焦慮發作了，大都市讓她感到緊張，她無緣無故地發脾氣，總是不可理喻。第一天晚上我們用餐時，男服務生弄得我手忙腳亂，因為我不知道如何在體面場合行事，她瞪了我一眼，目光裡滿是蔑視。唉，真是沒救了。我讓自己落到了如此地步？我的人生又將走向哪裡？我想出去購物，可是知道這沒辦法，她已經對此厭惡，此刻更是憎恨，而她最恨的就是獨自一人，我打消了這個念頭。幾天後可能會有更好的開始，比如我們去艾菲爾鐵塔的那次，這座建築洋溢著我所見最強烈的十九世紀的光景，但好的開始隨即就會跌入黑色的、不可理喻的情緒之中，而如果某一天開始得很糟，卻可能圓滿落幕，比如另一次，我們前去拜訪琳達的一位朋友，她住在巴黎，緊挨著馬塞爾．普魯斯特下葬的公墓，後來我們也去那裡做了弔信。還有跨年夜，經由我在卑爾根一位熱愛法蘭西的朋友約翰內斯提點，我們去了一家優雅而溫馨的餐廳，受到了所有可能想到的恭維，容光煥發地落座，一如舊日，也就是過去這半年，我們一直待到新年到來後一個小時，才手牽手，沿著塞納河畔走回酒店。不管是什麼在巴黎給她造成了這樣大的壓力，反正我們一到機場，準備回家的時候，一切重負都煙消雲散了。

我所租公寓的女房東要把房子賣掉，所以在一月初的一天，我把我的全部家當，說起來就是我所有的書，都搬到了城外的一座倉庫，打掃了房間，交還了鑰匙，琳達向朋友們四處打聽，看看他們是否知道在什麼地方能找間辦公室，有人知道，柯拉聽說過一種供自由職業者使用的集體工作室，他們在一座城堡式建築物的最頂層有個地方，高過盧森一側小山的最高點，離我原來的公寓只有一百公尺遠，我得到一間屋子，白天開始去那裡工作。這是一個新開始，我在已有各種開頭的長篇上新加了一百頁，從頭再來。這一次我抓住了小天使的主題。我買了一本便宜的畫冊，裡面全是各種天使的圖片，其中一幅引起了我的興趣，那是三個天使穿著十六世紀的服裝，漫步在義大利鄉間。我寫有人看見他們走路，一個男孩，有幾隻羊要他看護，一隻走丟了，他去尋羊，卻從樹後看見了天使。這景象難得一見，但並非極不尋常，天使住在森林，正是人類活動的邊緣地帶，他們在此生活與人的記憶同樣長久。再往下我就寫不出來了。故事怎麼辦？

這跟我一點關係也沒有，無論自覺還是不自覺，總之裡面根本沒有我的生活，這意味著我無法置身其中，也不能駕馭它繼續前行。我倒不妨寫個《幽靈和骷髏洞》呢。

故事在哪裡？

無意義的工作一天接著一天。我沒有選擇，只能繼續下去，沒有別的出路。和我共用寫作空間的人都挺好，只是激進左派的善良在他們身上過於充沛，以至於當我發現為他們打掃工作室、廚房和廁所的男子是黑人時，竟然說不出話來——等待咖啡機煮沸時，我使用了「黑人」一詞，已經當場遭到了其中一位的糾正。他們只在語言上對他人是團結、平等和友善的，就像用一張網罩住了現實，而不公正和歧視還在暗中繼續。這種話我不能講。這裡發生過兩次入室盜竊；有天早晨我到那裡的時候，警察正在樓內盤問。電腦和照相器材被人偷了。大門沒有破損，只有我們工作室的門給人撬開了，因此他們推斷，這一定是某個有鑰匙的人幹的。後來我們坐下討論。我說這事不難解決。要知道下面一層有幾個不知其名的吸毒者，肯定是他們其中的一個弄到了鑰匙。大家全盯著我。你不能這麼講，其中一位說。我驚訝地看著他。這是偏見，他說，我們不知道誰幹的。誰都有可能。只因為他們是吸毒者，有前科，也不能因此就說是他們破門而入！我們得給他們一個機會！我點頭稱是，對，我們確定不了。可我心裡頗為震驚。我見過這夥人碰面前後在樓梯周圍閒晃，他們是那種為了錢什麼都肯幹的人，這不是偏見，這是該死的事實。

這就是蓋爾跟我講過的那個瑞典。現在我想念他。這故事是個現成的例子。可他在巴格達。

這段時間，我仍然在接待挪威親友的來訪，他們一個接一個來到斯德哥爾摩，我帶他們到處轉轉，他們跟琳達見面，我們出去吃飯，又去別的地方買醉。晚冬的一個週末，圖勒·艾瑞克也要過來，開著那輛曾經帶他穿越撒哈拉沙漠的老爺車，照他當時的說法，他絕不再回挪威。他還是回去了，並且寫了一本對我而言意義重大的小說，名叫《扎勒普》，我喜歡極了，書中的想法非常激進，迥異於挪威小說裡的一切，因為它是如此不妥協，也因為它的語言是如此獨特，拔新領異，自成一格。奇怪之處在於小說的語言某種程度上反映了他的性格，或者說與他的性格一致，我第一次見他的時候，對此沒能理出個頭緒，因為那天晚上在藝術家之家純屬泛泛而談，但是第二次、第三次和第四次見面，我還是沒有得到答案，當時我們共度了幾個星期，待在泰勒馬克一個寒冷而廢棄的營地，守著兩間木屋，不遠處有條河，水流湍急，夜空拱立，繁星密佈。他是個大塊頭，鐵拳巨掌，麻臉粗皮，他的眼睛特別有神，喜怒形於其中，總是讓人一望即知。我對他寫的小說欽佩有加，卻發現自己很難與他交談，我一張嘴就是蠢話，給他提鞋都不配，但是在那裡，在泰勒馬克，一起吃完早餐，一起跋涉兩公里前往學校，一起授課，晚上一起吃晚餐，喝咖啡，或是喝啤酒，實在沒有地方可以躲藏。你必須開口講話。他告訴我伯城前面的車站叫于克塞伯[94]，我們樂不可支，笑了好久。我說我的皮夾克不是皮夾克，而是「包皮」夾克，他笑得

94　Bø（伯）通bøur，即古挪威語的bœr，意指農地或農莊；Juksebø（于克塞伯）中的Jukse則有假冒、欺騙之意。

更厲害了，就是這麼簡單。他的大腦飛速運轉，一切都能引起他的興趣，在他腦中擦出火花，並繼續深入，因為他的思想總是別出心裁，他對極致有著巨大的渴望，這讓他周圍的世界沐浴著恒久的嶄新的光，圖勒．艾瑞克．隆之光，這可不僅僅在他心裡，因為這種特殊氣質**也**會和他、和傳統、和他的閱讀擦出火花。

能以同樣能量面對世界的人並不多。

他對我很好。我感覺自己像個小兄弟，他關照我，指點我，同時也很好奇，想知道我能從此行——他說的是「雌行」——得到什麼。有天晚上，他問我想不想看看他剛寫的東西，我說想，當然想，他遞給我兩張紙，我開始看，這是個極為出色的開頭，一次啟示錄般的炸藥爆炸，發生在古老的鄉村世界，一個孩子跑出學校，跑進了森林。寫得非常迷人，可是我一抬頭，剛好看見他坐在那裡，臉藏在兩隻大手背後，活像一個害臊的小孩。

「唉，真丟臉。」他說，「真是太丟臉了。」

什麼？

他瘋了嗎？

這個男人性格鮮明，既固執又慷慨，既變動不居，又不屈不撓，現在他就要到斯德哥爾摩來拜訪我和琳達了。

兩天前，我們不得不去參加了一個生日派對，米凱拉三十歲了。她住在索德馬爾姆一套一室的公寓裡，離朗霍爾曼不遠，屋裡擠滿了人，我們在角落裡找到了一個空間，跟一個女人開始聊天，我慢慢聽出來，她是某個和平組織的上層，她丈夫是電腦工程師，為一家電信公司工作。他們人很好，我喝了幾瓶啤酒，有了強壯點的感覺，又發現了一瓶阿夸維特，便開始喝它。我愈來愈醉，夜幕降臨，人們開始回家，我們沒走，到最後，我醉得實在太厲害，便把餐巾紙揉成團，朝附近的人身上丟。留下來的都是死黨，琳達最親密的朋友，我不是自己找樂子，朝他們頭上扔紙團，就是抓住碰到的任何事說個沒完，狂笑不止。我努力對每個人都挑好聽的說，但失敗了，最起碼我的意圖一直是明確的。最後琳達拖我出去，我抗議，因為一切都是那麼溫馨，不過她拼命拽住我，我穿上大衣，一轉眼我們上了街，把公寓遠遠地留在了高處。琳達對我大發雷霆。我不理解。又怎麼了？我喝得爛醉。別人誰都沒醉，我沒注意到嗎？只有我。其他二十五個客人一直都很清醒。這就是瑞典的方式：一個夜晚成功的標準在於，人人都要帶著與抵達時同樣的狀態離開派對。我習慣了人們喝得頭暈眼花。這不是三十歲的生日派對嗎？不，我讓她蒙羞，她以前從來沒像這樣尷尬，這些人是她最好的朋友，可是我，她的男人，她把他誇得天花亂墜的男人，卻坐在那裡滿嘴胡話，朝別人身上扔紙團，侮辱人家，完全沒有自制。

我發了脾氣，超過了底線。不然就是我醉得太厲害，已經沒有了底線。我對她吼叫，說她混帳透頂，說她腦子裡成天只想著給我劃線，死死地纏在我身上。這很變態，我叫嚷著，你這變態。現在我他媽的要離開你。你休想再見我。

我拔腿就走。她跑著追我。

你醉了，她說，冷靜點。我們可以明天再談。你不能這樣子進城。

他媽的為什麼不能？我說著扯開她的手。我們已經走到她那條街和我公寓之間的一塊小草坪。我再也不想見你了，我喊道，大步穿過街道，直奔津肯斯達姆站。琳達站在公寓外面，在我身後叫我。我頭也不回。出索德馬爾姆，橫穿舊城，前往中央車站，一路上怒氣衝衝。我的計畫很簡單：我要坐火車回奧斯陸，離開這座該死的城市，絕不回來。絕不。絕不。天上下著雪，很冷，但怒火讓我溫暖。到了車站，公告牌上的字母擠作一團，難以分辨，我集中精神，費了好半天的勁，還必須努力保持身體的平衡，這才看到上午九點到十點之間有一趟火車。此時是淩晨四點。

這段時間我該做什麼呢？

我在裡面找到一張長椅，於是躺下睡覺。睡著之前的最後一個念頭是，等我醒過來，一定不要猶豫，必須把自己的決定貫徹到底，到時候不管我酒醒了幾分，斯德哥爾摩都已成為過去。

一個警衛員搖晃我的肩膀，我睜開眼睛。

「你不能睡在這裡。」他說。

「我在等火車。」我說著，慢吞吞地坐起來。

「知道。可是你不能睡在這裡。」

「坐著行嗎？」我問。

「好像不行。」他說，「你喝醉了，對不對？也許你最好還是回家。」

「好吧。」我說完，站了起來。

啊，的確，我還醉著呢。

此時剛過八點。車站裡人潮洶湧。我只想睡覺。我的腦袋極其沉重，同時又像發燒了一樣頭疼，看不見固定的東西，什麼都是一閃而過，我搖搖晃晃走進地鐵通道，爬進車廂，在津肯斯達姆站下車，回到公寓，沒鑰匙，只好敲門。

我得睡覺。別的事情全滾蛋。

隔著玻璃門，琳達跑進了門廳。

「噢，你回來了。」她說著，張開雙臂環住我，「我嚇死了。城裡所有醫院我都打了電話。有沒有一個高個子挪威人被送進來……？你去哪裡了？」

「中央車站。」我說，「我本來想坐火車回挪威。但現在我得睡覺。讓我自己待會兒吧，別把我叫醒。」

「好吧。」她說，「你醒了以後想來點什麼？可樂，培根？」

「什麼都行。」說完我便一頭衝進屋內，脫掉衣服，鑽進被窩，馬上就睡著了。

我醒來時，外面已經黑了。琳達坐在廚房的椅子上看書，檯燈好像一隻單腳站立的涉水鳥，又高又瘦，鳥頭微斜，光灑落在她身上。

「嗨。」她說，「你怎麼樣？」

我給自己倒了杯水，一口氣喝個精光。

「還行。」我說，「要是不生氣的話。」

「昨天晚上的事我很抱歉。」她說著把書放到扶手上，站起身。

「我也是。」我說。

「你當時真想離開嗎？」

我點點頭。

「真的想。我覺得受夠了。」

她張開臂抱住我。

「我理解。」她說。

「不只是派對上發生的事。還有好多別的事。」

「嗯。」她說。

「好了。我們去客廳吧。」我說。我往杯子裡加了水，在桌邊坐下。琳達跟過來，開了天花板上的燈。

「你還記得我第一次來這裡嗎？」我問，「就是這間屋子。」

她點點頭。

「你說你認為你喜歡上了我。」

「那還只算得上是輕描淡寫。」

「是的，現在我知道了。但實際上，我當時覺得自己受到了冒犯。『喜歡』在挪威語裡聽起來非常無力。他們說『一個招人喜歡的朋友』時就是這麼說。我確實不知道瑞典語裡的『喜歡』跟挪威語的『愛』是一個意思。我以為你說的是你開始對我有了一點好感，也許將來能更進一步。我當時就是這麼理解的。」

她朝我淡淡一笑，然後低頭看著桌面。

「我鼓足勇氣，」她說，「把你弄到這裡，告訴你我對你的感覺。而你那麼冷漠。你說我們做朋友挺好的，你還記得嗎？我賭上了一切，輸掉了一切。你走以後我沮喪到了極點。」

「可是我們現在就在這裡啊。」

「是的。」

「你不能吩咐我該做什麼，琳達。這樣行不通。我會離開你。我說的不是喝酒。我說的是所有事。你不能那樣做。」

「我知道。」

片刻的沉默。

「我們冰箱裡還有肉丸吧？」我問，「我餓死了。」

她點點頭。

我走進廚房，把肉丸倒進煎鍋，燒水，準備下義大利麵，我聽到琳達在我身後進來了。

「這個夏天沒什麼錯的。」我說，「我指的是喝酒的事。你當時不介意，對嗎？」

「對。」她說，「挺棒的。我現在害怕超過限度，但那時候不怕，跟你在一起就不怕，我覺得被保護。從來不覺得要摔跤了，要變得瘋狂了，或者只是出盡洋相。我感覺很安全。我以前從沒這種感覺。現在不一樣了。我們已經過了那個階段。」

「沒錯。」我說完便轉過身，鍋裡的奶油慢慢在肉丸中間融化，「那我們現在是什麼階段？」

她聳聳肩。

「我不知道。但是感覺我們好像失去了什麼。有什麼東西結束了。我害怕剩下的也會消失。」

「但你不能強迫我。這是讓它消失最好的辦法。」

「當然。我知道。」

我往煮義大利麵的水裡撒了鹽。

「你要不要？」我問。

她點點頭，用拇指擦掉了眼淚。

圖勒·艾瑞克在第二天兩點左右抵達，一進門就用他的風采填滿了這套小小的公寓。我們逛了幾家古舊書店，他研究他們有哪些自然史方面的老書，之後我們去了鵜鶘，吃晚餐，喝啤酒，直到關門。我對他講了在車站過夜的事，以及我要坐火車回挪威的決定。

「可是我就要來了呀！」他說，「那我豈不是也要回去？」

「我一醒過來，想的正是這事。」我說，「圖勒·艾瑞克·隆要來。我他媽的不能現在這時候回家。」

他發出一陣大笑，跟我講起他的一段韻事，十足的腥風血雨，與之相比，我和琳達這一齣純屬仲夏之夜的喜劇。當晚我喝了二十瓶啤酒，只記得最後幾個鐘頭來了個老醉鬼，圖勒·艾瑞克跟他聊到一塊去了，他在我們這一桌坐下，不停地誇我好看，長得真是帥。圖勒・艾瑞克大笑著，不時捅捅我的肩膀，隨後便繼續嘗試逗引此人講他的生活。後來我記得我們站在公寓外面，他爬進自己的小汽車，躺到後座上睡覺，輕飄飄的雪花在灰色而寒冷的天空下旋舞。

一個房間和一個廚房，這就是我們的競技場。我們在這裡煮飯，吃飯，睡覺，做愛，閒聊，看電視，讀書，爭吵，接待所有的訪客。這裡又小又窄，但也足夠，我們有辦法生活在水準之上。可是如果我們想要孩子——我們不停地在談論此事——就得找一處更大的公寓。琳達的母親在市中心有間房子，只有兩個房間，但面積超過了八十坪，跟我們現在住的地方相比，那裡簡直就是足球場。房子她不用了，但已經出租，她說可以給我們住。恐怕不能想住就住，因為不合法，在瑞典，租約屬於個人財產，終身有效，但交換可以：琳達的母親接手琳達的，我們接手她的。

有一天我們去看房子。

這是我見過的最資產階級的公寓，房間一頭有個巨大的、屬於上世紀的俄式壁爐，正面是厚重的大理石，另一個壁爐在臥室，高度一樣，只是稍微小點。所有牆壁都裝飾著雕刻精美的白色鑲板，天花板粉刷過，高度超過四公尺。極為漂亮的魚脊形鑲木地板，出自十九世紀末期。她母親的傢俱也是同樣的風格：厚重，唯美，十九世紀晚期的產物。

「我們能住這裡嗎？」我們四處走動的時候，我這樣問她。

「不能，當然不能。」琳達說，「我們應該到謝爾島或類似什麼地方再換一間公寓，對不對？這裡死氣沉沉。」

謝爾島是座移民聚居的衛星都市，我們曾在某個星期六去過那裡的市場，深為當地的生活氣息和多樣性感到震驚。

「我同意。」我說，「我們住在這種地方簡直不可能。」

與此同時，搬到這裡的想法也是有吸引力的。寬敞，漂亮，市中心的位置。我們是否會在這些房間裡迷失自我真的那麼重要嗎？也許我們可以與它戰鬥，控制它，讓資產階級的格調成為我們的一部分。

我一向傾心於資產階級，一向傾心於固有的體系，想要嚴密的形式和嚴謹的規則，籍以保證內心不越雷池，規範它，鍛造它，把它變成某種你可以忍受的東西，不准它一而再，再而三地毀掉你的生活。但是，每當我置身於中產階級的環境，比如說，和我爺爺祖母，或是托妮耶的父親共處，抵觸就會發生，好像我身上一切異類的、不相容的、逾越了形式和結構的特質，所有讓我對自己感到厭惡的東西通通因此而暴露了。

可是在這裡？琳達和我，再加一個孩子？一種新生活，一個新城區，一套新房子，一種新的幸福？這種想法遮蔽了這套公寓帶來的陰鬱的、死氣沉沉的第一印象，在屋裡的床上做過愛之後，我們喜歡上了這個話題，熱情陡然增加；後來當我們躺在床上，枕著枕頭，抽著菸的時候，已經毫不懷疑我們的新生活就要從這裡展開了。

四月末，蓋爾從伊拉克回來了。我們到舊城一家昂貴的美國餐廳吃了晚餐，他非常興奮，充滿活力，我以前從未見過他這個樣子，他花了好幾個星期才講完他在那裡的全部經歷，他遇見的各色人物，漸漸地，等我也對此如數家珍，這些東西才開始逐漸消失，讓別的事能夠占據他的腦海和話題。五月初，在安德斯的幫助下，琳達和我著手搬家，搬完家當之後，又把整套公寓收拾乾淨。我們花了一下午和整個晚上，十一點還沒完工，琳達突然往地上一蹲，整個人靠到了牆上。

「我受不了！」她叫道，「搬不動了！」

「再一個小時。」我說，「頂多一個半小時。你撐得住的。」

淚水在她眼睛裡打轉。

「我打給媽媽吧。」她說，「我們不必全弄完。明天她過來處理。不會有問題的。我知道。」

「你要讓別人幫你整理房子？」我問，「收拾你留下的垃圾？你不能每次一遇到問題就喊你媽。你都三十了，真是的！」

她嘆了口氣。

「是，我知道。」她說，「我只不過快累死了。這些事情她**能**做。對她不是問題。」

「可這對我是個問題。對你也應該是個問題。」

她抓過抹布，站起身，接著擦洗廁所的門框。

「剩下的我做。」我說，「你先走吧，我晚點過去。」

「真的嗎？」

「真的。沒關係。」

「好吧。」

她穿好衣服出了門，走進夜色，我清理完最後的部分，我說的是實話，這對我不算什麼。第二天搬我的東西，也就是我所有的書，其數量已經來到了兩千五百部，安德斯和蓋爾幫我搬家，當我們把一個個紙箱從電梯弄進公寓時，他們發自內心地對此叫罵不絕。蓋爾很自然地把它與幫助美國海軍陸戰隊卸裝的彈藥箱相提並論，他剛幹過這種差事沒幾個星期，但是對我來說，這就像操縱瑞典馬車或獵捕北美野牛一樣陌生。我們的家當在兩間屋子裡堆成了小山，我開始粉刷牆壁，而琳達去了挪威，做一個有關五月十七日國慶日的廣播節目。她將和我母親待在一起，兩人只見過一面，在斯德哥爾摩共度了幾個鐘頭而已。等她上了火車，我就打電話給我媽，有些事情困擾著我，托妮耶留下的所有痕跡，特別是結婚照片，我在那裡過聖誕節時，它還掛在牆上，還有結婚相冊。我不想讓琳達忍受這些東西，我不想讓她有處在我生活邊緣、只是一個替代品的感受。一番簡短的寒暄，說了些上次見面以來發生的事情之後，我開始瞄準主題。我知道這很愚蠢，實際上也很丟人，對琳達，對她和我，都是如此，可我管不住自己，我無法忍受琳達可能會因此受到傷害的想法，最後還是開了口。她能否摘下結婚照片？把它放到一個更隱蔽的地方也行。是的，她可以，其實照片早就取下來了。就在我們離婚之後。那相簿呢？我問，你知道的，結婚相簿，你把它塞到什麼地方行嗎？噢，不行，卡爾．奧韋，媽媽說，那是我的相簿。它代表了我人生的一段時光。我不想把它藏起來。琳達不會怎麼樣的，她知道你結過婚。你們都是大人了。好吧，我說，你說的對，那是你的相簿。我只是不想傷害她。你不會的，媽媽說，沒事的。

琳達選擇和我媽一起住是個勇敢的決定，是主動示好，而且效果不錯，我們每天通幾次電話，她說她深深迷醉於西挪威的風光，那些綠色、藍色和白色，那些高高的山峰和深深的峽灣，幾乎完全沒有人煙，總是豔陽高照，把她帶入一個夢幻般的國度。她從巴勒斯特蘭一家小客棧打來電話，描述窗外的景色，探出身子便能聽到海浪的拍擊，她的聲音裡飽含著未來。不管她說什麼，話題總圍繞著我們，我是這樣理解的。世界如此美麗，正因為有了我們，我們在一起，是的，好像我們就是世界。我告訴她現在的房子是如何愜意，不再是灰暗而是潔白的。連我也被未來充滿著。我期待她早日回家，看看我的工作成果，我期待著住在這裡，在城市的中心地帶，我也期待著我們已經決定要生的小孩。我們放下電話，我繼續刷牆，第二天就是國慶日，下午艾斯彭和艾瑞克要來串門。他們正在畢斯科普斯－阿恩參加一個批評界的座談會。我們出去吃飯，我把他們介紹給蓋爾，看上去他們無拘無束，談到了各種各樣的話題，但是蓋爾和艾斯彭並不是很談得來。蓋爾拋出一些老生常談，艾斯彭加以挑戰，蓋爾察覺之後便閉緊了嘴巴，討論於是到此為止。像往常一樣，我努力打起了圓場，先誇艾斯彭幾句，再回過頭表揚蓋爾，可這太遲了，他們斷然不肯再度交談，更不可能喜歡或尊敬對方了。他們兩個我都喜歡，甚至可以說是他們三個，但我的生活一向如此，不同的部分之間打著厚重的隔板，和他們每個人打交道時，我的方式迥然有別，當他們湊到一起的時候，我感覺就像露餡一樣，左也不成，右也不是，只好不停地和稀泥，要嘛顯得舉止怪異，要嘛乾脆嘴巴緊閉。我喜歡艾斯彭，恰恰因為他是艾斯彭，我喜歡蓋爾，恰恰也因為他是蓋爾，可我的這種把戲——本質上說是隨和，起碼我是這樣認為的——卻總是帶來一種虛偽的感覺。

琳達一整天和我的家人在一起，她第二天早晨告訴我，她跟我媽去了達勒，看我姑姑謝萊于格和我姑丈馬格納，他們住在家的農場，高臨於村莊之上，大家一起用傳統的方式慶祝國慶日。她採訪了村民，根據她後來所述，我的理解是，她發現此次活動極富異國情調，講話啦，服裝啦，軍樂隊啦，兒童遊行啦，樣樣如此。早晨的時候，他們在森林邊緣看見了鹿，回家的路上還有海豚在峽灣裡歡鬧嬉戲。媽媽說這是吉兆，代表好運氣。

那裡不常有海豚出沒，我只見過幾次而已，第一次距離很近，在峽灣裡一條小船上，和外公一起，霧濛濛的，安靜至極，後來牠們游上來了，起初只聞其聲，像帆船的船首犁過水面，隨後便看見了它們閃亮而光滑的深灰色軀體。忽上忽下，牠們忽上忽下地遊著。外公也曾像媽媽那樣，說牠們會帶來好運。琳達既疲憊又興奮，她累了一路，連續的盤山公路讓她暈了車，所以很早就睡了，她告訴我，第一天晚上她和外婆最小的妹妹阿爾夫迪絲在一起，她比媽媽大十歲，還有她丈夫安芬，一個矮小卻強健的男人，性格活潑，魅力驚人，頗讓琳達喜歡，而他們似乎頗談得來，因為他拿出了自己當年捕鯨時的全部珍藏，大談當時的經歷，也許琳達採訪用的麥克風更進一步激發了他的興致。他們做了薄烤餅，用的是企鵝蛋！

他大笑著告訴她，不過她有點擔心錄音，安芬操一口鄉音濃重的約爾斯特方言，瑞典人無疑是難以理解的。

艾斯彭一早就走了，艾瑞克還在，他出門到城裡去的時候，我把最後一批書上架，扔掉剩下的紙箱，這麼一來，琳達第二天早上回來時所有的工作都會結束。當晚我和埃里克還是出去吃飯，後來回家，喝免稅的烈酒，喝了一整晚。琳達和我不停地傳簡訊，因為她覺得不舒服，一直很累，肯定只有一種可能，會不會？愈往後簡訊愈熱烈，愈深情，可是她終於寫道，晚安，親愛的王子，也許明天會是個好日子！

早晨七點我上床時，酒精的明火在體內燒灼，如此強烈，竟至於無法看見周圍的環境，彷彿我的內心世界此刻成了一切，我醉到不省人事的時候就是這樣。雖然如此，我還存有一點意識，沒忘記把鬧鐘調到九點。我得去車站接琳達。

九點了，我還醉著。只有動員起我全部的意志力，才能勉強邁起步子。我拖著身體走進廁所，沖了個澡，換了乾淨衣服，對艾瑞克喊一聲我走了，他和衣躺在沙發上，掙扎著起身，說他要出去吃早餐，我說那我們十二點左右再見，就在我們前一天去的那家餐廳，他點點頭，我歪歪斜斜走下樓梯，出門上街，陽光亮晃晃的，柏油路散發出了春天的味道。

我在路上停下，買了瓶可樂，一口氣喝乾，又買了一瓶。借著商店的櫥窗端詳自己的臉。氣色不好。眼皮腫著，眼睛裡滿是血絲。一副倦容。

如果能把接送往後延三個小時，讓我做什麼都行。不過這不可能，再過十三分鐘她的火車就要進站，沒有多餘的時間了。

她出現在月臺上時，神采飛揚，腳步輕快，她朝我這邊張望，嘴角掛著微笑，我招手，她也揮手示意，單手拖著她的行李箱走了過來。

她看著我。

「嗨。」我說。

「怎麼了，你還醉著嗎？」她問。

我上前一步，把她抱在懷裡。

「嗨。」我又說了一遍，「昨天睡晚了，但也沒什麼事。我跟艾瑞克一起待在家。」

「你滿身酒味。」她一邊說，一邊擺脫我的懷抱。「你怎麼能這樣對我？非挑今天不可？」

「對不起。」我說，「但這沒什麼大不了的吧？」

她沒有回答，轉身就走。我們離開車站的路上，她一個字也沒說。在通往克拉拉山高架橋的自動扶梯上，她開始辱罵我。到了上面，她用力搖晃藥店的大門，但今天是星期天，店家休息。我們繼續走向北方百貨公司另一側的藥局。她一路上大發雷霆。我走在她身邊，活像一條狗。第二家藥局開著門。我真厭惡你，她說，我不理解為什麼我要跟你過下去，你只想著你自己，難道我們昨天那些話沒有任何意義嗎？她這樣說，這時輪到她了，她想買驗孕棒，接過一支，付錢，我們離開，上內閣街，她繼續對我百般辱罵，滔滔不絕，引得路人紛紛注目，但她不管，她正在氣頭上，我一向害怕她的脾氣，此時有意請她息怒，求她好好說話，我已經道過歉了，我又沒做什麼，我們的簡訊和我陪挪威來的客人一起喝酒之間沒有關係，我喝醉這件事跟她手裡的驗孕棒也沒有關係，但她不這麼想，對她來說全都一樣，她是個浪漫的人，她對我們兩個，對愛情，對我們的孩子心懷夢想，而我的習性毀掉了她的夢，或者提醒她，那只是夢。我是壞人，是不負責任的人，真不敢想像我憑什麼能做父親？我怎麼能讓她受這份罪？我走在她身邊，因為別人在看我們而受著羞恥的煎熬，因為我一直在酗酒而受著內疚的煎熬，因為她在盛怒之下指著鼻子罵我而受著恐懼的煎熬。這真是受辱啊，但既然她有理，既然她說的是事實，既然這可能是我們發現要有小孩的日子，既然我醉醺醺地來接她，我就不能要她住口，也不能讓她滾蛋。她是對的，或者說她有這個權利，我必須低下頭，忍受這一切。

我忽然想到，也許艾瑞克就在附近，於是我頭愈來愈低，最壞的念頭大概也不過如此，那就是讓某個熟人看見我現在這副樣子。

我們上樓梯，進家門。粉刷新的牆壁，一切井井有條：這是我們的家。

她看都沒看一眼。

我停在地板中央。

她已經用憤怒暴擊了我一頓，一如拳手擊打沙袋。好像我是個東西。好像我沒有知覺，是的，好像我沒有內在的生活，好像我只是一副空空的皮囊，在她的生活裡遊盪著。

我知道她懷孕了，我確信無疑，從我們做愛的那一刻我就知道。有了，我當時想，我們就要有孩子了。

果然如此。

突然之間，當我站在地板中央，內心的閘門一下子打開了。防線瞬間崩潰。再也無力抵抗。我開始哭了。完全失控般地哭起來了，一切都扭曲成怪物般地哭起來了。

琳達停下，轉身看著我。

她以前從沒見我哭過。爸爸死後我也再沒哭過，那是將近五年前的事了。

她一副受了驚嚇的樣子。

我轉過身，我不想讓她看見，那是十倍的羞辱，我不僅不是人，也不是個男人。

可是轉身沒用。雙手捂臉也沒用。朝門廳走也沒用。它來得那樣兇猛，我哭得又是那樣奔放，所有的閘門通通打開了。

「可是卡爾．奧韋，」她在我身後說，「好卡爾．奧韋。我絕不是有意的。我只是太失望了。可這沒關係。沒關係的。親愛的卡爾．奧韋。不要哭。不要哭。」

是的，我也不想哭。我最不想做的就是讓她看見我哭。

可我停不下來。

她伸出雙臂，想抱我，我把她推開。我想喘口氣，卻變成了顫抖的、可悲的抽噎。

「對不起。」我說，「對不起。我不是故意的。」

「我也對不起。」她說。

「好，還是老樣子。」我一邊說，一邊淚水漣漣地笑著。

她眼裡也滿是淚水，她也在微笑。

「是的。」她說。

「是的。」我說。

我走進廁所，大口吸氣，又一波啜泣湧過我的身體，又一陣哆嗦，可是後來，當我用冷水洗了幾把臉之後，這一波抽噎消退了。

我出來時，琳達仍然站在門廳。

「好點了嗎？」她問。

「是的。」我說，「這真是白癡。肯定是昨天喝酒害的。我一下子沒了防備。一切都那麼讓人絕望。」

「你哭一哭沒關係的。」她說。

「對你是沒關係，對。可我不喜歡。我但願你沒看見。可你看見了。現在你知道了。我是這副德行。」

「是的，你是個好人。」

「得了吧。」我說，「別說了。不要再提了。你覺得房子行嗎？」

她露出微笑。

「棒極了。」

「好。」

我們相互擁抱。

「琳達，」我說，「你不去測驗一下嗎？」

「現在？」

「對。」

「好。再多抱我一會。」

我繼續抱了她一會。

「現在？」我問。

她哈哈大笑。

「好。」

於是她進了廁所，出來時手裡拿著白色的驗孕棒。

「得等幾分鐘。」她說。

「你覺得呢？」

「我不知道。」

她走進廚房，我跟了進去。她盯著那支白色的棒子。

「有變化嗎？」

「沒有，什麼都沒有。嗯，也許什麼都沒有。我很肯定有什麼來著。」

「是的，有些證據。你老覺得不舒服。累。你還需要多少證據？」

「一個。」

「看這裡。藍了，對不對？」

她什麼也沒說。

然後她抬起頭，看著我。她的眼睛黑亮而嚴肅，像野獸。

「有了。」她說。

我們得不到等三個月再說。過了三個星期，琳達就打給了她母親，聽到她喜極而泣。我母親的反應則相對平淡，她說這很好，很值得高興，可是過了一小會，她又冒出來一句，說不知道我們有沒有做好準備。琳達要上學，我得寫東西。到時候再看吧，我說，一月份就會有結果。我知道媽媽總要花些時間才能適應變化，她必須先想一想，再調整自己，來應對新的情況。我一放下媽媽的電話，就打給了英格威，他說，噢，真是好消息。是的，我站在後院，邊抽菸邊說。什麼時候生？英格威問。一月份，我說。恭喜恭喜，他說。謝謝，我說。其實，我正在足球球場，他說，在跟耶爾法一起看比賽，有點忙，我們晚點再聊？沒問題，我說，接著便掛了電話。

我又點了一支菸，發現自己對他們的反應不盡滿意。老天，我們要生**寶寶**了！這可是**特大喜訊**！

但是我搬來瑞典以後，一些變化也隨之出現。我們跟以前一樣保持聯繫，問題不在這裡，不過的確有些東西不一樣了，我不知道變化出在我身上還是他們身上。我離他們遠了，還有我的生活，重大的變化一再出現，新的地方、新的人和新的感情，讓我無法再像從前，像我們在同一個環境生活時那樣輕鬆自然地與他們溝通，這是一個連續的過程，一開始是蒂巴肯，接著先是特韋特，而後是卑爾根。

不，我可能想太多了。我感覺英格威的反應跟七年前相比並沒有太大的不同，當時我跑去告訴他，說人家接受了我寫的小說。是嗎？他輕描淡寫地說，嗯，挺好。對我來說這可是天大的好消息，我當時整個人都樂歪了，並且以為周圍所有的人也會和我一樣。

當然不會。

迎接改變人生的消息歷來不易，尤其當你深陷世俗與日常的生活時，人生總是平凡的，生活幾乎吸盡一切，幾乎縮小了一切，只留下屈指可數的重大事件，大到讓你身邊一切日常的瑣事通通化作塵艾。這就是大事，而人不能靠大事活下去。

我踩熄菸頭，上樓去見琳達。進門時，她好奇地看著我。

「他們怎麼說？」她問。

「他們可高興了。」我說，「又是恭喜又是祝賀的。」

「謝謝。」她說，「我媽高興得不得了。不過她聽見什麼都很興奮。」

當晚晚些時候英格威打來電話；我們可以得到想要的各種嬰兒衣服和用品。推車、尿布台、罩衫、吊帶褲、寶寶衣服、圍兜兜、褲子、毛衣和鞋子，他們全包了。我把這告訴給琳達，她很感動，我還笑她，她的敏感在過去幾個星期已經改變，開始對最奇怪的事情產生反應。她自己也笑。她母親經常來拜訪，帶來最美味的食物，讓我們放進冰箱，還有幾包嬰兒服裝和成箱的玩具。她替我們買了一台洗衣機，她的伴侶維達爾負責安裝。

琳達繼續上課，我繼續去城裡的集體工作室，開始讀聖經，發現一家天主教書店，買下了我能找到的所有和天使有關的書，讀湯瑪斯．阿奎那和奧古斯丁，巴西琉斯和聖哲羅姆，霍布斯和伯頓。我買了斯賓格勒和一本以撒．牛頓的傳記，多種有關啟蒙時代和巴洛克時期的參考書，都堆在我寫作的地方，我試圖從這些不同的思想和體系中琢磨出一條路，或對同一個方向有所推動，儘管我不知道具體的目標是什麼。

琳達很快樂，但她心裡總有深淵般的感覺，讓她對一切感到懼怕。孩子生下後她有沒有能力照顧？能不能生下來？她可能失去小孩，不管我說什麼，做什麼，都阻止不了恐懼在她心裡茁長，這超出了她的控制，幸而只是一時之懼。

六月底，我們去挪威度假，先到特羅姆島待了幾天，之後去拉科倫拜訪艾斯彭和安妮，他們借給我們一套木屋來住，最後，我們去了約爾斯特媽媽的家。我們沒有駕照，所以我拖著兩個人的箱子，跟琳達一起上飛機，趕火車，坐客運，搭計程車，只要比一枚蘋果重的東西，她一概拿不了。阿爾維德到阿倫達爾和我們見面。他比我大幾歲，來自特羅姆島，本來是英格威的朋友，但我們在卑爾根來往密切，他也在那裡讀書，幾個月之前曾到斯德哥爾摩拜訪我們。他想開車載我們回他家。我知道琳達累了，想去我們租的木屋，為了強調她的願望，我當場告訴阿爾維德，琳達懷了孩子。

在阿倫達爾陽光明媚的街道上，這番話宛如晴空下的一聲悶雷。

「噢，恭喜啊！」阿爾維德說。

「所以最好還是我們先去木屋休息一下……」

「我來安排。」阿爾維德說，「我開車送你們過去。之後再開船來接你們。」

這是幢原木小屋，條件很差，我一看見它就後悔了。我原本打算讓她看看我的家鄉，我以為這裡挺好的，但並非如此。

她睡了一兩個小時，我們出門走上堤道，阿爾維德駕著小艇跨海而來。我們要去他住的希斯島。經過一幢幢岩石上的小白房子，下午的陽光替它們染上了一層微紅，周圍綠樹環繞，碧海藍天，我心裡想，天啊，這裡可真美。後來起了風，每天下午一到黃昏就起風，景觀因此而陌生起來，我現在就能看到，我在這裡長大時便一直看著。陌生是因為把風景統一起來的所有元素，在強風吹拂之下，都像大錘擊碎石頭一般，分崩離析了。

我們上岸，到家，圍坐在花園桌邊。琳達心房緊閉，表露出不友善，我受著煎熬，我們與他的親友同坐，這是他們第一次見她，我當然想讓人家看看我的伴侶多麼出色，她卻這樣不情不願。我在桌下抓住她的手臂，捏她。她看看我，全無笑意。我想大聲吼叫，要她打起精神。我知道她可以表現得多麼迷人，在這方面她是多麼有天分，足以和別人坐在桌邊，談笑風生。另一方面，我也記得我跟不太熟的琳達的朋友在一起時的樣子。沉默，拘謹，內向，整場飯局乾坐著，除了必要的幾句話之外便啞口無言。

她在想什麼？

誰招惹了她？

阿爾維德？他偶爾會流露出輕微的招搖之態。

安娜？

阿特勒？

要不然是我？

我下午說過什麼嗎？

或者是她自己的問題？某件與此完全無關的事？

吃完東西，我們乘船兜風，繞希斯島轉了一圈，又駛向梅爾德島，一進入開闊的水域，阿爾維德便加大油門。小艇迅捷輕快，掠過水面，波浪撞擊著船首。琳達臉色蒼白，她懷孕剛滿三個月，這麼劇烈的撞擊也許會讓她失去胎兒，我能看出她在想什麼。

「告訴他開慢點！」她咬牙切齒地說，「這對我來說太危險了！」

我看看阿爾維德，他坐在方向盤後，臉上掛著微笑，眼睛迎風瞇成了一條線，清新的海風朝我們迎來。我不覺得有危險，也鼓不起勇氣出言干預，告訴阿爾維德放慢速度，那樣做太愚蠢了。與此同時，琳達坐在那裡，滿心恐懼，怒火中燒。為了她，我大可以開這個口，即便可能讓自己像個傻瓜？

「沒事的。」我對琳達說，「沒什麼危險。」

「卡爾．奧韋！」她咬牙說道，「告訴他慢下來。這太危險了。你不懂嗎？」

我直起腰，向阿爾維德靠過去。我們正往梅爾德島全速逼近。他看著我，莞爾一笑。

「她還好吧？」

我點點頭，回笑一下，要他放慢速度的話到了嘴邊，又吞了回去，走到琳達身邊坐下。

「沒什麼危險。」我說。

她什麼也沒說，坐在那裡，雙臂環抱，面色凝重而蒼白。

我們在梅爾德島上走了一圈，拿一塊小地毯鋪到地上，喝了咖啡，吃了點心，又重新登船。在碼頭往船上走的時候，我悄悄貼近阿爾維德。

「你開快的時候琳達有點害怕。她懷孕了，你知道，所以動作上……嗯，你懂的。回去時你能稍微開慢點嗎？」

「沒問題。」他說。

開往霍弗的一路上，他都保持著蝸牛般的速度。我不知道他是想告訴我們什麼，還是格外體貼。不管怎樣，這都讓人尷尬。兩件事我全沒辦好，第一，我跟他開了口，第二，我沒能在去的路上就說。請人家開慢點，我女朋友懷孕了，這難道不是世界上最容易的事嗎？

尤其是琳達的恐懼和不安都來自一個與大多數人不一樣的地方。自醫院讓她出院也只過了三年，此前她有兩年受著躁鬱症的折磨。有了這種經歷之後再懷孕，並不是沒有風險的。她不知道自己會如何反應。要是躁鬱症再度發作呢？嚴重的話，說不定會重新住院。到時候孩子怎麼辦？不過，她已經出來了，在世間穩定下來了，以一種迥異於以往崩潰之前的方式，而且在這幾乎一年的時間裡，以我每天所見，我知道她不會有事的。我把此前發生的事看成一場危機，漫長而囊括一切，但它結束了。她是健康的；搖擺不定的情緒仍會在她的生活中存在，但那也只是正常的行為罷了。

我們乘火車到莫斯，艾斯彭在車站接上我們，開車去他們在拉科倫的家。琳達有點低燒，先去睡了，我和艾斯彭走路前往附近的一個球場，踢了一陣足球，晚上我們烤肉吃，我跟艾斯彭和安妮坐到很晚，後來只剩艾斯彭和我。琳達在睡覺。第二天，艾斯彭開車把我們送到耶爾島上的木屋，我們在那裡待了一個星期，在此期間，他們去了斯德哥爾摩，住在我們家。我五點左右起床，寫小說，稿子已經有了小說的模樣，我一直寫到十點左右琳達起床。我們吃早飯，我有時朗讀一下剛寫的東西，她無一例外地說非常好，我們去幾公里遠的海灘游泳，購物，弄午餐，下午她睡覺，我去釣魚，晚上我們點起篝火，或聊天，或看書，或做愛。住滿一個星期之後，我們便從莫斯搭火車去奧斯陸，轉乘卑爾根專線前往弗洛姆，在此乘船到巴勒斯特蘭，下榻奎克納酒店，第二天再搭渡輪到菲耶爾蘭。我們見到了湯瑪斯·艾斯佩達爾，他正和一個朋友徒步旅行，前往他在松恩峽灣的一個住處。自從我住到卑爾根以後就再沒見過他，因此一看見他我就興奮異常，他是我這輩子見過的最好的好人。媽媽在菲耶爾蘭的碼頭上等我們，我們驅車，行經藍色天幕下的灰白色冰川，通過長長的隧道，進入了漫長、灰暗、狹窄的山谷，這裡經常有雪崩發生，一進謝村地界，溫婉而豐腴的約爾斯特鄉村景色便出現在眼前。

這是琳達和我媽第三次見面，我立刻嗅出了她們之間的距離，在剩餘的時間裡，我試圖居間調處，卻歸於徒勞。總是有些疙瘩，幾乎事事不順。一番努力之後，我看見琳達打起精神，說了些什麼，我媽很認真地在聽，我一下子喜出望外，但我後來才理解了為什麼，於是渴望著離開。

琳達開始出血。她嚇壞了，嚇得要命，想馬上回去，她往斯德哥爾摩打電話，問助產師，對方告訴她，沒做檢查的情況下什麼都不好說，這使得琳達更加害怕，我說不會有事的，鐵定不會有事，沒什麼問題，但我說的話不管用，我怎麼知道沒事？我有什麼證據？她想走，我說我們別走，最後她同意留下，但一切責任都由我來負，如果將來出問題，或者已經出了問題，那麼是我當初堅持不做檢查，是我非要再等等看。

琳達全部的精力都傾注在這件事上了，我看得出來她腦子裡只有此事，恐懼啃噬著她，大家吃飯時，晚上聚在一起時，她再也不講話了，當她在二樓睡完覺，下了樓，發現我和我媽坐在花園裡聊天的時候，她轉身就走，目光陰鬱，怒氣沖沖，我明白原因：我們在聊天，好像什麼事都沒發生，好像她的感受不足掛齒。這既是事實又不是事實。我認為不會有什麼問題，可又不能肯定，而我們是來做客的，我有半年多沒見我媽了，我們有很多話要說，但若只是不言一語，安靜地四處遊盪，終日沉浸在折磨人的、吞噬一切的恐懼中，這樣的意義何在？我抱住她，我安撫她，盡力告訴她，一切肯定都會好起來，她卻不接受，也不想待下去。媽媽問她什麼，她幾乎從不答話。我們到峽谷遊覽時，她說盡我媽的壞話。我為她辯護，我們對彼此大喊大叫，她轉過身兀自走掉，我在後面追她，真是一場噩夢，可是像所有的噩夢一樣，總會有醒來的一天，不過首先要上演最後的一幕：媽媽開車送我們去弗洛爾島，我們要在那裡搭船。我們來早了，決定吃午餐，發現一家在浮橋上的餐廳，坐下，點了魚湯。湯來了，味道真糟，除了奶油幾乎沒有別的味道。

「我吃不了這個。」琳達說。

「的確不怎麼好吃。」我說。

「我們最好跟服務生說一聲，要他拿點別的什麼來。」琳達說。

把食物退回廚房？我無法想像還有什麼事比這更讓人尷尬。況且這只是弗洛爾島，不是斯德哥爾摩，也不是巴黎。但我也受不了她再發脾氣，我朝服務生招了手。

「這恐怕味道不是很好。」我說，「你覺得我們能換點別的嗎？」

強壯的中年女服務生頂著一頭染得糟糕的金髮，朝我投來詰難式的一瞥。

「食物不該有問題，」她說，「可是既然您說了，那我去問問主廚。」

我們坐在桌邊，我媽、琳達和我，對著三碗滿滿的魚湯，一言不語。

女服務生回來，邊走邊搖頭。

「很抱歉，」她說，「主廚說了，湯沒什麼不對。就是這個味道。」

我們該怎麼辦。

我這輩子頭一次把食物退回廚房就遭到了拒絕。在世界上別的任何一個地方，對方都會替我們換一道菜，在弗洛爾島上偏偏不行。由於羞恥和苦惱，我的臉漲得通紅。要是我一個人，我早就把這該死的湯喝掉了，不管它有多麼糟糕。現在我客訴過了，無論我覺得這有多尷尬，多不必要，而他們竟然以敵意來面對我的客訴？

我站起身。

「我進去跟主廚說兩句。」我說。

「去吧。」女服務生說。

我順著浮橋走進建在陸地上的廚房，趴在櫃檯上，伸長脖子，以引起注意，跟我想的不一樣的是，對方不是什麼小胖子，而是一個高大、魁梧的男人，跟我年紀相當。

「我們點了魚湯，」我說，「裡面奶油放得太多了。簡直吃不下去。你認為我們能換點別的嗎？」

「味道就是這樣。」他說，「你點了魚湯，我們給你上了魚湯。那就沒辦法了。」

我走回來。琳達和我媽抬頭看著我。我搖搖頭。

「沒轍。」我說。

「也許我應該去試試。」媽媽說，「我是個老太婆。或許管用。」

如果在餐廳裡客訴違背我的天性，那麼這樣做肯定也與她的天性不合。

「你不用的。」我說，「我們還是走吧。」

「我要試試。」她說。

幾分鐘之後她回來了。她也搖了搖頭。

「好了好了。」我說，「我餓了，但這麼一來，這魚湯真的是沒辦法吃了。」

我們站起身，把錢放到桌上，出了門。

「我們在船上吃吧。」我對琳達說，她只是沉著臉，默默點頭。

船來了，螺旋槳還在旋轉。我把行李提上船，朝媽媽揮手告別，在最前面找到了座位。

我們吃了一塊軟塌、溼黏的披薩，一塊馬鈴薯餅和一盒優酪乳。琳達躺下就睡著了。她醒來時，腦子裡的一切都成了過去，變得開朗而快活，坐在我身邊聊起來沒個完。我深為驚奇地端詳著她。難道那一切都是因為我媽？還是因為她到了一個不熟悉的環境？或者看到了我以前的生活，而她不在其中？難道不是由於害怕失去胎兒？不然她現在也該發作了吧？

我們從卑爾根飛回家，第二天她做了檢查，一切都極為正常。小心臟在跳動著，小身體在成長，所有檢測結果都是好的。

在舊城醫院做完上述檢查之後，我們去了附近一家蛋糕店，談一談檢查過程中的大小事。每次做完檢查，我們總要交流一番。一個小時之後，我坐地鐵出城，前往奧克斯霍夫，我在那裡得到了一處新的工作室。城堡裡的老屋終於讓我無法忍受，後來琳達的作家朋友和電影導演瑪麗亞・森斯特倫給我在那裡提供了一間陋室，幾乎分文不收。它位於一幢公寓大樓的地下室，周圍整天都看不見什麼人，只有我自己坐在混凝土的四牆之間，寫字，看書，或呆望著森林深處，每隔五分鐘左右，就有一列地鐵傾斜著穿林而過。我讀了斯賓格勒的《西方的沒落》，有很多可以說的東西，關於他的文明理論，他對巴洛克時期的論述和他浮士德式的觀念，關於啟蒙時代和有機體的見解，都頗具獨創性和重大意義；有些東西我直接拿來，放進了小說，可以這麼說，我認識到這本書必須要把十七世紀作為一個核心。一切從此開端，世界在這一時期分裂，一邊是老舊而無用的，完全神祕的、無理性的、教條的和專制的傳統；另一邊則發展成了我們今天生活的這個世界。

秋天過去了，肚子隆起，琳達晃蕩著四處擺弄些零碎的小玩意，有點亮的蠟燭和熱水澡，櫃子裡成堆的嬰兒服裝，整理妥帖的相冊和讀過的書，內容是懷孕和寶寶出生之後的第一年。看到這些我非常高興，奈何自己不能置身其中，甚至無法接近。我得寫作。我能陪她，和她做愛，跟她聊天，一起出門散步，但我無法感受她的感受，也做不了她做的事。

怒氣不時爆發。有天早晨，我把水灑到了廚房的地毯上，沒有清理便出門去坐地鐵，等我回到家，那裡卻是一大片黃色的污漬。我問這是怎麼回事，她不好意思地看著我，嗯，她走進廚房時，看到了我在地毯上留下的痕跡，她氣壞了，便往上面潑了果汁。可是後來水乾了，她才意識到自己做了什麼。

我們不得不丟掉了那塊地毯。

一天晚上，她戳爛了餐廳的桌子，這是她母親送給她的禮物，屬於原本她當年花了不少錢購置的幾件成套傢俱，琳達這麼做，就因為我沒有對她正寫給婦產科的信表現出足夠的興趣。信裡寫的是她的心願和偏好。當她大聲念出其中一條建議的時候，我點了頭，但是顯然沒有表達出必要的激賞，她冷不防地拿起筆，刺進了桌面，然後用盡全身力氣，拼命在上面劃呀，刻呀，一下，又一下。你在做什麼？我問。你不關心，她說。哎，我的天啊，我說，我當然關心。這下你把桌子給毀了。

一天晚上，我對她怒不可遏，重重把一個玻璃杯摔到了爐子上。奇怪得很，杯子沒碎。真沒意思，我後來想，吵起架來，我就連摔杯子這樣的經典動作都完成不了。

我們一起去聽了產前輔導課，屋裡擠得滿滿的，聽眾對臺上所講的每個字都很敏感；從生物學的觀點來看，但凡出現極其輕微的爭議，場內便會泛起一陣低聲的騷動，因為這是一個以性別平等作為社會建構的國家，關於身體的問題沒有一席之地，而在國外，每個人都認為這是常識。本能，講臺上傳來一個聲音。不，不，不！屋裡憤怒的女人們在低語，你怎麼能說出這樣的話！我看見一個女人坐在長椅上哭泣，她丈夫遲到了十分鐘還沒來上課，我心裡想，我並不孤單。最後他到了，那女人往他肚子上就是一記拳頭，而他百般小心，想讓她脫離這種情緒，進入一種更加自制也更有尊嚴的狀態。

我們都是這樣活過來的，夾在突然搖擺的情緒之間，前一分鐘還是安靜平和，樂觀溫柔，緊接著突然就狂怒爆發。每天早晨我坐地鐵前往奧克斯霍夫，一走到地下，家裡的一切事情便從腦子裡通通消失了。我看看地下車站裡的人群，深吸一口地下的空氣，上火車，看書，鑽出地下時望一眼窗外飛速滑過的郊區房屋，看書，過大橋時遠眺城市，看書，愛著，真心愛著所有停靠的小站，在奧克斯霍夫下車，幾乎是唯一一個走這個方向前去工作的乘客，步行大約一公里，走到工作室，工作一整天。手稿很快達到了一百頁，也變得愈來愈怪，過了捕蟹的開頭，便搖身一變，轉成純粹的散文風格，提出了一些我以前從未涉足過的神學理論，不過是以一種特別的方式，從它們設定的前提上來看，倒也能自圓其說。我曾路過一家俄國東正教書店，堪稱一大發現，這裡有各種各樣非同尋常的作品，我買回來，記筆記，當偽命題的又一種論據就位時，我簡直歡喜得不可抑制，一直持續到下午回家，隨著火車駛近草市廣場車站，生活也在等著我慢慢返回。我偶爾提前回城，因為我們得去婦產科做檢查，到了那裡，我坐在椅子上，看著琳達接受檢測，量血壓，抽血，聽心律，量腹圍，肚子大小合適，一切正常，所有檢驗結果都很完美，如果非要吹毛求疵，那就是琳達的體力和健壯程度還有待提高，我也老跟她這樣說，然而考慮到體重和保險係數，擔心毫無必要，一隻嗡嗡作響的蒼蠅，一隻打轉的羽毛，一片過眼的煙雲。

我們去宜家買了一個尿布檯，裡面放上成堆的衣服和毛巾，在它上方的牆上，我貼了一系列的明信片，有海豹、鯨、魚、龜、獅子、猴子和迷幻時期的披頭四，這樣一來，寶寶就能看見自己出生在一個多麼美妙的世界。英格威和卡麗．安妮送來了他們家寶寶剩下的衣服用品，但他答應過的嬰兒車還要過一段時間，而琳達的煩惱與日俱增。某天晚上她氣得不行，覺得嬰兒車永遠不會來了，說是不能指望我那個哥哥，我們早該自己買，這話她從第一天起就在說。離預產期還有兩個月呢。我打了電話給英格威，拐彎抹角地提了嬰兒車的事，還含糊地說了一堆女人懷孕不講理之類的話，他說車還在處理，我說我知道，但我沒辦法，還是得問一下。我真恨自己做這種事。我真恨我要違背自己的性格來滿足她。我告訴自己，這麼做是有目的的，這麼做是有目標的，只要它還在我腦子裡高於一切，我就必須繼續忍受這些爬蟲般的煩惱。嬰兒車沒來。又一次生了氣。我們買了些新奇的裝置，等寶寶洗澡時可以放進浴缸，我們買了連身褲和小鞋子，罩衫和嬰兒車上的睡袋。我們向海倫娜借了搖籃，還有小羽絨被和小枕頭，琳達報以閃閃的淚光。我們討論了名字。差不多每天晚上都要坐下來商量，在數目龐大的各種名字裡反覆取捨糾結，總有一份清單，列出四五個名字，也總在變來變去。有天晚上琳達提議叫萬妮婭，於是我們有了一個給女孩用的名字。我們突然就定下來了。我們喜歡它身上的俄國特徵和種種關聯，有種強壯和野蠻的感覺，萬妮婭源于伊萬，等同於挪威語裡的約翰內斯，而這正是外公的名字。如果是男孩，就叫比約恩[95]。

一天早上，我正走進斯韋瓦根地鐵站的時候，兩個正在吵架的男人引起了我的注意。在周圍倦怠的乘客面前，他們的侵略性顯得格外駭人，他們朝對方叫喊，不，是尖叫，我的心跳得很快，後來，就在火車進站的當下，他們極其兇惡地動起了拳頭。其中一人掙脫出來，好騰出空間踢另一個。我走近了一些。他們再次扭打成一團。我想，我非得干涉不可了。拳擊手事件，我不敢踹門，船遊事件，我不敢讓阿爾維德減速，再加上琳達已經對我的行動力產生了懷疑，我早就在心裡盤算了很久，此時無須思前想後。我不能袖手旁觀。我得出手。這念頭弄得我兩膝發軟，雙手打顫。但我還是放下了背包，考驗來了，我想，今天我他媽豁出去了。我直直走向那兩個打架的人，抱住離我最近的一個。我死死地抱著他。我這樣做的時候，又一個男人挺身而出，站到他們中間，然後是第三個拉架的，戰鬥就這樣結束了。我拎起背包，上了另一側的火車，一路坐到奧克斯霍夫，全身綿軟無力，只有心臟在胸腔裡狂跳。誰也不能說我是個懦夫了，但也不能說我特別聰明，他們可能拿著刀子，什麼東西都有可能，而這一架跟我沒有半點關係。

這幾個月裡奇怪的是，我們變得更加親密，也變得更疏遠。琳達不記仇，什麼事過去就過去了，到此為止。我卻不一樣。我記仇，過去一年鬧過的每一次彆扭，我通通記在心裡。同時我也明白發生了什麼，憤怒剩餘的星火開始和那些在愛情中消失的東西連結起來，琳達害怕連剩餘的也要失去，她拼命地捆束我，而我對這些束縛的閃躲拉大了我們之間的距離，但這正是她害怕的結果。她懷孕以後，一切都變了，如今在我們的二人世界之外，有了一片新天地，某種大於我們的東西，始終存在的東西，在我心裡，也在她的心裡。她的不安也許一直揮之不去，但即使在這巨大不安的中央，也總有一種完整和安全的感覺存在。一切都會按部就班，一切都會好起來的，我知道會的。

十二月中旬，英格威領著孩子來拜訪，還帶來了期待已久的嬰兒車。他們待了幾天。頭一天和第二天開始的幾個小時，琳達還算友善，可是後來她就拉下了臉，這種敵意的空氣簡直要把我逼瘋。我倒是已經習慣了，知道如何應對，但並非只有我一個人在受罪，還有其他人。後來我不得不介入其中，試著安撫琳達，試著安撫英格威，讓雙方保持溝通。離預產期只剩下六週了，她想要安靜，並且認為自己有這個權利，也許她是有這個權利，這我知道，但也不能因此怠慢客人吧？表現出好客的樣子，讓客人想待多久就待多久，這對我很重要，我不理解琳達怎麼可能做出這樣的舉動。噢，是的，我能理解：她就要生孩子了，她不想要家裡全是人，再說了，她跟英格威生疏得很。英格威和托妮耶處得很好，關係親密，跟琳達就不行，她當然注意到了，可是她究竟為什麼非要生出事端？為什麼她不能把自己的感情藏起來？為什麼她不能逢場作戲，對我們家的人好一點？我對她家裡人不好嗎？我說過他們來得太頻繁嗎？

95 意思是熊。

說過他們總是無止境地多管閒事嗎？琳達的親戚朋友跟我們在一起的次數要比我的親友多一千倍，這個比例是一千比一，可是，儘管有著天壤之別，她還是不能適應，或者說不願適應，非要給人家臉色看。為什麼？因為她率性而為。可是率性也要有個限度啊。

我什麼也沒說，忍下了所有責備和怒火，等英格威和孩子走了，琳達又開始快樂，開心，興奮，我沒有用保持距離和臉色陰沉來懲罰她，那本該是我的正常反應，不，正相反，我懶得管了，讓荒唐事歸於荒唐好了，於是從聖誕節到新年，我們過了一個很棒的節日。

在二〇〇三年的最後一個晚上，我在廚房來回奔波，安排晚餐，蓋爾則坐在椅子上閒話連篇，看著我忙來忙去，我在卑爾根那段生活的痕跡早已消失。此時身邊的一切，都跟我當時根本算不上認識的兩個人以某種方式聯繫在一起。當然主要是琳達，我和她分享我全部的生活，蓋爾也有份。我一直受到他的影響，程度還不小呢，這種想法或許令人不快，因為這顯示了我是這麼容易受人影響，看法也可能這麼輕易的被別人改變。我偶爾想到，他就像你小時候的一個朋友，大人不准你和他玩。離他遠點，卡爾．奧韋，別跟他學壞。

我把最後半隻龍蝦裝盤，放下刀，擦掉頭上的汗。

「好了。」我說，「就剩配料了。」

「要是大家知道你都在做什麼就好了？」蓋爾說。

「什麼意思？」

「通常作家的生活應該是讓人興奮和嚮往的啊，但你把大部分時間都花在洗碗跟做飯上了。」

「沒錯。」我說，「可是你看，這結果多好啊！」

我把檸檬切成四份，擺在龍蝦中間，又揪下少許香芹葉，灑在旁邊。
「人們喜歡浪盪的作家，這你知道。你應該去劇院咖啡廳[96]，讓成群的年輕女人圍著你轉。那樣才像話嘛。不是站在這裡愁眉苦臉地對著破水桶……順便說一句，挪威文學最讓人掃興的人非托爾・烏爾文莫屬。他根本就不出門！哈哈哈！」
他的笑聲很有感染力。我也大笑起來。
「最要命的是，他自殺了！」他接著說，「哈哈哈！」
「哈哈哈！」
「哈哈哈！可你得承認易卜生也很掃興。不過順便說一句，這跟他在大禮帽裡藏小鏡子無關。這個值得尊重。他還在書桌上養蠍子呢。比昂松不掃興。漢森絕對也不。其實你可以像這樣給挪威文學做個分類。我看你的結果不會太好。」
「不好就不好吧。」我說，「但這裡起碼挺乾淨的。好，現在只剩下麵包了。」
「對了，你應該把奧拉夫・豪格的文章寫出來，你一直在說的那篇。快點。」
「哈當厄的惡漢？」我邊說邊從褐色紙袋裡拿出麵包。
「對，就是那篇。」
「我以後會寫的。」我說著，用水沖了沖刀，拿抹布擦乾，開始切麵包。「其實我偶爾也想過。他弄壞客廳所有的傢俱，然後光著身子躺在煤窖裡。村裡的小孩還朝他扔石頭。他媽的，有幾年他肯定完全瘋了。」

96 劇院咖啡館（Theatercaféen）位於奧斯陸挪威國家劇院對面。

「別忘了他寫過希特勒是個偉人，後來他又把戰爭期間寫的東西從日記裡拿掉。」蓋爾說。

「是啊，可別忘了。」我說，「但是整個日記最有意義的部分就是他每次發病時寫的東西。你能讀到，隨著他的抑制力消失，每樣東西都變得愈來愈快。突然他就坐定了，寫他對作家，對他們作品的**真實**想法。正常來說他是**那麼**謹小慎微，誰也不得罪。禮貌，體貼，友好，討人喜歡。接著卻崩潰了。奇怪的是沒人寫過這些東西，對不對？我是說他對沃爾[97]的褒貶，前後的變化實在太劇烈了。」

「當然誰也不敢那樣寫。」蓋爾說，「你瘋了吧。他瘋的時候誰敢去伸手指責他呢？」

「這是有原因的。」我說著，把麵包放進小籃子，開始切另一塊。

「怎麼說？」

「寬容。禮貌。體諒別人。」

「唉，我要睡著了。這裡實在是太無聊。」

「我是認真的。」

「當然。聽我說：日記裡**就是**這樣寫的，對嗎？」

「對。」

「不理解這一點你就不能理解豪格？」

「不能。」

「你認為豪格是個偉大的詩人？」

「對。」

「那你從中得出了什麼結論？出於寬容，我們就該無視一位大詩人、大日記家人生中一個重要的部分？忘掉那些煞風景的東西？」

「豪格是否相信來自外太空的力量罩著他又有什麼關係呢？我意思是就詩歌本身而言。再說了，誰知道他那粗野的直言不諱會在哪裡停止，而他那敏感的彬彬有禮又從哪裡開始呢？我意思是界限**究竟**在哪裡？」

「什麼？現在你腦子進水了嗎？豪格那些特別古怪的東西都是你告訴我的，其實你可著魔了！你說過哈當厄的智者形象不容質疑，當你明明就知道他已瘋了好一段時間。或者，更準確地說，智慧也好，其他東西也好，脫離他的悲慘是不可能加以理解的。」

「中國人說得好，不瘋魔不成活[98]。」我說，「都怪我們剛才嘲笑托爾．烏爾文，我有點內疚。」

「哈哈哈！真的嗎？你不可能那麼敏感，那麼謹慎。不管怎樣他都已經死了。他也不是那種喜歡派對的人，對不對？他開吊車對不對？哈哈哈！」

我切完最後幾片麵包，也大笑起來，心裡多少有些不安。

「好，這就夠了。」我說著把麵包放進籃子。「幫我拿一下麵包、奶油和美乃滋，我們過去跟大家坐在一起吧。」

我把東西往桌子上一放，海倫娜就說：「喔，太棒了！」

「你做得真好，卡爾．奧韋。」琳達說。

「大家別客氣。」我說。我倒空剩下的香檳，開了一瓶白葡萄酒，坐了下來，把半隻龍蝦放進我的盤子，拿海鮮餐具裡的鉗子夾碎大螯，餐具是居納爾和托爾送我的禮物。肉實在豐饒，鮮嫩，包裹著又小

97　揚．艾瑞克．沃爾（Jan Erik Vold, 1939—），挪威詩人。
98　原文：Ingen gjøk uten ild, som kineserne sier.

又平的白色軟骨，或別的什麼東西。肉和外殼之間的空隙往往有水。當這隻龍蝦在海床上漫步時，那又是怎樣的一種感覺呢？

「我有旨酒，以燕樂嘉賓之心！」我用挪威方言說道，舉起酒杯。「乾杯！」

蓋爾露出微笑，其他人聽不懂也就不管了。大家舉起酒杯。

「乾杯！還要謝謝你邀請我們！」安德斯說。

我們有客人的時候，多半是我來下廚。這倒不是因為我喜歡做菜，而是由於我能借機躲一躲。他們進門時我可以待在廚房，探出腦袋打聲招呼，繼續待在裡面，躲著，直到食物要上桌時我再現身。但就算到了這一步，我也能找到隱藏自己的事情來做；有杯子要添酒了，又有杯子要加水了，我都能照顧得到，一吃完，我就趕緊收拾桌子，準備下一道菜。

今天晚上我也是如此。儘管安德斯讓我著迷，我卻不能和他交談。我喜歡海倫娜，卻不能和她交談。我能跟琳達聊天，但我們此時肩負著確保其他人盡興的責任，當然不能只顧自己而冷落了別人。我也能和蓋爾交談，可他跟別人在一起時，性格裡的另一面就占了上風；他正跟安德斯談熟人罪犯的可能，兩人一陣狂笑，接著繼續，他令人震驚的誠實讓海倫娜笑了起來，邊喘息邊大笑著。在此之下存在著另一種張力。琳達和蓋爾像兩塊磁鐵，互相排斥。海倫娜和安德斯一起出去玩時，對他總不是特別滿意，安德斯難免要說些她無法贊同的話，發表她認為愚蠢的看法；這種緊張影響了我。克莉絲蒂娜也很長久沒說話了，我感覺得到，為什麼會這樣，她不開心嗎？因為我們？因為蓋爾？還是因為她自己？

我們之間幾乎沒有相似之處，表面之下，也就是我們的言行之下，總是存在著同情和厭惡的伏流，然而撇開這些，又或許因為這些，這都是一個難忘的夜晚，最重要的是因為我們突然到達了一個點，好像誰也不會失去什麼，我們可以講出自己人生中的任何故事，甚至那些我們通常不會告訴別人的往事。

談話開始了，互相不瞭解而只是認識的人交流起來，大多都是這樣。

我把又厚又滑的肉從殼裡掏出來，分開，叉起一大口，沾上美乃滋，送到嘴邊。

外面一聲巨響，好像爆炸。窗玻璃一陣顫動。

「這種東西可不合法。」安德斯說。

「是的，要我看，你是這方面的專家。」蓋爾說。

「我們買了一個天燈。」海倫娜說，「你把它點燃，熱空氣進到氣球裡，它就升天了。愈來愈高。沒什麼動靜。它升天的時候根本沒有聲音。很美哦。」

「在城裡可以嗎？」琳達問，「我是說它點燃了落到屋頂上怎麼辦？」

「新年夜什麼事都可能發生。」安德斯說。

一陣沉默。我不知道該不該告訴他們，有一年元旦我和一個朋友收集了所有沒燃盡的煙火，倒出裡面的火藥，塞進一個彈殼裡，然後把它點燃了。那個畫面歷歷在目：蓋爾．哈康朝我轉過身，滿臉的黑煙。我嚇壞了，我意識到爸爸可能聽見了爆炸的聲響，黑煙也可能弄不乾淨，一定會讓爸爸看見。但這故事沒什麼意思，我想，於是起身，替大家倒酒，與笑意盈盈的海倫娜四目相交，坐下，看一眼蓋爾，他已談起瑞典和挪威的不同之處了，每當餐桌上談話的興致出現衰退，他便祭出這一主題。人人對此都有話可說。

「可是為什麼要在瑞典和挪威之間做比較呢？」安德斯過了一會問道，「這裡死氣沉沉的，又冷又破。」

「安德斯想回西班牙。」海倫娜說。

「那又怎麼樣？」安德斯說，「我們早該搬走了。我們大家。真有什麼東西把我們留在這裡嗎？有嗎？」

「西班牙怎麼樣？」琳達問。

他張開雙手。

「你想做什麼都可以。沒人管。又暖和又好。還有迷人的城市。塞維利亞，瓦倫西亞，巴塞隆納，馬德里。」

他看著我。

「在足球水準上也有些微的不同。我們應該過去看 El Classico[99]。在那裡住一晚。我能弄到票。沒問題。你覺得呢？」

「滿好的。」

「滿好的。」他哼了一聲，「我們走！」

琳達看著我笑了笑。「你去吧，我會為你高興的。」她的表情這樣說。但是還有別的表情和態度，我知道，它們遲早都會顯露出來。你去吧，盡量玩，我一個人待在家裡，那些想法說，你只顧你自己，你去任何地方都應該帶上我。這一切都寫在她的眼裡。無邊無際的愛，無邊無際的焦慮。總是處心積慮，要控制一切。最近幾個月，某種新的東西出現了，它與即將到來的孩子緊密相連，鎖在她心裡，一種緘默。這種焦慮是細微的，稀薄的，在她的意識裡飄忽隱現，像冬日天空裡的北極光，或劃過八月天空的一道閃電，伴隨它的黑暗也沒有重量，因為它的出現是由於光的缺失，而缺失是沒有重量的。現在填充她的是別的東西，我認為它和大地有關，穿過了泥土，一株向下生長的根。與此同時，我又覺得這是個愚蠢的、神話般的想法。

僅管如此，還是大地。

「El Classico，什麼時間？」我一邊問，一邊探過身給安德斯添酒。

「我不知道。但我們也不必非看那一場比賽。哪場都行。我只是想去一趟巴塞隆納。」

我給自己添了酒，從盤的裡面往外掏肉。

「對，那也挺好。」我說，「但不管如何，我們都得等孩子生下來一個禮拜後再走。我們畢竟不是五〇年代的男人嘛。」

「我是。」蓋爾說。

「我也是。」安德斯說，「差也差不到哪裡去。如果可以的話，生小孩時我會乾脆待在走廊裡踱步。」

「你為什麼不能？」蓋爾說。

安德斯看看他，兩人一陣大笑。

「大家都吃完了嗎？」我問。等他們紛紛點頭，謝過晚餐之後，我便收起盤子，拿進廚房。克莉絲蒂娜拿著兩個大淺盤跟在我身後。

「我能幫你做點什麼嗎？」她問。

我搖搖頭，短促地和她對視了一下，便趕緊把頭低下。

「不用。」我說，「謝謝你的提議。」

她回去了。我拿鍋加水，放到爐子上。窗外，煙火發出嘶嘶作響，接二連三地炸裂。我能看見的一小塊天空不時被閃光照亮，忽然綻放，繼而在下落中熄滅。客廳傳出歡欣的笑聲。

我把兩口鑄鐵鍋放到電熱爐上，溫度開到最大。打開窗子，樓下行人的聲音立刻響亮起來。走進客廳，放上一張光碟，羊毛衫樂隊的新作，很好的背景音樂。

99 El Classico，或 El Clásico，皇家馬德里和巴塞隆納兩家球會的比賽。

「我就不問你是否需要幫忙了。」安德斯說。

「話不能這麼說。」海倫娜說，朝我扭頭看，「**需要**幫忙嗎？」

「不用不用，挺好的。」

我站在琳達身後，兩手搭到她的肩頭。

「真好。」她說。

靜默。我想我應該等一等，直到談話繼續進行。

「快到聖誕節的時候，我跟幾個人在電影大樓吃午餐，」琳達過了一會兒說道，「其中一個剛見過一條白化蛇。應該叫蟒或蚺吧，反正很大。純白的，帶黃色花紋。另一個人說，她**自己**就養過一條紅尾蚺。在家裡，她住的公寓，當寵物養的。一條**巨**蛇。後來有一天她嚇了一跳，蛇竟然上了床，躺在她身邊，拉直了整個身體。她以前只見過它盤在一處，你知道的，可是牠現在直挺挺，像一把大尺子。她嚇壞了，於是打給斯堪森公園，找了一個管蛇的人。你們猜對方怎麼說？還好，她打了電話。非常即時。因為大蛇像這樣拉直身體，是在丈量獵物，看看能不能把它吞下去。」

「噢，天啊！」我叫道，「噢，天啊！」

大家笑成一團。

「卡爾．奧韋怕蛇。」琳達說。

「這是我聽過的最噁心的故事！噢，天啊！」

琳達扭頭看看我。

「他老夢見蛇。三更半夜的就把被子掀到地上，拿腳去踩。有一次他突然坐起來，接著從床上一躍而起。一動不動地站著，好像嚇傻了，眼睛直直的。我問他，怎麼了，卡爾．奧韋？你在做夢呢。快點去睡吧。他說，那裡有蛇（slange）。我說沒有啊，沒有蛇（orm）。快睡吧。他一臉蔑視地說：『你說得好像沒什麼危險一樣！』」

大家都笑了。蓋爾跟安德斯和海倫娜解釋了「slange」和「orm」在挪威語裡的不同[100]，我說我知道接下來是什麼，對夢見蛇的佛洛伊德式的解讀，我不想聽，所以我回了廚房。水開了，我放入義大利乾麵條。油在兩口熱鍋裡劈啪作響。我切了些大蒜放進去，又從洗碗槽裡撈出淡菜，丟進鍋裡，蓋好鍋蓋。很快就開了鍋。我倒入白葡萄酒，剁了些香芹，撒在鍋裡，過幾分鐘從電爐上取下淡菜，把麵條倒進濾網，最後拿來香蒜，於是大功告成。

「哎呀，好漂亮。」海倫娜在我端著盤子進屋時說。

「其實挺簡單的。」我說，「我在傑米．奧利弗的烹飪書裡找到的食譜。還不錯。」

「聞起來真香。」克莉絲蒂娜說。

「還有你不會的嗎？」安德斯盯著我問。

我低下頭，拿起一片淡菜，用叉子挖出裡面軟軟的東西，它是黑褐色的，頂端有一道橘黃色的條紋，我咬了一口，嘎吱嘎吱的，聽起來就像在用沙子磨牙。

「琳達有沒有跟你講過我們的鹹羊肋排大餐？」我抬起頭，看著他問道。

「鹹羊肋排是什麼？」

「挪威傳統的聖誕節料理。」蓋爾說。

「羊肋骨。」我說，「拿鹽醃好，掛幾個月，讓它風乾。我媽寄給我了一些。」

---

100 瑞典語的蛇（orm）在挪威語裡的另一個意思是「蟲」。

「寄羊肉？」安德斯說，「這也是挪威的傳統？」

「要不然我要去哪裡弄？總之，我媽把肉醃好，掛在我們家的閣樓上。非常好吃。她答應聖誕節前給我寄一些。我們打算在平安夜吃。琳達沒吃過，對我來說，實在無法想像過聖誕節的時候沒有鹹羊肋排，可是肉要到二十七號才寄到。好吧，我拆了包裹，我們決定當天晚上再吃一頓聖誕大餐，下午我就忙著蒸肉。我們鋪了桌子，白色的臺布、蠟燭，還有阿夸維特酒，萬事俱備，可是肉總是蒸不熟，我們的鍋都蓋不緊蓋子，唯一得到的就是滿屋子羊騷味。到最後，琳達和我乾脆上床睡覺了。」

「所以他一點鐘把我叫醒！」琳達說，「我們就坐在這裡，就我們倆，大半夜的，吃著挪威聖誕節料理。」

「多好啊，對不對？」我說。

「是，是滿好的。」她笑嘻嘻地說。

「到底好不好？」海倫娜問。

「好。也許看上去不怎麼樣，但確實不錯。」

「我還以為你要跟我們講一個什麼你做不了的事情，」安德斯說，「這純粹是田園牧歌嘛。」

「放他一馬好了。」蓋爾說，「他的原先就喜歡告訴別人他有多麼失敗。不幸的、悲慘的遭遇一樁接著一樁。從頭到尾只有羞恥和悔恨。今晚可是派對啊！這次讓他換換口味好了，講講他多麼有才！」

「我想聽你講講受過的挫折，安德斯。」海倫娜說。

「別忘了你在跟誰講話！」安德斯說，「你在和從前的有錢人講話。我告訴你，真的很有錢。我有過兩輛汽車，一間奧斯特馬爾姆的公寓，一個不缺錢的戶頭。我能去我想去的任何地方度假，只要我想。我甚至還有好幾匹馬呢！可我現在在幹什麼？靠著達拉納的一家培根小吃工廠維持生計！但可我沒有乾坐著，像你們一樣叫苦連天！」

「你們是誰？」海倫娜問。

「比如你和琳達！我回到家，你們坐在沙發上，拿著茶杯，抱怨著一切。所有可能的不可能的感覺，你們非得跟它們不停地戰鬥。這並不複雜。事情要嘛順利，要嘛不順。但這也挺不錯，因為如果不順利的話，它們只會變得更好。」

「你的問題比較奇怪的是，你根本不想知道你在哪裡。」海倫娜說，「但這不是缺乏自知之明的問題，而是你不想去弄明白。有時候我嫉妒你。真的。我百般抵擋，想弄清楚我是誰，為什麼發生在我身上的事就那樣發生了。」

「你的故事和安德斯的並沒有太大的不同，對嗎？」蓋爾問。

「什麼意思？」

「嗯，你也有過一切。你在皇家劇院上班，你在很多大片裡扮演主角，非常棒的電影角色，後來你放下一切，說走就走了。要我說，那也是一種非常樂觀的行為。跟美國一個新紀元運動領袖結了婚，去了夏威夷。」

「不算太好的職業變動，不算。」海倫娜說，「你說的對。但我聽命於感覺。我沒什麼可以後悔的。沒有，真的沒有！」

她笑了，看看左右。

「克莉絲蒂娜有個一樣的故事。」蓋爾說。

「那就講講你的故事吧。」安德斯看著克莉絲蒂娜說。

她笑著昂起頭，吞下嘴裡的食物。

「我差不多還沒出道，就迎來了人生的頂點。我有自己的服裝品牌，有一年還當選了最佳設計師。我獲選代表瑞典參加倫敦時裝展。我在巴黎辦過展覽……」

「電視攝影組來過我們家。」蓋爾說，「文化宮的正面掛著巨大的布幔，不，巨大的帆，上面是克莉絲蒂娜的臉。《每日新聞報》給她做了六個版的專題……我們出席女服務生打扮成精靈的酒會。到處都是香檳。我們真他媽幸福。」

「後來怎麼了？」琳達問。

克莉絲蒂娜聳聳肩。

「賺不到錢。成功沒有基礎。或者說到了一個不該到的位置。所以我破產了。」

「不過不管怎麼說你也是一鳴驚人啊。」蓋爾說。

「那倒是。」克莉絲蒂娜說。

「最後一次展覽等於是往棺材上釘了最後一根釘子。」蓋爾說，「克莉絲蒂娜租了一頂巨大的帳篷，在拉迪戈德公園支起來。帳篷是雪梨歌劇院的複製品。模特兒登場時，應該騎著馬穿過空地。馬是她從瑞典近衛隊和騎警隊借來的。樣樣都很壯觀，也很貴。她不惜成本。巨大的酒杯裡裝著燃燒的冰，你知道的，煙霧飄盪，所有人都到了。所有的電視臺，所有主要的報紙。就像大片裡的場面。

「這個時候下起雨來了。我指的是**雨**啊。大暴雨，傾盆而下。」

克莉絲蒂娜哈哈大笑，抬起一隻手捂住了嘴巴。

「你們真該看看那些模特兒！」蓋爾接著說，「男模的頭髮緊貼著頭皮。所有模特兒的衣服都溼透了，個個灰頭土臉。真是徹頭徹尾的慘敗。但就某方面來說也挺時髦的。不是誰都能失敗得**這麼**華麗。」

哄堂大笑。

「這就是為什麼你第一次上我們家的時候，她在設計拖鞋。」蓋爾看著我說。

「那不是拖鞋。」克莉絲蒂娜說。

「都一樣。」蓋爾說，「他們有一雙舊款鞋，因為克莉絲蒂娜在倫敦的時裝展上穿過，一下子紅起來了。可她什麼也沒得到。所以這次設計算是一個小小的補償。看看當年的夢想，這就是剩下來的全部了。」

「嚴格來講，我沒有經歷過人生的**頂點**。」琳達說，「只有小小的成功，嚴格遵循著相同的曲線。」

「一路向下？」安德斯問。

「一路向下，對。我發表了處女作，本身來講當然是非常棒的事，並不是說對別人也一定那麼驚豔，對我來說這是件大事，非常美妙，後來還得了一個日本的獎，真沒想到。我一直熱愛日本。我本該去那裡領獎。我買了日語常用句集什麼的。然後我就病了。一下子什麼事都處理不了，日本肯定是去不成了……我又寫了一系列的詩，一開始他們接受了。知道這事以後，我就出去慶賀，可是後來他們又不要了。我拿著稿子去了另一家出版社，結果和此前一模一樣。一開始，編輯打電話給我，說寫得很棒，他們要出。真是太尷尬了，我把這番話告訴了所有人……後來他又打電話來，說他們最後還是決定不出了。就這樣。」

「真讓人難過。」安德斯說。

「哦，沒關係啦。」琳達說，「沒出版我現在倒挺高興的。沒什麼大不了的。」

「那你呢，蓋爾？」海倫娜問。

「你在問我是不是也是一個優美的失敗者？」

「正是如此。」

「嗯，我覺得我也算吧。我曾經是學術界的神童。」

「你好意思自己這樣說？」我說。

「別人不會這樣說我。但我確實是。我用挪威語寫了一篇在瑞典搞田野調查的論文。這一步沒走對。這意味著瑞典出版商不感興趣，也沒有挪威出版商會感興趣。哪怕我寫的是拳擊手也沒用，我沒有為他們的行為尋找社會學的解釋或藉口，我指的是他們貧困，社會地位低下，或者是罪犯什麼的。但我的意見正好相反，我認為他們的文化是有意義的，也是合適的，比女性化的中產階級學術文化更有意義，更合適。但這一步也沒走對。好幾家挪威和瑞典的出版商依然拒絕接受。最後我自掏腰包才得以發表。沒人看。市場啊，你們知道那是怎麼回事吧？有一天我跟出版社的一個女人聊天，她告訴我她每天早晚都在內索登往返奧斯陸的渡輪上讀我的書，她認為肯定有人看見了這本書，並且產生了好奇！」

他哈哈大笑。

「既然我現在已經不再教書，我也就不再寫任何學術文章了，我不參加學術會議，我寫自己的，這本書要五年才能寫完，八成還是沒人想讀。」

「你早該跟我說一聲。」安德斯說，「我本來能讓你上電視的，最起碼也能做得到。你本來能在電視上談談你的書。」

「要是真的那樣你怎麼辦？」海倫娜問，「眼前有一個你不能拒絕的提議？」

「但我也沒認識誰。」蓋爾說，「不過總之謝謝你這個提議。」

「現在就剩你了。」安德斯看著我說。

「卡爾．奧韋？」蓋爾說，「他身在福中不知福。從他剛到斯德哥爾摩的時候我就這麼說。」

「我可不這麼認為。」我說，「從我發表處女作算起，很快就要五年了。現在仍然三不五時還會有記者打電話找我，這是真的。可是他們都問些什麼呢？嗨，克瑙斯高，我正在寫一篇文章，內容是有寫作障礙的作家，不知道能不能跟你聊聊。還有更糟糕的：聽著，我們正在做一個專題，關於只寫過一本書的作家。這種人還滿多的，你知道。你呢，嗯，你只寫了一本書。我不知道你有沒有時間和我聊聊這件事，有哪些感想？是的，你知道的。你現在還寫嗎？是不是有點枯竭了呢？」

「你們聽到了嗎？」蓋爾說，「他身在福中不知福。」

「可我一無所獲！這四年我一直在寫，還是一無所獲！一無所獲！」

「我**所有的**朋友都失敗了。」蓋爾說，「跟常見的、主流的失敗不一樣，這些失敗實際上都挺糟糕的。其中一位在網上登了徵婚廣告，說自己喜歡森林和田野，喜歡在篝火上烤香腸什麼的，可這只是因為他沒錢帶別人上餐廳，也泡不起咖啡廳。他牆上連根針都沒有。家徒四壁！我有個大學同事迷上了一個妓女，把所有的錢都花在她身上，二十多萬克朗，甚至出錢讓她做手術，把乳房弄大一點，弄成他喜歡的樣子。另一個朋友開起了葡萄園，在烏普薩拉！還有一位，博士論文已經寫了十四年。他也寫不完，因為總是有新的理論或新書出現，他還沒有讀，還必須包括進去。他寫啊寫啊，他智力是正常的，可是走進了死胡同。還有一位阿倫達爾的朋友，讓一個十三歲的女孩懷了孕。」

他看看我，放聲大笑。

「別擔心，那不是卡爾・奧韋。反正我知道不是。還有我的畫家朋友。」蓋爾接著說道，「他有本事，有天賦，不過他畫的全是維京人的大船和刀劍，走得太遠，已經無法回頭，當然也進不去。我的意思是，在藝術領域，嚴格來講，海盜船就是一張無權入內的人生門票。」

「別把我拉進這個行列。」安德斯說。

「不，在座諸位都不在其中。」蓋爾說，「至少現在還不在。我有一種感覺，我們都在往下沉。我們坐在破船上。是的，現在沒事，天很黑且佈滿繁星，水也溫暖，但我們已經開始往下沉了。」

「很有詩意，真好。」琳達說，「但說實在的，我的感覺不一樣。」

她坐在那裡，雙手抱著肚子。我們四目交會。我是幸福的，她的目光這樣說道。我對她露出微笑。天啊。再過兩個星期，我們家裡就有孩子了。

我就要做父親了。

桌邊安靜下來。話已說盡，大家斜倚在椅子上，安德斯手裡端著一杯酒。我拿過瓶子，站起來加了一圈酒。

「我們始終如此坦誠。」海倫娜說，「我正在想，這是從未有過的事。」

「這是一場競賽。」我說著放下酒瓶，拿拇指按住瓶頸上正在往下淌的酒滴。「誰最慘？我！」

「不！是我！」蓋爾說。

「我發現很難想像我父母也能這樣坐著，和朋友們談這些事。」海倫娜說，「但他們確實不容易。我們不一樣。」

「怎麼不容易？」克莉絲蒂娜問。

「我父親是厄勒布魯的假髮大王。他是做假髮的。他的第一個妻子，也就是我母親，是個酒鬼。她特別壞，我簡直不能去看她。我要是去了，肯定萬念俱灰，幾個星期都無法恢復。但是爸爸再婚的時候，他又找了一個酒鬼。」

她做了個鬼臉，臉上又抽搐幾下，完美地抓住了她後母的神韻。我見過那女人一面，在他們孩子的洗禮儀式上，她同時處在完全自制和完全垮掉的狀態。海倫娜經常取笑她。

「我小時候，他們把注射器刺進裝果汁飲料的小盒子，你們知道那些東西，往裡面灌烈酒。這樣他們看上去便清清白白的了。哈哈哈！有一次我一個人和我媽去度假，她給我吃了一顆安眠藥，從外面鎖上門，就自己進城去了。」

大家都笑了。

「可她現在更壞了。她成了老妖婆。如果我們去看她，她就要把我們吃掉。她只想著自己，不管別人死活。她成天喝酒，喝得亂七八糟。」

她看著我。

「你爸也喝酒對吧？」

「對，也喝。」我說，「我小時候他不喝。他開始喝的時候我十六歲。我三十歲那年他死的。所以他一直喝了十四年。他就是喝酒喝死的。我認為這也許就是他一直努力的結果。」

「你沒有他比較有趣的故事嗎？」安德斯問。

「我看卡爾．奧韋未必對自己的不幸有那麼好的胃口，不像你，對別人的痛苦津津樂道。」海倫娜說。

「不，不，不要緊。」我說，「我對這事已經沒有感覺了。我不知道我要講的這一個算不算有趣，不過沒關係。到最後，他都住在他母親家裡。當然了，不停地喝酒。有一天他從樓梯上摔下來，跌進了客廳。我認為他斷了一條腿，也可能是嚴重的扭傷。但不管怎麼說，他動不了了，就在地板上躺著。我祖母要叫救護車，但他不要。所以他就躺在那裡，躺在客廳的地板上，讓我祖母伺候他，就在那裡吃飯，喝酒。我不知道過了多久。也許好幾天吧。我叔叔發現了他。他仍然躺在那裡。」

人人大笑。我也笑了。

「他不喝酒的時候怎麼樣？」安德斯問，「前十六年。」

「他是個混帳。我怕他怕得要死。絕對嚇得尿褲子。我記得有一次……嗯，我小時候喜歡游泳，冬天就去游泳池，那是每個星期最好的時光。有一次我在那丟了一隻襪子，找不到了。我找了又找，可是哪裡都沒有。當時我嚇壞了。完全是一場噩夢。」

「為什麼？」海倫娜問。

「因為如果被他發現，我將生不如死。」

「就因為你丟了一隻襪子？」

「對，一點也沒錯。當然了，他發現的可能性非常小，我可以偷偷溜進家門，一進屋就趕快穿上另一雙襪子，但我回家的路上還是很害怕。打開門。沒人在。開始脫鞋。有人進來了，除了我爸還能有誰？他幹什麼呢？站在那裡，看著我脫鞋。」

「然後呢？」海倫娜問。

「他打我巴掌，告訴我別想再去游泳池了。」我說完一笑。

「哈哈哈！」蓋爾大笑起來。「真有和我一樣的人啊！到底還是一樣！」

「你爸揍過你嗎？」海倫娜問。

蓋爾支吾了一下。

「挪威的育兒傳統是有些特色。你知道的，撅起屁股，褪下褲子，但他從來不打我臉，從來不會冷不防地出手揍我，不像卡爾．奧韋他爸。只是一種懲罰，沒有別的意思。我覺得這很公平，可他不喜歡動手。我認為他把打孩子看成一種責任，必須要去履行。他非常和善，我父親。一個好人。我對他沒有任何敵意。哪怕打我也沒有。這是一種和我們今天非常不同的文化。」

「我不能說我父親也這樣。」安德斯說，「嗯，我不想回到童年，不想琢磨那些心理學的破爛。不過我還小的時候，我們很有錢，我說過了，等讀完書，我就進了他的公司，成了某種形式上的夥伴。我過著美妙的上流階級的生活。然後他突然完蛋了。原來他一直在做假賬，搞詐欺。而我簽署了他交給我的一切。我雖然出了監獄，卻欠著稅務機關一大筆鉅款，這意味著我在餘生賺的所有錢都要拿來還債。因此我現在沒有什麼工作了。做什麼都沒意義，他們拿走了一切。」

「你父親怎麼樣了？」我問。

「他跑了。我再也沒見過他。我不知道他在哪裡。國外什麼地方吧。我也不想見他。」

「但你母親還在這裡。」琳達說。

「你說得對，她還在這裡。」安德斯說，「活受罪，被拋棄了，一文不值。」

他微笑。

「我見過她一次，」我說，「不，兩次。她滿有意思的。她坐在角落裡的凳子上，跟隨便什麼人說話，只要人家肯聽，話裡滿是挖苦，有很多幽默。」

「幽默？」安德斯問了一句，接著便模仿起她來，用老太太沙啞的嗓音叫他的名字，對他橫挑鼻子豎眼睛。

「我媽是焦慮型的。」蓋爾說，「這敗壞了她人生中的一切，或者說，讓人生黯然失色。她想把每個人都抓在身邊，隨時隨地。我要長大的時候，這簡直成了地獄，我拼了命也要掙脫出來。她用來抓住我不放的方法，就是讓我感到內疚。我不吃她這一套，所以我逃走了。代價是我們現在幾乎無話可講。高昂的代價，但是值得。」

「她有什麼焦慮？」安德斯問。

「你是說怎麼表現出來的？」

安德斯點點頭。

「對人她倒不怕。和別人在一起她非常直接，非常大膽。她怕的是空間。舉個例子，我們出門坐汽車的時候，她總要帶個墊子，放在腿上。我們一進隧道，她就彎下腰，用墊子護住頭。」

「真的嗎？」海倫娜問。

「當然是真的。每次都這樣。每次我們出隧道的時候還得說一聲。此後變本加厲，突然她就不能上一條車道以上的路了，她受不了別的汽車駛過時和我們離得那麼近。後來她又不能到水邊去了。我們的假期幾乎哪裡都去不了。我記得我爸趴在地圖上，就像準備作戰的將軍，想找一條既沒有高速公路，也沒有水和隧道的路線出來。」

「我媽剛好相反。」琳達說，「她什麼都不怕。我認為她是我見過的最不要命的人。我記得我跟她一起騎車穿過城區去劇院。她飛快地蹬著車，衝上人行道，鑽過人群，直上馬路。有一次她被警察攔住。是的，可是讓她點個頭，認個錯，道個歉連門都沒有。下不為例。不，她是冤枉的。在哪裡騎車由她說了算。我小時候她就是這個樣子。如果有哪位老師挑我的毛病，她馬上反唇相譏。我什麼毛病都沒有。我總是對的。我六歲那年，她就讓我一個人去希臘度假了。」

「一個人？」克莉絲蒂娜問，「就你自己？」

「不是啦，我跟一個朋友還有他們家裡人。但我才六歲啊，跟一個陌生的家庭在一個陌生的國家待兩個星期，是不是有點超過？」

「那是七〇年代。」蓋爾說，「那年頭幹什麼都行。」

「我媽在很多場合把我弄得下不了台階。她是那種完全不知羞恥的人，最驚人的事她都做得出來，如果她是為了保護我，那我真恨不得在地上找個洞鑽進去。」

「你父親呢？」蓋爾問。

「完全不一樣的故事。他全然不可預測。他要犯起病來，任何事情都可能發生。我們只能等著他做出什麼可怕的事，好讓警察來把他帶走。好多時候我們必須逃走，我媽、我哥和我。從他身邊逃走，就是這樣。」

「他會做什麼呢？」我看著她問。她以前跟我講過她父親的一些事，但都是泛泛之談，幾乎沒有細節。

「噢，任何事情。他可能爬排水管，要不就往窗外跳。他會變得非常暴力。鮮血，碎玻璃，暴力。但是隨後警察就來了。於是又一次風平浪靜。只要他在家，我會隨時等著災難降臨。但是真出事的時候，我總是很平靜。對我來說，最壞的事情發生時，幾乎就像一種解脫。我**知道**我能對付。難的是等待事情發生。」

片刻的沉默。

「現在我想起一個故事來了！」琳達說，「當時我們不得不從爸爸那裡逃走，去諾爾蘭郡我外婆家。我想那時我五歲，我哥七歲。我們回斯德哥爾摩時，公寓裡全是煤氣。爸爸擰開了閥門沒關，開了好幾天。媽媽打開門鎖的時候，感覺門就像被壓力硬生生地頂開的。她回過頭，告訴馬蒂亞斯帶我下去，到街上待著。她等我們走了，才進屋關掉煤氣。一下去，我記得很清楚，馬蒂亞斯說，你知道媽媽有可能死掉，是不是？我回答說，是的，我知道。就在那一天晚一些的時候，我無意中聽到媽媽和他通電話。『你要殺死我們嗎？』她問。一點也沒誇張，她正在說一個嚴肅的事實。『你真想殺死我們嗎？』」

琳達淡然一笑。

「這個很難超越了。」安德斯說，然後轉向克莉絲蒂娜，「就剩你了。你父母怎麼樣？他們還活著吧？」

「是啊。」克莉絲蒂娜說，「但也老了。他們住在烏普薩拉。信五旬教。我是在那種環境裡長大的，對一切事情都感到內疚，最小最小的小事。可他們是好人。這是他們畢生的工作。當冬天過去，雪化了，沙子留在人行道上的時候，你們知道他們怎麼做嗎？」

「不知道。」我開口說，因為她看著我。

「他們把沙子掃到一塊，替公路局送回去。」

「真的嗎？」安德斯問，「哈哈哈！」

「當然他們連酒都不喝。我爸連茶和咖啡都不喝。如果他想在早晨享受一下，就喝開水。」

「我不信。」安德斯說。

「但這是事實。」蓋爾說，「他喝開水，他們把門口的沙子還給公路局。他們太好了，好到幾乎不可能。我敢保證，他們認我這個女婿，一定是當成了魔鬼對他們的考驗。」

「在他們身邊長大是什麼感覺？」海倫娜問。

「我想過很久，他們的世界就是整個世界，世界就是那個樣子。我所有的朋友，我父母所有的朋友，都屬於同一教派。不存在於外面的生活。我和它決裂的同時，也就和我所有的朋友決裂了。」

「你那時多大？」

「十二歲。」克莉絲蒂娜說。

「十二歲？」海倫娜說。「你怎麼有那樣做的力量？或者說那麼成熟？」

「我不知道。做也就做了。很難。確實很難。我失去了所有的朋友。」

「十二歲的時候？」琳達說。

克莉絲蒂娜點點頭，微笑了一下。

「那你現在早上喝咖啡了？」安德斯問。

「是的。」克莉絲蒂娜回答，「回那邊就不喝了。」

我們一陣大笑。我站起身收盤子。蓋爾也站起來，拿著他自己的盤子，跟我進了廚房。

「你叛逃了，蓋爾？」安德斯在他身後喊道。

我把空蚌殼倒進垃圾桶，沖洗一下盤子，放進洗碗機。蓋爾把他的盤子遞給我，便退後幾步，倚靠在冰箱上。

「迷人。」他說。

「什麼迷人？」我問。

「我們談的東西。或者說我們在**談**。彼得．漢德克對此有個詞。他把這叫作『訴夜』（Erzählnächte）。人們敞開心扉的夜晚，每個人都要講一個故事。」

「對。」我說著轉過身。「出去走走？我得抽根菸。」

「好吧。」蓋爾說。

我們穿外套時，安德斯出來了。

「抽菸去嗎？我也去。」

兩分鐘之後，我們站在院子中央，我手指夾著一支點燃的香菸，他們都把雙手放在口袋裡。外面很冷，風又大。到處都是煙火。

「我還有一個故事，剛才想說又沒說。」安德斯說著，伸出一隻手攏了攏頭髮，「我想講的是一個人失去了擁有的一切。但我覺得最好還是在這裡講。那是在西班牙。我跟一個朋友開過一間餐廳。美妙的生活。通宵無眠，白粉加酒精，可興奮了，白天曬太陽，到晚上七八點鐘再重新開始。我認為那是我人生中最好的一段時光。我是絕對自由的。完全隨心所欲。」

「後來呢？」蓋爾問。

「後來我大概太隨心所欲了。我們在酒吧樓上有間辦公室，我在那裡幹朋友的老婆，我就是控制不住。當然讓他捉了個正著，然後就完了。沒辦法合作了。可是早晚有一天我要回去。唯一的問題是帶不帶海倫娜。」

「那可能不是她夢想的生活吧？」我說。

安德斯聳聳肩。

「但我們可以找時間在那邊租個夏屋。每半年待上一個月。格拉納達或別的地方。你覺得呢？」

「聽上去不錯。」我說。

「我根本沒有空餘的時間。」蓋爾說。

「什麼意思？」安德斯問，「今年嗎？」

「不是，一直以來都是這樣。我整天都得幹活，星期六和星期天也閒不下來，一年到頭每個星期都是這樣，也許只有聖誕夜算是例外。」

「為什麼？」安德斯問。

蓋爾哈哈大笑。

我扔掉菸屁股，在地上使勁踩了幾下。

「我們上去吧。」我說。

我第一次見安德斯，是他到薩爾特舍巴登[101]火車站接我和琳達，他們在當地租了一套小公寓，一路上，他表達了對當地居民的蔑視，生活不該只是爭名逐利，雖然我隱約覺得他在揀選，只選擇了與我們這些「文化人」想聽的東西說，過了好幾個月我才明白，他實際的意思正好相反：他真正關心的**只有**錢和能用錢買到的生活。他沉迷於再富有起來的想法，做每件事都為了這一目標，可又不能在稅務機關的眼皮底下做這些事，於是他進入黑市的世界。海倫娜遇見他時，他正幹著種種不可告人的勾當。她決意盡可能長久地抵擋對他的愛，不過最後還是轟轟烈烈地繳械投降，但她畢竟提出了一些要求，因為沒過太久他們就有了孩子，他顯然遵從了這些要求：他掙的仍然是黑錢，但從某種意義上來說又是「乾淨的」。他具體做哪一行我不知道，只知道他當年生活優裕時結識了很多熟人，如今派上了用場，替接連不斷的新生意出資，這些項目不知何故，一次只持續幾個月。打電話給他純屬白費，他總是走馬燈般地換手機，汽車同樣如此，都是所謂「公司的車」，他定期更換。我們去他們家拜訪時，某天晚上客廳裡可能有一部巨大的電視放在靠牆的地方，或是一台新的筆記型電腦放在門廳的小桌上，這些東西第二天晚上可能就不見了。在他擁有的東西和他經手的東西之間顯然沒有固定的界限，在他做的事和他支配的錢之間也沒有清晰的聯繫。只要有錢到手，而且常常不是小錢，他就拿去賭博。任何能動的東西他都可以賭。他有著極強的說服人的能力，借起錢來易如反掌，因此陷入了真正的泥淖。一般來說，這些事他守口如瓶，但偶爾也會露出馬腳，比如那一次，有人打電話給海倫娜，說安德斯取走了公司全部的備用現金，而他是去重新協商合約的，錢數大約是七千克朗，現在要報警了。海倫娜和安德斯為此當面對質時，他連眼皮都沒抬一下；公司的財務狀況一塌糊塗，問題成堆，而他們怪罪他，是要掩蓋真相。雖然他涉嫌卷款而逃並在賭桌上輸了個精光，可這是黑錢，不到萬不得已，他們不敢找警察，所以他是安全的。他想必對他要詐騙的人留了個心眼，但危險並沒有因此而減輕。有一次他們出門後，家裡門被撬開了，海倫娜告訴琳達，小偷這麼做可能只是為了表明他們能這麼做。後來他做了一個大型餐飲生意的合夥人，幾個

101 薩爾特舍巴登（Saltsjöbaden）位於斯德哥爾摩省納卡市，字面意思是海鹽浴場。從斯德哥爾摩中央火車站出發，約四十二分鐘可達。

月之後便不了了之。又突然搞起了建築工地，接著替髮廊出租專營的鋪面，再後來是一家培根加工廠，他必須出手相救，以免廠房破產。問題，如果你能稱之為問題的話，就在於不可能不喜歡他。他跟各種人都談得來，這是罕見的天賦，他為人也很慷慨，你一認識他就能注意到這一點。而且他總是很快樂。我們參加派對，總是他站起來感謝主人提供了美食，找各種理由恭喜他們，做任何需要做的事，他跟每個人都有話說，不管人家和他的共同之處是多是少。大多數情況下，他知道怎樣讓對方感覺良好，同時又不會造成刻意為之的印象，沒有心機，也許正是出於這個原因，我依然對他印象良好，而不管他一貫口是心非，那是極少數我很難接受的品質之一。他當然不願意搭理我，但我們見面時，他並不裝出一副感興趣的樣子，別人有時會那麼做，出於義務，然而思想與行為之間的斷裂會透過極少有人能加以控制的細微姿態顯露出來，比如朝房間另一頭飛快地一瞥，它本身沒有什麼意義，但緊接著，當他們的注意力重新回到你身上時，彷彿當頭一棒，逢場作戲的感覺便昭然若揭了。原來你一直流露出虛情假意。對某些以贏取別人信任為生的人來說，這種感覺必將是災難性的。安德斯不作戲，這是他的祕訣。但他也不「真誠」，因為他說的每件事都未必與他所相信的、與他手上做的和心裡想的合乎一致。可是誰又能做到這樣呢？有一種人總是心口如一，不會見人說人話，見鬼說鬼話，可是這樣的人實屬鳳毛麟角，我只見過兩位，其下場是所有的社交場合都變成了火藥桶。不是因為與別人意見不合而爭吵，而是因為他們的談話意圖將其他一切目標排除在外，他們所持極權主義的態度自動彈回到自己身上，他們表現出偏狹和頑固，全然脫離了本性，而就我的判斷而言，這兩位基本上還算是友善和慷慨的人。我自己對社交場合引起的不安有著截然不同的原因。我總是讓形勢來做決定，要嘛一言不語，要嘛滔滔不絕。專挑人家愛聽的說，這當然也是一種說謊的方式。因此，安德斯的社交行為和我的社交行為的不同，只是程度上的不同而已。雖然他的行為侵蝕了信用，我的行為侵蝕了真誠，結果卻基本上一樣：一種緩慢的對靈魂的侵蝕。

海倫娜為精神生活所吸引，不斷地想要理解自身，本該和這樣一個男人分手，他只認錢，面帶微笑，將其他一切價值觀棄諸一旁，這當然很有諷刺的意味，但並非不能理解，因為他們共有一種發乎骨肉的要素，一種輕鬆，一種生活樂趣。他們也是很有魅力的一對。海倫娜生就一頭黑髮，有著熱情的雙眼和大而鮮明的五官，令人驚豔，更兼性格可人，風姿綽約。她是個很有才華的演員。我在兩部電視劇中見過她的表演，一部是推理劇，她演一個寡婦，渾身散發出陰冷的氣息，在我眼裡完全變成了陌生人，我就像在看別人，只是她長著海倫娜的臉。第二部是喜劇，她演一個壞婆娘，我留下了同樣的印象：另一個人，長著她的臉。

安德斯也很漂亮，頗有幾分少年模樣，不管這是因為他的氣質，炯炯有神的眼睛，清瘦的身材，還是因為他的頭髮——五〇年代應該叫「鬈毛頭」——都很難說，因為安德斯不是個容易理解的人。有一次我在市中心碰見他，他好像無所事事，在牆邊弓著背，顯得非常非常疲憊，我差點沒認出他來，可是當他看見我，馬上就挺直了腰，彷彿抖擻了精神，只消一眨眼的工夫，就變成了我熟悉的那個快樂的、充滿活力的男人。

我們回來時，海倫娜、克莉絲蒂娜和琳達已經清理好桌子，正坐在沙發上聊天。我走進廚房煮咖啡。等著它煮好的時候，我進了相鄰的房間，這裡安靜，沒有人，只聽到小孩的呼吸，海倫娜和安德斯的孩子和衣睡在我們的床上，身上蓋著小毯子。昏暗的燈光下，空空的搖籃、空空的小床、尿布台，以及它旁邊裝著嬰兒衣物的櫥櫃，無不顯得有點怪異。萬事俱備，只等我們的寶寶到來。在尿布台下面的架子上，甚至放好了一包我們買的尿布，還有一疊毛巾和衣服，檯子上方有一個活動裝置，掛著幾架小飛機，在窗邊細微的氣流中顫抖。怪異之處在於沒有孩子。這些物事的存在，使得應該有和即將有之間的分界線變得搖擺不定了。

客廳傳來響亮的笑聲。我關上門出來，拿了一瓶白蘭地、幾個酒杯、咖啡杯和碟子，放進托盤，又把咖啡從機器灌進保溫瓶，便端著這些東西走進客廳。克莉絲蒂娜腿上放著一隻小熊巴姆塞[102]，她顯得很開心，表情比平時更加放鬆及平靜，而琳達坐在她旁邊，眼睛都要睜不開了。這段時間她九點左右就要睡覺。現在快十二點了。海倫娜在書架上找音樂CD，安德斯和蓋爾坐在餐桌旁，繼續著關於熟人罪犯的談論。他這些年常去的那間拳擊俱樂部，顯然經常有各色罪犯出沒。我把東西放好，也在桌邊坐下。

「你見過奧斯曼，對不對，卡爾．奧韋？」蓋爾問我。

我點點頭。

蓋爾帶我去過一次摩西山，見他認識的兩位拳擊手，一位叫保羅．羅伯托，曾經為世界冠軍之寶座征戰拳壇，如今是瑞典電視上的名人，正在為新的冠軍比賽備戰，算是重出江湖吧。另一位叫奧斯曼，也屬同一級別，但並不知名。和他們在一起的是一位英國教練，蓋爾介紹時說他是「拳博士」。「他是拳擊界的博士！」我和他握了手，沒怎麼講話，只是密切注意著場內的情況，那裡與我以前知道的東西大不一樣。他們非常放鬆，沒有緊張的感覺，這一點讓我相當震驚，畢竟我習慣了那種緊張的氛圍。他們吃薄烤餅，喝咖啡，遠眺人群，瞇起眼睛，望一望不再高掛卻仍然熾熱的秋陽，回憶著和蓋爾在一起的舊日時光。儘管他的身體和他們的一樣沉靜，卻充滿了一種不同的、更輕也更興奮、近乎神經質的能量，這在他的眼睛裡表露無遺，他的目光總在尋找著機會，還有他談吐的方式，熱情，機智，但也留了幾分小心，因為他正在適應他們，適應他們的行話，而他們只是有話說的時候才開口。那個叫奧斯曼的穿著一件無袖背心，二頭肌好大，也許比我的大五倍，卻沒有大得不成比例，反而顯得精瘦。他的整個上半身同樣如此。他坐在那裡，歪斜而放鬆，每次我的目光落到他身上，心裡都會咯噔一下，只覺得他可以能幾秒鐘之內就把我打成肉醬，而我全無還手之力。這讓我油然而生一種女人的感覺。我因此感到屈辱，但這屈辱完全屬於我自己，別人看不見也摸不著。可它就在那裡，像遭了詛咒。

「真快。」我說，「去年在摩西山。你介紹我認識他們，好像他們是一對猴子。」

「我覺得我們才像猴子呢。」蓋爾說，「但不管怎麼說，奧斯曼嘛，他跟一個同夥在法斯塔襲擊了一輛運鈔車。他們選的地方離警署只有五十公尺遠，一動起手來，他們又不太利索，讓護衛隊按下了警報器，結果警察一眨眼的工夫就到了！他們趕緊鑽進汽車逃跑，錢也沒搶到，什麼都沒到手。最後還沒油了！哈哈哈！」

「可能嗎？聽起來像B幫[103]。」

「這是真的。哈哈哈！」

「那奧斯曼怎麼樣了？持槍搶劫可不是小事。」

「不是太慘。他沒蹲幾年就出來了。倒是他的同夥前科累累，要關很久。」

「這是才發生的事嗎？」

「不不不。已經好幾年了。在那之前，他很早就開始做拳擊手了。」

「呀哈。」我說，「來點白蘭地？」

102 巴姆塞（Bamse）號稱世界最強熊，瑞典動畫角色。

103 B幫（B-gjengen），奧斯陸犯罪團夥，活躍於一九九〇年代的巴基斯坦和阿爾巴尼亞移民社區，在黑社會與巴基斯坦裔青槍會（Young Guns）分離出來的A幫（A-gjengen）交惡十年。

蓋爾和安德斯都點了頭。我打開酒瓶，往三個杯子裡倒了酒。

「有誰想再來點嗎？」我看著沙發的方向問道。兩個人搖了搖頭。

「我可以來一點點，謝謝。」海倫娜說。她穿過房間朝我們走過來時，音樂也漸漸從她身後小得不像話的音箱裡流洩而出。這是戴蒙．阿爾巴恩的唱片，當天晚上我們早前放過的，她十分入迷。

「給你。」我說著把杯子遞給她，金褐色的酒液僅僅蓋住杯底，在餐桌上方的燈光下鮮豔奪目。

「最起碼有一件事讓我開心。」沙發上的克莉絲蒂娜說，「就是長大成人。三十二歲比二十二歲好太多了。」

「你知道一隻泰迪熊正坐在你腿上吧，克莉絲蒂娜？」我說，「牠可不一定同意你剛才說的喲。」

她哈哈大笑。看見她笑真好，感覺她老是繃得緊緊的，不是陰鬱，更像是她用盡全身的氣力把一切，也包括她自己，緊緊地捏合在一起。她很高，很瘦，衣著入時，當然是以一種率性而為的方式，她也很漂亮，肌膚雪白，點綴著雀斑，可是等到第一印象過去，輕微的封閉感便流露在外，侵蝕著她在我心裡的印記，至少這是我以往的體會。與此同時，她也有著孩子氣的一面，特別是她開懷大笑或興奮起來的時候，自我約束也隨之解除。不是不成熟的孩子氣，而是頑皮的、放縱的孩子氣。我在我母親身上也看到過同樣的情形，非常少有的幾次，她放鬆了，做了些出格或魯莽的事情，在她身上，這也是無法與弱點區分的自然反應。有一次我們去蓋爾和克莉絲蒂娜家吃飯，克莉絲蒂娜像往常一樣，把全部的精力和專注傾注於燒菜。我一個人在客廳，待在書架後面昏暗的燈光下，這時她進來拿什麼東西，她不知道我在，她身後一片嘈雜，排風扇在轟鳴，而她自顧自地微笑著。她兩隻眼睛閃閃發光。噢，看見這一幕我好開心，同時也感到悲傷。我們在那裡，這對她滿重要的，而她無意讓任何人看見這一點。

我和他們一起住時，有天早晨，我坐在桌邊喝著咖啡，克莉絲蒂娜已在廚房清潔完畢，她突然一指碗櫥裡那堆盤子和碟子。

「我們搬到一起時，每樣東西我都買了十八個。」她說，「我設想我們在這裡開大派對。很多的朋友，很棒的飯菜。可我們從來沒用過這些東西。一次也沒有。」

臥室傳出蓋爾響亮的笑聲。克莉絲蒂娜露出了微笑。

這就是他們。這就是他們的為人。

「但是我同意，」此時我說道，「二十幾歲糟透了。青春期更差。三十歲以後都還行。」

「變化在哪裡呢？」海倫娜問。

「我二十歲時，我擁有的東西，讓我成為我的東西，都太少了。當時我不知道這一點，因為當時只有那些。現在我三十五歲了，這些東西也多起來了。這麼說吧，我二十歲時身上能找到的現在通通還在。但現在環繞它們的已經多出了無數倍。我大概就是這樣想的。」

「愈老愈好，」海倫娜說，「這麼樂觀的看法簡直聞所未聞。」

「是嗎？」蓋爾說，「東西愈少，生活就愈簡單吧？」

「反正我不行。」我說，「現在這些東西的重要性不比從前了。七零八碎可能就是一切！可能決定一切！」

「此言不虛。」蓋爾說，「但我還是不會把它叫做樂觀。宿命論吧，我想。」

「該發生的總會發生。」我說，「現在我們不是都在這裡嗎？我提議，為這個乾一杯！」

「乾杯！」

「再過七分鐘就到午夜了。」琳達說，「我們打開電視，看看揚．瑪律姆舍的倒計時好嗎？」

「那是什麼？」我邊問邊走過去，伸出一隻手，讓她抓住，我把她拉起來。

「他讀詩。有人敲鐘。這是瑞典的傳統。」

「那看看吧。」我說。

她開電視的當下，我走過去打開了窗子。煙火聲一陣高過一陣，砰砰聲、劈啪聲和嗖嗖聲連續不斷，在遠近的屋頂之上形成了一堵音牆。街上人影厚重，香檳酒瓶和鞭炮拿在手裡，厚衣服和厚帽子罩著節日的盛裝。沒有小孩，只有喝多了的、快活的成年人。

琳達拿起最後一瓶香檳，打開，把杯子通通加滿，泡沫翻滾。我們端著酒杯，站在窗邊。我看看大家。他們快活，興奮，歡聲笑語，指指點點，口中「乾杯」之聲不斷。

窗外警報嘶鳴。

「要嘛是戰爭爆發，要嘛是二〇〇四開始了。」蓋爾說。

我伸出雙臂，抱過琳達。我們相互凝視。

「新年快樂。」我說完吻她。

「新年快樂，我親愛的王子。」她說，「這是我們的一年。」

「是的。」我說。

各種擁抱和祝福結束之後，人潮從街頭退去。安德斯和海倫娜想起他們的天燈。我們穿上外套，下樓到了後院。安德斯點燃燈芯，熱空氣慢慢灌入，最後他鬆開手，天燈依著大樓升空，無聲而閃亮。我們目送它消失在奧斯特馬爾姆的樓群背後。回到樓上，我們重新坐回桌邊。談話如今變得更為隨意而較少集中，不過偶爾也會專注於一點，比如，琳達談起了高中時代去過的上流社會的派對，在一幢別墅，有大游泳池，後面是巨大的玻璃幕牆，她說，派對中途他們游泳了起來，她踩著玻璃牆躍入池中，玻璃碎了，化作千萬顆閃亮的玉珠。

「我永遠忘不掉那聲音。」她說。

安德斯講了一次前往阿爾卑斯山的旅行，他滑離了雪道，開闊的地面突然出現在腳下。他仍然穿著滑雪板，跌進了也許深達六公尺的冰川裂縫，失去了知覺。他被直升機救起，但已經摔斷了背脊，面臨癱瘓的危險，緊急做了手術，在醫院躺了好幾個星期，據他所說，他好像做夢一樣，有時看見父親坐在他身邊的椅子上，滿身酒氣。

說到這裡，他站起來，彎下腰，拉起襯衣，露出後背，給我們看手術留下的長長的疤痕。

我講起十七歲那年，我們以一百公里的時速，在冰天雪地的泰勒馬克荒原上疾馳，不料有個輪胎爆了，我們撞在電線桿子上，又彈出去，飛過路面，掉進了溝渠，真是奇蹟，沒人受重傷，可是車子徹底報廢了。不過最慘的還不是事故，而是天氣，當時有零下二十度，又是半夜，我們剛從帝國樂隊[104]的音樂會上回來，只穿著圓領背心、夾克和運動鞋，在路邊站了好幾個小時都沒搭上車。

我替安德斯、蓋爾和我自己的杯中添了白蘭地，琳達打了呵欠，海倫娜開始講一個跟洛杉磯有關的故事，冷不防地，樓內某個地方響起了尖銳的警報聲。

「怎麼回事？」安德斯問，「火警？」

「過年嘛。」蓋爾說。

「我們要出去嗎？」琳達在沙發上直起身問。

「我先去看看。」我說。

「我跟你去。」蓋爾說。

104 帝國（Imperiet），活躍於一九八〇年代的瑞典搖滾樂隊。

我們進了走廊。怎麼也看不到煙。聲音來自一樓，我們快步下了樓梯。電梯上方的燈在閃。我探身向前，透過門上的視窗往裡看。有人躺在地上。我打開門。是那俄國女人。她仰躺著，一隻腳蹬著牆。她穿著參加派對的衣服，黑裙子，胸前裝飾著亮片，肉色褲襪和高跟鞋。我們看見她時，她放聲大笑。出於本能，我先瞅了瞅她的大腿和大腿中間的黑色內褲，然後才把目光挪到她臉上。

「我站不起來了！」她說。

「我們來扶你。」我說。我抓住她一條手臂，拉她坐起，蓋爾到了另一邊，我倆一邊一個，扶著她站起來。她沒完沒了地大笑。香水和酒精的氣味在狹窄的空間裡格外嗆人。

「Tack så mycket,」她說，然後又說，「Tusen, tusen takk.[105]」

她抓過我的兩隻手，俯下身去親吻，先親第一隻，再親另一隻。她仰起臉盯著我。

「噢，你這美男子。」她說。

「走吧，我們送你回家。」我說。我按下她那一層的按鈕，關了門。蓋爾咧開大嘴，笑著看看她，又看看我。電梯往上，她癱軟在我身上。

「到了。」我說，「我們到了。你帶鑰匙了嗎？」

她打開肩膀上背的小包，身體像狂風中的小樹一樣前後搖晃，手在包裡一通亂翻。

「找到了！」她發出勝利的歡叫，拿出一串鑰匙。

蓋爾一隻手扶住她的肩膀，她跌跌撞撞，拿鑰匙尋找著鎖眼。

「往前邁一步。」蓋爾說，「邁一步就行了。」

她照辦了。一番摸索之後，她成功地將鑰匙插進了鎖眼。

「Tusen takk!」她再次說道，「你們是一對天使，今晚飛來幫我。」

「別客氣。」蓋爾說，「祝你好運。」

上樓回家時，蓋爾向我投來狐疑的一瞥。

「這就是你的惡鄰？」他問。

我點點頭。

「她是妓女吧？」

我搖搖頭。

「我看不是。」我說。

「肯定是，這還看不出來？要不然她根本住不起這種地方。還有她那副作風……她看起來倒不笨。」

「說夠了。」我說著開了家裡的門，「她就是個普通的女人。只是過得很不開心罷了，一個酒鬼，俄國人。控制不了自己的情緒。」

「好，說得好！」蓋爾說完，哈哈大笑。

「出什麼事了？」海倫娜在客廳問。

「是我們的俄國鄰居。」我說著走進客廳。「她摔倒在電梯裡了，喝得太醉，自己站不起來。所以我們把她送回家。」

「她親了卡爾．奧韋的手。」蓋爾說，「『噢，你這美男子。』她說的！」

哄堂大笑。

「以前她就站在這裡，罵了我好幾次呢。」我說，「都要把我們逼瘋了。」

105　前一句是瑞典話，後一句是挪威話：太謝謝了。

「噩夢。」琳達說，「她完全失去了控制。我在樓梯上經過她身邊的時候，真怕她掏出一把刀子刺死我。她盯著我看，眼睛裡滿是仇恨，就是。深仇大恨。」

「她的時間正在慢慢流逝，」蓋爾說，「這個時候你們搬進來了，挺著大肚子，喜氣洋洋。」

「真的嗎？你這樣認為？」我問。

「當然。」琳達說，「一開始保持距離就好了。可是我們跟她直來直往的。現在她纏上我們了。」

「好吧好吧。」我說，「有人起來吃甜點嗎？琳達做了她拿手的提拉米蘇。」

「噢！」海倫娜說。

「如果這也算拿手，也是因為我只會做這一種甜點。」琳達說。

我拿來甜點和咖啡，我們又一次坐到桌邊。剛一坐下，樓下便開始音樂轟鳴。

「這就是我們過的日子。」我說。

「你不能把她轟出去嗎？」安德斯問，「如果你想的話，我來幫你擺平。」

「怎麼擺平？」海倫娜問。

「我有我的辦法。」安德斯說。

「呀哈？」海倫娜說。

「去警察那裡告她。」蓋爾說，「這樣她就明白我們不是鬧著玩的了。」

「你覺得行嗎？」我問。

「當然行。你要不來點狠的，這事兒永遠沒完。」

音樂突然停了，就像剛才突然開始一樣。樓下的門哐噹一聲。鞋跟踩在樓梯上，啪嗒啪嗒，一路向上。

「她要上這裡來嗎？」我說。

所有人都靜靜地坐著，支起耳朵。但是腳步聲從我們門前經過，朝樓上去了。不過腳步聲很快便回來，往下走，漸漸地聽不見了。我走到窗邊，朝下看。她只穿著裙子，腳上一隻鞋，走進了白色的街道。她招手，一輛計程車駛近。車停了，她爬進車內。

「她搭上了輛計程車。」我說，「穿著一隻鞋。看來不管怎麼說，都不能責怪她。」

我重新坐下，大家又聊了一會別的。大約兩點，安德斯和海倫娜起身要走。他們穿上厚厚的冬衣，和我們擁抱之後，便出門走入夜色，安德斯抱著他們熟睡的女兒。過了半個小時，蓋爾和克莉絲蒂娜也告辭出門，可是蓋爾又回來了，手裡拎著一隻高跟鞋。

「像另一個灰姑娘。」他說，「我該怎麼處理？」

「放到她門口好了。」我說，「趕快走，我們得睡了。」

我收拾完客廳，打開洗碗機，走進臥室，琳達已經躺下了，但還沒睡著，不過睜不開眼睛，只能在我站著脫衣服時給我一個昏昏欲睡的微笑。

「挺好的一夜吧？」我說。

「對，滿好的。」她說。

「你覺得他們玩得開心嗎？」我邊問邊上床，躺到她身邊。

「我覺得他們很開心。你覺得呢？」

「嗯，肯定開心。反正我滿開心的。」

街燈在地板上投下一抹微光。房間一直都沒有全黑，也沒有完全安靜下來。仍然有人在放煙火，街上人聲起起落落，飛馳而過的汽車多起來了，新年夜即將結束。

「可是說真的，我開始擔心我們的鄰居了。」琳達說，「有她在這裡感覺很不好。」

「對。」我說，「可是我們也做不了什麼。」

「對。」

「蓋爾覺得她是妓女。」我說。

「她就是，那麼明顯。」琳達說，「她在伴遊公司打工。」

「你怎麼知道的？」

「一看就知道。」

「我看不出來。」我說，「再過一億年我也想不到這裡。」

「那是因為你天真。」琳達說。

「也許是吧。」

「你就是。」

她笑了，湊過來親我。

「晚安。」她說。

「晚安。」我說。

很難理解現在其實有三個人躺在床上。但就是這樣。琳達肚子裡的嬰兒已發育完全；隔開我們的只是一道一公分厚的血肉之牆。從現在起的任何一天，孩子隨時可能出生，這一點改變了琳達的作息。她不再嘗試任何新東西，幾乎足不出戶，保持冷靜，時時注意著自己和身體，洗澡時間變得很長，躺在沙發上看電影，打盹，睡覺。她的狀態就像冬眠，但她的不安並沒有完全離去。我的角色尤其讓她放心不下。他們說，產前階段最重要的就是孕婦和助產師的關係，出現任何分歧，任何不快的氣氛，都要儘早講出來，這很重要，好讓另一位可能更合適的助產師接手。他們還說，男人在生育過程中主要扮演溝通的角色；他最瞭解妻子，他理解妻子的需要，一旦妻子陷入苦鬥，就得靠他把這些轉達給助產師。這就是我的處境。我講挪威語。助產師和護士能聽懂我說什麼嗎？更糟的是，我一向迴避衝突，總是設身處地為別人著想。我能忍著痛苦的感覺，對差勁的助產師說不，並且要求另換他人嗎？

「放心，放心，不會有事的。」我這樣說道，不用一直去想，船到橋頭自然直，但她還是放心不下，我成了一個不可信賴的因素。到時候我究竟有沒有能力叫一輛計程車呢？

她說得有道理，不過這於事無補。任何形式的壓力都會讓我自亂陣腳。我想取悅所有人，但有些時候必須做出選擇並付諸行動，為此要經受百般的痛苦，這些都屬於我最不愉快的體驗。現在我在短時間內就有了一連串這樣的經歷，而她通通看在眼裡。門鎖壞了那件事，船上那件事，我母親那件事。還有一次，我試圖一雪前恥，有天早晨在地鐵站將打架的兩人拉開，卻也沒能因此贏得信任，我到底顯示出了怎樣的判斷力呢？還有更重要的是，我知道對我來說，打發一位助產師走人要比在地鐵站挨刀子還要困難。

後來有一天傍晚，在回家的路上，走到上達山脊街的室外電梯，我放下筆記型電腦包和兩個購物袋去按按鈕，順便看了一眼手機，發現琳達打過八次電話。我沒在意，也沒有回撥。我等電梯呢，它在永恆地緩慢下落。我扭過頭，和一個流浪漢四目相交，他坐在睡袋裡，靠著牆，昏昏欲睡。他很瘦，花臉，目光中沒有好奇，但也並非呆滯，只是定了一眼我的存在。我心裡充滿了這一幕引起的不安和琳達來電導致的不確定的感覺。電梯順著索道緩慢上行，我靜靜地站在裡面。電梯一停，我就扒開門，在人行道上跑起來了，沿著大衛．巴加雷斯街，進大門，上樓梯。
「嘿！」我叫道，「出什麼事了嗎？」
沒人回答。
她一定自己去醫院了。對嗎？
「嘿！」我又叫，「琳達？」
我脫掉靴子，走進廚房，又往臥室的門裡瞅了一眼。沒人。我發現購物袋還提在手中，就把它們放到廚房檯子上，穿過臥室，打開客廳的門。
她坐在地板上盯著我。
「怎麼了？」我問，「出什麼事了嗎？」
她沒吭聲。我走過去。
「怎麼了，琳達？」
她臉色陰沉。
「我一整天什麼也沒感覺到。」她說，「感覺好像不對勁。我什麼都感覺不到。」
我伸手去抱她。她扭動著躲開了。
「不會有事的。」我說，「我保證。」
「**會他媽有事！**」她大叫起來，「你什麼都不明白嗎？你不明白出事了嗎？」
我又想抱住她，可她蠕動著躲開了。
她哭了起來。
「琳達，琳達。」我說。

「你不明白出事了嗎？」她又一次說道。

「不會有事的。」我說，「我保證。」

我等待著另一陣大叫，可她放下手，眼含熱淚看著我。

「你怎麼能保證？」

我一時語塞。她死死地盯著我，目光好像在控訴。

「那我們怎麼做？」我問。

「我們得去醫院。」

「醫院？」我說，「可是一切都很正常啊，離出生愈近，嬰兒活動愈少。好了，沒事的。只是……」

只是到了此時，當我看到她不相信的表情時，才意識到可能確實很嚴重。

「穿好衣服。」我說，「我去叫計程車。」

「先打個電話說一聲我們要去。」她說。

我搖搖頭，走向窗台上的電話。

「我們直接去就行了。」我說著拿起聽筒，撥了計程車中心的號碼，「到了那裡他們會幫我們的。」

等待電話接通時，我的目光追隨著她。她慢慢地，心不在焉地穿上外套，把圍巾纏到脖子上，一隻腳，然後是另一隻腳抬近身體，繫上鞋帶。相較於客廳的黑暗，她所在的門廳清晰地凸顯出每一個細節。淚水仍然在她臉上奔流。

嘟，嘟，嘟，無人應答。

此時她望著我。

「我還沒接通。」我說。

這時嘟嘟聲中斷了。

「斯德哥爾摩計程車。」一個女人的聲音說道。

「是的，你好，我想要一輛計程車，我在內閣街八十一號。」

「好的……您要去哪裡？」

「丹德呂德醫院。」

「好的。」

「要多久？」

「大約十五分鐘。」

「太久了。」我說，「這是生產的事。我們立刻就得要車。」

「您剛才說的什麼事？」

「生產。」

我意識到她不明白生產這個詞。幾秒鐘過去了，我還在搜腸刮肚地想找出正確的瑞典話怎麼說。

「生孩子[106]。」我終於開了口，「計程車必須馬上到。」

「我看看怎麼辦。」她說，「但我不能保證。」

「謝謝您。」我說完放下電話，檢查了一下口袋裡的信用卡，鎖上門，和琳達進了走廊。下樓時她一直沒看我。

外面雪還在下。

「車應該馬上就來吧？」我們站在人行道上時，琳達說。

我點點頭。

「他們說儘快。」

儘管車流量很大，我還是遠遠地看見了那輛計程車。它高速駛近。我招手，它在我們身前停住。我彎腰拉開車門，讓琳達先上，我也跟著坐了進去。

司機回過頭。

「著急嗎？」他問。

「和您想的不太一樣。」我說，「但我們要去丹德呂德。」

他開動汽車，駛向比耶爾．亞爾街。我們無聲地坐在後座。我拿過她的手。謝天謝地，她讓我握著了。公路上的汽車前燈彙聚成了一條光帶。收音機裡在播放《我不會讓太陽落在你身上》。

「別擔心。」我說，「一切都會很好的。」

她沒有答話。我們駛上一個緩坡。路兩邊的樹林裡坐落著一些獨棟住宅。屋頂覆蓋著白雪，大門映襯著黃色的燈光。偶爾可見橙色的雪橇，偶爾也可見黑色的、昂貴的轎車。之後我們右轉，離開一直行駛的公路，進入醫院，一扇扇窗亮著燈，使此處看上去就像一個巨大的箱子，全部開滿了透氣的艙口。一堆又一堆的雪，零散地分佈在樓四周。

「您知道怎麼走吧？」我問，「我是說婦產科。」

他點了點頭，左轉，指著一塊牌子，上面寫著「BB斯德哥爾摩[107]」。

「到了。」他說。

---

106 挪威語：fødsel；瑞典語：förlossning。

107 指 Barnbördshuset Stockholm AB，斯德哥爾摩兒童生育之家，由 Praktikertjänst 公司與丹德呂德醫院成立的合資機構。

我們到達時，另一輛計程車沒熄火，停在門口。我們的司機在它後面停下，我遞上信用卡，下了車，抓住琳達的手，扶她站穩，與此同時，另一對夫婦匆匆進了大門，男的提著一個嬰兒座椅和一個大包。

我簽了字，把收據和信用卡放進口袋，跟著琳達走進大樓。

另一對夫婦在等電梯。我們站在他們身後幾公尺遠的地方。我撫摩著琳達的背。她在哭。

「我原本想像的不是這樣。」她說。

「沒事的。」我說。

電梯來了，我們跟在另一對夫婦身後走進去。那女人突然彎下腰，緊緊地抓住鏡子前的橫桿。男人站在一邊，手裡都是東西，看著地面。

上樓以後，他們按鈴叫了人。趕過來的護士先和他們談了幾句，然後告訴我們會有人來看我們，便陪他們進了走廊。

琳達在椅子上坐下。我站在那裡往走廊裡看。燈光柔和。每個房間外面都有一個掛在天花板上的標誌牌。有些牌子亮著紅燈。每當新的標誌牌點亮，便能聽到一聲信號，也很柔和，不過仍一聽便知道是公共機構。偶爾有位護士出現，從一個房間走進另一個房間。走廊盡頭有個父親踱著步，兩手抱著一捆東西在搖晃。看上去他在唱歌。

「為什麼你不說有緊急情況？」琳達說，「我不能坐在這裡！」

我沒有回答。

我的大腦一片空白。

她站起身。

「我要進去。」她說。

「再等一兩分鐘吧。」我說，「他們知道我們在這裡。」

這攔不住她，所以她往裡走的時候，我只能跟在後面。

有位護士從辦公區裡出來，停在我們面前。

「給你們看過了嗎？」她問。

「沒有。」琳達說，「剛剛說會有人來的，可是還沒來。」

她從眼鏡上方打量了一下琳達。

「我一整天都沒感覺到它動一下。」琳達說，「什麼都沒感覺到。」

「所以你擔心。」護士說。

琳達點點頭。

護士扭頭看了看走廊。

「去那個房間。」她說，「它現在空著。馬上會有人過來看你。」

這房間裡的一切如此陌生，以至於我只能看見我們自己。琳達的每一個動作都像刀一樣割著我的心。她脫掉外套，搭到椅背上，在沙發上坐下。我走過去站在窗前，俯瞰著馬路和來往的車流。窗外雪花飄落，卻是細小而模糊的影子，好像只有在落入停車場燈光底下時才得以被看見。靠牆的地方有一張婦產科檢查椅，旁邊是幾件儀器，疊放在架子上。另一邊的架子上有一台ＣＤ播放器。

「你聽到了嗎？」琳達問。

一陣低弱而沉悶的號叫從另一個房間穿牆而來。

我轉過身看著她。

「別哭，卡爾．奧韋。」她說。

「我不知道還能做什麼。」我說。

「沒事的。」她說。

「你倒安慰起**我**來了？」我說，「**這**怎麼可以？」

她笑了。

這時又安靜下來了。

幾分鐘之後，有人敲門，一個護士進來，要琳達躺到床上，露出肚皮，她用聽診器聽了聽，莞爾一笑。

「一切正常。」她說，「但我們還是再做個超音波，以防萬一。」

半小時之後我們離開時，琳達輕鬆而快樂。我筋疲力盡，還有一點尷尬，因為我們不必要地給人家添了麻煩，畢竟有這麼多人邁進了醫院的大門，而這已經快讓他們忙不過來了。

為什麼我們總是相信最壞的情況？

不過話說回來，我在躺到琳達身邊時，一面把手放在她肚子上這麼想，裡面的嬰兒已經大到幾乎沒有了活動的空間了，的確，最壞的情況是有可能發生的，生命可能會在裡面中止，這樣的事情一直都在發生，而只要這種可能性存在，哪怕機率很小，那麼唯一正確的行動就是認真加以對待，不能因為怕尷尬、擔心麻煩別人而畏首畏尾。

第二天我回到工作室，繼續寫以西結的歷史，這樣做一開始是為了將天使的素材寫成一個故事，而不僅僅是作為一個現象而寫的散文化的評述，圖勒．艾瑞克（Thure Erik）對此提出的建議非常正確。以西結見到的異象極為壯麗而神祕，上帝命令他吃掉書卷，將文字化做血肉的場面更是絕對不可抗拒。與此同時，以西結本人也形諸文字，這瘋狂的先知，帶著末日的景象，為淒苦的日常生活所包圍，接踵而來的是猶豫和懷疑，以及異象內部的陡然變化，天使縱火焚燒，人類遭到擊殺，而在外部，以西結拿一塊代表耶路撒冷的泥磚，畫出象徵軍隊、堡壘和城牆的圖案，這一切都出自上帝的指示，就在他的屋外，就在城中眾子的眼前。復活的具體細節：「枯乾的骸骨啊，要聽耶和華的話。」上帝對這些骨頭說：「我必使氣息進入你們裡面，你們就要活了。我必給你們加上筋，使你們長肉，又以皮遮蔽你們。」及至應驗，「骸骨便活了，並且站起來，成為極大的軍隊。」

死人的軍隊。

這就是我目前的工作，我在努力創造一個完形（gestalt），雖然不太成功，只有寥寥幾件道具，涼鞋，駱駝和沙子，也就這些了，也許還有偶爾出現的稀疏的灌木，我對這種文化的知識趨近於零，而琳達還在家裡等待，以一種截然不同的方式傾心於即將到來的一切。預產期過去了，什麼都沒有發生，我大概每個小時就打一次電話給她，但一切照舊，沒有新的情況。其他我們什麼都不談。後來，大概過了一個星期，一月底的時候，我們正在看電視，她的羊水破了。我一直把這想像成某種洶湧澎湃的事件，大壩決堤什麼的，可是並非如此，恰恰相反，水量極小，琳達無法肯定剛剛發生的就是破水。她給醫院打了電話，他們也說不準，破不破水一般沒有什麼可懷疑的，但是到最後，他們說我們應該到醫院，我們拿起行李，搭計程車去了醫院，大樓周圍還是同樣高高的雪堆，像從前一樣披掛著明亮的燈光。琳達在躺椅上做檢查，我望向窗外，看著高速公路，飛馳的汽車和橙色的天空。琳達喊了一聲，我轉回頭。那是剩餘的羊水流出來了。

由於當時沒有別的狀況，宮縮也還沒發生，醫院便打發我們回家。如果還是這個樣子，他們會在兩天後用點滴的方式來引產。這樣我們至少有了一個期限。回家以後，琳達過於緊張，睡得並不好，而我睡得像塊石頭。第二天我們看了兩三部電影，去胡姆勒公園慢慢地散步，我伸長手臂，舉著相機，為我們自拍，背景裡的公園都是銀白的雪，我們臉貼在一起，容光煥發。琳達的母親在冰箱裡放了很多現成的飯菜，本來準備應付產後頭幾個星期的，我們熱了一份，吃完以後，我正煮咖啡的當下，就聽見從客廳傳出一聲哀嚎。我衝出來，發現琳達蜷曲著，雙手抱著肚子。喔，好痛，她說。但她抬起頭看我的時候，分明在微笑。

她慢慢直起身。

「開始了。」她說，「你能記一下時間嗎？這樣我們就能知道宮縮間隔多久？」

「會痛嗎？」我問。

「有點。」她說，「但還可以。」

我去拿了筆和筆記本。此時五點剛過，第二次宮縮在二十三分鐘之後到來。再等下一次，已過了半個小時。宮縮持續了整個晚上，間隔長短不一，疼痛則明顯地增強了。十一點鐘我們上了床，宮縮又來，她開始尖叫。我躺在她身邊，想幫忙，卻不知道從何幫起。助產師給了她一台叫做TENS的設備，用於止痛，配有可以導電的墊片，貼在痛處，並與一台控制電流的儀器相連，我們試用了一下，但等我安裝好一堆電線和按鈕，唯一的結果是她遭到了幾次電擊，並因憤怒和疼痛而連連尖叫：把這該死的東西關掉！不，不，我說，我再試一次，好了，這次應該對了。啊，痛死我了！她大叫，它電我，你覺得好玩是嗎？快拿開！我把它拿開了，又幫她做按摩，手上抹了特地買來的油，可怎麼按她都覺得不對，不是太高就是太低，不是太輕就是太重。有件事她一直想做卻沒能如願，就是泡一泡病房裡的大浴缸，裡面裝滿熱水時，應該可以減輕分娩前的疼痛，不過現在她羊水破了，已經不能再這樣做，也不能在家裡用浴缸了。於是她坐到裡面，用滾燙的熱水給自己淋浴，呻吟著，嗚咽著，迎接襲來的又一波疼痛。我站在那裡，在明亮的燈光下，因為疲倦而頭昏眼花，我望著她，連走到她所在的地方都不可能，更不用提幫她了。折騰到天亮，我們才勉強睡著，又過了幾個小時，我們決定去醫院，哪怕離預約的時間還有六個小時，他們說得毫不含糊，如果我們計畫提前入院，宮縮的間隔必須縮短到三四分鐘才行。琳達這個時候大約十五分鐘來一波，可是她痛成這樣，再跟她說那些話已絕無可能。又一輛計程車，這一次迎著灰濛濛的晨光，再度駛上前往丹德呂德的高速公路。琳達做了檢查，他們說宮口只開了兩指，照我的理解這還不夠，我為琳達正經歷的一切而感到難過，我本以為很快就會結束，可是沒有。剛好相反，他們說，原本其實我們應該再次回家的，不過正好有一間病房空著，我們看起來累壞了，蓬頭垢面，所以醫院收下了我們。睡一下吧，他們說，關上門走了。

「最起碼我們到這裡了。」我說著，把行李放到地上。「你餓嗎？」

她搖搖頭。

「我得沖個澡。你來嗎？」

我點點頭。

當我們站在蓮蓬頭底下，相互摟抱著的時候，新一波宮縮開始了，她彎下腰，抓住牆上的扶手，我在前一天夜裡第一次聽到的那種叫聲又再度出現了。我撫摸著她的背，卻感覺這更像侮辱而不是安慰。她直起身，我在鏡子裡和她四目相交。我們的臉好像褪去了一切精力，只剩下一片空虛，我想，這裡面只有我們自己。

我們走進房間，琳達穿上了他們此前給她的病號服，我躺到沙發上，馬上睡死過去了。

過了幾個鐘頭，一組人員進到我們房間，開始引產。琳達不想使用任何一種化學止痛劑，於是他們用了另一種方法，叫無菌水注射，就是把水打到皮下，其原理是以毒攻毒，以痛治痛。她站在地上，抓著我的手，兩個護士往她體內打水。她發出尖叫，撕心裂肺地大吼著：「我操他媽的！」同時本能地蠕動身體，想要掙脫，可那兩個經驗豐富的護士死死地抓著她。看著她承受這麼大的痛苦，淚水一下子湧入我的眼眶。同時我又感到這不算什麼，最壞的時候還沒到呢。可是很明顯，琳達對疼痛的耐受力並不高，到時候又會變成什麼樣子啊？

她穿著醫院的白色罩衫，坐在床上，他們把一個靜脈套管扎進她的手臂，此後她便通過一根細細的塑膠管，和鐵架子上透明的袋子連在了一起。他們說因為點滴的關係，需要密切注意胎兒的狀況，於是連結了一根小探針，導線從琳達身上引出，越過病床，連到她旁邊的儀器上，沒過多久，數字就開始閃動。這是胎兒的心跳。好像這還不夠，琳達身上也綁了一條帶子，上面有一些感測器，通過更長的導線和另一台監測儀相連，這個數字也一閃一閃地動起來了，監測儀上面有一條波浪線，宮縮一來便陡然上升。此外，機器還在往外吐紙，紙上描畫著同樣的圖形。

這場面好像他們要把她發射到月球上去。

探針連結到胎兒頭部時，琳達又放聲尖叫，助產師拍拍她的臉。為什麼他們像哄小孩一樣對待她？我在無所作為的狀態中這樣想著，站立著，呆望著身邊突然發生的一切。因為她寫給醫院的信嗎？這一刻那封信大概就躺在護士室裡，她寫她縱然意志堅強，對即將發生的事充滿期待，但也需要很多支援和鼓勵。

琳達的目光穿過亂七八糟的手臂和我的目光相會。她露出了笑容。我回以微笑。一個不苟言笑的黑頭髮助產師教我怎樣看監測儀，胎兒的心跳尤其重要，如果出現劇烈的起伏，我就按按鈕叫他們。如果讀數降到零，我別怕，大概是接觸不良。我們真要自己待在這裡嗎？我想問，卻沒開口，也沒打聽一下要等多久。相反，我點了點頭。她說她會定時過來看我們，說完他們就走了。

沒過多久，宮縮的間隔時間就開始縮短。而且從琳達的反應來判斷，此時強度要大得多。她尖叫、動來動去，彷彿在找什麼東西。她不停地變換姿勢，她焦躁不安，她尖叫，我發現她在尋找脫離疼痛的出路。有點像野獸的本能。

宮縮過去了，她安靜下來。

「我覺得我撐不住，卡爾．奧韋。」她說。

「不會的。」我說，「沒有危險。只是很痛，但沒有危險。」

「太痛了！太他媽痛了！」

「我知道。」

「你能幫我按摩嗎？」

「好。」

她坐起來，抓住床邊的扶手。

「這裡？」我問。

「往下點。」她說。

螢幕上，一條曲線開始上揚。

「好像要來了。」我說。

「噢，不要。」她說。

曲線像海嘯一樣升高。琳達喊叫著，往下！換個姿勢，呻吟，再換個姿勢，使出全身的力氣，死死地抓住扶手。隨著曲線回落和疼痛消退，我看見胎兒的心跳大大地加強了。

琳達往後一倒。

「按摩有用嗎？」我問。

「沒用。」她說。

我決定，如果下次宮縮之後，心跳還是降不下來，就叫他們過來。

「我撐不住的。」她說。

「你撐得住。」我說，「你做得非常好。」

「按住我的頭。」

我把手放到她額頭上。

「又來了。」我說。她挺直了身體，哭泣，呻吟，喊叫，然後再度往後倒。我按了按鈕，門上方一個紅色的標牌閃動起來。

助產師出現在我面前時，我說：「心跳很快。」

「嗯，」她說，「我們得把給藥的速度調慢一點。也許太快了。」

她走向琳達。

「怎麼樣？」她問。

「痛得要死。」琳達說，「還要很久嗎？」

她點點頭。

「是的。」

「我需要點東西。我撐不住了。這樣不行。你覺得我能用笑氣嗎？」

「有點早。」助產師說，「效果會慢慢減弱的。最好晚點再用。」

「可是這樣不行啊。」琳達說，「我現在就需要！這樣不行！」

「我們得再等一會，」她說，「好嗎？」

琳達點點頭，於是助產師走了。

接下來的一個小時，情形大致依舊。琳達用各種方法來減緩疼痛，沒用，好像怎麼也躲不開一波又一波的衝擊。真看不下去。我能做的只有幫她擦汗，用手按著她的額頭，再就是偶爾試著替她揉揉背。窗外，黑暗無聲無息降臨，正下著雪。四點了，引產已經進行了一個半小時。還早呢，我知道，卡麗·安妮不是花了二十多個小時才把耶爾法生下來嗎？

有人敲了下門。那個不苟言笑的黑頭髮助產師走進來。

「你們怎麼樣？」她問。

琳達弓著腰轉過頭。

「我要笑氣！」她喊道。

助產師想了想，點點頭出去了，回來時帶著一個在手上，她把它安置在床前。

「我希望我也能幫點什麼。」我說，「按摩之類的。你能告訴我按哪裡最有效嗎？」

就在這個時候，宮縮開始了，琳達把面罩扣到臉上，貪婪地吸著笑氣，同時扭動著下半身。助產師把我的雙手放到她腰椎區的底部。

「就是這裡，我想。」她說，「可以嗎？」

「可以。」我說。

我往手上抹油，助產師關上門走了，我把一隻手放到另一隻上面，掌根按住她的腰椎。

「對！」她大叫。她的聲音在面罩下悶悶的，「就是那裡！對！對！對！」

等宮縮平息，她朝我扭過頭。

「笑氣好棒。」她說。

「好。」我說。

此後宮縮再來，她已大不一樣。她不再試圖逃離，不再用一種看了讓人心碎的方式，徒勞地尋找擺脫疼痛的出路，她簡直煥然一新，好像轉而直接面對疼痛，接受它的存在，和它對抗，起初帶著好奇，後來是愈來愈多的力量，像一頭野獸，我又一次這樣想，不過她並沒有表現出輕鬆、驚恐、不安的樣子，當疼痛襲來時，她雙手緊抓著床欄桿站了起來，來回移動著臀部，在笑氣面罩裡咆哮，每次都是一模一樣，整個步驟一而再、再而三地重複。暫停，面罩拿在手裡，身子倒在床墊上。然後又是一波，我總能比她提前一點，先在監測儀上看到它，便用力地替她按摩，她站起來，來回擺動，叫喊，直到這一波消退，她再次頹然倒下。要和她說話已不再可能，她已經毫無力氣。她對身邊的一切都不以為意，全神貫注迎戰疼痛，休息，迎戰，休息。助產師進來時，她跟我講話，好像沒有琳達這個人似的，從奇怪的角度來看，這倒是真的，好像我們和她隔著很長很長的距離。但她並沒有完全消失，時不時就會突然用一種大聲的聲音叫道：**水！**要不就是：**衣服！**拿到手以後便說：**謝了！**

噢，這是個多麼奇怪的下午和晚上啊。窗外黑暗厚重，雪花飄落。房間裡迴盪著琳達吸笑氣時的喘息，宮縮最厲害時高亢的怒吼，還有檢測儀發出的嗶嗶聲。我沒有想孩子，我幾乎沒在想琳達，我全神貫注於按摩，琳達躺下時我輕點按，隨著電子波形線開始上揚，我也愈來愈用力，那條線就是琳達起身的信號，我使出渾身力氣按摩，直到波形線再次沉落，同時始終留意著胎兒的心跳。數字和圖形，按摩油和腰椎區，喘息和咆哮，這就是一切。一秒又一秒，一分又一分，一小時又一小時，這就是全部。我被這個時刻吞沒了，好像時間不再流逝，僅管它是流逝的，只要有什麼脫離常軌的事情發生，就會將我抽離。一個護士進來，問是不是一切順利，時間一下子就到了五點二十。另一個護士進來，問我想不想吃點東西，於是一下子到了六點三十五。

「吃東西？」我說，好像以前從沒聽說過還有這件事。

「對，你可以選蔬菜千層麵或普通千層麵。」她說。

「噢，太好了。」我說，「普通的吧。謝謝。」

琳達好像根本沒注意到有人在場。新的一波來到了，護士關上門離開，我盡全力按壓琳達的腰椎，看到曲線沉落，琳達還沒有取下面罩，便小心翼翼地把它拿開。她沒有反應，只是坐在那裡，目光呆滯，額頭上掛著汗滴。下一次宮縮開始時，從她緊捂在臉上的面罩裡發出了連續沉悶的叫喊。這時門開了，護士把一個盤子放到桌上，已經七點鐘了。我問琳達我能不能吃飯，她點點頭，但我剛把手拿開，她就吼叫，不，不要！於是我繼續按摩，我按了按鈕，同一個護士進來，可不可以換她接手按摩？當然可以，她說，於是我停手，她繼續。琳達大叫，不，我要卡爾．奧韋！我要卡爾．奧韋！這太輕了！與此同時我趕緊揮舞叉子，送麵條下肚，這樣，兩分鐘之後，我已經再次接手按摩，而琳達也恢復了她固有的節奏。

宮縮，笑氣，按摩，稍息，宮縮，笑氣，稍息。沒有其他的了。後來助產師進來，不由分說地給琳達翻了個身，讓她側臥，查看她開了幾指。琳達尖叫，這是一種不同類型的尖叫，全力以赴，毫不妥協。

她再次起身，找到自己的節奏，脫離這個世界，然後幾個小時過去了。

突然一聲大喊。

「只有我們嗎？」

「對。」我說。

「**我愛你，卡爾．奧韋！**」

這句話彷彿發自她體內至深之處，一個她從未到過，或者從未因此而涉足的地方。我兩眼充滿了淚水。

「我也愛**你**。」我說，可她沒聽見，另一波宮縮湧上來了。

時間流逝，八點，九點，十點。我腦袋裡什麼想法都沒有，我給她按摩，留意著監測儀，直到忽然一個閃念：有個小孩就要出生了。我們的小孩就要出生了。只要再過幾個小時，我們就有孩子了。

這個念頭一閃而過，接著又都只是圖表和數字，手和腰，節奏和號叫。

門開了，另一個助產師走進來，一個上了年紀的女人。她後面跟著一個年經的女孩。女人湊近琳達，臉只隔了兩三公分的距離，做了自我介紹。她說琳達做得很好。說她帶來一個實習生，可不可以？琳達點了一下頭，用目光尋找著那位實習生。看見她了，點點頭。助產師說很快就會結束。說她得替她做個檢查。

琳達又點點頭，像孩子看母親那樣看著她。

「這就對了。」助產師說，「好女孩。」

這一次她沒有尖叫。躺在那裡，茫然地睜著又大又黑的眼睛。我摩挲著她的腦門，她渾然不覺我的存在。當助產師把手拿開時，琳達大聲喊道：

「**可以了嗎？**」

「再一下。」助產師說。琳達耐心地站起來，恢復了原來的姿勢。

「一個小時，也許用不了。」助產師對我說。

我看了看手錶。十一點了。

琳達已經站了八個小時。

「這些東西可以拿掉了。」助產師說著，取下了所有的帶子和電線。她一下子自由了，坐在那裡，床上的一具軀體，她與之對抗的疼痛，已不再是我從螢幕上看到的綠色波形曲線和向上滾動的數字，而是在她體內發生的某種東西。

我之前沒有理解這一點。它就在她體內，她全靠自己在和它戰鬥。

就是這樣。

她是自由的。發生的一切，都是發生於她體內。

「它來了。」她說，而這是從她體內來的。我使出全力，雙手按著她的背。只有她和她的內在。沒有這醫院，沒有這些監測儀，沒有那些書，沒有那些教學，沒有那些磁帶，沒有要遵循什麼的任何想法，通通沒有，只有她和她體內正在發生的事情。

她的身體因汗水而溼滑，頭髮七零八落，白色罩衫鬆垮垮地纏在身上。助產師說她馬上回來。實習生留下了，擦乾琳達的額頭，遞給她水，幫她拿馬拉松牌巧克力棒，琳達貪婪地一把抓住。她到了崩潰的邊緣，她肯定感覺到了，她幾乎對休息也失去了耐心，宮縮的間隔現在只是短短的片刻。

助產師回來了。她調暗了燈光。

「躺下，休息一下吧。」她說。琳達躺下了。助產師撫摸著她的臉。我走到窗邊。下面的路上一輛車都沒有。大雪在路燈周圍的空中飛舞。房間寂靜無聲。我轉過身。琳達好像睡著了一樣。

助產師對我一笑。

琳達呻吟起來。助產師抓住她一條手臂，她坐起身。她兩眼漆黑，如夜的森林。

「用力。」助產師說。

新的情況出現了，某種不同以往的情況，我不知道那是什麼，但還是轉到她身後，又給她按摩起了後背。宮縮持續不斷，琳達抓起笑氣面罩，貪婪地吸著，可這好像沒用，一聲撕心裂肺的哭喊，拖著長音，連綿不絕。

然後宮縮退去了。琳達無力地倒下。助產師擦去她額頭的汗水，表揚她是個好女孩。

「想不想摸摸你孩子？」她問。

琳達仰起臉看著她，慢慢點了點頭。跪立起來。助產師抓著她的手，送到她兩腿之間。

「那個就是頭。」她說，「你能摸到嗎？」

「**可以！**」琳達說。

「用手扶著，然後用力。你可以嗎？」

「**可以！**」琳達說。

「到這裡來。」她說，接著扶琳達站到地板上，「站在這裡。」

實習生把放在牆邊的一張椅子拿過來。

琳達跪立著。我走到她身後，不過我有一種感覺，按摩已經派不上用場了。

她發自內心地叫著，整個身體都在顫動，一隻手抓著孩子的頭。

「頭出來了。」助產師說，「再來一次。用力。」

「頭出來了？！」琳達問，「你說頭出來了？」

「對，現在用力點。」

又一聲哭喊，她的叫聲彷彿穿透一切。

「你來扶她？」助產師說。她看著我。

「好。」我說。

「到這邊來，站在這裡。」她說。

我繞過椅子，站到琳達面前，她望著我，眼裡一片茫然。

「再來一次。現在用力，很好。再用力。」

我眼裡全是淚水。

孩子滑出她的身體，像一隻小海豹，撲通一下掉進我手裡。

「噢噢噢噢噢！」我狂叫，「噢噢噢噢噢噢！」

這小身子熱乎乎，滑溜溜的，差一點從我手裡滑脫，多虧年輕的實習生在，幫了我一把。

「她出來了？她出來了？」琳達問。是的，我說著，舉起那小身子遞到她面前，她把嬰兒貼到胸口，我高興得嗚嗚直哭，琳達幾個小時以來第一次看見了我，她笑了。

「這是？」我問。

「女孩，卡爾．奧韋。」她說，「這是個女孩。」

她的頭髮又長又黑，黏在頭皮上。她的皮膚是淺灰色的，好像塗了蠟。她尖叫起來，我以前從未聽過這樣一種聲音，這是我女兒的聲音，我一步跨上了世界的頂端，我以前從未達到過這樣的境界，但我現在到了，我們到了，到了世界的頂端。我們周圍的一切都是靜止的，我們周圍的一切都是黑暗的，不過我們在這裡，助產師，實習生，琳達，我，還有這小孩子，她是光。

他們扶琳達上床，她找到一個舒服些的姿勢躺下，小女孩的皮膚慢慢泛紅，她抬起頭看著我們。

她眼睛像兩盞黑色的燈。

「嗨……」琳達說，「歡迎歡迎，歡迎你……」

小孩抬起一隻手臂，又再次放下。動作像爬行動物，像鱷魚，像巨蜥。接著又來了一次。抬起，伸出一點，放下。

兩隻黑眼睛直視著琳達。

「對了，」琳達說，「我是你媽。這是你爸！你看得見嗎？」

我們在看這個突然出現的小生命時，那兩個女人收拾起周圍的東西。琳達肚子和腿上都是血，小丫頭身上也都是血，他們兩個散發著刺鼻的、近似金屬的氣味，我一呼吸就覺得很不適應。

琳達把女孩抱近她的乳房，可她不感興趣，她在全心全意地看著我們。助產師走進來，端著一個裝有食物的托盤、一杯蘋果汁和一面瑞典國旗。我們吃東西的當下，她們抱孩子去量體重，她尖叫著，但一放回琳達的胸口就安靜了。她舉手投足的方式，她一舉一動呈現出的完美無瑕的關愛，我以前從未見過。

「這就是萬妮婭？」我說。

琳達看著我。

「當然是了，你看不出來嗎？」

「嗨，小萬妮婭。」我說，又看看琳達，「她好像我們以前在森林裡發現的什麼東西。」

琳達點點頭。

「我們的小怪物。」

助產師走到床邊。

「該去你們自己的房間了。」她說，「也許給她穿點衣服。」

琳達盯著我看。

「你來？」

我點點頭，捧起這微小而纖細的身體，放到床尾，從袋子裡取出她的睡服，帶著千萬個小心，開始替她穿衣，她用那奇怪的小聲音哭著。

「你真會生孩子。」助產師對琳達說，「你應該多生一點！」

「謝謝。」琳達說，「我覺得這是我得到過最好的恭維了。」

「再想想她得到了一個怎樣的開始。她會受用一輩子的。」

「真的嗎？」

「噢，是的。這肯定是有意義的。好了，恭喜你們，祝你們晚安。我大概明天早上再過來看看，但也說不準。」

「非常非常感謝你。」琳達說，「你們真是太好了。」

幾分鐘之後，琳達步履蹣跚，穿過走廊，前往病房，我跟在她旁邊，懷裡緊緊抱著萬妮婭。她眼睛睜得大大的，盯著天花板。一進屋我們就關燈上床。我們聊了很長時間，談剛剛發生的事，琳達不停地把萬妮婭放到她乳房上，不過她好像興趣不大。

「現在你怎麼都不怕了。」我說。

「我也這麼想。」琳達說。

最後她們睡著了，我還醒著，渾身躁動，感覺非得做點什麼不可。我什麼也沒做過。也許這就是原因。我搭電梯下樓，冷冷地坐在外面，抽了一支菸，便打電話給媽媽。

「嗨，是我，卡爾．奧韋。」我說。

「怎麼樣？」她急忙問道，「你們在醫院嗎？」

「在，我們生了個女孩。」我說，聲音都走調了。

「唉呀。」媽媽說，「真是難以想像啊，一個女孩！琳達還好嗎？」

「好，滿好的。滿好的。一切都好。」

「恭喜啊，卡爾．奧韋。」她說，「真是太棒了。」

「是啊，」我說，「我只是想打來跟你說一聲。我們明天再聊。我……嗯……我現在不知道怎麼說才好。」

「我懂。」媽媽說，「替我向琳達問好，說我恭喜她了。」

「當然。」我說完掛了電話，再打給琳達的母親。我告訴她的時候她哭了。我又點了一支菸，說了同樣的話。結束，打給英格威。再點一支菸，跟他說話比較容易一些，有幾分鐘的時間，我把電話貼在耳邊，在燈下的停車場裡來回走著，暖洋洋的，即使氣溫必定在零下十度，我只穿著一件襯衫，我掛了電話，漫無目標地注視著周圍，想找個東西以某種方式和我心裡的東西交流一番，但是找不到，我又邁開了步子，來回走著，又點了一支菸，抽兩口就扔掉，跑向大門，心裡想，她們就在**樓上**呀！現在！她們現在就在！

琳達睡著呢，小東西趴在她身上。我注視了她們一會兒，取出筆記本，打開檯燈，坐到椅子上，想對著這些事情寫點什麼，不過這太蠢了，根本行不通，於是我去了電視間，想起得在登記所有小孩出生日期的掛表上釘個圖釘，女孩是粉的，男孩是藍的，釘上了，一個粉的，代表可愛的萬妮婭，在走廊裡來回走了兩三趟，乘電梯下樓，再抽一支菸，很快變成了兩支，上樓，上床，睡不著，心裡好像敞開著，突然之間我可以接納一切，我發現自己置身其中的這個世界充滿了意義。我怎麼睡得著？

嗯，最後我還是睡過去了。

一切都是這樣新鮮和脆弱，就連給她穿衣都變成了一樁重大工程。海倫娜開車來接我們，在樓下等的時候，我們花了半個鐘頭才把孩子打理好，結果剛出電梯，就惹來海倫娜一陣大笑：「這麼冷的天氣，你們不會讓她穿這樣就出去吧？」

哎呀，這我們可沒想到。

海倫娜裹緊了羽絨衣，後來我們一路小跑步穿過停車場，我一隻手提著兒童座椅，萬妮婭在裡面前後搖晃。回到家，只有我們的時候，琳達哭起來了，她抱著萬妮婭哭啊哭啊，哭她此刻人生當中種種的好，也哭種種的不是。我充滿了同樣巨大的迫切感，根本坐不住，非得做點什麼不可，下廚，打掃，跑出去買東西，什麼都行，只要能活動。對琳達來說，她只想安靜地坐著，不動，把孩子抱在胸口。光沒有離開我們，沉默也沒有消失，彷彿一堵和平的圍牆在我們周圍拔地而起。

真讓人驚奇。

此後十天充滿了平靜和安詳，我走來走去，懷著同樣不可遏止的躁動。然後我必須重新工作了。丟開剛剛發生的和正在家裡進行的一切，去寫以西結。下午打開門，回到我小小的家，想一想，這就是我的小小的家啊。

幸福。

帶著小孩製造出來的新的需求，每天的生活步上了軌道。琳達擔心她得一個人帶孩子，她不喜歡這樣，但我必須工作，小說必須在秋天出版，我們需要錢。

可是，一部關於涼鞋和駱駝的小說，這可行不通。

我曾經在筆記本裡寫下「聖經再現於挪威」與「塞特河谷山地[108]的亞伯拉罕」。這是愚蠢的想法，對一部小說而言，它既太小又太大，但是它回來了，我以一種完全不同的方式對它產生了需要，並且想，去他媽的，我一定要動筆，看看寫成什麼樣子。我已經寫了該隱拿一柄大錘，在斯堪的納維亞的暮色中錘擊岩石。我問琳達我可不可以讀給她聽，她說當然可以，我說可是我寫得蠢極了。你知道的，她說，通常你寫得好才這麼說呢，我說對，沒錯，但這一次可不一樣。得了吧，快讀呀！她坐在椅子上說。我讀了。她不停地說真棒，真是太棒了，你得接著寫，我往下寫了，不停地寫，一直寫到萬妮婭的洗禮日，儀式是五月份在約爾斯特我母親那裡辦的，回來後我們去了韋斯特維爾外海群島中的伊德島，英麗的丈夫維達爾在島上有一幢夏屋。琳達和英麗陪著萬妮婭的時候，我坐下來寫字，已經六月了，小說必須在六個星期內完成，雖然該隱和亞伯的故事寫好了，但篇幅還是太少。我第一次對編輯說了謊，說我只剩下一點潤稿作業要完成，不過實際上我才剛剛找到故事的出路，開始寫我心中正經的小說。我寫起來像個瘋子，壓根兒沒把時間當回事。我跟琳達還有別人吃午餐，吃晚飯，晚上和她一起看歐洲足球錦標賽，然後才一個人待在小房間裡敲擊鍵盤。我們從島上回家以後，我意識到必須全力以赴，不然就完了，我告訴琳達我要搬到工作室去住，我必須日夜趕工。那可不行，她說，就是不行，你是有家庭的，你忘了嗎？現在是夏天，你忘了嗎？要我一個人照顧你女兒是嗎？對，我說，就是這樣。不，這行不通的，她說，我不允許。隨你，我說，我無論如何也要這麼做。我這麼做了。我完全陷入了瘋狂，沒日沒夜地寫，一天只睡兩三個鐘頭，唯一重要的事，就是我正在寫的這部小說。琳達回了娘家，每天打電話給我好幾次。她真的生氣了，氣得尖叫，在電話裡怒吼。而我把電話從耳邊拿開，接著往下寫。她說她要離開我。我說走吧，我不在乎，我必須寫，這是實話，如果她真想走她就會真的走。她說我一定走，你永遠不會再見到我們了。我說好。我一天寫二十頁，我沒看見任何字詞，也沒看見任何句子和形式，只有景物和人，琳達打來電話，再度尖叫，說我是失職的父親，說我是混帳，說我是沒人性的怪物，說我是世界上最爛的爛人，她詛咒當初遇見我的那一天。我說好，那就離開我好了，我不在乎，我說的是實話，我不在乎，這事誰也攔不住我，她掛斷了電話，過了兩分鐘又打過來，繼續對我破口大罵，她說我以後都一個人過吧，她要自己把萬妮婭帶大，我說我沒意見。她哭，她哀求，她懇求，我對她做的是天下最殘忍的事，丟下她一個人不管。但我不在乎，我沒日沒夜地寫，後來她打電話來，說她第二天回家，問我願不願意去車站接她？

我說好，我去。

在車站，她朝我走過來，萬妮婭睡在嬰兒車裡，她簡單地跟我打了招呼，問我進展如何。我說很好，她說她為發生的一切感到抱歉。兩個星期之後我打電話說小說寫完了，近乎奇蹟，我是在出版社給我的截稿日期，也就是八月一日當天寫完的，我到家時，她站在門廳裡，拿著一杯給我的普羅賽柯，客廳裡放著我喜歡的音樂，桌上擺著我喜歡的菜。我寫完了，小說寫出來了，但我的感受仍繼續，也就是說，我感覺自己還在那裡。我們去了奧斯陸，我參加了新書發表會，隨後喝得爛醉，整個早上都在酒店房間裡趴著，吐了又吐，勉強撐著來到機場，飛機誤點成了琳達的最後一根稻草，她訓斥櫃檯裡的工作人員，我雙手捂著臉，我們又回到從前了嗎？飛機抵達布林厄蘭索森，媽媽在那裡等我們，接下來的一個星期，我們在美麗的山下長時間地漫步，一切都是美好的，一切都是應該要有的樣子，可是又不夠好，我渴望回到我一直所在的地方，我想念它，那瘋狂的、孤單的、快樂的地方。

我們返回瑞典後，琳達開始在戲劇學院就讀第二年，我待在家裡照顧萬妮婭。早晨餵她喝奶，灌得

108 塞特河谷山地（Setesdalsheiene）指東阿德格爾和西阿德格爾兩郡境內塞特河谷東西兩側的山區。

飽飽的，我午餐時間去戲劇學院，再把她灌個飽，到了下午，琳達騎車，盡可能快地趕回家。我沒什麼好抱怨的，一切都很好，我的書得到了很好的評論，好幾家外國出版社買了版權，這一切發生的同時，我推著嬰兒車，穿行在斯德哥爾摩美麗的城區，帶著我愛她勝過一切的女兒，而我的愛人正在學校上課，渴望著和我們團聚。

秋去冬來，伴隨著小孩的食物和小孩的衣服，小孩哭和小孩吐，全然荒廢的上午和空虛的下午，生活逐漸對我產生了影響，可我什麼都不能抱怨，什麼都不能說，我只是閉上嘴，做我必須要做的事。公寓裡的小騷擾還在繼續，新年夜發生的事沒有改變俄國女人對我們的態度。任何以為她不會再盡力折磨我們的想法，都被證明過於天真，相反的情況出現了，其頻率還在加強。如果某天早晨我們打開了臥室的收音機，如果我有一本書掉在地板上，如果我往牆上釘個釘子，那麼很快就會響起敲水管的聲音。有一次我把一個裝著乾淨衣服的宜家袋子忘在了洗衣房，便有人把它擱到了水槽底下，還擰鬆了下水管，於是所有從水槽流過的水，大部分是髒水，都灌進了袋子裡。冬天快結束時，有天早晨琳達接到一通電話，是擁有這幢樓產權的公司打來的，說他們收到了一封涉及我們的投訴信，開列了一長串很嚴重的問題，我們能費心做個解釋嗎？首先，我們在不適當的時間大聲播放音樂。其次，我們把垃圾袋丟在家門外的走廊裡。第三，我們的嬰兒車老是放在門口。第四，我們在後院抽菸，扔菸蒂扔得滿地。第五，我們把衣服丟在洗衣房，不收拾乾淨就走，還在分配給我們的時間之外使用。我們能說什麼呢？有個鄰居老跟我們找碴？那就變成我們在說她的壞話了。再說，在投訴信上簽名的並不是她一個人，她住在樓上的女友也簽了。此外，有幾條也確有其事。因為大樓裡人人都在晚上把垃圾袋放到門外，早上再帶到樓下的垃圾間去，所以我們也這樣做了。這一點我們不能否認；那兩位愛管閒事的鄰居還拍下了我們門口放著垃圾袋的照片。還有我們把嬰兒車放在門外，這也沒說錯，難道他們認為我們應該每天從地下室裡把孩子和孩子需要的每件東西搬上搬下好幾次嗎？很有可能我們忘記了規定的洗衣時間，可大家不都這樣嗎？好，我們知道以後要注意了。但下次他們不會就這樣算了，如果再有投訴，我們的合約就得重新評估。在瑞典，租約是終身制的，很難得到，像我們這一份，位於城區中央，你要嘛熬半輩子才能等到，要嘛花上高達一百萬克朗的價錢到黑市上買。我們是通過琳達的母親得到的，如果失去這份租約，也就失去了我們唯一值錢的資產。從現在起，我們唯一能做的，就是嚴格照章辦事。在瑞典人眼裡，這是天經地義的。沒有不準時付帳單的瑞典人，因為如果沒付，他們就會收到警告，若收到了警告，不管涉及的款額多麼小，他們都無法從銀行貸款，拿不到手機的合約，也不能租車。對我這樣一個不太懂得謹小慎微，經常半年就會背上一兩筆債務的人來說，情況自然不同。後果很嚴重，我原本一直不懂，直到幾年後，我需要貸款，卻遭斷然拒絕。貸款，你！但瑞典人都會咬緊牙關，把生活打理得井井有條，而且瞧不起那些做不到這一點的人。噢，我真討厭這個雞巴小國。自以為是！如果每樣東西都原封不動，那就是正常，任何不一樣的東西都是不正常。而與此同時，他們竟然笑納著各種多元文化和少數群體的論題！從迦納或衣索比亞來的窮苦黑人一直到瑞典的洗衣房！到任何地方都必須提前兩個禮拜去訂一個位置，要是你敢在烘乾機裡掉一隻襪子，準會被飛濺而來的唾沫淹死。要不就會在門口碰到一個男人，手裡提著他媽的宜家袋子，怪腔怪調地問那是不是你掉下的。瑞典的國土從十七世紀以後就沒發生過戰爭，我經常有一種念頭，真該找什麼人入侵一下瑞典，炸它的大樓，讓這國家陷入饑荒，擊斃它的男人，強姦它的女人，再讓某個遙遠的國家，比方說智利或玻利維亞，滿懷仁慈地接納它的難民，告訴他們愛斯堪的納維亞，再把他們丟進城外的貧民窟。看他們到時候怎麼說。

也許這一切當中最糟糕的，就是瑞典在挪威大受推崇。我在挪威生活時也一樣。我那時一無所知。但如今我知道了，我也曾試圖告訴挪威老家的人們，但沒人理解我的意思。要想精確地描述這個國家有多麼墨守成規是不可能的。反而因為無法暴露出這種墨守成規，與公眾相反的意見實際上並**不存在**。要花些時間才能注意到這一點。

這就是二〇〇五年二月那個晚上我的處境，我一隻手拿著一本杜斯妥也夫斯基的書，另一隻手提著一個北方百貨公司的購物袋，在樓梯上和俄國女人擦肩而過。她躲避我的目光，這沒什麼好奇怪的。我們下午把嬰兒車放進自行車庫時，第二天常常發現它被人推到牆邊，防雨罩不是這邊就是那邊都被擠扁了，有時羽絨被也被丟到了地上，很明顯是在匆忙和怒氣之中幹的。我們買的二手童車有一次被人放上了一塊寫有「grovsopor[109]」的牌子，好讓垃圾車第二天早晨把它拉走。很難想像居然還有人會幹這種事，但也不是不可能。別的鄰居也沒人真心誠意地跟我們打招呼。

我開門進屋，彎腰解開鞋帶。

「我回來了。」我說。

「嗨。」客廳裡傳出琳達的招呼。

她聲音裡沒有不友好的跡象。

「對不起，我回來晚了。」我說完直起身，摘下圍巾，脫掉外套，掛到衣櫥裡，「一看書就忘了時間。」

「沒關係。」琳達說，「我幫萬妮婭洗了澡，哄睡了。非常棒。」

「太好了。」我說著走進客廳。她坐在沙發上看電視，穿著我的墨綠色毛衣。

「你穿著我的毛衣嗎？」

她用遙控器關掉電視，站起身。

「是啊。」她說，「我想你，你知道的。」

「我就住在這裡。」我說，「一直都在。」

109 瑞典語：大件垃圾。

「你知道我的意思。」她說著，踮起腳親了我一下。我們擁抱了一會。

「我記得艾斯彭的女朋友抱怨說，他母親老在她面前穿艾斯彭的毛衣。」我說，「我認為她覺得他母親是在向她表明對艾斯彭的所有權。這是一種帶有敵意的行為。」

「這很明顯。」她說，「但現在只有你和我。我們不是敵人吧？」

「當然不。」我說，「我去弄點吃的。你想不想一起喝杯紅酒？」

她看著我。

「噢，對了，你得餵奶。」我說，「但就一杯，不會有問題吧？來吧。」

「我也想，但我還是等等。你喝吧！」

「我要先看看萬妮婭。她睡著了是嗎？」

琳達點點頭，我們走進臥室，她躺在小床上，就在我們倆的大床旁邊。她好像跪著，屁股朝天，腦袋抵住枕頭，手臂朝兩邊張開。

我笑了。

琳達給她蓋上毯子，我走到門廳，把購物袋拎進廚房，打開烤箱的開關，洗馬鈴薯，每個都用叉子戳了些洞，再放到我淋過一點油的托盤上，送進烤箱，接著往淺鍋裡倒了水，準備煮青花菜。琳達走進來坐到桌邊。

「我今天剪輯完了一個段落。」她說，「等下你想不想聽？其實我可能也不用再改了。」

「好啊。」我說。

她正在拍她父親的紀錄片，得在星期三交。過去幾個星期她已經採訪他了好幾次，於是他又一次進入了她的生活，雖然他住的公寓離我們只有五十公尺遠，但他缺席多年。

我把牛排骨肉放到大木頭砧板上，撕下些廚房紙巾，把多的汁液吸乾。

「肉不錯。」琳達說。

「希望如此。」我說，「不敢告訴你一公斤多少錢。」

馬鈴薯很小，烤十分鐘就熟了，我接著拿出煎鍋，放到電爐上，再把青花菜丟進去，水已經滾了。

「我去收拾桌子。」她說，「我們在客廳吃好嗎？」

「好。」

她站起來，取下兩個綠盤子，從碗櫥裡拿了兩只酒杯，拿著它們走進客廳。我跟在後面，拿著酒瓶和礦泉水。我進去時，她正在拿蠟臺。

「有打火機嗎？」

我點點頭，從口袋裡摸出打火機，遞給她。

「現在滿溫馨的吧？」她微笑著問道。

「是啊。」我說。我打開酒瓶，往一只酒杯裡倒了酒。

「真可惜你喝不了。」我說。

「一小口可以。」她說，「嚐嚐。不過等菜好了再喝。」

「好。」我說。

我走向廚房，中途又一次停在萬妮婭的床邊。這時她仰面躺著了，手臂張開，好像剛從天上掉下來的。她的腦袋圓圓的，像個皮球，她短短的身子看起來就像玩偶。替萬妮婭做檢查的護士上一次警告說，我們該給她減肥了。她可能不是**每次**哭都要喝奶。

這個國家的人都瘋了。

我手撐著床邊，俯身看她。她睡覺時張著嘴，輕輕地噴著氣。我偶爾在她臉上看到英格威，但只是一閃而過；此外，她跟我，跟我們家所有人皆沒有半點相似之處。

「她不可愛嗎？」琳達走過來撫摸著我的肩膀問。

「也不是，」我說，「但我不太清楚你怎麼想。」

出生幾個小時之後，醫生替她做了檢查，琳達非要讓醫生說她不僅是可愛的寶寶，而且是個**特別**可愛的寶寶。醫生照辦了，但聽起來像是例行公事，琳達並不滿意。我有些驚訝地看了她一眼。這就是母愛嗎，要所有人的想法屈從於它？

噢，這是一段怎樣的時光啊。我們是那樣地不習慣打理小孩子，每一個小動作都混著焦慮和快樂。

到這時我們已經習慣多了。

在廚房，鍋裡的奶油冒著煙，已經燒成了深褐色。淺鍋周圍呼呼地冒著蒸氣，蓋子輕敲鍋沿。我把兩片肉放進鍋裡，滋滋作聲，從烤箱拿出馬鈴薯，倒進碗中，把煮完青花菜的水清空，在火上再擱幾秒鐘，把牛肉翻面，想起來我忘了蘑菇，拿出另一隻煎鍋，放進蘑菇和兩個一半的番茄，把火開到最大。然後我打開窗子，散散油煙，它們馬上就被吸到屋子外頭去了。把牛排裝進白盤子，放上青花菜，等蘑菇的時候，我把頭伸到窗外。冷空氣包圍著我的臉。對面的辦公室空著，一片黑暗，但下面的人行道上不斷有人漂移而過，他們穿得嚴實，沒有聲息。一家可能不是太好的餐廳，有些人坐在裡面的桌邊，廚師們待在相鄰的房間，他們看不見廚師，但我看得見，這些人在工作檯和爐子之間往來穿梭，動作敏捷，毫不遲疑。隔壁的納倫俱樂部門前排起了一個不長的隊伍。一個戴帽子的男人從瑞典電臺的大巴車上下來，走進了俱樂部。他脖子上用繩掛著什麼東西，想必是身分證件吧。我轉過身，甩一甩鍋，讓蘑菇一個個翻面。這一片街區幾乎沒有住家，大部分都是辦公樓和商店，所以它們下午關門以後，街頭也便歸於死寂。到了晚上，人們來這裡上餐廳，附近的餐廳實在太多了。在這裡養孩子是不可想像的。這裡沒有孩子的容身之處。

我關火，把已經變褐色的蘑菇裝進盤子裡。盤子是白色的，邊上有一條藍線，藍線外面還有一圈金線。它不是很好看，但這是我帶來的，爸爸沒留下幾件東西，我和英格威把它們分了。爸爸買這些盤子肯定用的是離婚時拿到的錢，因為媽媽買下了他在特韋特的那一份房產。他一股腦地把生活用品全買了，這裡頭帶有某種訊息，也就是他所有家當都是同一時期買的，這掏空了它的意義，除了象徵著距今不遠的家庭生活和一個孤獨的存在，再也沒有任何深長的意味可言。不過對我來說不同：爸爸的私人物品，除了這些盤子和碟子，再加上一副雙筒望遠鏡和一雙橡膠靴，幫助我把他保存在記憶裡。這絕非強烈的、清晰的感覺，而更像一種尋常的確認，表明他是我人生的一部分。在我母親家，物品扮演著非常不同的角色，有一隻塑膠桶，是六〇年代他們做學生、住在奧斯陸的時候買的，七〇年代老是放得離火太近，結果有一邊烤花了，我小時候想，那就像一張人臉，有兩隻眼睛、一個歪鼻子，一張扭曲的嘴。這依然是**那個**桶子，她洗洗涮涮仍然在用，但我去接水時看到的也還是那張臉，而不是桶子。先是熱水，再來是肥皂沫，澆在那可憐人的頭上。從我記事起，她就用同一把長柄勺攪粥，這時她攪粥時用的還是這把勺子。七〇年代在蒂巴肯，我還小，兩腿懸空，坐在廚房凳子上吃早餐，當時用的棕色盤子和現在我們在那裡吃早餐時用的盤子完全相同。她買的新東西，加上其餘物品，歸她所有，不像爸爸的財物，都是用了就扔的東西。埋葬他的牧師在講道時提到了這一點，他說人要專一，要紮下根來，意思是我父親沒有做到。這番話絕對正確。但過了幾年我才明白，有很多充分的理由讓人無法專一，不能扎根，而只能任由自己一路飄墜，直到觸底，摔個粉碎。

究竟是什麼能把人的思想引向虛無主義？

萬妮婭在臥室裡放聲大哭。我把頭探出門外，看見她兩手抓著欄桿站在床上，心急地跳上跳下，此時琳達已經朝她衝過去了。

「飯好了。」我說。

「太好了！」她說著抱起萬妮婭，一起躺到床上，掀起一側的毛衣，解開胸罩。萬妮婭立刻不哭了。

「她幾分鐘就能睡著。」琳達說。

「我等著。」我說完走回廚房，關上窗戶及排氣扇，拿起盤子，走進客廳，我是從門廳穿過去的，免得打擾琳達和萬妮婭。我往杯子裡倒了些礦泉水，一邊站著喝水，一邊環視周圍。來點音樂想必不錯。我站到CD架子前，挑出愛美麗．哈里斯的《選集》[110]，放進唱機。最近幾個星期我們聽這一張聽得滿多的。你有準備，或只把音樂當背景時，很容易產生防備，因為它是單純的，不苛求的，傷感的，但是在沒有準備的情況下，就像此刻，或是認真去聽，它就會直抵內心。我一下子動了感情，後來才知道自己就那樣站著，眼睛已經溼潤。只是在這個時候，我才意識到我平時感受到的東西多麼少，我已經變得多麼愚鈍。我十八歲時無時無刻都充滿了這樣的情感，世界好像更有激情，那正是我想寫作的原因，也是唯一的原因，我想去觸動音樂觸動的東西。人聲裡的哀慟和悲傷，喜悅和歡樂，我想去喚起世界贈予我們的一切。

我怎麼能忘記這些？

110 愛美麗．哈里斯（Emmylou Harris, 1947-），美國鄉村音樂人。

我放下封面，走到窗前。里爾克是怎麼說的？音樂提升他出離自身，再也不會把他送回原來的地方，而是一個更深的所在，一處未竟之地。

他想到的不大可能是鄉村音樂吧……

我笑了。琳達出了房門，站到我面前。

「她睡著了。」她小聲說，拉出一把椅子坐下，「噢，真好！」

「現在可能有點涼了。」我說著坐到桌子另一邊。

「不要緊。」她說，「我能開動了嗎？餓死了。」

「吃吧。」我說。她吃肉和蔬菜的時候，我往杯子裡倒了些酒，又往盤子裡加了些馬鈴薯。

她談起班上其他人選定的一項作業，雖然只有六位，可我幾乎叫不出他們的名字。與她剛開始唸研究所時情況不同，那陣子我每隔幾天，總能見到他們，有時在電影大樓，有時在他們常去的各家酒吧。那是個相對老成的班級，很多人年近三十，已事業有成。其中一位安德斯是宇宙博士的成員[111]，另一位厄茲也是很有名的脫口秀演員。但琳達懷上萬妮婭後休學一年，再回去時便換了新同學，我不想認識這些人。

肉像奶油一樣軟。紅酒帶著泥土和木頭的味道。琳達的眼睛在燭光下閃閃發亮。我把刀叉放到盤子上。再過幾分鐘就到八點了。

「我現在要聽一下那紀錄片嗎？」我問。

「你若不想聽就別勉強。」琳達說，「明天再聽也行。」

「但我挺好奇的。」我說，「不太長吧？」

她搖搖頭，站起身。

「那我去拿播放機。你想坐哪裡？」

我聳聳肩。

「要不坐那邊？」我說著挪向書架邊上的椅子。她拿出ＤＡＴ播放機，我抄起紙和筆坐下，戴上耳機，她朝我揚起眉毛，我點點頭，她便按下了播放鈕。

等她清理完餐桌，我就一個人坐在那裡聽錄音。我以前就知道她父親的故事，但從他本人嘴裡說出來卻是另一種感覺。他叫羅蘭，一九四一年生於諾爾蘭的一座小城。他從小就沒有父親，與母親和家裡兩個更小的孩子一起長大。十五歲那年，母親死了，他從此負起了拉拔弟弟妹妹的責任。他們單獨居住，沒有成年人的照料，只有一個女人過來幫他們做飯，打掃。他又在學校讀了四年，成了瑞典所說的高中工程師，開始工作，業餘時間踢足球，在當地的俱樂部當守門員，過了一段好時光。他在舞會上遇見了英麗，她和他一樣大，上過家政學校，在一家礦業公司做祕書，非常漂亮。他們成了一對，結了婚。但英麗夢想當演員，她被斯德哥爾摩國立戲劇學院[112]錄取以後，羅蘭便將從前的生活通通拋棄，和她一起搬到首都。她的生活是皇家劇院的演員，而他卻一無是處，一個諾爾蘭偏遠小城的守門員和高中工程師，如今成了全國頭號劇院裡一位漂亮女演員的丈夫，在這前後兩種生活之間，橫亙著一道溝壑。他們接連生了兩個孩子，但這不足以讓他們長相廝守，他們很快離了婚，隨後他便第一次發病。他得的病沒有邊際，讓他在躁狂的巔峰和抑鬱的谷底之間起伏不定，一旦得了，就再沒好過。從那時起，他便不斷住院出院。二〇〇四年春天，我第一次見到他時，他從七〇年代中期以後便沒再工作了。琳達也有很多年沒

111 一九七三年出生的安德斯·本尼松（Anders Bennysson）是瑞典流行樂隊宇宙博士（Doktor Kosmos）的吉他手。

112 斯德哥爾摩國立戲劇學院（Scenskolan i Stockholm）一九七七年後更名Teaterhögskolan i Stockholm。

有和他聯繫過[113]。雖然我看過他的照片，但是當我打開門，而他就站在門外時，我仍然對眼前的一切缺乏準備。他的臉孔就在那裡，毫無遮蔽，好像他與世界之間什麼都沒有。他對世界一點戒備都沒有，他毫不設防，光是這一點就會深深地刺痛你的心。

「你就是卡爾．奧韋嘍？」他問我。

我點點頭，和他握手。

「羅蘭．博斯特倫，」他說，「琳達的爸爸。」

「我聽說過很多關於你的事。」我說，「快請進！」

琳達抱著萬妮婭站在我身後。

「嗨，爸爸。」她說，「這是萬妮婭。」

他靜靜地站著，看看萬妮婭，萬妮婭也看著他，同樣安靜。

「喔。」他說，眼睛一亮。

「把外套給我吧。」我說，「我們進屋喝杯咖啡。」

他的臉敞開著，行動卻是僵硬的，近乎機械。

「你刷的？」我們走進客廳時，他問道。

「是的。」我說。

他走到最近的牆邊，仔細察看。

「是你刷的嗎，卡爾．奧韋？」

「是的。」

「你幹得好極了！你刷牆時刷得非常精確，非常精確。我現在就在家刷牆，你知道吧。臥室是青綠色的，客廳奶白色。但臥室還沒弄，裡面的牆還沒刷。」
「滿好的。」琳達說，「一定會很好看。」
「是的，是好看，肯定好看。」
有些東西我以前從未在琳達身上看到過。她迎合他，以某種方式遷就他，她是他的孩子，她關注他，陪伴他，同時又瞧不起他，因為她總想隱藏自己的羞恥，但從來沒有完全成功。他在沙發上坐下，我倒了咖啡，又進廚房，拿盤子裝上我們當天早晨買的肉桂卷。他默默地吃著。琳達坐在他身邊，把萬妮婭放到腿上。她給他看自己的孩子。我以前從沒想過這對她的意義是如此之大。
「肉桂卷挺好的。」他說，「咖啡也很好。你做的嗎，卡爾．奧韋？」
「是的。」
「你有咖啡機？」
「有。」
「很好。」他說。
短暫的沉默。
「我希望你們一切都好。」他接著說，「我只有琳達一個女兒。能過來看你們，我很高興，也很欣慰。」
「你想看照片嗎，爸爸？」琳達問，「萬妮婭剛生下來的時候拍的。」
他點點頭。
「抱一下萬妮婭。」她對我說。我接過這熱乎乎的一小團，她睏得快睜不開眼了。琳達隨即起身，去

113 瑞典電臺二〇〇六年播出了琳達的這部紀錄片《我將成為美國總統》（*Jag skulle kunna vara USA:s president*）。

架子那裡拿相簿。

「嗯。」他看到每一張照片時都這樣說。

等他們看完整本相冊，他便伸手去拿桌上的咖啡杯，用一個緩慢、謹慎而深思熟慮的動作舉到嘴邊，喝了兩大口。

「我只去過挪威一次，卡爾・奧韋。」他說，「去的是納爾維克。我幫一個球隊守門，我們去那裡跟一個挪威的隊比賽。」

「噢，真的嗎？」我說。

「真的。」他點頭說道。

「卡爾・奧韋也踢球。」琳達說。

「很久以前的事了。」我說，「踢得很普通。」

「你是守門員？」

「不是。」

「不是。」

短暫的沉默。

他又喝了一大口咖啡，用的是同樣精心謀劃的方式。

「好，好，非常好。」當杯子回到杯墊上時，他說道，「我現在想回家了。」

他站起身。

「但你才剛來！」琳達說。

「沒事沒事，」他說，「我想請你們吃頓飯，回請。星期二方便嗎？」

我發現琳達在看我。這要她來做決定。

「方便。」她說。

「那就說定了。」他說，「星期二的五點。」

往門廳裡走的時候，他往敞開門的臥室裡看了一眼，停下腳步。

「這也是你刷的嗎？」

「對。」我說。

「我能看看嗎？」

「當然。」我說。

我們跟在他身後進了屋。他站到牆跟前，仰起頭，看著大木柴爐背後的牆面。

「要我看，刷那裡可不容易。」他說，「可是看上去不錯。」

萬妮婭弄出了一點小動靜。我單手抱著她，看不到她的臉，於是我把她放到床上。她笑了。羅蘭在床邊坐下，一隻手捧住她的小腳丫。

「你不想抱抱她嗎？」琳達問，「你想抱就抱。」

「不了。」他說，「我已經見到她了。」

說完，他站起來，走進門廳，穿上外套。他出門前抱了抱我。他的鬍子蹭到了我的臉頰。

「見到你很高興，卡爾．奧韋。」他說。他擁抱了琳達，又抓了抓萬妮婭的腳丫，便穿著長外套下樓去了。

琳達把萬妮婭遞給我，看也不看我，便走進客廳收拾桌子去了。我跟著進了屋。

「你覺得他怎麼樣？」她步履輕盈，邊走邊問。

「是個好人，」我說，「但毫無防人之心。我想我從沒見過他這樣的，這麼脆弱。」

「他就像個孩子，對不對？」

「對，就是。」

她從我身邊走過，一隻手拿著三個咖啡杯，一個疊一個，另一隻手拿著裝點心的籃子。

「萬妮婭有外公了。」我說。

「是啊，接下來會怎麼樣呢？」她問，聲音裡沒有諷刺的意思，這問題直接出自她內心晦暗的地方。

「會好的，當然會一切都好的。」我說。

「可我不想要他出現在我們的生活裡。」她說著把杯子放進洗碗機。

「如果像這樣，那我相信是沒問題的。」我說，「偶爾過來拜訪，喝杯咖啡嘛。然後去他那裡吃一兩頓晚飯。他畢竟是孩子的外公。」

琳達關上洗碗機的門，從底下的抽屜取出一個透明的塑膠袋，把吃剩下的三塊點心放進去，打個結，從我身邊走過，把袋子放進走廊裡的冰箱。

「但這樣他是不會滿意的，我知道。既然和他有了聯繫，他就會開始打電話了。而且他只會在一團糟的時候這麼做。他是沒有界限的。你必須要理解這一點。」

她走進客廳去拿最後幾個盤子。

「不管怎樣，我們先試試。」我跟在她身後說，「再看看什麼情況。」

「好吧。」她說。

就在這個時候，門鈴響了。

這會兒還能是誰呢？又是那個瘋狂的鄰居？

是羅蘭。他眼神狂亂。

「我出不去。」他說，「我找不到開鎖的按鈕。我找了又找，就是找不到。你能幫我嗎？」

「當然。」我說，「我把萬妮婭交給琳達就來。」

遞過孩子之後，我穿上鞋，跟著他下樓，來到大門的門廳，指給他看按鈕的位置，它就在大門右側的牆上。

「我要把它記下來。」他說，「下次用得上。大門的右邊。」

三天後，我們在他家吃了頓飯。他帶我們看他刷的牆，我誇讚他的手藝時，他喜形於色。他還沒開始弄飯，而萬妮婭在走廊的嬰兒車裡睡覺，所以他在廚房忙的時候，只剩下琳達和我坐在客廳裡聊天。牆上掛著琳達和她哥哥小時候的照片，旁邊是剪報，那是他們的處女做出版時報紙上刊登的文章和他們接受的採訪。他哥哥也出了一本書，是在一九九六年，可是像琳達一樣，他此後再無新作問世。

「他真為你驕傲。」我對琳達說。

她低頭看著桌面。

「我們到陽臺上去吧，」她說，「你抽根菸。」

這裡沒有陽臺，但有個屋頂平臺，在另兩個屋頂之間的通道上，從這裡可以一覽奧斯特馬爾姆。一個緊鄰斯圖雷廣場的屋頂平臺；這間公寓值好幾百萬吧？儘管它雨打煙熏，又黑又舊，但這些問題不難解決。

「你父親是屋主嗎？」我問，用手攏著打火機，點著一支香菸。

她點點頭。

我從未住過這樣的地方，體面的地址和優雅的公寓在斯德哥爾摩是如此重要。它簡直概括了一切。

如果你住在市區之外，就不算真正獲得了接納。因此，一再出現的住在哪裡的問題，就以一種和卑爾根等地非常不同的方式敲擊著你。

我走到平臺邊往下看。冬天過去了，人行道上仍然殘留著小堆的雪，小塊的冰，幾乎被溫和的天氣侵蝕殆盡，又被沙塵和廢氣染成了灰色。我們上方的天空也是灰色的，滿載著定期襲掠城市的冷雨。天是灰色的，卻有一種不同的光，與灰色的冬日天空相異，這是三月了，三月的陽光如此明亮，強烈，哪怕是在這樣溼氣凝重的一天，也足以刺破雲層，撞開黑暗世界所有的障礙。它在我身前的牆上，在下方的柏油路面上閃亮著。停放在那裡的汽車也有光芒閃爍，每種光都有不同的顏色。紅的，藍的，白的，黛綠的。

「抱住我。」她說。

我在桌上的菸灰缸裡熄滅了香菸，伸出雙臂抱住她。

過了一會兒，我們回到屋裡，客廳仍然空著，於是我們進廚房找他。他站在爐邊，正往熱鍋裡倒一點蘑菇。湯汁碰到鍋底，嘶嘶作響。接著，他把切成片的櫛瓜加進去。旁邊的鍋裡煮著意大利麵，水已經滾了。

「感覺不錯。」我說。

「對，是不錯。」他說。

廚房的檯子上有一些鹽水蝦和一罐厚奶油。

「我通常去維京人餐廳吃飯。可是星期五、六、日，我都自己煮。我煮給貝麗特吃。」

貝麗特是他女朋友。

「有什麼要我們幫忙的嗎？」琳達問。

「沒有。」他說，「先坐一會兒，飯做好我就端過來。」

飯菜的味道有點像我學生時代做的，那是我在卑爾根大學的頭一年，在阿布薩隆．拜耶門的租屋處裡單獨開伙的時候。琳達的父親講了很多他為諾爾蘭那支足球隊當守門員的事。後來他談起他從前的工作，也就是倉庫規劃與設計，並又談了養過的那匹馬，牠在眼看就要開始贏得比賽時受了傷。每件事他解釋起來都非常精確，煞費苦心地使用名詞術語，彷彿每個細節都有著至高無上的重要意義。說到某個點上，他便抓過紙筆，給我們算他具體還剩下多少天可活。我看向琳達的眼睛，可她不肯看我。我們事先說好，這次拜訪時間不會太久，所以甜點，也就是桌上兩公升裝的一盒冰淇淋一吃完，我們就站起來，說我們恐怕得走了，萬妮婭得回家喝奶，換尿布，他聽了好像很高興。這次拜訪對他來說也許有點太久了。我走進走廊，拿上外套，這時琳達和他說了幾句悄悄話。他說她是他的小女孩，說她都長這麼大了。過來，到我腿上坐一下。我繫好最後一根鞋帶，站起身，走回門邊，往客廳裡看。琳達坐在他腿上，他兩手摟著她的腰，嘴裡在說著什麼，我聽不見。此情此景不無怪異，她三十二歲了，卻全然一副少女的姿態，未免顯露出了反差，她自己當然也曉得，她不以為然地撅著嘴，整個人都在矛盾中掙扎。她不願迎合，又不想拒絕。他理解不了拒絕，那會讓他受到傷害，所以她必須繼續坐下去，任他輕輕拍打，直到站起來不像拒絕的時候，她才再次站在他面前。

我退後幾步，免得她知道有人看見而讓這一幕變得更糟。她邁進走廊時，我正在端詳掛在牆上的照片。她穿衣服。她父親出來道別，像上次那樣給我一個擁抱，看看睡在嬰兒車裡的萬妮婭，擁抱琳達，站在門口，目送我們推著嬰兒車走進電梯，最後一次招手，然後走回屋內，此時電梯門關閉，載著我們在大樓裡一路往下。

對我看到的他們之間那小小的一幕，我一個字都沒提。我看到她屈身於他，成了十歲的小女孩，她也反抗了，一個成年女人。但這種反抗恰恰抵消了她的成熟。沒有哪個成年人碰到這種情形還能遊刃有餘吧？他想不到這些，他不知道限度，他只知道她是女兒，一個無關長幼的物種。

正像琳達預見到的那樣，此後他不斷打電話給我們，不分時間，不分場合，於是琳達和他達成協議，他要在具體哪一天哪個時段才能打過來。他好像很喜歡這樣。但這也是一種束縛：如果我們沒接電話，他便感到大受冒犯，認為協議失效，於是又可以隨時打電話，或者乾脆再也不打了。說起來，我只跟他談過寥寥幾次。有一次他問我，他能不能唱一首歌。他說這是他自己寫的，曾經在斯德哥爾摩登臺表演，還上過電臺。我不知道該不該相信，但唱歌當然可以。他開始唱了，歌聲有力，能量巨大，雖然有點五音不全，但演唱仍然令人印象深刻。歌詞分四段，唱的是一個在諾爾蘭修路的移民工。他唱完時，我不知道說什麼才好，只是連聲說這是一首很精采的歌。他大概指望我多說些什麼，因為他停頓了一下，才說：「我知道你寫書，卡爾．奧韋。我還沒看過，但我沒少聽人說它們的好。這你應該知道。我為你感到非常驕傲，卡爾．奧韋。你看，我……」

「聽你這麼說我很高興。」我說。

「你跟琳達還好吧？」

「挺好的。」

「你對她好不好？」

「好。」

「那就好。你千萬別離開她。千萬。你明白嗎？」

「明白。」

「你一定要好好照顧她。你一定要對她好，卡爾．奧韋。」

他哭了。

「我們挺好的。」我說，「用不著擔心。」

「我只是個老頭子，」他說，「不過我經歷了很多，你知道。我經歷的比大多數人都要多。現在我的生活已經沒有什麼是可以大聲宣揚的了。但我已經數過自己還剩下多少天可活。你知道嗎？」

「知道。我們去你家時，你給我們看過你是怎麼計算出來的。」

「對，對。可是你沒見到貝麗特吧？」

「沒有。」

「她待我非常好。」

「我看也是這樣。」我說。

此時他一下警覺起來。

「你看也是這樣？你怎麼看出來的？」

「嗯，琳達跟我說過她的事。還有英麗。你知道……」

「我懂了。我不打擾你了，卡爾．奧韋。你大概有很重要的事情要做。」

「沒有，」我說，「你一點也沒有打擾我。」

「跟琳達說一聲我打過電話。多保重。」

他不等我回一句再見，就掛斷了電話。我從顯示幕上看到，雖然談了這麼久，也不過只有八分鐘。

我告訴琳達時，她滿不在乎。

「你不用強迫自己聽那些。」她說，「下次他打過來，別接就是了。」

「我沒覺得煩。」我說。

「我煩。」她說。

琳達的紀錄片裡沒有這個。除了他的聲音，她剪掉了一切。不過一切盡在其中。他談了自己的人生，談到母親的死，他的聲音飽含著悲傷，談到長大成人的頭幾年，又流露出快樂，談到搬來斯德哥爾摩時，則顯出聽天由命。他談了電話給他造成的困擾，對他而言這真是個可憎的發明，有很長時間他必須把電話塞進櫥櫃裡。他談了自己的日常，還談了夢想，他最大的夢想是擁有自己的種馬場。他由此進入自己的天地，言談帶著催眠般的力量，頭幾句話就把你吸進他的世界。但最重要的當然是因為這與琳達有關。聽她做的東西，或是讀她寫的東西，都會讓我與她這個人格外貼近，彷彿那些在她內心激盪的東西此時才清晰可見。在我們的日常生活中，它們消失於我們的所作所為，而這些事其他所有人也都在做，以致於我根本看不見自己深愛的那個人。如果不是我忘了，那就肯定是我壓根沒有想過這一點。

這怎麼可能？

我看著她。她想隱藏眼神中的期待，瞬即放低目光，看著桌上的DAT播放機和下面那一大堆線。

「你什麼都不用改。」我說，「已經很完美了。」

「你覺得它行不行？」

「怎麼不行？好極了。」

我把耳機放到播放機上，舒展了一下身體，眼睛眨了幾下。

「我挺感動的。」我說。

「因為什麼？」

「他的人生是個悲劇，可以這麼說吧。但他一談起來，裡面就飽含了生活，我們知道，這就是一種人生。有完整的價值，不管他有過怎樣的遭遇。很多東西一望即知，但是知道它是一回事，感受到它則是另一回事。我剛才聽的時候就感受到了。」

「我真高興。」她說，「那我大概不需要再改什麼了，頂多調一下音量大小。我可以星期一再弄。不過你真的這樣覺得嗎？」

「當然。」我說著站起來，「現在我要去抽根菸。」

樓下後院裡，風涼嗖嗖的。樓前只有兩個小孩，男孩九到十歲，他姊姊有十一、二歲，在另一端的大門口，你一腳我一腳地踢著球。從他們身後牆外的街道上，傳來葛蘭・米勒咖啡廳強烈而吵鬧的音樂。兩個孩子的母親單獨帶著他們住在頂樓，總是一副極其疲倦的樣子。她的窗子打開著，傳來一些碰撞聲，特徵鮮明，我一聽就知道她在洗碗。男孩很胖，也許是為了抵償，因而剪了個平頭，看上去有點凶。他眼睛下面老是青一塊紫一塊的。他姊姊帶朋友回家時，他便表演球技，要不就賣弄般地在院子裡的兒童攀爬架上爬高爬低。每逢這樣的夜晚，他們沒有玩伴，她又沒什麼事情可做，只好跟弟弟一起玩，此時他便格外開心，格外有興致，非要玩出花樣不可。他們不時地在那邊高喊，尖叫，有時他們三人一起叫，但通常只有他和他母親。我見過那做父親的來接過他們幾次；一個病奄奄的男人，又瘦又小，留著小鬍子，一看就知道成天喝酒。

姊姊走到圍牆邊坐下，從口袋裡掏出手機。她坐的地方太暗了，螢幕的藍光照亮了整張臉。她弟弟往牆上踢球，一下又一下。砰。砰。砰。

他母親從窗子裡探出頭。

「別踢了！」她吼道。男孩一言不發，彎下腰，撿起球，坐到姊姊身邊，她立刻把頭扭開，一秒鐘都沒有為此分神。

我抬頭望向兩座被燈光照亮的塔樓。溫柔和痛苦混雜著，像刀一樣紮進我內心深處。

噢，琳達，琳達。

就在此時，住在我們隔壁的鄰居走進了大門。我看見她輕輕關上門。她五十多歲，如今五十多歲的女人大多如此，也就是說，做出一種刻意為之的年輕。她有一頭濃密的染過的金髮，穿皮毛大衣，用一根緊繃繃的狗繩牽著一條好奇的小狗。她有一次告訴我她是畫家，我卻還是沒弄明白她到底是幹什麼的。她並不完全是孟克型的。有時她會非常健談，跟我說她夏天要去普羅旺斯，要不就是打算到紐約或倫敦過週末。有時她什麼也不說，一言不發地從我身邊走過。她有個十幾歲大的女兒，和我們差不多時間生了小孩，總是給她呼來喝去的。

「你不是要戒菸嗎？」她問，並沒有放慢腳步。

「還不到十二點呢。」我說。

「對了，」她說，「今晚會下雪。你可要記得我說的。」

她進屋去了。我等了一下，接著把菸屁股塞進一個倒扣的花盆，有人把它放在牆邊，就是這麼用的。

我也走進屋內，指關節都凍紅了。我一步三個臺階地上了樓，打開門，脫掉外套，進去見琳達，她正坐在沙發上看電視。我探過身去吻她。

「你在看什麼？」我問。

「什麼也沒看。要不我們看部電影？」

「好。」

我走到ＤＶＤ架子前。

「你想看什麼？」

「不知道。你選吧。」

我掃視著一個個片名。我買片子時總是帶著這樣的想法：它們應該開闊我的視野。它們應該有我能領悟的獨特的視覺語言，或者與我感覺沒有機會造訪的地方建立一種關係，或者呈現我不熟悉的時代或文化。總之，我挑片子的理由千奇百怪，往往說不通，無論如何，到了晚上想看電影的時候，通常不會去看一部兩個小時的六〇年代黑白日本片，或者廣闊的羅馬郊區，只有風華絕代的人才會在那裡相遇，完全疏遠於現實，那一時代的電影大抵如此。不，到了晚上我們坐下看電影，還是希望能夠被娛樂。最好別花太多力氣，也別太麻煩。一切都是如此。我幾乎不看書了。如果身邊有份報紙，那我寧願看看報。這樣的懶散便無限上綱下去。真愚蠢，因為這種生活什麼都給不了你，只是讓時間流逝。如果我們看了一部好電影，就會有所觸動，為生活增色，道理就是這樣，世界總是相同的，變化的只是我們觀看世界的方式。日常生活可以壓迫我們，就像腳踩著腦袋，但它也可以給我們帶來喜悅。一切都取決於用怎樣的眼睛來觀看。比方說，如果眼睛在塔爾科夫斯基的影片裡看到無處不在的水，它把世界變成了一種玻璃容器，裡面的一切都在慢流輕湧，浮動著，漂盪著，裡面所有的人物都可能從畫面中隱沒，只留下桌上的咖啡杯，襯托在強烈的、近乎險惡的綠色植物背景下，慢慢地被落下的雨填滿，那好，這樣的眼睛也能看到日常生活呈現出同樣野蠻的、關乎存在的複雜性。因為我們是血和肉，筋和骨，身邊生長著花草和樹木，昆蟲低鳴，鳥兒飛過，雲漂浮，雨飄落。眼睛給世界帶來了意義，眼睛具備恒久的可能，我們卻往往選擇抗拒它，至少在我們的生活中就是這樣。

「看《潛行者》？」我轉身問她。

「我沒問題。」她說，「放吧，我們看。」

我把ＤＶＤ放進播放機，關掉了燈，倒一杯紅酒，坐到琳達身邊，拿起遙控器，選擇字幕語言。她蜷縮到我身上。

「我要是睡著了你不介意吧？」她問。

「一點也不。」我說著伸手摟住她。

片頭我至少已經看過三次了，男人在黑暗、潮溼的房間裡醒來。一有火車經過桌子上的小物件就顫抖。男人在鏡前刮臉，女人想挽留他，但沒成功。我從沒看過這以後的部分。

琳達把頭擱到我胸口，仰起臉看著我。我吻她，她閉上雙眼。我撫摸她的背。她緊緊抱住我，死貼在我身上，我把她放倒，親她脖子，臉，嘴，頭枕著她的乳房，聽她的心狂跳，脫掉她柔軟的運動長褲，親肚子，親大腿……她黑色的目光凝望著我，美麗的黑色的眼睛，我插入她體內時，她閉上了雙眼。我們可沒避孕啊，她輕聲說，你想戴上嗎？不，我說，不想。後來射精的時候，我就射在她體內了。這才是我想要的。

事後我們相挨著躺了很長時間，什麼都沒說。

「我們要有另一個孩子了。」過了好一會兒我才說，「你準備好了嗎？」

「好了，」她說，「噢是的，我準備好了。」

第二天早上，萬妮婭像往常一樣，五點就醒了。琳達把她抱到我們床上，跟她一起又睡了幾個小時，而我已經起床，取出筆記型電腦，忙起人家請我看的譯稿。工作單調乏味，沒完沒了，我目前寫了三十頁，而短篇小說最多也才一百四十頁。但我還是對這份工作充滿期待，也很享受坐下來的時光。我獨自一人，專注於文字。其他我什麼也不需要。接下來便是片刻的消遣：打開咖啡機，聽著汩汩的水聲，咖啡剛煮好時的芳香，在誰都沒起床之前，站在後院的黑暗裡，喝一杯咖啡，吸當天的頭一支菸。回到樓上，繼續工作，此時屋宇之間的裂隙漸漸變亮，街上的人聲也在增強。這一天的晨光不同以往，樓裡的氣氛也有些異樣，因為夜裡下過一層薄雪。八點鐘一到，我便關掉電腦，把它放進我的包裡，沿街步行，前往一百公尺外的小麵包店。樓下小商鋪的遮陽篷迎著風，在我頭頂上方拍打著。路上的雪已經融化，但人行道上的雪還在，覆蓋著夜行人的腳印，空蕩蕩的。我要開門進去的麵包店只有巴掌大，店主是兩個和我年紀相當的女人。走到裡面就像走進了一九四〇年代的黑白電影，片中所有的女人，就連在小店裡打工的，在寫字樓裡擦地板的，都漂亮過人。一位女店主滿頭紅髮，膚色白皙，面帶雀斑，襯托出鮮明的面部特徵和一雙綠色的眼睛。另一位留著黑長髮，臉型略方，深藍色的眼睛透出友善。她們又瘦又高，身體上星星點點地沾染了麵粉，腦袋、臉、手，或是圍裙上也有。牆上掛著報紙的文章，講述了她們如何從原本的藝術專業抽身出來，轉而做起了這一行，這一直是她們的夢想。

聽到店門叮噹一響，紅髮女人便從櫃檯後面走出來，我告訴她我要的東西：一個大酵母麵包，六個全麥圓麵包，兩個肉桂小麵包。我邊說邊比手劃腳，因為在斯德哥爾摩，就連最簡單的挪威詞都會遭人問一句「什麼」。她把麵包通通裝進一個袋子，在收銀機上打出總價。我手裡提著白色的購物袋，匆匆忙忙回到家，在門口腳墊上踏掉鞋底的雪，一開門就聽到她們早已起了床，正在廚房吃早餐。

萬妮婭坐在那裡，高高地揮舞著手裡的湯匙，我走進來的時候，她朝我一笑。她把粥弄得滿臉都是。我們餵她已經很久了。我本能做出反應，想清理掉這些糊糊的東西，幫她把臉擦乾淨，我不喜歡她黏糊糊地坐在那裡。我骨子裡就是這樣。琳達從一開始就批評我的反應，就食物而言，重要的是不要有什麼規矩和限制，這非常重要，應該允許她想做什麼就做什麼。琳達當然是對的，我完全理解，而從純理論的層面上來說，當她坐在那裡乒乒乓乓、邊吃邊灑時，我也能接受小孩子理應得到這份貪婪、健全和自由，但在現實面上，我的第一個衝動就是去矯正她的行為。我父親就是這樣。我小時候他連桌上的一塊麵包屑都不能容忍。可是我知道那是怎麼一回事，我有過親身經歷，且打從心底裡痛恨這一切，那為什麼我還要不計代價的堅持如此呢？

我切了幾片麵包，和圓麵包一起放進小籃子，灌滿水壺，坐下來跟她們一起吃早餐。奶油有點硬，我想拿刀把它切開，結果把麵包弄碎了。萬妮婭在盯著我。我猛地抬起頭，瞅著她。她在椅子上嚇了一跳，接著大笑。挺好。我故技重施，低下頭，看著桌面，過了很久，直到她以為再也不會有什麼事發生，以為我專注到別的事情去了，就在這個時候，我飛快地抬起頭，直視她的目光。她帶著警惕，眼睛睜得大大的，此時又嚇一跳，又繼續大笑。琳達和我也大笑起來。

「萬妮婭多好玩啊。」琳達說，「你真好玩！我的小可愛！」

她俯身向前，伸出鼻子，蹭萬妮婭的鼻子。我從桌上抓過琳達面前的報紙文化版，咬一大口麵包，一邊咀嚼，一邊瀏覽標題。身後的檯子上，水開了，茶壺自己斷了電。我站起身，往杯裡放了個茶包，倒上熱氣騰騰的開水，走到冰箱那裡，取出一盒牛奶，接著坐下，把茶包在水裡浸幾次，直到褐色的物質翻騰著，慢慢從中脫離，最終完全改變了水的顏色，倒上牛奶，接著翻看報紙。

「你看到他們怎麼說阿恩了嗎？」我看著琳達說。

她點點頭，笑了，但她是對萬妮婭笑的，不是對我。

「出版社把那本書退回了。真慘[114]。」

「是啊。」她說，「可憐的阿恩。但要怪只能怪他自己。」

「你認為他知道那是假話嗎？」

「不知道，絕對不知道。他不是有意的，我敢肯定。他一定認為就是那樣。」

「可憐的傢伙。」我說著端起杯子，喝了一小口泥漿顏色的茶。

阿恩住在格內斯塔，與琳達的母親為鄰。他寫了一本關於阿思緹・林格倫的書，今年秋天才出版，不那麼嚴格地取材於他在林格倫去世前和她的幾次談話。阿恩是個看重精神世界的人，他信上帝，但並不遵循傳統的方式，看到林格倫也和他交流起了對上帝的信仰，很多人想必是頗為驚訝。報紙深入調查起來。這些談話沒有其他人在場，就算林格倫從未對別人表達過這種態度，也不能證明這些談話是虛構的。不過還有別的，其中包括阿恩對林格倫作品的閱讀，後來證明出現了年代上的錯誤：他說他讀了《米歐王子》的那個時間[115]，這本書還沒出版呢。這樣的錯誤在他的書裡出現得有點太多了。林格倫的家屬否認她有過那樣的態度，她不可能說出那樣的話。報紙沒給阿恩留多少面子，言外之意，他是個說謊者，如今出版社也決定回收此書。最近這些年阿恩疾病纏身，這本書讓他熬了過來，也曾讓他深感驕傲。

可是琳達說得對，他只能怪自己。

我在一片麵包上抹了奶油。萬妮婭高高地舉起手。琳達抱她離開椅子進了廁所，裡面很快傳出嘩嘩的水聲，還有萬妮婭發出抗議時的小小尖叫。

客廳裡電話鈴聲大響。我愣住了。不過我馬上就醒悟過來，這肯定是英麗，琳達的母親，除了她，誰也不會在這個時間給我們打電話，我的心跳得愈來愈快。

我一動不動地坐著，直到鈴聲戛然而止，像剛才響起時那麼突兀。

「誰打來的？」琳達兩手抱著萬妮婭，從廁所出來時問道。

「不知道。」我說，「我沒接。但八成是你媽。」

114 指瑞典作家阿恩・雷貝里（Arne Reberg, 1939—）所著《你和我，阿斯特麗德》（*Du och jag, Astrid*）。

115 林格倫的《米歐王子》（Mio, min Mio）出版於一九五四年。

「我打給她好了。」她說，「我正要找她呢。你能抱一下萬妮婭嗎？」

她把孩子交給我，好像除了我的腿，家裡再也找不到別的地方了。

「就放地上吧。」我說。

「她會哭的。」

「讓她哭。沒關係的。」

「當然了。」她說。一聽就知道她的意思正好相反。這樣可不行，我是因為你說可以我才說可以的。你等著看。

果然，琳達剛把她放到地上，她就哭了。我伸手去抱她，結果她兩手向前，一下子撐到地板去了。琳達沒回頭。我拉開抽屜——我保持坐姿就能搆到，取出一個打蛋器。她不感興趣，雖然我能讓它嗡嗡嗡地轉起來。我把一根香蕉舉到她面前。她搖晃著腦袋，眼淚從她臉蛋滑落。最後我還是抱起她，走到臥室的窗邊，讓她坐到窗台上。這一招很管用。我說出看到的所有東西的名稱，她滿有興趣地盯著駛過的每輛汽車，指指點點。

琳達在門口探出頭，電話握在胸前。

「媽媽問我們要不要明天過去吃飯。你覺得呢？」

「好。」我說，「去吧。」

「那我就答應了。」

「當然。」

我小心翼翼地把萬妮婭放到地上。她能站了，可是還不會走，她蹲伏著爬向琳達。在她的需要得到滿足之前，這孩子連一秒鐘的不滿都不會顯露。她生下來之後，將近一整年，每天夜裡，每隔兩個小時，她都要醒來一次，喝奶。琳達總是累得要死，但她又不讓萬妮婭睡自己的小床，因為那樣做她會哭鬧。我更樂意用殘忍一點的辦法，把她放到她自己的床上，任憑她整夜哭叫，這樣下一次她就會明白，不管她怎麼做，聽話也好，哪怕也許有點憤怒也好，都不會有人過來管她，接著她就會安靜下來，自己睡覺。可要是這樣做，我還不如告訴琳達我要揍萬妮婭的頭，一直揍到她躺下不再出聲。我選擇了折衷方案，給我母親的妹妹英珺打了電話，她是兒童心理學家，有這方面的經驗。她建議我們給孩子漸進式地斷奶，強調說，萬妮婭想喝奶或起床，而我們又不允許的時候，一定得對她多加撫慰，一點一點地推遲當天最後一次餵奶的時間。我依言行事，夜裡站在她床前，手拿筆記本，每當她大哭大鬧、對我怒目而視的時候，我便寫下精確的時間，然後連哄帶拍。過了十天，她才能不哭不鬧地睡上一整夜。本來一天就能成功的。哭一下不會對她造成什麼傷害。在遊樂場也一樣。我想留她一個人待在裡面，好坐在長椅上看書，但這完全不可能。她頂多待上幾秒鐘，就睜大起眼睛，伸出求助的雙手，到處找我了。

琳達掛斷電話，抱著萬妮婭走出來。

「我們出去走走？」她問。

「我想我們也沒其他事好做。」我說。

「你什麼意思？」她問我，一副警覺的樣子。

「沒什麼。」我說，「去哪裡？」

「船島怎麼樣？」

「好，走吧。」

我週一到週五帶萬妮婭，這天輪到琳達照顧她。她把萬妮婭放到她腿上坐直，替她穿上英格威的小孩留下來的紅色小毛衣，棕色的燈心絨褲子，琳達母親買給我們的紅色吊帶褲，配有束口帶和白色帽沿的紅帽子，外加白色的羊毛手套。直到一個月以前，我們幫她換衣服時，她都一直好好坐著，最近卻開始在我們手裡扭來扭去。幫她換尿布尤其困難，她扭啊扭啊，說不定把髒東西都弄到什麼地方，我不止一次提高了音量。「躺好！」要不就是「該死的，快躺好！」我抓緊她時，手的力道也不自覺用力起來。她覺得扭來扭去從我手裡掙脫很好玩，時常微笑著，或者只要一成功就放聲大笑，而我這種響亮的、惱怒的聲音，她起初只是不能理解。有時她完全聽而不聞，或者驚訝地盯著我看，這是什麼意思？要不然她就哭。先是下嘴唇縮攏，接著顫抖起來，眼淚隨即奔湧而出。我到底在幹什麼？她只有一歲啊，她是如此天真無邪，可我呢，竟然朝著她吼！

幸好她比較好哄，比較愛笑，也幸好她都不記得。但也因此，我更感到難受。

琳達比我更有耐心，五分鐘之後，她便帶著一絲不出所料的微笑，看著萬妮婭在她手裡穿戴整齊。在電梯裡，萬妮婭要按按鈕，琳達指著正確的一個，把她的手牽到上面。按鈕亮了，電梯下降。當琳達抱著她走進停放著嬰兒車的自行車間時，我到外面點了根菸。風仍然很大，天空沉重，灰暗。氣溫大約在零度或零下一度。

我們沿內閣街拐進國王花園，經過國家博物館，左轉踏上船島，碼頭上停滿了遊船，其中幾條打自十九世紀末、二十世紀初時就有，全盛時期曾往來於斯德哥爾摩外的眾多島嶼之間。這裡還有一種小船塢，至少看上去如此，停靠著一艘平底船，木製船艙內的肋材像骨架一樣排列。我們走過時，偶爾有張鬍鬚滿面的臉一閃而過，否則這一帶便杳無人煙。現代美術館建在一座小山上，考慮到萬妮婭初臨人世還如此短暫，她在那裡留連的時日多得簡直不成比例。但這裡門票免費，餐廳又好，對小朋友頗為友善，還有遊樂場，有些藝術品也值得一看。

港口海水黑暗。天上的雲層厚重，低懸。地上一層薄雪，似乎要給萬物添加幾分冷酷，幾分赤裸，也許是因為它抹去了留在城市景觀中的些許顏色。這裡所有的博物館從前都是軍事建築，如今仍然帶著昔日的印記，封閉，低矮，建在車流稀少的小路邊，或是舊日閱兵場的盡頭。

「昨天很棒。」琳達說著，伸出一隻手臂摟緊我。

「對。」我說，「是很棒。可是你現在真的想再要個孩子嗎？」

「我想，真的想。可是機會不大。」

「我保證你懷上了。」我說。

「你還保證萬妮婭是男孩呢。」

「哈哈。」

「我真開心。」她說，「一想到這事就開心！一想到我們又要有孩子了！」

「是啊……」我說，「你對這事怎麼看，萬妮婭？你想不想要個弟弟或妹妹？」

她仰起臉看著我們。接著她側過頭去，舉起手，指著三隻海鷗，牠們收攏翅膀，貼著浪花飛上飛下。

「對！」她發出了一個音。

「對，看到了。」我說，「三隻海鷗！」

一個小孩絕不在選項之內，兩個太少，彼此之間太親近，我覺得三個最理想。這樣一來，孩子們可以在人數上超過父母，他們之間有多種組合的可能，而我們也能結成一陣線。不過這既要顧及我們的生活，又要考慮最好的年齡，據此嚴格確定最合適的時間，這樣的做法我十分不屑，這畢竟不是我們要維持的一門營生。我更希望順其自然，該懷就懷，該生就生，以後再處理隨之而來的種種後果。生活不就是這樣嗎？所以當我帶著萬妮婭走在街上，當我餵她進食，給她換洗，對另一種生活的狂熱渴望在我胸腔裡撞擊，此時我知道，這就是當初做出一個選擇的後果，我**必須**接受。逃是逃不掉的，只能循著一條前仆後繼的老路：忍受。我在這樣做的同時，也讓周圍那些人的生活蒙上了一層陰影，好吧，這只是我不得不忍受的另一個後果。如果我們要第二個孩子，我們會要的，不管琳達此時有沒有懷孕，然後再要第三個，而第三個會不會一樣不可避免的演變成超出負荷、渴望，最後成為一個魯莽而不受約束的孩子呢？如果不是，我又該怎麼做？

走到那一步，做我必須要做的就是了。生活裡，只有這件事必須堅持下去，這是我唯一不妥協的一點，如刻寫在磐石上。

是這樣嗎？

幾個星期前，耶珀打電話給我，他在城裡，我們能不能見面，喝杯啤酒？我很敬重他，但從未主動要和他深談，我跟很多人相處時都是這種情況，但那天我一口氣喝了好幾瓶啤酒之後，我們打開了話匣子。我對他講了我過著怎樣的生活。他看看我，帶著一種特有的、毫不做作的權威說道：「但是你必須**寫作**，卡爾．奧韋！」

到了走投無路的時候，當刀尖頂住我的喉嚨，這才是最要緊的。

但是為什麼？

孩子就是生活，誰會背棄生活？

然而除了死亡，寫作還能是什麼？除了墳裡的骨頭，文字還能是何物？

動物園島渡輪繞過了島前端的沙嘴。另一端是很大的綠林遊樂園，器械通通空置著，靜止著，有些蒙著防水布。兩三百公尺之外，便是存放瓦薩艦的博物館。

「要不坐渡輪過去？」琳達問，「可以在藍門吃午飯。」

「我們才吃過早餐啊。」我說。

「那就喝杯咖啡。」

「好，走吧。你身上帶錢了嗎？」

她點點頭，我們停下來，在渡輪靠岸的地方等候。只過了幾秒鐘，萬妮婭就抱怨起來。琳達在包裡找到一根香蕉遞給她。她頗為滿意，坐在嬰兒車裡，一邊往嘴裡塞著小塊的香蕉，一邊朝海上眺望。我想起了頭一次單獨帶她出門，因為那一次我們去的地方就是這裡。她那時生下來才一個星期。我推著嬰兒車在島上東奔西跑，怕她停止呼吸，怕她醒過來哭鬧。在家裡一切都在掌控之中，餵奶、睡覺、換尿布，儘管是昏昏欲睡卻也是有系統的。一到外面，我們便毫無章法。我們第一次帶她出門，是第三天的時候，她要去做體檢，整個過程活像搬運炸彈。頭一個障礙便是她必須穿戴的各種衣物，外面的氣溫在零下十五度以下。第二個障礙是兒童座椅，怎麼把它繫在計程車的座位上啊？第三個障礙是那些在醫院接待區打量的目光。但還算順利，我們熬過來了，雖然一番大驚小怪，可是幾分鐘之後她接受檢查時面容平靜，在尿布臺上輕輕地蹬著小腿，這一切都是值得的了。她非常健康，心情甚好而難以抑制，當護士彎下腰去看她時，她甚至露出了微笑。她在笑呢，護士說，這不是討好，小寶寶笑得這麼早，非常少見！我們沉溺於這番恭維，這真是誇到我們這對父母的心裡去了，過了好幾個月我才對那句話有所醒悟，小寶寶笑得這麼早非常少見，想必對每個人都這麼說，每次都大為見效吧。可是，啊，那低平而近乎靦腆的陽光穿過了窗子，落到尿布臺上，照耀著我們的女兒，此時我們還遠沒有習慣她的存在，還有那在窗外的嚴寒中閃閃發亮的冰，琳達完全不加掩飾的、從容的表情，讓這一刻成了極為罕有的記憶，全無一絲一毫的糾結心理。喜悅一直持續到我們進了走廊，準備離開的時候，萬妮婭大聲哭鬧。我們怎麼辦？把她抱起來？對，得抱起來。琳達要不要餵她喝奶？如果要餵的話，怎麼餵？她穿了太多的衣服，看上去像個氣球。我們要把她的衣服再脫下來嗎？就在她哭鬧的時候脫？這樣就行了嗎？她要是安靜不下來怎麼辦？

唉，琳達用她那緊張而猶豫的方式揪扯著萬妮婭的衣服，萬妮婭尖聲哭叫。

「我來吧。」我說。

我們對視了一下，她兩眼閃閃發亮。

萬妮婭張嘴含住乳頭，幾秒鐘就安靜下來了。可是不久她又使勁地前後甩動腦袋，繼續哭號。

「她不餓。」琳達說。

「那是怎麼了？她病了？」

「不會吧，不像是病了。醫生剛剛才替她做過檢查。」

萬妮婭哭啊，叫啊。哭得一張小臉完全變了形。

「怎麼辦？」琳達絕望地說。

「哄哄看吧。」我說。

排在我們後面的那對夫婦出來了，他們提著一個兒童座椅，裡面裝著他們的小孩。他們從我們身邊走過時，小心翼翼地不看我們。

「我們不能在這裡站著。」我說，「我們得走了。走吧。她繼續哭算了。」

「你叫計程車了嗎？」

「沒。」

「那快去叫呀！」

她低頭看著萬妮婭，緊緊抱住她，這沒用，在萬妮婭的吊帶褲和琳達的羽絨衣之間，能讓對方安心的東西並不是很多。我掏出手機，打電話給計程車，另一隻手裡提著兒童座椅，朝走廊盡頭的樓梯口走去。

「等一下，」琳達說，「我得幫她戴上帽子。」

我們等計程車的時候，她一直在大聲哭叫。幸好幾分鐘之後車就到了。我拉開後門，把兒童座椅放進去，想拿安全帶把它固定好，這種事一個小時前我做起來毫無問題，此時卻好像完全忘記怎麼做。上上下下，所有能試的方法我都試過了，可這該死的座椅就是裝不上，從頭到尾還要聽著萬妮婭的哭叫，頂著琳達刀子般的目光。到最後，司機下車來幫我。起先我拒絕了，這該死的東西我自己可以搞定，謝謝你，可是手忙腳亂，又弄了一分鐘之後，我不得不承認失敗，讓人家來裝，這個留著大鬍子、伊拉克人長相的男人一下子就把它固定好了。

從積雪而閃亮的斯德哥爾摩城中穿行而過時，她一路上都在哭號。等我們邁進家門，她光著身子和琳達一起躺到床上時，她才終於不哭。

我們倆全身都被汗水給浸透了。

「真是折磨人啊！」等萬妮婭在床上睡著了，琳達從她身邊爬起來說道。

「是啊。」我說，「但不管怎麼說，她健康得很。」

那天晚些時候，我聽到琳達在跟她母親講萬妮婭體檢的事。關於哭叫，關於我們的恐慌，她一個字都沒說，她說的是萬妮婭在檯子上接受檢查時露出的微笑。琳達多麼高興，多麼驕傲啊！萬妮婭笑過了，她那麼健康。此時窗外低低的陽光，好像讓積雪的地面一下子托得高高的，房間裡的一切都因此變得柔和而明亮，萬妮婭同樣如此，她正光著身子躺在毯子上，兩條腿蹬來蹬去。

如今我們在風中等候渡輪，已是將近一年之後，那一幕難免有些怪異。怎麼可能那樣無知呢？但就是那個樣子，我仍然記得當時心底的感受，一切都那麼脆弱，也有處處瀰漫的幸福。我的人生當中從沒有什麼讓我曾經準備為人父母，我以前幾乎沒見過嬰兒，琳達也一樣，她長大成人以後，身邊連一個嬰兒都不曾接觸過。每件事都是新的，每件事都必須即刻學習，這也意味錯誤在所難免。沒過多久，我就把帶小孩的種種要素當成了挑戰，彷彿我正在參加某種競賽，其要點在於同時處理盡可能多的事情，接管萬妮婭的日間生活之後，我繼續如此行事，直到再也沒有新的要素了，這一方小小的天地已被征服，餘留的一切不過是日常的慣例。

在我們前面，渡輪引擎反轉，朝著碼頭慢慢滑完最後幾公尺的距離。檢票員開了門，我們很顯然是僅有的乘客，於是推著嬰兒車登船。泡沫湧上螺旋槳周圍灰綠色的海水表面。琳達從藍夾克裡層的口袋裡掏出錢包，走過去付票款。我手扶欄桿，回望城市。白色的建築是皇家劇院，一道山脊隔開了比耶爾・亞爾街和我們家所在的瑞典路。廣大的建築物幾乎填滿了田園景觀中全部的空間。一個多麼不同的視角啊，對房屋和道路的用途一無所知，而只把它們視作形狀和塊面，像鴿子起降時觀看城市一樣望見這城市，突然間讓一切都陌生起來了。一座巨大的迷宮，有通道，也有洞窟，有些迎著朗朗的天空，另一些封閉著，還有一些位於地下，在狹窄的隧道裡，一列列火車像蛆蟲一樣往來穿梭。

一百多萬人在這裡生活。

「媽媽說如果你需要的話，她可以每星期一來照顧萬妮婭。這樣你就有一整天自己的時間了。」

「我當然需要。」我說。

「這沒有什麼當然不當然的。」她說。

我在心裡白了她一眼。

「我們可以在那邊過夜。」她接著說，「隔天早起，一起回來。如果你需要，那就這樣定了。媽媽可以下午把萬妮婭帶過來。」

「這計畫不錯。」我說。

渡輪停靠在對岸，我們走上露天市場旁邊的街道，這裡到了夏天總是人滿為患，不是在售票視窗或熱狗攤前排隊，就是在對面的速食店裡吃東西，或者只是走來走去。地上散落著門票和小冊子，冰淇淋包裝和熱狗袋，餐巾紙和吸管，可樂杯和果汁盒，以及人們休閒時喜歡亂丟的一切。我們面前的街道安靜，空曠，整潔。一個人影都看不見，一側的餐廳裡沒人，另一側的露天市場裡也沒人。街道另一頭的小山上是馬戲園劇場[116]，經常舉辦音樂會。我跟安德斯去過那裡的餐廳，我們當時在找地方看英超聯賽，他們店裡的電視機上正好有我們想看的比賽。除了我們，裡面只有一個人。燈光黯淡，牆面黑糊糊的，他卻戴著太陽鏡。那是湯米．薛貝里[117]。當天所有報紙的頭版都印著他的照片，他因為酒駕而被逮了，你在斯德哥爾摩走上一公尺試試，看不見他那張臉才怪。如今他藏在這裡了。公然的直視顯然和小心迴避的目光一樣讓他不快，我們進去之後不久，他就離開了，哪怕我們誰也沒有朝他那個方向看過一眼。

跟他這番經歷相比，我最糟糕的酒後發作也要黯然失色。

我口袋裡的電話響了。我拿出來，看了一下螢幕。英格威的號碼。

「嗨？」我說。

「嗨。」他說，「你怎麼樣？」

「挺好。你呢？」

「嗯，也不錯。」

---

116 馬戲園（Cirkus），全稱是 Cirkusteatern。

117 湯米．薛貝里（Tommy Körberg, 1948—），瑞典歌手。

「嗯。不過我們正要進屋。我晚點打給你好嗎？下午找個時間？有急事嗎？」

「沒有。我們晚點再聊。」

「再見。」

「再見。」

我把電話揣進口袋。

「英格威打來的。」我說。

「他還好嗎？」琳達問。

「不知道。我等等再打給他。」

過完四十歲生日後兩週，英格威離開了卡麗．安妮，搬到另一處自己生活了。這一切發生得非常突然。他上次來這裡時才把一些工作計畫告訴我。英格威很少談及家事，幾乎事事埋在心底，除非我直接問，他才會開口。不過也並非每次都如此。況且，我也不需要他跟我說，我就能察覺到他過的是自己不想要的生活。所以當他告訴我那已經結束時，我為他高興。我不禁想起爸爸，他在只有幾個星期就要年滿四十歲的時候，離開了我母親。年齡上的巧合，時間相差不到一個月，然而這既不是家族問題，也無關遺傳，可見中年危機並非傳說：它已對我周圍的人產生影響，而且是很嚴重的影響。有些人陷入絕望，幾近瘋狂。為了什麼？為了多一份生活。到了四十歲這年紀，你迄今所過的、一直以來都是暫時的生活首度變成了**生活**本身，這種重新的思索清除了一切夢想，摧毀了原來的種種觀念，即認為真正的生活，一心要過的生活，要做的一番偉業，都在別處。人到四十，你才明白，一切都在這裡了，這平庸的日常已經定形，且將永遠如此，除非你有所行動，除非你最後一搏。

英格威這麼做了，他想要一種更好的生活。爸爸也這樣做了，因為他一切全然不同。這樣想來我並不擔心英格威，其實我也從未擔心過，他總能處理好的。

萬妮婭在嬰兒車裡睡著了。琳達停下，把萬妮婭放平，接著看了看立在藍門餐廳外人行道上的黑板。

「其實我餓了。」她說，「你呢？」

「我們可以好好吃頓午飯。」我說，「羊肉丸子不錯。」

這是個好地方。中間有塊露天的開闊空間，滿是植物，還有噴泉，夏天可以坐在那裡，冬天就用玻璃牆隔出一條長廊。美中不足之處是顧客，人數最多的是五、六十歲的有文化的婦女。

我為琳達扶住打開的門，讓她把嬰兒車推到裡面，我抓住輪子之間的橫桿，提起來，下三個臺階。店裡的客人剛剛坐滿了一半多一點。我們怕萬妮婭醒過來，選了最遠處的一張桌子，然後去點菜。在靠裡的地方，柯拉坐在靠窗的桌邊。她一看見我們，就笑著站了起來。

「嗨！」她說，「真高興見到你們！」

她先擁抱了琳達，接著抱了我。

「怎麼樣？」她問，「都還好吧？」

「還好。」琳達說，「你最近如何？」

「也不錯。你們看見了吧，我跟我媽來的。」

我朝她母親點點頭。我見過她一次，在柯拉的某次聚會上。她點頭回禮。

「就你們嗎？」柯拉問。

「不是，萬妮婭在那邊。」琳達說。

「噢，好的。你們要待一會再走嗎？」

「嗯，是的，會待一下……」琳達說。

「那之後我再來看你們。」柯拉說，「還有你們的女兒。好嗎？」

「當然。」琳達說完，便走到櫃檯後和我一起排隊。

柯拉是我認識的第一個琳達的朋友。她熱愛挪威和挪威人的一切，曾經在那裡住過幾年，要是喝醉了，一不留神就講起挪威話。在我認識的瑞典人當中，只有她懂得我們兩個國家之間有很大的不同，而她之所以懂得，正是因為她曾住過那裡。在挪威，人們總是會遇見彼此，不管是上街，去商場，還是使用公共交通設施。在挪威，人們總是要聊天，不管在報攤上，在排隊，還在計程車上。她讀挪威報紙，看到辯論的語氣，會驚訝得睜大眼睛。這才叫唇槍舌戰呢！她興奮地宣佈，他們什麼都敢說！他們什麼都不怕！這世界上的各種意見和勇氣他們都不缺，他們能說出瑞典人打死也不會說的東西，不僅如此，他們爭論起來的時候，是挽起袖子，準備毫無保留的。啊，多麼自由呀！這種反應讓她比琳達的其他朋友更容易接近，其他人在社交場上表現出一種完全不同的、正經八百的、也更為圓滑的方式，更不用說柯拉介紹我去的集體工作室了。他們和藹，友善，經常請我吃午餐，不過我也經常謝絕，只有兩、三次，我曾無聲地坐著，聽他們交談。其中一次，他們討論了對伊拉克迫在眉睫的入侵，以及以色列和巴勒斯坦無止盡的邊界衝突。討論一詞也許用得不對，那更像關於食物或天氣的閒談。第二天我遇到柯拉，她告訴我她的朋友一怒之下從工作室搬出去了。很顯然，他們就以巴關係的不同觀念發生了激烈的交鋒，對方怒不可遏，乾脆把工作室給退掉了。果然，她的地方第二天就清空了。可我當時在場呀！我什麼都沒注意到！沒有挑釁，沒有紅臉，什麼都沒有。只有他們友善的、聊天般的聲音，以及他們使用刀叉時像雞翅膀一樣伸出來的手肘。這就是瑞典，這就是瑞典人。

但是那天柯拉生氣了。我告訴她蓋爾兩個星期前去了伊拉克，去寫一本關於戰爭的書。她說他是個自私自利、自以為是的白癡。她不是那種政治化的人，我對她如此激烈的反應感到吃驚。事實上，她罵他罵得熱淚盈眶。感同身受何以如此強烈？

她後來說，她父親在六〇年代去過剛果的戰場。他是戰地記者。戰爭毀掉了他。這倒不是因為他受了傷或怎麼樣，也不是因為這一經歷造成強烈的震撼，讓他留下了精神創傷，而是相反，他想回去，想要更多那樣的生活，住在那裡，靠近死亡，得到一種在瑞典無法被滿足的需要。她講了一個奇怪的故事，講他後來進了馬戲團，騎摩托車，她稱之為「死亡機車」，當然了，他也開始喝酒。他整個人都毀了，柯拉還小的時候，他就自殺了。她眼裡的淚水是為他而流，為他而傷痛。

那麼，她有這樣一位強悍、專斷而嚴厲的母親是幸運的嗎？

嗯，不一定……我的印象是，她在看待柯拉的生活時帶著某種不贊成的態度，柯拉也很介意這點。她母親是會計師，而柯拉在一片模糊的文化景觀中無目的地漫遊，很明顯地不符合她對女兒擁有的期望。柯拉曾經在多家女性雜誌做為記者，不過這並未在她身上留下太多印記，她寫詩，她是個詩人。她曾就讀於畢斯科普斯-阿恩，琳達也上過同一所寫作學校，她寫的是好詩，至少從我的判斷來看；我聽過她做的一次朗誦，很驚訝。她的詩既不像大多數瑞典青年詩人所追求的那樣語言是唯物主義的，也不像其他人精細或敏感，而是別具特色，它是破壞和暫時的，以一種非個人的方式，用很難與她聯繫起來的豪放的語言寫成。但她仍然沒有出書。瑞典出版商的精打細算遠遠勝過其挪威同行，做起事來也小心謹慎得多，若是你還沒在文學圈裡立足，出書的機會便相當渺茫。只要她堅持下去，埋頭苦幹，終究會取得成功，因為她有才華。但是你打量一下她，第一個印象肯定不會是吃苦耐勞。她沉溺於自憐，柔聲細語，常說些令人沮喪的事，不過她也能轉眼就換一副樣子，變得活潑而有趣。她喝醉以後可以成為人人矚目的焦點，當眾出醜，琳達的朋友當中，只有她能這樣。也許就是因為這一點，我覺得她和我意氣相投？

她的長髮垂落在臉頰的兩邊。在一副小眼鏡後面，兩隻眼睛流露出狗一樣的憂鬱。每次她喝醉，或偶爾清醒的時候，都會向琳達做一番表白，說對琳達有多崇拜有多認同。琳達一向不知道該如何應對。

我輕撫琳達的背。我們身邊的桌子上放滿了大大小小、各種形狀的糕點。深褐色的巧克力，鵝黃色的奶油餅乾，淡綠色的杏仁蛋白軟糖，粉白相間的蛋白脆餅。每一道糕點上都有一面寫著品名的小旗。

「你想要什麼？」我問。

「不確定……要不然雞肉沙拉？你呢？」

「那我知道我要什麼了。羊肉丸子。不過我可以幫你點。你去坐著好了。」

她坐下了。我點了餐，付了錢，倒了兩杯水，從大糕點桌那裡拿了麵包切了幾片，也備好餐具，抓起幾塊小包裝的奶油和一些餐巾紙，通通放進一個托盤，便站在櫃檯旁邊，等著菜從廚房端出來。在雙向彈簧門的上方，可以看到廚房的上半部分。在羅馬式中庭的天井，空桌椅擺放在綠色植物之間，上下則是灰色水泥地板和灰色天空完美的映襯。這色彩的組合，灰色和綠色，吸引著目光。沒有哪位畫家比布拉克更懂得怎樣好好利用這些顏色[118]。我想起我和托妮耶在巴塞隆納期間看到的那些印刷品，畫的是海灘上的一些小船，置於無邊無際的天空之下，帶著近乎驚人的美。它們要花幾千克朗，當時我想太貴了。等我回心轉意，已經太遲，第二天，也就是我們在巴塞隆納的最後一天，正逢禮拜日，我徒勞地站在美術館外，拉扯著上了鎖的大門。

灰與綠。

但灰色與黃色同樣如此，比如大衛．霍克尼那些美妙的盤中檸檬畫作[119]。將顏色與基調分離，是現代主義最重要的成就。在此之前，布拉克和霍克尼這樣的作品是難以想像的。問題是，如果你滿腦子都是隨藝術而來的別的東西，它是否還物有所值？

我所在的這家咖啡廳附屬於利耶瓦爾克美術館，其後部構成了室外區域的第四道也是最後一道牆，臺階上的迴廊也是它的一部分。上一次我在那裡看的展覽是安迪．沃荷的作品，不管從什麼角度來說，我實在無力就其品質做出判斷。這讓我自覺極端保守和反動，我當然不願意這樣，可是又能怎麼辦？

過去只是眾多可能中未來的一個，圖勒．艾瑞克常常這樣講。你必須迴避或忽視的並不是過去，而是其僵化。這同樣適用於現在。如果藝術發展的運動成了靜態，你就得迴避或加以忽視。並不是因為它是現代的，與我們的時代一致，而是因為它不動，它是死的。

「羊肉丸子和雞肉沙拉？」

我轉過身。一個滿臉青春痘的小夥子，戴著廚師帽，穿著圍裙，兩隻手各端一個盤子，站在櫃檯裡，環顧著周圍。

「這裡。」我說。

我把兩盤餐點放進托盤，端起來走到我們桌子旁邊，萬妮婭坐在琳達的腿上。

「她醒了？」我問。

琳達點點頭。

「我來抱她，」我說，「你吃飯吧。」

「謝謝。」她說。

這一提議並非出自無私，而是源於利已。琳達經常苦於低血糖，持續時間愈久，她就會變得愈來愈煩躁。我和她一起生活將近三年了，能在她意識到問題之前便發現苗頭，祕密就藏在細節裡，一個突然

118 喬治．布拉克（Georges Braque, 1882-1963），法國畫家。

119 大衛．霍克尼（David Hockney, 1937—），英國畫家。

的動作，一道眼神裡細微的光，一次對觸碰的草率回應。這時你只要把食物放到她面前，便會風平浪靜。來瑞典之前，我從未聽說過這種現象，也不知道低血糖是怎麼回事，因此第一次注意到琳達的狀況時一片茫然，為什麼她對女服務生那麼衝？為什麼我問起緣由，她只是點了下頭，便不再理我？蓋爾認為，這種普遍發生且有大量記載的現象，由於所有瑞典人都要上幼稚園，還得整天不停地吃「點心」。我早已習慣了別人的易怒，若不是由於有什麼事出了岔子，就是有什麼人說了無禮的話，反正是諸如此類的事，換句話說，總有或多或少的客觀原因，我也知道餓不餓對小孩子的情緒影響很大。很顯然，我還得多去瞭解人類的心理活動。或者說，瑞典人的心理？女性的心理？文化中產階級的心理？

我抱起萬妮婭，走到門口靠裡面的地方，拿過一張高椅子。我一手抱著女兒，另一隻手提著椅子走回來，摘下她的帽子，脫掉她的吊帶褲和鞋，把她放下。她頭髮亂糟糟的，臉上睡意未消，但兩眼發光，放射出可以安靜半個小時不鬧的希望。

我切了少許羊肉丸子，放到她面前的小桌上。她揮舞手臂，想把肉丸打飛，但塑膠桌的邊緣阻止了她。在她有時間撿起肉丸子，一個個扔掉之前，我趕緊把它們弄回了我的盤子。我彎下腰，在包裡翻找，想看看有沒有什麼東西能讓她停止幾分鐘。

有個鐵盒，管用嗎？

我取出裡面的餅乾，放到桌邊上，把鐵盒放到她面前，拿出我的鑰匙串，丟到裡面。既能發出嘩啦啦的響聲，又能拿出來、放進去的東西，這正是她所需要的。我感到滿意，便坐近桌邊，吃起了飯。

店內充滿了嘈雜的低語，餐具叮噹作響，間或一陣壓低的笑聲。我們進來後沒多久，咖啡廳已幾乎客滿。到了週末，動物園島總是人滿為患，這個樣子已經持續了一百多年。不僅這裡的公園開闊，美麗，比不少公園有更多的樹，島上還有許多博物館。蒂爾美術館收藏了尼采的死亡面具以及孟克、史特林堡和希爾[120]的畫作，畫家王子歐根的府邸瓦爾德馬角[121]，北歐博物館，生物博物館，當然還有斯堪森博物館，外加上動物園，內有北歐的動物和遍及瑞典歷史的建築物，這些博物館通通落成於十九世紀末到二十世紀初那一輝煌時期，實乃市民階級的風範、民族浪漫主義、對健康的狂熱和頹廢派的奇怪的大雜燴。只有一事得以留存，即健康狂熱；其餘的一切，尤其是民族浪漫主義，均已遠遠地作別，今天瑞典的理想不再是成為獨特，而是平等，不再是殊異的文化，而是多元的文化，因此，這裡所有的博物館都成了博物館中最好的。說到生物博物館，尤其如此，上個世紀初時就落成，自那以後就不曾有過改變，展出著和當時相同的展品，各種各樣的填充動物，擺放在偽自然的環境當中，襯托的背景出自偉大的動物和鳥類畫家布魯諾・利耶福什[122]之手。那時仍然有廣闊的地區，生命在其中未受人類的影響，因此這種再創造並沒有什麼必要，只是為了普及知識，並提供我們文明的視角，也就是說，天下萬物皆須以人為本，這樣做不是出於需要而是出於欲望，出於渴求；這種對知識的欲望和渴求本來意在擴大世界，另一方面也讓世界實實在在地變小了，當時這一進程不過剛起步，因此才令人嘆為觀止，而如今已經完成，我每次來這裡都想哭上一場。每逢週末，從運河邊走過、踏著礫石小徑、行經草坪、穿過樹叢的人流，與十九世紀末的時候基本上是一樣的，而這強化了這樣一種感覺：我們和他們相似，只是更為迷惘。

一個與我年紀相當的男人走到我面前站住。有點眼熟，但我說不上來。他長了個強悍而突出的下巴，

120 卡爾・弗雷德里克・希爾（Carl Fredrik Hill, 1849-1911），瑞典畫家。
121 歐根王子（Prins Eugen, 1865-1947），國王奧斯卡二世的四子，畫家和收藏家。
122 布魯諾・利耶福什（Bruno Liljefors, 1860-1939），瑞典畫家。

剃了光頭，試圖掩飾禿髮。他耳垂肥厚，臉上泛著一抹紅光。

「這椅子有人坐嗎？」他問。

「沒有，請便。」我說。

他小心地提起椅子，拿到與我們相鄰的桌邊，那裡坐了兩個女人和一個男人，都已年過六旬，還有個三十多歲的女人，加上兩個想必屬於他們的小孩。這是出門和祖父母吃飯的一家子。

萬妮婭發出了一聲可怕的尖叫，最近幾個星期她才這樣叫。她叫起來撕心裂肺。叫聲洞穿我的神經系統，簡直難以忍受。我看著她。鐵盒及鑰匙串都躺在椅子旁邊的地上。我把它們撿起來，放到她面前，她一把抓住，又丟到地上去了。要是沒有緊隨著尖叫的話，我們大可以這樣玩下去。

「別叫了，萬妮婭。」我說，「拜託。」

最後一點馬鈴薯黃黃的，反襯出白色的盤子，我把它叉起來，送到嘴裡，一邊咀嚼，一邊把盤中剩餘的碎肉扒到一起，連同沙拉裡的幾個洋蔥圈，一起用刀刮到叉子上，吞下嘴裡，再將盤中殘餘的送到嘴邊。搬走椅子的男人和那老頭一起走向櫃檯，我猜那是他岳父，他鮮明的臉部特徵在老頭臉上無一出現。

我以前在哪裡見過他？

萬妮婭又放聲尖叫。

她只是不耐煩了，別激動，我這樣想著，因為怒火已經頂到了我的胸口。

我把刀叉放到盤子上，站起身，看看琳達，她也快吃完了。

「我帶她出去走一下。」我說，「就到迴廊那裡轉轉。之後你想喝杯咖啡還是我們再去別的地方？」

「去別的地方也行，」她說，「在這裡也好。」

我翻了個白眼，俯身抱起萬妮婭。

「別朝我翻白眼。」琳達說。

「但我就問了你一個簡單的問題，」我說，「一個是或者不是的問題。你想還是不想？這你都不好好回答。」

我沒有等她答話，便把萬妮婭放到地上，抓住她兩隻手，讓她走路。她走在前面。

「你想怎麼樣？」琳達在身後問我。我假裝一門心思都在萬妮婭身上，聽不見。她把一隻腳挪到另一隻前面，更多地是出於熱情，而不是有什麼具體的目標，直到我們走到臺階前，我小心地鬆開她的手。有那麼一小會兒，她站直了，輕輕地擺晃，接著跪到地上，往上爬了三個臺階。她全速爬向大門，像一匹小馬。門開了，她坐起來，睜著兩隻又大又圓的眼睛，仰望著剛進門的人。這是兩個上了年紀的女人。穿黑衣服的停下了，對她微笑。萬妮婭低下了頭。

「她有點害羞，是嗎？」女人說。

我禮貌地笑了一下，抱起萬妮婭，走到門外。她指了指幾隻正在桌下啄食麵包屑的鴿子，又抬起頭，指著一隻在風中掠過的海鷗。

「鳥。」我說，「看那邊，窗子後面。坐的都是人。」

她看了我一眼，又看那些人。她雙眼飽含著生機，因眼前的種種印象而充滿了表現力。每當我看著她的眼睛，總會因為她是誰而油然生出一種感動，她是我如假包換的女兒。

「太冷了。」我說，「我們進去好嗎？」

我從臺階上就看見柯拉已經到我們桌子這裡來了。幸好她沒有坐下。她站在椅子後面，兩手插在口袋裡，臉上掛著笑容。

「她長這麼大了！」她說。

「是啊。」我說，「萬妮婭多大了？」

若是平時，萬妮婭會把雙手舉過頭頂，用這個動作來回答問題，並為此感到得意。可是這時，她只是將腦袋抵住我的肩膀。

「我們這就回家，對不對？」我說著看看琳達，「如果喝咖啡還要半個小時。」

她點點頭。

「對，過一會兒我們也得走了。」柯拉說，「不過我剛跟琳達說好了，哪天去拜訪你們。所以也許很快就能再見面。」

「太好了。」我把萬妮婭放到我腿上坐下，為她穿起吊帶褲，又朝柯拉笑笑，免得表現冷淡。

「帶孩子的感覺怎麼樣？」她問。

「很要命。」我說，「但我得撐住。」

她笑了。

「我是認真的。」我說。

「我知道。」她說。

「卡爾・奧韋要撐住。」琳達說，「這是他的生存之道。」

「這是實話，對不對？」我說，「你想讓我說謊？」

「沒有。」琳達說，「我只是為你非常厭惡這件事感到很遺憾。」

「我沒有**非常**厭惡。」我說。

「我媽還在那邊等我。」柯拉說，「很高興見到你們。回頭見！」

「也很高興見到你。」我說。

等她走了，我看見琳達正在瞪我。

「沒什麼大不了的吧。」我說完便把萬妮婭放進嬰兒車，收緊安全帶，踢開車輪上的固定鎖。

「對。」琳達說得這麼乾脆，我知道她的意思正好相反。我們走到臺階跟前，她彎腰提起嬰兒車，一言不語；我們走進門外的院子，走上通往市中心的馬路，她依然沈默著。感覺冷風好像直接吹進了骨髓。周圍到處都是人。兩旁的公車站擠滿了身穿黑衣、瑟瑟發抖的人，從某個角度來看，這些人和鳥倒也沒有太大的區別，比如在南極某塊懸崖上擠在一起、站立不動、呆望天空的鳥群。

「昨天真浪漫，真好。」她終於開口說道，此時我們剛好走到生物博物館，黑色的、閃閃發亮的運河在樹枝間一閃而過，「然後今天就消失得一乾二淨。」

「我不是那種浪漫的人，你知道。」我說。

「噢，那你是哪種人？」

她這樣問我時並沒有看我。

「得了吧，」我說，「別再來這一套了。」

我看到萬妮婭在看我，便朝她笑了笑。她活在自己的世界裡，通過情感和知覺、觸摸和語音，與我們的世界相聯。在兩個世界之間來回切換，就像我此刻做的一樣，前一分鐘還在和琳達吵架，後一分鐘便對萬妮婭展露笑容，這很奇怪，感覺就像我在過著兩種完全分離的生活。但她只有一個世界，過不了多久，她就會長大，進入第二種生活，天真成為遙遠的記憶，而她也將理解我和琳達之間發生著的事情。

我們到了橫跨運河的橋頭。萬妮婭的腦袋來回移動，跟隨著一個又一個行人。只要看見有人牽著狗，或是看見摩托車，她都要伸出手，指一指。

「想到我們可能又要有孩子了，我非常幸福。」琳達說，「昨天是這樣，今天也是這樣。我一直在想這事，幾乎沒停過。幸福得像被電一樣。但你沒有這種感覺。我很難過。」

「你錯了。」我說，「我也很幸福。」

「但你現在沒有。」

「對。」我說，「這樣很奇怪嗎？我只是興致不高。」

「因為你在家帶萬妮婭？」

「還有別的事，沒錯。」

「如果你能寫作會不會好一些？」

「當然。」

「那我們就送萬妮婭上托兒所。」她說。

「你認真的？」我說，「她這麼小。」

正是路上行人的高峰時段，橋上也一樣，這裡進出動物園島的路上非常多車，我們不得不放慢腳步。琳達單手扶著嬰兒車。雖然我討厭她這樣，卻什麼都沒說，那會顯得我太斤斤計較，特別是現在，我們正商量事情的時候。

「是的，她實在太小了。」琳達說，「但報完名還要等上三個月。到那個時候她就一歲四個月大了。到那時她還是太小，但是……」

我們過了橋左轉，沿碼頭繼續走。

「你到底在說什麼？」我問，「你一下說她應該上托兒所，一下又說她太小。」

「我是覺得她還太小。但如果這對你的工作絕對必要，那她就非上不可。反正我不能退學。」

「這沒什麼問題啊。我說過了，我來照顧萬妮婭到夏天，接著她秋天可以上托兒所。這不都說得好好的，什麼都沒變嘛。」

「但你不開心。」

「對。這沒什麼大不了的。怎麼說我也不想當個壞爸爸，違背好媽媽的意願，太早把孩子送進托兒所，就為了自己方便。」

她看著我。

「如果你可以選擇，你會怎麼做？」

「如果我有的選，萬妮婭下禮拜一就上托兒所。」

「哪怕你認為她還太小？」

「對。可我知道我不能一個人決定。」

「是不能。但我同意。我星期一就打電話給她報名。」

我們在沉默中走了一會兒。右邊是斯德哥爾摩最昂貴、最高級的公寓。城裡不可能有比這裡更好的地帶了。房子本身就說明了這一點。從外面什麼都看不出來，什麼都沒有洩露，簡直形同城堡或要塞。我知道牆內是巨大的公寓，大概有十二到十四個房間。枝形吊燈，富麗堂皇，好多好多的錢。那種生活我一無所知。

另一邊是港口，漆黑一片，直抵碼頭，遠處的浪花泛起白色的泡沫。天空陰沉，對岸樓群的燈光點綴在廣闊的灰色之上。

萬妮婭哼了兩聲，在嬰兒車裡蠕動。她滑下去，側躺著，這讓她哼得更加厲害。琳達彎下腰，把她往上提，她以為琳達要把她抱出嬰兒車，當她意識到並非如此的時候，便大聲哭叫。

「停一下。」琳達說，「我要看看包包裡有沒有蘋果什麼的。」

有。一眨眼的工夫，沮喪便消失了。她老老實實地坐著，高興地啃著青蘋果，我們繼續往城裡走。

再三個月就到五月了。我沒有得到兩個月以上的時間。但是總好過一無所有。

「媽媽也許還能每個禮拜照顧萬妮婭一、兩天。」琳達說。

「好，那太好了。」我說。

「我們明天問問她。」

「我覺得她會答應的。」我笑笑地說。

只要有哪個孩子需要幫忙，琳達的母親都會丟下一切，飛奔而來。如果說以前還有什麼界限，此時也通通消失了，因為一個孫女降臨了人世。她崇拜萬妮婭，願意為她做任何事，絕對是任何事。

「你現在開心了？」琳達摸著我的背問道。

「對啊。」我說。

「她之後會長大很多。」她說，「現在一歲四個月。也不算**太**小了。」

「托耶剛上托兒所的時候十個月大，」我說，「好像也沒造成什麼創傷，不管從哪個方面來說。」

「如果我真懷上了，預產期就是十月份。萬妮婭到時候如果能乖點就太好了。」

「我認為你懷上了。」

「我也這樣認為。不，我**知道**我懷上了。其實昨天我就知道了。」

我們走到皇家劇院前的廣場，停下來等綠燈時，天空下雪了。狂風從街角周圍和屋頂上方刮過，光禿禿的樹枝來回搖擺，旗子瘋狂地拍動。頭頂上，可憐的小鳥也在風中無望地偏離了方向。我們走向圖書館街盡頭的廣場[123]，在天真的七〇年代的某個時候，就在這裡發生了震憾整個瑞典的人質大戲，也讓斯德哥爾摩症候群這一名詞逐漸為人所知。我們走了一條小巷子，去北方百貨公司買晚上要吃的食物。

「如果你想可以先帶她回家，東西我來買。」我說，我知道琳達多麼厭惡逛商場和購物。

「不，我陪你。」她說。

於是我們坐電梯到地下的食品區，買了義大利香腸、番茄、洋蔥、香芹、兩包長通心粉、冰淇淋和冷凍黑莓，坐電梯上到連鎖超商所在的樓層，買了盒裝的一升白葡萄酒，用來做紅醬，一份盒裝的紅葡萄酒和一小瓶白蘭地。在路上，我買了幾份剛上攤的挪威報紙，《晚郵報》、《日報》、《每日新聞報》和《世界之路報》，沒準再加上《衛報》和《泰晤士報》，到了週末，我會有一個小時的空閒用來看報，但是這也不能保證。

剛過一點鐘，我們到了家。收拾房間，不過是歸位一下東西，打掃，就花了整整兩個小時。接著還有小山似的一大堆衣服必須要洗。所幸我們還有很多時間；弗雷德里克和卡琳要到六點才來。

琳達把萬妮婭放進她的小椅子，用微波爐熱了一包嬰兒食品，我把累積下來的所有垃圾袋一個個提起來，尤其是廁所裡的那一個，尿布不僅把垃圾桶塞得滿滿的，把蓋子撐得直立起來，而且都堆到地上去了。我把袋子拎到一樓的垃圾間。到了週末，所有的大垃圾箱都裝滿了。我把蓋子打開，把垃圾分類：紙類，彩色玻璃，透明玻璃，塑膠，金屬或其他。像往常一樣，我能確信這公寓裡的人酒喝得很多；相當多的紙盒是葡萄酒的包裝盒，幾乎所有丟掉的玻璃也都是葡萄酒或烈酒的瓶子。此外，有一大堆的報刊，包括廉價的報紙副刊，也有更為專業的雜誌。在這棟公寓裡尤以時尚類、室內裝飾類和鄉村住宅類居多。在最窄的那面牆上，角落裡有個洞，臨時被堵上了，有些男人曾經穿過那個牆洞，進了隔壁的髮

123 北瑪律姆廣場。

廊。我差點撞上他們；有天早晨，我五點起床，手裡端著一杯咖啡往外走，剛進門廳，就聽見髮廊裡傳出刺耳的警報。樓下有個警衛正在打電話。我一露面她就不談了。她問我是不是住在這裡。我點點頭。她說有人剛剛闖進了髮廊，已經報了警。我跟她去了自行車間，門被撞開了，只見裡面塗著灰泥的牆上有個半公尺寬的洞。我想起幾個關於小偷白忙一場的笑話，話到了嘴邊，卻還是吞回去了。她是瑞典人，要不聽不懂我說什麼，要不就是對笑話無動於衷。我把大垃圾箱的蓋子用力合上，開了大門的鎖，到外面抽根菸，我琢磨，住在這裡的結果就是話比以前少了。幾乎所有的閒聊，跟商店的店員、咖啡廳的服務生、火車上的售票員，還有偶然遇到的陌生人，跟這些人的閒談，我通通免了。回到挪威有個好處：就是與素不相識的人打交道時的那種隨意又回來了，我不用再端著肩膀。而且回挪威，你會知道這些人到底從哪來的，一進加德穆恩機場[124]的入境大廳，就會淹沒於細節當中：他是卑爾根來的，她來自特隆赫姆，他呀，他保證是來自阿倫達爾，那她呢，她不是比克蘭人嗎？至於社會萬花筒的細微差別，同樣如此。人們做什麼工作，背景如何，幾秒鐘便洞悉一切，但在瑞典，這些東西總是隱藏著。一個完整的世界就這樣消失了。住在非洲的一個村莊，或是日本的一個村莊，肯定也會是如此。

外面，風呼呼地刮在我身上。雪已下得很厚，雪花旋飛穿越人行道，這裡，那裡，面紗一般向上捲起，好像我曾經爬過的一處高山地，而不是波羅的海附近城市裡的院落。我站在大門的門廊下，只有零星的、特別強勁的風，能把針尖般的雪沫刮到我身上。那隻鴿子站在角落裡，一動也不動，我和我的動作對牠完全沒有影響。對街的咖啡廳坐滿了人，年輕人居多。偶爾有路人走過外面，頂著風，彎腰弓背。他們通通朝我這邊轉過了頭。

我差一點目擊到的入室行竊並非孤例。這棟公寓位於市中心，有時一些流浪漢會進來。有天早晨，我在地下室的洗衣房就撞見一位，躺在一台洗衣機旁睡覺，大概是為了靠著機器的熱度，像貓一樣。我甩了門，上了樓，又等了幾分鐘，等我再回去時，他已經走了。還有在地下室，我也撞見過一個流浪漢，那是晚上十點左右，我要去儲藏室拿什麼東西，他就在那裡，靠牆坐著，大鬍子，緊張的眼睛，注視著我。我朝他點點頭，開了門鎖，取出我要的東西就走了。當然，你應該叫警察，有可能弄出火災，可他們沒打擾我，我便由他們去了。

我在牆上熄滅菸頭，接著像個好住戶一樣，把它拿到大菸灰缸那裡去，思忖著我得儘快認真地把菸戒掉。這些日子我肺裡火燒火燎的。我早晨醒來時嗓子裡積滿了濃稠的黏液，這種情況持續多少年了？但今天不戒，從來不是今天，我出聲對自己說，這個習慣是最近養成的。說完我就進了公寓裡。

我打掃屋子時，隨時聽得到琳達和萬妮婭在做什麼；她讀書給她聽，幫她撿玩具，玩具老是砰地一聲砸到地上，一而再，再而三，好幾次我差一點出手阻止，但我們的鄰居顯然不在家，我也就不管，她為她唱歌，和她一起吃「點心」。有時她們過來看我，萬妮婭掛在琳達兩條手臂下面，有時萬妮婭一個人玩，琳達想趁機看看報紙，可是過不了幾分鐘，她便要求得到琳達的全部關注。而她總是給予滿足！但我必須小心行事，少說為妙，免得被當成批評。再要一個孩子有可能讓這種緊張的情勢得到緩解。再要兩個就肯定能得到鬆弛。

我打掃完，便拿著一疊報紙坐到沙發上。只剩下熨桌布、擺餐桌和煮菜了。但這頓飯很簡單，用不了半個小時就能弄好，所以我有大把的時間。天色漸暗。對面的公寓傳出吉他的彈奏聲，是那四十多歲的大鬍子在練習藍調歌曲。

124 即位於加德穆恩的奧斯陸機場。

琳達站在門口。

「你能帶一下萬妮婭嗎？」她說，「我也需要休息一下。」

「我剛坐下。」我說，「我把他媽的家裡上上下下都打掃完了，你大概看見了吧。」

「但我一直在帶萬妮婭。」她說，「你以為那有比較輕鬆嗎？」

對，我就是這麼覺得。我能一個人帶萬妮婭，還能同時打掃全家。是掉過幾滴眼淚，不過還算順利。但這種話千萬不能說出口，除非我想和她發生正面衝突。

「不，我沒這麼認為。」我說，「可是我帶萬妮婭整整一個星期了。」

「我也是。」她說，「早上帶，下午帶。」

「夠了。」我說，「在家裡陪她的人是我。」

「那我在家陪她的時候，你都在做什麼？你有早晚帶過她嗎？你回家以後我有沒有去咖啡廳，你現在不就這麼做嗎？」

「好。」我說，「我來帶她。你坐下。」

「你要這種態度就算了。我自己帶。」

「這跟我哪種態度有什麼關係？我帶她，你休息。這不就行了。」

「你還常出去抽菸放風呢。我沒有。這你想過嗎？」

「那你也可以抽菸啊。」我說。

「搞不好我會。」她說。

我從她身邊走過，沒有看她，就去找萬妮婭了，孩子坐在地板上，一隻手抓著一個直笛在吹，另一隻手上下揮舞。我站到窗台前，雙臂交抱。我絕不會去滿足萬妮婭每一個小小的願望。她必須像別的孩子一樣，能夠熬過沒有受到全部關注的幾分鐘。

我能聽到琳達在客廳裡翻看報紙。

我該不該請她燙一燙桌布，擺一下餐具，偶爾下一次廚呢？或者出其不意地等她過來照顧萬妮婭的時候再告訴她，現在換她處理這些了？我們交換過了，對不對？

一股辛辣、腐壞的氣味在屋裡瀰漫開來。萬妮婭不吹笛子了，而是靜靜地坐著，兩眼直視前方。我轉過身，看著窗外。雪花飛過街道，因為一盞盞懸掛在空中的燈而發出微光，現出了輪廓，否則必須等到它們借著細微而難以察覺的輕觸，才能看見雪花敲擊著窗子。美國錄影店的門永遠在開開關關。紅綠燈在視線之外，汽車根據燈光的變化，以固定的間隔從路上駛過。對面公寓的窗子相隔遙遠，只能看見隱隱約約的住戶在燈光黯淡的窗格裡進進出出。

我轉過身。

「你好了嗎？」我問萬妮婭，她抬頭看我，笑了。我伸出雙手，舉著她把她帶到床上。她大笑起來。

「我得幫你換尿布。」我說，「重要的是你必須躺著別動。知道嗎？」

我舉起她，又放下了一次。

「你知道不知道，小臭臭？」

她笑得端不過氣。我脫掉她的褲子，她來回扭動，想往床裡爬。我抓住她的腳踝，把她拽了回來。

「躺著別動，知道嗎？」我說，有一會兒她好像聽懂了，便非常安靜地躺在那裡，圓圓的眼睛看著我。我用一隻手高高地提起她兩條腿，再用另一隻手撕開膠布，取下尿片。這時她又要掙脫，來回扭動，可是因為我緊緊地抓著她，她扭動起來就像發了瘋。

「不，不，不。」我說著，把她仰面推倒在床上。她大笑起來，我趕緊從紙巾包裡抽出幾張溼紙巾，她又開始左扭右晃，我按住她，屏住呼吸，替她擦拭乾淨，努力試著不要生氣。然而我忘了把尿布拿走，她一隻腳踩個正著，我把尿布推到一邊，幫她擦腳，有點敷衍了事，因為我知道溼紙巾是擦不乾淨的。我舉起她，把她帶到廁所，她在我手臂下踢來踢去、百般掙扎，我取下蓮蓬頭，把水打開，調好溫度，拿手背試試，可以了，便小心地替她沖洗下半身，而這個時候，她緊緊地抓著浴簾的底部。洗完了，我拿毛巾把她擦乾，又一次鎮壓了爭取自由的企圖，幫她換上新的尿布。接下來只需要把用過的那一片包起來，丟進塑膠袋，打個結，扔出家門。

琳達還在屋裡看報紙。萬妮婭拿起一塊積木砸地板。積木是厄勒高送給她的一歲生日禮物。我枕著兩手躺倒在床上。片刻過後，便聽見哐哐哐敲擊水管的聲音。

「別理她。」琳達說，「讓萬妮婭想怎麼玩就怎麼玩。」

但我不能不理。我站起身，走到萬妮婭面前，從她手中拿走積木，再遞給她一隻玩具羊。她把羊扔了。即便我發出愚蠢的聲音，讓羊前後蹦跳，她還是不感興趣。她想玩積木；她渴望聽到積木砸地板的聲響。好吧，她想玩就玩吧。她從盒子裡拿出兩塊積木，往地板上砸。轉瞬之間，水管就響了。怎麼了？她就站在那裡，**等著**它響嗎？我從盒子裡拿出一塊積木，使出所有力氣，狠敲暖氣片。萬妮婭看著我哈哈大笑。再一轉眼，就聽到樓下摔門的聲音。我穿過客廳，走到門口。門鈴一響我就猛地把門拉開。俄國女人怒容滿面地看著我。我跨到門外，離她只有幾公分的距離。

「你他媽到底想**幹嘛**？」我吼道，「你他媽跑上來是**什麼**意思？少給我到這裡來。你**懂不懂**？」

這一幕出乎她的意料。她畏縮了，想說什麼，可她剛一張嘴，我便再度爆發。

「**快他媽滾！**」我怒吼著，「**你敢再來，我就叫警察！**」

就在此時，有個五十多歲的女人剛好從樓下上來。她住在上面一層。她走過去的時候低著頭。但好歹也是個證人。也許正是這一點，讓俄國女人鼓起了勇氣，她沒有離開。

「你聽不懂嗎？你他媽的白癡！滾開啊，我說過了。滾，滾，滾！」

說完，我又往前跨了一步。她轉過身，往樓下走。走了幾步，她又轉過來，看著我。

「我們走著瞧。」她說。

「我不在乎。」我說，「你以為他們會相信誰？一個單身的俄國女酒鬼，還是一對成功的、有小孩的夫婦？」

說完後我關上門，走進屋。琳達站在客廳門口看著我。我從她身邊走過去，看都沒看她。

「這也許不是最好的辦法。」我說，「但感覺很好。」

「我懂。」她說。

我走進臥室，從萬妮婭手裡拿過積木，放進盒子，再把盒子放到梳妝檯上，好讓她搆不著。為了找些別的東西來減緩她心裡的失落，我把她抱起來，放到窗台上。我們看了一會兒汽車。可是我氣得過了頭，不能久站，於是又把她放回地板上，我進了洗手間，用熱水洗了洗手，冬天我的手總是冰冰的，我把手擦乾，端詳著鏡中的自己，這張臉沒有背叛我內心泛起的每一個想法和每一種感覺。也許童年所留下最難以忘記的，便是那些不斷讓我受到驚嚇的高聲叫喊和挑釁。吵架和當眾出醜是我所知最惡劣的行為。長大以來我都在竭力避免此事。在我經歷過的感情關係中，還從沒有發生過大吵大鬧的事，一切不和都是按照我的方法處理的：諷刺、挖苦、冷淡、惱怒和沉默。只是在琳達走進我的生活之後，這一點才得到改變。怎麼改變的呢？對我來說，我害怕。這不是一種合乎理性的害怕，在體力上我當然比她強出很多，可是說到關係的平衡，那麼她需要我甚於我需要她，說到這方面，我一個人沒有問題，獨處對我而言不僅是個選項，而且是一種誘惑，可是她害怕獨處甚於一切，不過，撇開相對有力的位置不論，她對我緊追不捨時，我感到了害怕。這跟我小時候害怕的情形一樣。噢，我並不為此感到驕傲，但又能怎麼樣呢？這不是我憑思想或意志就能控制得了的；這是一種在我心裡釋放出的完全不同的東西，固定在更深的地方，也許深達我性格中最底層的部分。可是這一切不為琳達所知。你看不出來我害怕。我還嘴時，聲音會變得沙啞，因為我在強忍淚水，但我知道，她可以很簡單地將這種反應歸因於我生氣了。不，不管怎麼說，在心裡的某個地方，她足以有所察覺，但或許還不是十分清楚我的感受多麼糟糕。

我也許已經從中學到了什麼。對別人吼叫，就像我對俄國女人所做的那樣，僅僅一年以前還一直是不可想像的。但是就這件事來說，根本不可能息事寧人。此後只會越鬧愈大。

那又怎樣？

我拿出三個藍色的宜家袋子，裡面裝滿了髒衣服，此前我忘得一乾二淨，我把它們提到走廊裡，穿上鞋，大聲說我去地下室洗衣服。琳達走到門口。

「非得現在洗嗎？」她說，「他們就要到了，而我們還沒開始做飯……」

「剛四點半。」我說，「星期四之前都輪不到我們洗。」

「好吧。」她說，「我們是朋友嗎？」

「是。」我說，「當然是。」

她走上前，我們親了一下。

「我愛你，你知道的。」她說。

萬妮婭爬出了客廳。她緊緊抓住琳達的褲子，站了起來。

「嗨，你想不想也來親一下？」我說著把她抱起來。她把頭擠到我們倆的腦袋中間。琳達哈哈大笑。

「好。」我說，「那我走了，去餵那洗衣機。」

我兩手各提著兩個袋子，搖搖晃晃地走下樓梯。想到鄰居時那種焦慮的感覺，想到她是完全不可預測的，再加上她剛剛又深深地受了傷害，這些我都拋到腦後。最壞的情形會是什麼呢？她也許會拿著刀子撲到我身上。祕密地復仇，這才是她的專長。

樓梯是空的，走廊是空的，洗衣房是空的。我開了燈，把衣服分成四堆：白色水溫四十度，白色水溫六十度，深色水溫四十度，深色水溫六十度的，然後把其中兩堆塞進兩台大洗衣機，把洗衣粉倒進控制台上的插槽，啟動了機器。

我上樓回家時，琳達正在放著音樂，那是湯姆．韋茨[125]，我對他早已失去興趣，因此這與我無關，不過他還在出CD，這就是其中一張，不過只是湯姆．韋茨的風格而已。琳達曾經替斯德哥爾摩的一次演出改寫過韋茨的歌詞，她說這是她做過的最有趣、最滿意的東西之一，對他的音樂，她仍然保持著一種強烈的、而且毫不含糊的親密。

她從廚房拿來了酒杯、餐具和盤子，放到桌子上。還有一塊桌布，仍然折疊著，外加一疊皺巴巴的餐巾。

「我覺得要燙一燙它們，你說呢？」她問。

「對，要不就別鋪桌布。你能燙一下嗎？我去做飯。」

「好。」

她到衣櫥拿燙衣板的時候，我進廚房取出了食材。把鑄鐵鍋放到灶上，扭開開關，倒點油，剁蒜，切蒜，這時琳達進來，到水槽下的碗櫥裡拿噴霧器，先搖了搖，看看裡面有沒有水。

125 湯姆．韋茨（Tom Waits, 1949—），美國歌手。

「你做菜不用食譜？」她問。

「我都記住了。」我說，「這道菜我們做過多少遍了？二十次？」

「他們以前又沒吃過。」她說。

「沒錯。」我說著把砧板拿到碗邊，把切成小塊的蒜倒進碗裡，這時她又走回了客廳。

外面還在下雪，但此時安靜了一些。想到再過兩天我就能回工作室了，一陣喜悅的顫慄便湧過全身。說不定英麗會每週抽出三天來照顧萬妮婭，而不是兩天？說實在的，我對生活沒有更多渴求了。我只想安安靜靜，我想寫作。

在琳達的所有朋友裡，弗雷德里克是她認識最久的一個。他們十六歲在皇家戲劇學院的服裝部門工作時就認識了，這麼多年一直保持著聯繫。他是電影導演，目前拍的大部分是廣告，同時等待機會來拍自己的第一部劇情長片。他接的都是大客戶，電視上總有他的片子，所以我認為他很勤奮，也掙了不少錢。他拍過三部短片，劇本是琳達寫的，還拍過一部稍微長一點的。他有一雙相距很近的藍眼睛，一頭金髮。他頭很大，身體很瘦，性格有些遮掩，或許還有點含糊，這讓你跟他在一起時，很難搞清楚具體的狀況。他天性活潑，總是咯咯笑而不是哈哈大笑，這兩樣加在一起，就有可能讓你對他產生錯誤的判斷。他活潑的天性未必能掩蓋一種非凡的深刻或嚴肅，而他的嚴肅或深刻並不流於表面。弗雷德里克身上潛伏著某種東西，是什麼，我不知道，但肯定存在，也許有朝一日會化做一部極其出色的電影，也許不會，我對此頗為好奇。他為人精明，大膽，肯定很多年以前就發現情況再糟也糟不到哪裡去。最起碼我對他性格的理解就是這樣。琳達說，他作為一個導演最大的實力，就是他特別擅長調度演員，給他們最中肯的建議，幫他們達成最理想的表演，我看他時能看出這一點，他是個友善的人，樂於取悅遇到的每一個人，他沒有殺傷力的外表讓你信心增強，而他天性中工於心計的一面知道怎樣從中獲利。演員們能夠高高興興地討論角色，挖掘人物的內心世界，然而包含著真正意義的整體，他們是不可以窺見的，只有他一個人知道。

我喜歡他，但沒法和他說話，我盡力避免任何只剩下我們兩人獨處的情況。就我所知，他也一樣。

我和他的伴侶卡琳不太熟。她和琳達上同一所學校，戲劇學院，但讀的是編劇班。由於我也寫作，所以應該能跟她的工作有些關係，但編劇這一行的技術性太強了，一個劇本，各方面的東西都要涉及，張力的起伏，人物的發展，主線和副線，開場和轉折，我覺得我在這方面沒多少研究，所以怎麼也提不起精神，最多出於禮貌表示一下興趣而已。她留黑髮，窄窄的棕色眼睛，臉也窄窄的，很白。她透著一股穩重，與更輕率、更孩子氣的弗雷德里克在一起倒非常般配。他們有一個小孩，正懷著第二個。和我們不一樣，他們什麼事都打理得很好，家裡總是井井有條，他們帶著孩子一起出門，組織有意思的活動。我們在去過他們家，或是他們來過我們家之後，琳達和我經常就會如下問題作一番討論：對他們來說那麼簡單的事，到底為什麼我們卻做不到呢？

很多因素表明，我們能和他們兩口子交上朋友：我們年紀相當，在同一個領域工作，屬於同一種文化，而且都有小孩。但總是缺點什麼，好像我們隔著一道小裂縫相向而立，談話也總是淺嘗輒止，我們從來沒談到點上。但少有的幾次能說下去的談話讓大家都感到開心和寬慰。談話不暢的原因很大一部分要怪我，既要怪我多半都是沉默，也要怪我開口以後油然而生的輕微不適。這個晚上總的來說和往常一樣。六點剛過幾分鐘，他們到了，大家禮貌地寒暄一番。弗雷德里克和我每人喝了一杯琴酒加通寧水，我們落座吃飯，相互問東問西，這個怎麼樣了，那個情況如何，和往常一樣，這一次也清楚地證明他們遠比我們精於此道，至少比我強得多，掌握主動權，突然談起我經歷過或想到過的某件事，努力讓談話往下進行，這些我做夢也達不到。琳達這一套也不太在行，她的策略是把注意力集中到他們身上，先問個什麼事，再就此現場發揮，除非她特別有把握及有信心，才會變得滔滔不絕。當她這麼做了，這就會是個美妙的夜晚，就會有三個讓比賽不至於一邊倒的選手。

他們誇獎了飯菜，我收拾了桌子，上了咖啡，擺了甜點，卡琳和弗雷德里克則把他們的孩子安頓到臥室，放在萬妮婭已經睡著的小床旁邊。

他們的兒子睡著了，他們兩個重新坐下，吃起冰淇淋和熱黑莓，這個時候我說：「你們家快到聖誕節時就要上挪威的電視了。」

他們「家」就是我的工作室，實際上是間一室的公寓，附有廁所和小廚房，是我從弗雷德里克那裡租來的。

「噢，是嗎？」他說。

「《每日評論》，挪威版的《時事》[126]，採訪了我。起先他們想來這裡，我說不行，當然不行了。後來他們聽說我這時候正在帶孩子，就問能不能拍我和萬妮婭。我又說不行。他們還是很堅持。他們說不用拍小孩，拍拍嬰兒車就好。我先推著嬰兒車穿過城市，接著把萬妮婭交給琳達，之後再開始採訪，怎麼樣？我該怎麼說？」

「說不？」弗雷德里克說。

「但我也總得給他們點什麼呀。他們死不同意在咖啡廳這種地方。非得是個有什麼工作檯的地方。結果就在你的工作室做了採訪，我還到舊城找了一圈，好幫萬妮婭買個天使。噢，實在是愚蠢，你會笑到哭的。不過就這樣了。他們需要表現某種東西。」

「還是挺好的。」琳達說。

「不，一點也不好。」我說，「其實它有可能更好一些，但我發現這挺難理解的。考慮到是這種情況。」

「這麼說你在挪威紅了？」弗雷德里克帶著狡黠的表情問道。

「沒沒沒。」我說，「只不過得到了一個獎的提名。」

「啊哈。」他說，接著哈哈大笑，「開玩笑的。但我確實才在一本瑞典雜誌上讀到你小說的節選。真讓人欲罷不能。」

我朝他笑笑。

我挑起的話題已有些自鳴得意的味道了。為了分散注意力，我站起身說道：

「噢，我差點忘了。我們買了一小瓶白蘭地，準備今天吃飯時喝的。你想來點嗎？」我說完，不等他答話就往廚房走。我回來時，話題已經轉到酒精與母乳餵養上了，有個醫生告訴過琳達喝酒是完全無害的，至少不多喝就沒事，但她不肯冒險，瑞典衛生機構的建議是滴酒不沾。酒精和懷孕的關係是一回事，畢竟胎兒與母親的血液有直接的聯繫，而母乳餵養則又是是另一回事了。話題從這上面一下子轉到了普遍意義上的懷孕，再跳到分娩。我在一旁幫腔，不時插一兩句嘴，其餘大部分時間保持沉默，只是聽。分娩對女人來說是個祕密而敏感的話題，有很多不可告人的魅力，作為男人，唯一可能的選項就是敬而遠之。不要發表任何意見。弗雷德里克和我都是這樣做的。直到剖腹產的話題出現。這時我再也憋不住了。

「荒謬的是把剖腹產作為一種替代性的分娩方式。」我說，「如果這樣做有醫學上的理由，那沒問題，我能理解。但是沒有醫學理由，母親也是健康的，適合的，你為什麼還要切開她的肚子，用這種方式把

126《時事》（Aktuelt，瑞典文拼寫為Aktuellt）是瑞典電視臺二台一檔老牌的晚間新聞節目。

孩子拿出來？我在電視上看過一次手術，我的天啊，真是殘忍：一分鐘之前小孩還在裡面，一分鐘之後就燈火通明地到了外頭。孩子肯定嚇得要死。母親也一樣。分娩是個演變的過程，它是緩慢的，意味著讓母親和孩子有所準備。這樣一個過程是有道理的，某中暗含著某種意義，我對此深信不疑。但你就這樣放棄了整個過程，放棄了孩子的內部在此期間調節起來的一切，放棄了完全發生在我們掌控之外的東西，就因為切開肚子取出小孩更簡單。要我說的話，我覺得這很噁心。」

一片沉寂。氣氛遭到了破壞。琳達看上去很尷尬。我意識到自己在不知不覺中越過了界限。得救場啊，但我不知道哪裡做錯了，所以沒轍。於是弗雷德里克出手了。

「如假包換的挪威反動派！」他笑著說，「關鍵還是個作家。嗨，漢森[127]！」

我驚訝地看著他。他朝我擠眉弄眼，又笑。此後整個晚上他都叫我漢森。例如，他會說：嗨，漢森，壺裡還有咖啡嗎？或者說：你怎麼認為，漢森？我們是搬到鄉下好呢，還是就在城裡住下去？

後面這個話題我們經常討論，不只我們想搬出斯德哥爾摩，也許到挪威南部或東部的海岸找個小島去住，弗雷德里克和卡琳也在考慮，尤其是弗雷德里克，他滿心浪漫，幻想著某座森林農場裡的生活，甚至偶爾給我們看圖片，那是他們在網上發現的要賣的地方。可是到頭來，漢森的玩笑突然讓我們的積極性打了一個很大的折扣。這全都是因為我說了剖腹產可能不是最好的分娩方式。

怎麼可能是？

他們走的時候，連聲說「多謝這個美妙的夜晚」和「我們得再聚一次」。我整理了房間，收拾了桌子，打開了洗碗機的開關，這才小坐片刻。琳達和萬妮婭在臥室睡著。我已經不習慣喝酒了，感覺白蘭地像一團溫暖的火，在我思緒裡頭燃燒，替它們抹上了一道放縱的光。不過我沒醉。我在沙發上一動也不動地坐了半個小時，沒想什麼特別的事，之後我走進廚房，喝了幾杯水，拿了一個蘋果，坐到電腦前。開機，打開谷歌地圖，慢慢地轉動球體，找到南美洲，從一個極為遙遠的距離開始，輕輕向前推動，直到看見一個切入大陸的峽灣，把它放大。一條河流經山谷，一側的河岸是急劇升高的崎嶇山脈，而在另一側，河流分叉，進入了彷彿是溼地的區域。再往遠處，緊挨著峽灣，有一座城市，里奧戈耶斯省。將它分割成塊的街道直得像尺子一樣。從街上汽車的尺寸來看，我斷定這裡的大樓都比較低矮。大部分是平頂。寬街，矮樓，平屋頂：外縣市。靠近海邊的地方，住宅變得愈來愈稀疏。除了一些港口地帶，海灘好像全荒廢了。我再次稍稍拉開，但見海岸線上一處處淺灘泛出綠色，往外便是愈來愈深的藍。雲垂掛在海面上方。這片荒涼的鄉間想必就是巴塔哥尼亞，我繼續沿著海岸上行，停在另一個城市，德塞阿多港。它很小，帶著近乎沙漠般的金黃。一座山横亙於城市的中心地帶，幾乎未經開發，兩座湖似乎已成死水。海邊有座煉油廠，巨大的油罐建在碼頭旁。城市周邊的地貌盡是高高的山地，沒有人煙，也沒有植被，偶爾可見狹窄的公路折向內陸，一兩處湖泊，一兩座山谷，有河，有樹，有房屋。我再次移開，推近到蒙特維多對面河口灣的布宜諾賽勒斯，在海岸線上選個地方，視線落到機場。停靠在航站樓附近的飛機像一群白鳥，與海水僅有一箭之隔，週邊是一條綠樹成蔭的公路。我沿著這條路到了一個地方，公園中央三座巨大的游泳池。這是幹什麼用的？我繼續推近。啊哈！一座水上游樂園！往遠一點的地方看，我知道，在公路的另一側，在它橫穿而過的那片很大的土地上，就是河床隊的體育場。其寬度令人印象深刻，場地周圍不僅有跑道，兩邊高高的看臺前，還有兩塊半圓形的草皮。一九七八年荷蘭和阿根廷的世界盃決賽就是在這裡踢的，那是我記憶中在電視上看到的第一屆世界盃。白色的紙屑，壯觀的人群，阿根廷的藍白條球衫與荷蘭的橙衣，映襯在綠色的草皮之上。荷蘭連續第二次輸掉決賽。然後我再

127　克努特·漢森晚年成為納粹同情者。

次拉遠，在稍遠的地方發現了那條河，跟著它一路下行。兩岸都是重工業，碼頭上滿是起重機和大型輪船，公路橋和鐵路橋跨河而過。這裡也有幾處足球場。在河流進入市中心的地方，有些船更像是遊艇。我知道，後面的城區有多彩的木造房屋。這是拉博卡。下方是一條八車道的跨河高速公路，我隨即循路而行。它一度與港口相接。兩邊都有大型駁船。大約十個路口外便是城市的中心，有公園、紀念碑和宏偉的建築。我往賽凡提斯劇院大致的位置推近，但圖像的解析度太低了，一片模糊，全都是黯淡的綠色和灰色，於是我關掉電腦，到廚房喝了最後一杯水，走進臥室，躺到琳達身邊。

第二天早上我們早早就去了中央車站，搭乘前往格內斯塔的郊區火車，琳達的母親住在那裡。街道和屋頂落上了一層大約五公分厚的雪。我們頭頂的天空是鉛灰色的，點綴著少許的陽光。外面沒有多少人，當然了，今天是星期天的早上。有幾個昨晚參加派對要回家的，還有一個遛狗的老頭，我們快到車站時還看見一個旅客，拉著行李箱。月臺上坐著個男青年，頭耷拉到胸口，正在睡覺。他身後有隻烏鴉在垃圾桶裡啄食。一列火車駛入月臺，但沒有停車。我們上方的電子告示牌上什麼都沒有。琳達在月臺邊上來回走動，穿的是我在倫敦為她三十歲生日買的白色長外套，白色的羊毛帽子，還有一條白色的圍巾，繡著一些玫瑰，這是我送給她過聖誕節的，我猜她並不是真心喜歡，不過這非常配她，顏色和圖案都配，她穿白色一向好看，圖案也和她一樣浪漫。她的臉凍得紅撲撲的，眼睛閃閃發亮。她拍了幾次手，原地輕輕跳了跳。一個胖胖的女人走下電梯，五十來歲，兩手各拉一個帶腳輪的箱子。她身後是個女孩，十六歲上下，穿黑衣服，眼睛周圍塗了一圈黑色睫毛膏，黑色連指手套，黑帽子，金色長髮。她們在月臺上幾乎並肩而立。想必是一對母女，不過幾乎看不出她們有什麼相像的地方。

「呼呼！」萬妮婭邊說邊指著兩隻大搖大擺走過去的鴿子。她剛通過我們讀給她聽的一本書，學會了模仿其中一隻貓頭鷹的叫聲，於是天下所有的鳥兒都這麼叫了。

她五官真小，我想。小眼睛，小鼻子，小嘴巴。不是因為她還小，你能看出來，她的五官以後也不會很大。尤其是你看到她和琳達在一起的時候。她倆乍一看並不像，但遺傳特徵還是很明顯，尤其是五管的比例。琳達也是一副小眼睛、小嘴兒和小鼻子。而我的特徵，除了眼睛的顏色，也許還有杏仁形的上眼皮之外，就再也看不出什麼了。但她不時露出的表情認得，那是英格威的樣子，他小時候就是這副模樣。

「對，兩隻鴿子。」我蹲到她面前說。她期待地看著我。我把她皮帽子一邊的帽耳朵提起來，小聲在她耳邊說話。她放聲大笑。就這此時，我們上方的告示牌亮了。格內斯塔，三分鐘之後，進二月臺。

「她不像要睡的樣子。」我說。

「沒錯。」琳達說，「有點太早了。」

坐著不動，還綁著安全帶，這可不算萬妮婭最喜歡的消遣方式，除非她坐在嬰兒車裡，處於移動狀態，而去格內斯塔要花一個小時，在路上，我們不能讓她閒下來。我們可以借助一本書、一個玩具或一袋葡萄乾，來抓住她的注意力，但這最多只有前半個小時有用，於是便要在走廊上來回走動，透過窗子和門上的玻璃往外看。假如火車上的人不多，這樣做還沒問題，只不過讀報紙的計畫就泡湯了，我今天原本打算來看，昨天的整疊報紙都放在包裡了，但是在高峰時段，車上擠滿人的情況下，這就很麻煩，孩子累了，哭鬧一個小時，卻沒地方帶她走動，簡直讓人心力交瘁。其實這條線我們經常走。不僅因為琳達的母親能照顧萬妮婭，為我們騰出屬於自己的幾個小時，還因為我們，起碼是我，非常喜歡去那裡。農場，放養的牲口，廣闊的森林，礫石小路，湖水，新鮮而乾淨的空氣。夜色濃郁，繁星滿天，萬籟俱寂。

火車慢慢駛入月臺，我們上了車，在門邊找了座位坐下，這裡有地方放嬰兒車，我抱出萬妮婭，讓她站到座位上，兩手扶窗外望，此時列車從隧道中滑行而出，駛上跨越盧森的大橋。冰封的、覆蓋著積雪的水體閃耀著白光，反襯出黃色和紅棕色的房屋，以及沒有積雪存留的馬利亞山陡峭的黑色山坡。在東方的天空中，雲裹著一層淡金色，彷彿背後的太陽把它從內部點燃了一樣。我們開進索德馬爾姆的地下隧道，再出來時，已高高置身於水面上方，行駛在通往對岸的橋上。一抬頭便是高樓，一個接一個的城市，接著是住宅區和別墅，直到建築與自然的比例倒轉，在廣闊的森林與湖泊地區，小小的村莊不過是曇花一現。

白色、灰色、黑色的補丁，東一塊西一塊地點綴在無盡的暗綠色之上，這就是鄉間的顏色。去年夏天我曾經天天來這裡。六月裡的最後兩個星期，我們和英麗與維達爾同住，我在斯德哥爾摩寫作，每天往返格內斯塔。那是完美的生活。六點起床，一片麵包做早點，在門廊上吸一支菸，喝一杯咖啡，守著太陽變暖，將森林邊緣的牧場盡收於眼底，然後騎自行車去車站，雙肩背包裡裝著英麗為我做好的三明治，在前往斯德哥爾摩的火車上閱讀，步行到工作室，寫東西，六點左右往回走，一路穿過充滿了生機、沐浴著陽光的森林，騎車跨過田野，抵達小屋，他們正在等我吃晚飯，晚上也許和琳達一起到湖裡游泳，坐在外面讀書，早早上床睡覺。

有一天，鐵路沿線的森林著了火。真難以置信。整座山坡都在燃燒，離火車只有幾公尺遠。火焰吞噬著這一片樹林，另一邊已完全陷入火海。橙色的舌頭在地面漂移，向上舔著矮樹和灌木，這一切都被同一顆夏天的豔陽照亮了，連同微藍的天空，讓此情此景變得格外清澈。

啊，它占有了我的全副身心，何其壯麗，將全世界的祕密托盤而出。

火車駛入格內斯塔車站，在停車場裡，維達爾也爬出了汽車，片刻之後我們朝他走過去，他等著我們，嘴角掛著一絲微笑。他七十來歲，白鬚白髮，有點駝背，但非常健康，曬成褐色的皮膚可資證明，這是大量戶外生活的成果，還有那雙銳利，多智，同時又有些難以捉摸的藍眼睛。我對他過往的生活經歷幾乎一無所知，只有琳達告訴過我的一小部分，和我憑著自己所見而做出的推斷。儘管週末期間他會觸及很多話題，但其中與他本人有關的卻少之又少。他在芬蘭長大，那邊還有家人，但他講起瑞典話來沒有口音。他是個說一不二的人，但絕不盛氣淩人，而是喜歡與人交談。他閱讀量很大，既讀報紙，從頭看到尾，也讀文學作品，熟悉的程度超過常人。他上了年紀，最能證明這一點的，也許就是他要堅決捍衛的那些觀點，這樣的觀點雖然不多，但以我所見，它們還是有著相當大的份量。他個性中這些東西沒有影響到我，只對他視為一家人的英麗和琳達，還有琳達的哥哥才有影響。我想，部分原因在於我還是家裡的新人，另一部分原因，我猜是因為我喜歡聽他講話，並且對他非說不可的東西確實感興趣。我們的交談是一邊倒的，因為算起來，我的貢獻只不過是些提問，還有一系列反覆出現的短暫回應，比如「對」、「噢，對呀」、「你說真的嗎」、「嗯」、「我懂了」、「真有意思」，對我來說這再正常不過了，因為我們並不平等，他年紀是我的兩倍，有著長長的人生閱歷。琳達對此並不真正理解。有好多次她大聲招呼我，或是過來找我，就因為確信我需要搭救，擺脫一場無聊的談話，而我因為過於禮貌，是無法自行脫身的。偶爾來看，確實是這麼回事，但大部分時我的興趣是真誠的。

「嗨，維達爾。」琳達邊說邊把嬰兒車推到汽車後面。

「嗨。」他說，「很高興我們又見面了。」

琳達抱出萬妮婭，我收起嬰兒車，放進維達爾已經替我打開的後車廂。

「還有嬰兒座椅。」我說著把它遞進後座，再把萬妮婭抱進去，繫上安全帶。

維達爾開起車像很多老人一樣，老是趴在方向盤上，好像距離擋風玻璃再近個幾公分，才能獲得更好的視野。白天他是個好司機，舉個例子，那年春天，我們曾坐他的車，四個小時一路不停，去他鄉間別墅所在的伊德島，但隨著夜色降臨，我便覺得安全感大不如前。幾個星期前，我們差點撞到一個鄰居，他在礫石路邊上走著，我老遠就看見他了，我以為維達爾也看見了，我以為他直直地往前開是因為再過不久就要轉彎。但不是這樣，他沒看見那個人，是因為我大喊了一聲，再加上鄰居處變不驚，跳進了灌木叢，才沒有出事。

我們離開車站，駛上主路。格內斯塔只有這一條公路。

「都還好吧？」維達爾問。

「對。」我說，「還行。」

「昨天夜裡我們這裡的天氣糟透了。」他說，「倒了好幾棵樹。家裡還停了電。但我猜他們上午就能修好。城裡怎麼樣？」

「嗯，也有點風。」我說。

我們左轉，駛過一座小橋，進入廣闊的田野，乾草捆仍然堆在路邊。一公里之後，我們再度轉彎，駛上穿過森林的礫石小道，周圍大部分是闊葉樹，在路邊一側的樹木中間，可見一塊形似小湖的牧場，週邊是一圈光禿禿的石頭和貼著石頭生長的常綠植物。耐寒的長角牛常年在此放養。一百公尺外有條草色淒淒的小路，通往英麗和維達爾的家宅，而大路繼續向前兩、三公里，到森林中間的草地，也就到頭了。

我們到家時，英麗正在屋外等。車一停，她就撲過來，拉開萬妮婭所在後座的車門。

「哎喲小心肝！」她手撫胸口叫道，「我就等著見你呀！」

「你如果想，就來抱她吧。」琳達說著打開了另一側的車門。英麗抱起萬妮婭，舉得遠一點，端詳她一下，再把她摟到懷裡，我從後車箱取出嬰兒車，把它打開，推著它往門口走。

「希望你們餓了，」英麗說，「午飯已經做好了。」

房子又小又舊，四面都是森林，只是屋前有一片開闊地。夜晚和黎明，常有林中的野鹿出現在另一頭嬉戲。我還看到過狐狸奔跑，兔子蹦跳。房子最早屬於農家，如今仍然帶著舊時的印記：雖然在原先兩間屋子上又添建了廚房和廁所，但英麗和維達爾仍然沒有多少可用的空間。客廳黑漆漆的，塞滿了各種家具，裡面的臥室除了兩張不能移動的床、一面牆上的幾個書架之外，幾乎沒有多餘的空間。此外，離屋子不遠的地方有個地窖，一幢新建的小屋，有兩張床和一台電視機，樓上既是車庫，也是柴房。我們過去住的時候，維達爾和英麗便搬進小屋，這樣到了晚上，房子裡便只有我們自己。我對來這裡幾乎沒有什麼不滿，躺在床上，靠近粗糙的老木梁，透過上方的天窗，可以看見星星。上次我們來這裡時，我讀了卡爾維諾的《樹上的男爵》，上上次，則是維克馬克的《老式腳踏車》，那兩次閱讀體驗之所以格外美妙，是因為我所處的環境和我當時的精神狀態，想必與書本身的內容起了同樣重要的作用。或者毋寧說，那些書創造出的精神空間在我置身其中的世界裡產生了一種特殊的共鳴？因為在維克馬克之前，我還讀了一本伯恩哈德的小說，卻根本沒有收穫的感覺。在伯恩哈德那裡，沒有任何空間向我敞開，一切都封閉在沉思的狹小密室內，但儘管如此，他這本名為《消除》的小說，仍然是我讀過的最令人恐懼和震驚的作品之一，我不想看到那條路，我不想走那條路。他媽的，不，我想遠離那種封閉和強制，愈遠愈好。「來吧，敞開心扉，我的朋友。[128]」賀德林曾在某個地方這樣寫道。但是怎麼才能，怎麼才能呢？

128 賀德林的原文是：Komm! ins Offene, Freund!，出自Das Gasthaus. An Landauer 一詩。

我坐到窗邊的椅子上。一盆肉湯正在桌面中間冒著熱氣。旁邊放著一籃子新鮮的自製圓麵包，一瓶礦泉水和三聽人民啤酒[129]，琳達把萬妮婭放進桌子一頭的嬰兒座椅，將一個圓麵包一切兩半，遞給她，再去拿微波爐熱一罐嬰兒食品。英麗接手之後，琳達便到我身邊坐下。維達爾坐在桌子對面，拿大拇指和食指揪弄著下巴上的鬍子，看著我們，臉上帶著一絲微笑。

「別等我了，」英麗在廚房裡喊道，「你們先吃！」

琳達摸摸我的手臂。維達爾朝她點了下頭。她替大家盛湯。成片淡綠色的韭蔥、橙色的胡蘿蔔、淡黃色的甘藍，還有大片的灰色熟肉，有些地方帶著發紅的纖維，別的地方則是泛出藍色光澤的表面。肉連著平整的白色骨頭，光滑之處彷彿打磨過的石頭，不光滑的地方則粗糙而多孔。這些東西都浸在熱騰騰的肉湯裡，泡在油裡，油一涼下來就會凝結，現在卻到處漂盪，在霧濛濛的液體中，彷彿細小而近乎透明的珠子和氣泡。

「真香，一如既往的香。」我看著英麗說，她坐在萬妮婭旁邊，正幫她吹涼吃的東西。

「很好。」她說著，飛快地看了我一眼，然後就把塑膠匙插進塑膠盤，再送到萬妮婭嘴裡，她的嘴型變了，像小雞一樣張開。我們一來這裡，英麗就自動接手，打理萬妮婭的一切。食物、尿布、衣服、睡覺、新鮮空氣，她都想管。她買了嬰兒坐的高椅子、兒童用的盤子和餐具、奶瓶、玩具，甚至額外的一輛嬰兒車，總是擱在這裡備用，櫃子裡還有各種罐裝的嬰兒食品、嬰兒粥和嬰兒果泥。如果我們缺什麼，比方說琳達要一個蘋果，或是擔心萬妮婭有點發燒，英麗就會蹬上自行車，騎三公里去商店或藥店，把蘋果、體溫計或退燒藥裝在前面的籃子裡帶回來。我們來這裡時，她會仔細計畫，採買全部食材，通常午飯兩道菜，晚飯三道菜。萬妮婭早上六點一醒她就起床，烤圓麵包，也許帶她出去散散步再慢慢開始準備午飯。我們九點起來時，桌上已經擺好了豐盛的早餐，有新出爐的圓麵包、雞蛋，還經常，比方說，有一份煎蛋捲，只要她記得我喜歡吃這個，再加上咖啡和果汁。我坐下時，她總會把為我買好的報紙放到我手邊。她這人格外開朗，在任何事情上都善解人意，她沒有「不」這個字，這個世界上沒有任何事情她不能幫到我們。她家的冰箱裡裝著無數的桶裝冰淇淋，塑膠桶裝的鯡魚，還有各種各樣她已經做好並貼上標籤的食物：肉醬、詹森的誘惑[130]、馬鈴薯燉牛肉、炸魚圓（vissole）、釀三寶（stuffed peppers）、餡餅、濃豌豆湯、羊排配薯條、紅酒燉牛肉、鮭魚布丁、乳酪韭蔥餡餅……如果天氣涼，她又在外面和萬妮婭散步，那好，她十之八九會去鞋店替她買雙新靴子。

「你母親怎麼樣？」她問我，「她還好吧？」

「還好，我覺得還好。」我說，「照我的理解，她就快寫完畢業論文了。」

我拿餐巾抹掉下巴上的湯。

「可是她不讓我看。」我笑著加了一句。

「我真佩服她。」維達爾說，「沒有多少六十歲的人還能有這麼多好奇心去念大學，這是真的。」

「我覺得她也是苦樂參半吧。」我說，「她一直有這個想法，等到事業快結束時，她就去做了。」

「話說回來，」英麗說，「做起來可不簡單。你母親她可不簡單。」

我又笑了一下。瑞典和挪威之間的距離大大超過他們的想像，有那麼一刻，我透過瑞典人的眼睛看到了我母親。

「是的，也許她是不簡單。」我說。

---

129 人民啤酒（folkøl，瑞典文拼寫folköl），瑞典的低度啤酒。

130 詹森的誘惑（瑞典文拼作Janssons frestelse），用馬鈴薯、洋蔥、醃鯡魚、麵包屑和奶油製成的烘烤料理。

「替我們為她問個好。」維達爾說，「順便問候一下家裡的其他人。我非常喜歡他們。」

「自從我們在那裡過完聖誕節，維達爾就一直在想著他們。」英麗說。

「有好幾個人呢！」維達爾說，「謝爾坦，那個詩人。他很有意思，與眾不同。他們叫什麼來著，奧勒松來的，兒童心理學家？」

「英珺和莫德？」

「對了對了。太好了！還有馬格納，名字對吧？你的表兄，約恩．奧拉夫的爸爸？開發部的主任？」

「對。」我說。

「一個很有權威的男人。」維達爾說。

「沒錯。」

「還有你父親的兄弟。那個特隆赫姆的老師。他是個好人。他跟你父親像嗎？」

「不像。」我說，「要我說，他大概是最不像他的了。他總是保持著一點距離，我認為這樣做很聰明。」

一陣短暫的沉默。咕嚕咕嚕的喝湯聲，萬妮婭拿杯子猛敲桌面的咚咚聲，她咯咯的笑聲。

「他們還時常談到你們。」我看著英麗說，「特別是你做的食物！」

「挪威太不一樣了。」琳達說，「真不一樣。特別是國慶日。他們穿上傳統服裝，胸前還別著勳章。」

她大笑起來。

「一開始我以為這是諷刺，可是不，不是。這絕對是真心實意的。戴勳章很有尊嚴。可以肯定，瑞典人誰也不會這麼做。」

「他們也都很驕傲吧？」我說。

「對，沒錯。但這世界上沒一個瑞典人會承認這一點，哪怕對自己。」

我端起碗，用羹匙舀起剩下的最後一點湯，同時望向窗外灰色天空下覆蓋著積雪的長方形草場，以及遠處森林邊緣由闊葉樹形成的黑色線條，茂盛的綠色雲杉不時把它隔斷。它們生長在黑暗的、落滿乾枯細枝的林地之上。

「亨里克・易卜生就迷戀勳章。」我說，「只要是獎章，他就一定會卑躬屈膝地弄到手。他給每一位有可能讓他如願的國王或統治者寫信。然後他在自己家的客廳裡戴上這些勳章。胸前掛著它們大搖大擺地到處走動。呵呵呵。他還在大禮帽裡放了面小鏡子。這樣一來，他坐在咖啡廳裡就能偷偷地照自己了。」

「易卜生這麼做？」英麗問。

「沒錯。」我說，「他極為虛榮。可要說到放縱，難道這不比史特林堡還要不可思議嗎？史特林堡無非是煉金術呀，瘋病呀，苦艾酒呀，厭女症呀，這些只是典型的藝術家神話。可是放到易卜生身上，就是達到極致的資產階級虛榮。他的瘋狂遠甚過史特林堡。」

「既然說到這了，」維達爾說，「你們有沒有聽說阿恩那本書最近的消息？出版社把書收回去了。」

「他們也許做得對。」我說，「書裡的錯誤太多了。」

「嗯，我想也是。」維達爾說，「但是出版社本來應該幫他好好改改。他一直生病，沒辦法區分事實和自己的想像，或只是一廂情願的想法。」

「所以在你看來，他確實認為自己寫的是事實？」

「哦，是的，毫無疑問。他是個好人。但是他本身又帶著些病理上的說謊者的成分。他最後開始相信自己編的故事了。」

「他怎麼做到的？」

「我不知道。目前你也沒法跟阿恩談這個。」

「我懂。」我笑著說。我喝掉最後一口人民啤酒，這是瑞典人日常生活中的淡酒，吃了圓麵包，然後靠到椅背上。我知道我肯定可以不用幫忙收拾碗盤，所以就也就不客氣了。

「我們出去走走？」琳達看著我說，「好把萬妮婭哄睡。」

「好的。」我說。

「她跟我在一起也行。」英麗說，「如果你倆想自己散步的話。」

「不用了。我們帶上她好了。過來，小淘氣包，我們走。」她說著抱起萬妮婭，去幫她擦嘴洗手，我也穿上出門的衣服，準備好嬰兒車。

我們走的是通往湖邊的小路。一陣冷風刮過田野。另一邊有些烏鴉或喜鵲跳來跳去。往上看，在樹與樹之間，還有大奶牛佇立不動，凝視著遠方。有些樹是橡木，很老，我猜大概十八世紀就有了，說不定還更老，我不知道。它們後面有條鐵道，每當火車駛過，都能聽到它的轟鳴傳出，在鄉野間迴響。小路盡頭，有幢漂亮的小磚房。裡面住著一位老牧師，他是左翼黨[131]領袖拉爾斯．奧利的父親，據說曾經是個納粹。這是不是真的，我不清楚，名人常常不免出現此類傳言。但有時能看到他蹣跚而行，彎著腰，駝著背。

有一次在威尼斯，我看到一個老頭，低頭到與地面平行的程度。他的脖子和肩膀形成了九十度的直角。他只能看到兩隻腳前方的地面。這使他穿越廣場的速度感覺永無止境。這裡是軍械庫[132]，旁邊是教堂，唱詩班正在裡面練習，我坐在咖啡廳裡吸菸，從看見他的那一刻起，便無法從他身上移開目光。這是十二月初的一個晚上。除了我們倆，以及三個交抱雙臂、站在門邊的侍者，附近一個人都沒有。屋頂上方，薄霧低懸。鵝卵石和所有的石頭建築都蒙上了一層水氣，在燈光下閃閃發亮。他停在一戶門前，掏出鑰匙，向後**傾斜**整個身體，這樣才能大致看見門鎖在哪裡。他用手指摸索著鎖孔的位置。畸形使身體的每一個動作看上去都不是他做出來的，更確切地說，那顆靜止不動、朝向地面的頭吸引了全部的注意力，結果讓它成了某種核心，身體的一個部分，而頭本來是相對獨立的，所有的決定要由頭做出，所有的動作要由頭來指揮完成。

他打開門往裡走。從後面看，他的頭就像消失了一樣。然後，隨著一個出乎意料的猛烈的動作——我簡直以為那是不可能的——他把門重重地關上了。

毛骨悚然，真是毛骨悚然。

一輛紅色休旅車從我們前面幾百公尺的地方駛上山坡。車後積雪飛濺。它駛近時我們靠到邊上。後座已經移除，兩條白狗在空出來的地方叫著，打轉著。

「你看見了嗎？」我說，「看上去像哈士奇。但好像又不可能。」

琳達聳聳肩。

「我不知道。」她說，「但我覺得是轉角那家的狗，你說呢？牠們叫起來總是沒完。」

「我從那裡經過時從來沒狗。」我說，「但我知道你說的是以前。你怕牠們嗎？那個時候？」

「我不知道。也許有一點吧。」她說，「有點擔心。尤其是可伸縮的那種狗繩，牠們都跳來跳去的……」

她精神抑鬱，沒法照顧自己時，曾經在這裡住過很長時間。大部分情況下，她整天待在用作客房的小屋子裡，躺在床上看電視。她幾乎不跟維達爾和她母親講話，什麼都不想做，什麼都做不了，內在的

131 左翼黨的前身是瑞典共產黨（SKP, 1921-1967）。

132 即著名的威尼斯軍械庫（Arsenale di Venezia）。

一切都中止了。我不知道這種情況持續了多長時間。她沒談過。可我從很多地方看出來了，比如說我們在這裡碰到的鄰居，從他們的目光裡，聲音裡，我感覺到了對她的擔心。

我們走過山谷裡的莊園，它不算大，建築也有幾分破敗，上了年紀、逐漸萎縮的老人住在裡面。窗戶裡亮著燈，但裡面不見人影。穀倉和房子之間的車道上有三輛老爺車，一輛墊高了，四輪離開了地面。車上覆蓋著積雪。

我們有一次就坐在那裡，坐在鋪好的桌邊，旁邊是游泳池，在八月裡一個炎熱、黑暗的夜晚，貪婪地吃著螃蟹，現在說起來簡直不敢相信。但這是真的。紙燈籠在黑暗裡發著光，歡聲一片，紅光四射的螃蟹在長桌的兩端堆成了小山。啤酒罐，阿夸維特灑的瓶子，笑聲和歌聲。草蜢的聲音，遠處車來車往的聲響。我記得那天晚上琳達讓我有些驚訝，她敲敲自己的杯子，站起身，唱了一首祝酒歌。她這麼做了兩次。她說來這裡時需要她這麼做，她過往也都是如此。她以前一直都是那種為大人表演節目的孩子。上學時，她曾經在斯德哥爾摩一家劇院出演過一年多的《音樂之聲》。我猜她也在家裡的派對上表演。又一個暴露狂，和我以前一樣，但也同樣樂於隱藏。

英麗也到場了。她走到鄰居們中間，和大家一一擁抱，拿出她帶來的食物，有說有笑，成了大家矚目的中心，人人都與她有話可說。只要村子裡有什麼活動，她都會出手幫忙，烤點心，弄吃的，自然不在話下，如果有誰病了，需要幫助，她便騎上自行車，前去看望，或做些能力所能及的事情。

派對開始了。螃蟹是從下面的湖裡捕來的，人人埋首於自己那盤螃蟹，偶爾在喝瑞典人所說的努貝酒時仰一下頭。氣氛是歡快的。後來突然從穀倉那邊傳來了喝斥的聲音，一個男人在罵女人，桌邊的氣氛一下子消失了，有人想看，有人努力不看，但人人心裡有譜。那是莊園老主人的兒子，他火爆的脾氣為人所知，如今他正把脾氣發洩到自己十幾歲大、又在抽菸的女兒頭上。英麗馬上站起身，邁著堅定而敏捷的步子走過去，由於強壓著怒火，她全身都在顫抖。她在那男人面前停下，此人大約三十五歲，結實，強壯，目光冷酷，但這時英麗罵起他來了，罵得真凶，那男人不得不退縮。等她罵完，男人落荒而逃之後，英麗便伸出手，放到一直站在旁邊哭個不停的女孩肩頭，把她領到桌子這裡來。她一坐下，便立刻恢復了原來的情緒，說啊，笑啊，帶著別人也跟她一樣說笑起來了。

此時一切都是白色的，寂靜的。

在莊園下方，有條小路通往木屋區。路上的積雪無人清理，在一年當中的這個時候，沒有誰會到這裡來。

在忙《萬物皆有時》那陣子，寫到挪亞的妹妹安娜，我腦子裡想的就是英麗。一個比他們所有人都要堅強的女人，當洪水來臨時，她把全家都拉到山上去，當水淹到他們，她又把他們拉往更高的地方，直到他們再也沒有地方可走，失去了一切的希望。一個永不放棄，肯為她的孩子和孩子的孩子犧牲一切的女人。

她是個非凡的女人。她在哪裡出現，哪裡就會被她征服，可她同時仍然保持著謙卑。她也許給人留下淺薄的印象，可她的目光裡有一種與此相反的深刻。她盡力和我們保持距離，總是置身事外，時時小心，免得構成妨礙，但她就是那個和我們最親近的人。

「你覺得弗雷德里克和卡琳昨天晚上過得愉快嗎？」琳達仰起臉看著我，問道。

「還行吧，我覺得他們挺愉快的。」我說，「都還滿好的。」

遠處傳來一陣轟鳴。

「雖然他沉不住氣叫我漢森。」我接著說。

「他跟你鬧著玩呢！」

「我知道。」

「他們很喜歡你，他們倆都很喜歡你。」

「這我可不知道。我們跟他們在一起的時候，我好像什麼都沒說。」

「你說了呀。不過你太小心了，所以好像都沒說什麼一樣。」

「哦。」

有時我會感到內疚，因為我跟琳達的朋友在一起時太沉默，太不投入，因為我對他們缺乏興趣，總感覺他們在場我也在場就夠了，好像這是一種責任。對我而言這就是一種責任，但是對琳達來說，這是生活，而我沒有參與其中。她從沒抱怨過，但我有一種感覺，她希望有所改變。

轟鳴聲愈來愈大。道口的信號鈴聲逐漸清晰可聞。叮叮叮叮。接著我便看見樹影間的運動。轉眼之間，一列火車從樹木背後突然鑽出。周圍的積雪像雲一樣升騰而起。它在湖邊拉伸了幾百公尺，長長的一列貨車，載運著各種顏色的集裝箱，在渾然一體的白色與灰色之間閃耀著光芒，然後便駛入對面的森林，消失在樹木的背後。

「萬妮婭真該看看這個！」我說。可她睡著，渾然不覺。她穿著劊子手式的披肩，像領子一樣裹住脖子，她的臉幾乎完全埋在底下，披肩上面是紅色的滌綸帽子，帶著白繩和厚厚的耳罩。她還有一條圍巾，加厚的紅色背帶褲，套著羊毛衫，下面是羊毛褲。

「我生病時弗雷德里克對我非常好。」琳達說，「他經常來醫院接我。然後我們去看電影。話說的也不多。但是幫助特別大，就是出去轉轉。還有他對我的照顧。」

「你的朋友都會那樣做，對嗎？」

「對，每個人都有自己的方式。這裡頭還有些……我原本以為自己一直在另一邊，一直都是幫助別人的人，理解別人的人，給予別人的人……當然不是無條件的，但也差不多。小時候對我哥哥，對我爸爸，有時還有我媽媽。後來一切都顛倒過來了；我生病了，到了接受的這一邊。我不得不接受幫助。奇怪的是……嗯，我僅有的自由的時刻，我可以為所欲為的時刻，就是我躁鬱發作的時候。這自由太大了，我應付不來。它傷人。不過它也有好的一面。終於自由了。但這終究還是行不通。事情不是這樣解決的。」

「不對。」我說。

「你在想什麼？」

「我在想，其實是兩件事。一件事和你無關。而是你說的關於接受的那一番話。這讓我想到，如果我落到你那種境地，任何東西我都不會接受。我不想要任何人來看我。千萬別來幫我。這種想法在我心裡非常牢固，你不知道。接受不適合我。以後也絕不會適合。這是一件事。第二件，我很想知道你在躁鬱時都做了什麼。我是說，因為你把它跟自由聯繫得那麼緊密。你自由的時候做些什麼？」

「如果你不接受，別人怎麼能接觸到你？」

「你憑什麼以為我想讓別人接觸到我？」

「但那也沒好處。」

「得了，你先回答我的問題。」

左邊，節日的場地出現在視野裡。那是一小塊草地，裡面有幾把長椅和一個長桌，通常只用於仲夏節的夜晚，村裡所有人聚在一起，圍著中間那根高高的、裝飾著樹葉的桿子跳舞，吃蛋糕，喝咖啡，參加問答，之後還有頒獎儀式，宣告當晚的正式活動結束。那個夏天我第一次參加，憑直覺等著有人點燃那根桿子。慶祝仲夏節沒有火可不行吧？我跟琳達一說，她哈哈大笑。不，不，沒有火，沒有魔法，只有小朋友圍著那根巨大的陽具跳「小青蛙[133]」，喝汽水，這一個夜晚，在全瑞典小一點的社區裡，所有人都是如此。

桿子仍然在那裡。樹葉已經乾枯，變成了紅褐色，披掛著白雪。

「我做的事沒有我感覺的那麼厲害。」她說，「那種任何事情都有可能的感覺。沒有障礙的感覺。我有一次告訴我媽我能當美國總統，最糟糕的是我確實就是這麼以為的。我出去玩時，社交場合已經不是障礙了，恰恰相反，它成了大舞臺，一個我可以成事兒，可以完完全全、徹徹底底做我自己的地方。所有的意願都是有效的，沒有一丁點的自我批判，怎麼做都對，而且關鍵在於這是**真的**。你明白嗎？一切都真的那樣**發生**了。可是當然了，我非常焦躁，事情總是不夠多，我整天盼著更多事，一定不能結束，絕不允許結束，不過在某個地方我肯定感覺到了這趟旅程最終是要結束的，以一次墜落而結束。墜入完全的靜止不動。萬劫不復的地獄。」

「聽起來很可怕。」

「的確如此。但可怕的不只這一個。感覺那麼強大是很棒的。那麼自信。有時**也是**真實的。換句話說，它在我心裡存在著。但你知道我指的是什麼。」

「老實講，我不知道。」我說，「我從來沒有走得那麼遠。我知道那種感覺。我認為我有過一次體驗，但那是我寫作的時候，安靜地坐在桌邊。非常不同。」

「我可不這麼認為。我認為你那個時候就是躁期了。你不吃飯，不睡覺，你快活得不知拿自己怎麼辦才好。可是終究還是有底限的，有個保險在你腦袋裡，很大程度上是要讓你別越過你實際上能夠忍耐的界限，可別小看了這個『實際上』。如果做事情超出限度，時間又夠久，後果一定很嚴重。你必須付出代價。沒有白來的東西。」

我們已經走到了那條經由湖畔進入森林的小路。風讓大片的冰面暴露出來了。在有些地方，它光潔如玻璃，像鏡子一樣映現出昏暗的天空，而在另一些地方，它佈滿麻點，灰不溜丟的，泛著綠，像凍住的砂漿。此時火車已經駛過，信號鈴也不響了，森林裡幾乎歸於完全的寂靜。只有樹枝輕搖或偶爾互相撞擊時發出的一些沙沙聲和劈啪聲。嬰兒車輪子吱吱的聲響，我們乾澀的足音。

「他們在醫院說過的事情當中，有一件變得對我滿重要的。」琳達接著說，「那是一件簡單的事。但他們說我必須努力記住，我在躁期時其實就是我受夠了自己。我很沮喪，不過就這樣而已。而正是這一點，這種我還存在著的想法起到了很好的作用。你完全不知道你是誰了，這裡面包含很多因素。我想或許這便是我為什麼到這種境地的原因。我以前從沒有真正地活過。也就是說，從沒有過內在的生活。一直過的都是外在的生活。很久以來一切都滿好的，但我走得愈來愈偏，接著到最後就走不下去了。停止了。」

她看著我。

「我覺得我在那段時間非常冷酷。或者說我心裡有些冷酷的東西。我切斷了自己和別人的關係，你懂我的意思吧。」

「我想的確如此。」我說，「我第一次遇見你時，你有一種完全不同於今天的氣質。對，冷酷，正是如此。既迷人又危險，這是我當時的感覺。但我現在認為你不是這樣了。」

「我當時一天不如一天。不過幾個星期，我便失去了控制。現在我很高興當時我們沒有在一起！那根本不會有結果。不可能。」

「不，也許不會。但我不得不說，我後來有點吃驚，因為我發現了你究竟有多浪漫。你想和身邊的人

133「小青蛙」(Små grodorna)，瑞典人慶祝仲夏節時邊跳邊唱的傳統歌舞，有時圍著五朔節花柱轉圈。

有多親密。還有，這對你有多重要。」

我們沉默片刻。

「你更想和那個樣子的我在一起？」

「不想。」

我笑了。她也笑了。我們周圍很安靜，只有風吹過森林時偶爾發出的呼嘯聲。到這裡來散步真好。許久以來我頭一次在精神上得到了些許的平靜。儘管地上到處都是厚厚的積雪，儘管白色是一種明亮的顏色，但這並不是那種主宰了地貌的明亮，因為雪雖然是如此敏感地反射著來自天空的光，總是閃閃發亮，它本身卻是灰暗的，玫瑰樹幹，它們滿身節疤，黑黝黝的，枝條掛在頭頂，也是黑色的，以不可勝數的方式交織纏繞。山坡是黑色的，樹墩和倒伏的樹幹是黑色的，岩石的表面是黑色的，在巨大雲杉的樹冠組成的華蓋之下，森林的地面也是黑色的。

柔軟的白與裂開間隙中的黑都是一片靜謐，一切完全靜止著，不可能不去想我們周圍死去的東西何其多，實際上擁有生命的又何其少，生機於我們心裡占了多大的空間。這就是為什麼我滿心渴望自己能畫畫，能有這種天分，因為只有通過繪畫，才能把這些表達出來。司湯達說過，音樂是最高級的藝術形式，而其他的藝術形式沒有不想成為音樂的。這顯然是一種柏拉圖式的觀念，其他一切的藝術形式都在描繪其他東西，只有音樂是自給自足的，這一點絕對無可匹敵。但我想更貼近現實，具體的、有形的現實，對我來說，視覺總位於第一，就算我在寫作和閱讀時也是如此，讓我感興趣的是字母背後的東西。當我出門散步，就像此刻，我看見的帶給不了我任何意義。雪就是雪，樹就是樹。只有我看見雪的圖片、樹的圖片時，它們才產生了意義。莫內對雪上的陽光有一種異於常人的眼力，陶洛[134]也有，從技術上來說，他也許是最有才華的挪威畫家了，看到他們的畫作猶如親臨盛宴，美景以另一種方式呈現出了親密感，大大地提升了此一時刻的價值，比如河邊一幢搖搖欲墜的木屋，或是度假之地的一個碼頭，都突然變得無價，畫作使人感覺它們就在這裡，和我們處在同一時間，就在這情興勃然的當下，不過這感受退去得也快，但是說到雪，就好像耕耘這種時刻的過程得以被顯現出來，因為下雪這現象和雪上的光芒顯然遮蔽了某些東西：死寂，空虛，呆板和單調，這正是在冬天踏入森林時你會感受到的最初特徵，而在景象之中，僅管永生和死亡聯繫在一起，這一時刻也無法久留。弗里德里希[135]知道這一點，但這並非他畫出來的東西，而只是他的理念。當然，所有畫作都有這樣的問題，因為純潔無瑕的眼睛是不存在的，無法看出任何事的目光也不存在，你看到的每一件東西都不是它真正的樣貌。在這種情況下，藝術意義作為一個整體的問題被迫浮出水面。好吧，我在這裡看見了森林，我穿行其間思考著它的問題。但我從中提取出來的意義都來自我，我用我的觀念填滿了它。如果它在此之外還有任何意義，那也不是來自觀看者的眼睛，而是通過行動，也就是說，通過某種正在發生的事情。伐木，建屋，燒火，捕獵，這些事情不得不做，不是為了快樂，而是因為生活有賴於此。如此一來森林才是有意義的，甚至可以說，意義豐富到我不希望再看見它了。

在轉角，離我們二十公尺的地方，走過來一個身穿紅色滑雪服的男人。他兩隻手各拿著一隻滑雪杖。這是阿恩。

「嗨，原來是你們出來散步啊！」他接近我們時說道。

134 弗里茨・陶洛（Frits Thaulow, 1847-1906），挪威印象派畫家。

135 卡斯帕・大衛・弗里德里希（Caspar David Friedrich, 1774-1840），德國浪漫主義風景畫家。

「嗨，阿恩。好久不見。」琳達說。

他在我們身邊停下，往嬰兒車裡看了一眼。醜聞好像沒有把他壓垮。

「她長大了呀。」他說，「幾個月了？」

「兩個禮拜前剛滿一週歲。」琳達說。

「真的啊！時間過得真快。」他說，然後看著我。他有只眼睛直愣愣的，全是淚水。最近這些年，他一直飽受多種疾病的折磨，長過一次腦瘤，切除以後，又戒不掉因此而染上的嗎啡癮，因此進戒毒所待了一段時間。等這事過去，他又中風了。他才剛得過肺炎，對不對？

我每次看見他的時候，他都像是受了更多的摧殘，變得更加失神，走路更吃力，動作也更緩慢了，但即便如此，他卻一點也沒有衰弱的樣子，一點也不缺少活力，或者說，生命之火依舊在他心裡燃燒，他奮力向前，帶著滿身的毛病，關於他，本來兩年前就能說，他剩不下多少時間了，可他始終讓這種話無地自容。肯定是這種活力，這種對生的渴望，推動他繼續前行。換了任何一個人，經歷過他受的這些罪，現在八成都要躺在地下兩公尺的地方了。

「維達爾告訴我，你的書要翻譯成瑞典語了？」他說。

「是的。」我說。

「什麼時候？我一定得看看，你知道的。」

「他們告訴我秋天，但很可能要等到明年秋天了。」

「我等。」他說。

他多大年紀了？快七十了？不好說，他完全沒有老態，還用那只眼睛閃爍著青春的光，哪怕這是他臉上唯一年輕的特徵，哪怕別的部分遍佈皺紋，飽經風霜，充了血，長了斑，生命的力量還是通過別的方式表現出來，首先是他熱情的語調，即使因為被迫放緩而並不協調，還有他給人的整體印象，他的氣質，這一點說來也怪，雖然有身體的種種拖累，他還是表現得不知疲倦。他是在孤兒院長大的，但沒有像小夥伴們那樣走上歧途。他踢足球，踢得很厲害，最起碼他是這樣告訴我的。他做記者，在《快報》一做就是好幾年。此外他還出了幾本書。

他說三道四時，他妻子如果在場，一向都會忍讓，像所有嫁給大男孩的女人那樣，投以溺愛的目光。她是護士，如今就快到忍耐的極限了，除了多病的丈夫，她還得照顧他們的一個女兒，因為她剛剛生了一對雙胞胎，正好非常需要她。

「好，好。」他說，「見到你真高興，琳達。還有你。卡爾・奧韋。」

「我也很高興。」我說。

他把手舉到額頭，揮一揮便走開了。他每邁一步，都把滑雪杖舉得更高。

他那雙直愣愣、水汪汪的眼睛，在談話過程中一直盯著前方，好像屬於巨人或神話裡與眾不同的怪獸，雖然這幅畫面並沒有一直留在眼前，但它造就的那種感覺持續了一整天。

他消失在轉角，我們繼續散步。「他不太像被擊垮了。」我說。

「是不像。」琳達說，「可是別人的真面目是很難看清楚的。」

遠處再度傳來轟鳴，這一次是從相反的方向。萬妮婭躺在嬰兒車裡眨著眼睛，我把她扶起來坐著，轉正方向，好讓她能看見，很快，火車就從我們身邊穿林而過。這一次她注意到了。火車開過去的時候，她指著它大叫，距離如此之近，一層薄薄的細雪飛到我臉上，不過轉眼之前就融化了。

又走了將近一公里，在鐵路的路堤旁邊，小路到了盡頭。對面就是田野，夏天有馬在那裡吃草，現在卻一片雪白，人跡罕至，彷彿林中的一塊桌布。左邊朝東的方向有一片房屋，屋後有條小路，如果你沿路走下去，就會走到一幢漂亮的大宅，房主是奧洛夫．帕爾梅[136]的哥哥。有個夏天晚上，琳達和我出門騎自行車，結果到了這裡，我們迷路了，推著車，走在房與房之間的碎石路上，一群穿白衣服的正坐在戶外吃飯，這裡看得到大湖的風景，也能看見遠在對岸的格內斯塔市中心。儘管我小心翼翼，始終看著另一個方向，卻仍然留下了對這場派對的印象：簡直太柏格曼式了，他們圍著白色的花園桌椅，坐在那裡吃飯，一邊是樸素的白色農舍，另一邊是紅色的現代辦公建築，周圍是綠色而起伏的南曼蘭鄉村。

我們轉過頭，沿路往回走的時候，我把萬妮婭抱出嬰兒車，放進了懷裡。

半小時後，我們走到家門前的斜坡上，就聽到屋裡傳出喊叫的聲音。透過廚房的窗子，我看見英麗和維達爾站在客廳桌子的兩端，正在對吼。我猜我們回來的時間比他們預想的早了些，而積雪又降低了我們回家時的動靜。我在門階上踏了幾下把雪弄掉，屋裡的聲音才停止。琳達接過萬妮婭，我把嬰兒車推進房子旁邊的車庫，這是維達爾花了春夏兩季蓋起來的。我回來時，他正站在門廳裡穿外套。

「怎麼樣？」他微笑著問道，「你們走了多遠？」

「沒有。」我說，「就一小段路。外面天氣太糟糕了！」

「是啊，就是。」他說著蹬上一雙棕色的高筒膠靴，「我正要走，去修點東西。」

他從我身邊擦過，慢慢走上通往自家工棚的山坡。從我脫外套、換鞋的地方過去一步後就是廚房，英麗已經把萬妮婭放到那裡的一把高腳椅上了，緊挨著她正在削馬鈴薯皮的廚台。我把帽子和手套放到帽架上，抵住門檻脫掉靴子，她把一碗水和一串塑膠量匙放到萬妮婭面前。這能讓她玩好幾個小時。我把外套掛到鉤子上，再把它推進掛在那裡的一堆夾克、披肩和外套中間，然後從她們身邊走過。

英麗看起來很難過，動作卻平靜而慎重，她跟萬妮婭說話的聲音既溫和又慈祥。

「晚餐有什麼好吃的？」我問。

「羊腿。」她說，「薯角。還有紅酒醬。」

「噢，真好！」我說，「我最喜歡吃羊肉了。」

「我知道。」她說。她帶著微笑看著我，兩隻眼睛在鏡片後面顯得格外巨大。

萬妮婭拍打著水碗裡的量匙。

「你在這裡很開心啊，萬妮婭。」我說。揉弄一下她的頭髮。看看英麗。「琳達去睡覺了嗎？」

英麗點點頭。睡覺的隔間，最多四公尺遠，但位於視線之外，那裡傳出琳達的聲音：「我在這裡！」

我走進去。兩張床成九十度擺放著，幾乎占據了屋裡的全部空間。她躺在靠裡的那張床上，羽絨被拉到了下巴。雖然沒拉窗簾，裡面仍然一片昏暗，幾乎看不見。暗色的粗木牆壁面吸收了全部的光線。

她吐了一口氣，說道：「你要睡一下嗎？」

我搖搖頭。

「我打算看點書。你睡你的。」

我在床邊坐下，撫弄她的頭髮。一面牆上掛著維達爾兒孫的照片。另一面牆放著書架。窗台上有個鬧鐘和一張維達爾小女兒的照片。我在別人臥室裡一向感覺彆扭，我總是看見不想看的東西，但這裡沒問題。

「我愛你。」她說。

我湊上去吻她。

---

136 奧洛夫・帕爾梅（1927-1986），兩度出任瑞典首相的社會民主黨政治家。

「好好睡。」我說完便站起身，走出房間。找到我帶過來的書，此刻我無法面對杜斯妥也夫斯基，要馬上讀進去太困難了，因此我轉而拿起蘭波的傳記，很久以前就認為應該讀的一本，我手裡拿著書，斜躺到窗下的沙發上。最讓我感興趣的是他和非洲的關係。這個方面，還有他在當地生活的那段時間。他的詩倒不太吸引我，除了那些能道出他與眾不同、獨一無二的性格的作品。

英麗在廚房裡一邊忙，一邊跟萬妮婭說話。她帶她帶得真好，經她的手，就算最累人的家事也能變得妙趣橫生，這不僅是因為她們在一起的時候，她把自己的需要放在一邊，也因為她的感受都成了關於萬妮婭的。這並不是一種犧牲，她從中收穫的樂趣看來是深切，發自內心的。

我感覺不可能再有另一個女人像英麗那樣，與我母親有如此之大的不同。媽媽也把她自己的需要置之度外，但她離萬妮婭，離她們一起做的事，相隔的距離實在要大得多，而她顯然並未從中獲得同樣的快樂。有一次我和她們一起去兒童遊戲區，她一副心不在焉的樣子，於是我問她是不是感到厭煩，她說對，在我們小時候她也一直都是這樣。

如果英麗願意，她能抓住隨便哪個小孩的注意力，以她的個性，很容易與他人打成一片。她有一種強大的氣場：只要走進一個房間，就能讓那裡的氣氛為之改觀。她征服了全場。我母親坐在一個房間裡，不會讓任何人注意到她也在場。英麗在全國最大的劇院裡做過演員，經歷過大而積極的生活。我母親觀察、審視、閱讀、寫作、反思，過著冥想的生活。英麗熱愛烹飪；我母親下廚是因為非做不可。

維達爾從臥室窗外走過，穿著藍色吊帶褲，稍微彎著腰，小心邁著步子，免得在小路上跌跤。片刻之後，他又出現在客廳的窗外，往車庫的方向去了。萬妮婭在廚房裡站著，靠著櫥櫃，英麗正從爐子上端下一隻熱氣騰騰的平底鍋，鍋裡裝著馬鈴薯。我站起身，走到門廳，穿上夾克，戴上帽子，穿好靴子，打開門，坐到牆邊的椅子上抽菸。維達爾走出車庫，兩隻手各拎著一個桶子。

「等下你能過來幫我一把嗎？」他問，「再十分鐘？」

「當然。」我說。

他點點頭，便往屋角走往那邊。我望向遠處。天光已經轉暗。夜色正在逼近，在視野之內不均勻地分佈著，已經暗落的區域愈來愈貪婪地吸吮著這片天地，就拿森林邊緣的那些樹來說吧，樹幹和樹枝現在已經變得漆黑一團。虛弱的二月的陽光不經戰鬥，也不經抵抗，便敗退下去了，甚至沒能喚起最後的一道回光，只是緩慢的、難以覺察的消滅，直到全盤皆墨，黑夜籠罩天地。

一種突如其來的幸福感抓住了我。

是田野上的光芒，空氣裡的寒涼，森林中的靜默。是虎視眈眈的黑暗。是一個把氣息吹送到我心裡的二月的傍晚。它喚醒了我經歷過的、或者說我有過共鳴的所有關於二月傍晚的記憶，因為那些記憶很久以前就死去了。它是如此濃鬱，如此豐盈，因為全部的人生都濃縮一處。好像割穿了這些歲月；這特殊的光芒一如漣漪，在我的記憶裡鋪展開來。

幸福的感覺化作了同等強烈的悲傷。我在積雪裡熄去香菸，朝落水管下方放有大桶子的地方丟過去，默念著我們走以前我一定要把這些菸屁股清理乾淨，然後走到屋後蓋在地窖上方的小棚子，維達爾正在裡面鎖螺絲，替一個冰櫃上蓋子。

「我們得把它抬到小屋那邊去。」他說，「地上有點滑，不過小心點就好。」

我點點頭。有隻烏鴉在我們身後呱呱地叫。我轉過身，打量對面的一排樹，但什麼也沒發現。今天牠們在雪地上的所有足跡都清晰可見。路徑從前門到周邊的屋子。其餘的地方一片白茫茫，乾乾淨淨。

維達爾繼續鎖第三顆螺絲。他手指靈活，動作協調。修補的工作都由他來做，從品相上來看，愈要細心處理的，做得愈漂亮。我對自己無法單手掌控的一切都失去了耐心。比如裝配宜家的傢俱就足以把我逼瘋。

他工作時，嘴唇微微分開著。一口裸露的歪牙，加上兩隻小眼睛，還有一張突出了山羊鬍子的三角臉，讓他活像一隻狐狸。

他提過來的桶裡裝滿了沙子，就放在他旁邊，淡紅色的，下面是灰色的水泥地面。

「你要往路上鋪沙子？」我問。

「對。」他說，「你來鋪行嗎？」

「沒問題。」我說。

我提起桶，抓了一把沙子，一邊走一邊灑到腳印周圍。英麗從屋裡出來，穿著一件敞開的綠色防風夾克，踩著一慣短促而匆忙的步子穿過雪地，走向地窖。即便在這樣無關緊要的場合，她也帶著一種強大的氣場。我想，琳達肯定起來了。不然就是萬妮婭跟她一起睡了。

小路下方的兩棵樹上仍然掛著幾棵蘋果。果皮皺巴巴的，滿是黑色的斑點，顏色倒原封不動，還是那種柔和的暗紅和綠色，好像已經成熟，並且由於周圍黑色的禿枝而愈加鮮亮。如果你把它們放到沒有顏色的牧場和森林的背景中去看，它們簡直鮮豔奪目。把它們和粉刷成紅色的小屋放到一起再看，它們的顏色便暗淡無光，幾乎隱而不見。

英麗從地窖出來，兩隻手各拿著一瓶一升半裝的礦泉水，一隻手臂下夾著三瓶啤酒，她把一瓶水放到雪地上，好騰出手拿掛鉤把門鎖好，瓶蓋和標籤在白雪的映襯下格外鮮黃，她再度拿起水瓶，腳步蹣跚地回到屋裡去了。我已經到了棚子，又把剩餘的沙灑在返回的路上。就在我把桶放到地上時，一下子想起來我前一天在咖啡廳看見的那個男人像誰了。塔列伊．韋索斯[137]！簡直一模一樣。同樣的方下巴，同樣溫和的目光，同樣光禿的頭皮。可他的膚色不一樣，明顯粉嘟嘟的，帶著嬰兒般的柔軟。就好像韋索斯的頭骨再生，或者說在大自然眾多的隨意行為當中，這一次重複使用了同樣的代碼，卻蒙上了一層不同的皮。

「好了。」維達爾說著把小螺絲刀放到他身後的機床上，「可以搬了。我把這邊抬起一點，然後你抬那邊，可以嗎？」

「好。」我說。

我抬起它，接著便看到重量滑向了維達爾那一邊，他繃緊了身體。我本想多分擔些重量，因為它並不重，然而這明顯不可能。我們邁著小碎步走下小山，我們轉彎，並排走在通往棚子的緩坡，一到那裡，我們先把它放到地上休息會，再慢慢挪到角落裡放好。

「謝謝你。」維達爾說，「太好了，總算結束了。」

他平時一個幫手也沒有，所以像這種工作，便經常要等我們過來時要我幫忙。

「不客氣。」我說。

他把插頭插好，冰櫃馬上開始嗡嗡作響。這裡還有另外兩台外觀相仿的冰櫃，外加兩台大冰箱。它們都裝滿了食物。麋鹿肉和鹿肉，小牛肉和羊肉。梭子魚、鱸魚和鮭魚。蔬菜和漿果。各種各樣的自製食品。這種打理食物和金錢的方式對我們而言是完全陌生的。還有盡可能自給自足。英麗總是趁大拍賣時買下巨量的便宜貨，把每個克朗掰成兩半花，並以此為榮。這樣做是為了物盡其用。例如，她跟一家超市講定，如果人家有水果要扔掉，她就去撿回來，做果汁，果醬，點心，或者想到什麼就拿來做什麼。

137 塔列伊・韋索斯（Tarjei Vesaas, 1897-1970），挪威詩人和小說家。

偶爾她會在我們吃飯的當下，說起她買這些肉花了多少錢，用意是為了強調，在經過她的廚藝打理之後，這些肉的價值有了怎樣的不同。愈便宜，就愈好。不過，她絕不是個吝嗇的人，她盡其所能，甚至盡其所不能，給我們送了大量的東西，而不考慮自己的經濟狀況。其中另有原因，也許是一個主婦的自傲和榮譽，因為她上過家政學校，而在演員生涯結束之後，她顯然回到了從前的生活。

於是，這屋子裡滿是冰箱和冰櫃的嗡嗡聲，地窖裡裝滿了蔬菜、水果、果醬瓶子和鹹菜罐子，我們每次來訪都能吃到妙不可言的食物，大部分飯菜是這個國家一兩代以前的人才經常吃的，但也有義大利的、法國的和亞洲的菜式，它們有一個共通之處：說起來都該算粗食吧。

我們給萬妮婭籌備命名禮時，英麗想幫忙做飯。儀式安排在了約爾斯特我母親那裡，英麗對當地的廚房和商店一無所知，所以提出先在家把食物做好，她再帶過去。對我來說，這個想法聽上去荒唐透頂，帶著飯菜跑一千多公里，就為了一個小型聚會，可她執意如此，說這樣最省事，那就這麼辦吧。結果在去年五月底的一天，當英麗和維達爾抵達弗勒城外的布林格蘭索森機場時，除了正常的行李，他們還帶了三個裝得滿滿的冷凍食品袋。聚會要辦兩場，首先是星期五我母親的六十大壽，接著是星期天萬妮婭的命名禮。琳達和我已經提前幾天到了，但這裡並非風平浪靜，因為媽媽為了辦慶典而翻新了客廳，還沒收拾完，看起來像是建築工地，琳達對此感到失望，也非常生氣。她一看見那個地方的狀態，就知道我最少也得花上三天才能把它清理乾淨。我理解她的憤怒——如果不是巨怒的話，但我無法認同。我們帶上萬妮婭到山谷裡散步，琳達一直在罵我媽，這可不是原先和我們說好的那個樣子，她明明知道我們根本沒打算到這裡辦命名禮，我們本來是要在斯德哥爾摩家裡辦的。

「西塞爾心胸狹隘，不好客，又冷漠，又封閉。」琳達在陽光明媚的青色山谷裡高聲叫嚷，「她就是這麼回事。你說我不明白我媽和你媽一樣，你說禮物從來不只是禮物那麼簡單，她弄得我依賴她，也許你是對的，也許吧，但你他媽根本不了解**你**母親。」

我氣得肚子裡一陣絞痛，每當我必須面對她的盛怒時都會這樣，因為我覺得她的怒火完全不通情理，客觀地說，實際上近於瘋狂。

我們推著嬰兒車，萬妮婭睡在裡面，幾乎要在山谷的路上跑起來了。

「這是**我們**女兒的命名禮。」我說，「房子當然得收拾乾淨！媽媽要上班，你知道，不像你媽，所以她才沒收拾完。她不可能把所有時間都花在我們和我們做的事情上。她有自己的生活。」

「你瞎了眼。」琳達說，「我們來這裡，每次你都得工作，她在占便宜，而且我們在這裡從來不能單獨在一起。」

「我們每天都單獨在一起！」我說，「我們除了單獨在一起的時間什麼也沒有。這是我們在這裡唯一做的事！」

「她一點空間都不給我們。」琳達說。

「你說什麼？」我說，「空間？如果說有人給了我們空間，那就是她。**你**媽才不給我們空間。他媽的一點都不給。你記不記得萬妮婭剛生下來那陣子？你說你前幾天不想讓任何人過來，你想讓我們單獨跟孩子待在一起。」

琳達沒答話。她只是凝望著遠處。

「媽媽當然想來。英格威也想。但我後來打了電話，跟他們說前兩個星期不能來，之後什麼時間都行。然後怎麼了？誰來了，因為你的邀請？你媽。然後你怎麼說的？『只不過是媽媽！』是啊，我的天，你就是這麼說的！『只不過』，這幾個字說明了一切。你視若無睹，她來拜訪，替你幫忙，你早就習慣了，你根本注意不到。**她**當然能來，我媽不能！」

「但你媽根本沒來看過萬妮婭。都好幾個月了。」

「你以為呢？我告訴她別來！」

「愛，卡爾・奧韋，愛的力量是任何拒絕都阻止不了的。」

「唉，我的天啊。」我說。

然後我們都不說話了。

「比如說昨天吧，」琳達說，「她一直跟我們坐在那裡，一直坐到我們上床。」

「那又怎麼樣？」

「我媽這樣過嗎？」

「沒有，她八點就會去睡覺，如果她認為你想讓她去睡的話。我們在那裡她什麼都肯做，沒錯。可這他媽的並不意味著這就是正常的。從我離開家以後我一直幫媽媽做一點家事。刷房子、割草、洗衣服。這有什麼不對嗎？幫點忙又有什麼不對？嗯？這一次甚至都不是我在幫她，而是她在幫我們！這是我們的命名禮。你不明白嗎？」

「你不理解對吧。」琳達說，「我們一直沒來這裡，是因為你要工作，而我要自己帶萬妮婭。這就是我們的不對。你媽才不像你以為的那麼天真無邪呢，她有想法，一定是想過的。」

噢，真他媽該死，我這樣想著，該說的都說了，我們默不作聲地在路上走著。真是他媽的一團糟。他媽該死的我怎麼一腳踩進了這團混亂？

天空碧藍如洗，豔陽高懸。河道兩邊，峭壁陡立，河中漲滿融化的雪水，朝約爾斯特湖奔流而下，在群山之間平滑如鏡，幾無聲息，山頂可見約斯特谷冰原的舌頭，熠熠生輝。空氣純淨而清洌，在我們周圍，上上上下，一塊塊牧場青綠，羊兒遍地，鈴兒叮噹，山峰上部微藍，點綴著大片大片的白色積雪。

美得讓人心痛。我們帶著睡在嬰兒車裡的萬妮婭邊走邊吵，爭論我該不該花幾天時間清理我母親的房子。她的不講理沒有邊界。她的想法毫無意義，不，如今我走得太遠了。

她到底在想什麼？

噢，我知道了。她整天和萬妮婭單獨待在一起，從我去工作室開始，一直到我回家。她感到孤單，她一直在期待這兩個星期，和她的小家庭一起，相聚，過上安靜的幾天，這就是她一直期待的事情。而我呢，我只是盼著走進工作室、閉門獨處、能夠寫作的那一刻，除此之外我別無所圖。尤其是現在，經歷了六年的失敗，如今終於到達了某個地方，我感到絕不能就此止步，好戲還在後頭。這就是我渴望的東西，我滿腦子想的都是這件事，而不是琳達和萬妮婭，也不是約爾斯特的命名禮，日子到了我該辦就辦。如果辦得好，那當然是好事。如果辦得不好，不好就不好吧。好與不好的區別，對我來說沒什麼大不了的。我應該能把這次爭吵也照此歸類的，可我不能，我的感覺太強烈了，這些感覺控制了我。

星期五到了，我熬了一整夜，為我母親的生日寫講稿，所以當我們驅車穿過鄉間時，我感覺累了。我們一路經過峽灣、群山、河流和農場，前往北峽灣的勒恩，她在那裡租了一處莊園風格的老宅，護士協會的產業，用作舉辦壽宴的地點。大家都去布里克斯谷冰川了，琳達和我守著萬妮婭，待在我們的房間裡小睡。周圍的景色美不勝收，卻又讓人驚心。如此之藍，如此之綠，如此之白，如此之深，還有如此之大的空間。我並不總是有這樣的體驗；我記得從前，風景是日常生活的一部分，簡直微不足道，是你從一個地方到另一個地方必須從中穿越的畫面。

可以聽到河水奔流。一輛拖拉機在附近的田野上行進。聲音忽高忽低。偶爾從屋子前面傳來聲響。琳達睡在我身邊，萬妮婭伏在她胸口上。對她來說，我們的爭吵早就忘到了九霄雲外。只有我能生上幾個星期的悶氣，只有我會好幾年耿耿於懷。不過對別人都還好，只跟她過不去。那麼多人，我只和琳達吵架，我只對她懷恨在心。我母親、我哥哥，或者我的朋友說了不中聽的話，我就當耳邊風了。不管他們說什麼，我都不會記在心上，或者說對我產生不了什麼影響，無所謂，我視之為我成年生活的一部分。起初我的性格暴躁，如今卻已成功地被磨平，我將在平和與寧靜中度過餘生，只用諷刺、挖苦和陰鬱的沉默，來解決共同生活中遇到的一切摩擦，有過三次冗長的感情關係後，我已經把這些功夫修煉得爐火純青。但是和琳達在一起，就好像把我丟回了感情搖擺不定的過去，從狂喜到狂怒，再到失望和絕望的頂點，那時我經歷了一連串決定性的時刻，強度如此之大，有時竟讓我感到人生簡直難以為繼，那時沒有什麼東西能帶給我精神上的平靜，只有書，只有書裡那些不同的地方，不同的時代和不同的人物，而我在其中不是任何人，任何人也不會是我。

那是我小時候，那時我沒有選擇。

我三十五歲了，只想要盡可能減少這種心神不定，盡可能讓精神減少躁動，我應該能夠做到，對不對？最起碼有機會做到吧？

看樣子不是這麼回事。

我坐在屋外一塊石頭上抽菸，翻看寫好的講稿。本來到最後一分鐘，我都在希望做條漏網之魚，但到底無處可逃，英格威和我已經決定讓她得到我們兩人的祝辭。我怕得像條狗。有時我不得不辦朗讀會、做採訪，或是上臺參加座談時，我都緊張得要命，幾乎走不了路。不過，「緊張」是個不夠精確的字眼，緊張感是神經質的一個過度階段，一種輕微的失常，一種心靈的顫慄。它令人痛苦，輕易不肯甘休。但它終究會過去。

我站起身，邁著沉重的步子走到路上，從這裡望去，整個村莊盡收眼底。山坡與山坡之間是肥沃而潮溼的綠色田野，一圈闊葉林生長在河邊，還算大的村落，其中心位於一處平坦，有幾座商店和聚集的住宅。峽灣與之相鄰，水波平靜，綠中泛藍，群山高高佇立於對岸，寥寥幾座農場，高居山坡之上，但見白牆和淺紅色的屋頂，綠色和黃色的農田，無不閃爍在明亮的陽光之下，而太陽已經西沉，很快就要消失在海上了。農場上方裸露出的山是暗青色的，黑色隨處可見，白色的山峰，再往上便是晴朗的天空，第一批星光很快就要出現，起初難以察覺，像晦暗發光的色斑，然後便愈來愈清晰，直到高懸於夜空，在籠罩世界的黑暗裡閃爍，發光。

這超出了我們理解的範圍。我們可以相信自己的世界包含了一切，我們可以做自己的事情，到下面的海灘，駕車來往，相互打打電話、聊天、拜訪、吃喝、坐在室內，飽食電視螢幕上各式各樣的面孔、各式各樣的觀點和那些人的命運，我們棲身於這種奇怪的、半人工的共生關係，在自欺欺人的路上愈走愈遠，年復一年，想著這就是一切了，但是如果我們抬起眼睛，仔細看看，唯一可能的想法就是無法理解和虛弱，因為我們用來自欺欺人的這個世界是多麼渺小，又是多麼微不足道？當然，我們看到的戲劇堪稱壯觀，我們自滿的繪畫不僅崇高，有時還如同天啟，但是老實講，奴隸們，我們在其中又扮演了什麼角色呢？

什麼都沒有。

但是，群星在我們頭頂閃爍，太陽當空照耀，青草生長，還有大地，是的，大地，它吞噬一切生命，清除它們留下的一切痕跡，噴湧出新生命，成批的肢體和眼珠，葉子和指甲，草和尾巴，面頰、體毛、皮和內臟，接著它們將再度被吞噬。我們從未真正理解的，或者說不想去理解的，就是此一過程，發生在我們身外，我們自己沒有參與其中，我們只是那生長又死掉的，像海裡的浪花一樣茫然。

四輛小汽車從我背後的山谷駛來。這是我母親的客人，也就是說，她的姊妹，她們的丈夫和孩子，還有英麗和維達爾。我往回走，看到他們下車時既興奮又開心，冰川很顯然讓他們大開了眼界。接下來的一個小時，他們要去安排各自的房間，然後大家一起進入客廳，吃鹿肉，喝紅酒，聽祝辭，喝咖啡和白蘭地，分組聊天，不慌不忙，到了晚上便是明亮的夏夜。

英格威頭一個上臺。他送上我們一起給母親禮物，一部單眼相機，然後祝賀。我太緊張了，根本沒聽進去。他大致是說，母親一向對攝影師這一行很有自信，可她的自信一直沒有得到驗證，因為她從未擁有過自己的相機。所以才送這個禮物。

輪到我了。我剛剛什麼都沒吃。哪怕現在看著我的人我都認識，從小就認識，哪怕他們無一例外地帶著友善的表情。但這時候我不能不說話。我從未對母親說過她究竟對我有多重要。我從未說過我愛她還是我喜歡她。僅僅想到要說這種話就會讓我噁心得想吐。這一次我也不會說。可是她今天六十歲了，我作為她兒子，必須要對她說幾句中聽的話。

我站起身。所有人都看著我，大部分人面帶微笑。我必須將全部的意志力集中在兩隻手上，才能拿住這張紙，才能不哆嗦。

「親愛的母親。」我說，然後看著她。她報以鼓勵的微笑。「我想以感謝你做為開始。」我繼續說道，「我想感謝你，因為你是這樣一位難以置信的好母親。我想到的值得感謝的事情就不只一件。但是當然了，要把這些事用我們所知道的語言表達出來並不容易。尤其在這種情況下，也因為你擁有的特質不總是那麼容易讓人看見。」

我吞了口口水，低頭看著我的水杯，決定不去拿它，然後抬頭，看了看那些望著我的眼睛。

「有一部法蘭克．卡普拉的電影正好說到這裡，轉瞬間便陷入了危機，想放棄一切。但這時一個天使介入了，告訴他世界如果**沒有他**會變成什麼樣子。只有到了這個時候，他才能看到自己對其他人的重要性。我認為**你**不需要天使的幫忙，就能理解你對我們有多麼重要，但有的時候也許**我們**需要。你讓每一個人得到空間，做他們自己。這聽起來好像司空見慣，其實不然，而是正好相反，這是一種非常稀有的特質。有時很難被注意。看到有人吹噓自己不難。看到有人關心別人也不難。但你從不這麼做：他們什麼樣就是什麼樣，你都接受，都能適應。這一點我想在座的所有人都有過親身的體會。」

桌邊響起一陣低語。

「我十六、七歲的時候，這種特質對我十分珍貴。我們單獨住在特韋特，我認為那段時間相當不容易，但我始終感覺到你對我有信心，你對我放心，不是只有一點，而是完全相信我。你允許我透過自己的經驗去學習。當然了，在這個過程當中，我並不知道你在做什麼。我想我既看不到您也看不到我自己。但現在我看到了。我想為這一點感謝你。」

說這番話的時候，我看到了我母親的目光，我的噪音一下子沙啞了。我拿起杯子，咕嚕嚕地喝水，盡力微笑，但並不容易，桌邊瀰漫著對我產生的某種同情，我感覺到了，但又難以應對。我只想說點什麼，不想跌進自己多愁善感的深淵。

「是的，」我說，「如今您六十歲了。你沒有退休計畫，相反，你剛剛修完學業，這些都能說明您是個怎樣的人：首先，你有活力，精力充沛，你有知識上的好奇心；其次，你從不放棄。這也適用你生活中的模樣，甚至你與別人相處也與此不無關係：做事情需要時間。我七歲那年要去上學，還不知道怎麼理解這件事。開學第一天，你開車載著我去學校。我記得很清楚。你不大確定去學校的路怎麼走，但你覺得車到山前自有路。我們開到了一個住宅區。然後又是一個住宅區。我坐在車裡，穿著淡藍色的校服，背著小書包，頭髮也梳過了，我們繞著特羅姆島轉，這時我的新同學都站在學校操場上聽完了開學典禮。等我們終於趕到學校，一切都結束了。我可以講出與此類似的無數軼事。舉個例子，你曾在完全找不到方向、徹底迷路的情況下開了好多公里，一公里又一公里，穿過陌生的地區，而沒有意識到您已經不在奧斯陸的公路上了，最後你停在了一條曳引機才能走的小路上，前面是某條偏僻山谷的盡頭，暗壓壓的一片。這種事太多了，別的不談，就說最近吧。一個星期之前，在您六十歲生日當天，你邀請你的同事到家裡喝咖啡。他們來了，可是你忘記了買咖啡，所以你們只好坐下來喝茶。有時我認為，你這種失神的性格是一種前提，好讓你能在我們的談話中，在你與其他人的談話中保持存在。」

我又一次愚蠢地和她四目相對。她面帶微笑地看著我，我的眼睛溼了，然後，不，不，她站起來了，想給我一個擁抱。

客人們紛紛鼓掌。我再次坐下，充滿自我的厭惡，因為就算我的感情失控，給人一種很感性很好的印象，也使我的言論得到了額外的強化，我還是為自己流露出這樣的軟弱而感到羞恥。

在往下隔著幾個座位的地方，媽媽的大姊謝萊于站起身。她講了我們的垂老之年，收穫了幾聲善意的倒彩，可她說的話充滿熱情，講得又好，六十歲畢竟不是四十歲了。

說話時，琳達進來了，坐到我旁邊，一隻手放到手臂上。都還順利嗎？她小聲問。我點點頭。她在睡覺嗎？我小聲問。琳達也點點頭，笑一下。謝萊于坐下了，下一位發言的人起身，於是這樣一路進行下去，直到桌邊的所有客人都講了話。當然，維達爾和英麗是例外，因為他們以前根本就不認識我母親。但他們很開心，至少維達爾如此。那種輕微的刻板，老年人的愚鈍，他在家偶爾會表現出來，現在通通不見了，他在這裡過得很自在，一副開心的樣子，笑瞇瞇的，神采奕奕，兩眼發光，跟每個人都有話可說，對別人說的也有如假包換的興趣，並以品類豐富的軼聞、故事和說理迅速做出回應。英麗什麼感覺就很難講了。她看起來很興奮，哈哈大笑，還四處尋找最能笑的，好超過人家，一切都很美妙，精采，但她最多也就如此，她好像卡在那裡了，並沒有真正融入其中，或是放下身段，與當晚的氣氛同步，這要嘛是因為她無法跟陌生人一見如故，要嘛是因為她的精神狀態過於興奮，再不然，就只是因為這與她過慣了的那種生活有著太太的差距。我見過很多這樣的老年人，他們不能適應突然的變化，他們不喜歡變動，但首先是因為某種呆板和退化的東西影響了他們，這並不足以精確地解釋英麗的行為，她的表現更近於相反的一面，其次，她並不老，起碼以今天的標準來看還不算老。第二天我們回來準備命名禮時，她行事依舊，但因為身邊有了更大的空間，因此不那麼明顯就是了。她擔心食物不夠，努力在頭天晚上盡可能準備得多一些，命名日一到，她又害怕家門可能被鎖上，那她晚上就沒有時間為服務生客人做準備了，還有，她一個人下廚，也可能找不到必要的工具。

牧師是個年輕的女人，我們圍著她站在聖水缽前，琳達抱著萬妮婭，水打溼了她的小腦袋。儀式一結束，英麗就先走了，我們留下就座。這是聖餐禮。約恩．奧拉夫和他的家人站起來，在聖餐台前跪下。出於某種原因，我也站起來跟著做了。跪在聖餐台前，用舌頭領受一片聖餅，喝下聖餐酒，接受賜福，起身，回座，一路頂著媽媽的、謝爾坦的、英格威的和蓋爾的目光，他們的眼神裡帶著程度不一的懷疑。

為什麼我要這麼做？

我變成基督徒了嗎？

我，一個從十多歲起就強烈地反對基督教的人，一個發自心底的唯物主義者，在電光火石之間，不經認真的思考，就站起身，走過通道，跪倒在了聖餐台前。這純然是一時的衝動。眾目睽睽之下，我不能為此辯護，我不能說我是基督徒。我低下頭，略感羞恥。

過去這幾年發生了很多事。

爸爸死時，我和一個牧師談過，那像一次懺悔，我什麼都說了，他就在那裡聽著，安撫了我。葬禮的儀式幾乎成了某種有形的東西，緊緊地抓住了我。它把爸爸的人生，直到終點都是那樣悲苦和毀棄的人生，變成了一個像樣的人生。

這不是帶來了某種慰藉嗎？

接下來就是我在過去一年的工作。不是我寫的東西，而是我慢慢認識到我想去探索神聖的儀式。在小說中，我既曲解了它，又借用了它，但是不帶聖歌般的莊嚴，而我知道它們在這些部分、在這些我已閱讀的文本當中是存在的，而這種莊嚴，其中蘊含的強烈的張力，從來沒有遠離神聖的天地，我此前不曾涉足，以後也不會涉足，但我仍然感覺到了，這讓我對耶穌基督有了不同的想法，因為它關乎肉與血，關乎生與死，我們與之相連，通過我們的肉體和我們的血液，通過我們生育的和我們埋葬的，持久地，連續地，一場風暴從我們的世界席捲而過，它也一向如此，而我知道的唯一一個地方，將這一點程式化了的地方，最極端但也是最簡單的東西，就是這些經書了。還有觸及相似主題的詩人和藝術家。特拉克爾，賀德林，里爾克。閱讀《舊約》，特別是詳細記錄獻祭規程的摩西五經第三書，還有《新約》，如此年輕，如此貼近我們，削除了時間和歷史，只是一團打著旋兒的塵土，把我們帶往一直如此而且永遠不變的東西。

這些事我已經想了很多。

當時有件小事，使得當地的牧師為萬妮婭受洗時有幾分勉強，因為我們沒結婚，我又離過婚，而她問我們的信仰時，我無法說：是的，我是基督徒，我信耶穌是上帝之子，這是個我從來無法作為信念來考慮的狂野概念，因此只能顧左右而言他，傳統，我父親的葬禮，生與死，儀式，我後來感到虛偽，彷彿我們是靠著欺瞞著女兒為她辦洗禮，等聖餐儀式到來，我就想有所挽回，也許吧，結果我這副模樣更顯虛偽。不僅因我不是基督徒還想讓女兒受洗，我還莫名其妙地領受了聖餐！

這是神聖的儀式。

肉與血。

萬變不離其宗的一切。

最後我想要說的但並非不重要的一件事，是約恩．奧拉夫走過去跪倒在那裡的場景。他是一個完整的人，一個好人，這也在某種程度上把我拉進了走道並跪伏於地：我太想做完整的人了。我太想做一個好人。

我們站到教堂的臺階上，拍了一張父母、孩子和教父教母的合影。萬妮婭的曾祖母當初就是穿著她現在穿的裙子受洗的，也在約爾斯特。我母親幾個姨家的人也在，其中有琳達特別喜歡的兩位，阿爾夫迪絲和安芬，我母親的姊妹都到齊了，還有她們的一些兒女和孫輩，加上琳達在斯德哥爾摩的朋友，蓋爾和克莉絲蒂娜，當然還有維達爾和英麗。

我們還在那裡站著的時候，英麗跑到山上來了。她早就擔心房門可能被鎖上，這並非沒有根據，因為媽媽太心不在焉，果真房門被鎖上了。英麗接過鑰匙就往回跑。等我們半個小時之後到家，她正為有些盤子找不到了而絕望。但一切都很順利，當然了，天氣極好，我們在花園吃了餐宴，湖水盡收眼底，群山倒映其中，大家對食物絕口稱讚。可是等到飯菜都上完了，大家一個個把萬妮婭抱到腿上，用不著她單獨照看孩子，英麗便無事可做了，也許她覺得不太好受，但不管怎麼說，她回自己房間去了，待在裡面沒有出來，直到五點或五點半的光景，第一批客人已經走了時，我們才想起她。琳達進去找她。她在睡覺，幾乎叫不醒。她一直這個樣子，我知道。琳達以前告訴過我這有多嚇人，她很快就睡死過去，剛醒過來的頭五到十分鐘，也基本上不可能和她有任何交流。琳達揣測這跟安眠藥有關。等她總算走到屋外，幾乎是踉蹌著穿過草坪，她發出的笑聲也感覺心不在焉，也就是說，對她坐的那張桌子上的氣氛而言，實在過於突兀了，而且與其他人的笑聲比較起來也有些輕微的脫節。她這個樣子我很擔心，很明顯有什麼地方不對勁。她心不在此。儘管聲音響亮，興奮莫名，雙眼炯炯，臉泛紅光。當晚大家都睡下以後，琳達和我談起此事。都是安眠藥弄的，還有跟派對聯繫在一起的種種壓力。畢竟她替二十五個客人做了飯，上了菜。而且一切對她而言都是新鮮及陌生的。

等我再遇到他們，也就是在這裡，她的慌亂與不安已經煙消雲散。維達爾也恢復了平時的樣子。他兩手叉腰，站了一會，注視著他親手打造的東西。火車的聲音從山的一邊傳來，漸弱，幾秒鐘後又從另一邊響起，更高亢，更飽滿，與此同時，琳達朝我們這個方向走上了山坡。

「吃飯了！」她一看見我們便高聲喊道。

第二天一早，維達爾開車送我們去火車站。我們到達時，火車馬上就要發車，所以我來不及買票。英麗和我們一起，好在此後的三天裡照看萬妮婭，她有月票，琳達的連票也足夠她返回斯德哥爾摩。我靠窗坐下，取出一疊報紙，我一直沒有時間好好看看。英麗照顧萬妮婭，琳達坐在那裡望著窗外。檢票員過了好幾站才來，這時我們已經在南泰利耶換乘了另一列火車。英麗拿出月票給他看，琳達遞上連票，我掏著口袋找零錢。檢票員轉向我時，英麗說：「他在哈寧厄上來的。」

什麼？

她替我逃票？

她到底在幹什麼啊？

我與檢票員四目相對。

「去斯德哥爾摩。」我說，「哈寧厄上的。多少錢？」

我不能說我其實是在格內斯塔上的車。那會讓英麗怎麼想？但我一直謹守著不占便宜的原則，如果去商店，人家多找了錢給我，我總會告訴店員。逃票是我最不願意做的事。

檢票員遞給我車票和找零，我道了謝，他走進早班通勤者的人流中去了。

我氣壞了，可是什麼也沒說，繼續看報。我們抵達斯德哥爾摩中央車站，我把嬰兒車搬到月臺上，主動提出把她的行李箱帶到工作室去，省得她拖著箱子去我們家，再拖回工作室，她每次下午來看我們時，一般都待在那邊。她很高興。我在大廳和她們道別，走機場快線出口，步行到廣場，這裡坐落著堡壘般的瑞典工會同盟大樓[138]，快步走到達拉街，一隻手拉著帶腳輪的行李箱，另一隻手提著我的電腦包，五分鐘後，我打開了工作室的門鎖。

這裡已經成了一個充滿記憶的所在。我寫《萬物皆有時》的那段記憶從各個方向朝我湧來。該死，那時我多幸福。

我在水槽下面的櫥櫃裡替英麗的行李箱騰出了地方，我工作的時不想看到它，然後我進廁所小便。我在廁所看到了什麼？英麗的洗髮精和護髮素。垃圾袋裡面又是什麼？英麗的棉簽和牙線。搞什麼鬼！我大叫著抓過這兩個瓶子，扔進廚房的垃圾筒。他媽的有完沒完，我吼道，抓起廢紙簍裡的垃圾袋，彎下腰，從下水口揪起一小撮頭髮，這是她的頭髮，真該死，這是我的工作室，只有這裡完全是我的地盤，完全讓我一個人待著，可就是在這裡，她也帶著零零碎碎的東西過來了，就算在這裡，我也遭到了入侵，我這樣想，使出全身的氣力，把她的頭髮丟進袋子裡，揉成一團，深深地，深深地塞進廚台下面的垃圾桶。

該死，現在行了。

138 即斯德哥爾摩有名的工盟城堡（LO-borgen）。

然後我打開電腦，坐到桌邊。不耐煩地等著它完成開機的過程。木地板上有一個頭戴荊冠的耶穌基督。沙發後面的牆上掛著巴爾克[139]畫的夜景海報。書桌上方有兩張湯瑪斯的照片。在我身後的牆上，則是鯨魚的解剖圖和近乎照相般精細的昆蟲畫，出自十八世紀的同一次探險考察。

在這裡我寫不了東西。也就是說，在這裡我什麼新東西也寫不了。

但這並不是我這個星期要做的事。星期六上午我要有個演講，題目是我的「作家生涯」，偏偏要去拜魯姆[140]，接下來的三天我就要忙這個。這是個毫無意義的工作，可我很久以前就答應下來了。邀請是我的書確定獲得北歐理事會文學獎提名的同一天來的。他們在信裡說，獲得提名的挪威作家去那裡談談作品或作家生涯是個傳統，而我在那個節骨眼上又沒什麼抵抗力，所以就同意了。

於是我坐到了這裡。

女士們，先生們。我不在乎你們，我不在乎我寫的這本書，我不在乎它能不能得獎，我只想寫更多的書。那我來這裡幹什麼？我想自豪一下，我有過軟弱的時候，這種時候我有很多，但現在感覺自豪、感覺軟弱的時候都結束了。為了用一種與之相符的毫不含糊的方式標示出這個時刻，我隨身帶了幾份報紙。我這就把它們鋪到講臺前的地板上，然後拉一坨屎。我已經憋了好幾天了，就是為了這一刻。那好。就是這樣。噢。拉完了。現在我要擦屁股了，擦完就完了。我要請上第二位獲得提名的作家，斯泰因・梅倫[141]。謝謝。

我刪掉了這些話，走進小廚房，往壺裡灌水，把勺子放到凍乾的咖啡罐裡，挖掉些結塊，倒進杯子，接著加入開水。然後穿上外套出門，過馬路，走到醫院對面的長椅坐下，接連吸了三支菸，觀察著來來往往的人與車。天空陰鬱灰暗，空氣溼冷，路邊的積雪讓廢氣燻得黑黑的。

我掏出手機，來回點按，寫出一首打油詩，發給了蓋爾。

蓋爾蓋爾，你死翹翹。
手不能舞，足不能蹈。
且莫耿耿，勞心忉忉。
既生小兒，百憂全消。
彼女有愛，莫負春宵。

然後我走回屋內，再次坐到電腦前。我滿心的厭惡，加上必須完稿前還有整整五天這麼個事實，徒然造成了動筆的困難，簡直無從激發起我的積極性。我該說什麼？叭啦叭拉叭拉，《出離世界》，叭啦叭拉，《萬物皆有時》，叭啦叭拉叭拉，既高興又自豪。

手機在我口袋裡響了。我拿出來點開蓋爾的簡訊。

讓你說對了，差點死於今天稍早的交通事故。不知道已經上了新聞。我的色情雜誌留給你。我

139 佩德・巴爾克（Peder Balke, 1804-1887），挪威風景畫家。
140 拜魯姆（Bærum）位於挪威的阿克什胡斯郡，奧斯陸西郊。
141 斯泰因・梅倫（Stein Mehren, 1935—），挪威詩人和作家。

用不著了，以前從沒這麼硬過。這話當墓誌銘也不賴。你能寫出更好的嗎？

當然能，我回覆道。看看這個。

英年蓋爾，青墳一座。
彼駕薩博，車輪飛脫。
兩眼無光，仍有脈搏。
無人覺察，斯人已歿。
粉身碎骨，七零八落。
言及橫死，滿堂寂寞。
黃土加身，失魂落魄。
方知少年，陰陽永隔！

這並不是特別好玩，但至少能打發時間。還能換得蓋爾在大學辦公室裡幾聲賤笑。發完簡訊我便去了超市，買些食品。吃完，在沙發上睡一個小時。讀完《卡拉馬助夫兄弟們》的第一部，開始讀第二部，讀完時，外面已經完全黑了，房子充滿了剛剛入夜的聲響。我產生了和少年時代一樣的感覺，那時我也常常躺在床上看書，一看就是幾個小時，我的頭有點涼，好像剛剛睡醒，睡的時候著涼了，在夕陽裡，周遭是冷酷的，格格不入。我用熱水洗了手，仔細擦乾，關掉電腦，裝進包裡，把圍巾在脖子上紮好，拉下帽子，包住腦袋，穿上外套和鞋，出門，鎖門，戴上手套，走到街上。離我到鵜鶘和蓋爾見面還有半個小時多一點，所以還有很多時間。

人行道上的雪是泛黃的棕褐色，有一層細細的顆粒，和粗麵粉一樣，這意味著人踩上去會打滑。我上了治安官街，走向與瑞典路交匯的地鐵站。此時是六點半。我身邊的街道近乎空無人一，充斥著難以定形的黑暗，只有電燈的微光才能照出它的存在，而現在它就借著每一扇窗子、每一盞街燈的映射，鋪展在積雪和路面、樓梯和欄桿、停駐的汽車和單車、建築的立面、窗台、街牌和燈柱之上。我變成別的什麼人也完全沒問題，我邊走邊想，如今我身上沒有任何讓我感到非常獨特的東西。我經過女王街，街下坡那一端擠滿了甲蟲般黑暗暗的人。我走下天文臺園林旁邊的臺階，沿街的中餐廳外有一塊討人厭的招牌，勸人「豪飲」。我走下通往地下的梯井。兩個月臺上大概有三、四十人，從他們背的包來判斷，大部分是下班回家的人。我站到人最少的地方，把包放到兩腿中間的地上，一邊肩膀倚著牆，掏出手機，撥了電話給英格威。

「喂？」他說。

「喂，我是卡爾．奧韋。」我說。

「聽出來了。」他說。

「你之前打電話給我？」我問。

「對，星期六的時候。」他說。

「我本來要再打給你的，但有點忙。有人要來家裡吃飯，後來就忘了。」

「沒什麼。」英格威說，「不是什麼急事。」

「廚具到了嗎？」

「到了。其實才今天剛到。就在我旁邊。我買了輛新車。」

「不會吧！」

「不買不行了。是輛雪鐵龍XM，不算太老。原本是輛靈車。」

「你開玩笑吧！」

「沒有。」

「你要開著靈車到處跑？」

「當然改裝過了。現在車裡沒有放棺材的地方。看上去很正常。」

「說得倒簡單。再怎麼說裡面也是裝過死人……好久沒聽過這麼恐怖的事了。」

英格威哼了一聲。

「你太敏感了。」他說，「這是輛非常正常的汽車。而且我買得起。」

「當然，當然。」我說。

短暫的沉默。

「還有什麼消息嗎？」我問。

「沒什麼值得一提的。你怎麼樣？」

「沒，沒什麼。我昨天在琳達母親家。」

「哦，是嗎？」

「對。」

「萬妮婭怎麼樣？她開始走路了吧？」

「能走幾步了。可是說實話，摔的比走的多。」我說。

他在電話那端咯咯笑。

「托爾和耶爾法還好吧？」

「挺好。」他說，「對了，托爾寫了一封信給你。在學校寫的。你收到了吧？」

「沒有。」

「他不想讓你知道他寫了什麼。但你一看就知道了。」

「好。」

火車的車頭燈照亮了隧道深處。一陣微風吹過月臺。人群漸漸向前移動。

「火車來了。」我說，「之後再聊。」

火車在我面前持續減速。我提起背包，向前幾步，走近車門。

「好的，再聊。」他說，「再見。」

「再見。」

車門開了，乘客魚貫而出。我放下拿著電話的手，這時有人從後面碰了一下我的手肘，我的手機飛出去了，飛進了車門旁邊的人群，我沒看見它掉到哪裡，因為我反射性地轉過頭去看那個撞我的人。

手機呢？

沒聽到它掉到地上的聲音。也許掉到誰的腳上了？我蹲下，在身前的月臺上尋找。手機不見蹤影。被人踢跑了？不可能，我想我會注意到的。我站起身，伸長脖子，張望那些往出口走的人。會不會掉進誰的包包裡了？有個女人手臂上掛著包，包包口正敞開著，她往前走。會不會掉到那裡面去了？不，這種事不可能發生。

會嗎？

我跟上去。能不能輕輕拍一下她的肩膀，要求看一下她包包裡的東西？我手機不見了，您看，我覺得它就在您包包裡呢。

不，我不能這麼做。

警鈴聲響了，車門即將關閉。下一趟火車要再過十分鐘才能來。我已經晚了，手機又是舊型，我還有時間這麼想了想，才在車門關到一半時跳進了車廂。有點暈，我找了個座位，在一位二十來歲、哥德式裝扮的乘客邊坐下，此時車站的燈光依次在車廂裡閃過，接著外面一下子變得漆黑一片。

十五分鐘後，我在斯坎斯圖爾下車，到站外的提款機上取了些現金，過馬路，走進鵜鶘。這是一家經典的啤酒館，長椅和桌子靠牆擺放，在黑白方格交錯的地板上，桌子椅子相距頗近，棕色的木制護牆板，上方的灰泥牆壁和天花板上都有裝飾畫，店內有幾根寬大的立柱，底部同樣包覆著棕色的鑲板，周圍有長椅環繞，緊裡頭則是一個又長又寬的吧台。服務生差不多全都上了年紀，穿黑衣服，紮白圍裙。沒有音樂，但仍然人聲鼎沸，談笑的聲音，餐具和酒杯碰撞的聲音，像雲團一樣積聚在酒桌上方，身在其中，渾然不覺，但你打開門，從街上走進來就可以聽見，也同樣會覺得吵，勢如喧天。顧客當中，零星的醉漢仍然時有所見，大可以相信他們從六〇年代起就在這裡買醉，也有孤老頭子在這裡吃晚飯，但他們正在逐漸消失，像索德馬爾姆所有地方一樣，這裡最多的一種人，就是做文化事業的中產階級男女。他們不太年輕，也不太老，不太漂亮，也不太醜，而且他們從來不會喝得太醉。文化記者，研究生，文科生，出版社的員工，電臺和電視臺的編輯，偶爾有演員和作家，不過上流階級難得一見。

我在店內離門幾公尺遠的地方停下，一邊解開圍巾和外套，一邊掃視著店裡的客人。眼鏡熠熠生輝，禿頭閃閃發亮，一排排牙齒放射著光芒。每個人面前都有啤酒，棕色的桌面反襯著黃褐的酒色。但我沒看見蓋爾。

我走到一張蓋著桌布的桌邊，背靠牆坐下。五秒鐘之後，一個女服務生就過來了，遞給我一本厚厚的、仿皮封面的菜單。

「我們有兩個人。」我說，「我等一下再點餐。不過我能先來一杯Staropramen[142]嗎？」

「當然可以。」女服務生說，她大約六十歲，有一張多肉的大臉，茂盛的赤褐色頭髮，「白的黑的？」

「白的，謝謝。」

噢，這裡多好啊。這種特有的、純粹的啤酒館風格把我的思緒引向了別處，引向更古典的時期，並不是說這個地方因此看上去像博物館，絕對不是，人們來這裡喝啤酒，聊天，一九三〇年代他們就是這樣喝酒聊天的。這是斯德哥爾摩最大的優點之一，有如此之多、出自不同時代的地方仍然在營業，而他們並未大張旗鼓地加以宣揚。比如十七世紀的范德諾斯格宮，據說貝爾曼[143]第一次喝醉就是在那裡，當時這建築已經有一百年了，我有時也在那裡吃午餐，第一次去時，正是外交部長安娜·林德遭到謀殺的次日[144]，城裡的氣氛頗為古怪，肅穆而警覺。還有舊城十八世紀的金色和平餐廳，十九世紀的白蠟餐廳，還有伯恩斯沙龍，在那裡可以找到史特林堡描寫過的紅房間[145]，更不用提那漂亮的、新藝術風格的貢多倫酒

142 捷克著名啤酒，字面意思為古老的春天。
143 卡爾·米凱爾·貝爾曼（Carl Michael Bellman, 1740-1795），瑞典詩人和作曲家。
144 林德於二〇〇三年九月十日下午四時許在斯德哥爾摩北方百貨公司女裝部購物時遇刺，次日晨去世。
145 史特林堡：「伯恩斯沙龍大飯店在那時候剛在斯德哥爾摩的文化生活中嶄露頭角，開始在文化歷史上起作用。……里爾揚斯的居民們早已搶占了南面迴廊前頭的那個屋內棋室作為他們的據點。那間房間的裝潢以大紅為主色調，並且因為順口，久而久之便以『紅房間』為稱呼出了名。」引石琴娥和斯文譯文。《紅房間》，南京，譯林出版社，二〇〇七，p. 87-88。

吧了，它立於卡塔琳娜電梯的頂層，從那裡俯瞰全城，而且從一九二〇年代起便從未改變，你彷彿登上了一艘齊柏林飛艇，又好像置身於某條大西洋郵輪的酒廊。

女服務生來了，一隻手端著滿是酒杯的托盤，只要一秒鐘，在我面前丟下一個啤酒杯墊，再把酒杯放下，笑一下，便繼續朝著眾聲喧嘩的許多張桌子走過去了，她在那邊聽到了一句又一句的風趣話，大概每秒都能聽到一句。

我把酒杯端到嘴邊，感覺泡沫觸及嘴唇，冰涼的、略帶苦澀的液體灌滿了口腔，完全沒有防備，冷不防被這味道一激，不由得打了個寒顫，接下來才讓酒滑下了喉嚨。

噢。

當你展望未來，想到這樣一個世紀，城市生活無處不在，人與機器達成了長期渴望的共生關係，此時你再也不會考慮那些最簡單的東西了，比如啤酒，如此金黃，如此芳香，如此濃烈，釀自田野裡的穀物和牧場上的啤酒花，或麵包，或甜菜根，帶著甜滋滋的卻是隱祕的泥土的味道，還有我們一直以來吃的、喝的這一切，在木桌邊，在窗子裡，一縷縷陽光傾瀉而下。人們在這些十七世紀的宮殿裡做什麼呢？他們有穿制服的僕人，高跟的鞋子，還有上了粉的假髮，內裡的頭顱裝滿了十七世紀的思想，如果不喝啤酒和葡萄酒，不吃麵包和肉，不拉屎也不撒尿，還能幹什麼？這同樣適用於十八世紀、十九世紀和二十世紀。關於人的觀念不斷地改變著，關於世界和自然的觀念也是如此，形形色色的觀念和信仰出現又消失，有用的和無用的東西被發現，科學比以往更深地進入難以理解的世界，機器愈來愈多，速度愈來愈快，更多地方放棄了舊有的生活，但沒有人想著要拋下啤酒或對其加以改變。麥芽，啤酒花，水。田野，牧場，溪流。所有基礎便是如此。我們脫不開古老的過去，我們並沒有與生俱來的東西，我們的身體或需要倒是改變了，相對於四萬年前在非洲某處看到日光的第一個人類，或是不管多麼久遠早已存在的智人。但我們卻不是這樣想的，想像力如此強大，以至於我們不僅相信了這一點，而且還據此組織自己，我們坐在咖啡廳和黑暗的酒吧裡，喝得醉醺醺的，跳著，這麼說吧，跳著比兩萬五千年前，在地中海沿岸火光裡的那些表演者更加笨拙的舞。

我們是現代的——這種觀念怎麼可能產生，甚至在人們因為感染了無藥可醫的疾病而在我們周圍倒下的時候？誰能因為腦腫瘤而現代？如果我們知道，所有的人過不了多久都會躺在某個地方的土裡爛掉，那我們怎麼可能相信我們是現代的呢？

我把酒杯再次端到嘴邊喝了一大口。

我真喜歡喝酒啊。用不了半杯，我的大腦就動起了這次一醉方休的念頭。就坐在這裡，一杯接一杯地喝下去好了。但我應該這樣嗎？

不，不應該。

我在這裡的幾分鐘裡，已經有一條穩定的人流走進了店門。大部分人的舉動和我剛才一樣，他們站在離門幾步遠的地方，一邊笨手笨腳地脫外套，一邊打量著店裡的客人。

在新來的這一隊人後面，我認出了一張臉。對，那是湯瑪斯！

我朝他招手，他走過來了。

「嗨，湯瑪斯。」我說。

「嗨，卡爾·奧韋。」他說著跟我握了握手，「好久不見。」

「是啊，好久不見。都還好吧？」

「當然，還不錯。你怎麼樣？」

「是的，都挺好。」

「我來這裡見幾個人。他們坐在那邊的角落裡。要不過來一起坐吧。」

「謝謝。但我在這裡等蓋爾。」

「對了！沒錯，我記得他說過要見你。我昨天跟他聊過。要是可以的話，我待會再過來問好。」

「當然。」我說，「待會見。」

湯瑪斯是蓋爾的朋友。在蓋爾的熟人當中，湯瑪斯無可爭辯地是我最喜歡的一個。他五十歲出頭，長得和列寧驚人地相像，從鬍子和禿頭，到丁字形的蒙古人的眼睛，樣樣都像。他是攝影師，出過三本書，第一本是海岸巡邏隊的照片，第二本是拳擊手的照片，他就是在這種場合認識蓋爾的，最新的一本攝影集是一系列的動物、靜物、風景和人物，上方籠罩著暗影，而它們自身和周圍的空無，才是這些照片最突出的特色。在待人接物方面，湯瑪斯友善而不苛求，和他說話，你完全不必擔心失去什麼，也許因為他不太注重自己的存在感，儘管他很自信，或者也有可能，這就是原因所在。他在乎別人，這就是他給人的印象。然而在工作中，他又極端嚴格，處處苛求，總是追求完美，這讓他的照片更趨向風格化，而少了幾分即興創作的味道。在他的照片當中，我最喜歡的是那些走中間路線的：即興的風格化，凝固的偶然。它們頗為精采。有些拳擊的照片讓我想到古希臘的雕塑，這一點體現於身體的平衡，也體現於它們被場外的活動困在繩圈之內的事實，其他照片透出一種強烈的陰鬱，當然還有暴力。我在冬天買了他的兩張照片，打算當作英格威四十歲生日的禮物。我此前坐在湯瑪斯的工作室內，翻閱過他收在最新一本書裡的照片，躊躇再三，但最後還是選了兩張。英格威接過照片時，我能從他臉上看出來，他其實並不喜歡，所以我說，他可以再挑兩張別的，這兩張我留下，現在它們就掛在我的工作室裡。它們很精采，但也很不吉利，因為它們傳達的是死亡，所以我完全能理解英格威不想把它們掛在客廳，即便我還是覺得有一點不快。實際上可不只一點。湯瑪斯的工作室位於舊城的一間地下室，有厚重的十六世紀的石牆，我去取英格威終於選定的照片，敲完門，他的同事，一個頭髮蓬亂、衣服有點破舊、六十來歲的男人開了門。湯瑪斯不在裡面，但我要是願意，可以下去等。他叫安德斯・彼得森，是和湯瑪斯共用工作室的攝影師，對我來說，他最有名的作品是湯姆・威茲專輯《雨狗》上的那張照片，但他早在七〇年代就藉著《Café Lehmitz》出了名。他的作品粗獷、私密、混亂，最大限度地貼近了真實的生活。他在工作室上面房間裡的沙發上坐下，問我想不想喝咖啡，我說不想，他便接著忙自己的事，翻閱一堆接觸曬印的照片，哼著小調。我不想礙事，也不想打擾人家，便站到貼著照片的黑板前看了一會兒。我並非對他的氣場無動於衷——如果房間裡還有別人的話，這氣場可能也就消散了——而是只有我們倆，我能感覺到他的一舉一動。他有一種天真的氣質，但並非因為缺乏經驗，正相反，無論從哪個方面來看，他給人的印象都是見多識廣，像擁有各種經驗，不過他沒有受到影響，再怎麼樣也不為所動。也許這不是真的，然而當我看著他的眼睛，看他在那裡工作時，感覺就是如此。湯瑪斯幾分鐘之後回來了，看見我好像滿高興的，不用懷疑，他不管見到誰都這樣。他拿了咖啡過來，我們在樓梯邊的沙發上坐下，他拿出我要的照片，最後一次仔細審看，然後放進塑膠皮的封套，裝到一個大信封裡，我也隔著桌子把裝錢的信封遞給他，動作太小了，我擔心他沒注意到。私下的現金交易總有些什麼地方讓我感覺尷尬，平衡感失準，甚至完全失效，除非我非常清楚事情的來龍去脈。我把照片裝進背包，我們又聊了些別的；除了蓋爾，我們還另有交集，和他住在一起的女人瑪麗是個詩人，多年以前在畢斯科普斯-阿恩教過琳達，現在是琳達女友柯拉的導師。她是個好詩人，有些古典，真實和美在她的詩裡並非不可調和的概念，而意義也不是只關乎語言。她把約恩・福瑟[146]的一些劇本譯成了瑞典語，目前除了別的工作，她還在翻譯斯泰納爾・

146 約恩・福瑟（Jon Fosse, 1959—），挪威劇作家。

奧普斯塔[147]的詩。我和她只見過幾次，不過在我看來，她的性格具有許多面向，你憑直覺就能感到一種心理上的深度，不需她表現出來，敏感性格理所當然的永恆伴侶，至少不是那麼明顯。可是一旦她站到我面前，我就不那麼想了，因為她左眼的瞳孔好像分離，掉了下來，掛在虹膜和眼白之間的地方，這實在讓人驚訝，完全占據了我對她的第一印象。

湯瑪斯說他們要找個晚上請我和琳達去吃飯。我說這太好了，然後起身拿過背包，他也站起來，我們握了握手，由於他沒有表示看到了那個裝錢的信封，所以我跟他說了，我把買照片的錢放在那裡了，他點點頭，向我道謝，好像我強迫他謝我似的，我有點羞愧地上了樓梯，出門，走上了舊城冬日的街道。

那是差不多兩個月之前的事了。仍然沒有收到他的邀請，我沒太放在心上；我早就聽說湯瑪斯非常健忘。我也是，所以我沒有為此而放上心。

當他在店內最靠裡的桌邊坐下，根本就像是一個瘦瘦的、衣著光鮮的、戴著列寧假面的男人。我從包裡取出黃色的蒂德曼菸口袋，拿指尖捲了一支菸，手指不知道為什麼出了很多汗，搞得菸灰老沾在上面，再灌下一大口啤酒，點著捲菸，看見蓋爾的身影在窗外的街道上一閃而過。

他一進門就發現我了，可還是一邊往桌子這邊走，一邊四下打量著店裡的情況，好像在尋找其他選項。像隻老狐狸，你大概會這樣想，在沒有幾個出口的地方難以抉擇。

「你他媽怎麼不接電話？」他一邊伸手一邊問，同時飛快地看了我一眼。我站起來，握了握他的手，又再次坐下。

「說好七點。」我說，「現在都七點半了。」

「你以為我打給你要說什麼？告訴你小心，火車和月臺之間有條縫？」

「我在地鐵站把手機給丟了。」我說。

「丟了？」他問。

「對，有人撞了我手臂一下，手機就飛出去了。我猜肯定掉進誰的包裡了，因為我根本沒聽見它掉到地上。有個女人正好走過去，她的包是打開的。」

「你可真行。」他說，「我猜你沒問對方能不能拿回手機吧？」

「沒。首先是因為火車正好進站了，其次，我也不確定是不是真的有掉進去。你總不能直接就這樣問一個女人可不可以看她包包。」

「你點了嗎？」

我搖搖頭。他抓過菜單，四下尋找服務生。

「在柱子那邊。」我說，「你想吃什麼？」

「聽聽你的意見。」

「要不豬肉配洋蔥醬？」

「好，都可以。」

不管什麼時候遇見蓋爾，都總是隔著一段距離，彷彿他不能理解我也在場的事實，於是想把我排除在外。他不和我對視，不加入我正在談的話題，好像要把注意力轉移到其他東西上，藉此來悶死正在進行中的話題，他會變得尖刻，整個人散發出傲慢的氣息。有時這會讓我生氣，我一旦生氣就不說話，而他很快就明白應該怎麼做。「我的天啊，你今天工作太累了，太累了」，「你要兩眼空空地在那裡坐一個晚上嗎？」要不就是「好了，卡爾・奧韋，你今天晚上挺逗的。」這是一種初步的、他在自己腦子裡操演的

---

147 斯泰納爾・奧普斯塔（Steinar Opstad, 1971—），挪威詩人。

心理交鋒，過一會，半個小時或一個小時，也可能只有五分鐘，他就變了，把防守丟到一旁，好像認清了形勢，變得專心、體貼和投入，還有那笑聲，本來一直是冷淡而僵硬的，此時也變得熱情和真誠，這種轉變也包括他的聲音和目光。我們在電話上交談時，他沒有防衛，從拿起聽筒的那一刻起，我們就在一個平等的地位上聊起天來。他比任何人都瞭解我，或許我也一樣，但又不能絕對確定說我對他的瞭解多過於任何人。

經過這麼多年，我們之間的不同已經減弱了，然而從來沒有完全消除，因為這與觀點或態度沒有關係，而關乎於性格本身，那深埋在永遠無法加以破壞的東西裡，有時完全暴露在外，比如說我寫完《萬物皆有時》後蓋爾送給我的禮物。那是一把刀。美國海軍陸戰隊用的那種，除了殺人，別無他用。他這麼做不是開玩笑，這只是他能夠想像到的最好的一件禮物。我很高興，但這把刀太嚇人了，鋥亮的鋼身，銳利的刀鋒，深深的、讓血外流的凹槽，所以它仍然躺在盒子裡，放在某個書架一堆書的後面。他大概也看出這東西和我有多不般配，因為過了幾個月《萬物皆有時》出版的時候，他又送了我一件禮物，一套十八世紀《大英百科全書》的複刻本——書中沒有描述過的物品和現象使它顯得極為迷人，因為那些東西還不存在——當然這更對我的胃口。

他拿出一個塑膠皮的信封，裡面有幾張紙，然後遞給我。

「只有三頁。」他說，「你能看看嗎，然後告訴我它好不好？」

我點點頭，從資料夾取出那幾頁紙，熄滅香菸，開始讀。這是一篇文章的開頭，我看他手稿時一直在找的那篇。它基於卡爾．雅士培所謂「限界狀態」的概念寫成。其要點是生命的意義存在於最大限度的緊張中，即日常生活的對立面，換句話說，接近死亡。

「很好。」我看完以後說。

「真的？」

「當然。」

「好。」他說著，把紙收回塑膠口袋，放進他旁邊椅子上的包裡，「之後你可以讀到更多。」

「我相信。」我說。

他往前拉拉椅子，兩隻手臂肘放到桌上，雙手交疊。我又點了一支菸。

「對了，你的記者今天打電話給我了。」他說。

「誰？」我問，「噢，《晚郵報》的那位。」

他要寫一篇採訪，所以問我能不能從我的朋友中找一兩位來談談。我把托爾的電話號碼給了他，在這方面，托爾就像一個隨時能開火的大炮，關於我，他什麼都敢說，蓋爾的號碼我也給了，因為他更瞭解我目前的狀況。

「那你說什麼了？」我問。

「什麼都沒說。」

「什麼都沒說？為什麼不說？」

「嗯，我該說什麼呢？如果我對他說實話，他要嘛不理解，要嘛徹底扭曲了意思。所以我盡可能少說為妙。」

「這樣做有什麼意義？」

「我怎麼知道？是你把我的電話給他的……」

「給他是讓你能說點什麼。什麼都好。我告訴過你了，他們怎麼寫都沒關係。」

蓋爾看了我一眼。

「你不會那麼做的。」他說，「但是，對，我確實說了你一件事。實際上也許是最重要的一件事。」

「那是什麼？」

「你有很強的道德感。你知道那傻瓜怎麼回答的嗎？『所有人都有。』你能想像嗎？這就是他們**沒有**的東西。幾乎**沒有一個人**有強烈的道德感，甚至不知道這些東西是什麼。」

「這只說明了他對道德的理解和你不同。」

「對，他只是要找些料可以爆罷了。幾件趣聞，比方說你之前曾醉到哪種程度什麼的。」

「是，是。」我說，「我們明天就知道了。不可能有**那麼**糟糕。再怎麼說也是《晚郵報》啊。」

蓋爾坐在桌子對面搖了搖頭。然後他四下張望，尋找女服務生。她馬上就走過來了。

「豬肉配洋蔥醬，謝謝。」他說，「還要一杯Staropramen啤酒，白的。」

「我要肉丸，謝謝。」我說，然後端起酒杯，「再來一杯這個。」

「這就來，先生們。」女服務生說著，把小筆記本塞進胸前的口袋，走到廚房那邊去了，你可以透過不停開合的門往裡面看上幾眼。

「你說的很強的道德感到底是什麼意思？」我問。

「嗯，你是個非常講道德的人。在你性格的基礎中有一層道德基石，而這是無法削弱的。你用純粹的生理上的方式對不合適的行為做出反應，那種把你淹沒的羞恥感並不是抽象的或概念上的，而是百分之百生理上的，你根本擺脫不了。你不是偽君子。但也不是道德家。你知道我偏愛維多利亞時代的思想，他們的體系有一個一切可見的前臺，以及一個一切都隱藏著的後臺。我不認為那種生活能讓任何人更幸福，然而那裡卻是有更多的生活。你是個徹頭徹尾的新教徒。新教，那是內在的生活，那是與自己保持一致。你不能過雙重生活，就算你想也不行，你不可能讓這樣的事情發生。生活和道德在你身上有著一對一的關係。所以你在道德上是無懈可擊的。大部分人都是培爾．金特。他們在生活的路上總是搞些旁門左道，對不對？你沒有。你做每件事都極度認真，憑著良心去做。比方說吧，你在看稿子的時候有沒有跳過任何一行呢？有哪一篇稿子你不是從第一頁讀到最後一頁的呢？」

「沒有。」

「是沒有，這還能說明什麼？你**不可能**敷衍了事。你不可能。你是個極端新教徒。我以前說過，你是個幸福審計員。如果你有所成就，往往是得到了別人夢寐以求的東西，那麼你只是在帳目上把它勾銷。任何事都不會讓你感到幸福。當你和自己保持一致，你差不多一直都是這樣，你的自制遠遠超過我。你知道我那一套什麼樣子。你意識裡有盲點，在這些地方你可能失去控制，但是如果你不去那裡——現在你根本不去了——你在道德規範上就會變得一絲不苟。你忍受著各式誘惑，遠遠超過我或其他任何人。如果你是我，你會過著雙重生活。但你不可能那樣。你註定要過一種簡單的生活。哈哈哈！你不是培爾．金特，我認為這就是你的天性。你的理想是純真的東西，是純真。什麼是純真？我正好與你相反。波德賴爾寫過這一點，關於薇吉尼[148]，你記得吧，十足純真的圖象，和諷刺漫畫產生對比，她聽到了粗俗的笑聲，意識到某種不光彩的事情已經發生，但她不知道到底是什麼！她收起了自己的翅膀。然後我們再說卡拉瓦喬的畫，你知道，《打牌作弊者》，身邊所有的人都在騙他。那就是你。那也是純真。而在這種純真當中，說到你，這種純真也存在於過去，比如你在《出離世界》裡寫的十三歲女孩，你對七〇年代的瘋狂懷舊……琳達也有點這種感覺。怎麼形容她來著？就像包法利夫人和卡斯帕爾．豪澤爾的混合體？」

148 薇吉尼（Virginia）為雅克－亨利．貝爾納丹．德．聖皮爾一七八八年小說《保爾和薇吉尼》中的主角。波德賴爾的《論笑的本質並泛論造型藝術中的滑稽》發表於一八五五年七月八日。

「沒錯。」

「卡斯帕爾．豪澤爾，他是個謎，當然了。我從來沒見過你以前的妻子，托妮耶，但我看過她的照片，雖然她和琳達不像，但也有純真之處，她的外表。這並不是說我認為她純真，一定純真，而是她散發出了那種氣質。這種純真是你特有的。我對純潔和純真不感興趣。不過，這在你身上體現得非常清楚。你是個非常講道德的，非常純真的人。什麼是純真？純真就是沒有被世界觸碰過，沒有被毀壞過，就像從未投進過石頭的池水。這不是說你沒有欲望，沒有追求，你有，只是你保留了純真。你對美貪得無厭的追求也起了作用。你選擇寫天使不是偶然的。那是最純潔的純潔。再沒有比它更純潔的東西了。」

「但我的書不是這樣。書裡寫的是他們身體的、生理的一面。」

「嗯，雖然如此，他們仍然是純潔的縮影。也是人類墮落的象徵。但你把他們寫成了人，允許他們墮落，不是淪於罪過，而是淪於人性。」

「如果你是抽象地看，那麼也有幾分正確。十三歲的女孩，是純真，然後怎麼樣了？純真非得搞成身體上的不是。」

「真有你的！」

「是，是。她那時必須給人糟蹋。天使必須變成人。所以這有一種聯繫。但是這一切都發生在潛意識裡。在內心深處。所以從這個意義上講，它不是真的。我可能往那個方向發展，但我對此並不知道。當然，在我讀到書封上的宣傳語之前，我並不知道我寫了一本關於羞恥的書。純真和那個十三歲的女孩，我很久以後才想到。」

「但它就在那裡啊。很明顯，不用多說。」

「對。但對我是隱藏起來的。我覺得有什麼東西被忘記了。純真和愚蠢很相近。你講的東西是愚蠢，對不對。無知？」

「不，差得遠了。」蓋爾說，「純真和純潔已經成了愚蠢的**代名詞**，但這是今天。我們生活在最有經驗者獲勝的文化裡。真討厭。人人都知道現代主義走要走哪條路，你打破一種形式來創造另一種，無止境的倒退，讓它繼續好了，只要時間足夠長，經驗終究會占上風。我們時代的獨特之處，純粹或獨立的行動，你知道，就是宣佈放棄，而不是接受。接受太容易了。靠著它什麼都達不到。這就是我對你的評價。換句話說，簡直就像聖徒。」

我笑了笑。女服務生端來了啤酒。

「乾杯。」我說。

「乾杯。」他說。

我喝了一大口，拿手背擦掉嘴上的酒沫，把杯子放到面前的杯墊上。在我看來，這明亮的、金子般的顏色，有著某種令人振奮的感覺。我看了看蓋爾。

「像聖徒一樣？」我說。

「對。天主教信仰中的聖徒相信、思考和行動的方式大概和你差不多。」

「你不覺得這樣有點誇張嗎？」

「不覺得，一點也不。對我來說，你做的事情是很殘缺不全的。」

「哪方面？」

「生活、機遇、生存、創造。創造生活，不是創造文學。對我來說，你過著簡直嚇死人的禁欲生活。更確切地說，你沉溺於禁欲主義。在我看來，這是極不尋常的。極不正常。我認為我從來沒遇見過，也從來沒聽說過……是啊，正像我說過的那樣，我不得不回到聖徒，回到教會的神父。」

「別再說了。」

「是你問的。沒有其他概念框住你。沒有外部特徵，沒有危在旦夕的道德，也沒有社會道德，不過這也不是它待的地方。它在宗教裡。只是沒有神，這很清楚。你是我認識的唯一一個不信上帝還能領聖餐又不褻瀆神明的人。我知道的唯一的一個人。」

「沒有其他你認識的人做過這種事了嗎？」

「有，但不純潔！我領聖餐時就是那樣。有一次我為錢做過。後來我和教會斷絕了關係。我把錢花在什麼地方了？對，我買了一把刀。但我們談的不是這個。我們談什麼來著？」

「我。」

「對，就是。其實你和貝克特有共通之處。不在於你寫作的方式，而在於品德高尚。就像喬蘭在什麼地方寫過的：『與貝克特相比，我就是個婊子。』哈哈哈！我覺得這句話真是說得太好了。哈哈哈！對，都說喬蘭是最正直的人了。我看你的人生，覺得它完全虛度了。我就這個問題把所有人都想過了一遍，但你的人生比他們虛度得更厲害，因為你還有更多的東西可以去虛度。你的道德感不像有些傻瓜想的那樣，它跟報稅沒關係，而是你的天性。你的天性，就是這麼回事。正是你和我之間這種巨大的差異讓我們每天都有話說。用這個詞來形容沒錯。我同情你的命運。因為那是命運，你對它無能為力。我能做的只有旁觀。什麼也不能插手。沒有人可以。我替你難過。但我只能把它看成一場在近處上演的悲劇。你知道的，悲劇就是好人碰到了壞時代。喜劇不一樣，喜劇是壞人碰到了好時代。」

「為什麼是悲劇？」

「因為它缺乏喜悅。因為你的人生缺乏喜悅。你有這麼多難以置信的餘韻和這麼多的才華，卻停在了這裡。它變成了藝術，但也僅此而已。你就像邁達斯[149]，他碰到的每件東西都變成了金子，但他無法從中得到快樂。不管他去哪裡，身邊的每樣東西都閃閃發光，金碧輝煌。其他人找啊找啊，找到一塊金子，就把它賣了，換來好生活，富麗堂皇、音樂、舞蹈、享樂、奢華，最起碼也能泡幾個女人，對不對，撲向女人，好在一兩個小時內忘掉自己的存在。你渴望的是純真，這是一種不可能的等式。渴望和純真永遠不可能共存。一旦你把老二插到裡面，終極的就不再是終極的了。你一直處在邁達斯的位置上，你能擁有一切，你認為多少人擁有這些？大概一個人都沒有。多少人會把它放下？甚至更少。據我所知，只有一個。如果這不是悲劇，那我不知道還有什麼算是悲劇。你覺得你那位記者能把這些東西寫出來嗎？」

「不能。」

「不能。」

「他有記者的那套標準，用來衡量一切。記者把每個人都放進同一個框框裡。這是整個體系的基礎。但那樣他沒法接近你，沒法接近你的本質，差得遠呢。我們還是忘掉這事好了。」

「每個人都是這樣啊，蓋爾。」

「哦，也許吧，也許不是。你扭曲的自我形象和渴望就像其他人一樣。」

「你說完了吧。我要說的是，你對我的描述是獨一無二的。英格威、媽媽和別的親戚都不會理解我們在談什麼。」

「這也不會不真實吧？」

「不，不一定，但是我想起來她有一次說到你，說你勝過身邊的所有人，因為你想讓自己的人生變得

---

149 邁達斯（Midas），古希臘和羅馬傳說中的國王。狄俄尼索斯滿足了邁達斯的願望，讓他經手的東西都變成了金子，直到他碰到的食物也變成黃金，差點兒讓他餓死時，他才意識到自己的愚蠢。

出色。」

「的確。每個人的人生都是自己創造出來的。我是我自己人生的英雄，對不對？名人、紅人、家喻戶曉的人，他們出名或紅起來不是靠自己，不是憑他們自己的力量，是別人把他們捧出來的，有人為他們寫文章，替他們拍片，談論他們，分析他們，欣賞他們。正因為如此，他們在別人眼裡才變得了不起了。但這是特別的情況。我的情況就會顯得不真實嗎？不，正好相反，因為我認識的人都和我待在同一個房間裡，我能接觸他們，談話時看著他們的眼睛，我們此時此地就能看見彼此，我們當然不能隨時隨地跟身邊轉來轉去的那些名字那樣做。我是地下室人[150]，你是伊卡洛斯。」

女服務生端著菜朝我們這邊走過來。她把盤子放到蓋爾面前，一塊豬肉好像島嶼，突出於白色洋蔥醬的海洋。在我的盤子裡有一堆肉丸子，旁邊是鮮綠色的豌豆糊糊和紅色的越橘醬，都澆了一層濃奶油汁。馬鈴薯是盛在單獨的碗裡放到桌上的。

「謝謝你。」我抬頭看著女服務生說，「能再來一杯嗎？」

「一杯啤酒，好的。」她說，然後看著蓋爾。他把餐巾鋪到腿上，搖了搖頭。

「我等等，謝謝。」

我喝乾杯子裡最後一口酒，把三塊馬鈴薯放到我的盤子裡。

「那麼說可不是恭維你，你別想錯了。」蓋爾說。

「什麼？」我說。

「聖徒形象。沒有現代人想做聖徒。聖潔的生活什麼樣子？受苦、犧牲和死亡。如果根本沒有物質生活，誰他媽還想要了不起的精神生活呢？人們只想著怎樣的內省能帶給他們物質生活，讓他成功。現代人禱告時抱著什麼觀念？現代人只有一種禱告，那就是欲望的表達。除非你想要得到什麼，否則你是不會禱告的。」

「我想要的東西可多了。」

「對，沒錯。但是它們不會給你帶來任何快樂。不去追求一個幸福的人生，這是一個人能做的最具挑釁性的事了。再說一遍，這不是恭維。根本不是。我想要生活。這才是最重要的。」

「和你談話就像找魔鬼看病。」我說著，把馬鈴薯碗擱到他面前。

「但魔鬼到頭來總會輸。」他說。

「這可不好說。」我說，「還沒結束呢。」

「你說得是。可是沒有什麼跡象表明他會贏啊。反正我看不出來。」

「就算上帝不在我們之間了？」

「在我們之間，這說法不錯。以前他不在這，他高高在上。如今我們把他內化。把他包含進來了。」

我們默默地吃了幾分鐘。

「對了，」蓋爾說，「你今天過得怎麼樣？」

「簡直無法稱作一天。」我說，「我想寫篇講稿，你知道的，但全是胡說八道，所以我乾脆就看書了。」

「但我想你有過更糟的時候吧？」

「也對。但我的確對此很生氣。你肯定不會理解的。」

「什麼事？」蓋爾問，他把啤酒杯放下了。

「就是被迫寫作，尤其是在我必須把那前兩本書寫出來的時候。我被迫假裝它們很有意義，不然就不

150 地下室人（kjellermennesket）是杜思妥耶夫斯基小說《地下室手記》的敘事者和主人公。

可能去談它們，這有點像是在安慰自己，對不對？這很討厭，因為到時候我必須站在那裡用贊許的語言談論我自己的書，而聽眾確實**感興趣**。為什麼？畢竟他們來見我是想告訴我這兩本書多麼出色，談的又是多麼不可思議地精采，而我不想接觸到他們的目光，我不想看見他們，我想逃出這地獄，因為我在那裡就是個囚徒，你明白嗎？沒有比遭受讚揚更悲慘的命運了。耶奧格·約翰南森（Georg Johannesen）講過『讚揚能力』[151]，但這是一種多餘的區分，它意味著有價值的讚揚確實**存在**，可它並不存在。它愈有權威，就愈糟糕。起先我會很尷尬，我根本沒什麼可以隱藏的，然後我就要憋不住要發脾氣了。當人們用那種特殊的方式對待我時，你知道我指什麼。不對，該死，你根本就不知道我指的是什麼！你就在金字塔的最下面呀！你**也想**往上爬呀。哈哈哈！」

「哈哈哈！」

「順便說一句，讚揚這種東西可不完全是真的。」我繼續說，「如果你說某個東西是好的，那就有意義。如果蓋爾讚揚我，那就有意義。當然還有琳達，還有托爾、艾斯彭和圖勒·艾瑞克。所有和我關係密切的人。我談的都是局外人。我不再有任何控制。我不知道那是什麼……我只知道成功是不可信的。我注意到我光是嘴上說說就很生氣。」

「你說過兩件事，我都記下來了，還想了很多。」蓋爾看著我說，他手裡的刀叉懸停在盤子上方，「第一件是你說起哈里·馬丁松[152]的自殺時講的。他在接受諾貝爾獎之後切腹了。你說你非常理解他的動機。」

「對，這很明顯。」我說，「得到諾貝爾文學獎是作家的最高榮譽。可他的獎遭到了系統化的質疑。他是瑞典人，他是瑞典學院的院士，很明顯有某種友誼成分在裡面，很難說他配得上這個獎。如果他不配，這就完全成了笑柄。你得死壯死壯的才能挺過人家的嘲笑。對馬丁松來說，他自卑感又那麼重，這肯定無法承受。如果這就是他那麼做的原因的話。第二個是什麼？」

「啊？」

「你說我講過兩件事讓你苦思冥想。第二個是什麼？」

「噢，是《大破壞》裡的雅斯特勞[153]。你還記得嗎？」

我搖搖頭。

「要想保守祕密，沒有比你更安全的對象了。」他說，「你忘記一切。你的腦子就像沒有乾酪的瑞士乾酪[154]。你跟我說《大破壞》是你讀過的最可怕的書。你說書裡的墜落不是墜落。他只是鬆開了手，讓自己遠遠地漂走，放棄了他擁有的一切，就是喝酒，在書裡這似乎是一個真實的選擇。也是個好的。讓你擁有的一切漂走，讓你自己漂走。就像漂離了碼頭。」

「我想起來了。他寫喝醉了的樣子寫得真好。寫那個時候可以有多麼精采。然後你就有一種那也不是特別危險的感覺。我以前沒想過墜落還有懶惰的、不反抗的一面。那時我把它看成某種戲劇性的東西，某種意義深遠的東西。想到它是日常慣例，是隨意的，甚至也許很美妙時，我很震驚。因為那的確很美妙。比如說酒醉的第二天。湧進你腦海的那些想法……」

151 耶奧格・約翰南森（Georg Johannesen, 1931-2005），挪威作家和修辭學教授。

152 哈里・馬丁松（Harry Martinson, 1904-1978），瑞典作家和詩人，瑞典學院院士，一九七四年和另一位院士艾溫德・約翰松（Eyvind Johnson）一起獲得了本院頒發的諾貝爾文學獎。

153 《大破壞》（*Hærværk*）是丹麥詩人湯・克里斯滕森（Tom Kristensen, 1893-1974）一九三〇年出版的長篇小說，主人公奧勒・雅斯特勞乃哥本哈根《日報》（實為克裡斯滕森曾經供職的《政治報》）的文學評論家，從前是傾心社會主義的先鋒詩人，現在成了有家有業的中產階級。他決心慢慢地喝酒至死，任由自己的世界分崩離析。

154 瑞士乾酪上有圓孔，沒有乾酪的瑞士乾酪意指剩下圓孔。

「哈哈哈！」

「你絕不能放手。」我說，「對嗎？」

「對。你呢？」

「不。」

「哈哈哈！但是我認識的差不多每個人都放開手了。斯特凡天天在自己的農場裡豪飲。豪飲，烤整頭的豬，還開拖拉機。去年夏天我回老家，奧德．居納爾在用牛奶杯喝威士忌。倒了滿滿的一杯，喝酒的藉口是我去拜訪。可是我沒喝啊。當時還有托尼。但他是吸毒成癮，有點不一樣。」

在桌子另一側，有個原先一直背對我們的女人站了起來，當她朝洗手間所在的大門那邊走過去時，我才發現這是伊爾達。在我進入她視線範圍的幾秒鐘內，我低了下頭，死盯著桌面。倒不是我有什麼跟她過不去的，我只是不想現在和她說話。好幾年了，她一直是琳達的摯友，她們甚至還住在一起過一陣子，我們剛交往時，三個人曾經共度過不少時間。她有一個時期跟迷魂出版社[155]密切來往，我一直不清楚她在那裡做什麼，但不管怎麼說，他們有本書的封面印著她的照片，一本薩德侯爵的書，此外，她每個星期還到赫登葛蘭書店上幾天班，不久以前，她也跟一個和文學有些關係的朋友合夥，開了一家公司。她不可預測，反覆無常，但絕不是因為病了，更像過度地熱愛生活，這意味著你永遠不可能知道她要說什麼，做什麼。琳達的性格當中有一面與她頗為般配。她們結識的過程就是個很好的例子。琳達在大街上和她搭話，她們此前素不相識，但琳達覺得伊爾達好像很有趣，便走過去和她說話，她們就這樣成了朋友。伊爾達身材好，有翹臀，大胸，一頭黑髮，頗有拉丁風範，在外表上令人想到典型的五〇年代的女人，並且受到過斯德哥爾摩不只一位著名作家的追求，但是透過這種外在形象，常常有一種明顯的少女氣流露出來，一種沒有禮貌、愛生悶氣、不講道理的性格。柯拉天性更為脆弱，有一次說伊爾達讓她覺得恐怖。伊爾達和一個文學院學生謝蒂爾在一起，他自己的博士學業才剛起步。在關於赫爾曼．邦[156]的研究計畫遭到拒絕之後，他轉而鑽研他們想要的東西，他們不會拒絕的東西，也就是大屠殺文學，這一次當然不費吹灰之力便通過了。我們上次見面是在他們家舉辦的一個派對上，他剛在丹麥參加過一個研討會，在那裡結識了一個挪威人，他說那個人在卑爾根上學，我問，他叫什麼？他說叫約達爾，我說不會是普雷本吧？是的，就是他，普雷本．約達爾。我說他是我朋友，我們一起編過《流浪者》，我對他評價很高，他既有智慧又有天分，謝蒂爾聽到這話什麼也沒說，從他閉口不談的樣子來看，他有些小小的尷尬，且有衝動要去替我的杯子添酒，由此拉出距離，讓交流的中斷不至於太過明顯，我想普雷本在提到我時，可能沒有用同樣熱情的話語。接著又有一個想法從腦中閃過，他用非常激烈的言辭嚴厲批評過我的新書，而且是兩次，先在《流浪者》上，後來在《晨報》而，這肯定就是他們在丹麥的談話主題。謝蒂爾覺得難為情，因為我沒得到什麼好話。誠然，這僅僅是個理論，但我相當肯定其中必有隱情。很奇怪我沒有馬上想起那番批判，但不奇怪的是我理解了背後的緣由：普雷本屬於我記憶當中的卑爾根那一部分，人在那裡，而批判屬於斯德哥爾摩時期，屬於現在，與那本書相關，而不是與它周圍的生活。噢，這真讓人心痛，這就像一把刀刺進了心臟，也許後背更恰當，因為我瞭解普雷本。不過，我沒有特別怪他，我的書並非無懈可擊，無法免於那種批判，換句話說，就是不夠好，同時我也害怕這種結論將給這

155 迷魂出版社（Vertigo förlag），一九九三年由思想史學者和斯德哥爾摩超現實主義者小組聯合發起人卡爾－米卡艾爾．艾登堡創辦，總部位於瑪律默，社名來自希區柯克的電影《迷魂記》。

156 赫爾曼．邦（Herman Bang, 1857-1912），丹麥作家，十九世紀晚期斯堪的納維亞文學「現代突破」（Det moderne giennombrudd）一代的重要一員。

本書蓋棺論定，這些話將被人牢牢記住。

但這也算不上是我不想和伊爾達說話的原因。真是如此嗎？對我而言，這種事會在所有涉及到的人心頭留下陰影。不，是我不想聽到她生意上的事。就我所知，那間公司如同出版社和書店之間的某種紐帶。常舉辦活動什麼的？辦文學季，演講等等……？不管是什麼，我都不想聽到。

「對了，上次在你們家那個晚上真好。」蓋爾說。

「那是我們上一次見面？」

「怎麼了？」

「那是五個星期之前的事了。你現在提起來怪怪的。」

「噢，我懂了。我昨天還跟克莉絲蒂娜商量來著，大概原因就在這裡，我們想明天請你們一家子過來。」

「那好啊。」我說，「對了，湯瑪斯在這裡。你看見他了嗎？他坐在靠裡面的位置。」

「噢？你跟他聊了？」

「就幾句話。他說他待會兒過來。」

「他正在看你的書。他說了嗎？」

我搖搖頭。

「他原本很喜歡那篇關於天使的文章。他認為應該往長篇寫。但他就是這個樣子，什麼都沒跟你說。他肯定忘了那篇文章是你寫的了。哈哈哈！這健忘沒救了。」

「他只是沉浸在自己的世界裡罷了。」我說，「我也老是這樣。可是我的天啊，我才三十五歲。你記得我跟圖勒·艾瑞克來這裡的那一次嗎？我們在這裡喝了一天一夜，過了好幾個小時。他談起自己的人生，他跟我講了他的童年，他母親，他父親，還有他的姊妹，往上數好幾代的家人。首先，他講得特別好，其次，他還說了幾件相當敏感的事情。雖然我非常認真在聽，雖然我在心裡說，這可真他媽帶勁，可是第二天我就忘得一乾二淨。只剩下一個框架。我明明記得他談到他的童年，他父親，他的家人。也記得有些東西挺敏感。可我就是想不來那些敏感的東西到底是什麼。通通沒了！一片空白！」

「你醉了。」

「這跟醉不醉沒關係。我記得托妮耶總在說她人生中發生過一件可怕的事，很多年以前的事，她永遠也不想回憶的事，但她沒說是什麼，我們那時彼此瞭解得不夠，這是她人生中的大祕密。你明白嗎？兩年過去了，她才告訴我那件事是什麼。當時沒喝酒。我全神貫注，仔仔細細地聽了她說的每一個字，後來我們還就此討論了很長時間。可它還是消失了。幾個月之後什麼都沒留下。我一點也記不得了。這讓我落入了一個極其艱難的境地，因為這對她來說實在痛苦至極，這是個掏心掏肺的話題，如果我說對不起，我什麼都想不起來了，她就會離我而去。所以不管她什麼時候往事重提，我都必須裝出一副知道來龍去脈的樣子。這種健忘可能隨時發作。舉個例子，有一次在達姆出版社，我替弗雷德里克提了個建議，說他們應該出一本挪威短文選，之後他就在下一封電子郵件裡接著談這件事，卻沒有直接說起那個來由，於是我一頭霧水，根本不知道他在講什麼。那件事完全從我腦子裡消失了。有些作家曾經帶著極大的熱情和力度告訴我他們正在寫什麼，我回應了，用同等的熱情，一聊就是半個小時或一個小時不停。幾天之後，全沒了。我**仍然**不知道我母親的論文到底寫了什麼。某些時候你真不能再問了，否則就是極大的冒犯，對不對，所以我裝。我坐在那裡點頭，微笑，又一次搞不懂這他媽說的是什麼。我生活中的各方面全都是這個樣子。你也許覺得這是因為我不夠關心，或是不夠專注，但不是那麼回事，我關心，我也專注。可是呢，唰的一下，沒了。英格威不一樣，他記得住一切。一切！琳達記得一切。你也記得一切。

但麻煩的是，還有些根本沒人說過、或是根本沒發生過、但我肯定它們確實發生過的事情。還拿圖勒．艾瑞克來說吧，你記不記得我在畢斯科普斯-阿恩見到亨里克．霍夫蘭[157]的那次？」

「當然記得。」

「他也是農場出來的，離圖勒．艾瑞克家的農場非常近。他跟他們很熟，提了幾句圖勒．艾瑞克的父親。然後我說圖勒．艾瑞克的父親已經死了。噢？亨里克．霍夫蘭說，他第一次聽說這事。但他說，他跟老家那邊的人聯繫已經不多了。可他明顯很吃驚。他無疑相信這是真的。如果圖勒．艾瑞克的父親沒死，我為什麼要說他死了呢？他沒死。下一次我遇見圖勒．艾瑞克的時候，他談起他父親，輕鬆自如，毫無悲傷。人家活得好好的。那麼是什麼讓我認為他死了？是什麼足夠讓我把它當成事實來對外宣揚？我不知道。我完全沒有頭緒。但這事弄的我以後不管什麼時候見到圖勒．艾瑞克都很緊張，要是他碰到霍夫蘭，霍夫蘭又對他說出一番哀悼的話怎麼辦？圖勒．艾瑞克想必會糊里糊塗地看他一眼，這傢伙在說什麼呢？嗯，你父親，他去世了，太突然了。我父親，你他媽從哪裡聽來的？哦，是克瑙斯高說的。他還活著？你是說他還活著嗎？可是克瑙斯高說……？之後，誰再也不會接受說我弄錯了，儘管我以為那是真的，但我憑什麼以為呢，沒有人這樣告訴過我，我認識的人當中沒有誰的父親死了，所以我不可能弄混。這是純粹的空想，我卻以為那是事實。這種事發生過好幾次，並非因為我是說謊癖，我的確相信我說的話。天知道我這麼做過多少次了，到處傳播自以為是的事實，而它們只是胡說八道！」

「你應該學我，我是個偏執狂，成天叨念同樣的東西。這樣重複它們，就不會犯錯了。」

「你確定？你上一次跟你爸說話是什麼時候？」

「哈哈。」

「這是一種殘缺。就像視力低下。看那邊，那是人嗎？還是棵樹？哎呀，我剛撞到了什麼。桌子。啊哈，這是個餐廳！貼著牆往吧台那邊走。哎呀呀！什麼東西軟軟的？人？對不起！你**認識**我？噢，克努特·阿里爾（Knut Avild）！該死！我沒認出你……因此產生出了可怕的想法：每個人都有這種殘缺。他們內在的、隱蔽的、祕密的黑洞，耗費如此之多精力去掩藏。世界上滿是內在擁有殘缺的人，不停地相互碰撞。是的，就在這些漂亮的和不太漂亮的、雖然起碼還算正常也不太嚇人的面孔背後，我們相互面對。不是在心理上或心智上，也不是在精神上，而是憑著自覺，面對面的方式。思想、意識、記憶、感覺和理解上的種種缺陷。」

「可不就是這樣嘛。哈哈哈！就是這個樣子嘛！看看你周圍，朋友！醒醒吧！光是這裡，你認為有多少理解上的缺陷？為什麼你認為我們已經為每一種行為確立了形式？談話、演講、授課、服務、吃喝、走路、落座，甚至還有性交的方式。只要你能叫得出名字的，都存在。如果不是為了這個特定的理由，為什麼你認為正常狀態這麼值得追求？只有這一個地方我們有把握會合。但即使在這樣的狀態裡我們也沒有會合。阿恩·內斯[158]說過，當他得知自己要去見一個普通的、正常的人時，他付出了超絕的努力，讓自己變得普通而正常，而這個正常人大概也極為努力，好讓自己能與內斯交流。但如內斯所言，他們根本沒有會合的可能，他們之間存在的裂隙是無法連通的。形式上可以，實際上不行。」

「但阿恩·內斯不是也說過，他能坐著飛機，背著降落傘，空投到地球上任何一個地方，並且知道他到哪裡都會受到友好的接待嗎？到哪裡都有飯給他吃，有床給他睡，對嗎？」

「對，是這麼說過。我在論文裡也寫了。」

157 亨里克·霍夫蘭（Henrik Hovland, 1965—），挪威作家和記者。
158 阿恩·內斯（Arne Næss, 1912-2009），挪威哲學家。

「那我肯定是從你的論文裡看來的。世界很小。」

「至少我們的世界很小。」蓋爾微笑著說道，「但他說得一點也不錯。這也是我的經驗。你在每個地方都會遇到一種最低程度的普遍人性。巴格達就是個極好的例證。」

在他身後，伊爾達從遠處走過來。她穿著低跟鞋和夏天的花裙子。

「嗨，卡爾．奧韋，」她說，「你好嗎？」

「嗨，伊爾達，」我說，「非常好。你怎麼樣？」

「還行，挺好的。工作很多，你知道的。家裡怎麼樣？琳達和小閨女都好吧？從我們上次聊天，時間過得真快，太可怕了。她還好嗎？她能應付得來吧？」

「對，她還好。她這陣子忙著學習。所以我白天老得推著嬰兒車帶萬妮婭出門。」

「感覺怎麼樣？」

我聳聳肩。

「還行。」我說。

「其實我自己也在考慮。有孩子會是什麼樣呢？我覺得他們有點噁心。還有大大的肚子和乳房裡的奶水，實話實說，想想就不舒服。可是琳達喜歡嗎？」

「噢，喜歡。」

「好吧，那就這樣。替我幫她問好。我找時間再打給她。幫我跟她說一聲！」

「一定。也向我問候謝蒂爾！」

她抬起手，招呼了一下，便走回她的座位去了。

「她剛考完試。」我說，「我告訴過你嗎？她第一次自己開車時跟在一輛卡車後面，兩條車道並作一條，但她覺得自己有時間完成超車，所以踩了油門就往外切，這才發現超不過去。她的車撞到了護欄，側翻了，滑出去好幾百公尺。但她沒受傷。」

「大難不死，必有後福。」蓋爾說。

女服務生走過來，收拾了桌子。我們又要了兩杯啤酒。不說話，坐了一會兒。我抽了一支菸，最後把菸頭捻熄在軟軟的菸灰裡。

「今天我請客吧，先跟你說好。」我說。

「好吧。」蓋爾說。

如果我不直接說我來付，他就會掏錢，而且完全沒有辦法讓他收手。有一次我們出去吃飯，我們四個人，蓋爾和克莉絲蒂娜，琳達和我，到比耶爾．亞爾街盡頭的一家泰國餐廳，他說他來付帳，我說不，至少應該各付各的。不，他說，我來付，別爭了。等服務員拿走他的信用卡之後，我掏出現金，數好飯錢的一半，放到他面前的桌子上。他沒伸手去拿，事實上他好像根本沒看見。咖啡上來了，我們喝咖啡，十分鐘之後，大家起身要走的時候，他仍然沒碰那些錢。嘿，把錢拿著，我說，我們各付各的，快拿吧。他又一次說，不，我來付，這是你的錢，你拿。於是我別無選擇，只好拿起錢，塞回自己的口袋。我知道如果我不拿，錢就扔在那裡了。這時他露出了笑容，那種明顯的「我知道你就會這樣做」的笑。於是我很後悔自己沒付帳，如果不在蓋爾面前丟臉，任何犧牲都不算太大。但克莉絲蒂娜臉上掛不住了，她極為敏感，喜怒必形於色，此時一副為蓋爾感到害臊的表情。至少也是感到眼前這種局面令人尷尬。我從未與蓋爾鬧到下不來台的地步。很明智，也許吧，因為他身上有我永遠無法勝出的某種特質。例如，我們比賽互相瞪眼，就像年少時幹過的那樣，如果有必要的話，他會看著我一個禮拜不眨眼。我也能盯著他的眼睛不放，但遲早會想，何必呢，於是放低目光。這種想法他永遠不會有。

「對了，」我說，「今天忙不忙？」

「我一直在寫那篇關於限界狀態的文章。具體就是十八世紀的斯德哥爾摩。當時的死亡率有多高，人的壽命有多短，他們用自己有限的生命做些什麼，跟我們做個比較。後來塞西莉亞走進辦公室，想找我談談。我們一起去吃午餐。她前一天晚上和同居男友出門吃飯，還有男友的朋友。她說她整晚上和男友的朋友調情，他們回家後，男友當然很生氣。」

「他們在一起多久了？」

「六年。」

「她想分手嗎？」

「不想，一點也不想。正相反，她想跟他生孩子呢。」

「那調情怎麼回事？」我問。

蓋爾看了看我。

「她想通吃吧，明擺著的。」他說。

「你怎麼跟她說的？她去找你，是想讓你幫她說話吧？」

「我告訴她別承認。一概否認。她沒調情，她只想表現友好。說不，不，不。然後下一次別他媽再這麼愚蠢了，等著機會主動出現，然後平靜地、從容地去做。我沒有因為她做的事而責備她。我責備她是因為她行事輕率。她讓男友承受了痛苦。這沒有必要。」

「她肯定知道你會這樣說，不然她也不會去找你。」

「我也這麼想。但另一方面，如果她去找你，也可能是想得到建議，承認一切，雙膝跪地，懇求原諒，從此死心塌地，跟定她合法的男人。」

「對，要嘛這樣，要嘛一走了之。」

「最糟糕的是你很在乎這種事。」

「我當然在乎了。」我說，「當初我對托妮耶不忠，又什麼都沒說之後的那一年，那是最糟的一年。漆黑一團。一個長長的、屎一樣的黑夜。我時時刻刻把它掛在心上。不管什麼時間，只要電話一響，我就會慌張地從椅子上跳起來。如果電視上提到『不忠』這兩個字，我會一下子從腦袋燒到腳趾頭。我受著火刑。我們租片子的時候，我小心翼翼，生怕租到任何與此有關的電影，因為我明白她早晚會注意到，只要那個話題一出現，我就會像蛆一樣蠕動。我自覺有罪這個事實摧毀了我生活中其餘的一切，我說任何話都言不由衷，全是謊言和偽裝。那是一場噩夢。」

「你現在會不會承認？」

「會。」

「哥特蘭那件事呢？」

「那不是不忠。」

「可它仍然折磨著你？」

「是的，仍然。」

「塞西莉亞沒有出軌。為什麼她應該把她想做的事告訴男友？」

「問題不在這裡。問題在於企圖。只要有企圖，你就必須為後果負責。」

「你在哥特蘭的企圖呢？」

「我喝醉了。如果清醒的話，我是不會那麼做的。」

「但你想這麼做？」

「也許吧。但那是個巨大的轉折。」

「托尼是個天主教徒，你知道。他的神父有一次說過，我也寫下來了，罪行就是把你自己放到一個可能犯下罪行的位置上。喝醉就能這麼做。當你知道你腦子裡想什麼、心裡藏有什麼念頭時，喝醉就是罪行的開始。」

「對，但我喝之前我以為我絕對不會跨過那一步。」

「哈哈哈！」

「這是真的。」

「卡爾・奧韋，你做過什麼都沒關係。小事一樁。所有人都理解。所有人。說真的，你到底做了什麼？敲對方的們門？」

「對，敲了半個小時。大半夜的。」

「她沒讓你進屋吧？」

「沒，沒。她開了門，給了我一瓶水，然後把門關上了。」

「哈哈哈！我見到你時，你就為了這個坐在那裡發抖，臉色慘白。你看上去好像殺了人似的。」

「就是那種感覺。」

「但其實什麼事也沒有？」

「也許吧。但我無法原諒自己。直到我死都會這樣。我有一張長長的單子，列著我行為不檢時做過的各種事情。這就是拿來警惕我的。你他媽真不該做不忠的事。有人會覺得不亂來很容易。對某些人來說的確如此。我認識一些人，不是很多，只是一些，他們一向行事正派。他們一向都是好人，堂堂正正的人。我說的不是那些因為什麼都不做才沒做錯事的人，他們過的生活太微不足道了，因此沒有什麼東西會遭到破壞，確實這種人也有。我說的是那些從裡到外都堂堂正正的人，還有那些在各種場合都知道怎麼做才是最佳方式的人。那些不首先考慮自己，不背叛原則的人。你也見過他們。好到骨子裡，對不對？他們不會明白我在說什麼。也正因為他們從不曾這樣想過，他們不會這麼想，不會去想怎麼做好人，他們本來就**是**，卻對此渾然不覺。他們關心朋友，他們體貼情侶，他們是好父母，但並不是以女性化的方式，他們總是很敬業，他們不用去管就什麼都是好的，不用管做什麼也都是好的。一個完人。比如約恩·奧拉夫，你知道的，我表哥。」

「對，我見過他。」

「他一直是個理想主義者，但目的不是為獲取任何東西。他總是為每一個需要他的人伸出援手。他一點墮落的地方都沒有。漢斯也一樣。他的正派……對，這就是我在找的那個字眼。正派。如果你正派，你就會做對的事。我他媽太不正派了，總是有點……嗯，倒也不完全是病態，比較像是卑賤、諂媚或逢迎，它時不時從我身上流露出來。如果我進入一個需要謹慎言行的環境，那裡每個人都明白這點，那我就只能溜了，是吧。為什麼呢？因為我只想著自己，只看到自己，展示我自己。我可以善待他人，但我需要點提前建議。我骨子裡沒有這個。在我的天性裡並不存在。」

「那你把我放在哪個位置上？照你的標準來看的話。」

「你？」

「對。」

「噢，你是個憤世嫉俗的人。你既驕傲又有野心，也許是我認識中最驕傲的一個。你從不當眾做任何降格的事，你寧願餓肚子，睡街上。你對朋友忠誠。我無條件信賴你。你也會照顧自己，同時也有可能對別人冷酷無情，只要是有什麼原因的話，要不就是他們對你做過什麼，或者這麼做能得到更多的好處。

對不對？」

「對。但我對喜歡的人一向都很體貼。真的。用細心來形容或許會比較準確。這點差別還是很重要的。」

「那就細心吧。不過我想舉個例子。你在伊拉克和人盾住在一起，從土耳其出發，跟他們走了一段路，在巴格達和他們同吃同住，不分彼此。有些人成了你的朋友。他們去那裡是因為他們有信念，而你沒有，他們卻不知道。」

「他們確實懷疑。」蓋爾笑著說。

「所以美國海軍陸戰隊一來，你只跟你的朋友說了句再見，沒回頭看一眼，就跑到他們的敵人那邊去了。你背叛了他們。不可能有別的方式來看待此事。但你沒有背叛自己。我把你放到這一帶了。這是一個獨立的、自由的地帶，但是去那裡的代價很高。死在你周圍的人無可計數。對我來說這不可能。每當我從工作室的椅子上起身，社會的壓力便從四面八方襲來，等我走到街上，便已經讓這壓力捆住了手腳。我簡直寸步難行。哈哈哈！可這是真的。我真心不認為你能理解這一點，這不是聖潔，也不是道德上的高標準，而是怯懦。再無其他，就是怯懦。你不認為我想切斷和所有人的聯繫，做我想做的事，而不是別人想讓我做的事嗎？」

「對。」

「你認為我會那樣做嗎？」

「不會。」

「你是自由的。我不是。就是這麼簡單。」

「不，差遠了。」蓋爾說，「你或許陷入社會壓力，但這聽起來很奇怪，畢竟你誰也不見。哈哈哈！

但你我理解你的意思，你說得對，你總想同時照顧到所有人。我們去你們家吃飯時，我見過你怎樣忙前忙後；然而被困住有很多種方式，獲得自由也一樣。你必須記住這點，你已經擁有了你想要的一切。你已經報復了你想報復的人。你有地位。人們坐下來等著看你做了什麼，你一露面他們就揮舞棕櫚葉。你能對自己感興趣的東西寫篇文章，幾天之後能在你挑選的報紙上發表。人們打來電話，想請你去這裡去那裡，去各種地方。報紙請你就各種各樣的事情發表評論。你的書將在德國和英國出版。你理解這裡面包含的自由嗎？你理解你生活中打開了一片新天地嗎？你還說什麼渴望鬆開手和墜落。如果我鬆手，我一定還站在同一個地方。我就站在最底層。沒人對我寫什麼感興趣。沒人對我想什麼感興趣。沒人邀請我去任何地方。我必須自己擠進去，對不對？每次我進入一個坐滿人的房間，都必須弄出些動靜來。我不像你那樣，未見其人，先聞其名，我沒名，每次我都必須白手起家創造一切。我坐在地洞的底部，用大喇叭喊話。我說什麼都無所謂，反正沒人聽。你也知道，不管我在外說什麼，都包含著對裡面的一種批判。按照定義來說，這種人就是固執己見。是心懷怨恨，雞蛋裡挑骨頭的類型。與此同時，好幾年過去。我就快四十歲了，我沒有**任何**我想擁有的東西。你說它才華橫溢，不同凡響，也許沒錯，但這有什麼用？你有你想要的一切，你可以放棄它，離開它，不用它。但我不能。我**必須**進去。我已經努力了二十年。我正在寫的書至少還要再花三年。我已經能感到周圍的世界正在對我失去信心，因此對我也就不抱任何興趣了。我變得愈來愈像一個瘋子，不肯放棄手中瘋狂的計畫。我說的一切都在評判它。當我寫完博士論文想寫些什麼時，那就是在對它做出評判，那時我在學術上、知識上還活著，現在我死了。時間過去得愈久，下一本書就必須更好。下一本書沒什麼問題，相當不錯，非常好，但這都不夠，因為我為它花了我很多時間，也因為我更老了，所以它必須不同凡響。從這個角度來看，我是不自由的。跟我們此前談過的維多利亞時代理想聯繫起來，那可不是理想，而是現實，換句話說就是雙重生活。這裡面也有一種悲哀，因為這樣的人生絕不可能是健全的。當然了，這是所有人夢想中的生活，一次豔遇，或與某個人墮入愛河，沒有憤世嫉俗和深思熟慮，樣樣東西都很健全。是的。浪漫。碰到難題，雙重生活是一種還算不賴的解決方案，但也不是沒有問題，如果你以為我走來走去想的就是這些的話。它是務實、臨時且實際的，換句話說就是生存。但它不健全，也不理想。我們之間的不同，不在於我自由而你不自由。而是因為我不相信事情就是這樣。主要的不同在於我快樂，你不快樂。」

「我不認為我那麼不豫……」

「太對了！不豫，這個字眼只有你能用！它道出了你的一切。」

「不豫是個很好的挪威語詞。事實上我在《海姆斯克林拉》裡見過它。斯托姆的譯本已經有一百年了[155]。我們是不是該換個話題？」

「如果你兩年前這麼說我還能理解。」

「好吧。我可以繼續說。等到跟托妮耶結束了一切，我去了一座小島，在那裡住了兩個月。我以前在那裡待過，只要打個電話，就通通安排妥了。一幢房子，一座小島，在遠遠的海上，還有三個人在那裡。那是冬末，整座島都冰凍且生硬。我一邊到處走一邊思考。我思考的是我必須要做一切能讓我成為好人的事情。我做每件事都應該以此為目標。但是再也不要偷偷摸摸、躲閃逃避了，到那個時候為止，那種態度一直決定著我的行為方式，你知道的，臣服於最微不足道的小事所引起的羞恥。被屈辱制服。不，在我為自已設立的新的形象裡，也有膽量和骨氣。要直視別人的眼睛，說出我的主張。你看，我已經愈來愈弓身駝背了，我想占據的空間愈來愈小，可是在島上，我挺直背脊，真的挺直了。不是比喻。與此同時，我讀了豪格的日記。整整三千頁。那是巨大的安慰。」

「他更慘吧？」

「的確如此。但這不是重點所在。他**不停歇**地為同一件事，為他應該如何，為這樣一個理想的形象而戰鬥，以此作為他本人的對照。他的鬥志極其旺盛。可這樣一個男人幾乎不曾做過什麼，不曾真正經歷過什麼，只是窩在世界邊緣的一個破國家的破農場裡，獨自守著那破峽灣，讀啊，寫啊，自己跟自己的思想鬥爭著。」

「是啊，他有時幾近瘋狂也就不奇怪了。」

「你得到的印象也是一種解脫。他屈服了，他退卻的速度之快，有一部分是來自快樂。擺脫對自我的控制並放鬆了下來，好像是這樣吧。」

「問題在於這是否因為上帝。」蓋爾說，「受到關注的感覺，受迫於某種能看到你的東西而跪伏。只是我們的稱呼不同而已。超我也好，羞恥也好，不管它叫什麼。這就是為什麼上帝對於某些人來說是個更強而有力的現實，而對於另一些人不是。」

「所以基本的感受沒有問題，但沉溺在愉悅與憤怒中就跟魔鬼一樣？」

「就是這樣。」

「我根本不想這樣。當然除了喝酒的時候。什麼事都可能用力過度。我只想去旅行，去看，去讀，去寫。我要自由。完全自由。我在島上有機會得到自由，因為現實是我已經和托妮耶結束了。我本來可以去我想去的任何地方旅行。東京、布宜諾斯艾利斯、慕尼黑。可是沒有。我去了那裡，連個人影都見不

159《海姆斯克林拉》（*Heimskringla*），別稱《挪威列王傳／挪威王列傳》（*De norske kongesagaene*），由冰島歷史學家斯諾里·斯圖魯松（Snorri Sturluson, 1179-1241）編寫於十三世紀，是現存王室薩迦中最重要的一部。挪威歷史學家古斯塔夫·斯托姆（Gustav Storm, 1845-1903）著名的挪威語譯本完成於十九世紀末。其中「不豫」的原文是uglad。

著的地方。我不理解我自己，我不知道我是誰，所以這些要當好人的種種想法，就是我當時訴諸的全部了。我不看電視，不看報紙，只吃薄脆餅乾，再喝點湯。豐盛的一餐不過就弄些煎魚餅和青花菜，還有柳丁。我開始做伏地挺身和仰臥起坐。你能想像嗎？你得多絕望才會用伏地挺身來解決問題？」

「這就是純潔，沒有別的。裡外皆是。苦行生活。不受電視和報紙的腐化，吃飯只求果腹。那段時間你喝咖啡嗎？」

「咖啡我喝。但你說到純潔沒錯。這裡面到處都有一種近似法西斯的味道。」

「豪格寫過，他說希特勒是個偉人。」

「他那時還不算太老。但最糟的是我能理解，那是一種迫切的需要，要讓你自己擺脫一切平庸，一切在你內心腐爛的狹隘思想，一切讓你憤怒或不快樂的瑣事，這種迫切的需要創造出了某種對純潔和偉大事物的渴求，讓你能在這當中融解、消失。它要清除一切廢物，對不對？一個民族，一種血液，一個地球。現在正是這一點受到了徹頭徹尾的質疑。它背後的東西，我理解起來沒有任何問題。然而我對社會壓力過於敏感，又常被他人的看法影響，要是生活在四〇年代，天知道我該怎麼辦。」

「哈哈哈！放輕鬆。你此時不人云亦云，要是回到那個年代你大概也不會。」

「不過自從我搬到斯德哥爾摩，又愛上琳達以後，一切都變了。好像我已經超脫於瑣事之上，一切無關緊要了，全部都是好的，任何地方都沒問題。我不知道該怎麼解釋……這就好像我的內力太強，粉碎了外界的一切。我刀槍不入，你懂嗎？充滿了光。全部是明亮的！我甚至能讀賀德林了！那是一段精采絕倫的時光。我從沒那樣快樂過。渾身上下充滿著快樂。」

「我記得你那個樣子。你住巴斯圖街，滿面春光。幾乎是個發光體。一遍又一遍放著曼努．查奧[160]。基本上無法跟你說話。你全身洋溢著快樂。坐在床上，好像他媽的一朵蓮花，帶著微笑。」

「關鍵在於從哪個角度看問題。往一個方向看，一切都讓人喜悅。往另一個方向看，只有遺憾和痛苦。你覺得我高高興興坐在那裡的時候，關心電視和報紙塞給我們的各種垃圾嗎？你覺得我為什麼事情感到羞恥了嗎？我縱容一切。該死的我可不能失去什麼。這就是那年秋天我告訴你的，當時你他媽的沮喪至極，都沒人樣了。其實就在於看問題的方式。你的世界裡什麼都沒改變，什麼都沒變得迫切，只是你看問題的方式變了。可是當然了，你不聽我的，相反你去了伊拉克。」

「當你處在沮喪的黑暗裡，你最不想聽到的就是某個快樂的蠢貨嘰嘰喳喳。但我回來時滿高興的。去伊拉克讓我得到解脫。」

「是的。如今角色又顛倒過來了。現在我坐在這裡抱怨著生活的不幸。」

「我認為這是自然規律。」他說，「你又在做伏地挺身了？」

「是的。」

他笑了。我也笑了。

「我他媽還能做什麼？」我說。

我們一小時後離開鵜鶘，搭同一班地鐵前往盧森，蓋爾在那裡換乘紅線。他一隻手搭在我肩膀上，跟我說保重，要我和琳達及萬妮婭問好。他走以後，我一屁股坐到座位上，希望自己一直就坐在這裡，一個小時又一個小時，駛過無盡夜晚，但我非得在草市廣場下車，再三站就到了。

車廂裡幾乎是空的。一個男青年揹著吉他盒，手抓支柱，站在門邊，瘦得像根釘子，捲曲的黑髮從

160 曼努·查奥（Manu Chao,1961—），西班牙裔法國歌手。

帽子邊緣披垂而下。在靠裡的座位上，兩個十六歲左右的女孩在給對方看自己的手機簡訊。一個老頭身穿黑色外套，繫著銹紅色的圍巾，頭戴一頂七〇年代那種黑色的、近乎方形的羊毛帽子，坐在對面。面朝他的是個又矮又胖的女人，南美人的樣貌，身穿大號的羽絨衣，廉價的深藍色牛仔褲，一雙山羊皮的靴子，頂端露出一圈人造的羊毛。

電話的事我本來已忘得一乾二淨，直到我們馬上要走的時候，蓋爾提醒了我。他把他的手機給了我，說我應該打一下我的電話，我打了，但沒人接。我們說好由他發簡訊，請她打電話到我家裡，他的簡訊過半個小時再發，那時我應該到家了。

她會不會以為這是某種搭訕？我故意把電話放進她包裡，好之後打電話給她？

中央車站人聲鼎沸。大多數是年輕人，幾個喧鬧的小夥子，不少獨行者耳朵裡塞著耳機，有些人兩腿之間的地上放著運動用品袋。

此時他們在家裡都睡了吧。

這念頭一下子跳出來，我心頭為之一緊。

這就是我的生活。這就是我的生活的全部。

我必須打起精神。抬起頭。

一列火車從另一條平行的鐵軌上駛過，在這幾秒鐘的時間裡，我正好看到一節金魚缸似的車廂，乘客坐在裡面，深陷於沉思，然後便沿著自己的軌道被推向前方，我們隨即飛快地駛入了隧道，裡面唯一能看見的，就是窗子上映現出的車廂內部和我茫然的面孔。火車減速時，我站起來走到門口。跨過月臺，搭電動扶梯上行到地道街。那個胖胖的、三十來歲的金髮女人坐在售票口後面，我過去一直以來只當她是陌生人，直到琳達有一次跟她打了招呼，說她們在畢斯科普斯-阿恩一起上過學。我們目光相遇時，她把頭低下了。無所謂，我這樣想著，用腳踢開了檢票閘門，快步爬完最後一段階梯。

我回家的路線大概就是刺殺帕爾梅的兇手逃跑時走過的，幾乎每一次攀爬通往山脊街的長階梯時，我都會這樣想。我記得行刺事件傳開那天的所有細節。那是個星期天。媽媽一直病著，我和揚．維達爾搭公車進城。那時我們十七歲。如果不是帕爾梅遇刺，那一天就消失了，就像所有已經消失的日子一樣。每小時，每分鐘，所有的交談、思想與事件，和所有的東西一起，進入了遺忘的水塘。殘留的一丁點必須代表全部。而它得以存留，只是因為它從其他的事情裡跳了出來，這多麼諷刺呢？

克格勃餐廳裡有幾個長髮男子坐在窗邊喝酒[161]。如果不是他們這裡就會顯得很空。但也有可能今晚所有的活動都在地下室進行。

兩輛黑色、閃亮的計程車朝著市中心的方向疾速駛過。雪花打轉著，幾秒鐘之後落到我臉上，我的頭正好與路面平行。我過馬路，放緩腳步，走完大門前的最後一小段，打開門，進了樓。很幸運，門廳和樓梯間裡一個人也沒有。公寓內一片寂靜。

我脫掉外套和鞋，悄悄穿過客廳，打開臥室的門。琳達睜開眼睛，在昏暗的光線中看著我。她朝我伸出了雙臂。

「今晚如何？」

「挺好的。」我說著俯下身吻她，「家裡都好吧？」

「嗯。我們想你。你要睡了嗎？」

「我先弄點東西吃。吃完就睡。好嗎？」

161　克格勃（KGB）位於斯德哥爾摩北瑪律姆的山脊街，是間懷舊式蘇聯主題酒吧、餐廳和夜總會。

「好。」

萬妮婭睡在小床上，像往常一樣屁股朝天，臉壓在枕頭上。我從她身邊經過時露出了微笑。我在廚房喝了一杯水，打開冰箱看了半天，拿出些奶油和一包火腿。又從旁邊的櫥櫃裡取出麵包。就在我關上櫃子時，我瞥了一眼架子最上層那一排酒瓶。這可不是隨便看看的。瓶子不在老位置上了。聖誕節剩下的半瓶阿夸維特跟卡爾瓦多斯蘋果白蘭地調換了位置。格拉帕酒原本放在最裡面，現在擺到了邊上，在荷蘭琴酒旁。如果只是這樣，我當然不至於多想，我會想自己一定在星期六清理過櫥櫃，不過我看了又看，酒瓶子裡的酒好像少了。才一個星期之前，我也產生過同樣的念頭，但很快把它拋到了腦後。我肯定忘記了請客時我們醉得多厲害。可是如今它們又被挪了位置。

我在那裡站了一會，用手轉動著各種酒瓶，琢磨著可能的原因。格拉帕酒本來是很滿的，對不對？幾週之前，大家吃完晚飯，我倒過三小杯。現在它都到酒標下面了。還有阿夸維特，原本肯定高出一個杯底吧？還有白蘭地，大概也要多一些？

這些酒是我出門旅行時買回來的，要不就是別人送的。我們從來不喝，除非有客人。

難道是琳達？

難道她一個人在家喝起酒來了？

偷偷摸摸地喝？

不，不，絕對不可能。自從懷孕以後她一直滴酒不沾。在哺乳期時更不會碰。

她在撒謊嗎？

琳達？

不，該死的。我不可能都不知道。

我把酒瓶放回去，放到我記得的位置。我還試著記了下每瓶酒裡剩下多少酒。然後我關上櫥櫃的門，坐下吃東西。

也許我只是記錯了。也許最近幾個星期我們酒醉的程度超出了我的認知。酒剩下多少我心裡也沒底。後來瓶子挪了位置，是不是因為我星期六才整理。我記不清楚，這種事再正常不過了。據什克洛夫斯基所述[162]，托爾斯泰不是在日記裡寫過這種事嗎？他一下子想不起來剛才是不是打掃過客廳？如果他打掃過了，那麼這種經驗又是怎樣，它又是如何填補了時間？

噢，俄國形式主義，你曾經在我生活中處在怎樣的位置啊？

我站起身，正要清理桌子，客廳裡的電話響了。我心裡慌一下，但馬上想起蓋爾幫我的電話發了簡訊。沒什麼好擔心的。

我快步走過去，拿起電話。

「喂，你好，我是卡爾·奧韋。」我說。

電話另一頭沉默了幾秒鐘。然後一個聲音說道：

「是你丟了手機嗎？」

這是個男人的聲音。他說著很破的瑞典話，語氣就算不是太凶，也不是特別友善。

「對，是我。您撿到了是嗎？」

「我未婚妻回到家以後發現它在包包裡。可以請您告訴我它是怎麼出現在她包包裡的？」

門在我前方打開了。琳達走出來，心神不安地瞪了我一眼。我舉起一隻手，示意她先別管我，又朝

162 維克托·什克洛夫斯基（Viktor Shklovsky, 1893-1984），蘇聯文學批評家、作家，形式主義的創始人。

她一笑。

「我在治安官街的月臺上，電話拿在手裡，有人從後面撞了我一下，電話就丟了。我回頭找撞我的人，所以沒看見電話掉到哪裡去了。可是我沒聽見它掉到地上的聲音。這時我看見一個女人，提著一個打開的包包，我猜應該是掉到那裡面去了。」

「你為什麼不跟她說呢？你為什麼想讓她和你聯絡？」

「當時火車到了。我又趕時間。再說我也不確定它掉在哪裡。我總不能向一個陌生人走過去，問對方我能不能看一下她的包包。」

「你是挪威來的？」

「對。」

「好吧。我相信你。你可以把電話拿回去。你住在哪裡？」

「在城裡。內閣街。」

「你知道巴納街嗎？」

「不知道。」

「奧斯特馬爾姆，濱湖路往北有條街，卡拉廣場邊。那裡有個ＩＣＡ的商店。十二點到那裡。我在外面。如果我不在，你的手機會放到收銀台。問店員就行。可以嗎？」

「好。謝謝。」

「下次別這麼笨手笨腳的了。」

說完他掛了電話。琳達一直腿上蓋著毯子，坐在沙發上，這時抬了抬眉毛。

「怎麼回事？」她問，「誰這麼晚還打電話？」

我把來龍去脈講給她聽，她哈哈大笑。與其說她笑的是發生的事情，不如說是它招致的疑慮。如果你想約一個女人，卻不知道她的電話號碼，你就把電話丟進她的包包，然後打給她，還有什麼比這更好的辦法呢？

我在她身邊的沙發上坐下。她依偎到我身上。

「萬妮婭在托兒所的排隊名單裡了。」她說，「我今天打了電話給他們。」

「是嗎？太好了。」

「我必須說實話，我感覺很複雜。」她說，「她太小了。要不我們先送她上半天？」

「當然可以。」

「小萬妮婭。」

我看著她。因為剛睡醒的緣故，她的臉好像很疲倦。眼睛瞇著，皮膚鬆弛。她肯定不會偷偷喝酒吧？她對萬妮婭的情感是浩瀚的，她嚴肅地扮演著母親的角色。

不，肯定不會。我怎麼能這樣想？

「廚房的櫥櫃裡發生了一件神祕的事。」我說，「每次我一看那些酒瓶，裡面的酒就好像少了。你注意到了嗎？」

她笑了。

「沒注意。說不定我們喝得比你以為的多。」

「看來是的。」我說。

我把額頭貼到她腦袋上。她的目光直視著我的眼睛，把我完全填滿了。在這短暫的幾秒鐘裡，她的雙眼就是我看到的全部，她的雙眼閃耀著她人生的光輝，人如其心，心如其人的光。

「我想你。」她說。

「我就在這裡。」我說，「怎麼？你想要我？」

「對，就是想要。」她說著，抓起我兩隻手，拉著我上了沙發。

第二天早晨，我像往常一樣，四點半起床，編輯短篇小說集的譯稿，一直工作到七點，跟琳達和萬妮婭吃早餐，一句話都沒說。八點鐘的時候，英麗過來接萬妮婭。琳達去上課了，我坐下來，在網上看了半個小時的報紙，接著便答覆積累下來的電子郵件。然後我淋了浴，穿好衣服出門。天藍藍的，太陽低懸，陽光灑滿全城，儘管仍然很冷，但陽光裡已經有了一種春天的感覺，就算我深入陰影裡的街道，走向斯圖雷廣場時，也能感覺得到。很顯然，並非只有我一個人有這樣的感受，前一天人們還低垂著頭，縮著雙肩走路，現在他們抬起了頭，觀看這世界，目光裡既有好奇，也有快意。這個開放的、喜悅的城市，和昨天我們走過的那個封閉的、沮喪的城市是同一個地方嗎？當初那無言的冬日陽光拼命穿透雲層，用灰暗和虛弱吸走了所有的顏色，抹平彼此相向的表面，把它們之間的不同減弱到最小，如今這清晰的、直露的陽光又把它們凸現出來了。在我周圍，城市迸發出繽紛的顏色。不是夏天那種熱烈的、生物的顏色，而是冬天的礦物質的顏色，冰冷的、人造的顏色。紅色的磚，黃色的磚，暗綠色的汽車引擎蓋，藍色的標誌牌，一件橙色的夾克，一條紫色的圍巾，灰黑色的人行道，銅綠色的金屬和閃亮的鍍鉻。樓房的一面是反光的窗，鮮豔的牆和發亮的雨槽，另一面則是黑的窗，暗的牆，失去了光澤、幾乎隱身的雨槽。在比耶爾．亞爾街，積雪堆在路邊，有時閃閃發亮，有時灰暗而無言，一切取決於陽光怎樣灑落。走向斯圖雷廣場，進赫登葛蘭書店，走到門口時正好有位男青年打開了門。我走到地下室，在書架之間走了一圈，挑了一疊書，坐下翻看。我買了一本艾茲拉．龐德的傳記，因為我對他關於金錢的理論很感興趣，希望裡面有這方面的內容；一本關於一五五〇年到一九〇〇年間中國科學的書；一本世界經濟史方面的著作，作者是某位卡梅倫；還有一本關於美洲原住民的書，描述了歐洲人到達之前已經存在的所有部落，一本厚達六百頁的宏篇巨著。此外，我還找到一本斯塔羅賓斯基寫的盧梭[163]，一本關於格哈德·里希特的書，《美術作品中的懷疑和信仰》[164]，我也買下來了。我對龐德、經濟、科學、中國和盧梭一無所知，我也不知道自己是不是感興趣，但我很快要寫長篇小說了，必須從某個地方入手。一直以來，我不斷在思考印第安人。幾個月之前，我看到一張圖片，是幾個印第安人在滑獨木舟，他們滑過湖面，船頭有個男人，穿著打扮就像一隻張開翅膀的鳥。這張圖片從所有層面上打破了我對印第安人的成見，包括我從書本、連環漫畫和電影裡看到的一切，從而直抵現實：他們是真實存在過的。他們確實過著自己的生活，與圖騰柱、長矛和弓箭為伴，孤獨地存在於一塊廣闊的大陸，而對於不僅可能而且確實存在著不同於他們自己那樣的生活，他們幸福地一無所知。這是個美妙的想法。這圖片引起了浪漫，連同其野蠻，這鳥人和原始狀態的自然，隨著現實演進了，而這往往是相反的情況。這很震憾。我無法用別的方法解釋。我感到震驚。我知道我會寫它的。不是寫那張圖片，而是圖片所包含的東西。各式各樣反面的觀點隨即出現。他們的確曾存在過，但不再存在了，他們和他們的文化很久以前就被消滅。那還寫它幹嘛？他們的時代已經遠去，再也不會重新存在。如果我創造一個新世界，那裡存在著他們文化的種種要

163 讓·斯塔羅賓斯基（Jean Starobinski, 1920—），瑞士文學批評家。

164 格哈德·里希特（Gerhard Richter, 1932—），德國視覺藝術家。《格哈德·里希特：美術作品中的懷疑和信仰》（*Gerhard Richter: Doubt And Belief In Painting*）一書為紐約大學教授羅伯特·施托爾（Robert Storr）所著，二〇〇三年由紐約現代藝術博物館出版。

素，那便只是文學，只是虛構，而毫無價值。但我可以反駁，舉出例證說，但丁寫的只是虛構作品，賽凡提斯寫的只是虛構作品，梅爾維爾寫的也只是虛構作品。而不可否認的是，如果這三部作品不曾存在，那麼人類必定不會是同樣的人類。所以為什麼不只寫虛構作品呢？真理和現實當然並不只有一對一的關係。很好的論點，但沒有用，只是想到了小說，只是想到了一個虛構的情節裡一個虛構的人物，讓我覺得噁心，我對此產生了生理上的反應。不知道原因何在。但的確是這種反應。所以印第安人得先放到一邊。我也在想我不必得一直有這種感覺。

付完書錢，我走到了音樂和電影商店，在那裡買了三張ＤＶＤ和五張ＣＤ，接著走到學院書店，在裡面找到一本論述斯維登堡[165]的專著，亞特蘭蒂斯出版，我買了，外加兩三本雜誌。我很難抽出時間來讀這本書，但這阻止不了我感覺良好。我回到家，把東西放下，站在廚房的工作檯邊，吃了幾塊三明治，再度出門，這一次橫跨奧斯特馬爾姆，前往巴納街的那家商店，並在正午時分準點到達。

那裡沒人，我點了一支菸，等著。東張西望，看著來往的行人，但沒有人停腳或朝我走過來。十五分鐘之後，我走進商店，問女店員今天有沒有人留下一部手機。有啊，就在這裡。我能說一下它什麼樣子嗎？

我說了，於是她從收銀台旁邊的抽屜裡取出手機，遞給我。

「謝謝你。」我說，「誰留下的你知道嗎？」

「雖然知道，不過我不知道他的名字，但他很年輕。他就在那邊的以色列大使館工作。」

「**以色列**大使館？」

「對。」

「噢。再一次謝謝你。再見。」

「再見。」

我在街上信步前行，一路上笑得合不攏嘴。以色列大使館！難怪他起了疑心！電話一定裡裡外外查了個遍。所有的簡訊，所有的電話號碼……

我打開電話，撥給了蓋爾。

「喂？」他說。

「昨天有人為了手機的事打電話給我了。」我說，「他對我非常懷疑，但最後還是同意把它還給我。我現在剛拿到手。他把電話放到一家商店的收銀台那裡。我問在在那上班的女孩認不認得那個人是誰。你猜她怎麼說的？」

「猜不出來。」

「他在以色列大使館工作。」

「別開玩笑了你！」

「我不騙你。電話丟的時候沒掉到月臺上，而是掉到別人的包包裡了。掉到別人包裡的時候也不是隨便什麼人的包包，偏偏就是以色列大使館員工女朋友的包包。奇怪了，嗯？」

「我看你可以忘掉女朋友的想法。更有可能的是她就在以色列大使館工作，發現你的手機以後就和他們取得了聯絡。然後他們坐在那裡，看著這部手機，一個勁地納悶，到底是誰把它放在那裡的。這是什麼東西？炸彈？麥克風？」

165 艾馬努艾爾・斯維登堡（Emanuel Swedenborg, 1688-1772），瑞典科學家、神秘主義者、哲學家和神學家。

「跟挪威到底又有什麼關係？跟重水有關？報復利勒哈默爾事件[166]？」

「真讓人驚訝你怎麼老捲進這種事。俄國妓女和以色列特工。你們請來吃晚飯的那個作家，所有食物她都要先稱重再吃，她叫什麼來著？」

「瑪麗亞。對了，她也跟俄國有關。」

「而且她飯後還得打電話給別人，一五一十地告訴別人她都吃了什麼。哈哈哈！」

「那跟這事有什麼關係？」

「不知道？這種怪事也許老在你周圍出現吧。琳達還有個朋友，愛上了一個吸毒的，那人的姊姊就跟你們在同一棟樓裡住。你在琳達住的大樓裡租了一間房子。你的電腦放在窗邊，被雨淋，還從火車摔到鐵軌上，都沒壞。你的電話一丟，就丟到以色列大使館員工的包包裡去了，真是無巧不成書。」

「聽起來緊張刺激又賞心悅目。」我說，「但我生活的真相根本不是這麼回事，這你知道。」

「噢，得了，我們就不能假裝一次嗎？」

「不能。你在做什麼？」我問。

「你以為呢？」

「聽不見背景的雜音。所以你肯定在寫東西。」

「的確。你呢？」

「我正要往電影大樓的路上。跟琳達吃午餐。之後再聊。」

「好。」

我掛掉電話，把手機放回口袋，加快腳步。走過卡拉廣場乾涸的噴泉，穿過上校場，走瓦爾哈拉路前往電影大樓，它位於半被積雪覆蓋的拉迪戈德公園邊緣地帶，在陽光下閃閃發亮。

吃完午餐，我搭地鐵到烏登廣場，從那裡步行去工作室，主要是為了有個地方單獨待一會。英麗有家門鑰匙，可能跟萬妮婭在那裡。咖啡廳裡盡是不認識的人和不停歇的目光，我現在沒那個心情。所以我在桌邊坐了一會，想寫演講稿，卻落得滿心沮喪。於是我索性躺到沙發上睡著了。等我醒過來，外面的街道已經黑了，時間是四點十分。《晚郵報》的記者六點鐘來，所以我要是想當天見萬妮婭和琳達的話，就只能穿上外套回家。

「有人在家嗎？」我打開門叫道。萬妮婭穿過走廊全速朝我爬過來，一路大笑，我把她拋到空中，反覆幾次，然後把她抱進廚房，琳達正在裡面攪著長柄鍋。

「燉鷹嘴豆。」她說，「我找不到更好的了。」

「這就很好了。」我說，「萬妮婭今天怎麼樣？」

「我覺得滿好。他們在六月山[167]玩了整整一個上午。媽剛走。你碰到她了嗎？」

「沒有。」我說完，便把萬妮婭抱到我們床上，丟來丟去，一直玩到我累了，她也笑得臉紅了，出了汗，我才把她放到廚房工作檯旁邊的椅子上，走進客廳，檢查電子郵件。看完收到的郵件，我關掉電腦，俯視街對面比我們低一層的公寓，那裡也有一台電腦亮著。有一次我看見那裡有個男人在螢幕前手淫。

166　一九七三年七月二十一日，摩薩德特工在挪威利勒哈默爾街頭圖謀行刺黑九月頭目阿里·哈桑·薩拉馬，卻將摩洛哥侍應艾哈邁德·布希基誤殺。

167　六月山（Junibacken）是斯德哥爾摩的兒童博物館，位於動物園島，館名出自阿斯特麗德·林德葛蘭筆下小女孩瑪迪肯的家——六月山農莊。

他以為不會有人看見，沒有意識到從這裡可以看到他。他一個人在房間裡，但公寓裡還有別人；牆的另一面是廚房，坐著一男一女。看到私密空間和公共地帶相距如此之近，不由得讓人嘖嘖稱奇。

那房間是空的。螢幕上只有雜訊，角落裡的燈光無法越過椅桌，桌面上還放著一本書。

「飯好了！」琳達在廚房裡叫道。我站起身，朝他們走過去。此時已經五點十五分了。

「他們幾點到？」琳達問。她一定注意到了我抬頭看時鐘的動作。

「六點。但我們馬上就會離開。你用不著露面。嗯，如果你想跟他們打個招呼也行，但別勉強。」

「我想我就待在這裡好了。誰也看不見我。你緊張嗎？」

「不會，但我沒心情。你知道什麼感覺。」

「別擔心。只是跟他們聊聊，怎麼想怎麼說，別強求自己。輕鬆一點。」

「我曾經跟瑪古爾·阿克塞爾松[168]談過，你知道吧，她到特韋德斯特蘭和哥德堡參加讀書會。一路上她很照顧我，有點當媽的感覺。她說她有個原則，從來不讀寫到她的東西，從來不看自己上電視的樣子，也從來不聽自己在廣播裡的聲音。把它們當成一次性的事情。只專注於正在發生的那一刻，她說的。就是跟人見見面，直接，簡單，沒什麼複雜的。我很可以理解。但這裡面也有虛榮，對不對？我的形象究竟是大白癡呢？還是只是一般的白癡？這究竟是我的形象呢，還是我？」

「我希望你把這些都放下。」琳達說，「太沒必要了！浪費你太多精力了。你整天想的全是這些。」

「對，我知道。但我會停下來的。我會拒絕一切。」

「你是個非常非常好的人。你理解這點就好了。」

「我心裡的感覺正好相反。其實不管什麼事，通通都是這種感覺。別跟我說我要去看心理醫生。」

「我什麼都沒說！」

「你也有同樣的感覺。」我說，「唯一的區別，說得婉轉些，就是你也有自尊心完好無缺的時候。」

「但願萬妮婭不受影響。」琳達邊說邊看著她。萬妮婭朝我們微笑。她身前的桌子上，椅子下面的地上，到處都是米飯。她嘴唇上沾了紅色的果醬，嘴巴周圍掛著一圈白色的飯粒。

「但她沒辦法不受影響。」我說，「不可能。這種感覺她要不從一開始就有，要不就是會突然被發覺。這不可能隱藏。但對她的影響也許不會太明顯。應該不會。」

「但願不會。」琳達說。

她眼睛裡閃著淚光。

「很好吃。」我說著站起身，「我來洗碗。應該在他們來之前收拾好。」

我轉身看著萬妮婭。

「萬妮婭長多大了呀？」我問。

她驕傲地把兩條手臂舉過頭頂。

「好大！」我說，「好了，我這就幫你洗一洗。」

我把她抱出椅子進了廁所，替她洗臉洗手。抱著她照鏡子，然後把她緊緊摟在懷裡。她大聲地笑。

接著我在臥室幫她換了尿布，把她放到地上，我又過去清理飯桌。等我收拾完了，洗碗機在檯面下嗡嗡作響的時候，我打開櫥櫃，抱著不可能發生的心態，查看一下酒瓶有沒有什麼異樣。

有。格拉帕灑，這我絕對可以肯定，因為瓶子裡的酒昨天正好跟酒標齊平。白蘭地擺放的位置也不一樣了，雖然我不是特別有把握，但好像是有人喝過了。

168 瑪古爾・阿克塞爾松（Majgull Axelsson, 1947—），瑞典記者和作家。

究竟是怎麼回事？

我仍不想相信是琳達喝的。尤其是我們前一天晚上剛聊過這件事之後。

可是家裡沒有別人了。

我們也沒請人打掃什麼的。

噢，該死，不。

英麗。

她今天在這裡。昨天也在。一定是她，很明顯。

但是，難道她一邊照顧萬妮婭一邊喝酒？難道她就坐在這裡喝，而小外孫女就在身邊？

如果是這樣，她一定是個酒鬼了。萬妮婭是她的命根子，她不會為了萬妮婭冒險。但是如果她還喝，那她的酒癮一定很大，一定是的，如果她甘願為此賭上一切。

噢，老天啊，大發慈悲吧。

臥室的地板上傳來琳達的腳步聲，於是我關上櫥櫃的門，走到流理台前，拿一塊抹布，擦起了檯面。

現在五點五十。

「他們來之前我要下去抽根菸，好嗎？」我說，「還剩一點沒弄完，但是……」

「沒問題。你去吧。」琳達說，「順便把垃圾帶下去好嗎？」

就在這個時候，門鈴響了。我走過去開了門。一個留著落腮鬍、背著單肩包的年輕男人微笑著站在門口。在他身後還有一個男人，年紀大一些，膚色黝黑，一個大攝影包斜挎在肩膀上，手裡拿著相機。

「嗨，」年輕人說著伸出手，「謝蒂爾・厄斯特利。」

「卡爾・奧韋・克瑙斯高。」我說。

「很高興見到你。」他說。

我握了握攝影師的手，請他們進屋。

「要不要來點咖啡？」

「好啊，謝謝。」

我走進廚房，拿起裝咖啡的保溫壺和三個杯子。我回來時，他們正在四下打量客廳。

「就算大雪封門你也會很高興。」記者說，「你的書可不少啊！」

「大部分我都沒看過。」我說，「看過的我也沒記住。」

他比我原本想的要年輕，雖然留了落腮鬍，但頂多二十六、七歲。他有一口大牙，目光愉快，舉止輕鬆，性情活潑。我對這種類型並不陌生，我認得幾個人和他相似，但都是近幾年碰到的，我小時候一個也沒碰過。這可能與階級有關，也可能和地理或世代有關，也許全都有關。東挪威的中產階級，我猜，父母八成是學術圈的。受過良好的教養，舉止自信，機敏，圓熟的社交技巧。一個沒受過任何重大挫折的人，這就是他在最初幾分鐘裡給我留下的印象。攝影師是瑞典人，因此得以避免我對他的舉止樣貌加以揣摸探查的一切可能。

「我其實已經打定主意，推掉之後的所有採訪。」我說，「但出版社的人說你非常出色，我絕對不能讓這個機會溜走。希望他們所言不虛。」

一點點的恭維，反正也不傷人。

「我也希望如此。」記者答道。

我替他們倒了咖啡。

「我能在這裡拍幾張嗎？」攝影師問。

我遲疑了一下，他向我保證，只拍我，不會拍到環境。

起初記者就想在我家做採訪，我沒答應，但當他打電話安排會面地點時，我說他們還是過來坐坐吧，然後再出門做採訪。我能聽出他很高興。

我站在書架前，手裡端著一杯咖啡，他走來走去地拍照。

「好吧。」我說，「這裡？」

真他媽的。

「看起來會不會太做作？」

「手能抬起一點來嗎？」

「好吧。那就這樣。」

我聽見萬妮婭爬進了走廊。她在門口站起來，看著我們。

「嗨，萬妮婭！」我說，「屋裡都是怪叔叔是嗎？但你認得我喔……」

我把她抱起來。這時琳達進來了。她馬馬虎虎地打了招呼，接過萬妮婭走回了廚房。

我不想讓人看見的一切都讓人看見了。一碰觸到別人的目光，我和我的一切都是呆板的，僵硬的。我不想這樣。我他媽根本就不想。可我又站到那裡去了，笑得像個傻瓜。

「我能再拍幾張嗎？」攝影師問。

我又擺了個姿勢。

「有個攝影師曾經跟我說，替我拍照片就像拍木頭。」我說。

「肯定是個不入流的攝影師。」攝影師說。

「但你知道他什麼意思？」

他停下了，從臉上移開相機，笑一下，放回去，繼續。

「我認為我們應該去鵜鶘。」我對記者說，「這是我常去的地方。而且沒有音樂。應該滿合適的。」

「那就去那裡。」

「不過我們先到外面拍幾張。然後我就放你們兩個走。」攝影師說。

就在此時，記者的電話響了。他看了一下號碼。

「我得接一下。」他說。通話只持續了一分鐘，最多兩分鐘，講的是下雪，一輛汽車，火車的班次，木屋。他掛掉電話，看到我在看他。

「週末我要和幾個朋友去滑雪。我們下火車後到木屋要搭車。有個老人家一直在幫我們。」

「聽起來不錯。」我說。

和朋友們一起去木屋，這種事我從來沒做過。我讀高中時，還有在學院上課的那幾年，這始終是心頭一處隱痛。我幾乎沒有朋友。僅有的幾個，我也都是認識完一個，再認識下一個。現在我老了，老到不關心這種事情了，但即便如此，我還是感到了一陣刺痛，彷彿是為了舊日的我。

他把手機放回口袋，又把杯子放到桌上。攝影師正在把裝備放回攝影包。

「我們這就走？」我說。

大家站在一起，穿衣服準備出門，有點彆扭，玄關太窄了，他們離我太近了，誰都沒說什麼。我跟琳達道了再見，大家下樓出門。在大門口的臺階上，我點了支菸。寒意刺骨。攝影師把我拉到馬路對面的臺階上，我在那裡擺了幾個姿勢，用手擋著菸，後來攝影師說，如果我不介意，他想讓香菸出現在畫面裡。我明白他的意思，這樣生活的氣息會多一點，於是我站在臺階上抽著菸，他喀嚓喀嚓，我按照他的指示移動著，過往的行人看著這一切，接著我們步行到隧道入口，他在那裡又拍了五分鐘，才算滿意。

他走了，我和記者默默前行，越過小山，下坡，到另一邊的地鐵站。正好有一列火車駛進月臺，我們上了車，面對面靠窗而坐。

「坐地鐵仍然會讓我想起那一年的挪威盃。」我說，「我在車站大廳聞到那股特殊的味道，就想到我是從小城市來的，你知道，地鐵是當時存在的最為奇異的發明。還有百事可樂。我們一樣都沒有。」

「你踢足球踢很久？」

「一直踢到十八歲。但我踢得不好。水準一直都很低。」

「你做每件事情都是如此嗎？你說你的書你都沒讀過。我在你以前的採訪中看到，你曾經談到自己多麼差勁。你是不是對自己有點太苛刻了？」

「不，我可不這樣想。當然這要看你定的標準有多高。」

火車在中央車站駛出隧道，他看著窗外。

「你認為自己能得獎嗎？」他問。

「北歐理事會？」

「對。」

「不。」

「那誰能得？」

「莫妮卡·法格霍爾姆[169]。」

「你好像很肯定？」

「那是一部非常好的小說，作者是女人，而且芬蘭很久沒獲獎了。她一定能得。」

又一次出現了沉默。採訪前和採訪後的時間總是讓人心神不定；我並不認識他，他在那裡是為了誘我說出最深處的想法，但還沒有，那種局面還沒有形成，角色還沒有各就各位，我們還是平等的，但是沒有觸點，儘管如此，我們卻不得不交談。

我想到英麗。這種事我沒有辦法跟誰說，琳達也不行，直到我對自己的猜測有了絕對的把握。我只要在酒瓶上做個記號。今晚就得動手。明天再看。如果酒線下落，我就把它拿走。

我們到達斯坎斯圖爾站，沉默地步行前往鵜鶘，周圍的城市在黑暗裡閃閃發光，我們在酒館靠裡面的地方找了張桌子坐下，聊了一個半小時，談我和我的工作，然後我起身離開，他明天才飛回挪威，因此決定多待一會兒。和往常一樣，長篇大論的採訪結束之後，我感到空空如也，像一條乾涸的水溝。和往常一樣，我感覺背叛了自己。坐在那裡只是因為我同意這樣一個前提：我寫了兩本好書，兩本重要的書，而我，這兩本書的作者，是個不尋常的人，有趣的人。這是訪談的出發點：我說的一切都是重要的。如果我什麼重要的都沒說，哈，那我只是在隱藏罷了。它肯定藏在某個地方嘛！比如說，我講到童年的故事，我經歷過的一些極其平常、普通的故事時，便因為是我講的才重要。它們說的是我的事，我寫了兩本好書，兩本重要的書。而這種觀點，這種構成了訪談基礎的觀點，我不僅同意，說起來還挺熱情的。坐在那裡誇誇其談，活像動物園裡的一隻鸚鵡。同時我也知道實情。挪威多久才會有一部優秀的、有意義的長篇小說出現？每隔十年到二十年吧。最近一本優秀的挪威小說是謝爾坦・弗勒格斯塔的《火與火焰》[170]，那是一九八〇年出版的，二十五年前的事了。在此之前的最後一本好小說是韋索斯的《群鳥》，一九五七年出版，又早了二十三年。同時又出版了多少挪威小說呢？幾千部！對，幾千部！有些很好，

169 莫妮卡・法格霍爾姆（Monika Fagerholm, 1961—），用瑞典語寫作的芬蘭作家。
170 謝爾坦・弗勒格斯塔（Kjartan Fløgstad, 1944—），挪威作家，一九七七年獲北歐理事會文學獎。

一些水準還行，大部分很弱。這就是實情，沒有什麼了不起的作品，人人都知道怎麼回事。問題在於這些作家及其作品周圍的環境，平庸的作家像吮吸糖果一樣享受著恭維，而他們在報紙和電視上所說的一切，正是源於他們錯誤的自我形象。

我知道自己在說什麼。我本人就是其中的之一。

噢，我可以割掉自己的腦袋，帶著憤怒和羞恥，因為我允許自己受了誘惑，不只一次，而是一次又一次。如果說我這些年學會了一件事——對我而言似乎無比重要，特別是在我們這樣一個庸才遍地的時代——那就是：

別相信你是號人物。

千萬別他媽相信你是號人物。

因為你不是。你只是個自以為是的平庸的小廢物。

別相信你有什麼過人之處。別相信你有什麼價值，因為你沒有。你只是個小廢物。

所以快低下頭，幹你的活去，你這小廢物。那樣你至少還能幹出點什麼。閉上你的嘴巴，低下你的頭，幹活去，記住了，你是個一錢不值的廢物。

這，大致就是我學到的東西。

這就是我畢生經驗的總和。

這他媽就是我一輩子得來的唯一真理。

這只是它的一面。另一面是我以一種非同小可的力度專注於討人喜歡，而且一貫如此，從我很小的時候就這樣了。我從七歲起就很看重別人對我的看法。當報紙對我做的事情和我本人表現出一定程度的興趣時，一方面，這證實了我是有人喜歡的，也帶來了巨大的快樂，另一方面，這成了一道幾乎無法應對的難題，因為我再也不能控制別人對我的看法了，原因很簡單，他們不再是我認識的人，不再是我能看見的人。因此，每當我做完一個訪談，只要這個訪談裡有什麼地方我沒說，或是我說了，但意思讓他們誤解了，那麼我無論如何也要把它改過來。要是改不了，我的自我形象就會受著羞恥的煎熬。可即便如此，我繼續接受採訪，又一次面對著記者坐到某個地方，這是因為我對恭維的欲望之強，既超過了我對自己看上去像個白癡的恐懼，也壓倒了我擁有的任何一種關於品質的理想，同時也由於我認識到，這樣做對書的推廣頗為重要。當我寫《萬物皆有時》的時候，我告訴蓋爾．古利克森，我不想接受任何採訪，可是跟他談過之後，我決定還是要做，他對我有這樣的影響，而我也為自己的新決定找到了藉口，我是為了出版社這樣做的。不過這仍沒多大幫助：我是個作家，不是推銷員，也不是娼妓。

這些事變得一團糟。我經常抱怨自己在報紙上像個白癡，但這要怪只能怪我自己，因為我看過別的作家上了報紙是什麼樣子，比方說謝爾坦．弗勒格斯塔，根本就不像白癡。弗勒格斯塔是個正直的人，不管周圍發生什麼，他都像根柱子一樣，站得端端正正，我猜在所有人當中，他一定屬於極為稀有的一類。

而且他不談自己。

我剛剛做了什麼，如果不全是那個和只有那個的話？

我把車票遞給視窗裡的黑人，他在上面用力蓋了章，面無表情地推還給我，然後我再次乘電梯下到地鐵，穿過地道，走到狹窄的月臺，先看清下一趟火車還要七分鐘才到，然後在長椅上坐下。

《出離世界》剛出版時的那個秋末，電視二台的《新聞》節目想做個採訪。他們到我家來接我，一起開車前往快線[171]，到那裡去做採訪，行至中途，就在尼戈爾公園盡頭的高科技大樓附近，那位記者轉過頭

171 快線（Hurtigruten），挪威航運公司。

來問我是誰。

「你到底是誰呢？」他問。

「你指什麼？」我說。

「嗯，艾瑞克・福斯內斯・漢森是賢哲、文化保守主義者、神童。羅伊・雅各森[172]是工黨作家。維格迪絲・約爾特[173]是淫盪的、醉醺醺的女作家。你是誰？我對你一無所知。」

我聳聳肩。陽光在積雪上閃爍。

「我不知道。」我說，「我只是個普通人。」

「得了！你必須給我點東西。你做過什麼？」

「零零散散做過幾份工作。讀過點書。你知道的……」

他在座位上轉回身去了。在這一天後來的時間裡，他用展示代替講述，解決了這個難題：採訪快結束時，他拼湊了一系列的停頓和遲疑，來表現我的個性，並以這樣的一句聲明而告終：「易卜生說特立獨行者最為強大。我認為他說錯了。」

我坐在長椅上，舉起雙臂，做了個深呼吸，記憶裡我說過的那些話壓得我喘不過氣來。

我怎麼能說那種話？

我當時相信自己說的嗎？

是的，我相信。但我表達的是我母親的觀念，她才是對人際關係特別上心、認為人際關係為那個人所代表的價值，而不是我自己。但當時我對這一點是相信的。不過並非出自任何一種個人經驗，這種觀念只是諸多現成之物當中的一種。

易卜生是對的。我在身邊看見的一切都是佐證。人際關係之所以存在，是為了滅除個性，限制自由，壓服出格的行為。我母親從來沒有像在和我討論自由概念時那樣憤怒。當我說出自己的觀點時，她嗤之以鼻，說那只是美國玩意，一種沒有實質內容的表演，空洞，虛偽。我們為他人而活。但正是這樣的觀念導致了我們今天體制化的生存狀態，不可預測性完全消失了，你一路從幼稚園到小學、從小學到大學，再到工作，彷彿這是一條隧道，你確信你的選擇都是基於你自己的自由意志，而事實上早在你踏入學校的第一天，你就像沙粒一樣被過濾了；有些人被送去做實用性的工作，有些人去做理論的工作，有些人進入頂層，有些人落到底端，與此同時，他們一直在教育我們人人平等。正是這樣的觀念讓我們，至少是我這一代人，對人生有了**期望**，活在一種信念裡，以為我們有資格得到任何東西，實打實地得到，而只要事情沒有按照我們的想像進行，便歸咎於所有可能的外部因素而不是我們自己。如果海嘯來了，你沒有馬上得到幫助，便對國家大發雷霆。這又是如何可悲呢？如果你沒有得到應該得到的工作，就心生怨恨。正是這樣的想法意味著下降不再可能，除非是非常微弱的下降，因為你總能得到錢。純粹的生存，也就是連那種能應對威脅生命的緊急狀況都沒辦法了。正是這樣的想法催生了一種文化，讓那些腦滿腸肥的特大庸才得以鼓吹廉價的陳腔濫調，允許拉爾斯．薩比．克里斯滕森這樣的作家受到膜拜[174]，彷彿維吉爾再世，坐在沙發上誇誇其談，告訴我們他是用筆，用打字機，還是用電腦，他每天什麼時間寫作。我討厭這種事，我不想知道這種事。可又是誰在對記者談他怎樣寫了幾本平庸的書呢？好像他是個文學巨匠，好像他是個妙筆生花的大師。還不就是我自己嗎？

172 羅伊．雅各森（Roy Jacobsen, 1954—），挪威小說家。
173 維格迪絲．約爾特（Vigdis Hjorth, 1969—），挪威小說家。
174 拉爾斯．薩比．克里斯滕森（Lars Saabye Christensen, 1953—），挪威作家。

當你知道自己做得不夠好的時候，你怎麼還能坐在那裡讓人家為你叫好呢？

我有一個機會。我必須斬斷與這奉承成性、腐敗透頂的文化世界的聯繫，其中的每個人，每一個小小的暴發戶，都是拿來賣的，我要斬斷與這空洞的電視和報紙世界的一切聯繫，躲進斗室，認真讀書，不是當代文學，而是最高水準的文學，然後拼上全付身家性命地去寫。如果需要的話，寫上二十年也在所不惜。

然而這機會我抓不住。我有家庭，為了他們我必須在場。我有朋友。我也有性格上的弱點，這意味我老得說「是，是」，當我想說「不，不」的時候，卻那麼害怕傷害別人，那麼害怕衝突，那麼害怕不討人喜歡，於是可以放棄一切原則，一切夢想，一切機會，一切帶有真相的東西，來避免這樣的事情發生。

我是個娼妓。這是唯一恰當的字眼。

半小時之後，我走進家，一關上門，就聽到客廳傳來說話的聲音。我抬頭一看，原來是米凱拉。她們每人手裡端著一杯茶，坐在沙發上，身前的桌子上放著一支燭臺，點著三根蠟，一個盤子盛著三片乳酪，還有一個裝滿各種餅乾的小籃子。

「嗨，卡爾．奧韋，怎麼樣？」琳達問。

她們笑瞇瞇地看著我。

「還行。」我聳聳肩說道，「反正沒什麼值得談的。」

「你想不想喝杯茶，吃點乳酪？」

「不了，謝謝。」

我站在那裡解開圍巾，把圍巾和夾克一起掛進衣櫥，鬆開鞋帶，把鞋放到靠牆的鞋架上。下面的地板上全是土和沙礫。我得跟她們坐一會，以免顯得太不近人情，我這樣想著，走進了客廳。

米凱拉正在談她和文化部長萊夫．帕格羅茨基的會面。她說部長是個超小型的男人，坐一張特大號的沙發，腿上放著個巨大的靠墊，坐在那裡把它摟在懷裡，甚至據她所說，他還會用牙齒咬那靠墊。但她對部長心懷無上的敬意。他思維極其敏銳，工作能力超強。我不太清楚米凱拉的資歷，因為我每次見她的時候，情形都和今天差不多，但不管她有怎樣的資歷，顯然都與她本人相得益彰，因為剛滿三十歲，她已經獲得了一個又一個高級職位。像我見過的許多女孩一樣，她與父親有著親密的關係。她父親似乎跟文學也有些淵源。據我所知，她母親是個苛刻的女人，一個人寓居哥德堡，跟她的關係頗為複雜。米凱拉頻繁更換男友，但萬變不離其宗：他們通通比不上她。從我第一次見到她，這三年來她講的各種故事當中，有一個尤其讓我難以忘懷。我們坐在歌劇院的酒吧，她跟大家講了一個她做過的夢。她去參加派對，離開的時候沒穿褲子，腰以下一絲不掛，像唐老鴨一樣。她說這讓她感覺有點彆扭，但不只如此，這樣子畢竟還有幾分迷人，接著她就趴到桌子上了，下面光溜溜的，屁股朝天。這個夢有什麼含意呢，請問我們怎麼看？

是——啊，它有什麼含意呢？

她講這件事的時候，我沒當真，要不就是同席的其他人知道什麼我不知道的事，因為很明顯，夢的內容是她不願意公之於眾的事情。在她老於世故的舉止中，常常像這樣於無經意間流露出幾分幼稚的痕跡，而從那以後，這便讓我總是帶著喜愛和驚奇來看待她了。也許她是有意的？不管怎麼說，她對琳達頗為高看，有時向她尋求建議，因為她像我一樣，知道琳達有可靠的直覺和品味。碰到這種場合，她偶爾會變得過於自我中心，但這對我來說並不奇怪，也遠非不可原諒，此外，她講給我們聽的權力走廊裡的生活總是非常有趣，至少對我而言，因為我和那種生活隔著千山萬水。如果你換一個角度，從她的視角來看，她在探訪一位親密但脆弱的朋友和她沉默寡言的丈夫，她只能採取主動，用自己的快樂和活力來感染這個小家庭，除此之外，她還有其他選擇嗎？她是萬妮婭的教母，參加了孩子的命名禮，給我母親留下了極好的印象，到現在都還不時問起她的近況。她對我母親說的事情感興趣，派對臨近結束時還起來幫忙收拾盤子，顯得格外懂事，而琳達從來做不到同樣的程度，這也在她和我母親之間造成了各種隱蔽的摩擦。這就是我們需要社會規範的原因所在，它們幫助我們和平共處，它們本身就是友誼和善意的明證，有了它們，就可以容忍更大的個人分歧，更多的個性，遺憾的是，有個性的人從來無法理解這一點，因為個性最核心的要義就是不去理解。琳達不想為別人服務，她想讓別人為她服務，其結果就是沒人為她服務。可是米凱拉為別人服務，所以別人為她服務。就是這麼簡單。媽媽這麼喜歡她，真讓我心如刀割，還因為琳達的性格中有著全然不同的豐富和不可預測的特性。突如其來的險象環生，出乎意料的陣陣狂風，一堵堵巨大的抗拒之牆。讓諸事平穩運行，盡力抹平衝突，這是藝術精髓的對立面，這是才智的對立面，因為後者的基石正是限制或受限。所以問題就是：你選擇什麼？運動，它接近生活，抑或運動之外的區域，它是藝術之所在，但從某種意義上來說，也是死亡？

「我還是來杯茶吧。」我說。

「這是香草茶。」琳達說，「你不想喝吧？不過水大概還是熱的。」

「不，還是不喝了。」我說完走進廚房。在等水燒開的當下，我拿了鉛筆，踩著櫥櫃前的椅子，在所有酒瓶上作了標記。只是酒標上的一個小點，小到你必須知道它在那裡才看得見。

我這麼做，就像某位少年的父親所為，站在那裡也自覺有幾分愚蠢，但我不知道還能怎麼做。我不想讓那個看護我孩子的女人、那個除了琳達和我之外，跟萬尼婭相處最久的人，和萬尼婭在一起的時候喝烈酒。

我把茶包放進杯子，往上面倒了水。我低頭看樓下納倫餐廳，廚師正在店裡用水管沖洗地板，洗碗機冒著蒸氣。客廳裡傳來要走的聲響，我推斷米凱拉準備動身回家。我走進走廊，和她說了再見。然後坐到電腦前，連上網路，檢查電子郵件，什麼都沒有，上了幾個網站，谷歌一下我自己。有兩萬九千多個搜尋結果。數字像某種指數一樣有升有降。我東瞧西看，隨意點擊。跳過採訪和評論，打開某些個人網誌。其中一位說我的書連擦屁股都不配。我在另一個地方發現了一家小出版社或雜誌的網站。我的名字出現在奧勒．羅伯特．松德一幅照片的說明文字裡，他說他要告訴任何願意聽他說話的人，克瑙斯高的新書是多麼糟糕。接著我無意中打開了一堆文檔，涉及鄰里之間的爭吵，我的一位親戚顯然捲入其中。起因是車庫的一堵牆高了幾公尺，要不就是矮了幾公尺。

「你做什麼呢？」琳達在我身後問道。

「搜尋我自己。這真他媽是個潘朵拉的匣子。你不會相信這些人都寫了些什麼東西。」

「你不該那麼做的。」她說，「過來坐下。」

「好。」我說，「還剩兩個東西要看一下。」

第二天一早，英麗八點來接萬妮婭時，我去了工作室。在那裡坐到三點，寫講稿，三點半回家。琳達在洗澡，她要出去跟克莉絲蒂娜吃飯。我走進廚房檢查酒瓶。有人從兩個瓶子裡喝了酒。

我去找琳達，在馬桶蓋子上坐下。

「嗨，」她笑笑地說，「我今天幫自己買了一顆沐浴球。」

浴缸裡滿是泡泡。她抬起一條手臂坐直，便有一道帶狀的泡沫從手臂上垂下。

「看到了。」我說，「有件事我們得談談。」

「噢？」

「是你媽喝的。記得我跟你說過最近瓶子裡的酒明顯少了很多嗎？」

她點點頭。

「我昨天在酒瓶上作了標記。所以我能肯定。酒又少了。如果不是你，那一定就是你媽。」

「媽媽？」

「對，她跟萬妮婭在家時喝了酒。她一整個星期都在喝酒，而且根本沒有理由相信她剛開始喝。」

「你確信嗎？」

「對，不會有錯的。」

「我們怎麼辦？」

「告訴她我們知道怎麼回事了。這樣的事我們是不能接受的。」

「那當然。」

她陷入了沉默。

「她們什麼時候回來？」我過了一會問道。

她看著我。

「五點左右。」她說。

「你覺得該怎麼辦？」我問。

「我們一定得跟她說。給她下個最後通牒。如果她再這樣做，就不能單獨跟萬妮婭待在一起了。」

「對。」我說。

「這一定有好幾年了。」她說，明顯沉浸在自己的思緒當中，「這倒可以解釋很多事情。她一直都很心不在焉，和她幾乎不可能有任何正常的交流。」

我站起身。

「也不一定。」我說，「也許是她跟維達爾有什麼事。也許她在那邊陷入了困境。不快樂。」

「可是你過了六十歲不會因為不快樂就喝酒。」她說，「這一定成為某種模式了。一定這樣很久了。」

「她們再過半個小時就要到家了。」我說，「我們要不要先別張揚，之後再說？還是馬上就問個清楚？把事情了結？」

「沒什麼好等的。」她說，「但我們要怎樣跟她講呢？我自己可做不來。她一定會矢口否認，然後再想法設法推到我身上。我們能一起來嗎？」

「就像開家庭會議？」

琳達聳聳肩，在泡沫底下攤開雙手。

「嗯，我也不知道。」她說。

「這太複雜了。這就成了二對一。好像法庭一樣。我來吧。我跟她出去談。」

「你想這樣嗎？」

「想？天底下我最不想做的就是這種事！老天啊，她可是我岳母。我只想做得體面一點，不丟面子，心平氣和，別把事情弄大。」

「你能談我很高興。」她說。

「必須說你看起來很冷靜。」我說。

「大概只有這種時候我才是冷靜的，發生意外的時候，出現危機的時候。這是童年的影響。當時這就是正常情況。我已經習慣了。但你得明白我也生氣。現在我們需要她。她一定不能離開我們的孩子。他們幾乎沒有親戚，你知道的。她不能讓我們失望。她不能，哪怕我必須自己出馬，來保證她不能。」

「孩子們？」我問，「有什麼事是你知道但我不知道嗎？」

她笑了笑，搖搖頭。

「沒有，但我大概能感覺到什麼。」

我走出來，關上門，站在客廳的窗子前。聽到水流下浴缸的出水口，看著窄窄的馬路對面，咖啡廳外面的火炬在風中搖擺，黑黑的人影帶著一張張白色的、面具般的臉從路上走過。在上面一層樓裡，有位鄰居在彈吉他。琳達走進走廊，紅毛巾像纏頭布一樣裹在頭上。她消失在打開的櫥櫃門後。我走去檢查電子郵件。一封托爾的，一封伊娜．溫耶的。我回信了，之後把它刪了。走進廚房，打開咖啡機，又喝了一杯水。琳達站在走廊的鏡子前化妝。

「克莉絲蒂娜什麼時候到？」我問。

「六點．但我得趁只有我們倆的時候先準備好。對了，你今天怎麼樣？有什麼進展嗎？」

「一點點。明天晚上和星期五還得弄剩下的。」

「你星期六走？」她邊問邊仰起頭，用小刷子刷著睫毛。

「對。」

此時走廊裡電梯啟動。樓裡住戶不多，八成是她們回來了。沒錯。電梯停了，朝向走廊的門開了，然後馬上傳出了嬰兒車向外拉扯的聲音。

英麗打開門，進了走廊，這裡很快就充滿了她活潑而熱烈的能量。

「萬妮婭在路上睡著了。」她說，「小心肝累壞了，可憐的小東西。但她今天收穫可多了！我們去了六月山。我買了一張年票，你們可以拿著它……所以你們今年都可以免費入館了……」

她把手上的大包小包放下，從夾克口袋裡掏出錢包，拿出一張黃色的卡片，遞給琳達。

「後來我們還買了一條新的連身褲，舊的那條太小了，這條跟它一樣款式……我沒做錯什麼吧？」

她看著我。我搖了搖頭。

「順便還買了一副新手套。」

她大包小包翻了半天，最後從其中一個包裡找出一副紅色的手套。

「這上面有夾子，你可以把手套夾在袖口上。又好又暖和，很舒適。」

她看著琳達。

「你要出門？噢，對了，你晚上要跟克莉絲蒂娜一起出去。」她看著我，「你和蓋爾可以要想想怎麼打發時間了。我不礙你們的事了。我這就走。」

她轉向萬妮婭，小女孩躺在她身後的嬰兒車裡，帽子蓋到了眼睛上。

「她大概還得再睡一個小時。她早晨沒睡夠。要不要我把她抱到客廳？」

「我來抱吧。」我說，「您要回格內斯塔，還是……？」

她帶著懷疑的神情看著我。

「不。我要跟巴爾布魯一起去劇院。我本來打算再借一晚你的工作室。我以為……我告訴琳達了。你要用嗎？」

「不，不。」我說，「我只是問一下。其實我想跟您談談。有事要說。」

厚鏡片下面兩隻大大的眼睛，帶著滿腹狐疑和一絲不安看著我。

「能和我出去散個步嗎？」我問。

「好吧。」她說。

「那我們這就走。不會太久的。」

我鬆開螺栓上的螺母，把兩道門一起扶住，拉起把門連在地板上的螺栓，打開門，推進嬰兒車。趁我正在忙，英麗進廚房去喝水。我都弄好了，站在幾公尺外等她，腦子裡思緒萬千。琳達已經進了客廳。

「你們不是要分居吧？」她在我們邁出家門之後說，「別告訴我你們要分居……」

她說這些話的時候臉色慘白。

「不是，哎呀，不是，我們沒有。有件別的事我想跟您談。」

「噢，那我就放心了。」

我們走進後院，走出大門，走上大衛．巴加雷斯街，一路走向山脊街。我什麼都沒說，我不知道怎麼把事情說明白，怎麼開口。她也什麼都沒說，看了兩三次，透著期待或驚訝。

「我真不知道該怎麼開口。」我在快到路口時說道，接著便往聖約翰教堂的方向走去。

一陣沉默。

「但還是……好吧，我還是直接說好了。我知道您今天照看萬妮婭的時候喝了酒。您昨天也喝了。我……嗯，我只是不能容許這樣的事。這樣不好。您不能這樣做。」

我們繼續走著，她的眼睛一直看著我。

「我無論如何也不想管著您。」我繼續說，「對我來說，您當然想做什麼都行。但如果您在照看萬妮婭就不行。我必須畫出個界限。這樣不好，您明白嗎？」

「不明白。」她驚訝地說，「我不知道你在說什麼。我從來沒有在照顧萬妮婭的時候喝過酒。從來沒有。以後我也不會這樣做。你從哪裡得出這樣一個結論的？」

我心裡涼透了。每當我處於岌岌可危的境況，折磨人的境況，每當我更進一步，或者被迫採取超出我本意的行動，就像今天這樣，我觀看周圍的一切，包括我自己時，便帶著一種特殊的、幾乎超真實的透徹。我們前方教堂綠色的鐵皮尖頂，我們身邊公墓黑色的、光禿禿的樹，閃亮的藍色小汽車在對面的馬路上滑行。我自己略顯佝僂的姿勢，英麗在我身邊活力豐盈的步態。她仰起臉看我的樣子。困惑之餘，還有一絲輕微的、幾乎察覺不到的責備。

「我注意到瓶子裡的酒少了。為了弄清楚，我昨天在酒標上作了記號。回家以後，我看到酒又少了。我根本沒喝過。除了我，今天只有你和琳達在家。我知道不是琳達。那也就意味著只能是您。沒有別的解釋了。」

「肯定有。」她說，「因為不是我。我很難過，卡爾·奧韋，但我沒喝你的酒。」

「聽著，」我說，「您是我岳母。我只希望您好。我不想這樣。一點也不想。我最不想做的就是挑您的毛病。可我還能怎麼樣，我都**知道**了呀！」

「你不知道。」她說，「我沒喝。」

我揪心般地疼。我好像邁進了鬼門關。

「您必須明白，英麗。」我說，「不管您說什麼，這件事都是有後果的。您是個非常出色的岳母。您為萬妮婭做得很多，萬妮婭跟您比對誰都親。我非常非常高興。我想就這個樣子繼續下去。我們身邊沒有什麼親人，這您知道。可是如果您不承認這件事，我們就沒辦法信任您了。你明白嗎？這不是說您不能見萬妮婭，您可以，不管發生什麼您都可以。但如果您不承認，如果您不答應絕不再犯，您就不能再單獨見她。您再也不能單獨和她在一起。您明白我的意思嗎？」

「是的，我明白。實在太可惜了。可也只能這樣。我不能承認自己做了其實沒做的事情。就算我想承認也不行。」

「那好吧。」我說，「那這件事我們不再談了。我看我們先放著，之後再說，看看下一步怎麼做。」

「這樣也好。」她說，「但什麼都不會改變，你明白。」

「好。」

我們走下法國學校前的臺階，沿德貝恩街走到聖約翰廣場，上山脊街，然後走大衛・巴加雷斯街，一路上什麼都沒有。我，佝僂著背脊，大步向前，她，在我身邊幾乎一路小跑。不應該是這個樣子，她是我岳母，我在這世界上沒有任何理由去矯正她，或懲罰她，除了這件事之外。感覺很沒意思。當她矢口否認就更沒意思了。

我把鑰匙插進鎖眼，為她打開門。她輕輕一笑便進了門。

她怎能如此平靜，反應如此自信？

難道真是琳達？

不，別他媽亂想。

但是我弄錯了嗎？我做的記號不對嗎？

不會。

可是？

穿白衣服的美髮師正在院子裡抽菸。我跟她打了招呼，她回以微笑。英麗在樓門前停下，等我開門。

「我這就走。」她上樓時跟我說，「聽你的，這事兒我們以後再商量。也許到那個時候你就搞清楚到底是怎麼回事了。」

她拿了自己的包和其中兩個塑膠袋，像平時一樣微笑著道了再見，不過這次沒抱我一下。

她離開以後，琳達走進走廊。

「怎麼樣？她說什麼了？」

「她說她跟萬妮婭在一起的時候沒喝酒。今天也沒喝。她不知道瓶子裡的酒怎麼少了。」

「如果她酗酒，自然會否認一切。這是習慣的一部分。」

「也許吧。」我說，「可是到底我們能做什麼？她剛說了不，我沒喝。我說你喝了，我知道你喝了，然後她說不，我沒喝。我拿不出**證據**。我們又沒在廚房裡裝攝影機。」

「只要**我們**知道了，這就沒什麼大不了的。如果她想耍花招，那她就必須承擔後果。」

「什麼後果？」

「嗯……我們可以不讓她單獨跟萬妮婭在一起。」

「真是見鬼了，」我說，「真該死。沒想到我竟然跟岳母出門散步，說她喝了我的酒。這都是怎麼了啊！」

「我很高興你這麼做了。說不定她最後會承認的。」

「我看她不會。」

一個生命在新的地方生根發芽是多麼快。一個陌生人融入新城市時又何其迅速。三年前，我還在卑爾根生活，那時我對斯德哥爾摩一無所知，這裡的人我一個也不認識。接著我就到了斯德哥爾摩，這座未知的、生活著很多外國人的城市，漸漸地，一天接著一天，雖然難以察覺，但我開始把自己的生活與他們的生活交織在一起，如今已經無法分離。如果我當初去了倫敦，我差一點就去了，在那裡也會發生同樣的事情，只是會碰到不同的人。這是偶然，也是命定。

英麗第二天打電話給琳達，承認了一切。她還說她本人並沒有把這件事看得那麼嚴重，但既然我們很當回事，那她一定會改進，確保此事不會讓任何人再次為難。她已經約了戒酒專家，決定花更多時間專注於自己和自己的需要，她認為問題就在於她讓自己承受了巨大的壓力。

琳達放下電話便陷入了絕望，照她所說，她母親太樂觀，也太急切，所以沒法跟她正常溝通，她好像失去了對現實的把握，生活在一個充滿光明而又無憂無慮的未來世界裡了。

「我沒辦法跟她**說話**！沒有真正的**交流**！說的全是空話，這個多好那個多棒什麼的。比如說你好了，她對你處理問題的方式讚不絕口。我也很棒，一切都好極了。可這麼說的前一天我們才告訴她，我們不想讓她在照顧萬妮婭的時候喝酒。我非常擔心她，卡爾．奧韋。她好像在受苦，可她自己不知道，你明白嗎？她一**切**都壓抑著。她應該安享晚年。她不該受苦遭罪，不該借酒澆愁。可是我能做什麼？她不想要任何幫助。她甚至不承認自己的生活有問題。」

「但你是她女兒。」我說，「她不想要你幫她也不奇怪。或者承認發生了不應該發生的事情。她這一輩子都把說明別人作為目標。你，你哥哥，你父親，她的鄰居們。如果你們去幫她，那麼一切也都要散了。」

「你說得對。但我只想和她溝通一下，你理解嗎？」

「理解。」

五天以後，我收到了一封電子郵件，附有《晚郵報》的採訪[175]。我讀的時候只感到悲哀。真是無可救藥。要怪只能怪我自己，但我還是給那位記者寫了一封長長的回信，試圖讓我本人的觀點被加強，也就是，給它披上一層外衣，多少反映一些我思想上嚴肅的東西，這樣做自然無異於抱薪救火。記者很快打來電話，建議把我的回信放到網站上，附在採訪後面，我拒絕了，這不是問題所在。我只能不買那一天的報紙，並且忘掉我看上去多麼愚蠢。所以我是愚蠢的，那我就愚蠢好了。這種人物專題的採訪還要附有受訪者個人生活的照片，我自己沒有，於是我要我母親替我寄幾張過來。由於截稿之前照片還沒有到，記者又催我，所以我就打電話給英格威，他掃描了一些，透過電子郵件發給了我，過了一個星期，媽媽的照片也到了，仔細貼在厚厚的卡紙上，下面用筆寫明了相關的詳細資訊。我能看出來她有多自豪，而我心裡的絕望就像一堵牆那樣立起來了。我最大的願望就是消失在森林深處，給自己造一座木屋，待在那裡，凝視著火，遠離文明。人類，誰需要人類？

「一個年輕的南挪威人，手指被尼古丁燻得焦黃，牙齒也略染菸垢。」他就是這樣寫的。這句話在我腦子裡反覆出現，揮之不去。

但我活該如此。多年前，我自己不也是寫過一篇揚・謝爾斯塔的採訪，並用《沒有下巴的男人》做為標題嗎？那樣做是因為不懂得什麼是侮辱……

哈哈哈！

不，真該死，沒什麼好擔心的。從現在起我必須拒絕一切，陪著萬妮婭，忍受最後幾個月居家丈夫的生活，四月份重新開始工作。勤奮，有條不紊，尋找一切可以帶來樂趣、活力和光明的東西。珍愛我擁有的，忘掉其餘的一切。

就在這個時候，臥室裡的萬妮婭醒了。我把她抱起來，摟在懷裡，走幾圈，直到她不哭了，便去準備食物。我用微波爐加熱馬鈴薯和豌豆，加一點奶油，搗成糊，到冰箱裡找肉，發現一個碗裡裝著兩塊魚條，於是一併加熱，放到她面前。她餓了，因為我從客廳也能看見她，所以我走過去，再檢查一遍電子郵件，回了幾封信，同時聽著她的動靜，以防她有任何不滿。

「你都吃光了呀！」我走回來時說道。她一副高興的樣子，把水杯扔到地上。我抱起她，她伸手來抓

175 採訪發表於二〇〇五年二月十二日，還附有弗雷德里克・桑德貝里拍攝的照片。

我下巴上的鬍子，一根指頭放進我嘴裡。我哈哈大笑，把她拋到空中，反覆幾次，從廁所拿了一片尿布，幫她換上，把她放到地板上，走過去把換下來的尿布丟進水槽下的垃圾桶。我回來時，只見她站在地板中央，搖搖晃晃。她朝我走了過來。

「一！二！三！四！五！六！」我數著，「新紀錄！」

她自己也注意到發生了某種非凡的事情，她臉上洋溢著光芒。也許她心裡也因為行走而充滿了美妙的感覺吧。

我幫她穿上戶外的衣服，抱著她去自行車房找嬰兒車。天空亮晃晃的，像是春天，但陽光還不算強烈。人行道是乾的。我發簡訊給琳達，告訴她我們的女兒第一次走了很多步。「太棒了！」她回覆說，「十二點半到家。愛你們！」

我走進斯圖雷廣場旁邊地鐵站的超市，買了一隻烤雞、一棵萵苣、幾顆番茄、一根黃瓜、烏欖、兩顆紫洋蔥和一份新出爐的長棍麵包，往回走的路上拐進了赫登葛蘭書店，發現一本關於納粹德國的書，《資本論》的前兩卷，我以前從未有心閱讀的歐威爾的《一九八四》，同一位作者的隨筆集，一本艾克瓦爾德寫的關於塞利納的書[176]，以及唐．德里羅的新作[177]，直到萬妮婭弄得我終止瀏覽，不得不趕快過去付款。一出來，我馬上就後悔買了德里羅，雖然我一直喜歡他的作品，尤其是《名字》和《白噪音》，但《地下世界》怎麼也讀不完一半，下一本書還是很差，很明顯他是在走下坡了。我差一點回到店裡換本別的，我剛才看到還有幾本書也不錯，比如艾施特哈齊．彼得的小說新作《天國和諧曲》[178]，寫他父親的。但我寧願不讀瑞典文的小說，它跟我自己的語言太接近了，因而有一種恒久的威脅，要滲透進來，要摧毀我的語言。所以如果這些書有挪威文的，我就讀挪威文的，這也是我讀母語讀得實在太少的緣故。再者，如果我要在琳達到家之前做午餐的話，現在的時間就很緊迫了。而且萬妮婭顯然覺得我在書店看的書已經夠多了。

上樓，進廚房，我做了雞肉沙拉，切了些麵包片，放到飯桌上，在此期間，萬妮婭一直拿著小木槌砸小木球，砸進一塊板子上的洞洞裡，滑下去，掉到地板上。

五分鐘後，她不得不住手，因為俄國女人又敲起暖氣管了。我討厭這聲音，討厭等著它出現，哪怕她的反應不是沒有正當理由，這敲管子的聲音能把任何人逼瘋，所以我從萬妮婭手裡拿過玩具，把她放到椅子上，在她脖子上繫了圍兜，餵她吃麵包和奶油，這時琳達進門了。

「嗨！」她說著走上前抱我。

「嗨。」我說。

「我今天早晨去了藥局。」她說，兩隻眼睛亮晶晶地看著我。

「是嗎？」我說。

「我買了驗孕棒。」

「是嗎？你要告訴我什麼呢？」

「我們又要有小孩了，卡爾．奧韋！」

「真的嗎？」

---

176 卡爾-約蘭．艾克瓦爾德（Carl-Göran Ekerwald, 1923—），瑞典小說家和文學評論家；路易-費迪南．塞利納（Louis-Ferdinand Céline, 18894-1961），法國小說家。

177 唐．德里羅（Don DeLillo, 1936—），或譯德里羅，美國小說家。

178 艾施特哈齊．彼得（Esterházy Péter, 1950-2016），或譯艾斯特哈茲，匈牙利後現代小說家。

淚水湧進了我的眼眶。

她點點頭，她的眼睛也溼了。

「我真高興。」我說。

「是啊，我在診所裡談的全是這個。整天只想著這個。這太棒了。」

「你沒告訴我就先跟你的心理醫生說了？」

「對啊，怎麼？」

「你想什麼呢？你以為這是你一個人的孩子嗎？你不能沒告訴我就先告訴別人！你在想什麼？」

「噢，卡爾．奧韋，對不起。我沒想到。我只是有點喜不自勝。我不是有意的。求你了，別放在心上。」

我看著她。

「好吧。」我說，「沒什麼。我是說往長遠看的話。」

夜裡我被她的哭聲弄醒了。只有她能哭得這樣撕心裂肺。我把手放到她的脖子上。

「怎麼了，琳達？」我輕聲說，「你為什麼哭？」

她肩膀顫抖。

她朝我扭過臉。

「我只是守信用！」她說，「沒有別的意思。」

「什麼別的意思？」我問，「你在說什麼啊？」

「今天上午。我去藥局買了測試的東西，因為我想知道。我等不及了！等我知道結果以後，我還得去看心理醫生！我沒想到我還可以回家！我以為我非去不可！」

她又哭了起來。

「我可以回家，告訴你這個特大喜訊！立刻！我用不著非得去診所啊！」

我拍著她的脊背，撫摸她的頭髮。

「可是親愛的，這沒什麼！」我說，「不要緊的！我當下有點不高興，但我都明白。重要的只有一件事，那就是我們要生小孩了！」

她看著我，滿眼淚水地笑了。

「你說真的嗎？」她問。

我吻她。

她嘴唇鹹鹹的。

十一月的那個夜晚，帶萬妮婭參加過生日派對之後，我摸黑坐在馬爾默公寓的陽臺上，差不多兩年過去了。當初那個剛懷上的孩子不僅已經出生，而且長到了一歲。我們給她取名海蒂，她是個快樂的金髮女孩，在某些方面比她姊姊更強健，在別的方面則和她一樣敏感。在命名禮上，當牧師要往她頭上灑水時，萬妮婭大叫：「不！不！不！」呼聲震天，迴盪在整座教堂，這時候不可能不笑出聲來，好像她對聖水起了生理反應，彷彿她是個小吸血鬼或小惡魔。海蒂九個月大的時候，我們搬到了馬爾默，有點出於心血來潮，因為這裡我們誰都沒來過，誰都不認識，但我們過來看了一棟房子，總共在城裡待了五個小時就做出了決定。這就是我們要住下來的地方。房子位於市中心一座公寓的頂層，很大，一百三十坪，而且因為高高在上，從清晨到黃昏都是陽光充沛。沒有比這更適合我們的了，我們在斯德哥爾摩的生活變得日益黯淡，到最後我們沒有選擇，只能搬走。遠離那瘋狂的俄國人，我們和她已經陷入了無法解決的衝突，她持續向樓主投訴，後者終於採取行動，召集我們開會，卻毫無頭緒，他們最後相信了我們，但儘管如此，他們仍然無能為力。我們得靠自己解決問題。摩擦再次發生，她殺到門口，我一手抱著萬妮婭，一手抱著海蒂，告訴她離我們遠點，她說她家裡有男人了，她這就去告訴他，讓他揍我，我們打電話給警察，告發她的挑釁和威脅行為。我從未想到自己會這麼做，但我還是報警了。警察什麼也做不了，但這並非重點所在，因為他們替她指派了社區服務，兩個人登門檢查她的居住環境，對她來說，沒有比這更丟臉的事了。噢，一想到這裡我就滿心得意！但這根本無助於鄰里關係的好轉。而且帶著兩個小孩，住在大城市的中央，這裡沒有汽車的地方只有公園，我們像遛狗一樣領著他們走路，問題不是我們要不要搬家，而是什麼時候搬家。琳達想去挪威，我不想，所以只能在瑞典的兩座城市當中做出選擇，要嘛是哥德堡，要嘛是馬爾默，前者讓琳達留下了負面的記憶，她在文學創作系所[179]讀書時，因為生病，只待了幾個星期，學業便告中止，於是便決定了：我們搬到馬爾默去，我們喜歡在那裡停留幾個小時期間留下的感覺。馬爾默是開放的，城市上空的天既高且遠，海洋近在咫尺，有一片長長的海灘，和市中心只有幾分鐘的距離，去哥本哈根也不過四十分鐘，城裡的氣氛從容自在，類似度假勝地，迥異於斯德哥爾摩嚴厲、刻板、利慾薰心的格調。在馬爾默的頭幾個月頗為精采，我們天天去游泳，等孩子們睡了，我們坐在陽臺上吃飯，充滿了樂觀的情緒，彼此之間也比過去的兩年更為親密。但是也有黑暗，它慢慢地、難以察覺地填滿了我生活的每一個部分，新鮮感逐漸消退了，世界慢慢坍塌，沮喪的感覺顫慄著重新出現。

像今天晚上一樣，琳達和萬妮婭在廚房吃東西，海蒂發著燒睡在我們臥室的小床上，那些盤子還在，房間好像遭到了有組織的洗劫。好像有人把抽屜和櫥櫃裡的各種東西都倒在地板上了，灰塵和沙土到處都是，廁所裡還有成堆的髒衣服，一想到這些，我簡直要窒息。而我正在寫的「小說」毫無進展。我虛擲的兩年時間一事無成。還有這套公寓裡生活的壓抑。還有們我們之間不斷升級、愈來愈難以控制的爭吵。還有已經消逝的歡樂。

我的怒氣小規模地爆發，因為瑣事而點燃；當你回首這一輩子，總結一生時，誰關心誰在什麼時候洗了什麼呢？琳達的情緒忽高忽低，處在最低潮時，她只是躺到沙發上，要嘛就上床，我們戀愛之初曾喚起我滿腔柔情的東西，現在直接招致了惱怒：難道我活該**什麼**都要做，而她百無聊賴地在那裡躺著？是的，我可以什麼都做，但不是無條件的。我做了，那我當然也有權發脾氣，抱怨，挖苦，諷刺，偶爾還要大發雷霆。這種悶悶不樂的狀態遠遠超出了我自己，直接進入了我們共同生活的中心。琳達說她只想要一件事：我們應該是一個快樂的家庭。這就是她想要的，這就是她夢想的，我們要成為一個快樂而美滿的家庭。我的全部夢想則是她來做她那一半家務。她說她做了，於是我們沒完沒了，伴隨著相互指責、怨怒和憧憬，在人生的中途，這是我們的人生，這不是別人的人生。

怎麼可能把你的生命浪費在為了家務而生氣上呢？怎麼**可能**？

我想得到屬於自己的最多的時間，最少的干擾。我想要已經在家照看海蒂的琳達也能接管萬妮婭的一切，好讓我能工作。她不想。或者，也許她想，但她應付不來。我們所有的衝突和爭吵，都是以與此有關的這種或那種形式進行的，力度此消彼長。如果我因為她和她的需要而不能寫作，我會離開她，就是這麼簡單。她大概也知道。她在拉伸我的限度，根據她生活中需要的東西，但從不過分到讓我達到觸

179 指哥德堡大學文學創作系（Litterær Gestaltning），二〇一二年與該校電影導演學校和攝影學校一起合組哥德堡大學瓦蘭德學院。

點。不過我也很接近了。我採取的復仇方式是，她想要的一切我都給她，也就是說，我照顧孩子、打掃地板、洗衣服、買菜、做飯，所有的錢也都是我掙來的，好讓她在說到我和我在家裡的角色時，沒有任何藉口可以抱怨。唯一我不給她的東西，也是她唯一想要的東西，就是我的愛。這就是我的復仇。冷酷而無動於衷，我看著她愈來愈絕望，終於無法堅持，她對我尖叫，帶著怒火、沮喪和渴望。有什麼問題嗎？我問，你認為我做得不夠嗎？你說你太累了，但明天我可以帶孩子。我可以送萬妮婭去幼稚園，然後我可以帶海蒂出門，讓你睡覺、休息。然後下午我到幼稚園去接萬妮婭，晚上照顧她們。這樣行嗎？這樣你就能休息了，因為你累壞了。到了最後，她吵不動的時候，就扔東西、摔東西。杯子，盤子，拿到什麼摔什麼。她本來應該為我做這些零碎家務，好讓我能工作，但她沒有。她的問題不是因為她做得太多，而是實際上因為沒有愛，她愛的這個男人身上只有怨恨、喜怒無常、沮喪和壞脾氣，她對此又沒有辦法明明白白地說出來，對我來說，最好的復仇方式就是抓住她的語病，反咬一口。噢，當她掉進圈套的時候，我是多麼心滿意足，簡直可以站在那裡答應她的一切要求！在不可避免的爆發之後，在我們去睡覺之後，她常常哭泣，想得到安慰。這給了我一個加倍復仇的機會，因為我不吃這一套。

然而，像這樣生活是不可能的，也不是我想要的，所以當我不妥協也不寬容的憤怒得以緩和之後，剩下來的便只有這顆飽受折磨的心了，彷彿我擁有的一切都形將碎裂，於是我們言歸於好，彼此親近，像從前那樣繼續生活，這是週期性的迴圈，一如自然世界。

我熄滅香菸，喝掉最後一口無氣的可樂，站起身，扶住欄桿，凝視天空，一個光點懸停於城外某處，太低了，不可能是星星，又太靜止了，不可能是飛機。

到底是什麼呢？

我看了好幾分鐘。它突然朝左下降時，我才明白那是一架飛機。它剛才不動，是因為它一直正對著我飛過來，到厄勒海峽[180]上空才降低高度。

有人在敲窗子，我轉過身。是萬妮婭，她朝我笑著招手。我打開門。

「你現在要去睡覺了？」

她點點頭。

「爸爸，我想和你說晚安。」

我彎下腰，親她的臉蛋。

「晚安，祝好夢！」

「祝好夢！」

她穿過走廊，跑回自己的房間去了。雖然經過了這麼長的一天，她仍然充滿了活力。

剩菜剩飯倒進垃圾桶，玻璃杯裡殘留的牛奶和水清空，從水槽裡拾起蘋果皮、胡蘿蔔皮、包裝袋和茶包，清乾淨，各種東西放到濾水架上，用開水沖，噴上洗潔精，腦袋靠著櫥櫃，開始洗，一個玻璃杯又一個玻璃杯，一個瓷杯又一個瓷杯，一個盤子又一個盤子。沖洗。等架子上放滿了，便接著擦乾，以騰出空間洗下一批。然後是地板，一定要用力擦淨海蒂坐的地方。把垃圾袋打個結，坐電梯下樓，到地下室，穿過暖和的、迷宮般的走廊，進入垃圾間，這裡又髒又滑，遍地汙穢，各種管線垂吊在天花板上，像一顆顆魚雷，點綴著撕裂的塑膠帶子和少量的絕緣膠帶，門上的標誌宣稱這裡是「環境室」，實乃典型的瑞典委婉用語，我把袋子扔進綠色的大垃圾桶時，突然想到了英麗，上一次她到這裡來的時候，在一個垃圾桶裡發現了幾百塊小帆布，就把它們抱回家裡了，她以為這會讓我們像她那樣心花怒放，因為孩

180 原文是厄斯特松德（Östersundet）。此處從英譯本。

子們有了繪畫的材料，足夠未來幾年之用，我蓋上垃圾桶的蓋子，回到家裡，就在這時，琳達躡手躡腳地溜出了孩子們的房間。

「她睡了？」我問。

琳達點點頭。

「你真能幹。」她說。停在廚房門口。「想來杯酒嗎？西塞爾上次來買的那瓶酒還在這裡。」

我最初的反應是拒絕。我當然不想喝酒。但是非常奇怪，下了一趟樓，短時間地離開家，竟足以讓我對她的態度有了小小的軟化，所以我點了頭。

「那就來一點吧。」我說。

兩個星期後的一天下午，當海蒂和萬妮婭在我們身邊奔跑，在沙發上蹦跳和尖叫時，我們倚靠著站在一起，人生中第三次在一條小小的白色測試棒上仔細查看一段小小的藍線。這是約翰駕到的信號。他在來年夏天降生，從一開始就顯露出溫和與沉著，總是笑呵呵的，就算身邊雨驟風狂，他也不慌不忙。他經常一副剛爬出灌木叢的樣子，身上帶著道道傷痕，這都拜海蒂的抓撓所賜，只要一有機會，她就會下手，通常還先抱一抱或友好地摸摸臉蛋作為掩飾。推著嬰兒車在城中穿行曾經讓我厭煩，如今已完全消逝，成為一段古怪的歷史，現在的我推著一輛破舊的童車上街，裡面裝了三個小孩，一隻手往往還拎著兩、三個購物袋，眼睛周圍和臉頰上刻著深深的溝紋，目光裡燃燒著久已失去聯繫而又空無一物的兇殘。我不再為了自己做的事具有潛在的女性化色彩而煩惱，問題是帶孩子去我們必須要去的各種地方，他們死都不想離開家，其他各種花招也無效，因此也別想獲得一個悠閒的上午或下午。有一次，一群日本遊客在馬路對面停下，對我指指點點，好像我是街頭馬戲團的領班一樣。他們**指**著我。那裡有個斯堪的納維亞男人！快看呀，看完了把看到的東西告訴你們的孫子！

我對我的小孩感到驕傲。萬妮婭膽子大，野性十足，你說什麼也不會想到，她那瘦小的身體對活動的胃口竟然如此之大，如此貪婪地吞噬著世界，不放過樹木、攀爬架、游泳池和野地，剛到新幼稚園的頭幾個月裡一度讓她畏縮不前的內向性格，此時已無影無蹤，變化如此之大，竟至於下一次的「家長會」完全朝著相反的方向進行了。此刻的問題不再是萬妮婭的閃躲，不再是她不想和成年人接觸，也不再是她在遊戲當中從不採取主動，恰恰相反，根據他們小心翼翼的說法。問題也許是她有時占據了太多的空間，太想引人注目所致。「坦白講，她有時還會欺負別的孩子。」幼稚園的園長說，「但她要這麼做，其實也需要動點腦筋，」他接著講，「她必須知道發生什麼事，還要夠聰明才能從這種情況中得到好處。但我們盡可能讓她知道不能這麼做。你們知道她從哪裡學會這個節奏嗎？答——答答答答——答？她從電影或是什麼地方看來的嗎？如果是這樣，我們可以在這裡放一放那部影片，跟大家解釋一下那是什麼。」自從上次會面，他們談到語言矯正師，並把她的羞怯歸為缺陷或不足之後，我便不再乎他們對萬妮婭的看法了。她剛滿四歲，再過幾個月她就會把這些通通丟開……海蒂沒那麼野，她的身體控制水準完全不同，她好像以一種迥然有別於萬妮婭的方式呈現在自己的身體裡，對萬妮婭而言，虛構的作品不過是現實的變種，可以天馬行空地展開想像。當萬妮婭不能從一開始就掌握某種東西，她會因為失望而變得暴躁、發狂，也會充滿感激地接受幫助，而海蒂事事都想親力親為，如果我們伸出援手，她會受到冒犯，而她會不斷嘗試，直到取得成功。噢，她臉上那種勝利的喜悅！遊戲場有棵大樹，她搶在萬妮婭之前爬上樹頂。第一次，她抱住了最高的樹枝。第二次，在小小的狂妄驅使下，她爬到了最高處。我坐在長椅上，正在看報紙，忽然聽到她在尖叫：她坐在樹梢上，兩手空空，離地六公尺，一不留神就會掉下來。我爬上去抓住她，大笑不停。你到底在那裡做什麼啊？她走路格外愛跳，我認為那是開心的跳。她是家裡唯一個真心快樂的人，好像是這樣，或者她天生如此。她忍受一切，只是不喜歡挨罵。挨罵時她嘴唇顫抖，淚如泉湧，哄她可能要花上一個小時。她喜歡跟萬妮婭玩，她玩什麼都行，而且她特別喜歡騎馬。夏天我們去那個遊樂園，她騎驢時帶著滿臉的驕傲。但是看到海蒂騎馬的樣子也無法讓萬妮婭改變主意，她就是不想騎，她再也不騎了，她把眼鏡往鼻子上一推，突然跳到約翰前面，發出一聲尖叫，弄得周圍所有人都看我們。不過約翰喜歡這個，他也跟著叫，他倆哈哈大笑。

太陽已經低懸於西邊的松林上方。天空深藍，一如我童年記憶裡喜愛的顏色。我心裡的某種東西緩緩落下，又驟然上升。但這於我毫無助益。過去是無所謂的。

琳達把海蒂從那頭蠢驢身上抱下。她對牲口和賣票的女人招手道別。

「好了。」我說，「直接回家。」

我們的車幾乎孤零零地停在巨大的碎石停車場。我在附近的馬路邊緣上坐下，把海蒂放到腿上，替她換尿布。我又把約翰綁在前座上，琳達也在後座幫兩個小丫頭繫好了安全帶。

我們租了一輛很大的紅色大眾。這是我領駕照以來第四次開車，因此每一件與此有關的事都讓我深覺樂在其中。點火，換檔，加速，倒車，手握方向盤。都很好玩。我以前從未想過自己開車，這並不屬於我的形象，所以此時的愉悅感愈發強烈，因為我發現自己正以一百五十公里的時速沿高速公路疾馳回家，並在其中找到了一種平穩的、幾乎讓人昏昏欲睡的節奏，打方向燈，變道，超車，打方向燈，回到原車道，周圍一派鄉間景色，起初以森林為主，逐漸上行，爬上巨大的山坡，極目遠眺，所見皆為麥地，低矮的農舍，秀麗的灌木林和闊葉樹組成的小森林，海洋在西邊，像一道從不消失的邊界。

「看！」我在到達山頂時說，下面就是斯科納的鄉間，「真是美極了！」

金色的麥地，綠色的山毛櫸森林，藍色的海洋。在夕陽的照耀下，一切都是強烈的，幾近顫抖。

沒人搭理我。

我知道約翰睡了。難道後排那幾位也睡著了？

我回頭看了一眼。

的確。三個女孩子東倒西歪，嘴巴張著，眼睛閉著。

幸福在我心裡奔湧而出。

這只持續了一秒，兩秒，也許三秒鐘。總是隨之而至的陰影便出現了，這是幸福的黑暗伴侶。

我一隻手輕拍方向盤，跟著音樂唱歌。這是 Coldplay 新出的ＣＤ，我本來無法忍受，卻發現邊開車邊聽很適合。我以前有過一次和現在一模一樣的體驗。那時我十六歲，正在戀愛，夏日裡的一個早晨，我們穿越丹麥，前往尼雪平的訓練營，我坐在前排，除了我和司機，車上的人都睡著了。他放了一張 Dire Straits 那年春天新出的ＣＤ《換帖兄弟》，還有 Sting 的《藍龜之夢》和 Talk Talk 的《這是我人生》，一起構成了我在此前幾個月裡種種美妙經歷的配樂。平緩的地形，初升的太陽，寂靜的窗外，熟睡的乘客，無不因幸福而加深了印象，感覺那樣強烈，二十五年後我仍然記得。但那一次的幸福沒有陰影，它是純粹的，不加稀釋的，沒有雜質的。那個時候人生之路就在我腳下。一切都可能發生。一切都有可能。現在不再是那樣了。許多事發生了，而發生過的事為可能發生的事提供了前提。

不僅僅是機會少了，我體驗到的情感也在變弱。人生不再那麼熱烈。我知道我到了中途，也許行程已經過半。當約翰和我此時一樣大時，我將年屆八十，一隻腳踏進墳墓，如果不是兩隻腳全在裡面的話。再過十年我就五十歲了。再過二十年，六十歲。

一片陰影籠罩在幸福之上，這很奇怪嗎？

我打了方向燈，換道，超過一輛大卡車。我太沒有經驗了，小車一在氣流中微微晃動，我就感覺不安。但我不怕，我開車這麼久以來我只怕過一次，就是駕駛執照考試的當天。那是冬至前後的一個清晨，外面漆黑一片，我從未摸黑開過車。大雨傾盆，我也從未在雨天開過車。考官是個男人，很不友善的樣子。自然地，我把檢查車況的規定動作牢記於心。但他說的第一件事是，我們不用做檢查了，玻璃除一下霜就行，然後我們就算你過了。我不知道怎麼除霜，他們反覆教給我的流程上沒有，等我在儀錶板上找到開關，已經過去了整整兩分鐘。但我又忘了要想除霜前必須先把車發動，這讓考官上下打量我一番，問我：「你到底知不知道怎麼開車？」然後替我轉了鑰匙，點著了火。開局糟糕透頂，我兩條腿更不爭氣，一點也不聽使喚，哆嗦起來沒完，而且一望即知，我的手眼協調能力完全不存在，所以我們根本不是平穩地上路，而是像袋鼠一樣蹦跳著進入了車流。一片漆黑。早晨的交通高峰時段。傾盆大雨。一百公尺之後，考官問我平常都做什麼工作。我說我是作家。於是他興趣大增。他告訴我他是個畫家。辦過一次展覽什麼的。他問我寫什麼。我跟他提及我的書《萬物皆有時》，當時他也將我要開往的小鎮地名告訴我。他問這本書有沒有在瑞典出版。我點了頭。突然他大喊在那裡！路牌在那裡。可那是最裡面的車道！我說。但我還是朝那打了方向盤，踩下油門，不過他迅速出手，一個急剎車，我們停下了。

「那是紅燈！」他說，「你沒看見嗎？紅得要命！」

我什麼燈也沒看見。

「看來考完了，對嗎？」我說。

「恐怕是這樣的。」他說，「如果我們必須出手，你就過不了了。這是規定。你想再開一段嗎？」

「不了，我們回去吧。」

考試總共歷時三分鐘，九點半我回到家。琳達用急切的目光看著我。

「沒過。」我說。

「噢，不！」她說，「太慘了你！發生什麼了？」

「闖了紅燈。」

「真的？」

「當然是真的。今天早上我起得這麼早的時候，誰會相信我路考要闖紅燈！下次一定沒事的。我不會連續兩次闖紅燈。」

這不算大問題。我們沒有車，我在一月份還是三月份拿到駕照都無關緊要。我在一堂堂駕駛課上已經浪費了難以計數的金錢，再多一小筆也沒什麼區別。唯一的問題是我們本來計畫月底出行，我已經接受了一份工作邀約，去南挪威的森訥，有心全家同行，待工作結束，借著返城途中，到特維德斯特蘭外的桑島，找個家庭旅館住幾天，看看那裡的情況。其實我幾年前考察過桑島，感覺那裡會成為我們完美的安家之地。島上居民大約兩百人，一座幼稚園，一座可以上到三年級的學校，沒有汽車。景觀像極了我小時候的環境，我一直渴望著回到那裡，只可惜它形似而實非，桑島不是特羅姆島，不是阿倫達爾，也不是克里斯蒂安桑，我不會為了世界上的任何東西回到那裡，而是某種不同的東西，新的東西。我有時認為我們對鄉土的渴望是生物學意義上的，就像葉落歸根，這是一種本能，既可以讓一隻貓走上幾百公里找到它原來的地方，也可以在我們身上發揮作用，人的動物性，一如來自遠古、深藏於我們身體裡的種種潛流。

有時我在網路上觀看桑島的照片，那裡的景致帶給我的衝擊如此強烈，竟然完全壓過了在那裡生活暗含的孤獨和被遺棄的感覺。當然不是為了琳達，她對這個主意要更為懷疑，但並沒有一口回絕。對我來說，住在海邊的樹林裡，遠比待在城市中央的六層樓上更為合適。於是我們左思右想，反覆琢磨，時間之久，足以讓我們生出去那裡作一番實地考察的念頭。但我沒拿到駕駛執照，於是我一個人去了森訥，這就意味著此次出差完全失去了意義。我去那裡有什麼好談的？

那天晚上，我正在網上預訂機票，蓋爾打來電話。我們白天已經談過，但他最近幾個星期一直心煩意亂，只是表面上不那麼明顯，所以他再次來電也沒有什麼好奇怪的。我仰坐進扶手椅，腳放到書桌上。他跟我談了一點他正在寫的蒙哥馬利．克利夫特[181]的傳記，他寫他奮鬥不息，用盡一切方式將人生發揮到極限。我對蒙哥馬利．克利夫特僅有的記憶來自The Clash樂團，他們在《倫敦呼喚》裡有句歌詞：「蒙哥馬利．克利夫特，甜蜜！」，結果蓋爾也是從這裡聽到他名字的，不過方式完全不同：在伊拉克，他跟羅賓．班克斯一起住在自來水廠，此人是個英國癮君子，曾經與那支樂團很親近，也跟他們一起巡迴演出，他們甚至還有一首歌是獻給他的，他告訴蓋爾，蒙哥馬利．克利夫特在他們的人生中占據了怎麼樣的重要位置，這使得蓋爾更瞭解他。另一個原因在於《亂點鴛鴦譜》是他特別喜歡的電影。我談了托瑪斯．曼的《布登勃洛克一家》，我剛開始重讀，我談了書中的語句多麼完美，文筆水準多麼過人，我樂在其中，真心樂在其中，每一頁都是這樣，前所未有的一次，還談到這種完美，比如場景，再比如形式，都屬於一個不同的時代，有別於托瑪斯．曼寫作時的那個階段，實際上使它更像一種仿製，一種重建，或者換句話說，一個摹本。當摹本超越原作時會發生什麼呢？它又真的**能**嗎？這是一個經典難題，遠至維吉爾那樣的作者必定會費盡心機加以克服。一種風格或一種形式和它在其中出現的特定時代、特定文化之間的關係有多麼緊密呢？一種風格或一種形式一出現就會遭到破壞嗎？在托瑪斯．曼的筆下，它沒有被破壞，這個字眼不恰當，也許更「矛盾」才對，沒完沒了的矛盾，由此生出諷刺，動搖所有基礎的諷刺。我們繼而談到斯特凡．茨威格的《昨日的世界》，這本書是對上世紀初的絕佳描述，年齡、鄭重其事、不年輕和美都是稱是稱心如意的，所有的年輕人都想要一副中年人的樣子，肚皮，錶鏈，雪茄和禿頭。第一次世界大戰，接著是第二次世界大戰炸毀了一切，在我們和他們之間形成了一道鴻溝。後來蓋爾又談起蒙哥馬利．克利夫特，談他恣意放縱的生活，他不可抑止的活力。他聲稱他在過去一年裡讀過的所有傳記都有一個共通之處：它們都是活力論的。不是理論意義上的，而關乎實踐。他們總在追求盡用人生。傑克．倫敦，安德烈．馬爾羅，諾達爾．葛利格[182]，厄尼斯特．海明威，亨特．S．湯普森[183]，馬雅可夫斯基。

「我能理解沙特為什麼吸食安非他命了。」他說，「快車道上的人生，更多的成就，激情燃燒。就是這麼回事。但他們所有人當中最始終如一的一個，就是三島。我總是回到他那裡去。他自殺時才四十五歲。他始終如一。英雄必須漂亮。不能老。榮格正好相反。過一百歲生日時，他坐在那裡喝白蘭地，抽雪茄，像刀子一樣銳利。一切都跟力量有關。我只對這一點感興趣。力量，勇氣，決心。智慧？不。我認為智慧你想要就會有。這不重要，沒意思。在七〇年代和八〇年代長大就是個笑話。En joke。我們一事無成。我們**做**的事情毫無意義。我寫作是為了奪回我所失掉的嚴肅。這就是我做的。可是當然了，這樣做沒有任何目的。你知道我坐在哪裡。你知道我做什麼。我的人生太微不足道了。我的敵人太微不足道了。不值得把力量花在上面。可是也沒別的了。所以我坐在這裡，在臥室裡抓耳撓腮。」

「活力論，」我說，「還有一種活力論，你知道的。跟土地和血統聯繫在一起的活力論。一九二〇年代

181 蒙哥馬利．克利夫特（Montgomery Clift, 1920-1966），美國電影演員。
182 諾達爾．葛利格（Nordahl Grieg, 1902-1943），挪威詩人，小說家，記者。
183 亨特．S．湯普森（Hunter S. Thompson, 1937-2005），美國記者和作家，剛左新聞運動的創始人。

的挪威。」

「噢，我對那個不感興趣。我所說的活力論裡沒有一丁點納粹主義。這倒不是說如果有就會怎樣，但確實沒有。我說的是反自由主義。」

「挪威活力論裡也沒有一丁點納粹主義。是中產階級把納粹主義引進來的，又把它轉變成了某種抽象的東西，一種觀念，換句話說，是一種並不存在的東西。它的要點是對一塊土地的渴望，對家庭的渴望。漢森之所以如此複雜，是因為作為一個人，他是無根的，漂泊不定的，而在美國人的意義上，這同樣也是現代的。但他鄙視美國，大眾社會，無根性。他鄙視自己。結果諷刺的是，它的意義遠遠超過了托瑪斯．曼那一套，因為它與風格無關，它觸及的是人的基本存在。」

「我不是作家，我是個農民。」蓋爾說，「哈哈哈！但是不，土地你可以留下。我只對社會感興趣。沒有別的。你可以讀盧克萊修，高呼哈利路亞。你可以談十七世紀的森林。我一點都不關心。只有人才是有價值的。」

「安塞爾姆．基弗[184]有張畫你你看過嗎？畫的是森林。你看的到只有樹和雪，有些地方還有些紅色的斑點，再有就是用白色寫上去的德國詩人的名字。賀德林，里爾克，費希特，克萊斯特。這是戰後最偉大的藝術作品，也許是整個二十世紀最偉大的。它畫了什麼？一座森林。有什麼用意？它不是關於觀念的，它一直進入到文化的深處，它無法用觀念來表達。」

「你有沒有看過《浩劫》[185]？」

「沒有。」

「森林、森林、森林。還有臉。森林、毒氣和臉。」

「那幅畫叫《瓦魯斯》。我記得他是羅馬的將軍，在日爾曼尼亞輸掉了一場決定性的戰役。整條脈絡從七〇年代一直回溯到塔西佗。沙瑪[186]在《風景與記憶》裡把它勾勒出來了，這本書我讀過，你知道的。我們可以把奧丁[187]也算上，他吊在樹上來著。大概吊過，我不記得了。但那是森林。」

「我理解你要說什麼了。」

「我讀盧克萊修時，通篇都是世界的壯麗。而這一點，世界的壯麗，當然是個巴洛克概念。它和巴洛克時代一起走到了盡頭。它是關於事物的。事物的物質性。動物。樹。魚。如果你為行動的消失感到遺憾，我就為世界的消失而遺憾。世界的物質性。我們只有圖片了。那是我們與之相關的東西。可是啟示錄現在又是什麼呢？南美洲正在消失的森林？冰蓋的融化，海平面的上升。如果你寫作是為了奪回你的嚴肅感，我寫作就是為了奪回世界。是的，不是我所在的這個世界。絕不是這個社會化的世界。巴洛克時代的驚奇屋。古董陳列櫃。基弗森林裡的世界。藝術。再無其他。」

「一幅畫？」

「被你說對了。對，一幅畫。」

有人敲門。

「我等一下打給你。」我說完便掛掉了電話。「進來！」

琳達打開門。

---

184 安塞爾姆・基弗（Anselm Kiefer, 1945—），德國畫家和雕塑家。《瓦魯斯》（*Varus*）是他一九七六年的作品。

185 《浩劫》（*Shoah*），克勞德・朗茲曼（Claude Lanzmann）一九八五年拍攝的長達九個半小時的紀錄片。

186 西蒙・沙瑪（Simon Schama, 1945—），英國歷史學家。

187 奧丁是斯堪的納維亞神話裡的主神。

「你在打電話嗎？」她說，「我只想跟你說一聲，我要去洗澡。你顧一下孩子，看有沒有人醒了。別戴耳機。」

「好。洗完你就睡嗎？」

她點點頭。

「我也是。」

「好。」她說完笑了笑，關上門走了。我撥通了蓋爾的電話。

「我又怎麼會知道？」我說著嘆了口氣。

「我也一樣。」他說。

「你晚上做什麼了？」

「聽了點布魯斯。有十張新CD今天寄到了。我又訂了……十三張、十四張、十五張。」

「你瘋了。」

「沒有，我沒有……我媽今天死了。」

「你說什麼？」

「她一覺不醒。她的不安結束了。有什麼用？有人可能會問。但我爸傷心欲絕。當然還有奧德・斯泰納爾。我們過幾天回去。葬禮一個星期後舉行。你不也是那個時候去南挪威嗎？」

「十天後。」我說，「我剛訂了機票。」

「那我們說不定還能見面。我們肯定得在那裡待幾天。」

片刻的沉默。

「你最初為什麼沒跟我說。」我問，「我們聊了半個小時你才告訴我。你不管什麼事都要搞得跟沒事一樣嗎？」

「不。哎呀，不是。你誤會了。當然不是的。我只是不想老是想著這事。一跟你聊天，我就能把它放到一邊。就是這麼簡單。這沒什麼好談的。你肯定理解。談了也白談。布魯斯的作用一樣。可以逃避一下。嗯，也並不是說我有很多的感慨。但我覺得，那也是一種感情。」

「的確如此。」

掛斷電話之後，我走進廚房和客廳之間的走廊，拿了一顆蘋果，一邊站在那裡啃著，一邊看著廚房，裡面的東西全被敲掉了。廚台原本的位置現在一片灰泥，長長的木板靠在裸露的牆上，地板落了一層土，還有各種工具和電線，有些傢俱很快就要安裝進來。裝修預計還要兩個星期才會完工。其實我們只想要個洗碗機，但廚台尺寸不對，工頭說，最簡單的辦法是把廚房整個換掉。於是我們就這麼做了。費用由業主來出。

有聲音，我扭過頭。

是從孩子們的房間傳出來的嗎？

我走過去，探頭一看。她們睡著呢，兩個都是。海蒂在上鋪，腳放在枕頭上，腦袋枕著卷起來的羽絨被，萬妮婭在下鋪，也躺在被子上，手臂腿全張開著，身體擺成一個小小的X。她把腦袋扭到另一邊，又轉過來。

「媽媽哞[188]。」她說。

188 媽媽哞（Mamma Mu）和烏鴉是瑞典兒童廣播劇裡的角色，後來也出了書，拍了電影。

她已經睜開了眼睛。

「你醒了嗎，萬妮婭？」我問。

沒有回答。

她睡得很死。

她有時在後半夜驚醒，尖聲哭叫，但又不可能跟她溝通，她只是沒完沒了地哭啊，叫啊，好像不省人事，好像我們不存在，好像她完全是一個人待在那裡。如果我們抱起她，摟得緊緊的，她會激烈反抗，又踢又打，想回到原來的樣子。那個時候她充滿了野性，不可接近。她沒睡，但也沒醒。處在中間狀態。看到這一幕讓人揪心。但第二天醒來後，她又滿心愉快了。我很想知道她記不記得那種絕望，它是不是像夢一樣溜掉了。

不管怎麼樣，她都會想聽到她在睡著的時候叫「媽媽咩」。我得記著告訴她。

我關上門，走進廁所，唯一的光源是立在浴缸邊沿的一支小蠟燭，迎著窗口的氣流，輕輕搖曳。裡面水氣瀰漫。琳達躺在浴缸裡，眼睛閉著，半個腦袋沒在水裡。注意到我的時候，她慢慢地坐起身。

「原來你待在山洞裡。」我說。

「很舒服。」她說，「你想跳進來嗎？」

我搖搖頭。

「不想。」她說，「對了，你跟誰說話來著？」

「蓋爾。」我說，「他母親今天死了。」

「噢，真難過……」她說，「他還好吧？」

「還好。」我說。

她靠回到浴缸邊上。

「我們大概也到了這個年紀了。」我說，「米凱拉的父親幾個月前剛死。你母親心臟病發作。蓋爾的母親也死了。」

「別這麼說。」琳達說，「媽媽一定能活很多年。你媽也一樣。」

「也許吧。如果她們挺到七十歲，就能長壽。一般都是這樣的。不管怎麼說，我們離老頭老太太也不遠了。」

「卡爾．奧韋！」她說，「你還不到四十！我也才三十五！」

「我有一次跟耶珀談過這事。」我說，「他父母都不在了。我說我最糟的狀況就是不再有任何人見證我的生活。他根本不明白我在說什麼。我也不是很清楚自己是不是當真這麼想。或者說，我想要讓人見證的並不是我自己的生活，而是我們孩子的。我想讓媽媽看到她們成長，不只是她們還小的時候，而是她們長大以後。她們的各方面她都應該瞭解。你懂我的意思嗎？」

「當然。但我不知道我想不想談這個。」

「你記得那次你走進房間，問我知不知道海蒂在哪裡嗎？我跟你出來找。貝麗特在那裡，她把陽臺的門打開了。我一看到門是開著的，就特別害怕。我眼前一黑。恐懼也好，驚慌也好，害怕也好，不管是什麼，都在一瞬間湧上心頭。我以為海蒂一個人上了陽臺。有幾秒鐘我都相信我們孩子沒了。那大概是我這輩子最恐怖的時候了。以前我對這麼強烈的感情一無所知。特別是從未有過這樣的經歷，體會到意外是可能發生的，而我們真有可能失去他們。說來說去，我曾認為他們永遠不死。可是，是啊，這種事我們不該談。」

「謝謝。」

她笑了笑。她把頭髮攏到後面，她臉上什麼妝都沒化，看起來好年輕。

「你根本不像三十五歲的樣子。」我說，「你像二十五。」

「是嗎？」

我點點頭。

「上次我去系統公司，對方的確跟我要證件。我應該很高興才是，但同時呢，等我上了街，又會被各種各樣的基督教組織攔下。我老是被人逮住。我跟大家在一起，**誰**都沒事，可他們一看見我就直接過來了。一定跟我給人的印象有關。或許我看起來需要被拯救？而他們都看出了這一點？你覺得是這樣嗎？」

我聳聳肩。

「或許因為你的模樣太天真了？」

「哈！還不如盼救星的樣子呢！」

她用兩根手指捏住鼻子，整個身體沉到水下。她再從水裡出來時，先搖晃腦袋，再帶著微笑看著我。

「怎麼了？為什麼這樣看我？」

「這就是個例子。」我說，「小孩子會做的事。」

「什麼？」

「沉到水下。」

在和廁所相鄰的臥室裡，約翰哭了。

「拍拍他的背，我馬上就來。」

我點點頭，走到臥室。他躺在那裡，邊哭邊舞動著兩支手臂。我把他翻過來，讓他像烏龜那樣趴著，用手掌撫摸他的背。他最喜歡這個樣子了，只要沒有充足的時間進入興奮狀態，他總能很快安靜下來。

我唱了我會唱的五首搖籃曲。琳達進屋上床，把他摟過去。我走進客廳，穿上外套，戴好圍巾和帽子，穿上放在陽臺門邊的鞋子，走到外面，在角落裡的椅子上坐下，倒了些咖啡，點著一支菸。風從東面吹來。天空深邃，繁星點點。飛機的燈光閃爍不停。

我二十歲那年的夏天，媽媽有一日打來電話，跟我說她肚子裡長了個大腫瘤，第二天就要住院，然後開刀。她說還不知道是不是惡性的，因此不確定以後會怎樣。她說瘤滿大的，很長時間她都不能俯臥。她的聲音疲憊而虛弱。我當時和高中時代的一個女友希爾德一起，待在克里斯蒂安桑城外的瑟姆，此前幾分鐘我站在車道上，守著汽車，等她出來。我們要去游泳。這時她在陽臺上叫我，卡爾．奧韋，你媽的電話。我馬上意識到情況不妙，卻沒喚起任何感情，我對她很冷淡。掛斷電話後，我去跟已經上車的希爾德會合，打開副駕駛車門，上車，說媽媽需要動手術，明天我得去弗勒。這就像一場活動，我應該參與其中，有個角色讓我扮演，扮一個飛回家照顧媽媽的孝子。我想像葬禮的場面，大家紛紛表示慰問，為我感到難過，我還想到她要留下的遺產。接著我又想到，我終於有件有意義的事可寫了。在這些想法產生的同時，還有另一個聲音似乎同時出現，說著不要啊，這很嚴重，不要，好好聽著，你媽要死了，她對你很重要，你想要她活下去，你想，卡爾．奧韋！我想我跟希爾德這樣說會讓我加分，我在她眼裡會變得更加崇高。第二天她開車把我送到機場，我在布林格蘭索森降落，搭乘機場巴士前往弗勒市中心，再坐市內公車去醫院，在那裡拿到了媽媽家的鑰匙。她剛搬過來，家當全裝在箱子裡，她要我不必費事，別管它們，等她回來再收拾。要是你回不來呢，我心裡想。坐公車前往山谷，穿過綠得刺眼的鄉間地帶，整晚整夜，一個人待在那房子裡，第二天下山去醫院，她開刀後昏昏沉沉，十分虛弱，好在手術一切順利。她的房子坐落在一塊小平原的盡頭，一面是坡地，再往上是一座山，另一面有條河，一座森林，還有另一座山，回來之後，我收拾起箱子，把裝有廚具的那些搬進廚房，別的也各歸其類。夜幕落下，路上車聲漸弱，河水奔流的聲音慢慢加大，我的身影在牆上和箱子上閃動著。我是誰？一個孤獨的人。我才剛學習與這一點共處，也就是儘量對它無視，但我仍然有很長的路要走，所以只要我一放下手頭的工作，就感到心頭一陣寒意，這冰冷的魔鬼，也許穿上外套，也許走到草地上去，穿過花園的門，跨過公路，走到河邊，灰而黑的河水流過夏夜，我站在閃亮的白樺樹之間，凝望河水，心情因此有所平復，與這氛圍相符，而又難以解釋。肯定有什麼東西在那裡，因為我那個時候也到了那裡，在夜裡出門，尋找水。海洋，河流，湖泊，都無所謂。噢，我眼裡全是自己，我好偉大，可同時我又什麼都不是，非常羞恥地一個人過，沒有朋友，滿腦了想著**那個**人，**那個**女人，可就算我把她弄到手，也不知道該拿她怎麼辦，因為我仍然沒跟人睡過。陰道對我只是理論上的存在。我從來沒夢想過能拿這個字派上用場。下部，胸部，後部，這就是我描述自己欲望時所用的詞。我動了自殺的念頭，我從小就有這種想法，因此看不起自己，這根本不可能發生，我有太多事要報復，太多人去恨，太多東西糾纏不清。我點了一支菸，抽完後就回到滿地箱子的空屋。到凌晨三點，所有箱子各歸其位。我把走廊裡的畫挪進客廳。當我把其中一幅放下時，一隻鳥突然飛起來撞到我臉上。噢，真是活見鬼！我跳開了有一公尺遠的距離。那不是鳥，是一隻蝙蝠。牠滿屋子飛來飛去，動作狂野而激動。我嚇得要死。我跑出去了，關上門，爬上二樓的臥室，整夜待在裡面。六點鐘左右，我睡著了，一直睡到下午三點，趕快穿上衣服，搭公車去醫院。媽媽好些了，但因為止痛藥的緣故，仍然有點頭昏眼花。我們坐在露臺上，她坐著輪椅。我對她講了那年春天我經歷過的一些糟糕的事。也許我不該讓她擔心，因為她剛開過刀，但當時沒這麼想，過了好幾年才醒悟。當我返回空屋，那隻蝙蝠正在牆上吊著呢。我拿過一隻水桶，把蝙蝠扣住。聽到牠在裡頭飛撲，我噁心得差點吐出來。貼著牆把水桶往下滑，倒扣在地板上，蝙蝠沒有逃掉。不管怎麼說，如果牠還沒死，那就是被我捉到了。和前一晚一樣，我關上客廳的門，上樓進了臥室。我躺下來看司湯達的《紅與黑》，直到睡著。第二天早上，我在小屋裡找到一塊磚。輕輕把桶子掀開，發現蝙蝠一動不動地躺在地上，遲疑了一下，我能想辦法把它弄到外面去嗎？也許把牠拖到桶子裡，然後拿張報紙蓋住？不到萬不得已，我不想把它砸死。還沒等我拿定主意，我已經使出全身氣力，狠狠把磚頭拍向地板上的蝙蝠，把它砸了個稀巴爛。按住磚頭，來回輾壓，直到確定了牠無任何生命的跡象。軟乎乎的血肉抵著堅硬的石頭，這種感覺揮之不去，持續了好幾天，唉，好幾個星期。我拿畚箕撮起蝙蝠，丟進路邊的排水溝。然後我洗刷牠待過的地方，徹徹底底地洗刷過了，再搭公車去醫院。第二天媽媽回家了，於是我做了兩個星期的孝子。在蔥翠的山谷中間，在灰色的天空下面，我搬家具，拆箱子，一直忙到快開學，然後搭公車去了卑爾根。

那個二十歲的青年在我身上還剩下多少呢？

不是很多，我這樣想著，坐在那裡，仰望城市上空微微閃爍的群星。關於自己的感覺還是一樣。一樣是那個每天早上醒來，晚上睡去的人。但那種近乎恐慌的顫慄沒有了。凡事要看別人臉色的習慣也沒有了。它的反面，我那種自大狂般的性格已經減弱。也許減得不多，但終究還是變了。

我二十歲時，離我十歲時只隔了十年。我童年的一切仍然很近。仍然是我的參照點，我可以藉以理解事物。現在卻不再如此。

我站起身，走回屋裡。琳達和約翰已經睡了，相挨著躺在臥室的黑暗當中，約翰像個小球。我在他們身邊躺下，看了他們一會兒，然後我也睡著了。

十天後的那個清晨，我降落在克里斯蒂安桑城外的謝維克機場。從十三歲到十八歲，我就住在十公里外的地方，這片鄉村處處充滿回憶，然而這一次它幾乎沒有在我心裡喚起情感，也許是因為從我上次來這裡僅隔了兩年的時間，也許是因為我比以前走得更遠。我從飛機上走下舷梯，左邊是托普達爾峽灣，在二月的陽光下閃閃發光。右邊是呂恩斯勒塔，有一年除夕在那裡，揚．維達爾和我曾冒著暴風雪跋涉下山。

我走進航站樓，經過行李傳送帶，到小賣店買了一杯咖啡，拿上它走到外面。點一支菸，看著人們零零散散地出來，走向機場巴士或排隊等候的計程車，到處都能聽見南挪威的口音，讓我心裡充滿矛盾。它屬於這裡，它是歸屬感的鮮明標誌，既是文化上的，也是地理上的，還有我總能聽出來的那種自命不凡，現在我仍然能夠聽到，也許這是我自己的解讀，因為我本人不屬於這裡，也從來不屬於這裡。

我打開手機，看了一下時間。十點剛過。我應該下午一點在阿格德爾新建的一所大學[189]講今天的第一場，所以還有充足的時間。第二場在森訥，出城大約二十公里，時間是七點半。我已經決定不照稿演講。我以前從沒這樣做過，因此每隔十分鐘，恐懼和緊張便襲過全身上下。我腿也軟，感覺端著杯子的手似乎在顫抖。但是沒有，我確認過了。我在垃圾桶的邊緣摁熄菸頭，穿過自動門，回到小賣店，買了三份報紙，在一隻高腳椅上坐下，看起了報紙。十年前我寫過這個房間，在《出離世界》的最後一幕，主人公亨里克．萬克爾就是從這裡出發去見米麗婭的。我當時在沃爾達寫小說，峽灣的景色，往來穿梭的渡輪，港口和對面山下的燈光，在房間裡，在我描寫的景致中，只是一道暗影，而我曾經東遊西盪的克里斯蒂安桑一如當初，在我的腦海裡重現了。我也許記不得人們對我說了什麼，我也許記不得在那裡發生了什麼，可我清清楚楚地記得它是什麼樣子，記得瀰漫在它周邊的那種氛圍。我記得我待過的所有房間和所有景致。如果閉上眼睛，我能喚起小時候那幢房子的所有細節，還有鄰居的房子，周圍的景物，至少方圓幾公里的範圍之內。學校，游泳館，體育館，休閒俱樂部，加油站，商店，親戚家。我讀過的書也一樣。書裡寫的東西過幾個星期就消失了，但故事發生的地點幾年都忘不掉，也許永遠不會忘掉，誰知道呢？

我翻閱《日報》，又看了《晚郵報》和《祖國之友報》，之後就坐在那裡，看著來來往往的人。我應該用這段時間來做準備，但我只是讀了幾份舊報紙，列印我要念的幾段文字。在飛機上，我寫出了準備談及的十個要點。再做別的我就無能為力了，因為我只是去講個話，沒有比這更簡單的事了，而這個念頭是那麼強烈，那麼動聽。我應該談我寫過的兩本書，我卻做不來，所以只能講講書是怎麼寫出來的，多年一事無成，直到某種特別的東西開始成形，緩慢但踏實地向下發展，就用這樣的方式，最終將自身呈現出來。寫小說就是給自己設定一個目標，然後在睡夢中走到那裡，勞倫斯．達雷爾[190]曾經這麼說，此言不虛。我們有的不僅是我們自己的生活，更是文化圈內幾乎所有人的生活，不僅是自己的記憶，而是幾乎他媽的全部文化的記憶，因為我是你，而你是所有人，我們來自同一處，去的地方也一樣，在路上，我們聽的電臺一樣，看的電視一樣，讀的報紙一樣，我們腦子裡也有一樣一群名人的面孔和微笑。即使你在距離世界中心幾百公里遠的小鎮上，坐在一個小屋裡，一個人也不見，他們的地獄一樣是你的地獄，他們天的也還是你的天，你必須把世界這個大氣球戳破，讓裡面所有的東西流出來，灑得到處都是。

這大致就是我要談的。

語言是共通的，我們習以為常，我們使用的形式也是共通的，所以無論你和你的觀念多麼異類，在文學上你都永遠無法讓自己擺脫他人。反過來說，文學拉近了我們之間的距離。通過語言——我們無人

---

189 阿格德爾大學（Universitetet i Agder）是挪威八所大學中最小和最年輕的一所，二〇〇七年由多所學院合組而成，校區分設于東阿格德爾郡的格裡姆斯塔和西阿格德爾郡的克里斯蒂安桑。

190 勞倫斯．達雷爾（Lawrence Durrell, 1912-1990），英國小說家、詩人和遊記作家。

擁有語言，實際上也幾乎無法施加任何影響；通過形式——沒人能單獨打破它的束縛，如果有人想這麼做，那麼其他人必須立即追隨才有意義。形式把你拖出你自己，讓你遠離你自己，這種距離正是貼近他人的先決條件。

開講時，我要先說一件豪格的軼事，這個壞脾氣的老頭說起話來總是嘟嘟噥噥，內心極度封閉，多年來完全與世隔絕，但他與文化和文明中心的距離之近，幾乎超過同時代的所有人。他有過怎樣的交流？他把自己放在了怎樣的位置？

我從椅子上滑下來，走到櫃檯續杯。拿一張五十克朗的紙幣換成硬幣。我得在離開這裡之前打個電話給琳達，我人一到國外，手機就打不出去了。

不會有事的，我心裡想著，看了看寫有要點的兩張紙。這些都是老觀念了，我已經不相信它們了，但這沒什麼大不了的。重要的是我談了些東西。

最近幾年，我愈來愈不相信文學了。我邊讀邊想，這是某個人編造的。也許原因在於小說和故事完全把我們淹沒了。失控的膨脹。不管你朝哪個方向看，都能看到小說。數以百萬計的平裝書、精裝書、電影DVD和電視劇，通通都是編造的人物在一個雖然不乏現實色彩、但仍屬編造的世界上發生的故事。報紙新聞、電視新聞和廣播新聞的類型完全相同，紀錄片的類型也相同，它們同樣都是故事，它們講述的東西是不是真的發生過並無區別。這是一種危機，我全身心地感覺到了這一點，有什麼東西像豬油一樣，在我的意識裡浸染，擴散，尤其是因為這些虛構的作品，無論真實與否，其核心都是貌似真實，它們與現實永遠存在著距離。也就是說，它們看到了相同的東西。這種相同，也就是我們的世界，是大量製造出來的。因此，獨特性雖然人人掛在嘴邊，但它是無效的，它並不存在，它是謊言。像這樣生活，同時明明知道每件事都可能非常不同，會讓你非常失望。我不可以這樣寫作，這行不通。每一個句子都會碰到這種想法：你不過是在編造。這毫無價值。虛構式的寫作毫無價值，紀錄式地講故事毫無價值。而我能從中發現價值、並且仍然在提供意義的體裁，只有日記和隨筆，這樣的文學類型不涉及故事，不涉及任何東西，而只包含著你能遇到的一個聲音，你本人的聲音，一種生活，一張面孔，一種目光。如果不是另一個人的目光，還有什麼是藝術作品？它並不高於我們，也不低於我們，而是和我們自己的目光處在同樣的高度。藝術不能集體體驗，什麼都不能，藝術需要你單獨與之相處。單獨與之對視。

就想到這裡，然後走進了死胡同。如果虛構作品是無價值的，那麼世界也毫無價值，因為我們今天是透過虛構的作品在看世界。

當然，我也能把這個問題相對化了。我可以認為它更多關乎我的精神狀態，我個人的心理狀況，而不完全是世界的實際狀態。艾斯彭和托爾是我目前交往最久的朋友，我在他們發表處女作、成為作家之前很久就認識他們了，如果我對他們談及上述觀點，必定會遭到他們強烈的反對。方式各不相同而已。艾斯彭是批判型的，同時懷著強烈的好奇心，對世界抱著難以饜足的欲望，他寫作時，全部的能量都指向外部：政治、體育、音樂、哲學、教會史、醫學、科學、生物學、繪畫、重大時事或重大史實、戰爭及戰役，還有他的女兒。他的假日旅行，他耳聞目睹的小插曲：他無所不寫，而且努力加以理解，同時帶著他的一派輕鬆，因為他無意內省和反思，他的批判在外面可謂戰果累累，足以拿來摧毀一切。這樣一種入世的態度，正是艾斯彭喜歡和渴望的。我剛認識他時，他還很內向，靦腆，沉默寡言，悶悶不樂。我知道他走了很長的路才過上現在的生活，實際上他為此付出了很多努力，過去讓他沮喪的一切都已消失。他走到了正確的地方，他很快樂，雖然對世界上的很多東西抱著批判的態度，但他並不憤世嫉俗。托爾的輕鬆是另一種類型，他喜愛當前的時代，對它抱有莫大的興趣，這大概植根於他對流行音樂深深的迷戀，對排行榜的剖析，本週的熱門歌曲怎樣讓位於下星期的其他曲目，涉及流行樂美學的方方面面，巨大的銷量，媒體的曝光率，巡迴表演，他把這些轉移到了文學當中，因此理所當然地受到嚴厲的批評，但他以特有的決心繼續堅持著。如果說他厭惡什麼，那就是現代主義，因為它是反溝通的，不可接近，深奧難懂，並且帶著無限的自負，甚至無意為自己辯護。究竟要說什麼，才能夠影響一個力挺過辣妹組合的人？影響一個為電視劇《六人行》寫過熱情洋溢的文章的人？我喜歡他選定的方向，瞄準了前現代小說，巴爾札克、福婁拜、左拉、狄更斯，卻對他關於形式能襲用於今天的信念不敢苟同。因此在我做的事情當中，他唯一真正批評過的便是形式。他認為我的形式太弱了。我也喜歡艾斯彭的方向，博學，離題，過剩，包羅萬象的隨筆，帶著某種巴洛克式的繁複，但我不喜歡他的立場，例如一面謳歌理性主義，一面嘲笑浪漫主義。但不管怎麼說，艾斯彭和托爾做任何事情都不是講講而已的，我挑不出毛病，沒錯。這正是我必須要做的，以尼采精神來肯定人生，因為除此之外，別無他法。這就是我們擁有的一切，這就是既存的一切，你還要對它說不嗎？

我掏出手機，把它打開。海蒂和萬妮婭的照片讓我眼前一亮，海蒂的臉緊貼著螢幕，笑容燦爛，萬妮婭在後面略顯溫和。

十點四十五分。

我站起身，走到投幣電話前，投入四十克朗，撥通琳達的手機。

「今天上午怎麼樣？」我問。

「糟透了。」她說，「絕對亂成一團。徹底失去控制。海蒂又在給搗蛋約翰。萬妮婭和海蒂打了一架。我們要走的時候，萬妮婭在街上亂發脾氣。」

「噢，不。噢，不。」我說，「太慘了。」

「後來我們到幼稚園時，萬妮婭說：『你跟爸爸一直都在生氣。你們總是那麼生氣。』我聽了真得很難過！難過得要死。」

「我能理解。這太糟糕了。我們得想個辦法，琳達。一定要。我們一定要有個解決的辦法。我們現在這麼做不行。我一定得控制自己。大部分都是我不好。」

「我們必須。」琳達說，「我們必須談談了，等你回家以後。我這麼絕望，都是因為我只想我們快樂。我想的只有這個。可我做不到！我真是個壞媽媽。我連自己的孩子都帶不好。」

「不是的。你是個特別好的媽媽。沒有那回事。我們做得到的。一定。」

「嗯……路上怎麼樣？」

「還行。我在克里斯蒂安桑。這就出發，去大學。我怕得像條狗。最討厭做這種事。沒有比這更討厭的了。可我還是去了一次又一次。」

「一直都挺順利的。」

「不完全是。有的時候還行。但我真不想站在那裡沒完沒了地抱怨。沒事，我不會有事的。晚上我再打電話，好嗎？如果有什麼事，打我手機就行。接電話沒問題。」

「好的。」

「你在做什麼？」

「跟約翰在柳塘公園散步。他睡著了。這裡不錯，我應該高興才對。可是……今天早上讓我傷透了心。」

「會過去的。你們下午一定就沒事了。只不過我得走了。再見！」

「再見。祝你好運！」

我掛斷電話，拿起包，走到外面抽最後一支菸。真該死。真該死。

我靠在牆上，看著森林，黃色與綠色之間灰色的岩壁。

我實在難受，因為孩子們。我在家老是生氣，易怒。我無緣無故就吼海蒂，是的，對她**大喊**。還有萬妮婭，萬妮婭……她要是不聽話，脾氣一上來，不僅怎麼說都不行，而且又喊又叫，還打人，這時候我也朝她吼叫，抓起她就往床上扔。我完全失去了控制。事後又感到後悔，想要有耐心，慈祥，友善，做好人。好人。這就是我想做的，我只想這個，做三個孩子的好父親。

我不是嗎？

該死。該死。該死。

我扔掉菸頭，抓起背包就走。我不知道大學在哪裡，我住在這裡的時候它大概還不存在，所以我叫了一輛計程車，直接開過去。它從停車場駛出，我坐在後座，先沿跑道開一段，然後過河，經過我的老學校，我根本不在乎那裡，接著上山，下山，過哈姆雷桑登，露營地，沙灘，後面建有住宅區的小山，我的大部分同學當時就住在那裡，穿森林而出，到蒂梅內斯交叉路口，駛上通往克里斯蒂安桑的E18公路。

大學位於一條隧道的對面，離我上過的高級中學不太遠，但與它完全隔絕，彷彿森林中的一座孤島。建築既大，又美又新。自我搬走以後，無疑有很多錢流入了挪威。人們穿得更好了，開的汽車更貴了，遍地都是新開工的建築項目。

一個留著落腮鬍、戴著眼鏡、老師模樣的人在大門口和我碰頭。我們握了手，他帶我看了要演講的教室，就忙自己的事去了。我直直走向食堂，將一條長棍麵包吞入肚中，坐到外面的陽光下，喝咖啡，抽菸。到處都是學生，比我以為的年輕，看上去更像來這裡念高中的。我一下子看見了自己，一個眼窩深陷的中年人，背著包，一人獨坐。四十。我很快就要四十歲了。有一次，當漢斯的朋友奧利告訴我們他已經四十歲時，我不是差點一屁股坐到地上嗎？我起初還不相信，後來便用一種完全不同的眼光看待他，這老頭還想跟我們混？

但現在我自己也到了這把年紀。

「卡爾．奧韋？」

我抬起頭。諾拉．西蒙耶爾面帶微笑，站在我面前。

「嗨，諾拉！你怎麼在這裡？你在這裡工作嗎？」

「是啊。我看見你要來，心想大概能在這裡找到你。見到你好高興！」

我站起來，擁抱她。

「快坐！」我說。

「你看起來真不錯！」她說，「快跟我說說，你過得還好嗎？」

於是我簡要地帶過。三個小孩，四年斯德哥爾摩，兩年馬爾默。一切都好。我第一次見她是在卑爾根大學的一次學生派對上，當天晚上他們在慶祝結課，後來在沃爾達又撞見她，她在那裡教書，而我在寫第一本小說，她讀了，且是第一個做出評論的人，她在奧斯陸待過一段時間，在一家書店和《晨報》工作，出版了第二本詩集，又在這裡找了份工作。我說克里斯蒂安桑曾經是我的噩夢。但在這二十年中，這裡的變化一定很大。在這裡上高中是一件事，在大學裡工作又是另一件事。

她喜歡這裡，她這樣說，看上去也很高興。她已經把寫作的事丟在一邊，但不是再也不寫了，你永遠不知道還會發生什麼。有個朋友來拜訪，她是美國人，我們談了一點新舊兩個國家之間的不同，然後便往禮堂走。活動還要十分鐘才開始。我肚子痛起來了，是的，全身上下，到處都痛。我的兩隻手整天都在潛意識裡顫抖，此時真的在抖了。我在桌邊坐下，胡亂翻了翻書，抬頭看著門口。禮堂裡兩個人。我和那位老師。難道那一天又要重現？

我第一次公開朗讀就是在克里斯蒂安桑，我的小說處女做出版幾個星期之後。四位觀眾到場。其中一位，我看見他時心情很好，正是我原來的歷史老師羅森沃爾，如今當了校長。後來我走過去和他聊天。原來他幾乎不記得我，他來這裡的目的，是要和當晚三位新人中的第二位，比亞特．佈雷泰格[191]見面。

回家也不過如此。報復過去也不過如此。

「好吧，我看我們這就開始？」老師說。

我看了看一排排的椅子。總共坐了七個人。

一個小時的活動結束以後，諾拉說她很受感動。我微笑著感謝她的讚美，但我討厭自己，全身心地討厭，我恨不得趕快溜走。幸運的是，蓋爾比我們約定的時間提前二十分鐘出現了。我下樓時，他站在寬敞的大廳中央。我有一年多沒見到他了。

「我不覺得你還會掉更多頭髮。」我說，「但我錯了。」

我們握了握手。

「你的牙齒真黃，城裡的狗都要被招來了。」他說，「他們認為你是狗王。怎麼樣？」

「來了七個人。」

「哈哈哈。」

「沒關係。還算順利。我們走？你車在外頭？」

「對。」他說。

雖然今天剛剛埋葬了母親，但他的心情驚人地舒暢。

「我上一次來這裡，是參加青年國民衛隊的一次訓練。」他在我們穿過廣場時說，「我們在離這裡不遠的地方發了制服。可是當然了，那時候還沒有這個呢。」

他按下鑰匙上的遙控器，二十公尺外一輛紅色薩博閃了閃燈。後座上有個兒童座椅，那是他兒子尼亞爾的，他比海蒂晚生了一天，我是他的教父。

「你想開車嗎？」他笑笑地問。

我一時不知如何作答，只是微笑。拉開車門，坐進去，座椅往後挪，繫上安全帶，看著他。

「不走嗎？」

「去哪裡？」

「進城？不然還能去哪裡？」

他發動引擎，倒車，駛上公路。

「你好像有點沮喪。」他說，「不是挺順利的嗎？」

「順利是順利。不順利我也不會跟你說。」

「為什麼不說？」

「嗯，你知道的……」我說，「有小問題，還有大問題。」

「我媽是昨天下葬的，不屬於『問題』的範疇。」他說，「發生什麼了？快說呀。你憋著什麼？」

191（Bjarte Breiteig, 1974—），克里斯蒂安桑出生的挪威短篇小說家。

我們駛入短隧道，在平原處駛出，旁邊是國王農場，全身沐浴著強烈的冬日陽光，堪稱美景。

「我早些時候跟琳達談過。」我說，「她這個上午很難熬，嗯，你知道我指的是什麼。調皮搗蛋，一團混亂。然後萬妮婭說我們總是在生氣。她說得沒錯。我一離開就能查覺到這點。其實我現在就想回去，趕緊解決問題。不然這事怎麼也放不下。」

「都是老問題了。」

「是啊。」

我們駛上E18，到收費站前停下，蓋爾打開車窗，往灰色的金屬漏斗裡投了硬幣，繼而駛過奧德內斯教堂，後面就是爸爸下葬時的小教堂，還有克里斯蒂安桑大教堂學校，我在那裡讀過三年書。

「這地方對我來說意義重大。」我說，「我祖父和祖母就埋在這裡。還有我爸……」

「還在這裡某間倉庫裡吧？」

「沒錯。噢，我們還沒把它埋掉呢。哈哈哈。」

「親人最怕的就是這個。哈哈哈！」

「哈哈哈！不過說真的，我得趕快把這事解決了，讓他入土為安。必須要做。」

「在倉庫裡待十年又不礙事。」蓋爾說。

「是，那倒是。但是火化過的另當別論。」

「哈哈哈！」

沉默下來了。我們駛過消防站，進入隧道。

「昨天葬禮怎麼樣？」我問。

「挺好。」他說，「來了很多人。教堂都滿了。多年不見的親戚朋友一大堆，其實很多從我小時候就再沒見過。很好，很感人。爸爸和奧德．斯泰納爾都哭了。他們完全崩潰了。」

「你呢？」我問。

他看了我一眼。

「我沒哭。」他說，「爸爸還跟奧德．斯泰納爾抱在一起。我一個人站在旁邊。」

「你沒覺得不安嗎？」

「沒有，為什麼不安？我有我的感受。他們有他們的感受。」

「在這裡左轉。」我說。

「往左？去那邊？」

「對。」

我們進入四方區[192]，沿堡壘街行駛。

「右邊有個停車場，就快到了。」我說，「停在那裡？」

「好。」

「你覺得你父親會怎麼看你？」我問。

「因為我沒表現出悲痛的樣子？」

「對。」

「他不會放在心上的。『蓋爾就這樣。』他一定會這麼想。他一慣如此。他總是對我全盤接受。我有沒有跟你說過他到派對上接我那一次？我十六歲，非吐不可，他停下車，讓我吐，吐完繼續開車，一個字

---

192 四方區（Kvadraturen）是克里斯蒂安桑的市中心，因克利斯蒂安四世時期四方形的街道規劃而得名。

都沒說。充分信賴。所以我在母親的葬禮上沒哭，沒摟著他，他根本不會覺得怎麼樣。他有他的感受，別人有別人的感受。」

「聽上去他是個好人。」

蓋爾看了看我。

「是的，他是個好人。他也是個好父親。但我們生活在兩個世界。那就是你說的地方嗎？那裡？」

「對。」

我們駛入地下停車場，把車停好。在城裡閒逛。蓋爾想去唱片店看看，搜羅布魯斯的CD，他現在癡迷於此，於是我們去了兩家大書店，接著又找地方吃飯。最後選了圖書館旁邊的派樂仕披薩店。蓋爾似乎對上個星期他生活中發生的事情無動於衷，我們坐在那裡邊吃邊聊時，我很想知道他是真的無感還是覺得需隱藏自己的情感，不過如果真的無動於衷也沒什麼。我剛到斯德哥爾摩那段時間，他寫了一些短篇小說，我讀了，它的特點就是與所描寫的事件相距甚遠，我記得我告訴他，這就像一條有待打撈的巨大沉船，躺在他意識的深處。他不再關心這個了，這對他不重要，當然這並不意味著它沒有意義。他不承認它，並在這一前提下生活。可是它占據著什麼位置呢？它被移除了嗎？被合理化地處理掉了嗎？或者如他所說，這是yesterday's news？他和家人之間的距離與此有關：他把過去的一切都放在安全距離之外。他們的生活，據他而言是由一系列有規律的日常活動組成，其亮點是出城去購物中心，週日到路上餐廳裡吃飯，以及偶爾不再談論食物或天氣之類的話題，這種生活讓他坐立不安，幾欲發瘋，我猜這也跟他做的事無法打動家人有關。他們對他做的事完全不感興趣，他對他們做的事也完全不感興趣。如果要搞好關係，他得見他們，但他不想。同時，他經常會讚美他們在親密無間的關係中表現出的熱情和體貼，還有抱啊，摟啊什麼的，但在說這種話之前，他幾乎每次都要講他們身上有哪些東西讓他無法忍受，比如苦修式的習慣，而且他對我不無奚落，說我有他在家裡沒有的一切，知識分子的求知欲和不斷發生的交談，他稱之為中產階級的益處，而我們既沒有他出身其中的工人階級那種典型的熱情和親密，也不會想要去創造在學術圈子裡飽受蔑視的安逸氛圍，這種表達在我們看來是基本的，甚至是簡單的。蓋爾厭惡中產階級和中產階級的價值觀，但又非常清楚，這些東西及其副產品正是他在大學裡已經認可的，他困在裡面動彈不得，活像一隻撞進蛛網的蒼蠅。

他很高興見到我，我注意到了，他大概也因為母親的死而如釋重負，這主要是替她著想，而不是因為自己的緣故。他談到的最初幾件事當中，有一件就是母親的恐懼留下了怎樣的影響。什麼都沒有……但是有一點，我們彼此套牢，一如作繭自縛，我們沒辦法脫身，不可能解救自己，你的人生是你自己的人生。

我們談到了克里斯蒂安桑。對他而言，這只是一個城市，對我來說，只要一踏上這個地方，種種舊日的情感便一起湧上心頭。大部分是憎恨，但也有我自己的問題，我達不到這裡對我的要求。蓋爾認為這與一個人成長的地方息息相關，時間會讓它改變顏色，但我不同意，阿倫達爾和克里斯蒂安桑區別很大，精神面貌亦有不同。城市也有自己的性格、心理、思想、靈魂，隨便你怎樣稱呼，你一走進去就能注意到，它定義了住在裡面的人。克里斯蒂安桑是一座商業化的城市，有一顆唯利是圖的靈魂。卑爾根也有唯利是圖的靈魂，但它還有智慧和諷刺，也就是說，它包容外面的世界，它非常清楚不是只有它這一座城市。

「對了，我夏天讀了《新土地》。」我說，「你看過這本書嗎？」

「很久以前。」

「漢森在書裡對商人大加讚揚。此人年輕，有活力，是世界的未來和大英雄。他對文化人只有蔑視。

作家啊，畫家啊，他們什麼都不是。但商人不一樣！很好玩。你能理解這個人多麼矛盾吧！」

「嗯。」他說，「傳記中有一節寫他遇到過一些婢女。出版說明裡沒有認真對待這一問題，或者是理解不了。但事實上漢森是最底層出身。這一點你忘了。他是個工人階級作家。對他來說，婢女就是沿著社會階梯向上攀爬的一個臺階！如果你不理解這一點，就別想從漢森那裡得到任何東西。」

「他從不回頭。」我說，「他就像心理上無依無靠，你懂我的意思吧。我有這一種印象，在諾爾蘭某地的一個客廳，有些灰色的老頭扒在牆上，他們太老也太灰了，很難把他們跟傢俱區分開來。而且與漢森晚年的生活反差極大，簡直毫無關聯。但是不可能一直如此。」

「不可能嗎？」

「可能，可能，但你知道我在說什麼，對不對？漢森的作品沒有描寫童年的，除了《圓環閉合》（The Ring is Closed）。也沒有描寫父母的。他書裡的人物沒有來歷。沒有過去。這究竟是因為他們沒有意義，還是因為意義被有意抽離了呢？所以，這些人物就以某種方式成了最早的批量生產出來的人類，也就是說，沒有自己單獨的、確定的起源。決定他們的是現在。」

我拿起一片披薩，弄斷下面連著的長長的乳酪，咬了一大口。

「嚐嚐沾醬。」他說，「滿好吃的！」

「沾醬都歸你了。」我說。

「對了，你幾點過去？」

「七點。七點半開始。」

「那我們少說還有一兩個小時呢。開車轉轉怎麼樣？你可以看看原來那些地方。我在克里斯蒂安桑也有幾個地方可去。我媽有個叔叔，他們一家子住在隆。我想過去再看一眼。」

「我們先找個地方喝杯咖啡，然後再出發，好嗎？」

「附近有家咖啡廳，小時候我們常去那一帶。我們去看它還在不在。」

我們付錢離開。一路漫步，走向克里多尼亞酒店。我告訴他了那裡之前發生的火災[193]，當時我就站在防護欄後面，仰望著黑壓壓的外側，上面的東西全都燒光了。我們緩步走過港口的貨櫃，前往公車站，經股票交易所，穿過馬肯斯街，進入一家有點附庸風雅的咖啡廳。我們坐在室外，雖然很冷，但我可以抽菸。接著我們步行到停車的地方，先開到濱河街的房子，爸媽離婚的那年冬天，我就住在裡面。房子已經賣掉了，也整修過了。接著我們去了祖母的房子，爸爸就死在裡面。開到碼頭前面的廣場，車停到小街上，抬頭看那房子。它現在刷成白色的了。桌子也換了。花園整潔。

「就是這裡？」蓋爾說，「多好的房子啊！漂亮、中產階級、昂貴。我根本無法想像。這跟我想的都不一樣。」

「對。」我說，「就是這裡。但我對它已經沒感覺了。這只是一座房子。它已經無關緊要了。我現在才意識到。」

兩個小時之後，我們把車停在高中門前，我要到這裡辦讀書會。它坐落在森訥城外的森林中央。天色完全暗下來了，到處都有明亮的星光閃爍，附近某個地方有河水奔流，樹葉沙沙響。關車門的聲音迴響在牆與牆之間。寂靜隨後包圍了我們。

「你確定是這裡嗎？」蓋爾問，「在森林中央？禮拜五晚上，究竟誰會來這裡聽你讀書？」

193 克里斯蒂安桑克里多尼亞酒店大火發生在一九八六年九月五日淩晨四時四十分，共十四人死亡。

「管他呢。」我說，「不過就是這裡。很不錯吧？」

「噢，是不錯。氣氛十足。」

我們走進大門，腳踩在冰凍的石子上，發出嘎吱嘎吱的聲響。一座大樓，一幢很大的白色木屋，看起來出自十九世紀末、二十世紀初。二十公尺外，還有另一座木屋，三扇窗戶亮著燈光。其中一扇窗裡現出兩個人影。一個在彈鋼琴，另一個拉小提琴。右側還有個大穀倉，也是非常黑，朗讀會就定在那裡。

我們瞎轉了幾分鐘，往黑暗的窗戶裡看，發現一間藏書室，還有一個好像客廳的地方。我們沿小路走到一座石橋，橋下是一條小河或小溪。黑色的水面，對岸的森林像一堵黑牆。

「我們得喝杯咖啡什麼的了。」蓋爾說，「要不我們問問那兩個人有沒有鑰匙？」

「不，我們誰都不問，什麼都不問。」我說，「組織活動的人該來就會來的。」

「最起碼我們也得暖和一下啊。」蓋爾說，「這你總不會反對吧？」

「也是。」

我們走進這幢狹窄的房子，到處迴盪著兩位青年音樂家的樂聲。他們肯定只有十六、七歲。她有一張美麗而溫和的臉，而他呢，年紀相當，但是滿臉粉刺，笨手笨腳，還有點生氣，好像看見我們有些不高興。

「你們有沒有大門鑰匙？他要辦讀書會，我們來的有點早了。」

她搖搖頭。不過我們可以到隔壁房間坐一會兒，那裡也有一台咖啡機。於是我們就去了。

「我有一種郊遊的感覺。」蓋爾說，「這裡的燈光。外頭又冷又黑。還有這森林。誰也不知道我到了什麼地方。誰也不知道我在幹嘛。對，有種解放了的感覺。但也有好多的黑暗。都怪這裡面的氣氛。」

「我知道你要說什麼。」我說，「不過我只是緊張。我全身都在痛。」

「只是因為這樣？因為要在這裡講話？放鬆啊，朋友！沒事的。」

我把一隻手舉到空中。

「看見了？」

我像老頭子一樣哆嗦著。

半個小時之後，我們被人領進了要舉行活動的禮堂。一個留著落腮鬍、戴眼鏡、年近六十，看起像是位老師的人接待了我。

「很不錯吧？」他在我們進屋時說。

我點點頭。的確如此。穀倉裡有一間大禮堂，像太空艙的樣子，顯然是為了保證最佳的聲音效果。這裡能容納二百人。每個房間的牆上都掛著藝術品。我又一次想到，這個國家如今經濟繁榮起來了。我把包包靠著講臺放下，拿出紙和書，跟另外幾個我必須致意的人握了手，其中一位是要在活動結束之後擺攤的書商，一位迷人的、幹勁十足的老婦人，然後我下樓，在黑暗裡散步，走到河邊，抽了兩支菸。接著到廁所坐了十五分鐘，兩手抱頭。我回來時已經有些人了。四十個，也許五十個？很好。還有一隻小樂隊呢，他們要演奏巴洛克音樂。他們表演了半個小時，就在一個星期五的晚上，在森林的中央。然後該我了。我站到講臺上，迎著所有人的目光，喝水，翻翻那幾張紙，開始講話，結結巴巴，吞吞吐吐，聲音顫抖，直到過了一會才終於步上軌道，講話變得流暢起來。聽眾皆很專心，他們對我的興趣使我更有自信，我愈來愈放得開，該笑了，他們哈哈大笑，我洋溢著幸福的感覺，對一群和你心意相通的觀眾講話，簡直再沒有比這更振奮人心的事了，他們不僅希望你講得好，而且能進入你講的東西裡。我看得見，我激發了他們，後來我坐下簽名時，每個人都要和我討論我剛才講的，他們滿懷熱情地告訴我，那番話說到了他們心坎裡。等我跟蓋爾走向停車的地方時，我才重新落回地面，落回我平時所在的地方，蔑視自己的感受再次湧上。我什麼都沒說，只是上了車，凝視著公路在黑暗的鄉間蜿蜒曲折。

「很好。」蓋爾說，「你看起來很在行。我不明白你之前訴的哪門子苦。你可以到處去演講，靠這個賺錢了。」

「是滿好的。」我說，「但是我給了他們想要的。我說了他們想聽的。我迎合了他們，就像我迎合每件事、迎合每個人一樣。」

「我前面有個女人，」蓋爾說，「好像是個老師。你剛講到虐待兒童，她一下子繃直了身體。後來你把話繞回去了。幼兒化。她這才點頭。這個概念她是可以接受的。它掩蓋了一切。但如果你沒這麼說，如果你沒進一步去談，那我就不敢保證之後每個人都要跟你講話了，真不敢保證。要是不談幼兒化，那不就是戀童癖嗎？」

他哈哈大笑。我閉上了眼睛。

「森林裡的小樂隊。巴洛克音樂。真沒想到。哈哈哈！真是個美好的夜晚，卡爾．奧韋，真的是啊。簡直魔幻。森林裡的黑夜、星空，還有颯颯的風。」

「是啊。」我說。

我們行駛在克里斯蒂安桑城外，過瓦羅大橋，經動物園，過內霍爾姆[194]，利勒桑，格里姆斯塔。一路上東拉西扯，進阿倫達爾，走到蒂霍爾門一帶，我在酒吧喝了杯啤酒，毫無來由地感覺失魂落魄。置身此地，身邊是港口周圍熟悉的建築，海峽對面便是特羅姆島的剪影，在這樣一個擁塞著記憶的世界上，感覺良好，然而陌生，不是因為蓋爾，我把他和我人生中斯德哥爾摩的那部分連在一起。十二點左右，我們駛向希斯島，他指給我看了一些地方，卻沒能激起我真正的興趣，其中有座碼頭，他年少時曾與人流連此處，然後我們駛向他長大的老屋。他把車停在車庫門外，我從後車箱取出自己的背包和人家給我的花束，跟著他走向屋子，那樣式與我家的相仿，至少是同一時期建成。

門外擺滿了鮮花和花圈。

「剛辦了葬禮，應該看得出來。」他說，「如果你想，我把你的也插進花瓶裡吧。」

我答應了。他帶我看了我要過夜的房間，那實際上是他哥哥奧德．斯泰納爾的，但已經為我收拾過了。我們在廚房吃了幾塊三明治。我到兩間起居室轉了轉。他總是說他父母屬於我父母那一代之前的一代，當我看到他們怎樣佈置屋子時，便理解了他的意思。長條地毯，小塊地毯，桌布，每樣東西都帶著五〇年代內陸的感覺，傢俱和牆上的照片同樣如此。一座七〇年代的房子，裝飾成了五〇年代的家，這就是它給人留下的印象。牆上有許多家庭照片，一大組裝飾品擺在窗台上。

我以前進過剛死人的房子，到處都很混亂。這裡卻好像沒受到任何影響。

我到草地上抽了根菸。然後我們互道晚安。我上了床，不想合眼，不想去看我在那裡看過的東西，但我非見不可，我鼓足全身的力氣，去想一個中性的主題，幾分鐘之後就睡著了。

隔天早晨七點，我就被樓上房間的動靜弄醒了。那是蓋爾的兒子尼亞爾和克莉絲蒂娜起床的聲音。我沖了個澡，穿好衣服上了樓。一個大約七十歲的老頭，慈眉善目的，從廚房出來問候我。這是蓋爾的父親。我們談了一點我怎麼在這裡長大的，這裡有多美。他全身上下帶著善良的氣息，但不是琳達父親

---

194 內霍爾姆（Nørholm）是漢森的莊園故居。

那種開放的、近乎自我暴露的方式。不，他臉上也有一種冷硬。不完全是堅硬，而是……骨氣。就是這麼回事。後來他哥哥奧德．斯泰納爾進來了。我們握了手，他坐到沙發上，聊起了天，他也很友善，溫和，但帶著羞怯，這一點他父親沒有，蓋爾也絕對沒有。老人家在客廳擺好了早餐桌，我們坐下，我一直在想他妻子和他們的母親昨天才入土，我在這裡不合適，但他們待我以友好和關心，蓋爾的朋友就是他們的朋友，他們的家是敞開的家。

儘管如此，我出門時還是嘆出了一口氣。

我搭的班機是下午的，我們計畫開車轉轉，去一趟我很久沒回去過的特羅姆島，而不是蒂巴肯——雖然不管怎麼說，我是在蒂巴肯長大的——然後直奔機場，但他父親堅持要我們先回家，這是星期六，他要去魚碼頭買些蝦，我回馬爾默之前非得嚐嚐它們不可，我們那裡沒這種蝦，對不對？對，我們非得嚐嚐不可。

於是我們鑽進汽車，駛向特羅姆島。蓋爾聊著我們經過的地方，與之相關的奇聞軼事。一個完整的人生從這片地區浮現出來。他接著談起自己的家庭。談她母親是怎樣的人，談他父親和他哥哥。

「見到他們很有意思。」我說，「現在我更理解你一直在說的了。你父親和你哥哥，他們跟你幾乎**沒有**交集。和你的個性完全不相似。還有你的思想和你的好奇心。你的不安定。你父親和你哥哥只有善良和親切。那又怎麼溝通呢？有個人不在了，這很明顯。你母親一定很像你。我說得對嗎？」

「對。就是這樣。我理解她。但正也因為如此，我必須遠走。對了，你沒見過她，真是可惜。」

「我來得太晚了。」

「三代人之間最可靠的聯繫，大概就是尼亞爾，爸爸和我後腦勺看起來一模一樣。」

我點點頭。我們駛上特羅姆島大橋前的山坡。山峰已被夷平，修築了公路，建起了工業廠房，就像任何地方一樣。

在我們下方，我看到了小小的耶爾斯塔島，再往遠處是于貝灣。右邊是霍瓦爾的房子。公車站，下面是森林，冬天我們曾經把那裡當成滑雪坡，夏天就走到下面的岩石去游泳。

「在那裡。」我說。

「哪裡？左轉？該死，你就住那裡？」

老瑟倫的房子，野櫻桃樹，就是那裡了，居民區，北山環路。

我的天，它可真小。

「就是那裡，一直往前。」

「哪裡？那間紅房子？」

「對。我們住的時候是褐色的。」

他停下車。

樣樣都那麼小。那麼醜。

「沒什麼好看的。」我說，「好了，我們走吧。上山去。」

一個穿大號羽絨衣的女人推著嬰兒車在前面走著。若非如此，這裡沒有任何生命的跡象。

奧爾森家。

山。

我們過去把它叫作山，但它只是個小土丘。後面是西夫的房子。斯韋勒和別人家的房子。

一個人都沒有。啊，那邊有一群小孩。

「你剛剛都沒出聲。」蓋爾說，「你想很多對吧？」

「想很多？不，更像是無動於衷。這裡太小了。什麼都沒有。我以前從沒有過這種感覺。什麼都沒有。但當時它是我的一切。」

「是啊，卡爾．奧韋。」他微笑著說，「一直往前走？」

「我們在周邊開車轉轉，怎麼樣？特羅姆島教堂？那裡可好了。十三世紀的。還有些漂亮的十七世紀的墓石，上面有骷髏、沙漏和蛇。我自己認真寫的第一篇短篇小說裡，就用了其中的一句銘文，作為引言。」

所有這些地方我都記在心裡了，在一生當中讓它們無數次地出現在眼前，無數次地經過窗外，完全沒有光環，完全不帶色彩，實際上就是它們本來的樣子。幾處懸崖，一個小海灣，一座破舊的浮動碼頭，一條狹窄的海岸線，後面有些老房子，在遠處沒入水中的平原。就這些了。

我們爬出汽車，走到公墓。四處閒盪，朝海洋的方向眺望，但即便如此，即便看到松樹一直向下生長到卵石灘上，樹愈來愈小，也離風愈來愈近，我仍然對此無動於衷。

「好了，我們走吧。」我說。我看見我在夏天勞動過的田地，通向海水的道路，每到五月十七左右，我們就能下水游泳了。桑于姆灣。我老師的房子，她叫什麼來著？海爾加．托格森？現在怎麼說也快六十歲了吧？費爾維克，加油站，另一邊的房子，就是在那裡，我走之前一天的晚上，班裡的女同學在派對上變得那麼熱情，還有超市，我還記得它施工時的情形。

什麼都沒有了。但這些房子仍然有人在住，仍然是屋裡主人的一切。人們在那裡出生，在那裡死亡，在那裡做愛，爭吵、進食、排泄、飲酒、尋歡、讀書、睡覺。看電視，做夢，吃一顆蘋果，凝視著屋頂上方，秋風搖動高而細長的松樹。

小而醜，但一切盡在其中。

一個小時之後，我坐在客廳的桌邊，一個人，全速吃蝦，蓋爾的父親伺候我，他自己一點都不吃，只是樂見我走以前有一份南挪威的體驗。然後我跟他們握手，為床和借宿向他們道謝，再度鑽進汽車，坐到蓋爾旁邊，駛向機場。我們走了行經比克蘭的路線，因為我想看看童年時的另一個家——在特韋特的那一個——現在怎麼樣了。

蓋爾在那幢房子前停了車。他哈哈大笑。

「你就住**那裡**？在森林中間？前不著村後不著店的！這裡一個人都沒有！真是沒有人煙……要我說，簡直就是《雙蜂鎮》。不然就是《佩妮萊和內爾松先生》[195]，你記得吧？我小時候都要被他嚇得魂魄都要出來了。」

我把各處指給他看時，他還是笑個沒完。我也笑起來了，因為我透過他的眼睛看到了這個地方。這些老舊、破敗的房子，這些院子裡的汽車殘骸，停在外面的卡車，房屋之間的距離和顯而易見的貧窮。我試圖向他解釋，說我們的房子當年多麼漂亮，住在這裡多麼愜意，這裡什麼都不缺，這裡應有盡有，但是……

「天啊！」他說，「住在這裡肯定像受刑一樣。」

我沒答話，我的自尊受傷了，總覺得需要做出防衛。但我沒辦法生氣。這裡還是一樣的，那種內在的體驗，它讓一切因而有了意義，且洋溢著光芒，那是外面世界所不可多得的。

我們在停車場握了手，他重新鑽進汽車，我走向候機室。航班是去奧斯陸的，我要在那裡換機，飛

195《佩妮萊和內爾松先生》（*Pernille og Mr. Nelson*）乃挪廣一九六六年到一九八八年間播出的系列兒童木偶劇。

往丹麥的比隆，到那裡再換一班，前往哥本哈根的凱斯楚普。晚上十點我才到家。我進門時，琳達擁抱了我，一個長長的、充滿激情的擁抱。我們在客廳坐下，她已經弄了些吃的，我把這一趟出門的事講給她聽，她說最後一天好些，但她了解到我們一定要做些什麼，來打破我們陷在其中的惡性循環，我同意，不能繼續這個樣子，不能，我們必須找到一條出路，開闢一條新路。十一點半，我進了臥室，打開電腦，建了個新檔，開始寫字。

在眼前的玻璃窗上我看見了我臉孔的倒影。除了眼睛還算閃亮，以及眼下一部份有著反光的微弱光線之外，整個左臉都陷在一片陰影裡。兩道皺紋深深爬過前額，臉頰上各自刻下一道深溝，充滿了黑暗。當這雙眼嚴肅地凝視，嘴角微微向下，讓人不得不去想，這張臉陰鬱時候的模樣。

是什麼刻在了我的臉上？

第二天我繼續寫。想法是近可能接近我的生活，所以我寫了琳達和約翰在相鄰的房間睡覺，萬妮婭和海蒂在幼稚園，窗子裡的風景和我正在聽的音樂。第二天我到租來的木屋裡去。在那裡又寫了一些，是風格極為現代的段落，關於大結構中出現的臉、圖案，還有沙丘、雲、經濟、交通，或者走進花園吸菸，看鳥在天上飛來飛去。時值二月，這巨大的外租地空無一人，只有一排又一排小小的、得到妥善維護的玩具屋，坐落在小小的花園，如此完美，儼然置身客廳。傍晚時分，一大群烏鴉飛過，肯定有幾百隻，一片黑雲，拍打著翅膀，漂浮而過，繼續向前飛行。夜幕落下，燈光從花園另一頭敞開的門裡湧出，除了被它照亮的東西之外，我身邊的一切都是黑暗的。我在這裡坐得如此安靜，竟然有隻刺蝟大搖大擺地從我腳邊一步遠的地方爬過去了。

「您慢走。」我說，一直等牠爬到樹籬，我才起身進屋。隔天我寫爸爸離開媽媽和我的那個春天，雖然我討厭每個句子，但還是決定堅持下去，我必須把它寫完，講出我很久以來一直想講的故事。回到家，我接著寫，用上了我十八歲那年做的一些筆記，不知道為什麼我一直沒把它們丟掉。我一下子看到了「溝裡的啤酒袋」，它指向我青少年時代的一個新年夜，這個我可以用，我什麼都不想管，只要撇開一切崇高的想法。幾個星期過去了，我寫作，送孩子去幼稚園上學，到幼稚園接孩子放學，下午陪他們去眾多公園中的一座，做晚餐，為他們讀書，哄他們睡覺，在夜裡寫審讀報告，做別的工作。每個星期天，我騎自行車去利姆港球場，踢兩個小時的足球，這是我僅有的休閒活動，別的要嘛是工作，要嘛是帶孩子。利姆港球場是一片巨大的草地，位於城外，臨海。自從六〇年代末起，各路男子每個星期天的十點十五分在此聚集。最年輕的十六、七歲，而最大的一位名叫凱，已年近八旬——他是後衛，主要是防守，但他一旦拿到球，卻總是踢得很好，不斷切入中路，偶爾還能射門得分。但大部分球員的年齡居於三十歲到四十歲之間，各個階層的人都有，他們真正的共同點便是踢球的快樂。上個星期天，還是二月時，琳達和孩子們也一起來了，萬妮婭和海蒂為我加油後，便跑到海邊的遊樂場去，我繼續踢球。地上結了霜，平時柔軟的草皮像石頭一樣硬，半小時後，一次搶球讓我摔了跤，一邊肩膀重重地撞到地上，我馬上就覺得出了問題。我躺著沒動，等別人圍到身邊，我因疼痛而感到噁心，弓著肩膀，一拐一拐地走到球門背後，其他人知道這一下撞得不輕，於是取消了比賽，反正也已經十一點半了。

弗雷德里克是個五十歲上下的作家，也是個傳統意義上門前搶點型的前鋒，在瑞典業餘比賽中仍然能夠屢屢破門，他開車送我去醫院。馬丁是個身高兩公尺以上的丹麥巨人，我在幼稚園認識了他，他答應替我轉告琳達和孩子們受傷的事。急診室人滿為患，我從機器上取了個號，坐下來等待，我的肩膀火辣辣的，只要一動，就會產生刺痛，但在輪到我之前等上半個小時還可以忍受。我在接待處對護士說明了情況，她走出來替我做了個快速的檢查，抓著我的手臂，慢慢移向一側。我發出殺豬般的尖叫。啊啊啊啊啊啊！所有人都盯著我看，一個年近四十的男人，身穿阿根廷國家隊的球衫和足球鞋，一頭長髮，用橡皮筋綁成了像鳳梨一樣的頭，因為疼痛而不住地號叫。

「你得跟我來一下，」護士說，「我們要替你好好做個檢查。」

我走進附近的一個房間，她請我等一下，過了幾分鐘，另一個護士來了，她抓著我的手臂做了同樣的動作，我再次發出尖叫。

「對不起，」我說，「但我忍不住。」

「沒關係。」她說著，輕輕脫掉我的運動上衣，「我們得把你的背心也脫掉。」她說，「可以嗎？」

她拉袖子，我尖叫，她停了一下，再拉。後退一步。看著我。我感覺自己像個巨嬰。

「我們必須把它剪開。」

現在輪到我看她了。剪開我的阿根廷球衫？

她拿了剪刀回來，剪開袖子，等球衫褪去，便要我坐到床上，接著把針頭紮進我的上臂，剛好在手腕上方。她說她要給我打一點嗎啡。打完以後，我什麼感覺都沒有，她把我推到另一個房間，大概五十公尺遠，在迷宮般的大樓深處，留下我一個人在那裡等候X光照相，不無害怕，我覺得肩膀一定脫臼了，如果是這樣，我知道要把它歸位會非常痛。但醫生確認這是骨折。需要八到十二週才能痊癒。他們給了我一些止痛藥，開了一張拿更多藥的處方，又在肩膀上下緊緊地打了「8」字形的繃帶，替我披上運動衣，就把我打發回家了。

我打開公寓的門，萬妮婭和海蒂朝我跑過來。她們很興奮，爸爸去過醫院了，真像一次大冒險。我告訴她們，還有跟在她們身後出來、懷裡抱著約翰的琳達，我摔斷了鎖骨，吊了繃帶，沒什麼危險，只是接下來的兩個月裡不能用這條手臂，不能提，也不能舉。

「你說真的嗎？」琳達問，「兩個月？」

「搞不好要三個月。」我說。

「你之後千萬別再踢足球了，說真的。」琳達說。

「噢？」我說，「看來這事是你說了算？」

「承受後果的人是我。」她說，「請問，我自己一個人怎麼帶兩個月的孩子？」

「沒什麼大不了的，」我說，「冷靜點。我現在摔斷了鎖骨。很痛。我又不是故意的，這得說清楚。」

我走進客廳，在沙發上坐下。我每個動作都得慢慢來，事先做好計畫。每一個小小的偏差都會引起疼痛。唉喲，唉喲，噢。我說著慢慢放低身體。萬妮婭和海蒂瞪大眼睛看著我。

我對她們笑了一下，盡力把大靠墊塞到背後。她們走上前。海蒂用手摸著我的胸口，好像在做檢查。

「可以看一下綁帶嗎？」萬妮婭問。

「之後吧。」我說，「脫把衣服脫來脫去有點痛。」

「開飯！」琳達在廚房喊。

約翰坐在嬰兒椅裡，拿刀叉敲著桌子。我坐下時，萬妮婭和海蒂盯著我緩慢而費力的動作。

「這一天都發生什麼事了！」琳達說，「馬丁什麼都不知道，只說你被人送到急診室去了。幸好他把我們送回家，但我開門的時候，鑰匙斷了。我的天。我還以為我們今天得跟他們待在一起。不過後來我又找了找包包，結果找到了原本要給貝麗特的鑰匙。真是走運！我還沒把它掛起來。然後你就回來了，鎖骨斷了……」

她看著我。

「我太累了。」她說，

「對不起。」我說，「大概只有前幾天我什麼都不能做。之後習慣了一隻手要做什麼都可以。」

吃完飯，我躺倒在沙發上，背後墊著一個靠墊，看電視裡的一場義大利足球賽。在我們有了孩子的四年裡，這種事我只做過一次。那時我病得動不了，整天躺在沙發上，看了十分鐘的第一部傑生．包恩電影，睡一會，再看十分鐘，再睡一會，間歇性地嘔吐，雖然全身疼痛，基本上無法忍受，但我仍盡可能享受每一秒鐘。大白天躺在沙發上看電影！沒有一件必須要做的工作！沒有要洗的衣服，沒有要擦的地板，沒有要做的飯菜，沒有要照顧的孩子。

現在我有了同樣的感覺。我什麼都**不能**做。不管我的肩膀的感覺是多麼灼燒，痛苦，扭曲，都比不上能夠完全平靜地躺倒的快樂。

萬妮婭和海蒂圍在我身邊，不時湊過來，輕輕打一下我的肩膀，然後她們就跑出房間去玩，玩一會再回來。對她們來說，這大概是一起史無前例的事件，我想，我處於完全消極和靜止的狀態。好像她們對我有了全新的發現。

比賽結束以後，我沖了個澡。我們沒有蓮蓬頭的架子，得一隻手拿著它洗，這成了一個問題，於是我只能開著洗澡水，再艱難地爬進浴缸。萬妮婭和海蒂看著我。

「你洗澡需要幫忙嗎，爸爸？」萬妮婭問，「要我們幫你洗嗎？」

「好，那就太好了。」我說，「你看見那邊的澡巾了嗎？一人拿一塊，然後沾點水，再加點肥皂。」

萬妮婭照著做，海蒂也學著她的樣子。她們站在那裡，從浴缸邊緣探過來，拿手裡的澡巾幫我洗澡。海蒂哈哈大笑，萬妮婭既嚴肅又認真。她們洗我的手臂、脖子跟胸口。海蒂一轉眼就厭煩了，她跑進了客廳，萬妮婭倒是留得久一點。

「這樣可以嗎？」她終於問道。

我笑了。這是我經常問的話。

「可以，非常棒。」我說，「要是沒有你，我真不知道怎麼辦啊！」

她眼睛一亮，然後也跑到客廳裡去了。

我繼續躺著，直到水變涼。先是電視上的足球賽，接著洗澡。多棒的星期天啊！

萬妮婭又進來看一、兩次。我猜她想等著看我上綳帶的樣子。她的瑞典語，仍然帶著某種斯德哥爾摩的口音，但是我早上或下午和她在一起的時候，或是她因為某些別的原因而感到和我很親近時，講話時就會更頻繁地出現帶有我那種口音的詞彙。她會說 mæ，而不說瑞典語的 mig。比如，她會說：「Lyft upp mæ![196]」我每次聽了都哈哈大笑。

「你能去叫一下媽媽嗎？」我問道。

她點點頭，跑開了。我小心翼翼地爬出浴缸，擦乾身體，這時琳達進來了。

「你能幫我繫上綳帶嗎？」我問。

「當然。」她說。

我告訴她綳帶應該怎麼繫，又說她得拉緊，不然沒用。

「再緊點！」

「不痛嗎？」

「有點，但是愈緊，我動起來就愈不痛。」

196 抱我起來！

「好吧。」她說，「反正是你說的。」

然後她在我身後拉緊了。

「哎呀呀！」我說。

「是不是太緊了？」

「不會，剛好。」我說。我朝她轉過身。

「對不起，我脾氣太差了。」她說，「不過這只是因為我覺得未來一片黑暗，什麼事都要我自己做，連續好幾個月。」

「不會這樣的。」我說，「不用幾天，我就能送他們上學，接他們放學，跟平常一樣，我可以確定。」

「我知道你痛，這也不是你的錯。可我太累了。」

「我知道。不會有事的。到時候就好了。」

到星期五，因為琳達太累了，我就帶上約翰，去幼稚園接兩個女兒。去那裡很簡單，我用右手推上童車裡的約翰，小心翼翼地走在路上。回來時有些麻煩。我拿右手拉著身後的約翰，受傷的左臂緊貼住肋骨，盡力用整個身體的一側推動萬妮婭和海蒂的雙人童車。疼痛不時襲來，我得小心提防，以免悶聲尖叫。這必定是一幅奇異的畫面，的確有人注視著我們向前移動。對我來說，這也是幾個星期當中一次奇特的經歷。肩不能扛，手不能提，坐下和站起都覺得費力，讓我有一種無助的感覺，超出了身體上受到的限制。我一下子沒有了權力，沒有了力量，我迄今視之為理所當然的支配感就變得顯而易見。我安靜地坐著，我是消極的，好像我失去了對周遭事物的掌控。這麼說，我一直以為我控制著它們，支配著它們嗎？是的，我肯定是這樣的。我根本不需要利用這種權力和支配的力量，我知道它存在著就夠了，它影響著我的一切行為和一切思想。如今它沒了，而我第一次看見了它。更奇怪的是寫作受到了同樣的影響。對它我也有權力感和支配感，現在這種感覺隨著斷裂的鎖骨消失了。突然之間，我落到文本之下，突然之間，文本支配了我，只有在精神上付出最大的努力，我才勉強達到我給自己設定的目標，一天寫出五頁。但很勉強，我是勉強做到的。我討厭每個音節，每個詞，每個句子，不過不喜歡我正在做的事並不意味著我不應該做這件事。一年，然後就結束，到那時我就能寫一些別的東西。頁數在增長，故事在前進，後來有一天，我翻到了我做過筆記的另一個地方，筆記本我在過去二十年裡一直保留著，內容是我剛滿十六歲的那年夏天，爸爸為朋友和同事們舉辦的一個派對，在夏末黑暗中的一次聚會，將我自己巨大的快樂和爸爸的哭泣合二為一，它飽含了情感，那樣一個不可能的夜晚，一切都彙聚在那裡，現在我終於要寫它了。寫完這個，剩下的就是爸爸的死。那是一道沉重的大門，要去推開，裡面是冷酷的存在，但我用一種新的方式接近它：每天五頁，不管發生什麼情況。然後我起身，關掉電腦，拿上垃圾丟到地下室，再上來去接孩子。她們穿過遊樂場跑向我，互相比賽，看誰喊的聲音最大，誰給我一個最大的擁抱，這個時候，鬱積在我胸口的恐懼就一下子消散了。如果約翰也在，他會笑呵呵地坐在那裡，也喊也叫，對他來說，兩個姊姊就是最偉大的。她們在他周圍揮灑著生命，他坐在那裡，吸收著這一切，盡己所能地加以複製，海蒂仍然會對他產生強烈的嫉妒，如果我們沒能時刻提高警惕的話。她會抓他，推他，打他，儘管這樣，他也不怕海蒂，他看她的時候從來沒有帶著畏懼。他忘記了嗎？還是心裡懷著巨大的善意，以至於其他的一切都消失在其中了呢？

三月的一天，我正在工作的時候，電話響了，是個不熟悉的號碼，但是因為它不是從挪威打來的，而是瑞典的，所以我還是接了。是我母親的一個同事，他們在哥德堡開研討會，媽媽突然在商店裡昏倒了，他們把她送進了醫院，她此時處於重症監護之下。我打了電話到那裡，她心臟病發作，正在接受手術，已經脫離了危險。當天夜裡很晚的時候，她打來電話。我能聽出她很虛弱，也許有點糊塗。她說當時痛得太厲害了，她寧願去死，也不想繼續活著受罪。她沒有昏迷，她只是跌倒了。不是在商店裡，而是在街上。她說她躺在那裡，以為一切都要結束，她腦子裡閃過一個念頭：她度過了精采的一生。她這樣說的時候，我僵住了。

人生到底是美好的。

此外，她還說，在她躺在那裡等死的時候，尤其是她的童年，從她腦海裡閃過，像是一種突如其來的省悟：她有過一個絕對精采的童年，她那時自由而快樂，生活是那樣絢麗。在隨後的幾天裡，我不斷地想到她這番話。從某種程度上來說，我受到了震撼。我絕不可能那樣想。如果我倒下，在一切結束之前，有幾秒鐘，也許幾分鐘的時間去思考，那必定是完全相反的念頭。我什麼成就都沒有，我什麼都沒看到過，我什麼都沒經歷過。我想活下去。可我那個時候為什麼活不了呢？為什麼當我坐上飛機，或是坐進汽車，想像要墜機，要撞車時，為什麼我想到的是那還不算太壞？那也沒什麼大不了的？想到我與其活著還不如死了算了？因為這就是我常常想到的東西。冷漠是七宗死罪之一，實際上是七罪之首，因為這是唯一對抗生活的罪過。

那年春末，我即將寫完爸爸之死的故事，告別在克里斯蒂安桑老屋那段糟糕的日子，這時媽媽來看我了。她在哥德堡開另一個研討會，會議一結束就來看我們。距離她在同一座城市突然發病已過去兩個月。如果她在家裡倒下，多半是活不下來的，她一個人生活，雖然不可能，但就算她當真叫人來救她，距離最近的醫院也有四十分鐘的車程。在哥德堡，馬上有人看到她，她很快就上了手術臺。如今想起來，其實那次心臟病發作並不是意外。她一直感覺疼痛，間歇性的劇痛，但她以為那是因為緊張，所以沒有理會，只想回家以後再去看醫生，結果心臟病就發作了。

有天早晨她在織毛線，我在寫字，琳達把兩個女兒送到幼稚園之後，還沒和約翰回來。過了一會兒，我走過去看看她怎麼樣了，她主動談起爸爸。她說她一直在想，當年為什麼和他待在一起，為什麼沒有帶上我們離開他，因為她不敢嗎？她說，幾個星期以前，她曾和一位朋友談及此事，談著談著，她突然聽到自己說她愛他。這時候她看了我一眼。

「我的確愛他，卡爾．奧韋。我非常愛他。」

她以前從未說過這些。她甚至從未說過與此相似的話。說實在的，我都想不起來她以前用過「愛」這樣的字眼。

真是震驚啊。

這是怎麼了？我想。這是怎麼了？我身邊正在發生著某種變化。抑或我的內心在變，所以我現在能看到以前看不到的了嗎？又或者是因為我挑起了某種東西？因為我和她、和英格威談了很多和爸爸在一起的那段時間。突然之間，它又一次靠近了我。

那天早晨，她接著講起他們的初次相見。她十六歲那個夏天，在克里斯蒂安桑一家旅館打工，有一天，在一座大公園裡的露天啤酒屋，在樹陰下，她的朋友把她介紹給了朋友及朋友的朋友。

「我沒聽清他姓什麼，很長一段時間我都以為他姓克努德森。」她說，「起先我更喜歡另一個，你知道吧。可是後來我愛上了你父親……真是美好的回憶。陽光，公園的草地，樹，陰涼，那裡的人……我們那麼年輕，你知道的……是的，那是一次奇遇。一次奇遇的開始。就是那種感覺。」

（完）

木馬文學 153

我的奮鬥2：戀愛中的男人

Min Kamp 2

作者　卡爾・奧韋・克瑙斯高（Karl Ove Knausgård）
譯者　康慨
社長　陳蕙慧
副總編輯　戴偉傑
責任編輯　鄭琬融
行銷企劃　陳雅雯、尹子麟、黃毓純
排版　宸遠彩藝有限公司

讀書共和國出版集團社長　郭重興
發行人兼出版總監　曾大福
印務　黃禮賢、李孟儒
出版　木馬文化事業股份有限公司
發行　遠足文化事業股份有限公司
地址　231 新北市新店區民權路 108-3 號 8 樓
電話　（02）2218-1417
傳真　（02）2218-0727
Email　service@bookrep.com.tw
郵撥帳號　19588272 木馬文化事業股份有限公司
客服專線　0800-221-029
法律顧問　華洋國際專利商標事務所　蘇文生律師
印刷　前進彩藝有限公司

初版一刷　2021 年 6 月
定價　新台幣 520 元
ISBN：978-986-359-970-8

國家圖書館出版品預行編目

我的奮鬥2：戀愛中的男人 / 卡爾・奥韋・克瑙斯高（Karl Ove Knausgård）作；康慨譯. -- 初版. -- 新北市：木馬文化出版：遠足文化發行，民110.6
面；　公分
ISBN 978-986-359-970-8（平裝）

784.748　　110008151

特別聲明：有關本書中的言論內容，不代表本公司／出版集團之立場與意見，文責由作者自行承擔